frankenstein präzision
GmbH & Co. KG
Drehen • Honen • Schleifen
Riedstraße 2 • 72813 St. Johann
Tel. (0 71 22) 8 25 92-0 • Fax 8 25 92-22

WiSo – Lehr- und Handbücher
Herausgegeben von Prof. Dr. Harald Dettmer

Bisher erschienene Titel:

Braunschweig: Investitionsrechnung
Braunschweig: Kostenrechnung
Braunschweig, Kindermann, Wehrlin: Grundlagen der Managementlehre
Braunschweig: Marketing
Braunschweig, Reinhold: Grundlagen des strategischen Managements
Braunschweig: Unternehmensfinanzierung
Braunschweig: Unternehmensführung
Dettmer, Hausmann: Finanzmanagement Band 1: Problemorientierte Einführung
Dettmer, Hausmann, Kaufner, Wilde: Controlling im Food & Beverage-Management
Dettmer, Friedrich, Hausmann, Himstedt: Investitionsmanagement
Dettmer, Witt: Kommunikation im Beruf Band I
Dettmer, Witt: Kommunikation im Beruf Band II
Dettmer, Eisenstein, Gruner, Hausmann, Kaspar, Oppitz, Pircher-Friedrich: Managementformen im Tourismus
Dettmer, Hausmann, Kausch, Schulz, Witt, Degott, Schneid: Marketing-Management – Tourismuswirtschaft
Dettmer, Degott, Hausmann, Kausch, Schneid, Schulz, Witt: Marketing-Management im Tourismus
Dettmer, Hausmann, Schulz: Tourismus-Management
Dettmer, Hausmann, Kausch, Schulz, Witt, Degott, Schneid: Tourismus-Marketing Management
Dettmer, Glück, Hausmann, Kaspar, Logins, Oppitz, Schneid: Tourismustypen
Kloss: Werbung
Rothlauf: Interkulturelles Management
Witte: Allgemeine Betriebswirtschaftslehre

Interkulturelles Management

Mit Beispielen aus Vietnam, China, Japan, Russland und den Golfstaaten

von
Prof. Dr. Jürgen Rothlauf
Fachhochschule Stralsund

4., überarbeitete und aktualisierte Auflage

Oldenbourg Verlag München

Bibliografische Information der Deutschen Nationalbibliothek

Die Deutsche Nationalbibliothek verzeichnet diese Publikation in der Deutschen Nationalbibliografie; detaillierte bibliografische Daten sind im Internet über http://dnb.d-nb.de abrufbar.

© 2012 Oldenbourg Wissenschaftsverlag GmbH
Rosenheimer Straße 145, D-81671 München
Telefon: (089) 45051-0
www.oldenbourg-verlag.de

Das Werk einschließlich aller Abbildungen ist urheberrechtlich geschützt. Jede Verwertung außerhalb der Grenzen des Urheberrechtsgesetzes ist ohne Zustimmung des Verlages unzulässig und strafbar. Das gilt insbesondere für Vervielfältigungen, Übersetzungen, Mikroverfilmungen und die Einspeicherung und Bearbeitung in elektronischen Systemen.

Lektorat: Dr. Stefan Giesen
Herstellung: Constanze Müller
Titelbild: thinkstockphotos.de
Einbandgestaltung: hauser lacour
Gesamtherstellung: Beltz Bad Langesalza GmbH, Bad Langensalza

Dieses Papier ist alterungsbeständig nach DIN/ISO 9706.

ISBN 978-3-486-71278-0
eISBN 978-3-486-71673-3

Vorwort

Mit der zunehmenden Internationalisierung der Märkte haben sich auch die Geschäftsaktivitäten und -felder der Unternehmen verändert. Die Akteure stammen aus kulturell verschiedenen Ländern, haben unterschiedliche Wertvorstellungen und zeichnen sich durch divergierende Denk- und Handlungsweisen aus. Den damit verbundenen Ansprüchen wird allerdings in der Alltagswirklichkeit nur unzureichend entsprochen. Während Produktionsfaktoren wie Kapital, Knowhow und Information durch moderne Kommunikationstechnik mittlerweile zeitgleich überall auf der Welt verfügbar sind, gibt es noch gewaltige Defizite im interkulturellen Lernen und Verstehen.

Das vorliegende Buch hat sich daher die Aufgabe gesetzt, interkulturelles Handeln in seinen vielfältigen Formen in den Mittelpunkt zu stellen. Es zielt zum einen auf Personen ab, die im Rahmen der Unternehmenstätigkeit mit interkulturellen Überschneidungssituationen konfrontiert sind, zum anderen sollen Studenten, die sich für eine internationale Ausrichtung innerhalb ihres Studiums entschieden haben, angesprochen werden. Erklärte Absicht des Buches ist es, derart Interessierte so vorzubereiten, dass sie handlungswirksame Merkmale des jeweiligen fremdkulturellen Orientierungssystems identifizieren und in das eigene Handlungsschema übernehmen können.

Das Buch ist in zwei Hauptteile gegliedert. Teil 1 beschäftigt sich mit den Grundlagen, die dem interkulturellen Handeln zugrunde liegen. Ausgehend von der Einordnung des Interkulturellen Managements im Rahmen einer Internationalen Betriebswirtschaftslehre werden Kulturkonzepte vorgestellt und die Auswirkungen eines international operierenden Unternehmens auf die Corporate Identity untersucht. Welcher Einfluss mit einem Wandel der Werte auf Kultur und Technologie gegeben ist, wird anschließend betrachtet.

Der theoretische Bezugsrahmen für interkulturelle Kompetenz liefert vielfältige Ansatzpunkte für praktisches Handeln. Unternehmensbeispiele wiederum zeigen, wie eine betriebliche Umsetzung stattfindet. Verbale und non-verbale Kommunikation stehen im Mittelpunkt der nachfolgenden Betrachtung, bevor den wichtigsten Elementen einer interkulturellen Personalführung nachgegangen werden soll. Ausgehend von den Herausforderungen an multikulturell zusammengesetzte Teams wird gezeigt, wie der interkulturelle Lernprozess in Gang gesetzt wird und wie man die Effektivität von multikulturellen Teams erhöhen kann. Mit der Vorstellung der Struktur und des Ablaufs eines Workshops bei der

Firma 3 M (Minnesota Mining and Manufacturing) in St. Paul, Minnesota, wird Teil 1 dann abgeschlossen.

In Teil 2 werden die zuvor behandelten Konzepte auf ihre Länderverträglichkeit überprüft. Die ausgewählten Beispiele (Vietnam, China, Japan, Saudi-Arabien und Russland) kennt der Autor durch zum Teil langjährige Studien- und/oder Arbeitsaufenthalte, wodurch in diesem Abschnitt des Buches auch eigene Erfahrungen mit eingeflossen sind. Bei der Auswahl der Länder wiederum ging es darum, mit Vietnam ein Entwicklungsland vorzustellen, mit Saudi-Arabien, Russland und China Länder anzusprechen, die sich in unterschiedlichen Stadien vom Schwellenland hin zu einem entwickelten Land befinden und schließlich mit Japan auch eine Wirtschaftssupermacht in die interkulturellen Überlegungen mit einzubeziehen. Wenn auch nicht explizit als Land aufgeführt, so wird an einigen Stellen auf Amerika Bezug genommen, um auf diese Weise westliche Denk- und Handlungsmuster mit in die Überlegungen einfließen zu lassen.

Zu Beginn eines jeden Kapitels werden die wirtschaftlichen Besonderheiten sowie entsprechende Rahmendaten des jeweiligen Landes kurz vorgestellt, um die spezifische Ausgangssituation auch im Hinblick auf ein mögliches deutsches Auslandsengagement, sei es als Unternehmen oder als Einzelperson, deutlich werden zu lassen. Anschließend werden die soziokulturellen Rahmenbedingungen aufgezeigt, die interkulturelles Handeln beeinflussen. Das darauf folgende Kapitel ist dem adäquaten Kommunikationsverhalten und seinen unterschiedlichen Ausdrucksformen gewidmet, bevor das Schlusskapitel Verhaltensweisen anspricht, die das Entscheidungs- und Führungsverhalten nachhaltig beeinflussen.

An verschiedenen Stellen des Buches wurden immer wieder Texte in englischer Sprache verwendet, ohne zugleich eine Übersetzung anzubieten. Damit ist u.a. die Absicht verbunden, auf die Wichtigkeit dieser Weltkommunikationssprache hinzuweisen. Welche Bedeutung ihr in den ausgewählten fünf Ländern zukommt, kann allein daran gemessen werden, dass sie im Kanon der jeweils angebotenen Fremdsprachen bei allen Ländern an erster Stelle steht.

Bei mehr als 200 Nationen, die gegenwärtig die internationale Länderstatistik ausweist, ist jede Länderauswahl beliebig und limitiert den Übertragungstransfer für eine global agierende Klientel. Jedes Bemühen um Objektivität kann nicht verhindern, dass die eigene subjektive Wahrnehmung Anlass zu unterschiedlicher Interpretation gibt. Konstruktive Kritik an diesem Buch ist von daher geradezu erwünscht. Sie liefert die Ausgangsbasis für nachfolgende Korrekturen. Über Anregungen und Verbesserungsvorschläge würde ich mich von daher sehr freuen.

Bedanken möchte ich mich bei Frau STEFANIE GEIGER, Studentin des internationalen Studienganges "Baltic Management Studies", die mir vor allem bei der Endredaktion sehr geholfen hat. Zu besonderem Dank bin ich aber vor allem meiner studentischen Hilfskraft, Frau DANA MIETZNER, verpflichtet, die durch ihren unermüdlichen Einsatz mir über alle Stationen dieses Buches eine große Hilfe war.

Jürgen Rothlauf

Vorwort zur 2. Auflage

Die 2. Auflage des Buches gibt mir die Gelegenheit, die vielen Anregungen und Empfehlungen, die ich von Managern, interkulturellen Trainern, Studenten und anderen Personen, die an meinem Buch „Interkulturelles Management" Interesse gezeigt haben, in gebührender Weise zu berücksichtigen. Basierend auf der vorgegebenen Gliederung, wurde jedes einzelne Kapitel überarbeitet, neu gestaltet und mit einer Vielzahl von zusätzlichen Informationen versehen. Vor allem auf die Einbeziehung von Fallbeispielen wurde großer Wert gelegt, um dem Wunsch nach interkulturellen Übungseinheiten zu entsprechen. Aus diesem Grund wurde auch am Ende des Buches ein Globality Test aufgenommen, dem sich jeder stellen kann, wenn er sich einem ganzheitlichen interkulturellen Test unterziehen möchte. Um dem Leser aber auch einen eigenen Zugang zu wichtigen Quellen weltweit zu ermöglichen, sind in Kapitel 5.10 eine Reihe von wichtigen Internetadressen angegeben.

Die zunehmende – auch interkulturelle – Aufmerksamkeit, die die Golfstaaten in den zurückliegenden Jahren, sei es als neue Tourismusdestinationen oder als internationale Finanzzentren erfahren haben, hat dazu geführt, das bisherige Kapitel Saudi-Arabien in ein neues Kapitel „Golfstaaten" zu überführen.

Der Fremdsprachenanteil bei interkulturellen Trainingsseminaren nimmt weiter zu. Aus diesem Grunde wurde auch der Anteil an Texten in englischer Sprache erhöht, vor allem vor dem Hintergrund, dass in den Zielländern dieses Buches die Verhandlungen, wenn sie nicht in der Sprache des Gastlandes erfolgen, dann in englischer Sprache stattfinden. Englische Sprachkenntnisse sind daher beim Lesen des Buches sehr hilfreich.

Auch diese 2. Auflage ist offen für jede Art von konstruktiver Kritik. Anregungen und Hinweise nimmt der Autor gerne entgegen, sieht er darin auch eine Bestätigung, dass der Leser sich intensiv mit der angesprochenen Problematik auseinander gesetzt hat.

An der Erstellung eines Buches sind immer mehrere Personen beteiligt. Bedanken möchte ich mich bei der Koordinatorin des internationalen Studienganges „Baltic Management Studies (BMS)", Frau *Stefanie Wenzel*, für ihre vielfältige Unterstützung. Zu besonderem Dank bin ich meiner studentischen Hilfskraft und Studentin von BMS, Frau *Anne-Kathrin Fitschen* verpflichtet, die federführend dieses Projekt von Anfang an begleitet hat.

Jürgen Rothlauf

Vorwort zur 3. Auflage

Fragen, die das Interkulturelle Management in seiner Gesamtheit betreffen, nehmen aufgrund der weltweiten Arbeitsteilung weiter zu. Die wachsende Bedeutung interkultureller Fragestellungen kann man auch daran erkennen, dass das Europäische Parlament 2008 zum Jahr des interkulturellen Dialogs erklärt hat und damit das herausgehobene Interesse Europas zu einem Mehr an Multikulturalität unterstreicht. Im ersten Kapitel wurde daher die Deklaration und Zielsetzung der Europäischen Union mit in die dritte Auflage übernommen.

Hochschulen wie Trainingsinstitute fokussieren sich nicht mehr nur ausschließlich auf die Kulturmodelle von Hofstede, Trompenaars und Hall. Große Aufmerksamkeit hat in der Zwischenzeit die Globe-Studie gefunden. Aber auch der dreidimensionale Ansatz von Shalom H. Schwartz eröffnet neue interkulturelle Einsichten. In der Gegenüberstellung aller fünf Modelle kann der Leser nun Stärken und Schwächen der betreffenden Kulturansätze vergleichen und sie so für seine Arbeit nutzen.

Unternehmenszusammenschlüsse auf nationaler wie auf internationaler Ebene gehen in atemberaubendem Tempo weiter. Ein Forschungsprojekt der Bertelsmann Stiftung ist der Frage nachgegangen, wer eigentlich die Kulturintegrationstreiber sind und was man dabei in der Praxis zu beachten hat. Die wichtigsten Punkte der Untersuchung werden vorgestellt.

Mit dem neuen amerikanischen Präsidenten verbinden sich eine Reihe von Erwartungen. Von welchen Wertvorstellungen er dabei geprägt ist, darüber findet sich ein Hinweis im vierten Kapitel.

Die bisher in unterschiedlichen Kapiteln aufgeworfenen Fragen zur interkulturellen Vorbereitung und Reintegration haben aufgrund der herausgehobenen Fragestellung für alle, die einen Auslandseinsatz planen, dazu geführt, dass dieser Thematik nun ein eigenes Kapitel gewidmet wurde. Um gewisse interkulturelle Aussagen noch stärker wissenschaftlich zu belegen, wurden die Ergebnisse aus einer Vielzahl an Projekten sowie von Bachelor- und Masterarbeiten mit in die dritte Auflage übernommen. Besonders hinweisen möchte ich auf eine im Juni 2009 abgeschlossene Untersuchung zur interkulturellen Vorbereitung, an der 21 internationale Unternehmen teilgenommen haben. Sowohl der dabei eingesetzte Fragebogen als auch die Ergebnisse der Studie finden sich in Kapitel 9.9.

Alle fünf Länderkapitel wurden überarbeitet und aktualisiert. In diesem Kontext wurde dem Wunsch nach mehr case studies und einer erhöhten Anzahl an Rollenspielen entsprochen. Mit einem zweiten interkulturellen Test wurde zudem die Möglichkeit erweitert, sein interkulturelles Wissen einem zusätzlichen Check zu unterwerfen.

Die dritte Auflage des Buches folgt der bisherigen Intention, den Anteil an englischen Texten weiter zu erhöhen. Immer mehr international operierende Unternehmen entscheiden sich für Englisch als Geschäftssprache. Hinzu kommt, dass auch die interkulturellen Trainingsinstitute und zunehmend mehr Hochschulen diesem Trend folgen und ihre Seminare und Vorlesungen – zumindest teilweise – in englischer Sprache anbieten.

Besonderer Dank geht an dieser Stelle an meine studentische Hilfskraft und Studentin des internationalen Studienganges, Baltic Management Studies, Frau *Anna Hanisch,* die durch ihr enorm hohes Engagement und ihre stete Einsatzbereitschaft mir bei der Erstellung dieser Auflage eine große Hilfe war.

Bedanken möchte ich mich auch für die konstruktive Kritik, die ich in den zurückliegenden Jahren von Kollegen, Praktikern, aber auch von Studenten erfahren habe. Die darin ausgedrückte kritisch ermutigende Haltung wird hoffentlich auch diese Auflage begleiten.

Jürgen Rothlauf

Vorwort zur 4. Auflage

Es freut mich sehr, dass das Interesse der fachkundigen Leserschaft zu einer 4. Auflage meines Buches geführt hat. Damit war für mich wiederum die Möglichkeit gegeben, zahlreiche Anregungen und Hinweise mit in diese Neuauflage aufzunehmen. Insbesondere der Wunsch nach einem höheren Anteil an englischen Texten konnte entsprochen werden, was insbesondere das zentrale 2. Kapitel betrifft. Außerdem wurde die Anzahl der Rollenspiele und Case Studies in englischer Sprache erhöht.

Was die einzelnen Länderkapitel angeht, so wurden dort, wo notwendig, Überarbeitungen vorgenommen und neue Texte eingefügt. Ein eigenes Länderkapitel „Indien" war aus Zeitgründen leider nicht möglich. Allerdings haben mehrfache Besuche Indiens meinerseits in den zurückliegenden zwei Jahren dazu geführt, dass gerade bei der Auswahl an interkulturellen Beispielen sehr stark auf Indien Bezug genommen worden ist.

Das 15. Kapitel, welches dem Leser die Möglichkeit gibt, seine interkulturellen Fähigkeiten zu testen, wurde weiter ausgebaut und für den Globality Check ein Lösungsvorschlag für die entsprechenden Aufgabenstellungen erarbeitet, wobei die Hinweise allerdings nur als Diskussionsgrundlage angelegt sind. Auch neueste Erkenntnisse aus unseren interkulturellen Untersuchungen haben wiederum Eingang in diese 4. Auflage gefunden. Die Ergebnisse unserer Studien zum Themenbereich Merger und Akquisition sowie zum Agieren in interkulturellen Teams werden vorgestellt.

Dieses Buch wäre ohne die Unterstützung einer Reihe von Personen nicht möglich gewesen. Deswegen gebührt vielen Dank, die mir hierbei geholfen haben, ohne sie alle im Einzelnen namentlich zu nennen. Besonderer Dank geht an meine studentische Hilfskraft und Studentin des internationalen Studienganges Baltic Management Studies, Frau *Elisabeth Guth*, die mir in außergewöhnlicher Weise, mit hohem persönlichen Einsatz und steter Leistungsbereitschaft geholfen hat.

Wer sich mit interkulturellen Fragen weltweit beschäftigt, wird immer wieder an eine Person erinnert, die hier wegweisend für uns alle geworden ist, nämlich Prof. Dr. G. Hofstede. Dass er meinen französischen Studenten die Möglichkeit gegeben hat, ihn zu besuchen, sie zu bewirten und bereit war, Ihnen in einem mehr als zweistündigen Interview ausführlich Rede und Antwort zu stehen, zeigt eine außergewöhnliche Persönlichkeit, die neben höchster fachlicher Kompetenz auch über die herausragende Fähigkeit verfügt, Menschen für sich zu gewinnen. Dass er darüber hinaus auch noch zugestimmt hat, dass wir Teile dieses Interviews mit in die 4. Auflage übernehmen dürfen, ist mir eine große Ehre und macht mich und meine Studenten in Mulhouse/Colmar ebenso wie in Stralsund sehr stolz. Wir sind *PROF. DR. G. HOFSTEDE* zu großen Dank verpflichtet. Der Life Achievement Award der Weiterbildungsbranche, der im Jahre 2012 an Prof. Dr. G. Hofstede verliehen wurde, würdigt dabei in besonderer Weise sein Lebenswerk.

Bedanken möchte ich mich auch für die vielfältige Unterstützung, die ich durch das Lektorat der Wirtschafts- und Sozialwissenschaften des Oldenbourg Verlags unter der Leitung von Dr. Stefan Giesen, erfahren habe.

Wie immer, so steht auch diese 4. Auflage jeder konstruktiven Kritik offen. Der Autor möchte dabei die Gelegenheit nutzen, sich bei all denjenigen zu bedanken, die in den zurückliegenden Jahren Interesse an interkulturellen Fragestellungen gezeigt und durch ihre Anregungen und Empfehlungen diese vierte Auflage mit ermöglicht haben. Ich würde mich sehr freuen, wenn der kritisch-konstruktive Dialog meine Arbeit auch in Zukunft weiterhin begleiten möge.

Jürgen Rothlauf

INHALT

Vorwort

Grundlagen des Interkulturellen Managements

1	**Interkulturelles und Internationales Management**	**1**
1.0	Problemstellung	1
1.1	„Mentale Internationalisierung"	2
1.2	Zum Begriff Internationalisierung	2
1.3	Internationalisierung, Regionalisierung und Globalisierung	3
1.4	The Global Challenge	5
1.5	Zur Bedeutung und zum Stellenwert des Interkulturellen Management	11 11
1.6	Das Aufgabengebiet des Interkulturellen Managements	15
1.7	Herausforderungen im Interkulturellen Management	17
1.8	2008: European Year of Intercultural Dialogue	18
1.9	Interkulturelles Management versus Cross-Cultural-Management	20
1.10	Literaturverzeichnis	23
2	**Kulturelle Überlegungen als Ausgangspunkt des Interkulturellen Managements**	**27**
2.0	Statement of the Problem	27
2.1	Acting in a Different Cultural Setting	28
2.2	The Term "Culture" from a Scientific-Anthropological Point of View	29
2.3	The Iceberg-Model	31
2.4	Approaching a Systematization of Different Cultural Concepts	32
2.4.1	The Cultural Concept of Keller	32
2.4.2	The Cultural Concept of Luthans	33
2.4.3	The Cultural Concept of Kluckhohn	33
2.4.4	Schein's Model: Three Levels of Culture	34
2.5	Categorization of Cultural Elements	35
2.5.1	Symbols	36

	2.5.2	Heroes	36
	2.5.3	Rituals	36
	2.5.4	Value Systems	37
2.6		Comparison of Five Cultural Models	37
	2.6.1	Hall's Cultural Model	38
	2.6.1.1	Context	38
	2.6.1.2	Space	41
	2.6.1.3	Time	41
	2.6.1.4	Information Flow	42
	2.6.1.5	Critical Review of Hall's Study	42
	2.6.2	Hofstede's 5-Dimension Model	43
	2.6.2.1	Power Distance	43
	2.6.2.2	Individualism versus Collectivism	44
	2.6.2.3	Masculinity versus Femininity	45
	2.6.2.1	Uncertainty Avoidance	46
	2.6.2.2	Short-Term versus Long-Term Orientation	47
	2.6.2.3	Sixth Dimension: Indulgence versus Restraint	47
	2.6.2.4	Critical Review of Hofstede's Study	48
	2.6.2.5	Country-Specific Point Scores of the 5-D-Model	48
	2.6.3	Trompenaars' 7-D-Model	52
	2.6.3.1	Universalism versus Particularism	52
	2.6.3.2	Individualism versus Collectivism	53
	2.6.3.3	Neutral versus Affective	54
	2.6.3.4	Specific versus Diffuse	55
	2.6.3.5	Achievement versus Ascription	56
	2.6.3.6	Human-Time-Relationship	57
	2.6.3.7	Human-Nature-Relationship	57
	2.6.3.8	Critical Review of Trompenaar's Study	58
	2.6.4	The Cultural Model of Shalom H. Schwartz	60
	2.6.4.1	Schwartz's Cultural Dimensions	61
	2.6.4.1.1	Embeddedness versus Autonomy	61
	2.6.4.1.2	Egalitarianism versus Hierarchy	61
	2.6.4.1.3	Harmony versus Mastery	62
	2.6.4.2	Critical Review of Schwartz's Cultural Concept	62
	2.6.5	GLOBE-Study	64
	2.6.5.1	The Nine Dimensions of the GLOBE-Study	64
	2.6.5.2	Critical Review of the GLOBE Study	67
2.7		Comparison of the Culture Models	67
2.8		The Application of Cultural Models in the Training Practice	70
2.9		Interview with Prof. Dr. Geert Hofstede	71
2.10		Levels and Core Elements of the Cultural Environment and Its Influence on an Assignment Abroad	78
	2.10.1	Questioning One's Own Cultural Point of View	78

2.10.2	Core Elements of the Cultural Environment	80
2.10.3	Regarding the Interrelation of the Core Elements	81
2.11	Intercultural Exercise: Bridge construction experts among the "Ulemans"	84
2.12	Literaturverzeichnis	86

3 Unternehmenskultur und Internationalität — 89

3.0	Problemstellung	89
3.1	Identifikation mit dem Unternehmen	90
3.2	Zum Profil einer Unternehmenskultur	91
3.3	Ebenen der Unternehmenskultur	91
3.3.1	Makroebenen der Unternehmenskultur	92
3.3.2	Mikroebenen der Unternehmenskultur	94
3.4	Unternehmenskultur und Internationalisierungsgrad	94
3.4.1	Die ethnozentrische Ausrichtung	95
3.4.2	Die polyzentrische Ausrichtung	97
3.4.3	Die regio-/geozentrische Ausrichtung	99
3.5	Prozesse der Kulturanpassung	101
3.5.1	Phasen der Kulturanpassung	101
3.5.2	Ergebnisse von Kulturanpassungsprozessen	103
3.6	Bausteine eines internationalen Unternehmensleitbildes	104
3.7	Unternehmenskulturen in globaler Interaktion	107
3.7.1	Ein Forschungsprojekt zur globalen Kulturentwicklung	107
3.7.2	Die Kulturintegrationstreiber	108
3.7.2.1	Checkliste: Cultural Vision	108
3.7.2.2	Checkliste: Local Dialogue	109
3.7.2.3	Checkliste: Visible Action	110
3.7.2.4	Checkliste: Communicator	110
3.7.2.5	Checkliste: Cultural Ambassador	111
3.7.2.6	Checkliste: Open Sky	112
3.7.2.7	Checkliste: Compliance	112
3.8	Mergers & Acquisitions	113
3.8.1	The Term Merger & Acquisition	114
3.8.2	The Process of Forming Mergers & Acquisitions	115
3.8.2.1	Pre-Merger Phase	115
3.8.2.2	Post-Merger Integration	115
3.8.2.3	Preparation Phase	115
3.8.2.4	Transition Phase	116

	3.8.2.5 Integration Phase	116
	3.8.2.6 Consolidation Phase	117
3.8.3	An evaluation of Mergers & Acquisitions	117
3.8.4	Influence of Culture on M&A – Selected Results of Two Studies	119
3.8.5	A practical example: a pre-deal planning by KPMG	121
3.8.6	Case Study: Eine gelungene Fusion: Deutsche Bank und Bankers Trust	125
3.9	Literaturverzeichnis	132

4 Wertewandel als Einfluss von Kultur und Technologie   135

4.0	Problemstellung	135
4.1	Persönliches Wertesystem und Wertewandel	136
4.2	Weltweite Veränderungen des Werte- und Normengefüges	137
	4.2.1 Gegenwärtige Entwicklung	137
	4.2.2 World Values Survey	141
	4.2.3 Sample Questions from the World Values Survey	142
4.3	Valuing Diversity and Managing Diversity	144
4.4	Wertewandel und Moral Leadership	147
4.5	Das Beispiel der Hilti AG	149
4.6	Gemeinsame Wertehaltungen von Managern aus unterschiedlichen Kulturkreisen	150
4.7	Wertehaltungen und ihre Gewichtung in unterschiedlichen Kulturkreisen	152
4.8	Case Study: A vision of a modern Arab world	156
4.9	Literaturverzeichnis	159

5 Interkulturelle Kompetenz   161

5.0	Problemstellung	161
5.1	Zum Kompetenzbegriff	162
5.2	Zur Begriffsbestimmung von interkultureller Kompetenz	162
5.3	Zielsetzungen von interkultureller Kompetenz	164
5.4	Anforderungen an interkulturelle Kompetenz	165
5.5	Merkmale interkultureller Kompetenz	167

5.6	Notwendige Kompetenzen für die Arbeit in internationalen Organisationen	169
5.7	Intercultural Competence in the Framework of the 7-S-Model	172
5.7.1	The "Hard" Elements of the 7-S-Model	173
5.7.2	The "Soft" Elements of the 7-S-Model	174
5.8	Zur Umsetzung von interkultureller Kompetenzvermittlung	175
5.8.1	Das Beispiel BMW	175
5.8.1.1	Bestandsaufnahme und Zielvorstellungen	176
5.8.1.2	Das modular aufgebaute 3-Stufen-Konzept	178
5.8.2	Das Beispiel Bosch	180
5.8.2.1	Interkultureller Kompetenzerwerb und interkulturelle Lernkurve	180
5.8.2.2	Maßnahmen zur interkulturellen Sensibilisierung	182
5.9	Studien zur interkulturellen Kompetenz	185
5.9.1	Ergebnisse der Untersuchung der Unternehmensberatung Windham International	186
5.9.2	Ergebnisse der Untersuchung des Instituts für Personalmanagement	188
5.10	WWW – a selection of intercultural sites	189
5.11	Case Study: Germans are often more direct	191
5.12	Literaturverzeichnis	193

6 Interkulturelle Kommunikation 195

6.0	Problemstellung	195
6.1	Der Kommunikationsprozess	195
6.2	Unterschiedliche Kommunikationsarten	197
6.2.1	Verbale Kommunikation	198
6.2.1.1	Sprache und Kommunikation	200
6.2.1.1.1	Wichtige Sprachen und deren Verbreitung	201
6.2.1.1.2	Englisch als Weltkommunikationssprache	202
6.2.1.1.3	Ausweitung und Erneuerung von Sprachen	203
6.2.1.1.4	Survival knowledge	204
6.2.1.2	Kommunikation und Geschäftätigkeit	206
6.2.1.2.1	Die richtige Themenwahl als Gesprächseröffnung	207
6.2.1.2.2	Auslandstelefongespräche	208
6.2.2	Paraverbale Kommunikation	211
6.2.3	Non-verbale Kommunikation	213
6.2.3.1	Formen der non-verbalen Kommunikation	214
6.2.3.1.1	Die „Zeitsprache"	216
6.2.3.1.2	Die „Körpersprache"	219

	6.2.3.1.3	Die Sprache des „Raumes"	221
	6.2.3.1.4	Die „Vertragssprache"	223
6.3		Grundsätze interkultureller Kommunikation	226
6.4		Case Study: Indien: Manager-Erfahrungen in einem fremden Kulturkreis	229
6.5		Literaturverzeichnis	231

7 Interkulturelle Personalführung 233

7.0	Problemstellung	233
7.1	Herausforderungen an die Führungskraft	234
7.1.1	Fremdbestimmtes Arbeitsumfeld	234
7.1.2	Mehrdimensionalität des Aufgabenbereiches	235
7.2	Führungstheorien	237
7.2.1	Theorie X und Theorie Y	238
7.2.2	Führungsstilformen	239
7.3	Führungsstile und Kulturtypen	242
7.4	Leading Across Cultures: Personality versus Authenticity	243
7.5	Führungsverhalten in Abhängigkeit von religiösen Einflüssen	245
7.5.1	Der Einfluss des Konfuzianismus auf das Führungsverhalten	246
7.5.2	Der Einfluss des Buddhismus auf das Führungsverhalten	248
7.5.3	Der Einfluss des Taoismus auf das Führungsverhalten	250
7.5.4	Der Einfluss des Islam auf das Führungsverhalten	251
7.5.5	Fazit	252
7.6	Führungsverhalten und Erwartungshaltungen	253
7.6.1	Beispiel für ein Führungsmissverständnis	253
7.6.2	Interkulturelle Führungskompetenz - vier Reaktionstypen	254
7.6.3	Interaktive Fertigkeiten einer Auslandsführungskraft	257
7.6.4	Anforderungsprofil für Auslandsmanager	258
7.6.4.1	Ergebnisse der Töpfer-Studie	259
7.6.4.2	Interview mit Dr. Franz B. Humer, Roche Holding AG	261
7.6.4.3	Ergebnisse der Studie der Deutschen Wirtschaft	262
7.7	The Intercultural Manager	265
7.8	Der Weg zum Globalpreneur	269
7.8.1	Neue Kompetenzebenen	269
7.8.2	Zum Handlungsumfeld des Global Managers	272
7.8.2.1	Distance	273
7.8.2.2	Country	273
7.8.2.3	Culture	273

7.9	Neue Herausforderungen für das Internationale Personalmanagement	274
7.9.1	Thesen zur Internationalisierung des Personalmanagements	274
7.9.2	Internationale Führungsrichtlinien und Auswahlkriterien bei der Robert Bosch GmbH	275
7.9.2.1	Internationale Führungsrichtlinien	275
7.9.2.2	Internationale Auswahlkriterien	276
7.10	Case Study: Auslandsentsendungen	280
7.11	Literaturverzeichnis	282

8 Internationale Teams — 285

8.0	Problemstellung	285
8.1	Zur Notwendigkeit der Bildung internationaler Teams	285
8.2	Herausforderungen an internationale Teams	286
8.2.1	Interkultureller Lernprozess als Ausgangspunkt	288
8.2.2	Stimulierende Faktoren	288
8.2.3	Leistungshemmende Faktoren	289
8.2.4	Lernprozess und Gruppenentwicklung	290
8.3	Multikulturalität und Gruppenverständnis	290
8.3.1	Zum Aufbau eines interkulturellen Gruppenverständnisses	291
8.3.2	Einsichten und Konsequenzen	292
8.3.3	Gruppenerfahrung und Polaritäten	294
8.4	Effektivität von multikulturellen Teams	295
8.4.1	Konflikte als belebendes Element	295
8.4.2	Gruppeneffektivität und Nationalität	297
8.4.2.1	Zwei Unternehmen – zwei unterschiedliche Ergebnisse	297
8.4.2.2	Gruppeneffektivität und Auslandserfahrung der Mitarbeiter	298
8.4.2.3	Gruppeneffektivität und Kommunikationssprache	299
8.4.3	Gruppeneffektivität und internationale Zusammensetzung	300
8.4.4	Gruppeneffektivität und Aufgabenstellung	300
8.5	Die fünf Phasen der Teamentwicklung	302
8.6	Intercultural Team Building	304
8.7	A Study on Intercultural Teams: The OCCAR Example	308
8.8	Zur Teamentwicklung eines multikulturellen und interdisziplinären Projektteams – ein Workshop der Firma 3 M	310
8.8.1	Ausgangssituation und Zusammensetzung des Teams	310
8.8.2	Workshop: Struktur und Ablauf	311
8.8.2.1	Der erste Abend	311
8.8.2.2	Der erste Tag	311

	8.8.2.3 Der zweite Tag	317
8.8.3	Exercise: Cross-Cultural Team-Building Scale	319
8.9	Two Interviews on Working in Intercultural Teams	320
8.9.1	Interview with Henrick Wegner, Netcom Consultants	320
8.9.2	Interview with Jerry Holm, DB Schenker	321
8.10	Role play: Intercultural Team Work	322
8.11	Case Study: Managing Diversity at Luxury Island Resort	326
8.12	Literaturverzeichnis	329

9 Interkulturelle Auslandsvorbereitung und Reintegration — 331

9.0	Problemstellung	331
9.1	Unzureichende Vorbereitung auf einen Auslandseinsatz	331
9.1.1	Eine Bestandsaufnahme	331
9.1.2	Culture Shock India	334
9.1.3	Culture Shock Saudi-Arabia	335
9.2	Ziele der interkulturellen Vorbereitung	336
9.3	Adressaten der interkulturellen Vorbereitung	337
9.3.1	Fach- und Führungskräfte	337
9.3.2	Mit ausreisender Partner und Familie	339
9.4	Interkulturelle Trainingsmethoden	342
9.4.1	Informationsorientiertes Training	343
9.4.2	Kulturorientiertes Training	343
9.4.3	Interaktionsorientiertes Training	344
9.4.4	Die Culture Assimilator Methode	345
9.4.5	Interkulturelles Training via E-Learning	345
9.4.6	Trainingsmethoden und ihre Anwendung in der Praxis	347
9.5	Dauer der interkulturellen Vorbereitung	349
9.6	Kosten der interkulturellen Vorbereitung	350
9.7	Kriterien für die Auswahl der Trainer	352
9.8	Veranstalter von interkulturellen Seminaren	354
9.9	Intercultural Training at Robert Bosch India Limited	356
9.9.1	Global Corporate Etiquette	356
9.9.2	Intercultural Training: Country-specific	357
9.10	Survey on Intercultural Preparation	358
9.11	Reintegration	362
9.11.1	Zur Begriffsbestimmung	363
9.11.2	Reintegrationsprobleme	363

9.11.3	Studien zur Reintegrationspolitik	365
9.11.3.1	Studie von Ladwig/Loose	365
9.11.3.2	Studie von Management Mobility Consulting	367
9.11.3.3	Studie von Windham International & NFTC	368
9.11.4	Reintegration: Konsequenzen für die Unternehmen	369
9.11.5	Fragebogen zur Reintegration von Auslandsmitarbeitern	371
9.11.6	Case Study: Outsourcing Sends U.S. Firms to "Trainer"	373
9.12	Literaturverzeichnis	376

Angewandtes Interkulturelles Management - Länderbeispiele

10 Interkulturelles Management in Vietnam   379

10.1	Basisindikatoren im Vergleich	379
10.2	Politisch-ökonomische Rahmenbedingungen	380
10.2.1	Vietnam auf dem Weg zur politischen Freiheit	380
10.2.2	Vietnam auf dem Weg zur sozialistisch orientierten Marktwirtschaft	382
10.2.2.1	Staatliche versus nicht-staatliche Betriebe	385
10.2.2.2	Vietnam ein dynamischer Wachstumsmarkt in Asien mit deutschsprachigem Arbeitskräftepotenzial	387
10.3	Soziokulturelle Rahmenbedingungen	391
10.3.1	Zum Einfluss des nicht-religiösen Kulturwissens	391
10.3.2	Reziprozität als Handlungsprinzip	392
10.3.3	Die Familie als Eckpfeiler der vietnamesischen Gesellschaft	393
10.3.3.1	Reisanbau als gemeinschaftsbildender Faktor	394
10.3.3.2	Familiäre Denk- und Handlungsstrukturen und ihr Einfluss auf die vietnamesische Gesellschaft	395
10.3.4	Zum Neben- und Miteinander der verschiedenen vietnamesischen Religionen und ihrem Einfluss auf das geistige und religiöse Leben	397
10.3.4.1	Religion als Teilhabe an Tradition und Kultur	397
10.3.4.2	Ahnenkult und Animismus	399
10.3.5	Der Konfuzianismus	400
10.3.5.1	Der Konfuzianismus als Lebensphilosophie	400
10.3.5.2	Konfuzianismus und Ökonomie	401
10.3.5.3	Konfuzianismus und Sozialismus	402
10.3.5.4	Werte- und Tugendenkatalog	403
10.3.5.5	Regeln und Rituale	403
10.3.6	Taoismus	404
10.3.6.1	Grundzüge des Taoismus	405

10.3.6.2	Yin und Yang	406
10.3.6.3	Taoistische Kosmologie	408
10.3.6.4	Taoismus und Alltagsleben	409
10.3.7	Der Buddhismus	410
10.3.7.1	Mahayana- und Hinayana- Buddhismus	411
10.3.7.2	Volksbuddhismus	412
10.3.7.3	Zum Einfluss des Konfuzianismus auf den Buddhismus	414
10.3.8	Cao Dai und Hoa Hao	414
10.3.9	Christentum	416
10.3.10	Das Tetfest	416
10.3.10.1	Natur und Glauben als Ausgangspunkt	417
10.3.10.2	Sitten und Bräuche zum Tetfest	418
10.3.10.3	Tetfest und Geschäftskontakte	419
10.4	Verbale und non-verbale Kommunikation	420
10.4.1	Besuchsankündigung	421
10.4.2	Begrüßung	421
10.4.3	Austausch von Visitenkarten	422
10.4.4	Teezeremonie und Small Talk	423
10.4.5	Zeitliche Vorstellungen	425
10.4.6	Verhandlungsablauf	426
10.4.7	Redewendungen	430
10.4.8	Einladung zum Abendessen	432
10.4.9	Gastgeschenke	435
10.4.10	Zur Bedeutung der Körpersprache	436
10.5	Führungs- und Entscheidungsverhalten	438
10.5.1	Hierarchiegebundenheit	438
10.5.2	Top-Down-Prinzip	439
10.5.3	Zur Rolle der Betriebsdirektoren	439
10.5.4	Zum Gruppenverhalten	440
10.5.5	Zum Umgang mit Kritik	442
10.5.6	Trainingsmaßnahmen	443
10.5.7	Das „Tinh-Cam-Prinzip"	444
10.6	Case Study: Nepotism in Vietnam	446
10.7	Literaturverzeichnis	447

11 Interkulturelles Management in China   451

11.1	Basisindikatoren im Vergleich	451
11.2	Politisch-ökonomische Rahmenbedingungen	452
11.2.1	Ambivalenz als Mittel der Politik	452
11.2.2	Sozialistische Marktwirtschaft auf Wachstumskurs	454

	11.2.2.1	Die fünf Eckpfeiler der wirtschaftlichen Entwicklung	455
	11.2.2.2	Sonderwirtschaftszonen	457
	11.2.3	China ein Markt für deutsche Auslandsinvestitionen	459
	11.2.4	Produktpiraterie	461
11.3		Soziokulturelle Rahmenbedingungen	464
	11.3.1	Verschiedene Glaubensrichtungen und Lebensphilosophien	464
	11.3.1.1	Zur Rolle des Aberglauben	464
	11.3.1.2	Glaubensfreiheit für alle Religionen und ihre Verbreitung	465
	11.3.1.3	Taoismus	465
	11.3.1.4	Konfuzianismus	466
	11.3.1.5	Konfuzianismus und Familienleben	469
	11.3.2	Zur Rolle der „Danwei"	469
	11.3.3	„Guanxi"	471
11.4		Verbale und non-verbale Kommunikation	473
	11.4.1	Begrüßung	473
	11.4.2	Visitenkarten	475
	11.4.3	Kleiderordnung	476
	11.4.4	Verhandlungsablauf und -führung	477
	11.4.4.1	„Warming-up"-Phase	478
	11.4.4.2	Themenbereiche	478
	11.4.4.3	Verhandlungsführung	480
	11.4.5	Zeitliche Vorstellungen	483
	11.4.6	Geschäftsessen	484
	11.4.6.1	Sitzordnung	484
	11.4.6.2	Essen und Trinken	485
	11.4.6.3	Rückeinladung	487
	11.4.7	Gastgeschenke	487
	11.4.8	Non-verbale Kommunikation	490
	11.4.8.1	Mimik	490
	11.4.8.2	Stimme	491
	11.4.8.3	Gesicht und Kommunikation – Mianzi	492
11.5		Führungs- und Entscheidungsverhalten	494
	11.5.1	Hierarchiegebundenheit	494
	11.5.2	Top-Down-Prinzip	496
	11.5.3	Gruppenverhalten	500
	11.5.4	Kritik- und Konfliktverhalten	502
	11.5.5	Probleme bei der Entscheidungsfindung in Joint-Venture-Unternehmen	504
	11.5.6	Interkulturelle Trainingsmaßnahmen – Ein Seminarbeispiel	506
11.6		Case Study: Great Wall? Firm eyes great bridge	509
11.7		Literaturverzeichnis	511

12	**Interkulturelles Management in Japan**	**513**
12.1	Basisindikatoren im Vergleich	513
12.2	Politisch-ökonomische Rahmenbedingungen	514
12.2.1	Japans wirtschaftlicher Aufstieg und der Einfluss des Westens	514
12.2.2	Zum japanischen Korporatismus und den aktuellen Schwierigkeiten	514
12.2.3	Zur Zusammenarbeit von Staat und Wirtschaft	516
12.2.4	Zur Rolle der Keiretsus	517
12.2.5	Die deutsch-japanischen Handelsbeziehungen	518
12.3	Soziokulturelle Rahmenbedingungen	520
12.3.1	Der normative Aspekt – die Wertvorstellungen	521
12.3.1.1	Zum Einfluss der Religionen	522
12.3.1.2	Der Samurai als Vorbild	523
12.3.2	Die Gruppenideologie	524
12.3.3	Harmonie	526
12.3.4	Das Familienkonzept	527
12.3.5	Zum japanischen Denkansatz	527
12.4	Verbale und non-verbale Kommunikation	528
12.4.1	Besuchsankündigung	528
12.4.2	Begrüßung	530
12.4.2.1	Austausch von Visitenkarten	530
12.4.2.2	Aisatsu	531
12.4.3	Sprache als behutsames Ausdrucksmittel	532
12.4.4	Zeitliche Vorstellungen	533
12.4.5	Gastgeschenke	534
12.4.6	Einladung zum Essen	535
12.4.7	Non-verbale Kommunikation	536
12.4.7.1	Lächeln	537
12.4.7.2	Gesten	538
12.4.7.3	Schweigen	539
12.4.7.4	Proxemik – paraverbale Kommunikation	540
12.5	Führungs- und Entscheidungsverhalten	541
12.5.1	Langzeitbeschäftigung	541
12.5.2	Senioritätsprinzip (nenko joretsu)	543
12.5.3	Zum Umgang mit Lob und Kritik	544
12.5.4	Formen der Entscheidungsfindung	546
12.5.4.1	Kyodotai	547
12.5.4.2	Ringi Seido	548
12.5.4.3	Berater	550
12.5.4.4	Gruppenorientierung im Entscheidungsverhalten: Ein Vergleich zwischen japanischen und deutschen Managern	551

12.5.5	Führungsstile im Vergleich	554
12.5.6	Das 7-S-Modell am Beispiel des Elektrokonzerns Matsushita	556
12.5.7	Personalmanagementsysteme im internationalen Bereich:	558
	Japan – USA – Deutschland	558
12.5.7.1	Innerbetriebliches Kommunikationsverhalten	559
12.5.7.2	Innerbetriebliches Entscheidungsverhalten	561
12.5.7.3	Vorgesetzten-Untergebenen-Verhältnis	563
12.5.7.4	Schlussfolgerungen	565
12.6	Anforderungen und Erwartungen an zukünftige Manager im Ostasiengeschäft	566
12.6.1	Anspruchsprofil und Auslandsvorbereitung	566
12.6.2	Ergebnisse einer Studie des Ostasien-Instituts	567
12.7	Case Study and Role Play	570
12.7.1	Case Study: Getting people to play ball	570
12.7.2	Role Play: Time for a coffee break	571
12.8	Literaturverzeichnis	573

13 Interkulturelles Management in Russland — 577

13.1	Basisindikatoren im Vergleich	577
13.2	Politisch-ökonomische Rahmenbedingungen	578
13.2.1	Russland nach dem Zerfall des sowjetischen Imperiums	578
13.2.2	Spezifische Merkmale der russischen Wirtschaft	579
13.2.2.1	Drei historisch wichtige Wirtschaftsepochen	579
13.2.2.2	Russlands Wirtschaft im Transformationsprozess	582
13.2.2.3	Privatisierung	587
13.2.2.4	Korruption als Tradition	589
13.2.3	Das unzureichend ausgeschöpfte Erfahrungspotential	590
	ehemaliger Fach- und Führungskräfte der DDR	590
13.3	Soziokulturelle Rahmenbedingungen	594
13.3.1	Zum Einfluss der russisch-orthodoxen Kirche	594
13.3.1.1	Mystik und Leidensfähigkeit	595
13.3.1.2	Glaubensverständnis und Wirtschaftsverhalten	595
13.3.2	„Sobornost'" – der russische Kollektivgeist	597
13.3.3	Zum Spannungsverhältnis von unterschiedlichen Wertmustern	598
13.3.4	Ausgewählte Kulturstandards	600
13.3.4.1	Gemeinsinn	601
13.3.4.2	Interaktionsstil	601
13.3.4.3	Hohe Wertschätzung der Arbeit	602
13.3.4.4	Privatismus	603
13.3.4.5	System-Konformismus	603

13.3.4.6	Rigide Dialektik	604
13.3.4.7	Kulturdimensionen und Managerverhalten	604

13.4 Verbale und non-verbale Kommunikation 609
    13.4.1 Begrüßung 609
    13.4.2 Verhandlungsablauf 610
    13.4.3 Einladung zum Essen 612
    13.4.4 Gastgeschenke 614
    13.4.5 Zeitliche Vorstellungen 617
    13.4.6 Paraverbale Kommunikation 618
    13.4.7 Non-verbale Kommunikation 619

13.5 Führungs- und Entscheidungsverhalten 621
    13.5.1 Autoritätsfixierung und Führungsstil 622
        13.5.1.1 Merkmale des Autoritäts-Konformismus ... 622
        13.5.1.2 Folgen des Autoritäts-Konformismus 623
    13.5.2 Entscheidungsfindung 624
    13.5.3 Zum Gruppenverhalten 625
        13.5.3.1 Handlungsblockade 625
        13.5.3.2 Formalismus, Plan- und Detailorientierung .. 626
    13.5.4 Zum Umgang mit Lob und Kritik 626

13.6 Zur Zusammenarbeit zwischen Russen und Deutschen 628
    13.6.1 Konkrete Erfahrungen und allgemeine Einschätzungen 629
    13.6.2 Mentalitätsprobleme zwischen Russen und Deutschen 631
        13.6.2.1 Typisch russisch aus deutscher Sicht 631
        13.6.2.2 Typisch deutsch aus russischer Sicht 632
    13.6.3 Schwierigkeiten in der russisch-deutschen Zusammenarbeit ... 633
        13.6.3.1 Konfliktursachen 633
        13.6.3.2 Konfliktfelder aus Sicht der jeweiligen Führungskräfte ... 634

13.7 Case Study: From foundering consumer goods factory to cookware leader: A recipe for growth 638

13.8 Literaturverzeichnis 640

14 Interkulturelles Management in den Golfstaaten   643

14.1 Basisindikatoren im Vergleich 644
14.2 Politisch-ökonomische Rahmenbedingungen 645
    14.2.1 Zum geschichtlichen Hintergrund 645
    14.2.2 Wirtschaftsentwicklung 648
        14.2.2.1 Der Golf-Kooperationsrat 648
        14.2.2.2 Saudi-Arabien 648
        14.2.2.3 Vereinigte Arabische Emirate 653
        14.2.2.4 Katar 654

	14.2.2.5	Kuwait	655
	14.2.2.6	Bahrain	657
	14.2.2.7	Oman	658
14.3		Soziokulturelle Rahmenbedingungen	661
	14.3.1	Familie als wichtigste Sozialisationsinstanz	661
		14.3.1.1 Familienehre und die Rolle der Frau	662
		14.3.1.2 Zur Legitimation der Stammesfürsten	665
	14.3.2	Der Islam	667
		14.3.2.1 Zur Verbreitung des Islams	668
		14.3.2.2 Islamische Wirtschafts- und Gesellschaftsordnung	671
		14.3.2.3 Islamische Volkswirtschaft versus moderne Volkswirtschaft	671
		14.3.2.4 Quellen des islamischen Rechtssystems	673
	14.3.3	Die fünf Säulen des Islam	677
		14.3.3.1 Das Glaubensbekenntnis (Shahada)	677
		14.3.3.2 Das Gebet (Salat)	678
		14.3.3.3 Die Fastenzeit (Ramadan)	678
		14.3.3.4 Die Pilgerreise (Hadsch)	680
		14.3.3.5 Die Almosensteuer (Zakat)	682
	14.3.4	Der Islam im europäischen Denken	683
14.4		Verbale und non-verbale Kommunikation	685
	14.4.1	Begrüßung	686
		14.4.1.1 Begrüßungsformel	686
		14.4.1.2 Austausch von Visitenkarten	686
		14.4.1.3 Gesprächsthemen	687
		14.4.1.4 Kaffeezeremonie	688
	14.4.2	Zeitliche Vorstellungen	689
	14.4.3	Einladung zum Abendessen	691
	14.4.4	Non-verbale Kommunikation	693
		14.4.4.1 Geduld als Verhandlungstaktik	694
		14.4.4.2 Schweigen – eine ungewohnte Übung	695
14.5		Führungs- und Entscheidungsverhalten	696
	14.5.1	Top-Down-Haltung und Hierarchiegebundenheit	696
	14.5.2	Patriarchalischer Führungsstil	698
	14.5.3	Zum Umgang mit Lob und Kritik	699
	14.5.4	Verhandlungen	701
		14.5.4.1 Elemente der Verhandlungsführung im interkulturellen Vergleich	701
		14.5.4.2 Verhandlungen während des Fastenmonats Ramadan	702
	14.5.5	Familienunternehmen und Unternehmenskultur	703
14.6		Role play: German manager meets Saudi Arabian chairman	706
14.7		Literaturverzeichnis	710

15	**Two Global Intercultural Tests**		**715**
15.1	Siemens AG – Globality Check		715
	15.1.1	Presentation	715
	15.1.2	Feedback	715
	15.1.3	Meetings	715
	15.1.4	Negotiating	715
	15.1.5	Socializing	716
	15.1.6	International Projects	716
	15.1.7	Delegation	716
	15.1.8	Debriefing	716
15.2	A Test of Global Management Skills		717
15.3	Solutions		721
	15.3.1	Globality Check	721
		15.3.1.1 Presentations	721
		15.3.1.2 Feedback	722
		15.3.1.3 Meetings	722
		15.3.1.4 Negotiating	722
		15.3.1.5 Socializing	723
		15.3.1.6 International Projects	723
		15.3.1.7 Delegation	724
		15.3.1.8 Debriefing	724
	15.3.2	Further solutions	724
	15.3.3	Intercultural Exercise (p.84-85): Instructions for the "Ulemans"	725

Literaturverzeichnis 727

Stichwortverzeichnis 755

Abbildungsverzeichnis

Abb. 1	Challenges and Solutions in the Global Context	7
Abb. 2	Bedeutung des interkulturellen Trainings bei M&A	14
Abb. 3	Iceberg Model of Culture	31
Abb. 4	Schein's Three Levels of Culture	35
Abb. 5	The "Onion" Model: Manifestation of Culture	35
Abb. 6	Studies on National Cultures	37
Abb. 7	Low-Context- und High-Context-Kulturen	39
Abb. 8	Self-evaluation for low and high context orientation	39
Abb. 9	Monochronic versus polychronic time orientation	41
Abb. 10	Examples of different values for Power Distance	43
Abb. 11	Examples of different values for Collectivism/ Individualism	44
Abb. 12	Examples of different values for Masculinity/ Feminity	45
Abb. 13	Examples of different values for Uncertainty Avoidance	46
Abb. 14	Examples of different values for Long-Term Orientation	47
Abb. 15	Länderspezifische Punktwerte des 5–D-Modells	51
Abb. 16	Länderspezifische Punktwerte des 5-D-Modells – Ergänzung	52
Abb. 17	Universalism versus Particularism – Country comparison	52
Abb. 18	Universalism versus Particularism	53
Abb. 19	Individualism versus Collectivism	53
Abb. 20	Individualism versus Collectivism – Country comparison	54
Abb. 21	Neutral versus Emotional	54
Abb. 22	Neutral versus emotional – Country Comparison	55
Abb. 23	Specific versus Diffuse	55
Abb. 24	Specific versus diffuse – Country comparison	56
Abb. 25	Achievement versus Ascription	56
Abb. 26	Achievement versus Ascription – Country comparison	57
Abb. 27	Sequential versus Synchrone	57
Abb. 28	Internal versus External control	58
Abb. 29	The GLOBE Study's Cultural Dimensions	65
Abb. 30	Results of the GLOBE Study	66
Abb. 31	Hofstede, Trompenaars, Schwartz and GLOBE study in comparison	68
Abb. 32	Comparison of the Four Culture Models	69
Abb. 33	Application of the Cultural Models in Intercultural Seminars	70
Abb. 34	Elements of the cultural environment of international business	80
Abb. 35	Unterschiedliche Ebenen der Kulturbetrachtung	92
Abb. 36	Typologie des Internationalisierungsgrades von Unternehmen – Stufe 1	96
Abb. 37	Typologie des Internationalisierungsgrades von Unternehmen – Stufe 2	98
Abb. 38	Typologie des Internationalisierungsgrades von Unternehmen – Stufe 3	100

Abb. 39 Mögliche Verläufe des Akkulturationsprozesses	102
Abb. 40 Unternehmenskultur und Internationalität	106
Abb. 41 Sieben Ansatzpunkte zur kulturellen Integration	108
Abb. 42 The Integration process	115
Abb. 43 Problems during the merger process	118
Abb. 44 Wertewandel in Japan	138
Abb. 45 Numbers of countries and people covered by the WVS	141
Abb. 46 Equal Opportunity versus Diversity	146
Abb. 47 Wertehaltungen bei der Hilti AG	149
Abb. 48 Unterschiedliche Gewichtung von Wertvorstellungen in verschiedenen Kulturkreisen	153
Abb. 49 Interkulturelle Kompetenzen einer Führungskraft	163
Abb. 50 Kompetenzen, die bei internationalen Organisationen notwendig sind	170
Abb. 51 7-S-Model	173
Abb. 52 Acht Thesen zur internationalen Personalpolitik bei BMW	176
Abb. 53 Ergebnisse der Bestandsaufnahmen und Zielvorstellungen bei BMW	177
Abb. 54 Entwicklungsschritte zum internationalen Denken und Handeln bei BMW	178
Abb. 55 Die Kultur-Lernkurve bei Bosch	181
Abb. 56 Maßnahmen zur Entwicklung interkultureller Kompetenz bei Bosch	182
Abb. 57 How Companies Prepare for Global Expansion	186
Abb. 58 Value of Cross-Cultural Preparation	187
Abb. 59 Die wichtigsten sozialen Kompetenzen	188
Abb. 60 Der Kommunikationsprozess	196
Abb. 61 Unterschiedliche Kommunikationsarten	198
Abb. 62 Sprecherzahlen großer Sprachen	201
Abb. 63 Verbreitung der wichtigsten chinesischen und westlichen Sprachen	202
Abb. 64 Geeignete und weniger geeignete Gesprächsthemen	208
Abb. 65 Empfehlungen für das Führen von Telefongesprächen – Ein Vergleich der US-amerikanischen, japanischen und arabischen Kulturen	210
Abb. 66 Formen der non-verbalen Kommunikation	214
Abb. 67 Aufnahme der unterschiedlichen Kommunikationsarten	225
Abb. 68 Unterschiedliche Herausforderungen an die Führungskraft	235
Abb. 69 Rangliste der Unternehmen nach Internationalität ihrer Vorstandsmitglieder sowie Anteilseignervertreter im Aufsichtsrat	241
Abb. 70 Cultural Types: The Lewis Model	242
Abb. 71 Anforderungen an einen Auslandsmanager	259
Abb. 72 Globales Denken ist Trumpf	263
Abb. 73 The Intercultural Manager	266
Abb. 74 Die vier Kompetenzdimensionen eines „Globalpreneurs"	270
Abb. 75 Unterschiedliche Phasen der Gruppenentwicklung	304

Abb. 76	Strengths and weaknesses of multicultural teams	305
Abb. 77	Teamentwicklungs-Workshop bei 3 M - Programmübersicht	313
Abb. 78	Lösungsansatz zur Sprachenthematik	315
Abb. 79	Interkulturelle Trainingsmethoden	342
Abb. 80	Frequency of Intercultural Training Methods (0 = not offered, 5 = very often)	348
Abb. 81	Durchschnittliche Dauer von interkulturellen Trainingsseminaren	350
Abb. 82	Kostenübernahme für Schulungen durch das Unternehmen	351
Abb. 83	Survey on intercultural preparation: Results of an international study 2009	360
Abb. 84	Erwartungshaltungen der Expatriates und unternehmensinterne	366
Abb. 85	Vorbereitungsmaßnahmen im Hinblick auf einen Auslandseinsatz	368
Abb. 86	Unterstützung der Familie bei der Reintegration	369
Abb. 87	Fragebogen zur Mitarbeiterentsendung ins Ausland	372
Abb. 88	Ausgewählte Basisindikatoren im Vergleich Vietnam-Deutschland im Jahre 2011	379
Abb. 89	Ausdrucksformen des Yin-Yang-Prinzips	408
Abb. 90	Eine zweisprachig gedruckte Visitenkarte	422
Abb. 91	Eine vietnamesische Visitenkarte	423
Abb. 92	Verhaltens-Knigge beim Teetrinken	424
Abb. 93	Häufig gebrauchte Redewendungen und ihre Bedeutung in Vietnam	431
Abb. 94	Beispiele non-verbaler Kommunikation in Vietnam	437
Abb. 95	Ausgewählte Basisindikatoren im Vergleich China-Deutschland im Jahre 2011	451
Abb. 96	Deutsch – Chinesischer Außenhandel	459
Abb. 97	Fünf konfuzianische Tugenden	468
Abb. 98	Konfuzianisch geprägte Verhaltensweisen im chinesischen Alltag	469
Abb. 99	Unterschiede in der Verhandlungsführung zwischen deutschen und chinesischen Geschäftspartnern	483
Abb. 100	Bedürfnispyramide nach Maslow übertragen auf chinesische Mitarbeiter	496
Abb. 101	Konfliktlösungsstrategien in deutsch-chinesischen Verhandlungen	504
Abb. 102	Übersicht über Seminarprogramm: Interkulturelles Management in China	508
Abb. 103	Ausgewählte Basisindikatoren im Vergleich Japan-Deutschland im Jahre 2011	513
Abb. 104	Außenhandel Deutschland – Japan 2003-2005	519
Abb. 105	Gesellschaftliche Einflussgrößen auf das Entscheidungsverhalten in japanischen Unternehmen	521
Abb. 106	Wertewandel im Vergleich der Generationen	525
Abb. 107	Titel und Rangfolge in japanischen Unternehmen	531
Abb. 108	Gruppenorientierung im Entscheidungsverhalten. Japanische und deutsche Manager im Vergleich	553

Abb. 109 Entscheidungszeitraum. Japanische und deutsche Manager
im Vergleich 554
Abb. 110 Japanische und amerikanische Unternehmensführung
im Vergleich 555
Abb. 111 Das 7-S-Modell von Matsushita 557
Abb. 112 Innerbetriebliches Kommunikationsverhalten 560
Abb. 113 Innerbetriebliches Entscheidungsverhalten 562
Abb. 114 Vorgesetzten-Untergebenen-Verhältnis 564
Abb. 115 Art und Länge der Vorbereitungsmaßnahmen für einen
Ostasieneinsatz 569
Abb. 116 Ausgewählte Basisindikatoren im Vergleich Russland-
Deutschland im Jahre 2011 577
Abb. 117 The Three Eras of the Soviet Union 581
Abb. 118 Entwicklung der Inflationsrate im Jahresdurchschnitt in Prozent,
2002-2006 583
Abb. 119 Problemlöser Rubel 589
Abb. 120 Spannungsverhältnis von unterschiedlichen Wertmustern in der
russischen Bevölkerung 598
Abb. 121 The Emerging Picture: Past to Future 605
Abb. 122 Generational Differences Among Russian Managers 607
Abb. 123 Geschenkverhalten bei unterschiedlichen Anlässen 615
Abb. 124 Der russische Führungsstil 623
Abb. 125 Kritikverhalten am Arbeitsplatz: Russen und Deutsche
im Vergleich 627
Abb. 126 Ärger am Arbeitsplatz: Russen und Deutsche im Vergleich 628
Abb. 127 Managererfahrungen im Hinblick auf die russisch-deutsche
Zusammenarbeit 629
Abb. 128 Einschätzung der Zusammenarbeit zwischen russischen und
deutschen Managern 630
Abb. 129 Mentalitätsprobleme zwischen Russen und Deutschen 631
Abb. 130 Typisch russisch (aus deutscher Sicht) 631
Abb. 131 Typisch deutsch (aus russischer Sicht) 632
Abb. 132 Konfliktursachen bei der Zusammenarbeit zwischen deutschen
und russischen Führungskräften 636
Abb. 133 Die Golfstaaten Bahrain, Katar, Kuwait, Oman, Saudi-Arabien
und Vereinigte Arabische Emirate 643
Abb. 134 Ausgewählte Basisindikatoren der Golfstaaten im Vergleich
im Jahre 2011 644
Abb. 135 Anzahl der Muslime in dem entsprechenden Land (in Mio.) 669
Abb. 136 Muslime in Europa 670
Abb. 137 Islamische versus westliche Volkswirtschaft 671
Abb. 138 Die fünf Säulen des Islam 677
Abb. 139 Ausgewählte Verhandlungselemente im Vergleich zwischen
Amerikanern, Japanern und Arabern 701

1 Interkulturelles und Internationales Management

1.0 Problemstellung

> **The Global Toothbrush**
> (Ralf Hoppe)
> *How many employees does it take to manufacture a toothbrush? Forty-five-hundred employees, 10 countries, five time zones.*
>
> Philips and its suppliers produce the electronic toothbrush "Sonicare Elite 7000" and its sister models at 12 locations and in five time zones. Once or twice a week, some 100,000 fully-functioning circuit boards leave the Manila factory. From Manila's cargo airport they are flown via Tokyo to Seattle. A half day's delay can wreak havoc in the entire system with a minimum of inventory and extremely tight timelines.
>
> The toothbrush is essentially comprised of 38 components. The parts of the energy cell, a rechargeable nickel-cadmium battery, are supplied by Japan, France and China. The circuit board, its electronic heart, comes pre-etched from Zhuhai in the Pearl River delta of south eastern China. The copper coils originate from the Chinese industrial city of Shenzhen, not far from Zhuhai. They are wound by armies of women with bandaged fingers. Globalization is largely a female phenomenon.
>
> The 49 components on the board – transistors and resistors at the size of match heads – hail from Malaysia. They are soldered and tested in Manila. Then they are flown to Snoqualmie on the West Coast of the U.S., the site of the parent plant. Meanwhile, back in Europe, the more complicated plastic parts are trucked from Klagenfurt in Austria to Bremerhaven in Germany. Klagenfurt also supplies blades made of special steel produced in Sandviken, Sweden. A freighter from Bremerhaven takes the half-finished brushes across the Atlantic to Port Elizabeth, New Jersey. From there they cross the continental United States by train. And in Snoqualmie, a 40 minute drive from Seattle, the final product is assembled and packaged.
>
> Philips is a Netherlands corporation. But there are only two Dutch citizens among the 120 on this carousel of cultures and continents. The foreman in Snoqualmie comes from Gambia. Bernard Lim Nam Onn, the boss in Zhuhai, is Chinese, but was born in Malaysia and raised in Singapore. There are Irish, Ukrainians, Indians, Cambodians, Vietnamese, Thai. Globalization is carving out new biographies and cross-referencing them around the world.
>
> In: Spiegel Special – International Edition, Nr. 7/2005, S.130 ff.

1.1 „Mentale Internationalisierung"

Mit der Aufnahme grenzüberschreitender Geschäftsaktivitäten geht im Vergleich zu rein national operierenden Unternehmen eine Heterogenisierung der für die unternehmerischen Entscheidungsträger relevanten Umwelten einher. Die Vielfalt und Unterschiedlichkeit der bearbeiteten Märkte schlägt sich dabei in einer erhöhten Aufgabenkomplexität nieder, deren integrative Handhabung zu den Grundproblemen internationaler Unternehmenstätigkeit gezählt werden kann (Macharzina/Oesterle, 1997, S.5). Nicht die singuläre, jeweils selbständige Bearbeitung ausländischer Märkte wird der neuen Situation gerecht. Die koordinativ-abwägende Einbeziehung der sozioökonomischen Daten aller vom internationalen Unternehmen bearbeiteten Regionen sowie die erfolgreiche Bewältigung *kulturbedingter Managementprobleme* wird zum neuen Ansatzpunkt des internationalen Betätigungsfeldes.

> *"Anticipating and understanding cultural differences and being able to adapt the way you communicate accordingly is the foundation of any successful international business. If we want to be successful, we have to be able to do business in diverse cultural environments."*
> *(Carte/Fox, 2004, p.1)*

Interkulturelles und Internationales Management bedingen sich von daher, wobei das bisherige Subsystem „Interkulturelles Management" im Gesamtsystem „Internationales Management" eine immer wichtiger werdende Schlüsselfunktion einnimmt. Simon (1996, S. 32) spricht in diesem Kontext von einer „mentalen Internationalisierung", zu der neben den angesprochenen Faktoren auch eine mentale Öffnung gegenüber anderen Ländern und Kulturen im Sinne eines Wunsches nach partnerschaftlicher Zusammenarbeit gehört.

> *"At the same time the globalization of markets has placed new demands on international managers. Expertise is still indispensable; however, social skills and intercultural management are of major importance nowadays."* *(Rothlauf, 2009, p.8)*

1.2 Zum Begriff Internationalisierung

Der Begriff „Internationalisierung" lässt unterschiedliche Deutungen zu und steht als Sammelbegriff für eine Vielzahl von Aktivitäten und Prozessen, die im grenzüberschreitenden Verkehr anfallen (Barlett, 1986; Dülfer, 1991; Macharzina 1992). In einer weiten Interpretation kann Internationalisierung gleichgesetzt werden mit nachhaltiger und für das Unternehmen insgesamt bedeutsamer Auslandstätigkeit (Krystek/Zur, 1997, S. 5). Zu einer ähnlichen Definition gelangt Perlitz (1995, S. 9), der Internationalisierung als ein Phänomen betrachtet, das – zumindest konzeptionell – das Unternehmen als Ganzes erfasst.

1.3 Internationalisierung, Regionalisierung und Globalisierung

Wenn über die internationale Ausrichtung von Unternehmen gesprochen wird, so werden häufig Begriffe wie Internationalisierung, Regionalisierung oder Globalisierung verwendet, ohne sich in vielen Fällen bewusst zu sein, dass damit eine unterschiedliche Schwerpunktsetzung gemeint ist.

Für die Internationalisierung als Oberbegriff findet sich in der Literatur eine weitgehend einheitliche Auffassung, die ihren gemeinsamen Nenner in der Umschreibung von Internationalisierung als „jegliche grenzüberschreitende Aktivität einer Organisation" findet (Gabler, 1993, S. 1700; Fayerweather, 1989, S. 927). Als Subsysteme der Internationalisierung finden sich die Begriffe „Globalisierung" und „Regionalisierung".

Ausgehend vom Welthandel als Geflecht von Austauschbeziehungen zwischen allen Handel treibenden Volkswirtschaften, steht Regionalisierung für eine Verdichtung des Netzes zwischen einzelnen Gruppen von Nationen, die meist geographisch gering entfernt liegen. Eine derartige Tendenz zur regionalen Konzentration internationaler Wirtschaftsbeziehungen findet man in den geographischen Räumen Nordamerikas, Japans und Westeuropas. Vereinigungen wie NAFTA, ASEAN oder die EU stehen für eine derartige regionale Ausrichtung.

Allerdings: Das Staatensystem der Weltpolitik steht vor einem erneuten Umbruch. Nach dem Zerfall der bipolaren Ost-West-Konstellation wird in den kommenden Jahren auch die unipolare Phase vorübergehen, in der die USA das Zentrum der Weltpolitik bildeten. Zwei Entwicklungen werden die internationale Politik von morgen beeinflussen: die Globalisierung der Wirtschaft und die Ambitionen großer Mächte (Weiss, 2007, S. 36).

Im Gegensatz zur Regionalisierung wird mit dem Begriff Globalisierung eine weltweite Verflechtung der Unternehmensaktivitäten angesprochen. Allerdings divergieren die wissenschaftlichen Meinungen bei der Interpretation dieses Begriffes. Levitt (1983, S. 92 ff.) vertritt dabei den Standpunkt, dass sich die Welt aufgrund des technologischen Fortschritts im Prozess der Homogenisierung befinde. Damit verschwänden die nationalen und regionalen Unterschiede, die Geschmäcker würden sich weltweit - d.h. global - angleichen, wodurch eine generelle Standardisierung bei Gütern und Dienstleistungen möglich werde. Im Gegensatz dazu vertritt Kotler (1990, S. 79 ff.) die Auffassung, dass von neuen Märkten unterschiedliche Geschmäcker ausgehen, die sich im Laufe der Zeit herausbilden werden.

Globalisierung braucht Integration
(Gunter Thielen)

Die Welt rückt zusammen. Mehr und mehr verändert die Globalisierung unser Leben. Für die einen ist das ein bedrückender Gedanke. Für die anderen ist es eine Herausforderung, eine wirkliche Chance für die Zukunft. Und genau als das sollten wir die Globalisierung auch sehen: Sie eröffnet völlig neue Möglichkeiten, Menschen und Kulturen kennenzulernen und zusammen neue Wege zu entdecken. Unsere Aufgabe ist es, diese Herausforderung anzunehmen, gleichzeitig aber die Globalisierung dabei auch bewusst zu gestalten.

In: Bertelsmann Stiftung (Hrsg.), Change Nr. 2/2008, S. 52

Ausgehend von einer Ableitung des Wortes „global", übersetzt als „die ganze Erde betreffend", könnte man den Schluss ziehen, dass es eine alle Länder dieser Erde erfassende wirtschaftliche Verflechtung der Wirtschaftssubjekte gibt (Krulis-Randa, 1990, S, 74). Eine derart absolute Globalisierung stellt aber einen nicht zu erreichenden rein theoretischen Zustand dar, da nie alle Länder und Märkte der Erde gleichzeitig von einer wirtschaftlichen Verflechtung erfasst werden können. Porter (1992, S. 345 ff.) formuliert diesen Vorgang ein wenig vorsichtiger, wenn er von „weltweiten, globalen Branchen spricht, die sich auf diesen Zustand zu bewegen". Weiter führt er aus, dass es sich bei einer globalen Branche nicht etwa nur um das Konglomerat aus allen länderspezifischen Märkten handelt, sondern um eine durch vielfältige Faktoren über die Ländergrenzen hinweg verknüpfte Gesamtheit von Märkten, auf denen die Unternehmen weltweit konkurrieren.

Als theoretischer Rahmen für die Globalisierungsthese wird die Konvergenztheorie angeführt (Gabler, 1993, S. 1383). Sie spricht aufgrund der technischen und wirtschaftlichen Entwicklung von einer Annäherung unterschiedlicher Sozialisationen, wodurch kulturelle Differenzen schrittweise verschwinden. Inwiefern derartige Theorien zutreffen, ist als Erkenntnisobjekt ein breites Forschungsfeld des Interkulturellen Managements.

Alle drei Begriffe drücken sowohl einen Zustand als auch einen Prozess aus, der zu eben diesem Zustand führt. Als gemeinsamer Nenner lässt sich daher festhalten, dass die Unternehmen sich zukünftig einem zunehmenden Zwang ausgesetzt sehen, ihre Aktivitäten international zu standardisieren, unabhängig, ob sie auf regionalen oder globalen Märkten tätig werden, wobei die Einbeziehung kultureller Aspekte zu einer entscheidenden Größe im internationalen Wettbewerb wird.

> *„More and more firms realize their potential to expand into foreign markets. Therefore they have to find partners, as well as customers. At the same time it is necessary to react to cultural, political and economical circumstances in that specific country they want to operate in". (Bagozzi/Rosa/Celly/Coronel, 2000, p.8)*

---

30 TIPS ON HOW TO LEARN ACROSS CULTURES (1-2)
(Andre Laurent)

1. Be aware of your own very special culture as a unique peculiarity. When working across cultures you will often be the "stranger" – perceived by others as being "strange".

2. The culture that you ignore most – in terms of its shaping power on yourself – is obviously your own culture. It is very difficult to look at oneself from the outside. We can make interesting observations and comments about other cultures. But we often remain blind to our own.

In: SIETAR (Hrsg.), Keynote-Speech, Kongress 2000, Ludwigshafen

---

1.4 The Global Challenge

Whatever their industry or country of origin, all companies are facing the same challenge to a greater or lesser degree: globalization. It is becoming more and more evident that companies need to plan ahead and anticipate coming developments if they are to be successful in the future. Ecological matters have gained in importance at the turn of the century. Climate change is perceived as the biggest challenge to mankind and affects all industries and societies alike (Stern, 2008, p. 1).

In the past, it was primarily reductions in tariff and trade barriers that stimulated global trade and encouraged the integration of international business. Today, however, the key factor is the global networking that has been made possible by new communication technologies. Increasingly intense international competition is accelerating structural change throughout the world. More and more, industries that only "yesterday" limited their production to the United States, Europe or Japan are feeling the influence of threshold countries. Moreover, jobs that seemed guaranteed for life some years ago are moving into these low-wage countries. No longer are they limited to the production of simple toys for children – today companies in threshold companies are producing luxury consumer goods, consumer electronics and highly sophisticated machines and vehicles, and with dizzying success (Lippisch/Köppel, 2007, p. 3).

These consequences of global competition are putting pressure on companies in the developed Western countries. Companies from Central and Western Europe are faced with the question of how to respond in order to remain competitive. Market isolation is a strategy that no longer works in today's globalized world, and it is likely to do more harm than good.

Instead, today it is crucial to establish a solid competitive position in the global arena and to defend that position by continually adapting to meet the needs of the market. There is no doubt that a corporate culture that is open to innovation and shaped by global thinking plays a key role in this context, a culture in which representatives of different countries and cultures can come together, while giving due regard to the developments and conditions that influence a company's actions (Lippisch/Köppel, 2007, p. 3). International business and professional activity demand movement beyond one particular cultural conditioning into a transcultural arena.

The technological environment surrounding businesses today is characterized by a soaring speed of change and innovation. Revolutionizing innovations in the fields such as microelectronic, robotic and generic engineering can be perceived as a threat or chance to the enterprise's competition (Welge/Al-Laham, 2008, p. 295).

As far as global challenges are concerned, the current developments can be split into four main categories (Rothlauf, 2004, pp. 25):

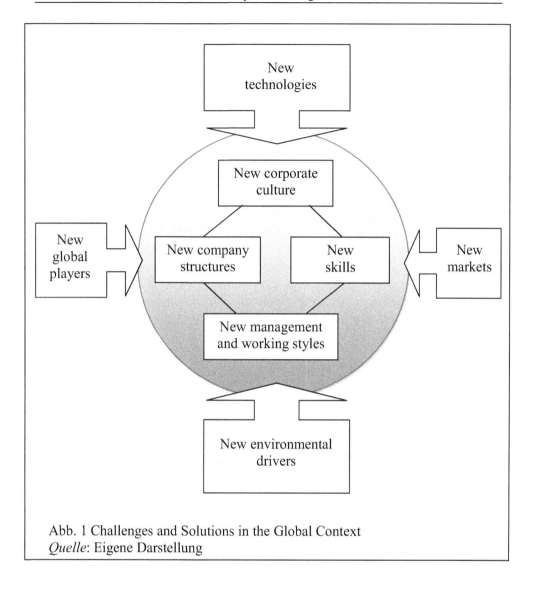

Abb. 1 Challenges and Solutions in the Global Context
Quelle: Eigene Darstellung

New technologies: New information and communication technologies, such as the internet, are ubiquitous and cheap; they control the markets, permit worldwide access to information, foster global trends and reach the most distant corner of the world.

New markets: As resources become ever scarcer and domestic markets are reaching the saturation point, it is becoming increasingly important to open up new sales, resource and labor markets. A successful search for geographic or technical alternatives is part of a company's international strategy.

New global players: Companies from threshold countries are developing at a breathtaking speed. They have the benefit of a plentiful supply of cheap, motivated and well-qualified workers. They are developing an increasingly accurate sense of where the demand is, and their ability to offer high-quality products at a reasonable price is growing as well.

New environmental drivers: Climate change and energy supply concerns are the primary drivers in the present debate. It has now been scientifically proven that climate change is triggered off by the emission of anthropogenic greenhouse gases; first and foremost CO_2. In order to find adequate solutions to meet the manifold environmental need, an urgent global response is demanded.

Given the variety of challenges, the solution must vary as well. Apart from technological solutions, a specific view on the so-called soft factors enables us to get a better understanding how the problems can be solved in the future (Lippisch/Köppel, 2007, p. 8).

New company structures: Among the ways in which companies seek enhanced flexibility to meet the challenges of increasingly volatile markets are the outsourcing of certain services that had not been marketable in the past. This market-driven increase in flexibility needs to be applied at the operational level; corporate structures as well as management methods need to be adapted to meet the needs of the future.

New management and working styles: The push towards increasing flexibility, accompanied by an increasing acceptance of personal responsibility continues in processes at the human level: decentralization, fluid company borders, globally organized added value and constant change require change in management and work models as well. The relevant demands must be taken into account in employment relationships, work hour arrangements, incentive systems and further training programs, especially intercultural training programs.

New skills: In globally active companies it is becoming more and more important that each employee shows personal initiative; they also need to be able to adapt their tasks to the changing demands within and outside the company, in order to meet the challenges of global business. Economically-driven diversity management is one way of ensuring that the various available human resources are used and combined in a manner appropriate to the specific situation.

New corporate culture: A global mindset and an innovative spirit should be made an integral part of the company and its corporate culture. Executives and employees, who understand global contexts and the need for innovation, as well as its consequences for their own behaviour, are crucial for establishing such a corporate culture. Furthermore, a company's leadership has a responsibility to encourage, communicate and implement a continually developing corporate culture with a specific focus on newly formed multicultural teams. Establishing and implementing ethical principles constitutes a major challenge in this context – all the more so because such principles need to be internationally applicable, binding and interculturally accepted.

The Rise of Generation Global - Seizing opportunity in a world economy that ignores borders
(Roger Cohen)

My son Daniel is working in Vietnam marketing Budweiser beer, an American icon. Budweiser may be as American as you can get, but it's now owned by Anheuser-Busch InBev, a Belgium-based company. InBev itself was created a few years ago by the merger of a Brazilian company, Ambev, with Interbrew of Belgium.

That's a lot of info to crowd into the top of a column, forgive me, but the modern world is a little like that: a tangled web of cross-border holdings where national icons are not really that national at all. Daniel, 27, is heading to Brazil for a month to train with Brazilian marketers on how to sell an American beer to the 80 million citizens of fast-growing Vietnam. He's part of Generation Global (GG).

The existence of GG is a hopeful thing. Never before have so many young people been so aware of the shared challenges facing the globe, so determined to get "out there" to learn about it, or so intent on making a contribution to a more equitable world. The borderless cyber-communities of social networking have a powerful effect on their views.

My son's Vietnamese-Brazilian connection is interesting. That's where the growth is. He's American-educated, but if he'd stayed in the United States after completing his M.B.A. he might well have found himself joining the long line of twenty-somethings without a job.

The growth that has helped avert economic meltdown since 2008 has come overwhelmingly from next-wave countries like China, Vietnam, India, Russia, Brazil, Indonesia and South Africa. These are the places on which multinational corporations are focused.

Now I'm for a more multipolar world because the United States simply does not have the resources to assume ad infinitum its current pivotal role in global security. But I'm also mindful that the worlds of 1914 and 1939 were multipolar – and produced cataclysm. Careful what you wish for is a useful maxim when radical power shifts, of the sort occurring today, are in progress.

The emergent powers represent a hodgepodge of systems and values, which is one reason their voices are indistinct, along with the fact that they are for now intensely focused on their own development. You have the authoritarian systems (in their different forms) of China, Vietnam and Russia; and the sprawling democracies (one old, one middle-aged, one newish, one new) of India, Brazil, South Africa and Indonesia. All, in varying degrees, have misgivings about the western-dominated world whose time is coming to an end.

Another thing they have in common is their burning desire to grow. Many of these nations know much from their own histories of the struggle for freedom (ongoing in Iran), for peace (ongoing in Israel-Palestine), for a national reconciliation (Afghanistan), for an end totalitarian misery (North Korea). How emergent powers assume the responsibility growth brings seems to me critical.

For now, they lag the corporations that knit the world closer and have landed my son in a Brazilian-Belgian-American-Vietnamese web. I'll raise a glass to that particular exotic brew.

In: New York Times, 22nd February 2010, S.2

*„The magic in the globalization of the last years
is the mixture of different cultures."*
(Matthew Emmens)

1.5 Zur Bedeutung und zum Stellenwert des Interkulturellen Management

> **Wolfsburgs Tor nach Asien**
> (Martin Posth)
>
> Wir lernten unsere chinesischen Partner in spannenden Fachdiskussionen langsam kennen und entwickelten gemeinsam Perspektiven für Shanghai Volkswagen. Als wir die weitgehend automatisierte Rohbaufertigung in Sao Paulo besichtigten, wurde uns allen schnell klar, dass wir in Shanghai nicht so viele Roboter in der Produktion bräuchten. In China, wo es jede Menge sehr billige Arbeitskräfte gab, sollten Roboter nur da eingesetzt werden, wo die Präzision der menschlichen Hand und des menschlichen Auges nicht genügten, um die Qualität sicherzustellen, die wir anstrebten.
>
> In unserem mexikanischen Werk in Puebla, das wir anschließend besuchten, funktionierte alles wegen der landestypischen Voraussetzungen ein bisschen anders als in Brasilien. So gewannen unsere chinesischen Mitreisenden einen Eindruck von der Anpassungsfähigkeit des Konzerns an unterschiedliche kulturelle und gesellschaftliche Voraussetzungen in den einzelnen Ländern.
>
> Dann ging es nach Tennessee, wohin die Japaner ihre Art der Autoproduktion erfolgreich in die USA exportiert hatten. Eine der ersten „transplants" – so nannte man diese Fertigungsstätten, war die Niederlassung von Nissan in Smyrna, einer kleinen Stadt bei Nashville. Hier war es den Japanern gelungen, ihr legendäres Produktionssystem – kostengünstig, schnell und qualitätsbewusst – an die US-amerikanischen Verhältnisse anzupassen und in einem völlig anderen Kulturkreis erfolgreich zu etablieren. Uns war klar, dass in den Fabrikhallen von Shanghai Volkswagen ebenfalls zwei Kulturen aufeinander treffen werden. Wird uns gelingen, was Fachleute heute „Cross Cultural Management" nennen, zwischen den Kulturen konstruktiv und produktiv zu vermitteln?
>
> In: 1000 Tage in Shanghai, 2006, S.25

Wer auf internationalen Märkten erfolgreich bestehen will, muss sich mit neuartigen Problemen auseinandersetzen, die sich allein schon aus dem Kontakt mit fremden Ländern, Kulturen, Wirtschafts- und Sozialsystemen ergeben. Eine explizite Einbeziehung von derartigen Faktoren findet aber in den allermeisten Fällen nicht statt. Hier setzt nun das Interkulturelle Management ein, ohne allerdings bisher die Aufmerksamkeit gefunden zu haben, die aufgrund der zunehmenden Internationalisierung der Geschäftsvorgänge wünschenswert gewesen wäre.

Eine Reihe früherer Veröffentlichungen zum Themenbereich „Internationales Management" (Macharzina/ Oesterle, 1997; Siedenbiedel, 1997; Welge/Holtbrügge, 1998) vernachlässigte die explizite Einbeziehung von Kernelementen des Interkulturellen Managements oder belassen es bei einigen Randbemerkungen (Perlitz, 1995).

> **Intercultural Management Institute – 5th Annual Conference 2004**
>
> Intercultural management knowledge and practice are essential for everyone entering the workforce in the 21st century. Today's most effective organizations realize the critical need to communicate and work effectively with diverse peoples.
>
> In: American University, Washington, DC (ed.), Conference Brochure, March 11&12, 2004

Stimmt man der Aussage von Elashmawi/Harris (1993, S. 1) zu, wonach *"the new world market will not only be international, but intensely intercultural"*, dann wird erkennbar, dass zukünftig Internationales Management auch und gerade die Einbeziehung von Interkulturellem Management als eine conditio sine qua non notwendig macht. Zu einer ähnlichen Einschätzung gelangen (Hambrick/Snow, 1989, S. 84 ff.), die schreiben

> *"Integration and human resource management are dependent upon one another to the degree that structuring a firm's global activities involves the deployment and use of human capital and other human aspects."*

Ausgehend von der Überlegung von Perlmutter (1965, S. 153), der bereits vor mehr als 20 Jahren gegen eine Abgrenzung über quantitative Merkmale argumentiert hat, lässt sich die Schlussfolgerung ziehen, dass Werte und Einstellungen, Erfahrungen und Erlebnisse von Individuen in die internationale Ausrichtung einer Unternehmung mit einbezogen werden müssen, um eine ganzheitliche Betrachtungsweise zu ermöglichen.

Zukünftig wird man den Stellenwert des Interkulturellen Managements auf wissenschaftlicher wie auf unternehmerischer Ebene neu zu definieren haben. Entweder wird es aufgrund seiner Bedeutung – wie an vielen Hochschulen – expliziter Bestandteil des Faches Internationales Management, oder es wird wie z.B. an den Hochschulen in Stralsund und Wilhelmshaven oder an der Universität Magdeburg ein eigenständiges Fach, das gleichberechtigt neben anderen Funktionallehren wie Internationalem Marketingmanagement oder Internationalem Beschaffungsmanagement steht.

In einer von mir im Dezember 2006 veranlassten Untersuchung im Hinblick auf die Einbeziehung interkultureller Fragestellungen im Studienangebot deutscher Hochschulen, sei es in Form eines Kurses „Interkulturelles Management" oder „Interkulturelle Kommunikation/Kompetenz", kam die Projektgruppe zu dem Ergebnis, dass es momentan 30 Hochschulen in Deutschland gibt, die ein derartiges interkulturelles Lehrangebot aufweisen, was verglichen mit dem Jahr 1996, wo nur fünf Einrichtungen zu finden waren, eine gewaltige Steigerung bedeutet (Rothlauf, 2007, S. 12). Besonders hervorgehoben werden sollte im deutschsprachigen Raum das Angebot der Universität Jena, wo es einen Masterkurs für „Interkulturelle Personalentwicklung und Kommunikationsmanagement" gibt sowie im benachbarten internationalen Umfeld den Masterkurs „Intercultural Management", der seit 2006 an der Universität in Mulhouse/Colmar in englischer Sprache angeboten wird.

Eine weitere Möglichkeit interkulturelles Denken und Handeln mit in den bestehenden Fächerkanon einfließen zu lassen, kann in der Aufgabenerweiterung des Internationalen Personalmanagements gesehen werden. Gerade in der angelsächsischen Literatur (Black/Mendenhall, 1990; Phatak, 1997; Teagarden/Gordon, 1994; Tung, 1981) wird darauf sehr stark Bezug genommen. Die Autoren sind sich in ihrer Auffassung darin einig, dass

> *"these new roles include international extensions of more traditional human resource management support functions such as providing country-specific knowledge of union and labour policies, legal and regulatory requirements, compensation, and benefit practises. They include preparing people for international assignments, and re-entry after those assignments are completed." (Teagarden/Glinow, 1997, p. 8)*

Auf die Unternehmen übertragen bedeutet ein derartiger Ansatz, dass die Berücksichtigung interkultureller Fragestellungen bei allen Aktivitäten, die als grenzüberschreitend eingestuft werden können, nicht mehr vernachlässigt werden dürfen. Wesentlich stärker als bisher müssen sie nun explizit Eingang in die interkulturelle Ausrichtung der jeweiligen Unternehmung finden (Perlmutter, 1965, S. 153).

Eine weitere Studie, durchgeführt von den vier Studentinnen der Fachhochschule Stralsund, Carolin Boden, Elisabeth Guth, Nelly Heinze und Sarah Lang, bei der 22 Unternehmensberater und Experten zum Einfluss von kulturellen Aspekten auf das Scheitern von Fusionen und Übernahmen (M&A) befragt wurden, unterstreicht ebenfalls die hohe Bedeutung des interkulturellen Managements und Trainings und kann auch auf andere Bereiche übertragen werden.

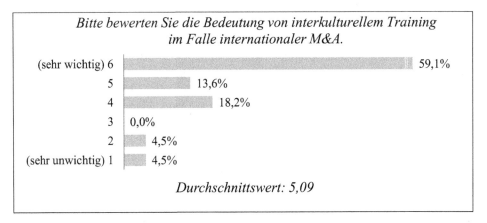

Abb. 2 Bedeutung des interkulturellen Trainings bei M&A
Quelle: Boden/Guth/Heinze/Lang, 2011, S. 81

Connecting Intercultural Communication and Management
(Gary R. Weaver)

The workplace of the new millennium will be multicultural and global. With greater intercultural interaction, the differences are not simple going to disappear. We will not link arms in the office, sing "We are the World", and find that we can easily overcome the communication breakdowns or conflicts. As long as we remain within our own culture, we take it for granted. However, when we leave it and interact with people from other backgrounds, we become more consciously aware of our own culture, and it becomes more important to us.

In: Intercultural Management Institute, Washington, DC, Nr. 9, 2001, S. 3

1.6 Das Aufgabengebiet des Interkulturellen Managements

Die Diskussion, ob Management als kulturbezogen („Culture-bound"-These der Kulturalisten bzw. Kulturrelativisten) oder als kulturunabhängig („Culture-free"-These der Universalisten) zu betrachten ist, hat gezeigt, dass die Mehrheit – im Sinne von Hofstede (1993) – Management als ein kulturgebundenes Phänomen sieht, was eine besondere Sensibilisierung kultureller Phänomene voraussetzt (Kumar, 1988, S. 389 ff., Kiechl, 1997, S. 16).

Während vereinzelte Stimmen (Thomas, 1996; Kiechl, 1990) auf eine globale Konvergenz der Kulturen hinweisen und demzufolge ein Zusammenhang zwischen Ethnokultur und Unternehmenskultur ausschließen, belegen die Mehrzahl der wissenschaftlichen Studien (Adler, 1983; Perlmutter, 1965; Hofstede, 1993), dass die Unternehmungen in den verschiedenen Nationen voneinander abweichende Kulturen ausweisen, wobei dies eindeutig auf die jeweiligen Ethnokulturen zurückgeführt werden kann. Bei im Ausland tätigen Unternehmen kann der Einfluss der Ethnokultur auf die Unternehmenskultur je nach Ausformung der Beziehungen einerseits zwischen den Niederlassungen und dem Stammhaus sowie anderseits der Verbindungen zwischen den Tochtergesellschaften beobachtet und in einem gewissen Ausmaß auch gesteuert werden (Kiechl, 1997, S. 14).

Daraus lässt sich schlussfolgern, dass das Aufgabengebiet des Interkulturellen Management die konkrete Gestaltung von funktionalen, strukturalen und personalen Managementprozessen umfasst und sich das Ziel setzt, die erfolgreiche Bewältigung kulturbedingter Managementprobleme durch Bereitstellung entsprechender Lösungsvorschläge für effizientes interkulturelles Handeln zu ermöglichen (Perlitz, 1995, S. 318). Dabei müssen Fach- und Führungskräfte international operierender Unternehmen nicht nur über juristischen, fachlichen und ökonomischen Sachverstand verfügen und Fremdsprachenkenntnisse vorweisen, sondern sie müssen ihr Verhalten an interkulturellen Standards ausrichten, die ein erfolgreiches Agieren in einer fremdkulturell geprägten Umwelt ermöglichen.

> **Intercultural Management**
> (W. Burggraaf)
>
> Intercultural management is the combination of knowledge, insights and skills which are necessary for adequately dealing with national and regional cultures and differences between cultures, at the several management levels within and between organisations.
>
> In: Nyenrode University (ed.), oration, June 11, 1998

Wer als Unternehmen international bestehen will muss vorausschauend einschätzen können, welche Auswirkungen kulturelle Unterschiede u. a. auf die Managementpraxis, die individuellen Arbeitseinstellungen, die Kommunikation und die Verhandlungsführung haben (Weidmann, 1995, S. 41). Diese Sichtweise darf allerdings nicht als Einbahnstraße verstanden werden. Die Notwendigkeit, interkulturelle Grundsätze und Verhaltensweisen zu beachten und umzusetzen, gilt nicht nur im Hinblick auf die Geschäftsbeziehungen nach außen, sondern auch für die internen Geschäftsprozesse.

> **Race**
> (Barack Obama)
>
> As the child of a black man and a white woman, someone who was born in the racial melting pot of Hawaii, with a sister who's half Indonesian but who's usually mistaken for Mexican or Puerto Rican, and a brother-in-law and niece of Chinese descent, with some blood relatives who resemble Margaret Thatcher and others who could pass for Bernie Mac, so that family get-togethers over Christmas take on the appearance of a UN General Assembly meeting, I've never had the option of restricting my loyalties on the basis of race, or measuring my worth on the basis of tribe. Moreover, I believe that part of America's genius has always been its ability to absorb newcomers, to forge a national identity out of the disparate lot that arrived on our shores.
>
> In: The Audacity of Hope, New York 2006, p. 231

In Zukunft ist davon auszugehen, dass die Anzahl geschäftlicher Kontakte, bei denen die Akteure aus kulturell verschiedenen Ländern stammen, zunehmen wird (Mauritz, 1996, S. 1). Für deutsche Unternehmen bedeutet diese Entwicklung, sich stärker als bisher darauf vorzubereiten, dass in Zukunft mehr Mitarbeiter aus anderen Kulturkreisen in den Unternehmensverbund zu integrieren sind, unabhängig, ob sie in der Zentrale oder in den Auslandsniederlassungen ihrer Tätigkeit nachgehen. Die damit verbundenen neuen Fragestellungen und Lösungsansätze gehören ebenfalls zum Aufgabengebiet des Interkulturellen Managements.

Ihr Europäer habt die Uhren,
wir Afrikaner haben die Zeit."
(Afrikanisches Sprichwort)

1.7 Herausforderungen im Interkulturellen Management

Auch im Bereich des Interkulturellen Managements ist man nicht vor Hindernissen gefeit. Einige dieser Herausforderungen in der heutigen Zeit werden im folgenden Text (Nardon/Sanchez-Runde/Steers, 2010, pp. 16) erläutert:

"This evolution from a principally bicultural business environment to a more multicultural or global environment presents managers with at least three new challenges in attempting to adapt quickly to the new realities on the ground:

(1) It is sometimes unclear to which culture we should adapt. Suppose that your company has asked you to join a global project team to work on a six-month R&D project. The team includes one Mexican, one German, one Chinese, and one Russian. Every member of the team has a permanent appointment in their home country but is temporarily assigned to work at company headquarters in Switzerland for this project. Which culture should team members adapt to? In this case, there is no dominant cultural group to dictate the rules. Considering the multiple cultures involved, and the little exposure each manager has likely had with the other cultures, the traditional approach to adaptation is unlikely to be successful. Nevertheless, the group must be able to work together quickly and effectively to produce results (and protect their careers), despite their differences. What would you do?

(2) Many intercultural encounters happen on short notice, leaving little time to learn about the other culture. Imagine that you just returned from a week's stay in India where you were negotiating an outsourcing agreement. As you arrive in your home office, you learn that an incredible acquisition opportunity just turned up in South Africa and that you are supposed to leave in a week to explore the matter further. You have never been to South Africa, nor do you know somebody from there. What do you do?

(3) Intercultural meetings increasingly occur virtually by way of computers or video conferencing instead of through more traditional face-to-face interactions. Suppose you were asked to build a partnership with a Korean partner that you have never met and you know little about Korean culture. Suppose further that this task is to be completed online, without any face-to-face communication or interactions. Your boss is in a hurry for results. What would you do?

Taken together, these three challenges illustrate just how difficult it can be to work or manage across cultures in today's rapidly changing business environment. The old ways of communicating, negotiating, leading, and doing business are simply less effective than they were in the past."

> **30 TIPS ON HOW TO LEARN ACROSS CULTURES (3-4)**
> (Andre Laurent)
>
> 3. Intercultural situations offer the unique opportunity to reduce our blind spot. Other cultures act as privileged mirrors in which we can see more of our own cultural make-up as a result of being confronted and challenged by other cultural models. This leads to greater understanding of the peculiarities of our own culture.
>
> 4. Don't expect others to think and act as you do. Your culture - and therefore your own preferred way of getting things done - is just one among many. Expect others to think and act differently. Recognize that your way can be the exception rather than the norm.
>
> In: SIETAR (Hrsg.), Keynote-Speech, Kongress 2000, Ludwigshafen

1.8 2008: European Year of Intercultural Dialogue

Even the European Union has recognised the importance of questions related to intercultural management, which was reflected by the decision of the European Parliament and the European Council to designate the year 2008 as the European Year of Intercultural Dialogue. This year recognises that Europe's great cultural diversity represents a unique advantage. It encourages all those living in Europe to explore the benefits of its rich cultural heritage and opportunities to learn from different cultural traditions (interculturaldialogue 2008.eu.406.0.html).

The overall objectives of the European Year of Intercultural Dialogue shall be to contribute to (Official Journal of the European Union, 30.12.2006):

- promoting intercultural dialogue as a process in which all those living in the EU can improve their ability to deal with a more open, but also more complex, cultural environment, where, in different Member States as well as within each Member State, different cultural identities and beliefs coexist,

- highlighting intercultural dialogue as an opportunity to contribute to and benefit from a diverse and dynamic society, not only in Europe but also in the world,
- raising the awareness of all those living in the EU, in particular young people, of the importance of developing an active European citizenship which is open to the world, respects cultural diversity and is based on common values in the EU as laid down in Article 6 of the EU Treaty and the Charter of Fundamental Rights of the European Union,
- highlighting the contribution of different cultures and expressions of cultural diversity to the heritage and ways of life of the Member States.

The specific objectives of the European Year of Intercultural Dialogue shall be to:
- seek to raise the awareness of all those living in the EU, in particular young people, of the importance of engaging in intercultural dialogue in their daily life,
- work to identify, share and give a visible European recognition to best practices in promoting intercultural dialogue throughout the EU, especially among young people and children,
- foster the role of education as an important medium for teaching about diversity, increase the understanding of other cultures and developing skills and best social practices, and highlight the central role of the media in promoting the principle of equality and mutual understanding,
- raise the profile, increase the coherence of and promote all Community programmes and actions contributing to intercultural dialogue and ensure their continuity,
- contribute to exploring new approaches to intercultural dialogue involving cooperation between a wide range of stakeholders from different sectors.

Mit der GIZ ins Ausland

Stipendien für Auslandspraktika weltweit, insbesondere in Entwicklungsländern, vergibt die Gesellschaft für Internationale Zusammenarbeit. Unterstützt werden mindestens dreimonatige Aufenthalte in Unternehmen, Handelskammern und Delegiertenbüros. Voraussetzung sind mindestens drei Monate praktische Erfahrung.

Mehr unter www.giz.de

1.9 Interkulturelles Management versus Cross-Cultural-Management

In einigen Forschungsansätzen wird zwischen einer „interkulturellen" und einer „cross-cultural" Betrachtungsweise unterschieden. Interkulturelle Studien konzentrieren sich demnach auf grenzüberschreitende Kontakte oder Beziehungen, während „cross-cultural" Untersuchungen den Vergleich bestimmter Phänomene anhand verschiedener kultureller Umfelder als Forschungsgegenstand ausweisen (Koester/Wiseman/Sanders, 1993, S. 5).

Arbeiten in der kulturvergleichenden Psychologie haben zum Beispiel belegt, dass kulturelle Faktoren großen Einfluss auf psychische Prozesse, wie Wahrnehmung, Motivation, Kognition oder Emotion nehmen. Die Ergebnisse zeigen darüber hinaus, dass manche psychologischen Gesetzmäßigkeiten über kulturelle Grenzen hinweg gelten, dass aber derartige Verallgemeinerungen nicht uneingeschränkt möglich sind (Thomas, 1993, S. 387). Die „cross"-Perspektive generiert also immer komparative Aussagen, stellt also den Kulturvergleich in den Mittelpunkt ihrer Betrachtung.

Dagegen werden mit dem Präfix „inter" überwiegend die Verbindungen zwischen eigenständischen Einheiten beschrieben. Insbesondere wird damit der Gedanke von Grenzüberschreitung und Grenzüberwindung zum Ausdruck gebracht. Internationale Begegnungen erstrecken sich über nationale Grenzen, und interkulturelle Kontakte über kulturelle Barrieren hinweg (Danckwortt, 1985, S. 195). Die Beziehungen zwischen sozialen Organisationen sind stets interkultureller Natur, weil definitionsgemäß jede Organisation eine spezifische Kultur ist, die sich von Kulturen anderer Organisationen unterscheidet. Wenn allerdings unterstellt wird, dass durch die Verwendung der Vorsilbe „inter", wie sie sich z.B. bei „inter"-kulturellem oder bei „inter"-nationalem Management findet, eine isolierte Betrachtung von Kulturen oder Nationen stattfindet (Mauritz, 1996, S. 74), dann wird diese Definition dem ganzheitlichen Anspruch, der mit einer grenzüberschreitenden Interaktion verbunden ist, nicht gerecht. Zwischenkulturelle Betrachtungen können nie ganz von komparativen Aussagen unabhängig sein, sondern brauchen sie als Grundlage, auf der qualitativ unterscheidbare Erkenntnisse gewonnen werden können. In das Handeln eines Auslandsmanagers fließen sowohl die eigenen als auch fremdkulturell geprägte Wertvorstellungen mit ein.

Was den Forschungsgegenstand betrifft, lassen sich zwei unterschiedliche Forschungsrichtungen begründen. Eine ganzheitliche Betrachtungsweise grenzüberschreitender interkultureller Aktivitäten kommt allerdings nicht umhin, die jeweiligen Ergebnisse zu prüfen, um daraus die entsprechenden Schlussfolgerungen ziehen zu können. Die interkulturelle Konsumentenforschung in Deutschland stellt hierfür ein Beispiel dar (Holzmüller, 1989, S. 1143 ff.).

Three Levels of Cultural Studies
(William B. Hart)

Cultural studies are done at three levels: Monocultural studies, cross-cultural studies, and intercultural studies. Monocultural or single culture studies are common in anthropology and sociology. Cross-cultural studies are studies that compare the characteristics of two or more cultures. Intercultural studies are studies that focus on the interaction of two or more cultures and answer the main question of what happens when two or more cultures interact (at the interpersonal level, group level or international level). The focus of intercultural relations is with the intercultural studies. Monocultural and cross-cultural studies cannot be ignored, however, because they serve as necessary precursors to intercultural studies.

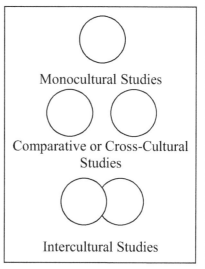

Monocultural Studies

Comparative or Cross-Cultural Studies

Intercultural Studies

In: The E-Journal of Intercultural Relations, Nr. 6, 1998, S. 1

„Erst die Fremde lehrt uns,
was wir an der Heimat haben".
Theodor Fontane

Kaddisch vor dem Morgengrauen
(Michel Friedman)

Ariel und ich saßen Schiwwe. Im Judentum wird während der ersten sieben Tage nach dem Tod eines Menschen getrauert. Erinnern. Über den Toten sprechen. Anekdoten. Geschichten. Hauptsache erinnern. Alle Spiegel werden mit Tüchern verdeckt. Nichts soll von der Trauer ablenken. Auch nicht das eigene Gesicht. Die Eitelkeit wird verbannt. Sieben Tage ohne Rasur. Sieben Tage lang kamen Freunde und brachten Essen mit. Man verlässt das Haus nicht.

Ariel und ich saßen auf niedrigen Stühlen. Unsere Hemden waren eingerissen als Zeichen dafür, dass wir die Hinterbliebenen waren. Morgens und abends wurde gebetet. Kaddisch, das Totengebet, wurde gesungen. Wir beteten im Esszimmer. Die Frauen saßen im Wohnzimmer.

Ich beobachtete die meist alten Menschen. Sie sprachen angeregt und laut miteinander. Sie waren die letzten ihrer Generation. Die Männer sahen müde aus. Viele trugen Hörgeräte. Die Frauen waren elegant gekleidet. Und doch wirkten auch sie niedergeschlagen, hilflos. Der Tod hatte wieder einmal gewonnen. Hatte sein hässliches Gesicht gezeigt. Sie hatten überlebt. Deshalb würde auch ihre Zeit kommen.

Wir schlossen die Gebetsbücher und legten sie auf den Tisch. Die Frauen kamen aus der Küche und brachten Wodka, Hering und Sandkuchen. Wir tranken Lechajim, auf das Leben.

Auszug aus dem gleichnamigen Buch von Michel Friedman, Aufbau Verlagsgruppe, Berlin 2007, S. 126 ff.

1.10 Literaturverzeichnis

Adler, N.J., A Typology of Management Studies Involving Culture, in: Journal of International Business Studies, Nr. 6/1983.
Bagozzi, R./ Rosa, J./ Celly, K./ Coronel, F., Marketing-Management, München/Wien 2000.
Barlett, C.A., Building and Managing the Transnational: The New Organizational Challenge, in: Porter, M.E. (Hrsg.), Competition in Global Industries, Boston 1986.
Black, J.S./ Mendenhall, A., Cross-cultural Training Effectiveness: A Review and a Theoretical Framework for Future Research, in: Academy of Management Review, Nr. 15,1990.
Boden, C./Guth, E./Heinze,N./Lang,S., Results of a study on Intercultural Aspects of M&A, Stralsund 2011 (unveröffentlicht)
Burggraaf, W., Intercultural Management, in: Nyenrode University (ed.), June, 1998
Carte, P./ Fox, C., Bridging the culture gap: a practical guide to international business communication, London 2004.
Cohen, R., The Rise of Generation Global, In: New York Times, 22nd February 2010.
Danckwortt, D., Anmerkungen zur theoretischen Fundierung der Analyse interkultureller Begegnungen, in: Thomas, A. (Hrsg.), Interkultureller Austausch als interkulturelles Handeln, Saarbrücken 1985.
Dülfer, E., Internationales Management in unterschiedlichen Kulturbereichen, München 1991.
Elashmawi F./ Harris, P.R., Multicultural Management, New Skills for Global Success, Houston 1993.
European Communities (Hrsg.), Decision No 1983/2006/EC, in: Official Journal of the European Union, 30.12.2006.
European Communities (Hrsg.), http://www.interculturaldialogue2008.eu/406.0.html.
Fayerweather, J., Begriff der Internationalen Unternehmung, in: Macharzina/Welge (Hrsg.), Handwörterbuch Export und Internationale Unternehmung, Stuttgart 1989.
Friedman, M., Kaddisch vor dem Morgengrauen, Aufbau Verlagsgruppe, Berlin 2007.
Gabler, Wirtschaftslexikon, Wiesbaden 1993.
Hambrick, D.C./ Snow, C.C., Strategic Reward Systems, in: Snow (Hrsg.), Strategy, Organization Design and Human Resource Management, Greenwich 1989.
Hart, W. B., Three Levels of Cultural Studies, in: The E-Journal of Intercultural Relations, Nr. 6, 1998, S. 1.
Hofstede, G., Interkulturelle Zusammenarbeit - Kulturen, Organisationen, Management, Wiesbaden 1993.
Holzmüller, H.H., Interkulturelle Konsumentenforschung, in: Macharzina/Welge (Hrsg,.): Handwörterbuch Export und Internationale Unternehmung, Stuttgart 1989.
Hoppe, R., The Global Toothbrush, in: Spiegel Special– International Edition, Nr. 7/2005.
Intercultural Management Institute – 5th Annual Conference 2004, in: American University, Washington, DC (ed.), Conference Brochure, March 11&12, 2004.
Kiechl, R., Ethnokultur und Unternehmenskultur, in: Lattmann, C. (Hrsg.), Die Unternehmenskultur: ihre Grundlagen und ihre Bedeutung für die Führung der Unternehmung, Heidelberg 1990.
Kiechl, R., Interkulturelle Kompetenz, in: Kopper/Kiechl (Hrsg.), Von der Vision zur Praxis, Zürich 1997.
Koester, J./Wiseman, R.C./ Sanders, J.A., Multiple Perspectives of Intracultural Communication Competence, in: Wiseman/Koester (Hrsg.), International Communication Competence, Newburg Park, C.A. 1993.

Kotler, P., Globalization - Realities and Strategies, in: Die Unternehmung, 44 Jg., Nr. 2, Bern 1990.
Krulis-Randa, J., Globalisierung, in: Die Unternehmung, 44 Jg., Nr. 2, Bern 1990.
Krystek, U./ Zur, E., Unternehmenskultur, Strategie und Akquisition, in: Krystek/Zur (Hrsg.), Internationalisierung. Eine Herausforderung für die Unternehmung, Heidelberg 1997.
Kumar, B.N., Interkulturelle Managementforschung. Ein Überblick über Ansätze und Probleme, in: Wirtschaftswissenschaftliches Studium, Nr. 17, 1988.
Kutschker, M., Internationalisierung der Unternehmensentwicklung, in: Macharzina/Oesterle (Hrsg.) Handbuch Internationales Management Wiesbaden 1997.
Levitt, T., The globalization of markets, in: Harvard Business Review, 61 Bd., May/June, Boston 1983.
Lippisch, S./ Köppel, P., Key to Company's competitiveness: The Ability to Innovate and Cooperate on a Global Level, in: Bertelsmann Stiftung (Hrsg.), Globalization and Change, Gütersloh 2007.
Macharzina, K./ Oesterle, M.-J., Das Konzept der Internationalisierung im Spannungsfeld zwischen praktischer Relevanz und theoretischer Unschärfe, in: Macharzina/Oesterle (Hrsg.), Handbuch Internationales Management, Wiesbaden 1997.
Macharzina, K., Internationalisierung und Organisation, in: Zeitschrift für Organisation und Führung 1992.
Mauritz, H., Interkulturelle Geschäftsbeziehungen: Eine interkulturelle Perspektive für das Marketing, Wiesbaden 1996.
Nardon, L./Sanchez-Runde, C.J./Steers, R.M., Management Across Cultures, New York, 2010.
Obama, B., Values, in: The Audacity of Hope, New York 2006.
Perlitz, M., Internationales Management, 2. Aufl., Stuttgart 1995.
Perlmutter, H., L'Enterprise International. Trois Conceptions, in: Revue Economique Sociale, 23 Jg., Nr. 2/1965.
Phatak, A., International Management. Concepts and Cases, Cincinnati, Ohio 1997.
Porter, M.E., Wettbewerbsstrategie, Frankfurt/M. 1992.
Posth, M., Wolfburgs Tor nach Asien, in: 1000 Tage in Shanghai, 2006.
Rothlauf, J., Qualifizierte Nachwuchskräfte für das Auslandsgeschäft, in: WIR, hrsg. v. der IHK Rostock, Nr. 6/1996.
Rothlauf, J., Intercultural Management at German Universities, Stralsund, 2007.
Rothlauf, J., Multicultural Management Insights with a specific focus on Multicultural Teams, Pau, 2009.
Rothlauf, J., Total Quality Management, 2. Aufl. 2004.
Scholl, R.F., Internationalisierungsstrategien, in: Macharzina/Welge (Hrsg.), Handwörterbuch Export und Internationale Unternehmung, Stuttgart 1989.
Segler, K., Basisstrategien im internationalen Marketing, Frankfurt/M. 1986.
Siedenbiedel, G., Internationales Management. Elemente der Führung grenzüberschreitend agierender Unternehmen, Köln 1997.
SIETAR (Hrsg.), Keynote-Speech, Kongress 2000, Ludwigshafen.
Simon, H., Die rigorose Globalisierung ist der einzige Weg, in: Welt am Sonntag, Nr. 29/27.07.1996.
Stern, N., The Economics of Climate Change: The Stern Review, March 2008.
Teagarden, M.B./ Gordon, G.G., Global Human Resource Management: Corporate Selection Strategies and the Success of International Managers, in Selmer (Hrsg.), Expatriate Management: New Ideas for Business, New York 1994.
Teagarden, M.B./ Glinow von, M.A., Human Resource Management in Cross-Cultural Contexts, in: Management International Review, 1/1997.

Thielen, G., Globalisierung braucht Integration, in: Bertelsmann Stiftung (Hrsg.), Change, Nr. 2/2008.

Thomas, A., Psychologie interkulturellen Lernens und Handelns, in: Thomas (Hrsg.), Kulturvergleichende Psychologie: Eine Einführung, Göttingen 1993.

Tung, R.L., Selection and Training of Personnel for Overseas Assignments, in: Columbia Journal of World Business, Nr. 16/1981.

Weaver, G.R., Connecting Intercultural Communication and Management, in: Intercultural Management Institute (ed.), Washington, DC, Nr. 9, 2001.

Weidmann, W.F., Interkulturelle Kommunikation und nationale Kulturunterschiede in der Managementpraxis, in: Scholz, J.M. (Hrsg.), Internationales Change-Management, Stuttgart 1995.

Weiss, S., Globale Interaktion, In: Bertelsmann Stiftung (Hrsg.), Jahresbericht 2006.

Welge, M./ Al-Laham, A., Strategisches Management: Grundlagen-Prozess-Implementierung, 5. Aufl., 2008.

Welge, M./ Holtbrügge, D., Internationales Management, Landsberg/Lech 1998.

2 Kulturelle Überlegungen als Ausgangspunkt des Interkulturellen Managements

2.0 Statement of the Problem

> **Entering the Market: Culture and Context**
> (Zubko/Sahay)
>
> Your bags are packed and you have a boarding ticket in hand. A few months earlier, you received word that you would be going to India on business, maybe for your first time or your fifth time. Visas have been arranged. Language lessons may have moved to the top of your MP3's playlist. In addition to putting together any presentations and plans, a running list of do's and don'ts runs through your head haphazardly, beginning to jump together. Besides wondering if the project will go smoothly, and thinking through any areas to troubleshoot, you also may be concerned about the food and water, the heat, and whether you will by mistake cross some unknown cultural taboo and offend your Indian colleagues. Friends and coworkers offer advice, both solicited and unsolicited. The company may have handed you a manual on things to know about life in India, or brought you a few books. As you sit there in the airport, you may be asking yourself: What do I really need to know to be able to adapt to any business situation in India? Do I have the tools I need for a successful trip?
>
> The two most overlooked strategic tools that foreign managers often forget to pack are inseparable: *culture* and *context*. Accurate and practical facts about the culture within which you will be working are essential. And yet this key information can become trivial unless you know when, where, and how to use your knowledge of culture within and across appropriate contexts. If you do not include these two indivisible tools in your toolbox, getting things done efficiently and successfully is statistically harder to do and more costly.
>
> In: Inside the Indian Business Mind, 2011, p. xxi

2.1 Acting in a Different Cultural Setting

With the increasing internationalization of business practices and the interchangeability of products, intercultural understanding is of major importance.

From the point of view of international business management, it has become obvious that the intercultural management has the task to prepare people, who are confronted with intercultural encounters, so that they are able to identify the effective features of the respective other culture and integrate them into their own course of action. Thus, they can fulfill their specific management tasks under unfamiliar cultural conditions and in interaction with partners from a different cultural background. (Holzmüller, 1997, p. 790)

Intercultural management implies an analysis of the diversity of the respective countries, regions or subcultures and the establishment of general codes of conduct. Cultural concepts provide the framework for action. However, before a deeper understanding of cultural phenomena and dimensions and their background factors is created, it is necessary to deal with the differences of cultures. Here, one of the first questions is: What is actually defined as culture and what contribution can it make to enable us to understand patterns of cultural behavior?

> **Connecting Intercultural Communication and Management**
> (Gary R. Weaver)
>
> We cannot be experts on every culture. However, we can develop the flexibility to put ourselves in the psychological and cultural shoes of those who are different. We can begin to appreciate the reality that there are numerous ways of solving a problem and that our way is in large part a result of growing up in our culture. Intercultural awareness and understanding begin with knowing your own culture first. Often this can only come through interaction with those who are different.
>
> In: Intercultural Management Institute, Washington, DC, Nr. 9, 2001, S. 2

2.2 The Term "Culture" from a Scientific-Anthropological Point of View

Human history is the history of cultures. It extends over many generations of cultures, from the old Sumerian and Egyptian, the Classic and Mesoamerican through to the Western and Islamic cultures, accompanied by a range of Sinic and Hindu ones (Huntington, 1996, p. 49).

The observation of people and the depiction of differences between people from a scientific and humanistic point of view is the cultural anthropologists' and cultural sociologists' field of work. The phenomenon of culture and the description of what is to be understood by the term "culture" are accompanied by many different definitions. This is especially the case because culture is included in a number of fields of research, which lead to strongly divergent conceptions. In the beginning of the 1950's, Kroeber and Kluckholm compiled 154 different interpretations of "culture" (Kroeber/Kluckhohn, 1952, pp. 43). However, different definitions of the term can also be found in comparative management studies (Krober-Riehl, 1996; Dülfer, 1996; Staehle, 1991).

If one scientifically-anthropologically deals with culture and its differences regarding individual nations, one has to assume that no homogenous assertions about cultural differences may be expected if the nation(s) combine(s) different ethnical cultures (Scholz, 1995, pp. 7). Therefore, culture does not take national borders or an entire people into account, but establishes itself where history and certain characteristics indicate mutual behavioral patterns.

Andere Kulturen haben eine eigene Logik
Interview mit Susann Hoppe, Trainerin der Carl Duisberg Centren - Auszug

Zeck: *Wieso sind die Kulturen zum Teil so unterschiedlich?*
Hoppe: Gesellschaften haben über Jahrtausende hinweg wegen geographischer Veränderungen und infolge von Krieg und Vertreibung verschiedene Überlebensstrategien entwickelt. Die können sogar innerhalb einer einzigen Kultur unterschiedlich geprägt sein, zum Beispiel bei Land- und Stadtbevölkerung. Gleichheit ist erst seit der Aufklärung ein politisches und soziales Ideal. Die Wirklichkeit ist bis heute komplizierter.

In: FAZ, 10/11.03.2012, S. C2

Only by this, it possible to explain why Bavarians and Austrians or Frisians (Friesländer) and Danes have more mutual cultural criteria than Bavarians and Frisians, who may live in one state but only belong together because of artificial borders and not because of their cultural history. Likewise, it might be difficult to make statements about the USA's national culture, as the strategy of the melting pot of ethnical groups as well as the one of maintaining group identity are pursued here.

First, we draw back on E.B. Tylor's definition, who understood in the wider ethnographical sense of the word that

"Culture [...] is that complex whole which includes knowledge, belief, art, morals, law, custom, and any other capabilities and habits acquired by a man as a member of society." (Tylor, London 1871, p. 1)

In the subsequent time, the concept of culture has been subject to content-related changes and has been newly interpreted in very different ways. The term "culture", which is also used in the everyday language in various contexts, generally remains vague and only becomes more precise if one tries to conceive its meaning and to substantiate it (Büschges/Abraham/ Funk, 1996, p. 57).

Weitgereiste Besucher

Für die meisten Menschen der Welt ist Deutschland ein zumeist fernes und manchmal fremdes Land. Wie denken Besucher über Deutschland?

Agnelegan Zigah, Ghana:

Lieblingsvorurteil und erster Gedanke:
„Bei uns denken die Menschen, dass Deutsche nicht gerade freundlich sind. Disziplin steht bei Deutschen vor der Lebensfreude. Ich denke vor allem an die schwierige Bürokratie in Deutschland."

Was ich ändern und mitnehmen würde?
„Mitnehmen würde ich so einiges: Verkehrsdisziplin, Verkehrsregeln oder die Gleichbehandlung bei Behörden. Korruption, Bestechung auf unterer Ebene gibt es in Deutschland nicht."

Anthony Luxmann, Sri Lanka:

Lieblingsvorurteil und erster Gedanke:
„Man muss sich nur die Menschen im Flughafen anschauen. Deutsche sind ständig im Stress, als würden Sie vor sich selbst flüchten. Ich glaube, Sie können nicht richtig entspannen und finden keine innere Ruhe."

Was ich ändern und mitnehmen würde?
„Das Einwanderungsgesetz! Die Menschen besuchen dieses Land, um Geschäfte zu machen oder Familien zu besuchen, nicht um es zu erobern."

2.3 The Iceberg-Model

One instrument explaining the term culture is the so-called iceberg model. Many people question what culture is. How can it be defined? There are more than 200 different definitions of culture. In a way, the iceberg model can be helpful to gain a better understanding (Rocher, 1969, p. 12).

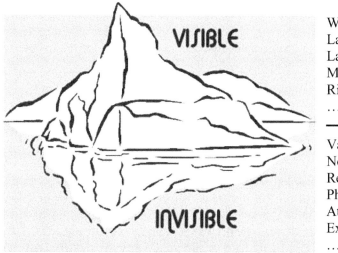

Abb. 3 Iceberg Model of Culture
Quelle: Hall, 1976

The iceberg has a visible tip. These are areas of culture that we can see. Such visible elements include things like music, dress, dance, architecture, language, food, gestures, greetings, behaviors, devotional practices, art and more. In addition, it can also relate to clearly apparent behaviors such as people ignoring red traffic lights, spitting on the floor, smoking in public or queuing for a bus.

But none of the visible elements can ever make real sense without understanding the drivers behind them; and these are hidden on the bottom side of the iceberg, the invisible side. So, when thinking about culture, the bottom side of the iceberg will include things such as religious beliefs, worldviews, rules of relationships, the approach to the family, motivations, tolerance for change, attitudes to rules, communication styles, modes of thinking, comfort with risk, the difference between public and private.

For example, why do the English queue for everything? This relates to their approach to fairness, justice, order and rights. The rationale behind the queue is that those that arriving first should by rights be served first or get on a bus first. Many other cultures simply do not queue in this manner, as it is not part of their cultural programming. It is for the reasons of clarity that the iceberg model has become so popular.

Intercultural exercise:

Develop the iceberg model for your own national culture and picture it in a flip chart.
Hint: The participants are required to be concrete in describing their culture, and must not limit themselves to abstract terms.

2.4 Approaching a Systematization of Different Cultural Concepts

Different cultural concepts have attempted to master the complexity of "culture". Those concentrating on the different mental programming of people in terms of the spatial, temporal, human and nature-related orientation have become widely disseminated (cf. Hall, 1959; Kluckhohn/Strodtbeck, 1961; Lane/DiStefano, 1988). The focus here is predominantly on the affective and cognitive determinants of a cultural orientation system, which characterize people from specific cultural environments. From the wide range of cultural concepts, the perceptions of Keller, Luthans and Kluckholm, who have tried to specify their ideas by an enumeration of characteristic features, have been singled out in the following.

2.4.1 The Cultural Concept of Keller

For his definition of "culture", Keller assumes the following characteristics (Keller, 1982, pp. 114):

- *"Culture has been created by human beings. It is a product of collective social thinking and the acting of individual people.*
- *Culture is supra-individual and a social phenomenon outlasting the individual.*
- *Culture is learned and communicated with the help of symbols.*

- *Culture controls the behavior by means of norms, rules and codes of conduct.*
- *Culture strives for inner consistence and integration.*
- *Culture is an instrument for adapting to the environment.*
- *Culture is adaptively versatile in the long term."*

2.4.2 The Cultural Concept of Luthans

Aspects of the social culture structuring the life between people can also be found at Luthans, who defines the term "culture" as (Luthans, New York, 1997, p. 96):

- *"Learned. Culture is not inherited or biologically based; it is acquired by learning and experience.*
- *Shared. People as members of a group organization, or society share culture; it is not specific to single individuals.*
- *Transgenerational. Culture is cumulative, passed down from one generation to the next.*
- *Symbolic. Culture is based on the human capacity to symbolize or use one thing to represent another.*
- *Patterned. Culture has structure and is integrated; a change in one part will bring changes in another.*
- *Adaptive. Culture is based on the human capacity to change or adapt, as opposed to the more genetically driven adaptive process of animals."*

2.4.3 The Cultural Concept of Kluckhohn

Kluckhohn, who understood culture as the all-encompassing cohesion of human behavior, arrived at a similar definition. By enumerating the following features, he tried to specify his cultural concept (Kluckhohn, 1951, p. 87):

- *"Culture is learned.*
- *Culture is structured.*
- *Culture derives from the biological, environmental, psychological and historical components of human existence.*

- *Culture is divided into aspects.*
- *Culture is dynamic.*
- *Culture is variable.*
- *Culture exhibits regularities that permit its analysis by the methods of science.*
- *Culture is the instrument, whereby the individual adjusts to his total setting, and gains the means for creative expression."*

Hitherto, the listed definitions have made clear that the term "culture" can be defined from different perspectives. The common goal to give an orientation system and a frame of reference to the individual, in whom one can classify one's own experiences and behavioral patterns, underlies all attempted explanations. Consequently, the cultural framework sets standards for the perception, thinking, judging and acting (Perlitz, 1995, S. 303).

2.4.4 Schein's Model: Three Levels of Culture

A profound cultural concept covering the entirety of life forms, moral values, beliefs, socio-moral central themes as well as life conditions shaped by human activities in their complexity is recognizable in Schein's Three Levels of Culture (Schein, 1984, p. 4).

According to Schein, a culture's basis consists of a set of fundamental patterns of orientation and conception ("ideologies") guiding perception and acting. Usually, there are these self-evident reference points of organizational activities, which are tracked without even thinking about them, or often even without knowing them at all.

At the second level, this world view is expressed by specified moral concepts and behavior standards. These are converted into maxims, unwritten codes of conduct, prohibitions, etc., which all members of the organization share to a more or less great extent.

These partly unconscious and invisible assumptions and standards are finally reflected in the third level of symbols and signs. They have the task to perpetuate, to extend and – what is particularly important – to communicate this elusive, hardly deliberate complex of assumptions, patterns of interpretation and moral concepts to new members. Here, the signs and symbols represent the visible part, which, however, is only comprehensible in connection with the underlying moral concepts.

1ˢᵗ LEVEL Basic Assumptions	2ⁿᵈ LEVEL Norms and Standards	3ʳᵈ LEVEL Systems of Symbols
Basic assumptions about nature, man and its social relationships; invisible and usually unconscious	Maxims, "ideologies", common values, codes of conduct, prohibitions; partly visible, partly unconscious.	Creations of culture (technology, art, behavioral patterns, clothes, language, rituals, manners); visible but need for interpretation

Abb. 4 Schein's Three Levels of Culture
Quelle: Schein, 1984, S. 4

2.5 Categorization of Cultural Elements

In literature, there are a vast number of cultural elements which can be basically divided into four main criteria, namely symbols, heroes, rituals and value systems (Weidmann, 1995, p. 43).

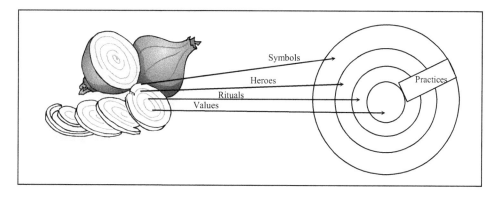

Abb. 5 The "Onion" Model: Manifestation of Culture
Quelle: Based on Meier/Roehr, 2004, p. 258 and Hofstede, 2005, p. 7

2.5.1 Symbols

For symbols, the passing on and conveyance of cultural phenomena takes place via words, gestures, images and objects of a certain meaning, which can only be understood by those people belonging to the same culture, and are generally based on conversations. On the level of national cultures, symbols also comprise the areas of language and communication. Concerning the culture of an organization, symbols are e.g. abbreviations, terminologies, forms of address (formal or informal), signs, dress regulations, seating arrangements and status symbols mainly to be only recognized and acknowledged by insiders.

2.5.2 Heroes

Real or fictitious, historic or contemporary persons who act as carriers of culture and role models within a culture can be considered as heroes. Nations have their national paragons and folk heroes, generations their role models, whereas in organizations, the selection and recruitment are often based on the vision of the "ideal employee" or the "ideal manager". The founders of organizations are often seen and adored as mystic heroes (Weidmann, 1995, p. 43).

2.5.3 Rituals

Similar to the already mentioned myths like symbols and heroes, rituals are also expressive actions, which cannot only be considered as mere cultural assets but which are also expected to fulfill a practical function (Gussmann/Breit, 1997, p. 117).

> *"Rituals and ceremonies are as important to organization and societies as they are to individuals. They serve four major functions: to socialize, to stabilize, to reduce anxieties and ambiguities, and to convey message to external constituencies." (Bolman/Deal, 1984, p. 154)*

Rituals are collective activities which might often be technically superfluous but are essential in a certain culture for social reasons. When two Japanese meet and bow, this is as much a national ritual as the greeting behavior of two Germans shaking hands. Moreover, also various formal activities belong to the recurring processes which are defended for apparently rational reasons: meetings, the writing of memos as well as the informal way of organizing formal activities: "Who sits where at a meeting and who talks with whom, how, etc." are expressions of ritual manners. After all, organizational forms in the society, the state and companies are likewise to be allocated to rituals. No matter if it is an official reception or a stock corporation's general meeting, without relation to the respectively accustomed rituals, one would not be able to meet the expectations.

2.5.4   Value Systems

Value systems reflect the deepest level of a culture. They represent widespread emotions of which one is often not aware and unable to speak about. Religious beliefs belong to these not easily reflected value systems. They decide on the meaning of good or bad/ clean or dirty/ beautiful or ugly/ natural or unnatural/ moral or immoral. These feelings are predominantly found with members of one culture and intensified with people acting as opinion leaders. Since there are interactions between a culture's different elements, symbols, heroes and rituals clearly reflect values, whereas value systems are – however, to a far lesser degree – influenced by interdependencies. (Weidmann, 1995, p. 44). For more information about the World Values Survey please see chapter 4.

2.6   Comparison of Five Cultural Models

A number of authors have tried to identify cultural dimensions in order to illustrate similarities and differences of national cultures. Below, the five best-known cultural models shall be presented.

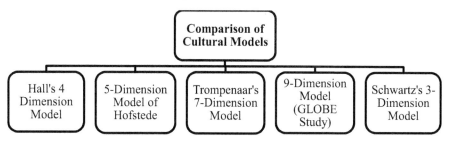

Abb. 6 Studies on National Cultures
Quelle: Eigene Darstellung

2.6.1 Hall's Cultural Model

During his studies, Hall detected four cultural dimensions as particularly important, which he called:

- Context
- Space
- Time
- Information Flow

2.6.1.1 Context

Hall's first dimension indicates that a certain amount of information has to be transmitted in communication situations, so that the receiver also understands the sender's message. Ideal-typically, Hall identifies so-called high-context cultures and low-context cultures. Asian, Arabian and Mediterranean cultures are characterized by Hall as high-context cultures, whereas US-Americans as well as Central and North Europeans are rather classified as members of low-context cultures.

Hall/Hall (1990, p. 9) describe context orientation as

> *"High-context people are apt to become impatient and irritated when low-context people insist on giving them information they don't need. Conversely, low-context people are at a loss when high-context people do not provide enough information."*

The following figure shows the range from cultures with a low-context orientation to those with a high-context orientation.

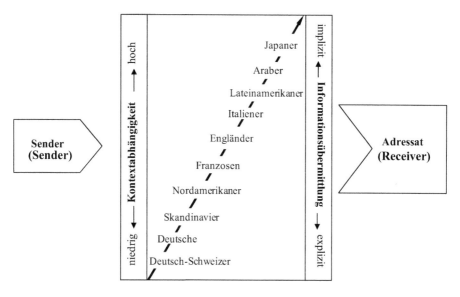

Abb. 7 Low-Context- und High-Context-Kulturen
Quelle: Based on Rösch/Segler, 1987, p. 60

Low context	High context
Business relationships are complicated. Therefore, communication needs to be frank, explicit and direct.	Business relationships are complicated. Therefore, communication needs to be diplomatic, implicit and indirect.
50 40 30 20 10 0 10 20 30 40 50	

Abb. 8 Self-evaluation for low and high context orientation
Quelle: Carté/Fox, 2004, p.18

Further examples that demonstrate how to use certain questions in this context for an interview or a questionnaire are as follows (Carte/Fox, 2004, pp 147-164):

Time: Monochronic	Time: Polychronic
I prefer to deal with one task at the time in a structural fashion.	I prefer to have many tasks running at the same time.
50 40 30 20 10 0 10 20 30 40 50	

Short-Term	Long-Term
I prefer to focus on the here and now.	I need to see beyond the horizon and plan accordingly.

| 50 | 40 | 30 | 20 | 10 | 0 | 10 | 20 | 30 | 40 | 50 |

Fixed Truth	Relative Truth
There are clear rights and wrongs.	What is right and wrong depends on the circumstances.

| 50 | 40 | 30 | 20 | 10 | 0 | 10 | 20 | 30 | 40 | 50 |

Analytical	Intuitive
What I value most is a logical, comprehensive and consistent argument. Even if I instinctively feel a proposal is right, I need to test every step of the argument before I can commit myself.	What I value most are creative and intriguing ideas that appeal to the emotions. If I instinctively feel a proposal is right, I don't need to test every step of the argument before I commit myself.

| 50 | 40 | 30 | 20 | 10 | 0 | 10 | 20 | 30 | 40 | 50 |

Individualistic Relationships	Group-Oriented Relationships
My first duty should be to myself.	My first duty should be to the group I belong to.

| 50 | 40 | 30 | 20 | 10 | 0 | 10 | 20 | 30 | 40 | 50 |

Flat Hierachy	Vertical Hierachy
Leaders should share the power.	Leaders should hold the power.

| 50 | 40 | 30 | 20 | 10 | 0 | 10 | 20 | 30 | 40 | 50 |

2.6.1.2 Space

For the second dimension, Hall distinguishes between the so-called personal space and the territory. One the one hand, the personal space is the invisible "circle" surrounding everyone and which may not be entered by another person without permission. On the other hand, the territory is defined as all places and things which a person considers as personal property – regardless of the legal definition – because they are owned by the person or are used by him/her. Hall/Hall (1990, p. 11) characterize "space" as

> *"Each person has around him an invisible bubble of space which expands and contracts depending on a number of things: In Northern Europe, the bubbles are quite and people keep their distance. In Southern France, Italy, Greece, and Spain, the bubbles get smaller so that the distance that is perceived as intimate in the North overlaps normal conversational distance in the South."*

2.6.1.3 Time

Time orientation plays a big role in all cultural models. Hall differentiates between monochronic and polychronic time orientation. An overview can be found in the figure below:

Monochronic people	Polychronic people
• do one thing at a time • concentrate on the job • view time commitments as critical • are low context and need information • are committed to the job • adhere ridgiously to plans • emphasize promptness • are accustomed to short-term relationships	• do many things at once • are highly distractible and subject to interruptions • view time commitments as objectives • are high context and already have information • are committed to people and human relationships • change plans often and easily • base promptness on the importance of and significance of the relationship • have a strong tendency to build lifetime relationships

Abb. 9 Monochronic versus polychronic time orientation
Quelle: Hall/Hall, 1990, p. 15

In cultures with a monochronic time orientation, time is linearly looked upon, which means that activities are scheduled in order to be managed successively and sequentially. In cultures with a polychronic time orientation, different time frames become indistinct. Time is not a linear but a circular concept, which means that several activities are run simultaneously. According to Hall, the United States and many Central European cultures (Germanic and Scandinavian cultures) are monochronic, whereas Latin American, Arabian and Mediterranean cultures can be considered as rather polychronic.

2.6.1.4 Information Flow

With his fourth dimension, Hall addresses the different speeds in which information is coded and decoded in communication situations. What is meant with the speed of the information flow in different cultures, Hall/Hall (1990, p. 12) expressed as:

> *"In the United States it is not too difficult to get to know people quickly in a relatively superficial way, which is all that most Americans want. Conversely, in Europe personal relationships and friendships are highly valued and tend to take a long time to solidify."*

2.6.1.5 Critical Review of Hall's Study

Hall raises no claim that his four dimensions cover all cultural differences. His cultural dimensions are rather to be understood as a general orientation. Often, Hall's work is only presented in a condensed form and occasionally, only one dimension, mainly context orientation is mentioned; sometimes his work is reduced to two dimensions, namely context and time (Kutschker/Schmid, 2002, p. 701).

Hall himself points out that apart from cultural differences also individual ones exist. Moreover, the dimensions are not independent from one another. Thus, a low-context orientation often comes along not only with a polychronic time orientation but also with a preference for a quick information flow and a comparatively high significance of the personal space.

2.6.2 Hofstede's 5-Dimension Model

In international management, the probably best known study on cultural research is connected with the name of Prof. Dr. Geert Hofstede. He conducted his survey at the American computer company IBM, where he questioned 116.000 employees in 60 countries. The questionnaire was translated into twenty national languages. The initial study (1969-1973) concerning the four dimensions of Power Distance, Uncertainty Avoidance, Individualism/Collectivism and Masculinity/Femininity was extended by the fifth dimension of Long-Term-/Short-Term Orientation in a follow-up study in 1987 (Kutscher/Schmid, 2002, pp. 702). In 2010, the sixth dimension Indulgence/Restraint was added – based on data of the World Values Survey.

2.6.2.1 Power Distance

The first dimension determined by Hofstede (1983, p. 419) was the so-called Power Distance Index. He defined it as

"The extent to which less powerful members of institutions and organizations accept that power is distributed unequally."

Societies with Low Power Distance Index	Societies with High Power Distance Index
At the workplace	
• Hierarchy implies inequality of roles for functional reasons	• Hierarchy implies existential inequality
• Employees expect to be involved in the decision making process	• Employees expect instructions and regulations
• Tendency towards the delegation of tasks and responsibility	• Tendency towards a centralization of decisions and responsibility
• The ideal boss is a capable democrat	• The ideal boss is a sympathetic autocrat (a good father)
• Co-determination	• Autocracy

Abb. 10 Examples of different values for Power Distance
Quelle: Weidmann, 1995, S. 45

Societies with a high power index are those in which people blindly follow their superiors' instructions, employees are more passive and less actively involved in the decision making process and an autocratic leadership style is predominant.

Most of the African, Asian and Latin American countries as well as France, Belgium, Italy and Spain are assigned to that group. A low power distance index is associated with a decentralized organization, a lower share of supervisory personnel and highly qualified staff, who are also involved in the decision making process. A rather partner-like leadership style prevails. America, the United Kingdom, the Scandinavian countries and Germany, among others, are countries with a low power distance.

2.6.2.2 Individualism versus Collectivism

On the one hand, individualism is expressed by people especially caring for themselves and their immediate environment.

> *"Individualism is the tendency of people to look after themselves and their immediate family only." (Hofstede, 1980, p. 419)*

Collectivism, on the other hand, is linked to people with a sense of belonging to a group or a collective and who attend to the members' needs. In individualistic societies, the pursuit of realizing one's own goals dominates, while the achievement of group's objectives based on a sense of belonging characterizes collectivistic societies.

Collectivistic Societies	Individualistic Societies
At the workplace	
• Different benchmarks for members of in-groups and out-groups	• Equal treatment of all employees
• People are judged by their group affiliation	• People are judged by their capabilities
• Interpersonal relationships are more important than tasks (harmony)	• Tasks are more important than interpersonal relationships (performance/success)
• Favored recruitment and promotion of members of the in-group	• The relationship between employer and employee is purpose-related and on a contractual basis (labor market)
• Management stands for the leadership of groups	• Management stands for the leadership of individuals
• Aims of the groups dominate personnel planning	• Career planning dominates personnel development

Abb. 11 Examples of different values for Collectivism/ Individualism
Quelle: Weidmann, 1995, S. 46

Thus, the different degrees of intensity of individualism vary from one culture to another and can be measured by the so-called Individualism Index. Countries with a very distinct individuality also reflect a high acceptance of a rather Protestant work ethic. They include, among others, all Anglo-American countries, Sweden, Denmark and Germany. Just as in the case of the power distance index, the point scores represent the relative position of the particular country. The lower the score, the more collectivistic and the higher the score, the more individualistic the country is.

2.6.2.3   Masculinity versus Femininity

Masculinity is defined by Hofstede (1980, pp. 420) as

> *"a situation in which the dominant values in society are success, money, and things",*

while he describes femininity as

> *"a situation in which the dominant values in society are caring for others and the quality of life"*

Thus, a country can be described as masculine if it is performance-based, and if its individuals are success-oriented and behave self-confidently. Whereas a feminine culture is characterized by more attention to interpersonal relationships, the preservation of the environment and the quality of life and regards compromises as well as cooperation as a way of accomplishing its goals.

Feminine Societies	Masculine Societies
At the workplace	
• Self-confident behavior is ridiculed	• Self-confident behavior is acknowledged
• Readiness to assimilate	• Assertiveness
• One sells oneself short	• One exaggerate one's own merits
• Quality of life plays an important role	• Career plays an important role
• Empathy	• Achievement orientation
• „Work to live"	• „Live to work"
• Cooperation, willingness to compromise	• Competition, preparedness for conflict
• Intuition	• Aggressions

Abb. 12 Examples of different values for Masculinity/ Femininity
Quelle: Weidmann, 1995, p. 48

2.6.2.1 Uncertainty Avoidance

Hofstede defines (1980, p. 418) Uncertainty Avoidance as

"the extent to which people feel threatened by ambiguous situations."

Every culture has developed procedures in order to cope with this uncertainty. A society with a strong tendency towards uncertainty avoidance tries to control the future or at least to influence it with the help of regulations, laws and rules of conduct. Less motivated employees and risk-averse managers also belong to this group. Cultures with a low degree of uncertainty avoidance guide their members to more tolerance towards other opinions. Fewer laws and controls, a more distinct readiness for taking risks instead of being passive as well as a higher degree of motivation are also characteristics of this category. Countries with a low uncertainty avoidance show lower values of uncertainty avoidance and vice versa.

Societies with Low Uncertainty Avoidance	Societies with High Uncertainty Avoidance
At the workplace	
• Reluctance towards written or oral rules and regulations	• Emotional need for written rules and regulations
• Flat hierarchies, few differences in status	• Strict hierarchies, thinking in terms of status
• High significance of „all-rounders" & common sense	• High significance of "experts & specialists"
• Spontaneous vertical & horizontal communication	• Official channels
• Flexible organization & job design	• Formalization & standardization
• Contracts can be renegotiated (framework conditions, details, etc.)	• Contracts have to be abided by (detailed contracts, providing for all contingencies)
• Readiness for innovation	• Resistance to change

Abb. 13 Examples of different values for Uncertainty Avoidance
Quelle: Weidmann, 1995, p. 49

2.6.2.2 Short-Term versus Long-Term Orientation

The fifth dimension in Hofstede's model deals with moral values connected to a "long-term orientation". It describes the degree to which a society has a pragmatic future-oriented basic attitude in contrast to a dogmatic present-oriented perspective.

Positively as well as negatively connoted moral concepts of this dimension are reminiscent of Confucius teachings and have also been called "Confucian dynamism" in the context of cultural theory, since their existence was first shown in the Chinese Value Survey (Bond, 1986). However, this dimension is also applicable to countries without a Confucian past. The cultural effects of this dimension's differences are presently researched, so that a detailed table backed by sufficient scientific evidence of the differences at the workplace cannot yet be completely prepared (Weidmann, 1995, p. 50).

Societies with Short-Term Orientation	Societies with Short-Term Orientation
At the workplace	
• Tendency to the absolute truth	• Many „truths" (depending on time, place and circumstances)
• Normativism	• Pragmatism
• Impatience, short-term successes	• Persistence, long-term goal tracking
• Domination of own goals, aversion to heteronomy	• Willingness to bow to a collectivistic goal
• High investments for a fast development (indebtedness)	• Budgeting for the future (savings)

Abb. 14 Examples of different values for Long-Term Orientation
Quelle: Weidmann, 1995, p. 50

2.6.2.3 Sixth Dimension: Indulgence versus Restraint

The 5-D-Model of Hofstede has become a worldwide respected cultural model. Not only teachers in schools or universities, but even trainers have worked with this model. In the third edition of his book "Cultures and Organizations: Software of the Mind" (Hofstede/Hofstede/Minkov, 2010) he added a sixth dimension for the first time and he has called it "Indulgence versus Restraint". Hofstede also talked about the sixth dimension in an interview with a group of French students, which you can find on pp. 71.

2.6.2.4 Critical Review of Hofstede's Study

Hofstede's study did not remain uncriticized. Here some critical voices can be found:

- It is often criticized that his research wants to measure influences of national cultures, but the results could be skewed due to influences of the corporate culture. This criticism seems to be justified, especially against the background of IBM's strong corporate culture, which involves certain recruitment practices and a pressure towards a certain uniformity on the employees.
- Moreover, it is said that the initial study was shaped by the Western culture. According to his critics, Hofstede asked questions which are particular interesting from a Western point of view but might have a different or even no meaning at all in other cultures.
- In the eyes of many authors, the identified dimensions are problematic and he is especially criticized for an insufficient selectivity of the dimensions.

Despite this criticism, Hofstede deserves special acknowledgement for the following points (Kutschker/Schmid, 2002, p. 717):

- Even though Hofstede's study was conducted some time ago, there has not yet been another study which can boast an only approximately similar extent – concerning the number of considered countries and the number of respondents.
- In spite of the problems concerning the dimensions, the study makes a classification of countries based on different criteria possible. Thereby, the study went beyond the works of others, in which only statements concerning one single country or culture-specific aspect were made.
- Hofstede's study does not only allow for a classification but also for a comparison of countries.

2.6.2.5 Country-Specific Point Scores of the 5-D-Model

Hofstede's 5-Dimension Model can be used as a basis for a comparison of other countries' cultures by the means of selected parameters. The following table shows the five dimensions' index values for 50 selected countries and three regions. For the Long Term Orientation based on the data collected for 23 countries by Bond, not all priorly mentioned countries could be included in the comparison. In Figure 16 (Abb. 16) this table is supplemented by 32 other countries, which had not been initially taken into account.

Concerning the interpretation of the two tables, all point scores only display the countries' relative and not their absolute positions. From the respective point score, it can be read off to what extent the countries differ from each other. For example regarding masculinity, a high index means that the Philippines with a determined score of 94 belong to the countries with a high degree of masculinity. Conversely, one can conclude that strongly feminine countries, e.g. Norway with an index value of 8, have a low Masculinity Index.

If you try to draw a general conclusion from these two tables, it strikes that the point values for the Power Distance Index (PDI) for Latin-American, Asian and African countries are relatively high, whereas the values are fairly lower for the majority of European and North American countries.

Concerning the Individualism Index (IDV), there are high values for the industrialized countries, including North America, whereas collectivism dominates in the rest of the world.

The Masculinity Index (MAS) is very distinct in Japan as well as in some European countries, among others Germany, Austria and Switzerland. In the Nordic and a number of Romanic and Asian countries the respective values are relatively low.

The Uncertainty Avoidance Index (UAI) is more distinct in the Romanic countries, Japan and the German-speaking countries and is lower in countries of Nordic and Chinese culture.

A Long-Term Orientation (LTO) becomes particularly apparent in East-Asian countries, especially in China, Taiwan, Japan and South Korea.

Anyone wanting to apply Hofstede's model, can find more information at http://www.geert-hofstede.com/

Land	Macht-distanz		Individua-lismus		Maskulinität		Unsicher-heitsver-meidung		Langfristige Orientierung	
	PDI		IDV		MAS		UAI		LTO	
	Index	Rang	Index	Rang	Index	Rang	Index	Rang	Index	Rang
Argentinien	49	35-36	46	22-23	56	20-21	86	10-15		
Australien	36	41	90	2	61	2	51	37	31	14-15
Belgien	65	20	75	8	54	8	94	5-6		
Brasilien	69	14	38	26-27	49	26-27	76	21-22	65	6
Chile	63	24-25	23	33	28	33	86	10-15		
Costa Rica	35	42-44	15	46	21	46	86	10-15		
Dänemark	18	51	74	9	16	9	23	51		
Deutschland	35	42-44	67	15	66	15	65	29	31	14-15
Ecuador	78	8-9	8	52	63	52	67	28		
Finnland	33	46	63	17	57	17	59	31-32		
Frankreich	68	15-16	71	10-11	43	10-11	86	10-15		
Griechenland	60	27-28	35	30	57	30	112	1		
Großbritannien	35	42-44	89	3	66	3	35	47-48	25	18-19
Guatemala	95	2-3	6	53	37	53	101	3		
Hongkong	68	15-16	25	37	57	37	29	49-50	96	2
Indien	77	10-11	48	21	56	21	40	45	61	7
Indonesien	78	8-9	14	47-48	46	47-48	48	41-42		
Iran	58	29-30	41	24	43	24	59	31-32		
Irland	28	49	70	12	68	12	35	47-48		
Israel	13	52	54	19	47	19	81	19		
Italien	50	34	76	7	70	7	75	23		
Jamaika	45	37	39	25	68	25	13	52		
Japan	54	33	46	22-23	95	22-23	92	7	80	4
Jugoslawien	76	12	27	33-35	21	33-35	88	8		
Kanada	39	39	80	4-5	52	4-5	48	41-42	23	20
Kolumbien	67	17	13	49	64	49	80	20		5
Korea (Süd)	60	27-28	18	43	39	43	85	16-17	75	
Malaysia	104	1	26	36	50	25-26	36	46		
Mexiko	81	5-6	30	32	69	6	82	18		
Neuseeland	22	50	79	6	58	17	49	39-40	30	16
Niederlande	38	40	80	4-5	14	51	53	35	44	10
Norwegen	31	47-48	69	13	8	52	50	38		
Österreich	11	53	55	18	79	2	70	24-25		
Pakistan	55	32	14	47-48	50	25-26	70	24-25	0	24
Panama	95	2-3	11	51	44	34	86	10-15		
Peru	64	21-23	16	45	42	37-38	87	9		
Philippinen	94	4	32	31	64	11-12	44	44	19	21
Portugal	63	24-25	27	33-35	31	45	104	2		
Salvador	66	18-19	19	42	40	40	94	5-6		
Schweden	31	47-48	71	10-11	5	52	29	49-50	33	12
Schweiz	34	45	68	14	70	4-5	58	33		
Singapur	74	13	20	39-41	48	28	8	53	48	9
Spanien	57	31	51	20	42	37-38	86	10-15		

Südafrika	49	35-36	65	16	63	13-14	49	39-40		
Taiwan	58	29-30	17	44	45	32-33	69	26	87	3
Thailand	64	21-23	20	39-41	34	44	64	30	56	8
Türkei	66	18-19	37	28	45	31-33	85	16-17		
Uruguay	61	26	36	29	38	42	100	4		
Venezuela	81	5-6	12	50	73	3	76	21-22		
Ver. Staaten	40	38	91	1	62	15	46	43	29	17
Regionen: Arabische Lnd.	80	7	38	26-27	53	23	68	27		
Ostafrika	64	21-23	27	33-35	41	39	52	36	25	18-19
Westafrika	77	10-11	20	39-41	46	30-31	54	34	16	22

Rang 1 = höchster, 53 = niedrigster Rang (für die langfristige Orientierung ist der niedrigste Rang 23)

Abb. 15 Länderspezifische Punktwerte des 5–D-Modells
    (Punktwerte von 50 Ländern und drei Regionen auf fünf Dimensionen der nationalen Kultur)
Quelle: Weidmann, 1995, S. 52 (zusammengestellt nach Hofstede, 1991)

Country	PDI	IDV	MAS	UAI	LTO
Albania	90	20	80	70	
Baltic Republics	40	60	30	50	
Bulgaria	70	50	50	80	
Butane	94	52	32	28	
Caucasus	70	20	50	60	
China	80	20	66	30	118
Croatia	72	33	40	80	
Czechoslovakia	35	60	45	60	
Dominican Republic	65	30	65	45	
Egypt	70	25	45	80	
Ethiopia	70	20	65	55	
Fiji	78	14	46	48	
Ghana	80	15	40	65	
Hungary	19	55	79	83	
Kenya	70	25	60	50	
Lebanon	75	40	65	50	
Luxembourg	55	70	60	70	
Malawi	70	30	40	50	
Namibia	65	30	40	45	35
Nepal	75	30	42	40	40
Nigeria	80	30	60	55	
Poland	50	60	70	50	
Romania	90	20	40	95	
Russia & Ukraine	95	47	40	75	
Saudi Arabia	95	25	60	80	
Serbia	86	25	43	92	
Sierra Leone	70	20	40	50	
Slovenia	71	27	19	88	

Sri Lanka	60	40	10	55	45
Surinam	80	48	35	80	
Tanzania	70	25	40	50	30
Zambia	60	35	40	50	

Abb. 16 Länderspezifische Punktwerte des 5-D-Modells – Ergänzung
(Punktwerte von 32 nicht in Abb. 13 enthaltenen Ländern)
Quelle: Weidmann, 1995, S. 53 (zusammengestellt nach Bond, 1986; Hofstede, 1991)

2.6.3 Trompenaars' 7-D-Model

Like Hofstede's research, Trompenaars' study is based on written interviews. He analyzed 30.000 questionnaires and presented the results in 1993. In contrast to Hofstede, the respondents did not come from one single company but from many different enterprises, among others Heineken, Philips, Volvo, Royal Dutch/Shell and Eastman Kodak. He received answers from 55 different countries. However, only 47 countries were included in the study, as the required minimum number of 50 returned questionnaires was reached here.

2.6.3.1 Universalism versus Particularism

The first dimension reflects the primacy of the "general" in opposition to the primacy of the "specific". While universalists particularly emphasize the compliance with rules, particularists pay more attention to the circumstances or personal backgrounds.

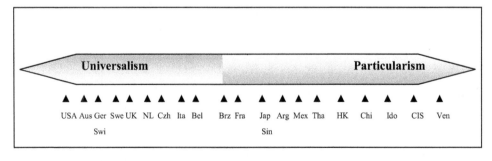

Abb. 17 Universalism versus Particularism – Country comparison
Quelle: Hodgetts/Luthans, 2003, p. 126

Universalism	**Particularism**
• Focus is more on rules than on relationships. • Legally contracts are readily drawn up. • A trustworthy is the one who 'honours' their work or contract. • There is only one truth or reality, that which has been agreed to. • A deal is a deal.	• Focus is more on relationship than on rules. • Legal contracts are readily modified. • A trustworthy is the one who 'honours' changing circumstances. • There are several perspectives on reality relative to each participant. • Relationship evolves.

Abb. 18 Universalism versus Particularism
Quelle: Hoecklin, 1998, p. 41

2.6.3.2 Individualism versus Collectivism

As with Hofstede, the question of the relationship between people also arises with Trompenaars. For him, the central question is, whether individuals primarily see themselves as individuals, or whether they define themselves through the affiliation to a group.

Individualism	**Collectivism/Communitarianism**
• More frequent use of 'I' and 'me'. • In negotiations, decisions typically made on the spot by a representative. • People ideally achieve alone and assume personal responsibility. • Holidays taken in pairs or even alone.	• More frequent use of 'we'. • Decisions typically referred back by delegate to the organization. • People ideally achieve in groups which assume joint responsibility. • Holidays taken in organized groups, or with extended family.

Abb. 19 Individualism versus Collectivism
Quelle: Hoecklin, 1998, p. 41

Apart from the USA, e.g. Rumania, Russia, Nigeria and Israel are characterized as individualistic by Trompenaars, while e.g. Japan, India, Egypt and Mexico are classified as collectivistic.

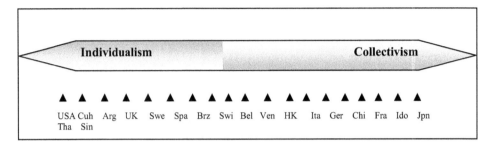

Abb. 20 Individualism versus Collectivism – Country comparison
Quelle: Hodgetts/Luthans, 2003, p. 126

2.6.3.3 Neutral versus Affective

Trompenaars' third dimension deals with the importance of feelings and relationships. In affective cultures, feelings and emotions are not restrained, whereas instrumentality and rationality of actions are the main focus in neutral cultures. Simplified, one can say that one also differentiates between "impulsive behavior" and "disciplined behavior".

Neutral	Emotional/Affective
• Opaque emotional state. • Do not readily express what they think and feel. • Embarrassed and awkward at public displays of emotions. • Discomfort with physical contact outside private cycle. • Subtle in verbal and non-verbal expressions.	• Show immediate reactions either verbally or non-verbally. • Expressive face and body signals. • At ease with physical contact. • Raise voice readily.

Abb. 21 Neutral versus Emotional
Quelle: Hoecklin, 1998, p. 42

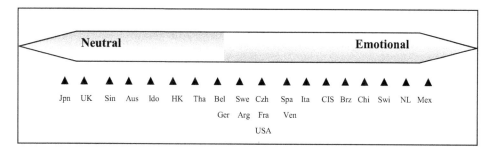

Abb. 22 Neutral versus emotional – Country Comparison
Quelle: Hodgetts/Luthans, 2003, p. 126

2.6.3.4 Specific versus Diffuse

This dimension is in some cases also called "dimension of consternation/engagement" expressing an individual's degree of consternation in a certain situation or action. In "diffuse" cultures the different areas of life cannot be separated from each other. In "specific" cultures, however, the areas of life, e.g. work and family, are clearly differentiated.

Specific	Diffuse
• Rather 'open' public space, rather 'closed' private space. • Direct, to the point, purposeful in relating to others. • Precise, blunt, definitive and transparent. • Separates work and private life. • Principals and consistent moral stands independently of the person being addressed.	• Rather 'closed' public space, rather 'open' private space. • Indirect, circuitous, seemingly 'aimless' forms of relating to others. • Evasive, tactful, ambiguous, even opaque. • Work and private life are closely linked. • Highly situational morality depending upon the person and context encountered.

Abb. 23 Specific versus Diffuse
Quelle: Hoecklin, 1998, p. 45

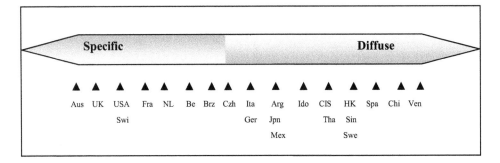

Abb. 24 Specific versus diffuse – Country comparison
Quelle: Hodgetts/Luthans, 2003, p. 126

2.6.3.5   Achievement versus Ascription

This dimension relates to the question whether an individual's status is determined by religion, origin or age or whether it is mainly reached by own achievements. According to Trompenaars, the United States of America are strongly focused on achievement, whereas some Central European countries, such as Italy, Germany and Russia, obviously tend to ascription.

Achievement-oriented	**Ascription-oriented**
• Use of titles only when relevant to the competences you bring to the task. • Respect for superior in hierarchy is based on how effectively his or her job is done and how adequate their knowledge. • Most senior managers are of varying age and gender and have shown proficiency in specific jobs.	• Extensive use of titles, especially when these clarify your position in the organization. • Respect for superior in hierarchy is seen as a measure of your commitment to the organization and its mission. • Most senior managers are male, middle-aged and qualified by their background.

Abb. 25 Achievement versus Ascription
Quelle: Hoecklin, 1998, p.121

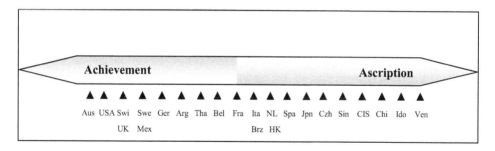

Abb. 26 Achievement versus Ascription – Country comparison
Quelle: Hodgetts/Luthans, 2003, p. 126

2.6.3.6 Human-Time-Relationship

Similar to Hall, Trompenaars also included temporal considerations into his model. In some cultures, time management is seen as rather sequential, in others it is seen as rather circular or synchronic (see chapter about Hall and the described concept of time).

Sequential/ Monochrome	**Synchronic**
• Do only one activity at a time. • Time is sizable and measurable. • Keep appointments strictly; schedule in advance and do not run late. • Relationships are generally subordinate to the schedule. • Strong preference for following initial plans.	• Do more than one activity at a time. • Appointments are approximate and subjects to 'giving time' to significant others. • Schedules are generally subordinate to relationships. • Strong preference for following where relationships lead.

Abb. 27 Sequential versus Synchrone
Quelle: Trompenaars 1998, p. 143

2.6.3.7 Human-Nature-Relationship

Trompenaars also examined the ways in which people deal with their environment. Specific attention should be given to whether they believe in controlling outcomes (inner-directed) or letting things take their own course (outer-directed). One of the things he asked manager to do was to choose between the following statements:

1. What happens to me is my own doing.
2. Sometimes I feel that I do not have enough control over the directions my life is taking.

Managers who believe in controlling their own environment would opt for the first choice; those who believe that they are controlled by their environment and cannot do much about it would opt for the second choice (Hodgetts/Luthans, 2003, p. 130).

Internal control	**External control**
• Often dominant attitude bordering on aggressiveness towards the environment. • Conflict and resistance means that you have convictions. • Focus is on oneself, one's own group and organization. • Discomfort when environment seems 'out of control' or changeable.	• Often flexible attitude, willing to compromise and keep the peace. • Harmony and responsiveness, that is, sensibility • Focus is on 'others', that is customer, partner, colleague. • Comfort with waves, shifts, cycles if these are natural.

Abb. 28 Internal versus External control
Quelle: Trompenaars, 1998, p. 159

2.6.3.8 Critical Review of Trompenaar's Study

- Similar to Hofstede's model, there are also doubts, whether there has not been a distortion of results by the choice of recipients. In the case at hand, the survey of participants of a management training course, it could be about employees who already had a comparably high intercultural awareness and who should only be further sensitized with the help of intercultural issues.

- It remains uncertain how Trompenaars exactly derived the seven identified dimensions and whether he did not "mix" elements of other cultural models to an own model.

- It stands out positively that Trompenaars' results of the study have been met with great interest by managers, trainers and students, since he shows, in opposite to authors in management research who assume a cultural independence of management, that the behavior in and of companies is - or at least can be - characterized by culture.

- Trompenaars also provides results for countries which have not been considered by Hofstede, especially many countries in Central and Eastern Europe.

---

30 TIPS ON HOW TO LEARN ACROSS CULTURES (5-9)
(Andre Laurent)

5. If you are convinced that your ways of managing, motivating, making decisions, running meetings etc. are the best, avoid working across cultures. It would be a painful experience for everybody involved, including yourself.

6. Respect local customs, adapt your behaviour to local norms and expectations, but don't try to imitate. Clowning is not expected. It would be seen as phony and would not be respected.

7. Watch for the illusion of similarity. "We are from the same industry." "We are all engineers." "We share the same language." "We are from the same company united by a strong corporate culture." We are all human beings too. Such statements often hide a desire to avoid confronting the reality of cultural differences.

8. Beware of excessive politeness. It is another strategy contributing to the denial of differences. It often leads to superficiality, low risk-taking, avoidance and productive confrontation and achievement of the smallest common denominator.

9. The most negative outcomes in cross-cultural collaboration typically occur when the partners hold radically different assumptions about the situation (objectives, task, resources…etc) and are fully unaware that this is the case.

In: SIETAR (Hrsg.), Keynote-Speech, Kongress 2000, Ludwigshafen

---

For further information on Trompenaars/Hampden-Turner, please see http://www.7d-culture.nl/.

2.6.4 The Cultural Model of Shalom H. Schwartz

Shalom H. Schwartz is one of the leading social psychologists in Israel and professor at the Hebrew University of Jerusalem. In 2007, the Israel Prize in Psychology was awarded to him (The Hebrew University of Jerusalem, Press Release, 28.02.2007). Not least had he deserved this tribute for his research on cultural values and the development of his three dimensions which have gained considerable importance in the international environment. When creating his cultural model, Schwartz used an approach which is similar to the procedure of Trompenaars or the researchers of the GLOBE project and slightly different from Hofstede's approach. While Hofstede conducted an empirical study and as a result formulated his dimensions, Schwartz theorized a model for comparison of cultures in a first step. He considered three basic issues that confront all societies (Munro/ Schumaker/ Carr, 1997, pp. 77-78):

1.) Relationship between the person and the group
2.) Assuring socially responsible behaviour
3.) The role of humankind in the natural and social world

The various ways in which cultures handle these problems are assembled along bipolar cultural dimensions: Embeddedness vs. Intellectual and Affective Autonomy, Egalitarianism vs. Hierarchy, and Harmony vs. Mastery.

After a comprehensive literature research, Schwartz established a list of fifty-six single values such as social justice, humility, creativity, social order or pleasure and ambition. He asked respondents to evaluate each item on a scale ranging from 7 to -1 according to their importance "as a guiding principle in my life" (Schwartz, 2004, pp. 43-73) with 7 meaning the value is of supreme importance, 0 that it is of no importance, and -1 that it is opposed to my values (Schwartz, 1994, p. 99). In advance, Schwartz assigned each value to one of the seven cultural orientations in a way that he expected them to relate to each other.

Between 1988 and 2000, he collected data of 67 countries and 3 sub-national ethnical groups. In heterogeneous societies, samples were drawn from the dominating cultural group representing the majority of the population. However, due to the considerable cultural diversity in some countries, Schwartz decided to include separate samples from French and English Canadians, from Black and White South Africans as well as from Israeli, Arabs and Jews. All respondents completed a questionnaire which was phrased in their respective native language. Schwartz distributed the questionnaires among his network of university professors and students (Schwartz, 2004, pp. 43-73).

2.6.4.1 Schwartz's Cultural Dimensions

2.6.4.1.1 Embeddedness versus Autonomy

Schwartz' first dimension addresses the relationship between the individual and a group. While in cultures with a tendency towards the embeddedness pole of the scale, individuals are integrated in established group relationships, in autonomous cultures, the individual is rather self-determined (Schwartz, 2004, pp. 43-73).

Schwartz differentiates between two types of autonomy: Intellectual and affective autonomy. Intellectual autonomy implies that individuals are encouraged to pursue their own ideas and intellectual directions independently. Consequently, important values are broad-mindedness, curiosity and creativity. Affective autonomy, in contrast, emphasizes pleasure as well as an exciting and a varied life. Therefore, individuals are encouraged to pursue positive experiences for themselves (Schwartz, 1994, pp. 102-103).

In cultures where embeddedness is prevailing "people are viewed as entities which are embedded in the collectivity" (Schwartz, 2004, pp. 43-73) and they receive their meaning in life through social relationships and the identification with the group. A shared way of life is as important as striving towards joint goals. Maintaining the status quo is a superior aim in embedded societies and activities that are expected to disrupt solidarity or traditional order are impeded. People value social order, security, obedience and wisdom (Schwartz, 1994, p. 102).

2.6.4.1.2 Egalitarianism versus Hierarchy

The second dimension shows the extent to which responsible behavior, which preserves the social structure, is assured and the unequal distribution of power, ascendancy and resources is legitimized (Schwartz, 1994, p. 102). Egalitarianism stresses values such as equality, social justice or honesty and consequently, people are encouraged to neglect self-serving interest in favor of societal needs. In cultures with a strong tendency towards hierarchy, important values are authority, humility and health. Frequently, high egalitarianism and intellectual autonomy appear together, as it is the case in Western Europe (Schwartz, 2004, pp. 43-73).

2.6.4.1.3 Harmony versus Mastery

Harmony versus Mastery describes the relationships of individuals to the natural and social world. In this context, harmony refers to a person's harmonious fitting into the world under the present circumstances, while mastery describes striving for the active and ambitious accomplishment of challenges and aims. In harmonious cultures people try to understand and appreciate rather than to change, direct or exploit. World at peace, unity with nature, and protecting the environment are values that play an important role in people's lives. Mastery, as the opposite, emphasizes ambition, success, and daring as well as competence and self-assertion (Schwartz, 1994, pp. 102-103).

2.6.4.2 Critical Review of Schwartz's Cultural Concept

Today, Schwartz is considered to be "one of the most prominent and valued researchers in the world" (The Hebrew University of Jerusalem, 28.02.2007). His study is consistently gaining in importance and has been cited in both Hofstede's "Cultural Consequences" and the GLOBE study for comparison and validation purposes. Schwartz managed to make use of the criticism raised against Hofstede's methodology and improved several of these aspects in his own research. One example is the check on the equivalence of meaning of the chosen values across all cultures in order to avoid a Western bias as in Hofstede's concept.

Nevertheless, Schwartz' model has not nearly reached the popularity of Hofstede, Trompenaars or Hall in intercultural matters. Despite valuable improvements compared to previous research, the approach Schwartz has chosen is somewhat problematic. As a basis for the validation of his dimensions, Schwartz used data on the importance of values in people's lives. However, it is questionable to what extent respondents were able to objectively measure the relevance of certain principles. Since this is something people generally do not consciously experience, they consequently are not able to rationally assess the meaning that certain values have in their lives. Additionally, the differentiation on a scale from 1 to 7 appears to be difficult in this context. People can presumably estimate whether certain values play an important role in their lives or not or whether they are even opposed to their personal attitude. However, a clear distinction between values being more or less important on a 7-point scale seems to be rather impossible especially considering that Schwartz presented a list of fifty-six items. This appears to be quite lengthy, since the evaluation of the relevance of values is a complex matter and is complicated to grasp and therefore, it could easily lead to untruthful answers.

Additionally, the choice of the sample leads to a limited representativeness of the whole study. Schwartz interviewed a relatively homogeneous group consisting of teachers and college students. Naturally, these respondents have received a considerable amount of education and for various reasons they are more similar across countries than the rest of the population.

Schwartz created a cultural model which has proven to be closely related to Hofstede's concept. The similarities are not only based on analogical theoretical considerations but also on empirical research which confirmed the interdependency. Schwartz himself considers his study to be a "check on the replicability" (Schwartz, 1994, p. 87) of Hofstede's five dimensions. Therefore, the validation of the findings of popular intercultural studies can be considered as an important gain through Schwartz's research.

---

30 TIPS ON HOW TO LEARN ACROSS CULTURES (10-12)
(Andre Laurent)

10. Whenever possible, check your assumptions and expectations with your partners.

11. Everybody holds some stereotypes about other cultural groups. Acknowledge your own stereotypes about other cultures. But try to use them only as prototypes ready to be updated and changed on the basis of your own experience.

12. Don't confuse the individual and his/her culture. Confusing these two units of analysis leads to sterile stereotyping. Both the individual and his/her culture are real but different entities. Culture is obviously not an individual property. It is a group attribute. Individuals carry culture. They don't own it.

In: SIETAR (Hrsg.), Keynote-Speech, Kongress 2000, Ludwigshafen

2.6.5 GLOBE-Study

The Global Leadership and Organizational Behavior Effectiveness Research Program, referred to as GLOBE-Study, is the most extensive cultural investigation in terms of scope, depth, duration and sophistication that has been conducted in recent times. The research project was initiated by the US-American university professor Robert J. House in 1991 and engaged 170 investigators in exploring cultural peculiarities of 62 societies (http://www.grovewell.com).

The GLOBE-Study aimed at establishing a theory about how culture influences leadership styles and organizational culture by gathering data from more than 17,000 managers from 951 different organizations in the industries of financial services, food processing, and telecommunications, as these sectors are expected to exist irrespective of the economic situation. In the questionnaires a 7-point scale was given on which respondents could indicate their level of agreement ranging from 1, low agreement, to 7, strong agreement (House/ Hanges/ Javidan/ Dorfman/ Gupt, 2004, p.9).

The criteria decisive for the sample selection were the following (http://www.grovewell.com):

(1) Several respondents had to be selected from one organization;
(2) In each country, two or more organizations had to be obtained from at least two of the three possible types of industries;
(3) In each country, at least two industries had to be represented;
(4) All respondents had to be middle managers.

2.6.5.1 The Nine Dimensions of the GLOBE-Study

The collected data led to the identification of the following nine cultural dimensions which are described in figure 29:

(1) Uncertainty Avoidance	"... is the extent to which members of an organization or society strive to avoid uncertainty by relying on established social norms, rituals, and bureaucratic practices."
(2) Power Distance	"... is the degree to which members of an organization or society expect and agree that power should be stratified and concentrated at higher levels of an organization or government."
(3) Institutional Collectivism	"... is the degree to which organizational and societal institutional practices encourage and reward collective distribution of resources and collective action."
(4) In-Group Collectivism	"... is the degree to which individuals express pride, loyalty, and cohesiveness in their organizations or families."
(5) Gender Egalitarianism	"... is the degree to which an organization or society minimizes gender role differences while promoting gender equality."
(6) Assertiveness	"... is the degree to which individuals in organizations or societies are assertive, confrontational, and aggressive in social relationships."
(7) Future Orientation	"... is the degree to which individuals in organizations or societies engage in future-oriented behaviours such as planning, investing in the future, and delaying individual or collective gratification."
(8) Humane Orientation	"... is the degree to which individuals in organizations or societies encourage and reward individuals for being fair, altruistic, friendly, generous, caring and kind to others."
(9) Performance Orientation	"... is the degree to which an organization or society encourages and rewards group members for performance improvement and excellence."

Abb. 29 The GLOBE Study's Cultural Dimensions
Quelle: House/ Hanges/ Javidan/ Dorfman/ Gupt, 2004, pp. 12-13

The results of the GLOBE Study, i.e. which of the countries are at the highest, medium or lowest ranks in each of the dimensions, are shown in the figure below.

Variable	Highest Ranking	Medium Ranking	Lowest Ranking
Assertiveness	Spain, U.S.	Egypt, Ireland	Sweden, New Zealand
Future Orientation	Denmark, Canada	Slovenia, Egypt	Russia, Argentina
Gender Differentiation	South Korea, Egypt	Italy, Brazil	Sweden, Denmark
Uncertainty Avoidance	Austria, Denmark	Israel, U.S.	Russia, Hungary
Power distance	Russia, Spain	England, France	Denmark, Netherlands
Collectivism/Societal	Denmark, Singapore	Hong Kong, U.S.	Greece, Hungary
In-group collectivism	Egypt, China	England, France	Denmark, Netherlands
Performance orientation	U.S., Taiwan	Sweden, Israel	Russia, Argentina
Humane orientation	Indonesia, Egypt	Hong Kong, Sweden	Germany, Spain

Abb. 30 Results of the GLOBE Study
Quelle: Hodgetts/ Luthans, 2006, p. 119

Stimmt so!
(Ulrike Linzer)

Linzer: Ist es denn überall auf der Welt üblich, Trinkgeld zu geben?
Speitkamp: Nein. In ostasiatischen Ländern hat das keine Tradition. Der globale Tourismus weicht allerdings die Sitten auf. In großen Städten ist man mittlerweile an Trinkgelder gewöhnt. In Korea aber sollte man nach wie vor darauf verzichten. Es gilt dort als unehrenhaft, Trinkgeld anzunehmen.

In: Die Zeit, 17.12.2008, S. 68

2.6.5.2 Critical Review of the GLOBE Study

The GLOBE Study is the most extensive study that has ever been carried out in the field of cultural anthropology. It includes 59 countries and 62 cultures. The study differentiates between Eastern and Western Germany, German- and French-speaking Switzerland and the black and the white population of South Africa. By bearing in mind that significant differences between cultural groups within one country exist, the GLOBE Study turns out to be more sophisticated than the research of Hall, Trompenaars or Hofstede, who were criticised for neglecting the diverseness of cultures existing within one country. However, in other heterogeneous countries such as the United States, India or China, subcultures were not examined (House/Hanges/Javidan/Dorfman/Gupt, 2004, p. 97).

Yet, most critical is the choice of the sample. The GLOBE project was restricted to interviewing middle managers. Managers have often received a broad education and have considerable experiences also on an international level. Therefore, they can be expected to be more sensitive towards cultural differences. Consequently, it is questionable whether cultural peculiarities can be observed adequately among managers.

2.7 Comparison of the Culture Models

In the following overview, the analysis of differences in response patterns with regard to culture is focused on the area of quantitative market research. For this reason, Hall's model turns out to be less helpful especially considering that he used a primarily qualitative and less scientific approach for the development of his dimensions. Consequently, his model meets the requirements of subsequent statistical analyses only to a limited extent.

The following table allows a short comparison of the remaining four models, with Hofstede's 5-D model as the oldest and Schwartz's model as well as the GLOBE study as the most recent ones. Basically, they are all very similar in the way they are composed, however, at the same time they bear several considerable differences.

	Hofstede	Trompenaars	Schwartz	GLOBE Study
1st Publication	1980	1993	1994	2004
Sample Size	116,000 IBM employees Chinese Value Survey: 2,300 Students	30,000	> 75,000	17,000
Time	1966 – 1973 Chinese Value Survey: Early 80s	1983 - 1992	1988 - 1992 1992 - 2000	1994 – 1997
Questionnaire	60 questions Chinese Value Survey: 40 questions	57 questions	Classification of 56 values according to their importance in life	292 questions
No. of Countries	53 countries Chinese Value Survey: 23 Countries	55 countries	67 countries	59 countries
No. of Dimensions	5 (incl. Chinese Value	7	3	9
Genesis of Dimensions	Correlation and factor analyses	Conceptual categories based on literature review, followed by empirical validation	Conceptual categories based on literature review, followed by empirical validation	Conceptual categories based on literature review, tested in pilot studies; empirical validation

Abb. 31 Hofstede, Trompenaars, Schwartz and GLOBE study in comparison
Quelle: Kutschker/ Schmid, 2008, p. 763

Furthermore, the next table provides an overview on how the four culture models can be compared to each other in terms of the cultural dimensions:

Hofstede	GLOBE-Study	Trompenaars	Schwartz
Collectivism vs. Individualism	Societal Collectivism	Collectivism vs. Individualism	Embeddedness vs. Autonomy
	InGroup Collectivism		
		Achievement vs. Ascription	
Power distance	Power distance	Equality vs. Hierarchy	Egalitarianism vs. Hierarchy
		Internal vs. External orientation	
		Universalism vs. Particularism	
		Neutral vs. Affective	
Time orientation	Future orientation	Sequential vs. Synchronic time	
Uncertainty avoidance	Uncertainty avoidance		
Masculinity vs. Femininity	Gender Egalitarianism		Harmony vs. Mastery
	Assertiveness		
	Performance orientation		
	Humane orientation		

Abb. 32 Comparison of the Four Culture Models
Quelle: Eigene Darstellung

It is obvious, that the GLOBE-Study is similar to Hofstede's approach. The first six dimensions of GLOBE have their roots in Hofstede's dimensions. The first three levels reflect the same construction as Hofstede's dimensions "Uncertainty Avoidance", "Power Distance" and "Individualism". Instead of adopting Hofstede's dimension "Masculinity", GLOBE changed it to "Gender Egalitarianism" and "Assertiveness".

Furthermore, Schwartz' analysis is closely related to Hofstede's 5-D-Model, yet their dimensions are still distinct. Although there is a considerable interdependency in many cases, still a high amount of cross-national variance is not shared by Schwartz' and Hofstede's dimensions. It is important to bear in mind that even the most similar dimensions differ conceptually and empirically in significant ways.

2.8 The Application of Cultural Models in the Training Practice

With regard to the cultural models, the question to what extent they are used in practice arises. As part of a project in my lectures in 2008, a questionnaire was sent to 35 intercultural training institutes – including the following question:

Which cultural theories are the basis of your intercultural trainings?

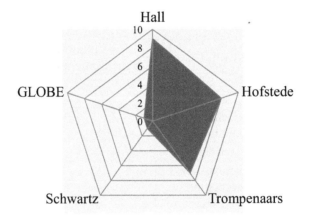

Abb. 33 Application of the Cultural Models in Intercultural Seminars
Quelle: Written Assignment „Intercultural Training", Hanisch, A./ Warnke, C., 31st July 2008 (unpublished).

16 of the participating training institutes answered that they preferably use the models of Hofstede and Trompenaars for their seminars. Hall's cultural theory was also often mentioned, whereas the GLOBE-study and Schwartz's cultural model have not yet become part of the seminars.

> In 2009, Susanne Kluth, Jonas Linke and Hendrik Walter, students of Baltic Management Studies at the University of Applied Sciences Stralsund, interviewed Dr. Liane Steiert, an international coach for intercultural management and also asked her about the cultural models she uses.
>
> *Students:* *Do the cultural models of Hofstede and Trompenaar play an elementary role in the preparation of your training?*
>
> **Dr. Steiert**: Absolutely! They are two specialists that in theory describe what is going on in cultures. I prefer using the theories of Hofstede, Lewis and Thomas and Cultural Standards. Every method I use is a toll to create discussion; so again, I am more interested in the practical adaptation.
>
> In: Written Assignment "Intercultural Training – Focussing on Intercultural Preparation", Stralsund, 2009 (unveröffentlicht), p.76

2.9 Interview with Prof. Dr. Geert Hofstede

In the framework of an intercultural project, Lise Colombo, Valentine Engel, Leslie Knopf and Gianni Torregrossa, four students of the master degree course "Management Interculturel et Affaires International" at the Université de Haute-Alsace in Mulhouse, had the opportunity to conduct an interview with Prof. Dr. Geert Hofstede in Velp, the Netherlands, in November 2011. An excerpt of this interview can be found here:

Students: Do you think that languages are essential for multicultural experiences?

Hofstede: Languages are important but not sufficient. You can speak another language without understanding the culture, and you can also understand another culture without speaking the language – if you are aware of it. However, I think it is essential for someone who works internationally to speak at least two languages. If people have never learnt more than one language in their life, it is very difficult for them to understand other cultures. You know what happens when you speak another language: there is a little "switch" in your mind. You have to have this flexibility to say something in a very different way. As I was saying, language is important but not sufficient. It is not the case that if you are a better linguist, you are also a better culturologist. […]

Students: Could you give us your own definition of leadership?

Hofstede: First of all, leadership is a very cultural subject. What is leadership in one place is not necessarily the same in another place. You could say that leadership is an American subject, as the Americans always write about leadership and make lists about things you should do to be a good leader – but the world is not like this. If you have, for example, a collectivistic society, where relationships of people are very much determined by family and personal relations, leadership is less important, since the leader has already been determined by the situation.

If you want to understand leadership, you should also understand "followership" or "subordinateship", because a leader is not a person but a relationship between someone and an organization or a group. If you have a different group, you will need a different leader. This was especially interesting, when Japan became more important as an industrial power and people started to talk about Japanese leadership, and forgot to talk about Japanese "subordinateship", because the secret of Japan was not so much about the bosses, but about the subordinates and their way of working, and how they come to consensuses. You cannot separate these things.

It also becomes very interesting, when you talk about international situations, because then you need people who are able to relate to people from other cultures - and some people are better at that than others. In France, Carlos Ghosn is often given as an example of a very good cross-cultural manager. He was the CEO of Renault-Nissan in Japan and before he was there, people would say: 'In order to manage a Japanese company, you need a Japanese manager.' But then he, as a Brazilian-Lebanese-French manager, went there and became an extremely popular manager in Japan and actually, he has had a big influence on Japanese management. Therefore, never believe that something would not work – because it did work! […] You need really special people for these international situations and it also depends on the situation. I do not think you can give general rules.

Students: Is it the leader, who should adapt to the group or should the group adapt to the leader?

Hofstede: In my opinion, it is the leader who should adapt himself to the group, but it is not always possible. First of all, you need the right kind of leader for the right kind of group because there is only a certain level of adaptation possible. Basically, I think the leader should be able to adapt to the group, but he should also be able to lead the group somewhere. However, you can only lead people if you first go over to where they are, and then you have to go with them. A group will never be able to fully adapt and during the process they will at least lose part of their creativity. They might be able to do what the leader wants them to do, but if you are a good leader, you try to get the best out of the group. Therefore, you have to be able to listen to the group. Groups have capabilities and a good group is one where its creativity is really coming out.

Students: What is the best way to apply international leadership?

Hofstede: I do not know what the best way is, but experience plays a very important role. Someone, who wants to be an international leader, should have international experience and should have discovered the pitfalls of working in a different environment. Another important point is interest. Good international leaders show an interest in the various parts of the world they are working in. A good property of an international leader is curiosity.

Students: Which cultural dimension is most influential one on leadership?

Hofstede: The most obvious one is Power Distance. But there are other things, e.g. Masculinity and Femininity, because masculine values are more ego-focused: in a masculine culture, the "Ego" of the leader is more important. In a feminine culture, a too strong ego is counterproductive. A typical masculine leader is Berlusconi. He is almost a symbol of masculinity. Feminine values are modesty and low-key behaviour. People like Ghosn and [Jean-Cyril] Spinetta [CEO of Air France- KLM], for example, are more a feminine type of leaders and are much more sensitive to the situation and do not want to stand out that much.

Students: What is the most challenging part of working in a multicultural team? What are the advantages?

Hofstede: First of all, you must want it. Not everybody would want to work in a multicultural team, and so you must belong to the kind of people feeling challenged by that, and you must have the interest. In that case, it is very interesting because you can learn a lot of things you could not have learned otherwise. But there are people who are afraid of working in a situation they do not know and maybe these people should not work in an international environment. They should look for a safe situation in a culture they know.

Students: Could you tell us something about the importance of intercultural skills?

Hofstede: An important factor is personality. People must be able to listen to people from a different background and must not be afraid of situations that are different from their own. They must not judge too quickly only from their first impression.

Students: Do you think that a crisis tends to change cultural reactions, e.g. so that an individualistic society could evolve into a collectivistic one?

Hofstede: I would rather think that the opposite would happen. It could be that a crisis speeds up the adaptation of collectivistic societies into individualistic ones. Greece and parts of Italy, for example, are collectivistic societies. There is the term of "clientelismo": It is a collectivist concept, which means that you take care of the people within your group and you try to belong to the group of people who have the power. That has partly led to the crisis and also leads to corruption and the misuse of money. It is clear that there is a very high pressure to cut through that. This means there is a chance that these societies will be forced to support a more individualistic development, because they cannot function otherwise. It is a very interesting situation which will turn out one way or the other. I would say it could force collectivistic societies to become more individualistic because these individualistic forces are supported by international pressure.

Students: Concerning the onion model, you claim that only rituals, symbols and heroes but not values could change. Don't you think that this could evolve in our fast globalized world where differences between generations are getting bigger and bigger?

Hofstede: I am not sure that the differences between generations are getting bigger. The differences between generations are as old as the world. There are inscriptions in Egypt from 3000 BC where old people complained that the young people would not follow the virtues of the society any longer. […]
My colleague Marieke de Mooij (www.mariekedemooij.com) is specialized in culture and consumer behavior. One way of people expressing themselves is how they spend their money, and there are strong national patterns, which continue to exist. Even with the internet: We all have it, but the way the internet is used differs a lot from one culture to another. These differences will not disappear as they are based on what people have learnt from their parents and their parents have learnt from their parents.

What I mean with the changes in the onion model is that the outside - the symbols, heroes and rituals - will change rather easily, but the values underneath will not change that easily. This is also a problem with the Euro-crisis. The Euro is at the level of the symbols and rituals but if the underlying values are too different, it causes a problem.

Students: You have just mentioned the Euro-crisis. Has the supposed fail of the European Union been a consequence of too many different cultures in the union?

Hofstede: It is easy to say 'yes', but what is the point? I think that the European Union could cope with different cultures but having one currency is a step further, and this is where the problem is at the moment. Having the same currency without having at certain points the same values is not easy. All those different cultural dimensions play a role in there, e.g. Power Distance, because politicians are no longer free to decide what happens with the money, so they lose part of their power. It would be a lot easier without cultural differences, but they do exist.

Students: In your books you say that in countries with a high power distance index you will find it in every institution. Does that mean that in countries where politicians have a strong political influence, this is also reflected by a high PDI of the managers?

Hofstede: You find it in the family, in schools, in working and political organizations. These things tend to go together, but there is a certain flexibility. I could imagine that e.g. in areas of business and industry, the change is faster because there are more foreign influences. Now, I think the political level in Europe has pretty strong foreign influences and they may be forced to change.

It is interesting that the countries in Europe which have suffered most from the Second World War have changed fastest after the war. Germany, for example, has changed a lot. I have personal experience there because we were occupied by the Germans. I was 12 years when they came and 16/17 when they left, and I would have never imagined that I would have liked to go to Germany, but so much has changed and one of my sons works there and I will go there on Friday. And of course relationships across the border like you have in Mulhouse have changed so much since those years. These countries have changed the most because they were forced to, so maybe the present situation will lead to a similar effect. You see, I am an optimist.

Students: Why do you think is your 5-dimension model still the most commonly used one by universities and training institutes?

Hofstede: Actually, in the latest edition of the book, there are six dimensions and you also have to realize that dimensions do not "exist". They are ideas which develop and change. I came up with this model because this was the result of the material I had available and it turned out that - because I have been working a lot with people from practice - they recognize these things. So most of the issues I or other people write about dimensions are simply taken from the experience of those who have worked with it and who find it a useful way of understanding the differences. It is not the only way and it probably also depends on the things you want to explain. My experiences mainly come from businesses and partly also from universities.

However, we may need other dimensions if we try to explain differences in consumer behavior or in art. Music for example: Why do different societies have such a different taste in music? There is not one model that fits for everything and ideas will probably continue to develop over time. There are other people attempting to construct new models. The question always is: What is the extra value of that model and what can it contribute towards other ideas? I am not defending my own model so much, but we are now in a position, because a number of alternative models have been developed, that we can compare them and look at some practical things, e.g. consumer behavior. […] Different models explain different aspects of consumer behavior and you can see that some do much better than others, or even one dimension of one model and another dimension of another one.

Students: In the latest edition of the book "Cultures and Organizations: Software of the mind" (Hofstede/Hofstede/Minkov, 2010) a sixth dimension was added. Based on data of the World Values Survey for 93 countries "Indulgence versus Restraint" shows to what extent people in these countries are able to gratify their needs and drives to enjoy life rather freely or whether they rather have to face restrictions. Why did you add this sixth dimension?

Hofstede: The sixth dimension is based on a an analysis of World Values Survey data by my colleague and co-author Michael Minkov […] These data cover a broad number of subjects, not only work but also family and religion, and show their evolution over the past decades. […] In the American tradition, people are generally better in collecting data than in analyzing them – in Europe it tends to be the other way round. […] I believe the World Values Survey, coordinated from the U.S.A., has been a place where we risk having lots of data without sufficient analysis. My friend Michael Minkov is a master in interpreting these data. Being Bulgarian he also inherited a different, East-European tradition which contributes insights missing in our society. There are many new ideas if you collate it. [...] The sixth dimension "Indulgence vs. Restraint" is related to optimism vs. pessimism and the feeling of happiness. [...] This element was not yet represented in the dimensions we had so far. It explains new aspects of consumer behavior, like the extent to which people engage in sports. In indulgent societies more people actively engage in sports. We suspect it explains some of the differences in music I just mentioned: Compare the indulgent Latin American music, which also contains African elements, to restrained Chinese music.[...]

Students: Prof. Dr. Hofstede, thank you very much for taking the time and giving us the unique opportunity of such an interview! We really did appreciate that!

Prof. Dr. Geert Hofstede wird für sein Lebenswerk ausgezeichnet

Der höchste Preis zur Würdigung eines Lebenswerkes in der Weiterbildungsbranche geht 2012 an den Wegbereiter der modernen interkulturellen Forschung, Prof. Dr. Geert Hofstede. Mit seiner Forschung revolutionierte der Sozialpsychologe das Verständnis kultureller Diversität in der Arbeitswelt. Seine bahnbrechende Studie unter mehr als 100.000 IBM-Mitarbeitern in über 50 Ländern gilt bis heute als eine der umfassendsten Erhebungen in einem Unternehmen. Aus den Ergebnissen entwickelte er das Konzept der Kulturdimensionen, mit dessen Hilfe nationale Kulturen erstmals messbar und damit beschreibbar wurden. Der Weiterbildungswelt lieferte er mit dem Modell ein vielseitiges Instrument, das bis heute in interkulturellen Trainings eingesetzt wird. Für diese Leistung wird Geert Hofstede mit dem Life Achievement Award der Weiterbildungsbranche ausgezeichnet

Im feierlichen Rahmen nimmt Hofstede die Ehrung am 30. März 2012 von Laudator Lothar Seiwert entgegen. Der Past President der German Speakers Association e.V. wird die Leistungen des Sozialpsychologen in einem Kurzvortrag würdigen. „Für die Weiterbildungsszene hat sein Werk wegweisende Bedeutung", begründet Seiwert die Ehrung. „Das Modell von Geert Hofstede ist seit Jahrzehnten weltweit eine unentbehrliche Grundlage für Trainerinnen und Trainer, die mit Führungskräften und Mitarbeiter-Teams in internationalen Projekten und globalisierten Märkten erfolgreich arbeiten", ergänzt Renate Richter, Vizepräsidentin des Dachverbandes der Weiterbildungsorganisationen (DVWO).

In: managerSeminare.de, Petersberger Trainerstage 2012: Life Achievement Award, März 2012

2.10 Levels and Core Elements of the Cultural Environment and Its Influence on an Assignment Abroad

As the cultural models have shown, intercultural understanding does not only depend on the understanding of one's own culture but also extends the scope of action by getting to know other cultures. Or, to say it in the words of S. Huntington (1996, p. 74):

> *"Every civilization sees itself as the centre of the world and writes its history as the central drama of human history. This has been perhaps even more true of the West and of other cultures. Such monocivilizational viewpoints, however, have decreasing relevance and usefulness in a multicivilizational world."*

2.10.1 Questioning One's Own Cultural Point of View

"So many countries, so many customs" ("Andere Länder, andere Sitten") is the common phrase to say that different cultures also tend to act differently. Culture influences how individual people see themselves, which attitudes they have and which values and goals are pursued with that. That implies that also the assessment of others – be it in within the own or an unknown culture – depends on the own cultural point of view.

It is particularly difficult to assert oneself as a manager with divergent goals and values in another culture. Traditions always also involve adherence and hence always involve also the fear and uncertainty of alterations. That proves that despite a very positive evaluation of the term "culture" the consequences can be negative nevertheless.

Therefore, not only questions on the individual level have to be raised and answered by respective expatriates. They also have to allow questions on a societal and international level about their attitude towards other cultures and which procedures and methods they want to use to realize their ideas. How such a list of questions could look like, show the following considerations (Friedrich, 1997, p. 87):

- On the individual level: Which culture does the person represent? Does he/she consciously use his/her strengths and weaknesses against others? What is his/her educational background?

- On the societal level: Which form of society does he/she represent? How tolerant against others is the person?

- On the international level: Are there particularities in the management in different cultures which can be explained only by cultural differences? Are they taken into account or does he/she try to spread the own culture as the "right" one?

How Not to Embarrass Yourself in Germany
(Matt Owens)

Alcohol	Drinking alcohol is common, but it's always acceptable to refuse a drink.
Birthdays	When it's your birthday, it's your responsibility to provide food and drinks.
Dress	Wear conservative business attire. Khakis make people think you're sloppy.
Garbage	Always recycle. Proper garbage disposal is extremely important to the Germans.
Hierarchy	Make your status known. Hierarchy is considered important.
Jaywalking	Never jaywalk, even if there's no traffic anywhere to be seen.
Meetings	Expect business meetings to be longer than in other countries.
Punctuality	Always be on time. Be direct and detail-oriented.
Sitting	Wait to sit down until you are invited to do so or until others sit.
Talking	Avoid exaggerations and high-pressure talk.
Tipping	Tip 10% to 15% on big meals. For coffee or small meals, round up to the next euro or half euro.
Titles	Always use titles, like Doctor, Frau, or Herr. Don't use first names unless invited.
Toasting	Make eye contact when toasting. Not doing so is said to bring bad luck.
Visits	When invited to someone's home, always arrive on time and bring a small gift.
Water	Expect to pay for bottled water at restaurants. Ordering tapwater is impolite.

In: Bloomberg Businessweek, October 4 – October 10, 2010, p.82 (extract)

2.10.2 Core Elements of the Cultural Environment

In order to cope with the questions raised, certain elements of the cultural environments have to be factored into the manager's behavior. The cultural determining factors, which can be observed during business situations abroad and which have to be integrated into the respective behavior, mainly depend on the type of business and the venture's degree of internationalization. There are some elements that do influence the behavior in a different intercultural setting. Those, which have to be substantial determining factors and about whose importance for a successful intercultural behavior there is a broad agreement, shall be chosen here (El Kahal, 1994, p. 33). However, without having reflected on culture as a system consisting of different elements on different levels, the exclusive focusing on the core elements of the cultural environment involves the danger of remaining too much on the surface without really understanding the underlying cultural standards.

The cultural environment is represented by the following seven core elements: Language and Communication, Education, Religion, Aesthetics, Social Institutions, Attitudes and Moral Values and Business Practices. Thereby, an interdependency becomes obvious. It does not only affect the relationship between the respective core element and the way of doing business internationally but, moreover, shows that all core elements are also interrelated (Abb. 34).

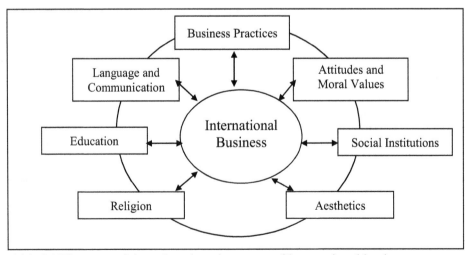

Abb. 34 Elements of the cultural environment of international business
Quelle: El Kahal, 1994 S. 33

2.10.3 Regarding the Interrelation of the Core Elements

The mentioned interdependency of all elements influencing international business activities shall be clarified with an example. In order not to fail right in the beginning, everybody preparing him- or herself for a business with international partners has to orientate his actions to the respective cultural context. Considerations in this regard not only have to be made before a business trip abroad or a long-term foreign assignment. In the same way, preparations have to be made when international guests come to Germany for negotiations.

Zum Kernelement Religion - Ein Überblick über verschiedene Kalender
Ein frohes neues Jahr!
(Dieter Duneka)

Unser Kalender beruht auf der Geburt eines Religionsstifters vor 2011 Jahren: In anderen Kulturen gelten ganz andere Zeitrechnungen, und nicht überall hat das Jahr 365 Tage.

2011 - Gregorianischer Kalender:
Der weltweit gebräuchliche Kalender ist eine Abwandlung des auf Cäsar zurückgehenden julianischen Kalenders und wurde 1582 von Papst Gregor XIII. dekretiert. Der alte Kalender mit seinem alle vier Jahre eingefügten Schalttag war aus dem Takt geraten, weil das Sonnenjahr nicht exakt 365,25 Tage lang ist, sondern ein wenig kürzer. Jetzt fällt das Schaltjahr alle 400 Jahr aus – außer wenn die Jahreszahl durch 400 teilbar ist.
Jahresbeginn: 1. Januar; Sonne-Mond-Kalender; Dauer: 365/6 Tage

1433 – Islamischer Kalender
Der islamische Kalender ist in einigen Ländern neben dem gregorianischen Kalender in Gebrauch. Er ist ein reiner Mondkalender, das Jahr besteht aus 12 „echten" Monaten. Die Zeitrechnung beginnt mit dem 16. Juli 622 – in diesem Jahr wanderte der Prophet Mohammed von Mekka nach Medina aus. Muslime altern numerisch schneller: 32 Sonnenjahre des gregorianischen Kalenders entsprechen 33 Mondjahren.
Jahresbeginn: 26. November; Mondkalender; Dauer: 354 Tage

5772 – Jüdischer Kalender
Der jüdische Kalender ist ein Lunisolarkalender: Das gewöhnliche, 354 Tage dauernde Jahr besteht aus 12 Mondumläufen. Zur Synchronisation mit dem Sonnenjahr gibt es in 19 Jahren 7 Schaltjahre mit je einem zusätzlichen Monat.

„Nullpunkt" ist die Erschaffung der Welt. Dieser wurde auf Basis des Alten Testaments festgelegt – auf das Jahr 3761 vor Christus. Der jüdische Kalender rechnet den Tag von Abend zu Abend.
Jahresbeginn: 29. September; Sonne-Mond-Kalender; Dauer: 354 Tage

4708 – Chinesischer Kalender
Der chinesische Kalender orientiert sich sowohl an der Sonne als auch am Mond. Es gibt keine starre Länge der Monate. Zum Mondmonat werden, orientiert an astronomischen Ereignissen, immer wieder einzelne Tage hinzugefügt, manchmal gibt es auch ganze Schaltmonate. 1912 wurde in China der gregorianische Kalender eingeführt, mit dem alten werden heute vor allem die Termine von Festtagen berechnet.
Jahresbeginn: 3. Februar; Sonne-Mond-Kalender, Dauer: 360 Tage

2554 – Buddhistischer Kalender
Vor allem in den Ländern des „südlichen" Buddhismus (Sri Lanka, Myanmar, Thailand) wird die mit dem Todesjahr des Siddhartha Gautama (543 vor Christus) beginnende Zeitrechnung verwendet. Da „Neujahr" nicht fest terminiert ist, kann das Jahr am 1. Januar, mit dem ersten Frühlingsneumond (Tet-Fest, das chinesische Neujahr), aber auch erst mit dem vierten Vollmond des Mondjahres (etwas im April) beginnen.
Jahresbeginn: variabel; Mondkalender, Dauer: 365 Tage

1418 - Bengalischer Kalender
Dieser Kalender wird vor allem in Ostindien, in Westbengalen, in Assam und Bangladesch benutzt. Die Zählung beginnt im Jahr 593 nach Christus. Auch sie bezieht sich auf die Hedschra Mohammeds im Jahr 622, die Diskrepanz ergibt sich aus der rechnerischen Vermischung von Sonnen- und Mondjahren. Erst 1584 führte Akbar Shah das Sonnenjahr ein, um zu einheitlichen Steuerterminen zu gelangen.
Jahresbeginn: 15. April, Sonnenkalender, Dauer: 365 Tage

In: DIE ZEIT, 30.12.2010, S. 39 (Auszug)

If we assume both options for a meeting with an Arabian business partner, and if we also consider the fasting month Ramadan, then the German businessman (respectively businesswoman) should know that the Muslim business partner fasts from dawn till sunset (religion/education). Respecting his counterpart's behavior, he should not eat or drink during the negotiations either. Concerning business practices, he has scheduled the major part of the meetings at 8pm or later. Even though he cannot speak the Arabian language, he uses the simple greeting "Karim Mubarak", which means "Happy Ramadan" (language/communication).

Moreover, his English is business fluent, since he knows that his counterpart has mainly studied in English-speaking countries and therefore has a good command of the English language (education/communication). Regarding his present for the guest, he has wrapped it in green paper; a color which is highly esteemed by Muslims (aesthetics/religion). Beyond that, this is also seen as an act of politeness (attitude and moral values) (Rothlauf, 1997, S.28ff.)

Welchen Kulturschock erleben Impatriates in Deutschland?
(Sylvia Schroll-Machl)

Während für uns Deutsche das Leben in Deutschland normal ist, haben Impatriates, das heißt Abgesandte internationaler Firmen, in Deutschland vergleichbare Schwierigkeiten wie wir in ihren Ländern.

Ihre Situation: Im Alltag ist ihnen vieles neu. Die Liste reicht von A wie Anrede (Vorname?) und Autofahren (Geschwindigkeit, TÜV) über Essen, Kindersitze (fesseln Deutsche ihre Kinder?), Klima (heizen und lüften?), Polizei (kein Trinkgeld geben!), Sicherheit, Sprache (Dialekte), Tischsitten bis zu Umweltschutz (Mülltrennung?) und W wie Wohnung (Ruhezeiten?).

Parallel zu diesen „Überlebensfragen" erscheint Impatriates unsere deutsche Mentalität fremdartig. Einige typische Fragen lauten: Wieso sind Deutsche so formell? Wieso ist es so schwer, mit ihnen Freundschaft zu schließen? Können Deutsche flexibel sein? Warum reden Deutsche oft so aggressiv und sind derart undiplomatisch? Ohne Termin geht nichts, nicht einmal im Privatleben. Warum?

In: FAZ, 22.07.2006, S. 53

The consideration and adequate inclusion of these core elements are an important basis for successful actions in a different environment. However, a number of other conditions also have to be fulfilled to lead a long-term partnership to success. Thereby, the individual actions have to become part of a subordinate corporate strategy, which internally and externally conveys the company's international cultural guiding principle.

"We owe a lot to the Indians, who taught us how to count, without no worthwhile scientific discovery could have been made."
Albert Einstein

2.11 Intercultural Exercise: Bridge construction experts among the "Ulemans"

In the following exercise, your seminar group has to be divided into two groups: a group of German engineers and a group of Ulemans. The group of German engineers supposed to teach bridge construction to the Uleman people.

For the instructions for the Ulemans, please see page 725!

Assignment for the team of German bridge construction experts

Your expert team receives the order to build a bridge in the developing country of Ulema spanning the country's widest river. Thus, the local people of Ulema shall be saved from long detours in the future and the trade exchange with the neighbors on the other riverside shall be facilitated. Since there are further rivers in Ulemania, which the Ulemans will have to bridge themselves, it is not sufficient to take the work out of their hands and bridge the river. *The aim is rather to teach the Ulemans the principles of bridge construction. This requires a close cooperation with the delegation of Ulemans* chosen by the tribal elders to learn the techniques of bridge construction from you and your team.

The Ulemans are a people with a still native culture and archaic rituals. *The success of your deal will strongly depend on your degree of empathy with which you consider the people's cultural identity during the cooperation.*

Procedure of the exercise:

You have *10 minutes* to read the instructions and to develop *some basic ideas for your course of action*. During that time you will also have the chance to clarify technical problems concerning bridge construction.

Afterwards the Ulemans will enter the room and the *30-minute-long construction phase* starts, in which you will have to teach them the basics of bridge construction and building the bridge together.

After the Ulemans have gone back, you will have another *10 minutes* to discuss their cultural peculiarities with your colleagues. In order to facilitate future development aid projects, please develop a *list of rules of conduct* to be observed when cooperating with Ulemans.

Criteria of success:

The project has only been finished successfully when the bridge has been built within half an hour and you have been able to teach the Ulemans the techniques of bridge construction so they will not be dependent on your help in the future. Another important task is to find a correct evaluation of the Ulemans' cultural peculiarities together with your colleagues so that future aid workers can draw on your experiences with the foreign culture.

Material and construction regulations:

For the construction, you are only allowed to use materials, which will also be available to the Ulemans for future construction projects and which are not in contradiction to their religious beliefs. The following construction materials can be used:

- Paper
- Scissors
- Glue sticks
- Pencils
- Rulers

The materials have already been transported to Ulema some time ago and therefore do not have to be provided by you. *Please keep in mind, that, though the Ulemans have the appropriate materials at their disposal, they do not know how to use them for the construction of bridges.*

The bridge has to have a span of at least 40 cm and has to be as stable as possible. As a proof of stability, the bridge will have to carry the weight of a ruler in the end. The bridge may only be made of paper stripes with a maximum length of 14 cm and breadth of up to 6 cm. These paper stripes can be cut, bent, glued and jointed together in any way. However, every paper stripe has to be sketched out with a pencil and a ruler and cut out afterwards. *Remember that the construction time must not exceed 30 minutes* and your performance will be measured against the other group's performance.

In: Jürgen Rothlauf, Seminarunterlagen, 2011

2.12 Literaturverzeichnis

Bolman, L.G./ Deal, T.E., Modern Approaches to Understanding and Managing Organizations, San Francisco 1984.
Bond, M.H., The Psychology of the Chinese People, Oxford 1986.
Büschges, G./ Abraham, M./ Funk, W., Grundzüge der Soziologie, 2. Aufl., München 1996.
Carte, P./ Fox, C., Bridging the culture gap: a practical guide to international business communication, London 2004.
Colombo, L./Engel, V./Knopf, L./Torregrossa, G., Interview with Prof. Dr. Geert Hofstede, Velp, 2011.
Deresky, H., International Management, 3rd ed., New Jersey 2000.
Dülfer, E., Internationales Management in unterschiedlichen Kulturbereichen, 3. Aufl., Stuttgart 1996.
Duneka, D., „Ein frohes Jahr 2554!, in: DIE ZEIT, 30.12.2010
El Kahal, S., Introduction to International Business, Berkshire 1994.
Friedrich, R., Managementgrundsätze und das Problem der Kulturenverschiedenheit, in: Der Karriereberater, Nr. 6/1997.
Grovewell (Hrsg.), Worldwide Differences in Business Values and Practices: Overview of GLOBE Research Findings, http://www.grovewell.com/pub-GLOBE-dimensions.html, 2005.
Gussmann, B./ Breit, C., Ansatzpunkte für eine Theorie der Unternehmenskultur, in: Heinen, E./ Fank, M. (Hrsg.), Unternehmenskultur, 2. Aufl., München 1997.
Holzmüller, H.H., Bedeutung und Instrumente zur Handhabung der kulturellen Heterogenität im internationalen Unternehmensverbund, in: Macharzina/Oesterle (Hrsg.), Handbuch Internationales Management, Wiesbaden 1997.
Hall, E.T., Beyond Culture, Anchor Books, New York, 1976.
Hall, E.T., The Silent Language, Westport/Conn. 1959.
Hall, E.T./ Hall, M.R., Understanding Cultural Differences, Intercultural Press, Yarmouth 1990.
Hanisch, A./ Warnke, C., Projektarbeit „Intercultural Training", Stralsund 2008 (unveröffentlicht).
Hodgetts, R.M./ Luthans, F., International Management – Culture, Strategy, and Behavior, 5th ed., New York 2003.
Hodgetts, R.M./ Luthans, F., International Management – Culture, Strategy, and Behavior, 6th ed., New York 2006.
Hoecklin, L., Managing Cultural Differences: Strategies for Competitive Advantage, Wokingham 1998.
Hofstede, G., Culture's Consequences – International Differences in Work-Related Values, Beverly Hills 1980.
Hofstede, G., Dimensions of national cultures in fifty countries and three regions, in Deregowski/Dziurawiec/Anis (Hrsg.), Expiscations in Cross-Culture Psychology, Lisse 1983.
Hofstede, G., Cultures and Organizations: Software of the Mind, London 1991.
Hofstede, G., Interkulturelle Zusammenarbeit - Kulturen, Organisationen, Management, Wiesbaden 1993.
Hofstede, G., Riding the waves of commerce: A test of Trompenaars Model of national culture differences, in: International Journal of intercultural relations, Vol.20, No 2., 96.
House, R.J./ Hanges, P.J./ Javidan, M./ Dorfman, P.W./ Gupt, V. (Hrsg.), Culture, Leadership, and Organizations: The GLOBE Study of 62 Societies, SAGE Publications 2004.

Huntington, S.P., Kampf der Kulturen. Die Neugestaltung der Weltpolitik im 21. Jahrhundert, Wien 1996.
Keller, E., Management in fremden Kulturen - Ziele Ergebnisse und methodische Probleme der kulturvergleichenden Managementforschung, Bern 1982.
Kluckhohn, C., The study of culture, in: Lerner/Larswell, The Policy Studies, Stanford 1951.
Kluckhohn, F./ Strodtbeck, F.L., Variations in Value Orientations, Evanston/IL. 1961.
Kluth,S., Linke, J.,Walter, H., Assignment on „Intercultural Training – Focussing on Intercultural Preparation, Stralsund, 2009 (unveröffentlicht)
Kroeber, A. L./ Kluckhohn, L., Culture. A Critical Review of Concepts and Definitions, Cambridge, Mass. 1952.
Kroeber-Riehl, W., Konsumentenverhalten, München 1996.
Kutschker, M/ Schmid, S., Internationales Management, München 2002.
Kutschker, M/ Schmid, S., Internationales Management, 6. Aufl., München 2008.
Lane, H.W./ DiStefano, J.J., International Behavior. From Policy to Practice, Scarborough/ Ontario 1988.
Linzer, U., Stimmt so!, in: Die Zeit, 17.12.2008.
Luthans, F., Value Differences and Similarities across Cultures, in: Luthans/Hodgetts (Hrsg.), International Management, 3. Aufl., New York, 1997.
managerSeminare.de, Petersberger Trainerstage 2012: Life Achievement Award, unter: http://www.managerseminare.de/Petersberger_Trainertage/Programm?subKatID=12 083&kat=12078, 2012.
Meier, H./ Roehr, S., Einführung in das internationale Management, Herne/Berlin 2004.
Munro, D./ Schumaker, J. F./ Carr, S. C., Motivation and Culture, Routledge 1997.
Owens, M., In: Bloomberg Businessweek, October 4 – October 10, 2010
Perlitz, M., Internationales Management, 2. Aufl., Stuttgart 1995.
Pugh, D. S./ Hickson, D.J., Writers on Organizations, 4th ed. Nembury Park, CA, 1989.
Rocher, G., Introduction à la sociologie générale, Montréal 1969.
Ronen, S./ Kraut, E., Similarities among Countries, New York 1977.
Rothlauf, J., Geschäftsfreunde auf der arabischen Halbinsel: Wie man sie gewinnt und behält, in: Karriereberater Nr. 6/1997.
Rothlauf, J., Interview am 11.04.2008 mit Rüdiger Baumann von BR-alpha zu Fragen des Interkulturellen Managements, in: www.br-online.de/br-alpha/alpha-forum.
Rothlauf, J., Multicultural Management Insights, in: Kloss, I. (Hrsg.), More Advertising Worldwide, Berlin 2002.
Salacuse, J., Intercultural Negotiation in International Business, in: Group Decision and Negotiation, Vol. 8, No.3, 1999.
Schein, E.H., Coming to a new awareness of organizational culture, in: Sloan Management Review 25, Nr. 2, 1984.
Scholz, J.M., Internationales und interkulturelles Change-Management - Deutungen und Bedeutungen einer Begriffswelt in Gesellschaft, Management und Unternehmerpraxis, in: Scholz, J.M. (Hrsg.), Internationales Change-Management, Stuttgart 1995.
Schroll, S., „Kulturschock", in: FAZ, 22.07.2006.
Schwartz, S. H., Mapping and interpreting cultural differences around the world, in: Vinken/ Soeters/ Ester (Hrsg.), Comparing cultures, Dimensions of culture in a comparative perspective, 2004.
Schwartz, S. H., Beyond individualism/collectivism. New cultural dimensions of values, in: Kim, U./ Triandis, H.C./ Kagitcibasi, C./ Choi, S./ Yoon, G. (Hrsg.), Individualism and collectivism, theory, method and applications, Thousand Oaks 1994.
Staehle, W., Management, München, 1991.

The Hebrew University of Jerusalem. Hebrew U. Prof. Shalom Schwartz awarded 2007 Israel Prize in psychology, Press Release (28.02.2007), in: http://www.huji.ac.il/cgi-bin/dovrut/dovrut_search_eng.pl.

Trompenaars, F., Riding the waves of culture - understanding cultural diversity in Business, New York 1993.

Trompenaars, F., Hampden-Turner, Ch., Riding the Waves of Culture, New York 1998.

Tylor, E.B., Primitive Culture, Band 1, New York 1871.

Weaver, G.,R., Connecting Intercultural Communication and Management, in: Intercultural Management Institute, Washington, DC, Nr. 9/ 2001.

Weidmann, W.F., Interkulturelle Kommunikation und nationale Kulturunterschiede in der Managementpraxis, in: Scholz, J.M. (Hrsg.), Internationales Change-Management, Stuttgart 1995.

Zeck, M., Andere Kulturen haben eine eigene Logik – Interview mit Susanne Hoppe, FAZ, 10/11.03.2012.

Zubko, K.C., **Sahay R.R.,** Inside the Indian Business Mind, Jaico Publishing House, Mumbai 2011.

3 Unternehmenskultur und Internationalität

3.0 Problemstellung

Die Analyse einer schwierigen Partnerschaft
(Peter Schneider)

Die Daimler-Chrysler-Fusion erinnert in vielem an die Hochzeit von Prinz Charles und Lady Diana – nur dass in diesem Fall zwei Kutschen heirateten. Eine elitäre Nobelmarke aus uraltem deutschen Autoadel hielt um die Hand einer schönen Braut aus der Neuen Welt an und wurde erhört. Es war eine Märchenhochzeit – eine „Hochzeit im Himmel" nannte sie der Daimler-Chef Jürgen Schrempp im Mai 1998 -, und die Trauzeugen – Wall Street, seine Analysten und auch Hauptaktionäre wie der Milliardär Kirk Kerkorian – waren begeistert. Prompt stieg die DaimlerChrysler-Aktie kurz nach ihrem Börsengang am 11. November 1998 auf den Traumwert von 108,62 Dollar. Bei der Bilanz-Pressekonferenz am 26. Februar 2001 hatte sich das Traumpaar erstaunlich verändert. Die amerikanische Braut schien verschwunden zu sein. Genauer gesagt, aus ihr war eine Deutsche geworden: Chief Executive Officer Dieter Zetsche. Zwar wurde am Vorstandstisch tapfer Englisch gesprochen, aber durchwegs mit deutschem Akzent. Über Chrysler jedoch gab es Katastrophenmeldungen. „Es gibt nichts zu beschönigen", sagte Jürgen Schrempp, der alleinige Vorstandschef von DaimlerChrysler. Wall Street zeigte sich nicht übermäßig beeindruckt vom Sanierungsplan der Deutschen. Die DaimlerChrysler Aktie pendelte sich nach einem Tief von 37,75 Dollar im Dezember 2000 bei einem Wert um 50 Dollar ein. Seit der Fusion hatte sich der Aktienwert des drittgrößten Autokonzerns der Welt mehr als halbiert und betrug weniger als Daimler ohne Chrysler wert gewesen war. „Es gab in der Tat ein kulturelles Problem bei dieser Fusion", sagt Manfred Gentz, der Finanzchef von DaimlerChrysler. Gerade die Angst, in den USA als die besserwisserischen Deutschen zu erscheinen, habe die Daimler-Leute gehindert, rechtzeitig bei Daimler einzugreifen.

In: DIE ZEIT, 30.08.2001, S. 43-44

3.1 Identifikation mit dem Unternehmen

Überall auf der Welt sollen und wollen sich Mitarbeiter mit „ihrem" Unternehmen identifizieren. Wie sich das äußert, ist jedoch kulturell höchst verschieden. Während sich der Westen meist auf gemeinsame Grundsätze und Ziele beschränkt, demonstrieren zum Beispiel japanische Firmen ihr Zusammengehörigkeitsgefühl auch durch eine einheitliche Arbeitskleidung, wobei in nicht wenigen Betrieben das Absingen der eigenen Betriebshymne den Beginn des Arbeitstages einleitet.

Internationalisierungsbemühungen bleiben in ihren Zielwirkungen zufällig und unkalkulierbar, wenn nicht die Frage nach der Kulturverträglichkeit mit in die Unternehmensstrategie einbezogen wird (Krystek/Zur, 1997, S. 511). Akquisitionen als wichtige Form externer Profilverbesserung sind von allen Varianten internationaler Unternehmenstätigkeit am kultursensibelsten und in ihrem Erfolg von dem „Fit" aufeinanderprallender Kulturen abhängig (Pausenberger, 1992, S. 1). Unterbleibt die Einbeziehung einer unternehmensweiten Corporate Identity, können sie den Internationalisierungsprozess gefährden.

Multicultural Management Insights
(Jürgen Rothlauf)

Today, more and more managers, besides those employed in already established international firms, are realizing that their businesses cannot be located or conceived of as operating within national boundaries. Domestic firms are increasingly facing external competition within their own domestic markets. Business activities can no longer be considered as internal and separate from the global environment within they operate. To compete successfully, or simply to survive, in such a challenging and dynamic environment, firms are realizing the need for their managers to look for opportunities abroad. A business firm's decision to internationalize its operations does not simply mean expanding into new geographical areas. It involves moving into and operating in different economic, political, legal, socio-cultural and financial environments. The ability of the firm to identify these environmental differences, understand their implications for its business and adapt its operations and products accordingly, will be important in determining the success or failure of its international expansion.

In: More Advertising Worldwide, Berlin 2002, p. 16

3.2 Zum Profil einer Unternehmenskultur

In den letzen Jahren sind umfangreiche Untersuchungen zum Themenbereich Organisationskultur und deren Einfluss auf die Leistung und Effizienz von Unternehmen durchgeführt worden. Mobley/Wang/Fang (2005, S. 128 ff.) haben vier Merkmale der Unternehmenskultur identifiziert, die sich im organisatorischen Verhalten eines Unternehmens ausdrücken:

- **Involvement:** Den Einsatz der Mitarbeiter durch Weiterbildung, Einbeziehung, Verantwortungsübertragung und Informationsweitergabe fördern.
- **Consistency:** Strukturen und Prozesse, die eine starke und bindende Kultur unterstützen, aufbauen.
- **Adaptability:** Das Unternehmen auf das Anpassungsvermögen, schnell auf Signale der Außenwelt (Kundenbedürfnisse und veränderte Marktbedingungen) zu reagieren, ausrichten.
- **Mission:** Das Ziel des Unternehmens bestimmen und die Unternehmensstrategie daraus ableiten, um eine langfristige Richtung vorzugeben und um Kurzsichtigkeit zu vermeiden.

Die Ergebnisse zeigen, dass Umsatzwachstum, Gesamtkapitalrendite, Qualität, Gewinn und Mitarbeiterzufriedenheit stark von diesen Merkmalen abhängen (Wickel-Kirsch, 2005, S. 16).

3.3 Ebenen der Unternehmenskultur

Unternehmenskulturen dürfen nicht losgelöst von den sie umgebenden Umkulturen betrachtet werden (Krystek, 1992, S. 539). Von ihnen gehen jeweils vielfältige Einflüsse auf die Unternehmenskultur aus, wie umgekehrt Unternehmenskulturen ihre Umkulturen beeinflussen. Nach Bleicher (1992, S. 85 ff.) lassen sich drei für die Unternehmenskultur relevante Umkulturen beobachten:

- Privatkultur als Summe kultureller Standards des Individuums,
- Branchenkultur als Summe kultureller Standards einer Branche oder Branchengemeinschaft,
- Gesellschaftskultur (i.w.S.) als Summe kultureller Standards einer Gesellschaft sowie Wertehaltungen ihres politischen und wirtschaftlichen Systems.

Eine Erweiterung erfährt diese Kulturbetrachtung, wenn auf unterschiedliche Makro- und Mikroebenen Bezug genommen wird (Kasper, 1997, S. 34).

3.3.1 Makroebenen der Unternehmenskultur

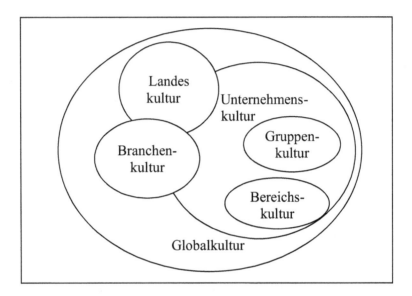

Abb. 35 Unterschiedliche Ebenen der Kulturbetrachtung
Quelle: in Anlehnung an Kaspar, 1997, S. 33

Die Makroebenen sind dabei der Unternehmenskultur übergeordnet und bilden für das Unternehmen eine Art Rahmen, denen sich ein Unternehmen nicht entziehen kann und die innerhalb der Unternehmenskultur Berücksichtigung finden müssen. Daraus lässt sich der Schluss ziehen, dass die jeweils übergeordnete Kultur die Entfaltungsmöglichkeiten und Existenzbedingungen bestimmt. Hierunter fallen die Global-, Landes- und Branchenkultur.

Globalkultur bezeichnet weltumspannende grundlegende Überzeugungen und Muster menschlicher Verhaltensweisen. Dazu gehören beispielsweise die Basisregeln der Kommunikation oder Verhaltensweisen und Handlungen, die über einen längeren Zeitraum hinweg in einer Mehrzahl von Ländern zu beobachten sind. Globalkulturelle Grundtendenzen und Veränderungen bilden für Unternehmen die Basis für unternehmenskulturelle Entwicklungsprozesse (Fank, 1997, S. 246).

Jede Nation oder Volksgruppe formt durch das jeweilige politische System und seinen kulturspezifischen Sozialisationsprozess Individuen und damit die Mitarbeiter eines Unternehmens und demzufolge auch dessen Kultur. Die Relevanz länderspezifischer Kulturunterschiede im internationalen Rahmen ist offenkundig, wobei die Gefahr eines „Kulturschocks" dann als besonders groß angesehen werden kann, wenn die jeweiligen Länderstrukturen der Wirtschaftspartner stark voneinander abweichen (Meffert, 1990, S. 93 ff.). Je stärker dabei der Rückgriff auf Tradiertes und damit auf die Kultur in den beteiligten Unternehmen bisher war, desto problematischer dürfte die kulturelle Konfrontation sein.

Uneinigkeit besteht bislang nur darüber, inwieweit es sich dabei um eine Konvergenz- oder um eine Divergenz-Hypothese handelt. Während die erste These davon ausgeht, dass sich im Zuge der Globalisierung und Internationalisierung der Märkte nationale Kulturen angleichen werden, behauptet die zweite These das Gegenteil. Beispiele für beide Auffassungen lassen sich finden. Während die einen, gestützt auf die Entwicklungen im ehemaligen Jugoslawien und im Irak, eher eine Rückbesinnung auf die eigene Kultur erwarten (Reineke, 1989, S. 36 ff.), zeigen andere (Sommer, 1998, S. 5; Sautter, 1998, S. 105) am Beispiel Japans auf, dass sich Werteinstellungen zu verändern beginnen.

Die dritte auf der Makroebene zu unterscheidende Kultur stellt die Branchenkultur dar. Branche steht hierbei für eine Gruppe von Unternehmen, deren Produkte oder Dienstleistungen Ersatzprodukte zueinander darstellen. Mit dem Begriff Branchenkultur soll dabei zum Ausdruck gebracht werden, dass Unternehmen gleicher Wirtschaftszweige über vergleichbare kulturelle Orientierungen verfügen (Schwarz, 1989, S. 174). Empirische Studien kommen zu dem Ergebnis, dass Unternehmen, die auf gleichen Märkten agieren und ähnliche Technologien einsetzen, auch ähnliche Wertvorstellungen herausbilden (Merkens, 1989, S. 20 ff., Bromann/Piwinger, 1992, S. 25).

Auf der anderen Seite sind damit gewisse Probleme für Unternehmen verbunden, die als Konglomerat unterschiedlichste Produkte und Dienstleistungen zeitgleich anbieten. Ein Beispiel aus dem Unternehmen Siemens mag diese Einschätzung belegen. Ein hochinnovatives und gleichzeitig stark zyklisches Geschäft wie die Halbleiterproduktion folgt anderen Gesetzen und erfordert andere Fähigkeiten als z.B. das Geschäft mit der Medizintechnik oder ein Großanlagengeschäft wie der Bau von schlüsselfertigen Kraftwerken (Mirow, 1997, S. 658). Unternehmen wie Siemens müssen daher als multikulturelle Gebilde oder auch als „Multiple Selves" (Wiesenthal, 1990, S. 115) aufgefasst werden, die sich unter dem breiten Dach einer gemeinsamen Marke, bewährter Traditionen und bestimmter definierter Spielregeln zusammenfinden.

3.3.2 Mikroebenen der Unternehmenskultur

Die Mikroebenen bilden unternehmensbezogene Subsysteme und sind der Unternehmenskultur entsprechend untergeordnet. Hierzu zählen die Bereichs- und die Gruppenkultur.

Die Mikroebene wird häufig dem Bereich der Subkulturen zugeordnet. Dies bedeutet allerdings nicht die Negation einer Kultur, sondern lediglich, dass es sich um eine spezifische Teilkultur handelt (Schwendter, 1985, S. 11). Teil- und subkulturelle Phänomene lassen sich in Bereichs- und Gruppenebenen weiter differenzieren, wobei die Bestimmungsgründe für eine derartige Bildung von Subkulturen die Unternehmensgröße und die Organisationsstruktur darstellen (Scholz, 1990, S. 34). Die Herausbildung von Teil- und Subkulturen ergibt sich aufgrund unterschiedlicher Aufgabenstellungen von Bereichen bzw. Gruppen innerhalb eines Unternehmens.

Als Fazit lässt sich feststellen, dass bei der Kulturbetrachtung von international operierenden Unternehmen die Einbeziehung aller Ebenen beachtet werden muss, um den unterschiedlichen Gegebenheiten entsprechend Rechnung tragen zu können. Ob diese Feinabstimmung gelingt, hängt nicht zuletzt auch von der Typologie des Internationalisierungsgrades des jeweiligen Unternehmens ab.

3.4 Unternehmenskultur und Internationalisierungsgrad

Ein Standardmodell, das die unterschiedlichen Zusammenhänge zwischen Unternehmenskultur und Internationalität in seinen verschiedenen Facetten erklärt, scheint es nicht zu geben (Jochmann, 1995, S. 21). Wenn auch in der Realität beliebige Abstufungen denkbar erscheinen, so hat Töpfer (1995, S. 3 ff.) mit seiner Typologie des Internationalisierungsgrades von Unternehmen einen Ansatz geliefert, der wichtige Aspekte beinhaltet und Möglichkeiten aufzeigt, wie unternehmenskulturelle Anpassungsprozesse idealtypisch ablaufen können.

Im Hinblick auf den Internationalisierungsgrad von Unternehmen hat er drei unterschiedliche Entwicklungsstufen ausgemacht, die er mit einer jeweils differenzierten strategischen Ausrichtung verbindet. In seiner Typologie unterscheidet er nach Gestaltungsfeldern (Absatz/Produktion, Beschaffung, Personal, Management) und Wirkungsfeldern (Unternehmenskultur, Qualifikationsanforderungen), so dass ein ganzheitlicher Ansatz erkennbar wird. In diesem Kapitel soll es vor allem um das Wirkungsfeld „Unternehmenskultur" in seiner Abhängigkeit vom jeweiligen Internationalisierungsgrad gehen.

3.4.1 Die ethnozentrische Ausrichtung

In Stufe 1 sind sowohl die Organisations- und Steuerungsinstrumente als auch die Prozessebene von Unternehmenskultur und Unternehmensphilosophie deutlich durch die Stammhaus-Mentalität geprägt. Bei derartig ausgeprägten Unternehmensgruppen findet eine ethnozentrische Ausrichtung statt, gemäß dem Grundsatz: „Was zu Hause funktioniert hat, wird auch in der Ferne funktionieren".

Eigene Wertvorstellungen, Normen und Verhaltensanforderungen werden als Ausgangspunkt des Handelns vor Ort dem jeweiligen Partner übergestülpt. Konflikte werden dabei nach einem vorgegebenen Regelwerk gelöst, das länderspezifische Besonderheiten nicht berücksichtigt. Als Sprache kommt vorwiegend die Stammlandsprache zur Anwendung (s. Abb. 36).

Lektionen in Demut
(Judith-Maria Gillies)

Anpassungsfähigkeit wird jedoch nicht nur in japanischen Firmen großgeschrieben. Auch andere ostasiatische Unternehmen sowie französische und amerikanische Gesellschaften stülpen ihren Töchtern gern die eigene Kultur über. Doch dieser *ethnozentrische Ansatz* birgt Gefahren. „Mitarbeiter können sich nur in einem begrenzten Maße einer anderen Firmenkultur anpassen", warnt Jutta Berningshausen, Dozentin für interkulturelles Management an der School of International Business in Bremen, „daher müssen Unternehmen mit ausländischen Tochtergesellschaften die dortigen Kulturen respektieren."
Die Praxis sieht oft anders aus. Im deutschen Kollegenkreis haben Entscheidungen französischer Muttergesellschaften nicht selten den Beigeschmack von Klüngelei, werden sie doch – für hiesige Mitarbeiter nicht transparent – über informelle Netzwerke gefällt. Und mit dem Walmart-Cheer, der Einschwörung auf den Arbeitsalltag, erntete der amerikanische Handelskonzern viel deutsches Kopfschütteln.

In: Business Manager, Lufthansa Exclusive, Nr. 11/2006, S. 97

1. Stufe: Bearbeitung von Auslandsmärkten mit Übertragung der Stammhaus-Mentalität

Gestaltungsfelder	*Absatz/Produktion* (Direkte Wertschöpfung)	*Export/Lizenzvergabe/Franchising, Joint Venture* *Vertriebs- und Serviceorganisation im Ausland*
	Beschaffung (Outsourcing)	*Im Stammland und selektiv im Ausland*
	Personal (Fachkräfte)	*Fachkräfte teilweise noch aus dem Ausland*
	Management (Führungskräfte)	*Führungskräfte überwiegend aus dem Stammland*
Ansatzpunkt	*Strategische Ausrichtung* (Marktbearbeitung/ Steuerungskonzept)	*Ethnozentrische Ausrichtung: Konzentration auf Stammlandprodukte,* *wenig differenziertes Marketingkonzept,* *Zentrale standardisierte Steuerung*
Wirkungsfelder	*Unternehmenskultur (Werte, Normen, Verhaltensweisen)*	**Stammhaus-Mentalität: Übertragung von traditionell-nationalen Verhaltensanforderungen/ Konflikte durch Verhaltensvorgabe, Überwiegend Sprache des Stammlandes**
	Qualifikationsanforderungen (Fachliche & soziale Kompetenz)	*Training in Fachwissen und extrafunktionalen Fähigkeiten, Heranbilden von sozialem Einfühlungsvermögen, Entwickeln von international ausgerichteten Entscheidungs- und Durchsetzungsfähigkeiten*

Abb. 36 Typologie des Internationalisierungsgrades von Unternehmen – Stufe 1
Quelle: Töpfer, 1995, S. 19 ff.

3.4.2 Die polyzentrische Ausrichtung

Der Übergang von einer ethnozentrischen zu einer stärker polyzentrischen Ausrichtung in Stufe 2 (Abb. 37) zeigt eine deutliche Betonung der weitgehenden Dezentralisierung von Eigenständigkeiten und Verantwortungsfreiräumen in den Tochtergesellschaften. Die polyzentrisch ausgerichtete Organisation akzeptiert das Bestehen von kulturellen Besonderheiten und nationalen Unterschieden und funktioniert nach dem Motto: „Wir verstehen zwar nicht genau, was in Auslandsunternehmen passiert, aber solange wir dort gute Geschäfte machen, sollten wir Vertrauen in sie haben". Was die Unternehmungskultur betrifft, so ermöglicht sie kulturelle Vielfalt, was zur Ausprägung von Subkulturen führt, die sich aber als nicht kompatibel erweisen. Sowohl Landes- als auch Stammlandsprache werden gesprochen. Eine fragmentarische Unternehmenskultur wird erkennbar, bei der sich die Kultur der Tochtergesellschaft in dem Maße von derjenigen des Stammhauses unterscheidet, in der sich die nationalen Kulturen voneinander unterscheiden.

Die Mission von Shanghai Volkswagen
(Martin Posth)

Die Chinesen verglichen unsere Zusammenarbeit gern mit einer Ehe oder Partnerschaft, die zwar der Form genüge tat, der aber der innere Halt fehlte. „Wir liegen zwar in einem Bett", pflegten sie zu sagen, „aber träumen wir auch den gleichen Traum?" Unser Bett, das war klar, war die Vertragsgrundlage unseres Joint Ventures. Während unserer vielfältigen Auseinandersetzungen im Vorstand waren wir öfter an Grenzen gestoßen, die Fragen nach unserer Selbstverständlichkeit aufwarfen. Was prägte unser Unternehmen Shanghai Volkswagen? Wer waren wir? Wo wollten wir hin? Unsicherheiten erlebten wir bei den Expats wie bei den chinesischen Kollegen. Unsere Belegschaft braucht etwas, woran sich jeder orientieren und halten könnte. In Managementbegriffen gesprochen suchten wir die Mission, die Vision, die Strategie und das Leitbild von Shanghai Volkswagen.

In: 1000 Tage in Shanghai, 2006, S. 135

2. Stufe: Lokale Präsenz auf Auslandsmärkten mit differenzierten Strategien und eigenständigen Subkulturen

Gestaltungs-felder	**Absatz/Produktion** (Direkte Wert-schöpfung)	Montagewerk im Ausland, Produktion von Komponenten im Ausland, Produktion/Montage und Vertrieb im Ausland
	Beschaffung (Outsourcing)	Vorwiegend Beschaffung im jeweiligen Land (good local citizen)
	Personal (Fachkräfte)	Ausschließlich lokale Fachkräfte im Ausland
	Management (Führungskräfte)	Teilweise lokale Führungskräfte, Internationale Job-Rotation der Führungskräfte
Ansatzpunkt	**Strategische Ausrichtung** (Marktbearbeitung/ Steuerungskonzept)	Von ethnozentrischer zu stärker polyzentrischer Ausrichtung, unterschiedliche Produkte für nationale Märkte, stärkerer Differenzierungsgrad des Marketingkonzeptes, Tendenz zu dezentraler Organisation & föderativer Steuerung
Wirkungs-felder	**Unternehmenskultur (Werte, Normen, Verhaltensweisen)**	**Kulturelle Vielfalt: Bestehen von zum Teil inkompatiblen Subkulturen/Konflikte durch Verhaltensgegensätze, Landessprache & Stammlandsprache**
	Qualifikationsanforderungen (Fachliche & soziale Kompetenz)	Kenntnisse unterschiedlicher Ländermarktgegebenheiten, Verständnis für unterschiedliche nationale Mentalitäten, Fähigkeit zur intensiven Kommunikation und Besitz internationaler Teamfähigkeit

Abb. 37 Typologie des Internationalisierungsgrades von Unternehmen– Stufe 2
Quelle: Töpfer, 1995, S. 19 ff.

> **Unternehmenskultur bei Toyota – Guiding Principles**
> (Sonja A. Sackmann)
>
> 1. Honour the language and spirit of the law of every nation and undertake open and fair corporate activities to be a good corporate citizen of the world.
>
> 2. Respect the culture and customs of every nation and contribute to economic and social development through corporate activities in the communities.
>
> 3. Dedicate ourselves to providing clean and safe products and to enhancing the quality of life everywhere through all our activities.
>
> 4. Create and develop advanced technologies and provide outstanding products and services that fulfill the needs of the customers worldwide.
>
> 5. Foster a corporate culture that enhances individual creativity and teamwork value, while honouring mutual trust and respect between labour and management.
>
> 6. Pursue growth in harmony with the global community through innovative management.
>
> 7. Work with business partners in research und creation to achieve stable, and long-term growth and mutual benefits, while keeping ourselves open to new partnerships.
>
> In: Bertelsmann Stiftung (Hrsg.), Toyota Motor Corporation: Eine Fallstudie aus unternehmenskultureller Perspektive, 2007, S. 16.

3.4.3 Die regio-/geozentrische Ausrichtung

In Stufe 3 (Abb. 38) ist die Kompromissbildung zwischen länderkulturellen Faktoren einerseits und international gültigen Steuerungsprinzipien andererseits erreicht. Ein globales Netzwerk mit einheitlicher Firmenidentität und interkulturellem Spielraum repräsentiert eine universelle Unternehmenskultur. Die regio-/geozentrische Ausrichtung beinhaltet zum ersten Mal die Möglichkeit, die Schaffung einer einheitlichen Wertebasis ohne nationale Überbetonung zu realisieren. Auf der Basis einer gemeinsamen Konzernsprache lassen sich konfliktfreie Verhaltensmuster entwickeln, die eine vereinheitlichte Unternehmenskultur zwischen Stammhaus und Tochtergesellschaft ermöglichen. Die Manager im Stammhaus und in den Auslandsniederlassungen teilen eine gemeinsame Vision, sie denken und handeln global.

3. Stufe: Globales Netzwerk von Centers of competence mit einheitlicher Firmenidentität und interkulturellem Spielraum

Gestaltungs-felder	*Absatz/Produktion* (Direkte Wertschöpfung)	*Komplette Leistungserstellung & -verwertung in Tochterunternehmen im Ausland (F & E, Produktion, Vertrieb), Globales Netzwerk von Centers of competence*
	Beschaffung (Outsourcing)	*Globale Beschaffung in allen Weltmarktregionen*
	Personal (Fachkräfte)	*Internationale Job-Rotation auch bei Fachkräften*
	Management (Führungskräfte)	*Fast ausschließlich lokale Führungskräfte, internationale Zusammensetzung des Direktoriums und der Gesamtunternehmensleitung*
Ansatz-punkte	*Strategische Ausrichtung* (Marktbearbeitung/ Steuerungskonzept)	*Regio-/geozentrische Ausrichtung: Produkte für Weltmarktregionen/ Weltmarkt, reduzierte Differenzierung in Richtung globalisiertes Marketingkonzept, Steuerung/Koordination als integriertes Netzwerkmodell*
Wirkungs-felder	*Unternehmenskultur (Werte, Normen, Verhaltensweisen)*	**Einheitliche Firmenidentität: Schaffen einer einheitlichen Wertebasis & Grundorientierung Herausbilden von Verhaltensmustern, einheitliche Konzernsprache ohne nationales Übergewicht**
	Qualifikations-anforderungen (Fachliche & soziale Kompetenz)	*Entwickeln einer interkulturellen Kompetenz, Ausfüllen des zugestandenen Verhaltensspielraums, Beherrschen von internationalen Verhaltensprozessen und Moderationsanforderungen*

Abb. 38 Typologie des Internationalisierungsgrades von Unternehmen - Stufe 3
Quelle: Töpfer, 1995, S. 19 ff.

3.5 Prozesse der Kulturanpassung

Bevor eine regio-/geozentrische Strategie schrittweise umgesetzt werden kann, sind unternehmenskulturelle Anpassungsprozesse notwendig. Bereits in der Phase der gedanklichen Vorbereitung auf eine zukünftige Internationalisierung muss ein „Kulturmanagement" im Sinne einer Harmonisierung von Kultur und Strategie erfolgen. Seine Extremposition findet diese entweder in der Anpassung der Strategie an die Kultur oder eine Anpassung der Kultur an die Strategie (Greipel, 1988, S. 55 ff.).

Das Ideal wäre eine „Lernkultur", bei der einerseits bestimmte grundlegende Basisinhalte über die Zeit konstant bleiben, die aber andererseits offen ist für notwendige Anpassungen. Ebenso notwendig erscheint eine lernfähige und lernwillige Strategie-Entwicklung und -Implementierung, die bereit und in der Lage ist, Kulturimpulse aufzunehmen und auch umzusetzen (Simon, 1990, S. 1).

3.5.1 Phasen der Kulturanpassung

Die Kulturanpassung (Akkulturation) stellt einen Prozess dar, der sich in drei verschiedenen Phasen (Kulturkontakt - Kulturkrise - Kulturfestlegung) darstellen lässt und in Abhängigkeit vom jeweiligen Akkulturationsgrad gesehen werden muss. Die nachfolgende Abbildung 39 zeigt mögliche Verläufe des Akkulturationsprozesses.

Allgemein wird ein U-förmiger Verlauf der Kulturanpassung unterstellt, der drei Phasen mit jeweils unterschiedlichen Akkulturationsgraden enthält (Krystek, 1992, S. 539 ff.). Am Anfang steht der Kulturkontakt, der sich von der ersten Gesprächsaufnahme über die Akquisitionsverhandlungen bis hin zum Vertragsabschluss erstrecken kann. Diese Phase geht zunächst von einem hohen Akkulturationsgrad aus, dessen Ursachen wahrscheinlich in einem anfänglichen Enthusiasmus und in einer Art Aufbruchsstimmung liegen, vor allem dann, wenn die Verhandlungen positiv verlaufen und beide Partner sich als Wunschkandidaten empfinden (Krystek/Zur, 1997, S. 518).

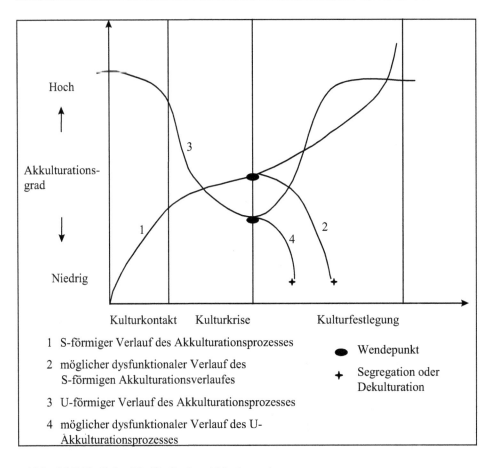

Abb. 39 Mögliche Verläufe des Akkulturationsprozesses
Quelle: Krystek/ Zur, 1997, S. 519

In der darauf folgenden zweiten Phase kommt es aus unterschiedlichen Gründen zu einer gewissen Ernüchterung, so dass man von einer Kulturkrise spricht. Ein mehr oder weniger stark ausgeprägtes Tief im Verlauf des Akkulturationsgrades zwischen akquirierten und akquirierenden Unternehmen wird offenkundig.

Der Wendepunkt wiederum signalisiert dann den Beginn der Phase der Kulturfestlegung mit dem Ziel, einen gegenseitigen Abbau kultureller Ressentiments bis auf ein akzeptables Minimum bei gleichzeitigem Anstieg des Akkulturationsgrades herbeizuführen.

Kann die Kulturkrise allerdings nicht überwunden werden, dann kommt es zu einem dysfunktionalen Verlauf des Akkulturationsprozesses, der bis zur Auflösung der Akquisition führen kann (Krystek/Zur, 1997, S. 519).

Neben dem U-förmigen Verlauf ist aber auch ein S-förmiger Prozessverlauf möglich, der von anfänglicher Antipathie gegenüber dem akquirierenden Unternehmen gekennzeichnet ist. Die „Krisenphase" wird dann eher als eine Intensivierung des Akkulturationsgrades empfunden, die dann ebenfalls in eine erfolgreiche Akkulturation einmünden kann, oder aber destruktiv verläuft und mit einer kulturbedingten Auflösung der Unternehmensverbindung endet (Krystek/Zur, 1997, S. 519).

3.5.2 Ergebnisse von Kulturanpassungsprozessen

Welcher Weg im Einzelfall beschritten wird - und der Spagat reicht von totaler Kulturaufgabe bis hin zu völliger Kulturbewahrung - kann, je nach Unternehmensentscheidung, unterschiedlich ausfallen. Aus Sicht des akquirierenden Unternehmens lassen sich dabei die folgenden vier Formen der Akkulturation unterscheiden (Reineke, 1989, S. 50 ff.):

- *Integration* kann als die ideale Form der Akkulturation angesehen werden, die ein Fließgleichgewicht zwischen hoher eigener Kulturbewahrung und Anpassung an die zu übernehmende Gesellschaft aufrecht erhält.
- *Assimilation* meint eine erfolgreich verlaufende Akkulturation mit allerdings geringer Kulturbewahrung bei der übernommenen Gesellschaft.
- *Segregation* steht für eine negativ verlaufende Akkulturation mit jedoch hoher (eigener) Kulturbewahrung.
- *Dekulturation* gilt als erfolglos verlaufende Akkulturation mit einem geringen Maß an Kulturbewahrung des akquirierten Unternehmens.

Während der Integrationsansatz der regio-/geozentrischen Ausrichtung entspricht, kann das Assimilationsmodell weitgehend mit der polyzentrischen Strategie von Töpfer verglichen werden. Beide Möglichkeiten signalisieren die Bereitschaft, kulturelle Aspekte bei grenzüberschreitenden Akquisitionen zu berücksichtigen. Segregation und Dekulturation wiederum repräsentieren Formen kultureller Dysfunktionalitäten, die eine Akquisition möglicherweise scheitern lassen können. Aus diesem Grund haben die meisten Großunternehmen in den letzten Jahren parallel zu den organisatorischen Umstrukturierungen auch umfassende Programme zur Beschleunigung des kulturellen Wandels aufgelegt, ohne dass es hier allerdings einen Königsweg gibt (Mirow, 1997, S. 659).

> **Kulturelle Unterschiede werden unterschätzt**
> (Stickling/Wolff)
>
> *Stickling: Konzerne neigen dazu, Prozesse weltweit zu vereinheitlichen, auch im Human Resource Bereich. Ist das klug oder läuft man Gefahr, interkulturelle Unterschiede zu nivellieren?*
>
> **Wolff:** Wir haben für eine Unternehmensstudie herausgefunden, dass es erhebliche Motivations- und Kostenvorteile mit sich bringt, wenn Führungsstil und Anreizsysteme länderspezifisch und nicht weltweit einheitlich sind. Sowohl ökonomische und rechtliche Rahmenbedingungen, aber auch kulturell beeinflusste Präferenzen von Mitarbeitern können sehr unterschiedlich sein. Bestimmte Feedback-Verfahren, die in einem Land als konstruktiv und motivierend empfunden werden, können woanders den gegenteiligen Effekt haben. Bestimmte betriebliche Zusatzleistungen, die in einem Umfeld relativ preiswert sind und von Mitarbeitern geschätzt werden, können woanders teuer oder sogar unerwünscht sein. Eine Befragung von Mitarbeitern in verschiedenen Ländern hat ergeben, dass beispielsweise die chinesischen Mitarbeiter eines Konzerns betriebliche Pensionspläne und Krankenversicherungsangebote nicht motivierend fanden, während die deutschen oder amerikanischen Mitarbeiter diese Angebote durchaus würdigen.
>
> Interview in: Personalwirtschaft, 07/2007, S. 31

3.6 Bausteine eines internationalen Unternehmensleitbildes

Die beiden vorangegangenen Kapitel haben deutlich gemacht, dass die Gestaltung einer wirklich international geprägten Unternehmenskultur nur innerhalb eines geozentrisch ausgerichteten Internationalisierungsansatzes denkbar ist. Wenn die Unternehmenskultur die Basis für die Unternehmensidentität darstellt, dann wird ein internationales Unternehmensleitbild erst dann möglich sein, wenn dazu noch Aussagen zu den Unternehmensstrategien und Unternehmenszielen hinzutreten. Die sich daraus ergebenden Unternehmensleitsätze können allerdings nicht von der Firmenspitze verordnet werden, sondern die Mitarbeiter müssen an ihrer Erarbeitung mitwirken und von Anfang an mit einbezogen werden. Unternehmensleitsätze beschreiben dabei nicht den Ist-Zustand, sondern stellen eine Vision dar, über das, was erreicht werden soll.

Beim Weltkonzern Mercedes hat man erkannt, dass eine unternehmensweite Identifikation nicht mehr mit dem Slogan „Made in Germany" erreicht werden kann. Die neue Philosophie „Made at Mercedes" entspricht dem gewandelten Unternehmensleitbild. Durch die Fusion mit Chrysler wird darüber hinaus ein neues Verständnis notwendig werden, um die unterschiedlichen nationalen Kulturen zu einer einheitlichen internationalen Unternehmenskultur zusammenzuführen. Ein Auszug aus der Rede von Daimler-Chef Schrempp lässt erkennen, dass er sich dieser Problematik bewusst ist:

„Wenn es um den nachhaltigen Erfolg dieser Fusion geht, dann kommt es auf die Zusammenführung der Menschen an. Denn es sind die Mitarbeiter, die Daimler-Benz und Chrysler zu so erfolgreichen Unternehmen gemacht haben. Wir wissen, Wertschöpfung beginnt bei Wertschätzung. Es kommen zwei unterschiedliche Firmenkulturen und damit unterschiedliche Menschen zusammen. Wir sind zuversichtlich, dass wir diese Integration der Kulturen zum Erfolg führen können. Daimler-Chrysler wird nicht nur eine Welt AG, sondern bleibt immer auch eine Mensch AG. Wir tragen dafür Sorge, dass Daimler-Chrysler ein Unternehmen wird, das eine Kultur der Offenheit pflegt, in der die Qualität der Ideen wichtiger ist als die Hierarchie, aus der sie stammt." (Schrempp, 1998, S. 16)

Gute Absichten der Geschäftsführung alleine reichen aber nicht. Die Wirklichkeit hat gezeigt, dass die kulturellen Unterschiede zwischen Daimler und Chrysler so groß waren, dass der Zusammenschluss letztendlich gescheitert ist. Die interkulturellen Schwierigkeiten und Missverständnisse gerade der obersten Führungsebene zeigen hier wieder einmal, dass ohne ein ausreichendes interkulturelles Grundverständnis selbst eine noch so gut gemeinte Idee nicht umgesetzt werden kann (Schneider, 2001, S. 43 ff.).

Aus welchen unterschiedlichen Bausteinen sich ein derartig international geprägtes Unternehmensleitbild zusammensetzt und welche Elemente die jeweiligen Bausteine charakterisieren, macht Abbildung 40 deutlich. Aussagen über die Visionen eines Unternehmens, seine Mission, den jeweiligen Unternehmenszweck, die Wertvorstellungen und Grundsätze der Führung und Zusammenarbeit bilden den Mittelpunkt der Unternehmensphilosophie.

Vor dem Hintergrund der wichtigsten Geschäftskennzahlen der vergangenen Jahre und unter Einbeziehung von konkreten Marktprognosen einerseits sowie Marktszenarien andererseits lassen sich dann Prioritäten im Hinblick auf quantitative Ziele wie Umsatz, Ertrag, Marktanteile und Shareholder Value sowie qualitative Ziele ableiten und häufig vorhandene Zielkonflikte im Vorfeld ausdiskutieren.

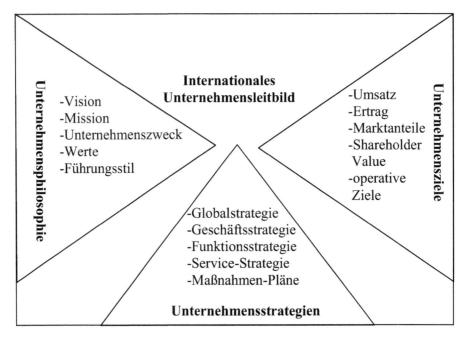

Abb. 40 Unternehmenskultur und Internationalität
Quelle: Scholz, 1995, S. 34

Der dritte Baustein, der sich mit den Unternehmensstrategien beschäftigt, greift unmittelbar in die Zielfestlegung für die Unternehmung ein. Eine Globalstrategie ergibt sich beispielsweise direkt aus der Vision und Mission sowie den langfristigen Unternehmenszielen. Im internationalen Kontext ist die Formulierung der Globalstrategie eine Aufgabe von Gesellschafter und Top-Management, wobei im Bottom-up-Prozess über Workshops und Projektgruppen Ideenpotentiale aufgebaut werden können (Jochmann, 1995, S. 35).

Über die Formulierung von Geschäftsstrategien lässt sich dann auf der Ebene einzelner Bereiche und Abteilungen sinnvoll zwischen Funktionsstrategien (z.B. Produktion, Entwicklung, Vertrieb) und Servicestrategien (z.B. Personal, Marketing, Controlling) unterscheiden, deren jeweilige Festlegungen Eingang in das internationale Unternehmensleitbild finden. Um sicherzustellen, dass die entsprechenden Strategien auch umgesetzt werden, bedarf es einer Abstimmung über die Maßnahmen, die jeweils ergriffen werden sollen (Jochmann, 1995, S. 33).

3.7 Unternehmenskulturen in globaler Interaktion

Lange Zeit unberücksichtigt und vernachlässigt entwickelt sich die Unternehmenskultur heute zu einem der wichtigsten Wettbewerbsfaktoren im Globalisierungsprozess. Die Erschließung neuer Märkte, sei es durch Fusionen, Akquisitionen oder Neugründungen, stellt die Führung nicht nur vor eine betriebswirtschaftliche Herausforderung. Der unternehmerische Erfolg und die wirtschaftliche Kontinuität hängen auch von der Verbindung, der Gestaltung sowie der Transparenz und Akzeptanz der Kennwerte einer Unternehmenskultur zwischen länderübergreifenden Standorten ab. Die interkulturellen Probleme werden im Rahmen der täglichen Arbeits- und Kommunikationsprozesse zwar oftmals erkannt, bei wichtigen Entscheidungen dennoch zu wenig berücksichtigt, weil vermeintlich „harte" ökonomische Argumente überwiegen. Dabei hat sich in Studien gezeigt, dass ca. 70 Prozent der Unternehmenszusammenschlüsse ihre Ziele nicht erreichen (Mohn, 2005, S.4).

3.7.1 Ein Forschungsprojekt zur globalen Kulturentwicklung

Zwischen Oktober 2003 und September 2004 wurden im Auftrag der Bertelsmann Stiftung 200 internationale Manager in den drei Schwerpunktregionen Deutschland/Schweiz (88 Interviews), Japan (39) und USA (73) in semistrukturierten Tiefeninterviews zu ihren Einschätzungen der Möglichkeiten und Grenzen einer transnationalen Unternehmenskultur befragt. Die Erhebung konzentrierte sich explizit auf den Pool internationaler Führungskräfte (erste bis dritte Ebene). Die Auswahl der beteiligten Unternehmen erfolgte auf der Basis von Zugangsmöglichkeiten und Kooperationsbereitschaft.

Als Unternehmen konnten u.a. BASF, Henkel, Deutsche Post World Net, Volkswagen, Bertelsmann, Lufthansa, das US-amerikanische Unternehmen Pfizer, das japanische Unternehmen Toyota sowie aus der Schweiz die Firma Nestlé gewonnen werden. Dabei wurde ein mit den Führungskräften gemeinsam ausgearbeiteter Handlungsrahmen für eine verbesserte, effektivere Praxis der Kulturentwicklung in multinationalen Unternehmen erarbeitet, der die interkulturelle Zusammenarbeit im Unternehmen fördern und die ökonomische und soziale Produktivität und Effizienz im globalen Unternehmenssektor verbessern soll (Spilker/Lippisch, 2005, S. 7).

3.7.2 Die Kulturintegrationstreiber

Sieben Ansatzpunkte zur kulturellen Integration, die von den Autoren als Kulturintegrationstreiber beschrieben werden, haben sich in der Studie als handlungsleitend herausgestellt. Nachfolgend sollen im Rahmen von Checklisten die entsprechenden Aktivitäten beschrieben werden, die es ermöglichen sollen, die Projekterkenntnisse weltweit in die Praxis umzusetzen.

Abb. 41 Sieben Ansatzpunkte zur kulturellen Integration
Quelle: Blazejewski/Dorow, 2005, S. 11

3.7.2.1 Checkliste: Cultural Vision

✓ *Schriftliche Fixierung der Unternehmensgrundwerte* – Das erleichtert die Weitergabe an neue Mitarbeiter, z.B. nach Fusionen/Akquisitionen, und bietet eine verbindliche gemeinsame Basis für alle.

✓ *Anschauliche kreative Kommunikation der Grundwerte* – Per E-Mail versandt oder im Intranet publiziert werden die Grundwerte häufig übersehen. Bringen Sie die Grundwerte den Mitarbeitern in ihre unmittelbare Arbeitsumgebung, und fördern Sie die tägliche Auseinandersetzung mit der Kultur, z.B. durch Einbindung in die Kalenderfunktion.

- *Fünf bis sieben Grundwerte müssen ausreichen* – Mehr kann der Mensch kaum erfassen, begreifen und vor allem in den täglichen Entscheidungen zur Anwendung bringen.

- *Übersetzung in die Landessprachen* – Die Beschränkung auf Englisch führt immer noch zu vielen Missverständnissen und Unklarheiten bei der Interpretation und Umsetzung der Werte in der Praxis. Die Diskussion über Übersetzung und Interpretation der Grundwerte in den verschiedenen Tochtergesellschaften kann außerdem eine wichtige Dialogplattform für die Auseinandersetzung mit der eigenen Unternehmenskultur bieten.

- *Grundwerte operationalisieren* – Die oft abstrakten Grundwerte müssen mit Beispielen bzw. konkreten Handlungsbeschreibungen greifbar gemacht werden. „Integrität" ist erst dann fassbar, wenn klar erläutert wird, dass damit z.B. der Verzicht auf Austausch von Geschenken mit Kunden oder Lieferanten gemeint ist.

3.7.2.2 Checkliste: Local Dialogue

- *Lokale Perspektiven systematisch einbeziehen* – Binden Sie von Anfang an gezielt die Mitarbeiter in Tochtergesellschaften in die Entwicklung globaler Grundwerte ein, und zwar nicht nur die Mitglieder des immer noch oft stammhauszentrierten obersten Führungskreises. Nur so sichern Sie rechtzeitig die Akzeptanz und Verankerung der Grundwerte im Gesamtunternehmen ab.

- *Lokale Operationalisierungen* – Fördern Sie die konkrete Auseinandersetzung mit den Grundwerten in den Regionen durch gezielte, intensive Diskussionsforen und Workshops. Fordern Sie gegebenenfalls ihre verbindliche schriftliche Fixierung in lokalen Grundwertepräzisierungen und Codes of Conduct. Abweichende oder missverständliche Interpretationen können so frühzeitig erkannt und bei Bedarf im Dialog abgestimmt werden.

- *Konflikte kooperativ lösen* – Bei Abweichungen oder Widersprüchen zwischen globalen Grundwerten und lokalen Interpretationsmustern sowie traditionellen Geschäftspraktiken suchen Sie den Dialog zwischen Mutter- und Tochtergesellschaften.

3.7.2.3 Checkliste: Visible Action

✓ *Werte leben* – Die Konsistenz zwischen Worten und Taten muss gerade im Verhalten der Führungskräfte permanent sichtbar und auch explizit kommuniziert werden. Die Idee einer kulturellen globalen Unternehmenskultur verliert völlig an Glaubwürdigkeit, wenn etwa Mitglieder des obersten Führungskreises die gemeinsamen Grundwerte nicht ernst nehmen.

✓ *Grundwerte emotional vertreten* – Es reicht nicht, die globalen Grundwerte als eine weitere formale Regelung im Organisationsprozess umzusetzen. Gerade die Führungskräfte müssen in ihrer Rolle als kulturelle Vorbilder die Grundwerte auch persönlich affektiv annehmen und mit echtem Enthusiasmus vermitteln können, um glaubwürdig zu wirken. Gerade oberflächliche, unverbindliche Bekenntnisse von Vorgesetzten am Rande von Managementmeetings, Tagesordnungspunkt „Sonstiges", erzeugen Zynismus und Ablehnung auf Seiten der Mitarbeiter.

3.7.2.4 Checkliste: Communicator

✓ *Dialogplattformen institutionalisieren* – Schaffen Sie gezielt Raum für den Kulturdialog in den lokalen Tochtergesellschaften und auf regionaler und globaler Ebene. Dazu gehören sowohl explizite, formale Kommunikationsgelegenheiten wie kulturbezogene Workshops und Diskussionsrunden, aber auch die Unterstützung des informellen und interkulturellen Austauschs durch Gewähren von zeitlichen Fenstern, z.B. im Rahmen von Trainings oder internationalen Projektsitzungen. Die persönliche Kommunikation zwischen Mitarbeitern unterschiedlicher kultureller Herkunft wurde im Projekt durchweg als wichtigstes kulturintegrierendes Instrument herausgestellt.

✓ *Verständigungsfähigkeit herstellen* – Selbst heute fehlen vielen Mitarbeitern, auch im Management, die notwendigen Sprachkenntnisse, um tatsächlich am Kulturdialog teilnehmen, eigene Interpretationen zu Grundwerten in die Diskussion einbringen und interkulturelle Kommunikationsnetzwerke schaffen zu können. Häufig bestehen in einigen Regionen neben den Sprachproblemen außerdem kulturelle Barrieren in der Kommunikationspraktik, die die Teilnahme am offenen Dialog behindern. Hier müssen Führungskräfte, z.B. in Meetings, gezielt die Meinungen und Werteinterpretationen traditionell zurückhaltender Mitarbeiter einholen und damit langfristig ihre Dialogfähigkeit und -bereitschaft erhöhen.

✓ *Kommunikationsmittel konsequent internationalisieren* – Unternehmenseigene Intranetseiten sind selbst heute noch vielfach nur auf Deutsch vorhanden, auf Englisch wird allenfalls ein Ausschnitt präsentiert. Das führt oft dazu, dass ausländische Mitarbeiter die dort publizierten Informationen schlicht ignorieren.

✓ *Global taugliche Artefakte* – Symbole, Slogans, Logos und weitere Artefakte (Architektur, Raumgestaltung, Arbeitskleidung), die die kulturelle Integration des Unternehmens unterstützen sollen, müssen in international akzeptabler und positiv besetzter Weise gestaltet werden. Schlecht formulierte englische Slogans, die ein Wir-Gefühl fördern sollen, wirken schnell lächerlich und stellen damit den Erfolg der gesamten Initiative in Frage.

3.7.2.5 Checkliste: Cultural Ambassador

✓ *Rotationsprogramme verstetigen* – Aus Kostengründen haben viele Unternehmen in letzter Zeit ihre Expatriate-Programme zurückgefahren. Das kann die kulturelle Integration des Gesamtunternehmens verzögern oder gar verhindern. Die persönliche Begegnung mit Kollegen aus anderen Kulturkreisen gilt trotz E-Mail und Telefon als zentrales Instrument der Integration. Dabei muss die Entsendung aus der Zentrale zunehmend durch Rotation aus den Regionen bzw. zwischen den Regionen ergänzt werden.

✓ *Flexibilität zulassen* – Aufgrund unterschiedlicher Arbeits- und Lebensbedingungen in vielen Ländern sind Rotationsprogramme in ihrer Ausgestaltung flexibel zu halten, z.B. hinsichtlich Dauer, Gastland, Funktion und Karrierephase. Die Rotation jüngerer Mitarbeiter zu Beginn ihrer Karriere kann ihnen von Anfang an eine globale Perspektive geben, ihre interkulturelle Kompetenz entwickeln und einen Grundstein für ihr persönliches internationales Kommunikationsnetzwerk legen. Dadurch werden wichtige Voraussetzungen für die interkulturelle Verständigung und die kulturelle Integration des Gesamtunternehmens geschaffen.

✓ *Roundtrip garantieren* – In vielen Regionen scheitern Auslandsentsendungen schon daran, dass die Mitarbeiter aus Angst vor einer schlecht organisierten Repatriierung lieber auf interkulturelle Erfahrung verzichten. Die Garantie einer akzeptablen Rückkehroption würde auch den oft entsendungsunwilligen amerikanischen Managern internationale Erfahrung ermöglichen.

✓ *Einbindung vor Ort sicherstellen* – Trotz der vielbeschworenen Globalisierung fühlen sich Mitarbeiter vor, während und nach Auslandsaufenthalten immer noch vielfach allein gelassen. Systematische interkulturelle Mentoringprogramme im Heimat- und Gastland können die informelle kulturelle Integration unterstützen und wichtige interkulturelle Erfahrungen für das Gesamtunternehmen nutzbar machen.

3.7.2.6 Checkliste: Open Sky

- ✓ *Führungspositionen internationalisieren* – Auch den ausländischen Mitarbeitern in den Tochtergesellschaften müssen alle Karrierewege im Unternehmen offen stehen, bis hin zum symbolträchtigen Vorstand.

- ✓ *Globale Auswahlverfahren umsetzen* – Vielfach existieren in den Unternehmen bereits globale Prozesse für die Selektion weltweiter Führungskräfte und trotzdem werden meist, aus Sicht der ausländischen Mitarbeiter, immer nur Deutsche in die Führungsposition gebracht. Die mangelnde Transparenz weckt schnell den Verdacht, vom Mutterhaus oft proklamierte Grundwerte zu Internationalität, Interkulturalität und Diversität wären bloß Lippenbekenntnisse.

- ✓ *Imageprobleme im Ausland abbauen* – Die mangelnde Internationalität der Führungsriege wird häufig mit dem Hinweis auf die „Zweitklassigkeit" der Manager in den Tochtergesellschaften gerechtfertigt. Probleme bei der Rekrutierung erstklassiger Mitarbeiter im Ausland, zudem mit einer zum Unternehmen passenden Grundwertedisposition, werden immer noch selten systematisch (lokales Sponsoring, Anbindung an lokale Spitzenuniversitäten) bekämpft.

3.7.2.7 Checkliste: Compliance

- ✓ *Verbindlichkeit der Grundwerte* – Wenn das Unternehmen die globale Integration über gemeinsam entwickelte Grundwerte anstrebt, dann ist eine verbindliche Verpflichtung aller Mitarbeiter/Manager weltweit hilfreich, auch um den zentralen unternehmenspolitischen Stellenwert der Unternehmenskultur zu demonstrieren.

- ✓ *Kulturtauglichkeit prüfen* – In vielen Unternehmen sind die Selektions-, Bewertungs- und Anreizsysteme nicht konsequent auf die globalen Unternehmenswerte abgestimmt. Das kann zu Widersprüchen und damit auch zum Verlust der Glaubwürdigkeit der kulturellen Integrationsinitiative führen.

✓ *Kontrolle und Sanktionierung* – Die kulturelle Entwicklung muss durch kontinuierliche Monitoringprozesse (Mitarbeiterbefragungen, regelmäßige Kulturdiagnose, ständige Feedbackmöglichkeiten z.B. durch anonyme Hotlines) ständig beobachtet und abgesichert werden. Grobe Verletzungen der Wertordnung durch Einzelne müssen konsequent verfolgt und sichtbar sanktioniert werden, nur so kann die notwendige Glaubwürdigkeit der Kulturinitiative abgesichert werden.

3.8 Mergers & Acquisitions

The number of mergers and acquisitions is on the rise, not only in Europe but all around the world. Reasons for this development include the efforts of the companies to cut costs, save time for more improvements and innovations and improve the quality of the products respectively the services, or simply to become bigger in many ways. The following table gives a short insight in this kind of business.

Mergers & Acquisitions - an excerpt from 2008

- 17th of January, 2008: The Metro Group sold Extra to the REWE Group (Metro Group, press release, 17.01.2008)
- 6th of March, 2008: Roche Holding bought Genentech for $46.8 billion (Pollack, 2009)
- 28th of April, 2008: Mars took over Wrigley for $23 billion (Welt Online, 18.04.2008)
- June, 2008: Verizon Wireless purchased Alltel for $28.1 billion (Reardon, 2009)
- 15th of September, 2008: The Bank of America acquired Merrill Lynch for $50 billion (Merrill Lynch, press release, 15.09.2008)
- 18th of September, 2008: Lloyds TSB took over Halifax Bank of Scotland for $18.1 billion (Maisch, 2008)

The eastward expansion of the European Union as well as the new emerging markets in Asia have opened frontiers resulting in a quest for "fertile hunting grounds for takeover targets".

3.8.1 The Term Merger & Acquisition

To distinguish an acquisition from a merger, it is essential to understand that the term 'merger' is usually referred to as a fusion of two approximately equal-sized companies, while 'acquisition' describes the process of one larger corporation purchasing a smaller company which will then vanish (Pride/Hughes/Kappor, 2002, p. 146). The basis for a merger is that there are two or more economically and legally independent entities. A merger takes place when these entities give up their economic and legal independence and build a new entity. Three different shapes can occur: horizontal, vertical or conglomerate. A horizontal merger is a merger between firms that produce and sell similar products or services on similar markets. A vertical merger takes place between firms that operate at different but related levels in the production and marketing of a product. The third form takes place between firms in completely unrelated industries (Schmusch, 1998, p. 11).

> **M&A-Welle erfasst Deutschland**
> (Eckert/Zschäpitz)
>
> Montag ist an der Börse M&A-Tag. Gemeint sind die regelmäßig zu Wochenbeginn verkündeten Fusionen und Übernahmen, die an den Märkten meist hektische Betriebsamkeit entstehen lassen. Gestern folgte der neueste Streich: Continental will für rund 230 Mio. Euro den Autozulieferer Phoenix schlucken. „Die M&A-Aktivitäten in Deutschland laufen weiter auf Hochtouren", sagt Christoph Schlienkamp, Stratege beim Bankhaus Lampe.
>
> In: Die Welt, 30.03.2004, S. 17

An acquisition is "essentially the same as merger", but the term is usually used in reference to a large corporation's purchase of other corporations. It can be made through a direct purchase or a merger agreement that involves the exchange of assets. In many cases, an acquisition is carried out in agreement with both sides, but there are also hostile takeovers, which mean that the firm targeted for acquisition disapproves of the merger.

> **30 TIPS ON HOW TO LEARN ACROSS CULTURES (13)**
> (Andre Laurent)
>
> 13. Every individual is unique. Every culture is unique. Understanding individual differences and understanding cultural differences are equally important. It is not one or the other, it is both.
>
> In: SIETAR (Hrsg.), Keynote-Speech, Kongress 2000, Ludwigshafen

3.8.2 The Process of Forming Mergers & Acquisitions

3.8.2.1 Pre-Merger Phase

Before the process of forming a new company is going to happen, a lot of issues have to be carefully considered. What are the benefits of such a project, what are the pros and cons, which risks have to be undertaken and which price has to be paid for such an undertaking are only a few questions that have to be addressed properly before a final decision can be made. In the pre-merger phase even the temporal frame for the integration and the development of synergies must be clearly marked out and it has to be discussed whether support from outside the company should or should not be asked for.

3.8.2.2 Post-Merger Integration

When the final decision has been made, the post-merger integration begins. Every integration process needs to be adapted to different situations. In order to understand the integration process properly it is useful to consider the four relevant phases. The following figure will give you an overview in connection with a general time frame.

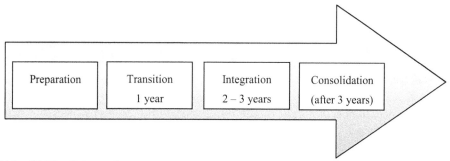

Abb. 42 The Integration process
Quelle: Gancel/Rodgers/Raynaud, 2002, p.125

3.8.2.3 Preparation Phase

In business, planning is one of the major objectives in everyday operations. For M&A, planning is the key to success in the preparation phase. Meetings will be

> **30 TIPS ON HOW TO LEARN ACROSS CULTURES (14-15)**
> (Andre Laurent)
>
> 14. Across cultures, attribution errors occur in both directions: genuinely individual characteristics are wrongly labelled as cultural, and conversely cultural patterns are wrongly attributed to an individual's personality.
>
> 15. To avoid wrong attributions, a paradoxical strategy is needed. When dealing with people from other cultures, as a starting point, make every effort to forget everything about culture and cultural differences. Try to meet the individual and its uniqueness first. Avoid categorizing. Concentrate on the individual. The cultural dimension will come next and soon anyhow.
>
> In: SIETAR (Hrsg.), Keynote-Speech, Kongress 2000, Ludwigshafen

held, the top management is involved, interviews and surveys are carried out. As far as the pre-deal planning is concerned, a practical example will demonstrate which activities are necessary and which departments are involved.

3.8.2.4 Transition Phase

During this phase the partners begin to work together. Plans are put into actions and integration teams are formed in order to develop detailed plans for the merging process. It is the time when troubles begin. The cultural dimension comes into play; cultural differences will now start to become obvious. Each party is convinced that their behavior is the right one. Gancel/Rodgers/Raynaud (2002, p. 127) wrote in this context: *"The initial euphoria is replaced by a culture shock: a collision of values and beliefs that baffles and frustrates the individuals concerned."* The quality of communication and information will be negatively influenced. It is up to the integration team to work out a new and more detailed plan in order to safeguard the project. Mergers and acquisitions are now confronted with cultural discrepancies. This is a dangerous situation where the project can fail.

3.8.2.5 Integration Phase

At this stage detailed strategies and plans are implemented as people start working together more comfortably and first synergies become apparent. Due to people's natural suspicion and reluctance towards change, building true commitments to the new way of doing things takes more time. The old cultural profiles of the partners begin to play a less critical role, as people begin to agree on common values and build up a history that they will share. This is not at least a result of some employees leaving the company because they could not or did not want to adapt to changes, while new employees joined the team. Nevertheless, it is of great importance to be aware that, at any time, operational integration is usually further developed than cultural integration. Technical aspects may follow a set up plan, and quickly start to work in functional ways. However, people's attitude towards change is most likely to widen the time span of cultural integration (Gancel/Rodgers/Raynaud, 2002, p. 129).

3.8.2.6 Consolidation Phase

During this phase stability comes into the new organization. The overall goal is reached when all tools have been appropriately used and all plans have been successfully implemented. All operations involved in running the new organization will eventually be backed up with strength and stability. As a result the first synergies become obvious. Stakeholders begin to see clear evidence of these synergies. Finally, the new corporate culture becomes deeper and deeper enrooted in the increasingly solid ground of the company (Gancel/Rodgers/Raynaud, 2002, p. 131).

3.8.3 An evaluation of Mergers & Acquisitions

How good are companies at mergers and acquisitions? A survey conducted by KPMG (The initials stand for the founding fathers Klynveld, Peat, Marwick and Goerdele) shocked the business world in 1999. The findings say that only 17 percent of the examined mergers had led to an increase in the equity value of the companies after one year. Some 30 percent of the mergers created no value and 53 percent actually destroyed value (Kelly, 1999, p. 2-5).

According to Jahns (2003, p. 20) 60-70 % of all merger and acquisition transactions fail and do not achieve their long term growth objectives due to profitability losses of over 10 % during the merger process. Two years after a transaction the following developments were reported: 57 % of all "new" organisations suffered from enormous losses in their profitability, 14 % lingered with their original standard and only 29 % achieved an increment in their profitability.

Dr. Klaus Dielmann (2000, p. 478), manager at the Corus company in Germany, has pointed to the fact that "one major reason for the failure of many mergers and acquisitions is the insufficient consideration of the human factor". In 1999 413 high ranked managers were surveyed and the findings show that the lack of internal communication (70 %) and the handling of cultural differences (46 %) has caused these problems (see figure 43).

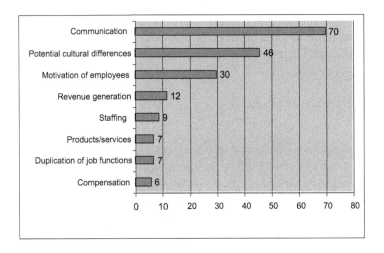

Abb. 43 Problems during the merger process
Quelle: Böning/Fritschle, 2001, p. 151

Another study showed that 85% of the managers declared cultural differences in the leadership styles as main reasons for the failure (Bertels/ de Vries, 2004, S. 2). For Dielmann (2000, p. 478) the conclusion out of this scenario is quite clear:

> *"The most important thing is that the new organization has to give highest priority to the creation of a new corporate culture. The heads of the organization and the board of management do not only need to control the process of integration and lead the new organisation into a new continuity, but they also unconditionally have to live the new culture themselves."*

However, why is culture the leading factor for failures? One reason is a lack of awareness; blissful ignorance may be the answer. Managers are simply unaware that the cultural dimension exists at all. Another possible answer is that, although they may be aware of it, leaders just do not understand culture well enough and therefore cannot assess the impact it could have.

3.8.4 Influence of Culture on M&A – Selected Results of Two Studies

In 2011 a study concerning the influence of culture on M&A transactions was conducted by Carolin Boden, Elisabeth Guth, Nelly Heinze and Sarah Lang, students of Baltic Management Studies at the University of Applied Sciences Stralsund. The questionnaire was filled in by 22 consulting companies and M&A-experts from 14 different countries, which are specialized on various aspects of international M&A. The list of participating companies and experts include Aperian Global, Beechcroft Associates, Knowledgeworkxx, Lamson Consulting and Technomic Asia. Some results of the study can be found here.

1) Do cultural differences often prove to be an obstacle?

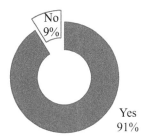

2) What is the most common reason for the failure of M&A?

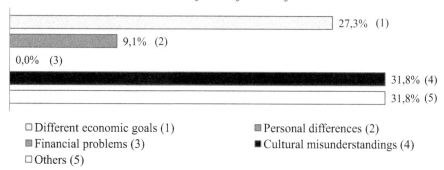

3) How would you rate the influence of cultural misunderstandings on the failure of M&A?

Average score: 4,67   □1 (unimportant)   □2   ■3   □4   ■5   ■6 (very important)

Quelle: Boden/Guth/Heinze/Lang, 2011, pp. 75

Another study on culture and M&A was conducted by Amène El Mansouri, Laura Prestel, Nejma Samouh and Yang Wang, students of "Management Interculturel et Affaires Internationales" at the Université de Haute-Alsace, Mulhouse-Colmar. In this case, a questionnaire was sent to companies which had already conducted an merger or an acquisition. The following companies participated in the study: Abbey National-Banco Santander, Arcelor-Mittal, Gecina-Metrovecesa, Orange-France Télécom, Rhodia Chalampé-Slovay, Saint-Gobain/BPB and Wind-Weather Investment.

1) What cultural obstacles did you face during the M&A process?

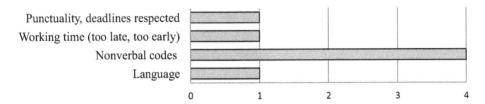

2) Did you get any intercultural training during the M&A process?

3) Do you think that intercultural management is important for an M&A company?

4) What are the most common reasons for a failure of M&A?

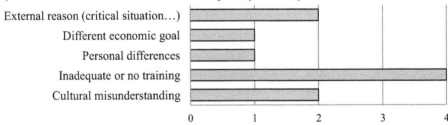

Quelle: El Mansouri/Prestel/Samouh/Wang, 2011, pp. 51

Both studies show that cultural aspects can have a significant influence on M&A transactions. However, the majority of participating companies did not offer any intercultural training. The lack of this kind of training was also among the most listed reasons for the failure of M&A. As far as the opinions of the consultants and experts are concerned, the result is quite more impressive: Cultural misunderstandings are on the top of the scale.

3.8.5 A practical example: a pre-deal planning by KPMG

Successful acquirers take the long term view and recognize that the cost of their investment in pre-dealing planning is minimal compared to the potential impact of failing to generate the desired level of return from the transaction. KPMG has developed a guide to pre-deal planning (Kelly, 2003, p. 5-8):

a) Be clear about strategic intent

An M&A is a tool to meet strategic objectives, not an end in itself. Even if the integration process runs smoothly, a flawed strategy will inevitably lead to serious problems. Be sure that the strategic rationale is translated into a shared vision (ideally with measurable targets) and communicated to all stakeholders. Management also needs to determine what is valued in the target.

b) Assess the top management team

Identify and involve the team who will be responsible for managing the new business. It will be important to:

- consider the role of the target company top team in the future plans of the business;
- consider whether between the two businesses there exists a management team capable of running the new, enlarged business. Often the management team needs external strengthening;
- determine how key executives need to be secured or incentivised;
- define succession and contingency plans as the departure of top team personnel from the target is common;
- define and communicate a process for selecting the management team;
- define any redundancy matters relating to the top team swiftly but be aware that the investigation process by its nature asks many questions and often results in a breakdown of trust, so it is ill-advised to make snap judgements about management during the pre-planning phase.

c) Determine approach to integration

Two key questions must be addressed during the planning period:

- To what extent should we integrate these businesses?
- What style should we use to carry out the integration?

The motivation behind much of the current M&A activity is based on the opportunity to achieve synergies from bringing businesses together. Typically, organizations underestimate the extent of integration they should be undertaking early on. However, failing to integrate the target sufficiently is responsible for much of the disappointment around the extent of benefits derived from a transaction. By the time they realize this is the case, the 100 day period is over or inappropriate messages may have been communicated to stakeholders.

In terms of style of integration, it is clearly valuable to learn lessons from past experience; however, a successful approach adopted in one case may not work as well when applied to another. At one extreme is a directive approach, based on a "just do it" mentality entailing minimal involvement from the workforce. This may be appropriate in low tech industries. At the other extreme, facilitative approach puts emphasis on managers to find solutions. It assumes a highly skilled workforce working to a high level agenda and assures implementation through involvement and "buy-in". This can be appropriated in high growth markets. The decision on which approach to adopt may vary for different parts of the business (e.g. divisions, countries, functions) and is based on:

- quality of people;
- availability of resource;
- degree of risk;
- distance from customers;
- complexity of issues;
- access to best practice.

The approach requires careful consideration and evaluation during the pre-deal period to ensure the integration programme is tailored appropriately to the particular circumstances of your deal.

d) Involve the "right team"

Given the range of internal management and external adviser involvement, it is vital to appoint an Integration Director responsible for the transaction process as a whole. One of the teams within the programme will be that of the integration planners. It is important for that team to:

- include a mix of M&A experience and operational management capability. The role of the operational team is key. Initially the acquiring team, but later the operational staff of both businesses, can impact on the ability to deliver value.

Their knowledge of the business can:

- have an impact on the value/price;
- help you to plan for the 100 days; ensuring integration programmes are achievable;
- ensure buy-in to the integration plan;
- have continuity through the deal completion into the initial post-completion phase so that immediate benefits can be realized;
- be full time to enable them to give the implementation process their undivided attention.

e) Create the integration programme based on where benefits will be derived

Traditionally many of the original synergies will not materialize during integration due to:

- failure to test synergy assumptions,
- failure to recognize the role of the operational team.

It is therefore important to build a plan to identify benefits beyond those originally envisaged. Often these benefits are limited by prudence or city code rules. However, experience shows that 20% of integration activities will deliver 80% of the benefits, so it is advisable to focus on the projects which will create the biggest impact. Once benefit pools have been identified, it is important to build a plan to deliver them and to establish momentum in the first 100 days. At the planning stage, it is necessary to:

- ensure the process is underpinned and consistent with a common business vision/strategy;
- develop first action plans setting out what should be done to take control of the business;
- identify workstreams for the key benefit areas and identify work teams to deliver them;
- allocate tasks, timings, responsibilities, milestones and deliverables for the projects that have been identified;

- revisit plans on an on-going basis as information becomes available;
- plan to handle the overlap and interfaces between workstreams to avoid losing value.

f) Address cultural issues

Assess cultural differences between the acquirer and the target. Too often these differences are underestimated and yet they can undermine the 100 day programme as well as the longer term implementation. Ability to identify cultural issues will depend on the extent of access to the target pre-deal, but should cover:

- leadership style, management profile, organisation structure;
- working practices and terms & conditions;
- perceptions from the marketplace.

g) Develop a communications plan

Communication is a critical factor in the successful handling of M&As. Companies who are caught unprepared on deal completion find it difficult to reassure employees and other stakeholders. It is therefore important to produce a communications plan early on, before completion:

- the messages for the different stakeholder groups and the timing of their release;
- the process of cascading information through the organization is important, e.g. decisions on the mix of one to one, group meetings and written communication and the content of each will need to be addressed;
- the Day One communication programme is probably most critical of all; you only get one chance to make a first impression;
- how the press will be managed, the content of release and information packages and the points of contact;
- any immediate matters that will affect day to day business, such as the name to be used by the new organisation and how switchboard staff will answer the telephone.

3.8.6 Case Study: Eine gelungene Fusion: Deutsche Bank und Bankers Trust

Eine erfolgreiche und letztendlich profitable Firmenhochzeit basiert nicht nur auf einem harmonischen Zusammenspiel der beiden Partner. Neben den Hard Facts spielen vor allen Dingen kulturelle Aspekte eine tragende Rolle. Bei einer Integration von Bankers Trust initiierte die Deutsche Bank einen Kulturmanagementprozess, dessen Schwerpunkt in der Erfassung der jeweiligen Unternehmenskultur liegt.

Es besteht weitgehend Einigkeit, dass die hohe Zahl der gescheiterten Unternehmensfusionen darauf zurückzuführen ist, dass kulturelle Aspekte und People-Issues zu wenig beachtet werden – nicht etwa operative oder finanzielle Faktoren. Die Vernachlässigung gerade dieser Gegebenheiten ist umso weniger zu verstehen, als die Gründe für eine Fusion oder Akquisition sich immer stärker in Richtung der intangiblen Assets verschieben, wie Unternehmenskultur, Mitarbeiter-Commitment, Leadership oder Humankapital im Allgemeinen.

Dieser Trend hat sich entwickelt, weil viele der Meinung sind, dass nur so eine positive, nachhaltige Wettbewerbsdifferenzierung zu erreichen sei. Auch wenn sich die Erkenntnis immer mehr durchsetzt, dass Soft Facts, die zweifelsfrei schwer messbar sind, in M&A Situationen stärker berücksichtigt werden müssten, hat dies jedoch noch nicht durchgängig zu einer angemessenen – frühzeitigen und umfassenden – Einbindung der Personalfunktion geführt.

In dieser Fallstudie werden die Erfahrungen des Personalbereichs der Deutschen Bank bei der Integration von Bankers Trust wiedergegeben. Der Fokus liegt dabei auf der Unternehmenskultur und Unternehmensidentität – eben deswegen, weil auch im Nachhinein deren zentrale Berücksichtigung als wesentlicher Erfolgsfaktor für die synergetische Zusammenführung zweier großer Organisationen erkannt worden ist. Wenn nur einige der vorgenannten Dinge falsch laufen, können daraus Verunsicherung, Ängste, mangelnde Motivation, sinkende Produktivität oder anders ausgedrückt personalwirtschaftliche Folgekosten in Größenordnungen resultieren, die die erhofften Synergien in Frage stellen.

Integration als Schlüssel zum Erfolg

Nicht nur aus vielen Studien, sondern auch aus leidvollen eigenen Erfahrungen bei früheren Akquisitionen war klar, dass innerhalb der oben genannten Erfolgsfaktoren das Zusammenführen der beiden Kulturen besonders schwierig sein würde. Die Herausforderung an die Personalarbeit war somit definiert:

schnelle, nachhaltige Integration – ohne Kulturkollision. Was macht die Bedeutung der Unternehmenskultur aus? Sie bietet die Sinnklammer, sie integriert unterschiedliche Ziele von Mitarbeitern und Organisationseinheiten zu einem gemeinsamen Oberziel, zu einer gemeinsamen Denkweise. Sie ist das soziale Bindemittel für globale, diversifizierte Unternehmen und Geschäftsfelder.

In einer sehr frühen Phase wurden grundlegende Überlegungen zum Business-Integrationsmodell angestellt. Das Bestreben war, aus Deutscher Bank und Bankers Trust die Transformation zu einem neuen Unternehmen zu schaffen. Dieses ehrgeizige Ziel schien ein attraktiver Anreiz für Mitarbeiter beider Unternehmen, gemeinsam an einem Strang zu ziehen, Ballast der Vergangenheit abzuwerfen und ein neues Gebilde, die neue Deutsche Bank zu gestalten.

Bei aller Geschwindigkeit, mit der in vielen Bereichen voran geschritten wurde, hat man im Fall der Gestaltung oder Weiterentwicklung der Unternehmenskultur Behutsamkeit walten lassen. Den Verantwortlichen war daran gelegen, nach dieser durch die Akquisition bedingten strategischen Neuausrichtung den Dingen Zeit zu lassen, um sich zu finden. Die gemeinsame Identität zu entwickeln, war wichtig, nicht so sehr eine einheitliche Optik. Nur wenn eine ausreichend reife unternehmenskulturelle Grundlage gegeben ist, können visuelle Metapher – wie etwa ein Firmenlogo und Branding – greifen.

Allen Beteiligten war auch bewusst, dass die Konfrontation einer Unternehmenskultur mit einer anderen inhärente Beharrungskräfte verstärken kann. Ein Wir-Gefühl, das vorher vielleicht – insbesondere in schwach ausgebildeten Kulturen – gefehlt hat, bildet sich manchmal unter drohendem Fremdeinfluss. Die Human-Ressource-Manager wussten auch um die leidgeprüften Manager in früheren Fusionen, die sich mit ungeahnten Energien konfrontiert sahen: allerdings Energien, die ausschließlich darauf kanalisiert waren, nach der Fusion die eigene Kultur zu bewahren. Das Oberziel war demnach, eine „Wir-die" oder gar eine „Gewinner-Verlierer-Mentalität" zu verhindern. Man wollte die Bereitschaft zur Zusammenarbeit fördern, wissend, dass sonst jeder Unternehmenszusammenschluss zum Scheitern verurteilt ist.

Vielfältige Personalaufgaben im Integrationsprozess

Wichtig ist die Unterstützung des Linienmanagements im Integrationsprozess. Das bedeutet das Klären der Geschäftsziele der Akquisition und eine sinnvolle Unterstützung durch das Personal. Auch sollten der Integrations- und Zeitplan festgelegt und Personalstrategie und -politik angepasst werden. Das Cultural-Assessment ist als Grundlage für die Definition einer Soll-Kultur zu verstehen, auf die die neue Deutsche Bank hinarbeiten sollte. Zu den Aufgaben des Personalmanagements gehört das Gestalten einer Corporate-Identity für die neue

Deutsche Bank sowie das Adressieren unmittelbar zu klärender Personalfragen, wie z.B. die Bindung von Schlüsselpersonen an die Deutsche Bank und die allgemeine Unterstützung der Kommunikation.

Weitere Punkte, in denen das Engagement der Personalabteilung gefordert ist, sind die Integration der beiden Personalorganisationen und die Neuverteilung von Verantwortlichkeiten; woraus sich wiederum die Integration und Weiterentwicklung von Personal- und Führungsinstrumenten für die neue Organisation ergeben. Lange vor Vertragsabschluss war zu prüfen, wie Einstellungs- und Beförderungspraktiken oder Kompetenzprofile und Vergütungssysteme der beiden Unternehmen zueinander passen oder zu harmonisieren sind. Übergeordnet und unerlässlich ist die Prüfung, ob die beiden Wertesysteme ausreichend übereinstimmen. Einsichten in die gelebten Unternehmenskulturen zu gewinnen, war Gegenstand des Cultural-Assessment, als der erste Schritt des umfassenden Kulturmanagement-Prozesses.

Der Kulturmanagement-Prozess

Allein die Initiierung des Projektes hatte Signalwirkung: Die Nachricht, ein Cultural-Assessment durchzuführen, weckte nicht nur Interesse, sondern auch Erwartungen. Erwartungen hinsichtlich der Kommunikation der Ergebnisse des Kulturaudits, denen später in vielen Feedback-Workshops Rechnung getragen worden ist. Durch das Kulturaudit ist die Voraussetzung für Verständigung – das primäre Ziel – geschaffen, denn nur auf der Grundlage geteilter Meinungen und Ansichten entsteht Identifikation mit dem veränderten Umfeld.

Anders als in einer lupenreinen Due-Diligence, die typischerweise geheim abläuft und deswegen auch nur eine kurze Dauer haben kann, hatten die Personalmanager der Deutschen Bank ausreichend Zeit, lange vor dem eigentlichen Closing ein gründliches Kulturaudit mit der Einbeziehung beträchtlicher Teile beider Banken durchzuführen. Dies war ein sehr glücklicher Umstand. Statt mit Gerüchten und Vermutungen umzugehen, entstanden verlässliche Daten. Gleichzeitig wurde Verunsicherung, Ängsten oder mangelnde Motivation vorgebeugt.

Im Bewusstsein, dass auch bei dem Deal Bankers Trust und Deutsche Bank die Anpassung der beiden Kulturen der kritische Erfolgsfaktor sein würde, verfolgte das Kulturaudit im Wesentlichen fünf Ziele:

1. Definieren und Beschreiben der Ähnlichkeiten und Unterschiede in den Kulturen von Deutscher Bank und Bankers Trust.
2. „Temperaturmessung" über die Wahrnehmung und Integration zum Zeitpunkt der Erhebung.

3. Schaffung einer Basis für die Entwicklung eines Integrationsprogramms für die Geschäftsbereiche.
4. Das Feedback der Kulturaudit-Ergebnisse sollte die Mitarbeiter für die neue Deutsche Bank engagieren.
5. Eventuell weitere Schlüsselthemen identifizieren.

Um diese Ziele zu erreichen, fiel die Entscheidung bei der Datensammlung auf einen Mix aus quantitativen und qualitativen Erhebungsmethoden: Interviews mit Topmanagern beider Unternehmen, Fokusgruppen aus jeweils etwa zwölf Mitarbeitern, getrennt nach Unternehmen und schließlich ein standardisierter schriftlicher Fragebogen OCI (Organizational-Culture-Inventory), der von den Fokusteilnehmern ausgefüllt wird.

Interviews

Mit etwa 70 Topmanagern (Vorstand, Bereichsvorstände und Topschlüsselkräfte) beider Unternehmen wurden etwa zweistündige Interviews durchgeführt. Hierfür wurden neutrale, externe Seniorberater ausgewählt, die nicht nur durch ihr fachliches Know-how, sondern ebenso durch ihre Persönlichkeit überzeugt haben. Themen waren Strategie, Business-Performance, Leadership, Erwartungen an die Zukunft und welchen eigenen Beitrag man zur Gestaltung der neuen Organisation leisten könnte.

Fokusgruppen

Für eine erfolgreiche Durchführung sind eine Reihe von Faktoren zu beachten: Die Aussagen bleiben anonym und werden vertraulich behandelt. Unternehmensberater von Towers-Perin haben die Fokusgruppen moderiert, was offensichtlich die Bereitschaft gestärkt hat, auch kritische Dinge unbefangen zu äußern. Kernaussagen werden auf einem Flipchart festgehalten, so dass die Teilnehmer die Richtigkeit überprüfen können. Die Durchführung erfolgt nach Unternehmen getrennt und in der jeweiligen lokalen Sprache. Zum Erhalt eines vollständigen Bildes ist es besonders wichtig, ausreichend Mitarbeiter aller Unternehmensbereiche, Regionen und Hierarchieebenen einzubeziehen. Die wesentlichen Themen der Fokusgruppen behandelten das Feststellen der Stärken und Schwächen der eigenen Firma, der Stärken und Schwächen der anderen Bank sowie Hoffnungen und Ängste im Zusammenhang mit der Integration. Auch die Behandlung der Frage „Was heißt es, für die Deutsche Bank beziehungsweise Bankers Trust zu arbeiten?" gab Aufschluss über die jeweilige Unternehmenskultur.

Organizational-Culture-Inventory

Während Interviews und Fokusgruppen qualitative Erhebungen waren, diente das OCI der quantitativen Seite. Es handelt sich hierbei um einen standardisierten, schriftlichen Fragebogen mit 96 Fragen, der am Ende des Meetings von den Focus-Group-Teilnehmern ausgefüllt wurde. Die Auswertung zeigte, dass sowohl kulturelle Unterschiede als auch Ähnlichkeiten sowohl zwischen Deutscher Bank und Bankers Trust als auch innerhalb beider Organisationen festzustellen waren. Dabei wurde deutlich: Die Mitarbeiter beider Banken wussten wenig über die jeweils andere Mitarbeitergruppe. Umso wichtiger ist eine hohe Integrationsgeschwindigkeit: Die Mitarbeiter müssen im ersten halben Jahr von der neuen Deutschen Bank überzeugt und begeistert sein – Retentionsprogramme alleine reichen nicht aus. Viele Mitarbeiter hatten zum anderen noch nicht die Beweggründe für die Firmenhochzeit verstanden.

Signifikante unterschiedliche (Sub)Kulturen existierten sowohl zwischen als auch innerhalb von Bankers Trust und Deutsche Bank. Zudem fühlten sich Deutsche Bank-Mitarbeiter in einigen Regionen – wie etwa in Süd- oder Osteuropa – durch die Akquisition wenig oder gar nicht betroffen. Hoffnungen wurden dahingehend geäußert, dass durch das Zusammengehen die Möglichkeit gesehen wird, die Nummer Eins in der Welt zu werden, um wirklich global agieren zu können. Cross-Selling-Chancen zu realisieren und vorher ungeahnte Entwicklungsmöglichkeiten für die Mitarbeiter zu schaffen, gehörten zu den weiteren Erwartungen, die von den Befragten im Zusammenhang mit dieser Fusion ausgesprochen wurden. Eine Firmenhochzeit zu realisieren, in der das Beste beider Organisationen kombiniert wird, sprich weder Deutsche Bank noch Bankers Trust bleiben, sondern etwas Neues, Besseres zu schaffen, gehört ebenfalls zum Feedback der Mitarbeiter. Besonderes Interesse fanden darüber hinaus die Fragen der Mitarbeiter zu Themen wie Arbeitsplatzsicherheit, Fortbestand von Zusatzleistungen sowie eventuelle Abfindungspakete.

Entwicklung der Corporate-Identity

Dieser Feedback-Prozess war gleichzeitig der Beginn für die Gestaltung einer neuen gemeinsamen Corporate-Identity. In unterschiedlichen Workshops und Diskussionsrunden wurden die Ergebnisse diskutiert.

Die „neuen" Werte

Es wurde ebenso diskutiert, worauf einige Ergebnisse zurückzuführen waren. Ein sehr großer Teil war engagiert an der Entwicklung des „Mission Statements" für die neue Deutsche Bank beteiligt sowie an der Formulierung eines verbindenden Wertekanons.

Die Leitlinien für die Formulierung der Identität waren: Klarheit, Einfachheit, Konzentrationskraft, Sinnhaftigkeit, Glaubhaftigkeit, Emotionalisierung und Best-Practice-Employer. Gemeinsame Werte geben in Zeiten permanenter Veränderung und struktureller Brüche Orientierung über Bereichs- und Landesgrenzen hinweg. Sie haben geholfen, eine Kultur zu prägen, die die beiden früheren Banken in einer neuen Organisation vereint. Sie fördern die Identifikation mit dem neuen Gebilde und die Leistungsbereitschaft der Mitarbeiter. Es gehört heute zu den seltenen Ausnahmen, dass sich jemand darauf bezieht, dass dieser oder jener von ehemals Bankers Trust oder der alten Deutschen Bank stamme.

Vision und Realität einander angleichen

Die Personalarbeit insgesamt – also über die Tätigkeit des Projektteams hinaus – muss ständig die unternehmenskulturelle Abfederung, das Zusammenwirken und Ineinandergreifen der verschiedenen Personal- und Führungsinstrumente, die Innenwirkung aller Maßnahmen einbeziehen, andernfalls wird es keine Annäherung zwischen Vision und Realität geben. Nur ein umfassendes Verständnis des Konstrukts Unternehmenskultur bietet die Chance, der sozialen Dimension des Unternehmens den Stellenwert einzuräumen, den sie verdient, nämlich gleichberechtigt neben den finanzwirtschaftlichen Konzepten und Kriterien. Jetzt nach mehr als zwei Jahren kann zweifelsfrei von einer gelungenen Firmenhochzeit gesprochen werden. Wenn die ersten Stimmen noch skeptisch waren, so belegen die Ergebnisse von heute, dass sich die Deutsche Bank zu einer ernst zu nehmenden Größe im Global Banking entwickelt hat. Dazu hat sicherlich beigetragen, dass eine vollständige Integration gelungen ist: nicht nur die von Prozessen und Systemen, sondern auch die von Kulturen und Menschen!

Heinz Fischer, Bereichsvorstand Personal, Deutsche Bank AG/Dr. Silvia Steffens-Duch, Leiterin HR Marketing, Deutsche Bank AG, in: Personalwirtschaft Nr. 9/2001

Fragen zur Diskussion:

1. Auf welche „Intangible Assets" hat man bei der Fusion zwischen der Deutschen Bank und Bankers Trust großen Wert gelegt und warum?

2. Welche Fehlerquellen können während einer Fusion auftreten?

3. Welche Rolle spielen externe Berater bei einem Fusionsvorhaben und worin liegen die Gründe für ihre Berufung?

4. Sie haben sich für ein Interview mit dem Topmanagement vorzubereiten. Welche Fragen würden Sie vorlegen?

5. Worin sehen Sie – zunächst allgemein und dann auf den Fall bezogen - die Chancen aber auch die Risiken, die für Mitarbeiter mit einer Fusion verbunden sind?

6. Wenn Sie das gesamte Aufgabenspektrum betrachten, von welcher Zeitschiene glauben Sie ist bei einer guten interkulturellen Vorbereitung für eine Fusion auszugehen. Legen Sie ein zeitliches Grobkonzept mit Angabe der wichtigsten Aktivitäten vor!

7. Ein neues Unternehmen verlangt eine neue Corporate Identity. Welche Gründe lassen sich hier anführen und was ist in diesem Zusammenhang mit dem Begriff „Mission Statement" gemeint?

8. Was sind für Sie die ausschlagenden Argumente, die zu einer erfolgreichen Fusion zwischen der Deutschen Bank und Bankers Trust zur neuen Deutschen Bank AG geführt haben?

3.9 Literaturverzeichnis

Bertels, U./ de Vries, S., Kulturenwechsel – ein ethnologischer Ansatz zur Vermittlung von Interkultureller Kompetenz, in: http://bpb.de/veranstaltungen/PGT7TG,0,0.

Blazejewski, S./ Dorow, W., Sieben Ansatzpunkte zur kulturellen Integration, in: Bertelsmann Stiftung (Hrsg.), Unternehmenskultur in globaler Interaktion, Ein Leitfaden für die Praxis, Gütersloh 2005.

Bleicher, K., Unternehmenskultur und strategische Unternehmensführung, in: Hahn, D., Taylor, B. (Hrsg.), Strategische Unternehmensplanung - strategische Unternehmensführung, 6. Aufl., 1992.

Böning, U./ Fritschle, B., Herausforderung Fusion – die Integration entscheidet, Frankfurt/M 2001.

Bromann, P./ Piwinger, M., Gestaltung der Unternehmenskultur, Stuttgart 1992.

Business Spotlight (Hrsg.), Intercultural Communication, Interview mit Robert Gibson, Nr. 1/2004.

Dielmann, K., Fusionen aus personalwirtschaftlicher Sicht, in: Personal Nr. 9/2000.

Dill, P./ Hügler, G., Unternehmenskultur und Führung betriebswirtschaftlicher Organisationen - Ansatzpunkte für ein kulturbewusstes Management, in: Heinen, E., Fank, M. (Hrsg.), Unternehmenskultur, 2. Aufl., 1997.

Eckert, D./ Zschäpitz, H., M&A-Welle erfasst Deutschland, in: Die Welt, 30.03.2004.

El Mansouri, A./Prestel, L./Samouh, N./Wang, Y., Results of a study on Intercultural Mangement in the Framework of Mergers and Acquisitions, Mulhouse, 2011 (unveröffentlicht).

Fank, M., Ansatzpunkte für eine Abgrenzung des Begriffs Unternehmenskultur anhand der Betrachtung verschiedener Kulturebenen und Konzepte der Organisationstheorie, in: Heinen, E./ Fank, M. (Hrsg.), Unternehmenskultur, 2. Aufl., 1997.

Fischer, H./ Steffens-Duch, S., Wegbereiter einer gelungenen Fusion, in: Personalwirtschaft Nr. 9/2001.

Gancel, C./ Rodgers, I./ Raynaud, M., Successful Mergers, Acquisitions and Strategic Alliances: How to bridge corporate cultures, New York 2002.

Gasser, T.P., Nutzung interner Stärken im Wettbewerb, in: Management Zeitschrift in, 61 Jg., Heft 2, 1992.

Gillies, J. M., Lektionen in Demut, Business Manager, Lufthansa Exclusive, Nr. 11/2006.

Greipel, P., Strategie und Kultur - Grundlagen und mögliche Handlungsfelder kulturbewußten strategischen Managements, Bern 1988.

Gussmann, B./ Breit, C., Ansatzpunkte für eine Theorie der Unternehmenskultur, in: Heinen, E, Fank, M. (Hrsg.), Unternehmenskultur, 2. Aufl., München 1997.

Hunziker, R., Die Entwicklung eines integralen und globalen Human Resource Ansatzes in einem neu geschaffenen multikulturellen Konzern (Ascom AG), in: Scholz, J.M. (Hrsg.), Internationales Change-Management, Stuttgart 1995.

Jahns, C., Arbeitsbuch Mergers & Acquisitions, Verlag Wissenschaft und Praxis, 2003.

Jochmann, W., Unternehmenskultur und Internationalität, in: Scholz, J.M. (Hrsg.), Internationales Change-Management, Stuttgart 1995.

Kasper, H., Organisationskultur: über den Stand der Forschung, Wien 1987.

Kelly, J., Mergers & Acquisitions: Global Research Report, London 1999.

Kelly, J., Merger & Acquisition Integration – A KPMG Business Guide, London 2003.

Krystek, U., Unternehmenskultur und Akquisition, in: Zeitschrift für Betriebswirtschaft, Heft 5/1992.

Krystek, U./ Zur, E., Unternehmenskultur, Strategie und Akquisition, in: Krystek/Zur (Hrsg.), Internationalisierung. Eine Herausforderung für die Unternehmung, Heidelberg 1997.
Lippisch, S./ Spilker, M., Globalisierung, in: Bertelsmann Stiftung (Hrsg.), Unternehmenskultur in globaler Interaktion, Ein Leitfaden für die Praxis, Gütersloh 2005.
Maisch, M., Lloyds TSB übernimmt HBOS, in: http://www.handelsblatt.com/unternehmen/banken-versicherungen/lloyds-tsb-uebernimmt-hbos;2041788, 18.09.2008.
Matthews, S., Trends in Managing Mobility, in: Personalwirtschaft, 07/2007.
Meffert, K., Implementierungsprobleme globaler Strategien, in: Welge, M.K.: Globales Management, Stuttgart 1990.
Merkens, H., Branchentypische und firmentypische Wertvorstellungen in Unternehmenskulturen, in: Dürr, W. (Hrsg.), Stuttgart 1989.
Merrill Lynch, Bank of America Buys Merrill Lynch, Creating Unique Financial Services Firm, in: Press Release, 15.09.2008, http://www.ml.com/index.asp?id=7695_7696_8149_88278_106886_108117&WT.ac=US_bankofamerica_ml_200809.
Metro Group, METRO Group verkauft Extra, in: Pressemitteilung, 17.01.2008, http://www.metrogroup.de/servlet/PB/menu/1150610_l1/index.htm.
Mirow, M., Entwicklung internationaler Führungsstrukturen, in: Macharzina/Oesterle (Hrsg.), Handbuch Internationales Management, Wiesbaden 1997.
Mobley, W.H./ Wang, L./ Fang, K., Organizational Culture. Measuring and developing it and your organization, in: Harvard Business Review, Nr. 3/2005.
Mohn, L., Internationalisierung, in: Bertelsmann Stiftung (Hrsg.), Unternehmenskultur in globaler Interaktion, Ein Leitfaden für die Praxis, Gütersloh 2005.
o.V., The Economist, „Love is in the air", February 5th – 11th, 2005.
Pausenberger, E., Unternehmensakquisitionen und strategische Allianzen, in : Fischer, G. (Hrsg.), Marketing, Loseblatt-Ausgabe, Nr. 6; Landsberg 1992.
Perlitz, M., Internationales Management, 2. Aufl., Stuttgart 1995.
Pollack, A., Roche Agrees to Buy Genentech for $46.8 Billion, in: http://www.nytimes.com/2009/03/13/business/worldbusiness/13drugs.html?em, 12.03.2009.
Posth, M., Die Mission von Shanghai Volkswagen, in: 1000 Tage in Shanghai, 2006.
Pride, W.M./ Hughes, R.J., Kapoor, J.R., Business, 7th ed., Boston 2002.
Reardon, M., Verizon completes Alltel purchase, in: http://news.cnet.com/verizon-completes-alltel-purchase/, 09.01.2009.
Reineke, R.-D., Akkulturation von Auslandsakquisitionen. Eine Untersuchung zur unternehmenskulturellen Anpassung, Wiesbaden 1989.
Sackmann, S., Toyota's guiding Principles, in: Bertelsmann Stiftung (Hrsg.), Toyota Motor Corporation: Eine Fallstudie aus unternehmenskultureller Perspektive, 2007.
Sautter, H., Japan im Aufbruch - Wandel der Zeit, in: Spiegel „special", Nr. 4/1998.
Schmusch, M., Unternehmensakquisitionen und Shareholder Value, Wiesbaden 1998.
Schneider, P., Sieg der Sterne, in: Die Zeit, 30.08.2001.
Scholz, J.M., Internationales und interkulturelles Change-Management - Deutungen und Bedeutungen einer Begriffswelt in Gesellschaft, Management und Unternehmerpraxis, in: Scholz, J.M. (Hrsg.), Internationales Change-Management, Stuttgart 1995.
Schrempp, J., DaimlerChrysler bleibt auch eine Mensch AG, in: Die Welt, 19.09.1998.
Schwarz, G., Unternehmenskultur als Element des Strategischen Managements, Berlin 1989.
Schwendter, R., Zur Theorie der Subkultur, in: Gessner/Hassemer (Hrsg.), Frankfurt 1985.
Simon, H., Unternehmenskultur - Modeerscheinung oder mehr?, in: Simon, H. (Hrsg.), Herausforderung Unternehmenskultur. USW Schriften für Führungskräfte, Bd. 17, Stuttgart 1990.
Sommer, T., Die asiatische Krankheit, in: Die Zeit, Nr. 28/1998.

Steger, U., Globalisierung der Wirtschaft. Konsequenzen für Arbeit, Technik und Umwelt, Berlin 1996.

Stickling, E., Kulturelle Unterschiede werden unterschätzt, in: Personalwirtschaft, 07/2007.

Töpfer, A., Der lange Weg zum Global Player, in: Uni - Special, Internationale Unternehmen, Nr. 3/1995.

Trompenaars, F., Riding the waves of culture - understanding cultural diversity in Business, New York 1993.

Welt Online, Mars und Warren Buffett übernehmen Wrigley, in: http://www.welt.de/wirtschaft/article1944557/Mars_und_Warren_Buffett_uebernehmen_Wrigley.html, 18.04.2008.

Wickel-Kirsch, S./ Schütz, M./ Berlich, I., Stolpersteine auf dem Weg zum Weltmarkt, in: Personalwirtschaft Nr. 10/2005.

Wiesenthal, H., Unsicherheit und Multiple-Self-Identität. Eine Spekulation über die Voraussetzungen strategischen Handelns, Köln 1990.

4 Wertewandel als Einfluss von Kultur und Technologie

4.0 Problemstellung

> **Wertemanagement**
> (Jürgen Dormann)
>
> Ein Unternehmen braucht klar dokumentierte Aussagen und Anweisungen zum Wertemanagement, an denen sich die Mitarbeiter und Führungskräfte orientieren und auf die sich Kunden, Geschäftspartner und Investoren verlassen können. Solche Richtlinien bleiben Makulatur, wenn die Werte im Unternehmen nicht gelebt werden. Sie werden gar zu Dokumenten des Missmanagements und der Frustration, wenn sie der Praxis im Unternehmen widersprechen. Wertemanagement beginnt damit, Prioritäten zu setzen. Was ist für das jeweilige Unternehmen und seine Geschäftsprozesse wichtig und angemessen? Wo sind Schwerpunkte zu definieren im Wertekanon? Zum Wertemanagement gehört eine ausgeprägte Sensorik für Veränderungen im Umfeld, denn das Unternehmen muss veränderte Wertsetzungen in der Gesellschaft wahrnehmen und darf sich nicht davon entfremden. Auch eine Internationalisierung des Geschäfts, Schritte in neue Märkte und Kulturen sollten stets von einer kritischen Revision der eigenen Wertvorstellungen begleitet sein. Dabei gilt Offenheit und Anpassungsfähigkeit gegenüber kultureller Vielfalt, zugleich braucht es aber klare Regeln zu problematischen Themen wie zum Beispiel Korruption. Insgesamt bleibt Wertemanagement eine kontinuierliche Managementaufgabe auf anspruchsvollem Niveau.
>
> In: Handbuch Wertemanagement, 2004, S. 7

Wichtige Informationsquelle: www.worldvaluessurvey.com

4.1 Persönliches Wertesystem und Wertewandel

Unterschiedliche Wertehaltungen in Bezug auf den Arbeitsplatz wurden bereits bei der Beschreibung von Hofstede's 5-D-Modell deutlich. Werte als Ausdruck grundlegender Verhaltensweisen, die Menschen veranlassen, Dinge als richtig oder falsch, gut oder schlecht oder als wichtig oder unwichtig einzuschätzen, unterliegen aber auch einem Wertewandel. Untersuchungen haben zwar herausgefunden, dass das persönliche Wertesystem relativ stabil bleibt und nicht kurzfristigen Schwankungen unterliegt (England, 1978, S. 39), doch ist unübersehbar, dass Veränderungen im Managerverhalten als Resultat der Einflüsse von Kultur und Technologie festzustellen sind (Luthans, 1997, S. 100). Dabei sind es nicht einzelne ökonomische und politische Faktoren, sondern ihr Zusammenwirken und ihre wechselseitige Beeinflussung, die den Veränderungsdruck hervorrufen (Steger, 1996, S. 4).

Werte liegen an der Schnittstelle zwischen der einzelnen Person und der Gesellschaft, insbesondere an der Schnittstelle zwischen dem Individuum und der Organisation, in der es Führungs- oder andere Aufgaben zu erfüllen hat. Sie haben Orientierungsfunktion für den Einzelnen, sie erlauben ihm, sich als Mitglied einer Gesellschaft (oder einer Organisation) zu fühlen – vorausgesetzt, er hat deren Werte zumindest teilweise übernommen und weitgehend verinnerlicht (Beermann/ Stengel, 1996, S. 10).

Neue Herausforderungen kommen hinzu. Die steigende Zahl an Familien, in denen beide Elternteile berufstätig sind, macht neue Work-Life-Balance-Konzepte notwendig. Die sich verschiebende Altersstruktur hat zur Folge, dass in Deutschland und in anderen europäischen Ländern immer mehr ältere Menschen leben, die immer länger arbeiten werden. Generationenkonflikte unter den Mitarbeitern sind zu erwarten. Die damit verbundene Wertediskussion befindet sich erst am Anfang, denn weltweite Veränderungen bleiben nicht ohne Auswirkungen auf das eigene Werte- und Normengefüge.

Werte
(Reinhard Mohn)

Das Bedürfnis nach Werten ist den Menschen aller Kulturen angeboren, nur der Inhalt dieser Werte kann je nach kultureller und historischer Zugehörigkeit variieren.

In: Bertelsmann Stiftung (Hrsg.), Change, 3/2008, S. 3

4.2 Weltweite Veränderungen des Werte- und Normengefüges

4.2.1 Gegenwärtige Entwicklung

Ohne Anspruch auf Vollständigkeit lassen sich gegenwärtig folgende Veränderungen weltweit beobachten:

- Die zunehmende weltweite Dynamik und Komplexität der Entscheidungsvorgänge führt u.a. zu einer Zeitschere zwischen benötigter und verfügbarer Reaktionszeit, bei gleichzeitig steigender Komplexität der Entscheidungsinhalte.

> **The Strength of the Internet**
> (Li Yahong)
>
> In the 15 years since China joined the Internet in 1994 the number of Chinese net users has soared to 300 million, laying the ground for an information era in a nation that has barely accomplished industrialization. The Internet has stimulated technical progress and productive forces, changed the way in which information is spread, and consequently had a far-reaching impact on Chinese society and people's. Now the Internet is a popular channel for the public to voice their opinions and display their strength, giving rank and file citizens some access to top officials.
>
> In: China Today, Nr.4, 2009, p.11

- Die - relativ zum Warenwert - billige Mobilität von Gütern und die Schnelligkeit beim Personentransport reduziert die Lagerhaltung und erhöht den Wettbewerbsdruck für die national agierenden Transportunternehmen.

- Der Trend zur Informationsgesellschaft führt u.a. zu einem enormen quantitativen Anstieg der zu verarbeitenden Information und erfordert hohe Flexibilitäts- und Entscheidungskompetenzen auch über den nationalen Aktionskreis hinaus.

- Das Eintreten neuer Wettbewerber in den Kreis bislang dominanter OECD-Staaten (Südostasien, Osteuropa) erhöht den Verdrängungswettbewerb.

- Das immer noch ungebrochene Bevölkerungswachstum mit dem Potential destabilisierender neuer „Völkerwanderungen" erzeugt Spannungen, die zu politischen Krisen führen können.

- Schließlich führt der Wertewandel zu betrieblichem Identifikations- und Motivationsverhalten der Human Resources, das nicht mehr ausschließlich materiell zu steuern ist.

Die Tatsache, dass sich die Entwicklungen nicht zeitgleich und mit unterschiedlichen Geschwindigkeiten vollziehen, schafft zusätzliche Spannungen. Damit wird klar, dass die dadurch ausgelösten Veränderungen nicht nur eine ökonomische Dimension haben, sondern darüber hinaus

- einerseits Züge eines Kulturkampfes ("westlicher Individualismus" gegen "asiatischen Kollektivismus") aufweist,

- andererseits Konsummuster, Arbeitsorganisation und institutionelle Voraussetzungen angleicht,

- neue Polaritäten zwischen hocheffizienten, global operierenden Unternehmen und lokal "zurückgebliebenen" Organisationen (einschließlich staatlicher Verwaltungen) sowie von Beschäftigungsgruppen schafft und

- die technologische Entwicklung weiter beschleunigt (insbesondere die Zeit zwischen Erfindung und Massenanwendung dramatisch verkürzt), mit der Folge von höheren unternehmensspezifischen wie gesellschaftlichen Risiken, da Stufen der Fehlkorrektur ausgeschaltet werden (Steger, 1996, S. 5).

Traditionelle Werte	Werte der jungen Generation
Lebenslange Beschäftigung	Selbstverantwortung
Gruppenharmonie	Individuelle Freiheit/ Selbstverwirklichung
Gruppenerfolg	Persönlicher Erfolg und Gruppenerfolg
Firma als Lebensmittelpunkt	Work-Life-Balance
Senioritätsprinzip	Leistungsorientierte Vergütung und Beförderung

Abb. 44 Wertewandel in Japan
Quelle: Czajor; 2004, S. 36

> **Der gefeierte Verräter**
> (Dirk Asendorpf)
>
> Shuji Nakamura hat getan, was ein guter Japaner nicht tun darf. Er hat verlassen, was 20 Jahre lang Mittelpunkt seines Lebens war: die Firma. Als 25-jähriger, direkt nach dem Elektrotechnik-Studium, hatte er bei dem Chemieunternehmen Nichia auf der südjapanischen Insel Shikoku angeheuert. Doch 1999 kündigte er seine Lebensstellung und verklagte auch gleich noch seinen ehemaligen Arbeitgeber – mit überwältigendem Erfolg. Für die Nutzung seiner Erfindungen sprach ihm das Landgericht Tokyo im Februar 2004 eine Entschädigung von fast 500 Millionen Euro zu.
>
> Der zweifache Tabubruch hat in Japan für Aufruhr gesorgt. Nie zuvor hat ein Forscher derart offensiv seine persönlichen Rechte an seiner Erfindung eingefordert und das Prinzip der lebenslangen Verbundenheit mit seinem Arbeitgeber infrage gestellt. In dem auf Japanisch erschienenen Buch *Durchbruch im Zorn* hat Nakamura mit den japanischen Werten abgerechnet. „Mein Beispiel wird Japans Forschungslandschaft umkrempeln", prophezeit er ganz ohne japanische Bescheidenheit, „bei den Forschern wird es den Erfindergeist anspornen, und am Ende werden davon die Unternehmen profitieren."
>
> In: Die Zeit, Nr. 18, 2004, S. 52

Gerade was Asien und seine vor allem konfuzianisch geprägte Wertewelt betrifft, so wird von einer Zeitenwende gesprochen und die Frage aufgeworfen, ob Asien immer noch Modell oder bereits ein Menetekel ist (Follath, 1998, S. 16). Ging man jahrzehntelang davon aus, dass es einen Zusammenhang zwischen konfuzianischen Werten und hohem Wirtschaftswachstum gibt, so werden in jüngster Zeit immer mehr Zweifel laut, ob dieser Zusammenhang noch gilt. Während die einen vom asiatischen Rätsel (Hauch-Fleck, 1998, S. 21) sprechen, gehen die anderen noch einen Schritt weiter und diagnostizieren die momentanen Schwierigkeiten als asiatische Krankheit (Sommer, 1998, S. 3).

Die zunehmenden Möglichkeiten weltweiter Kommunikation und persönlicher Begegnungen haben zu Verhaltensänderungen geführt, die die Gesellschaften gegenseitig durchdringen. Jahrhundertelang galt im asiatischen Raum das Senioritätsprinzip, d.h. die Beförderung nach dem Alter. Gegenwärtig ist nicht nur in Japan zu beobachten, dass eine Reihe von jungen Managern nicht mehr bereit ist, bis zum 55. Lebensjahr oder länger zu warten, um in eine Führungsposition eintreten zu können. Mit dem Hinweis auf die Praktiken in westlichen Unternehmen, wo vor allem Leistung und nicht das Alter als Voraussetzung für eine Beförderung gilt, wird ein Unternehmenswechsel als adäquat angesehen, um in wesentlich jüngeren Jahren bereits Führungsverantwortung zu übernehmen.

Auf der anderen Seite ist festzustellen, dass im Westen der individualistische Ansatz, wonach Leistung nur durch den Einzelnen erbracht und dementsprechend entlohnt wird, zunehmend durch das Arbeiten im Team abgelöst wird. Das seit Jahrzehnten, vor allem in Japan, erfolgreich praktizierte Gruppenmodell, beginnt Eingang in die westlichen Unternehmen zu finden. Die im Zusammenhang mit der Einführung von Total Quality Management ausgelöste Diskussion hat dazu geführt, dass der Teamarbeit eine Schlüsselstellung bei der zukünftigen Formulierung der Unternehmenspolitik zukommt.

Vergleicht man die gegenwärtigen Veränderungen mit dem gesellschaftlichen Werte- und Normengefüge der Vergangenheit, so bleibt festzuhalten, dass das letztgenannte über eine höhere Stabilität verfügte und sich nur wenigen und wenn, dann sehr langfristigen Veränderungen unterzog. Demgegenüber wird heutzutage, insbesondere in den hochentwickelten Industrienationen, eine verstärkte Tendenz zu Änderungen, die alle gesellschaftlichen Bereiche und Ebenen erfassen, erkennbar (Gussmann/Breit, 1997, S. 133).

Fernsehkonsum nach westlichem Muster
(Günter Dometeit)

Die Masse der Chinesen frönt eher westlichen Vergnügungen und unterscheidet sich damit kaum von den Amerikanern: Mit durchschnittlich drei Stunden gucken sie täglich genauso lange Fernsehen, vorzugsweise historische Serien mit viel Herzschmerz und Kung-Fu-Einlagen. Rund ein Drittel der 60 Millionen TV-Haushalte hat Kabelanschluss und kann zwischen Dutzenden nationaler und lokaler Sender wählen. Als absoluter Renner entpuppte sich kürzlich der Singwettbewerb „Super Voice Girl", bei dem die Zuschauer ihre Favoritin, die Rockerin Li Xuchuan, per SMS bestimmten. Die staatlichen TV-Zensoren zeigten sich weniger begeistert, sie fanden die Show „ungesund".

In: Focus, Nr. 21, 2006, S. 115

Wenn Huntington (1996, S. 72) darin ein Stadium neuer globaler Konflikte entstehen sieht und daraus schlussfolgert, dass die Kultur als wesentlicher Konfliktfaktor die bisherigen Konfliktquellen, Ideologie und Wirtschaft ablösen wird, dann verkennt er, dass Gemeinsamkeiten zwischen den Nationen und Kulturen der Welt sich nur finden lassen, wenn wir auch die Unterschiede weiterhin im Blick behalten und nicht zu einer singulären Ursachenforschung übergehen.

4.2.2 World Values Survey

The World Values Survey (WVS) is a global research project on values and beliefs of people in 97 different countries on all continents covering approximately 88 percent of the world's population. The World Values Survey Association, a non-profit organization, coordinates the worldwide network of social scientists. These scientists are recruited from the respective culture/society studied. The first wave of WVS was based on the European Values Survey in 1981. The latest sixth wave was started in 2010.

Wave	Years	Countries	Population	Respondents
1	1981-1984	20	4,700,000,000	25,000
2	1989-1993	42	5,300,000,000	61,000
3	1994-1998	52	5,700,000,000	75,000
4	1999-2004	67	6,100,000,000	96,000
5	2005-2008	53	6,700,000,000	77,000
Four-wave aggregate data file		80		257,000

Abb. 45 Numbers of countries and people covered by the WVS
Quelle: Values Change the World, World Value Survey, 2008, p. 5

The questions are asked in the course of a face-to-face interview and address among others religious, political and social issues. The findings help to identify the most important values of each country and how they might change over time. The obtained values can be mainly divided into traditional/secular-rational and survival/self-expression values. The former show the differences between countries strongly influenced by religion and those which are not. Nowadays, secular-rational values dominate in the vast majority of industrialized countries. A similar situation also applies for the latter dimension of values, since the emphasis in developed countries is more on subjective aspects than on economic and physical security, like in developing countries.

The findings of the WVS also show a correlation between certain values and the nation's political development, e.g. concerning the mass self-expression and democratic institutions. The results have also been the basis of Hofstede's new sixth dimension, Indulgence vs. Restraint.

Based on: Values Change the World, The World Values Survey, 2008, pp.3

4.2.3 Sample Questions from the World Values Survey

In order to give an insight into the nature of the questions of the World Values Survey (WVS), some sample questions taken from different questionnaires can be found here.

For each of the following, indicate how important it is in your life. Would you say it is:				
	Very important	Rather important	Not very important	Not at all important
Family	1	2	3	4
Friends	1	2	3	4
Leisure time	1	2	3	4
Politics	1	2	3	4
Work	1	2	3	4
Religion	1	2	3	4

Taking all things together, would you say you are:
1-Very happy   2 - Rather happy   3 - Not very happy   4 - Not at all happy

For each activity, would you say you do them every week or nearly every week; once or twice a month; only a few times a year; or not at all?				
	(Nearly) Weekly	Once or twice a month	Only a few times a year	Not at all
Spend time with parents or other relatives	1	2	3	4
Spend time with friends	1	2	3	4
Spend time socially with colleagues from work or your profession	1	2	3	4
Spend time with people at your church, mosque or synagogue	1	2	3	4
Spend time socially with people at sports clubs or voluntary or service organization	1	2	3	4

Some people feel they have completely free choice and control over their lives, while other people feel that what they do has no real effect on what happens to them. Please use this scale [...] to indicate how much freedom of choice and control you feel you have over the way your life turns out.

No choice at all   A great deal of choice
    1   2   3   4   5   6   7   8   9   10

Which point on this scale most clearly describes how much weight you place on work (including housework and schoolwork), as compared with leisure or recreation?
1. It's leisure that makes life worth living, not work
2.
3.
4.
5. Work is what makes life worth living, not leisure

Now, I would like to ask you something about the things which would seem to you, personally, most important if you were looking for a job.

    1   A good income so that you do not have any worries about money
    2   A safe job with no risk of closing down or unemployment
    3   Working with people you like
    4   Doing an important job that gives you a feeling of accomplishment

---

Here are two statements which people sometimes make when discussing good and evil. Which one comes closest to your own point of view?

A. There are absolutely clear guidelines about what is good and evil. These always apply to everyone, whatever the circumstances.
B. There can never be absolutely clear guidelines about what is good and evil.

Do you think most people would try to take advantage of you if they got a chance, or would they try to be fair?

People would try to take   People would try to be fair
advantage of you
          1   2   3   4   5   6   7   8   9   10

In: The World Values Survey Association, The World Values Survey: Questionnaires of 2005, 2000 and 1995 (sometimes slightly summarized), 2012.

4.3 Valuing Diversity and Managing Diversity

Der gegenwärtige Wertewandel, verstärkt durch den Globalisierungseffekt, erweckt zwar den Eindruck, als ob eine weltweite Konvergenz aller Kulturen im Gange wäre, doch haben verschiedene Theoretiker und Praktiker dem ihr Konzept des „Valuing Diversity" gegenübergestellt (Kiechl 1995, S. 45 ff.). Bezogen auf die weltweiten Unternehmensaktivitäten verstehen sie darunter die Beachtung der Pluralität im Unternehmensverbund, was wiederum eine Unternehmenskultur bedingt, die ausdrücklich fordert, dass alle Menschen unabhängig von ihren Einstellungen, Normen, Sprachen, Verfahrensweisen usw. gleichwertig, aber nicht gleichartig behandelt werden.

Diversity in our Workforce
(Jacklyn Koh)

Diversity means variety. In the workplace, the term is used to denote the variety among employees - those differences of age, gender, ethnicity, religion and nationality that make each one of us a unique and distinctive individual. In a global company like Siemens, we experience diversity during our everyday work. Diversified teams are commonplace. We regard the diversity of our workforce as an invaluable source of creativity and experience that makes us more competitive.

In: Siemens AG – Corporate Values, 2006

Bei einem derartigen Wandel der Wertesetzung geht es vor allem um die Einbeziehung von Minoritätsgruppen, beziehungsweise der entsprechenden Subkulturen. Dazu gehören nach wie vor Frauen, die in vielen Teilen der Welt für gleiche Arbeit finanziell schlechter gestellt werden als ihre männlichen Kollegen. Ähnlich ergeht es immer noch Angehörigen ganz bestimmter Rassen, die aufgrund ihrer Hautfarbe Nachteile in Kauf nehmen müssen. Aber auch die zunehmende Kinderarbeit wirft Fragen nach der ethischen Verantwortung der Unternehmen auf. Ihr Wertekatalog steht auf dem Prüfstand. Unvoreingenommene Wahrnehmung der kulturellen Unterschiede und ihre entsprechende Umsetzung in den Unternehmensalltag sind Herausforderungen, denen sich die Unternehmen zu stellen haben. Valuing Diversity bedeutet dabei auch, dass sie selbst durch ihre Unternehmenspolitik einen Beitrag zum Wertewandel leisten. Begreift sich Valuing Diversity vor allem als theoriegeleiteter Ansatz, der die Pluralität der Werte darzustellen versucht, so ist mit dem Begriff Managing Diversity die Frage verbunden, wie die Umsetzung von Wertehaltungen im praktischen Alltag gewährleistet werden kann.

Die Automobilkonzerne Mercedes-Benz und BMW haben in Südafrika bereits in den 80er Jahren durch ihre ausgewogene Lohnpolitik, wonach für gleiche Arbeit, unabhängig von der Rassenzugehörigkeit, gleicher Lohn gezahlt wurde, einen nicht unerheblichen Beitrag für einen friedlichen Übergang vom Apartheid-Regime zur Demokratie geleistet. Der Verzicht von Kinderarbeit bei der Teppichherstellung, dokumentiert durch das RUG-Siegel, zeigt ebenfalls in die richtige Richtung (Pinzler, 1994, S. 37). Wertewandel und Unternehmenskultur bedingen sich hierbei. Ein Wandel der Werte beeinflusst die Unternehmenskultur, wie umgekehrt die innerhalb eines Unternehmens gelebten Werte die Wertediskussion insgesamt beeinflussen.

Discrimination is Everyone's business
(Volvo Car Corporation)

The challenges of racism, discrimination and intolerance are obvious in our societies. This does not only mean suffering from individual perspective but also a missed opportunity for society to develop. From a business point of view diversity and non-discrimination are essential […]. Our commitment is based on the conviction that diversity is good and good for business. We believe that those customers who choose our products and services do so because they can identify with our values and purpose. In order to be able to expand our business and cater to the broad spectrum of customers our company must reflect diverse demands.

In: Volvo Car Corporation (Hrsg.), 2000, p. 2

Das Beispiel der Volvo Car Corporation bringt den ganzheitlichen Charakter des Managing Diversity Ansatzes zum Ausdruck. Unabhängig von der Unternehmensgröße, dem Standort, dem Produkt oder der Rechtsform, führt Chouhan (2002, S. 19) aus,

> *"is Managing Diversity indicative of the way in which businesses from the small to the multinationals are not only being requested to take on board wider social issues but are also proactively and willingly engaging with these issues. This is in part due to the recognition that localities are becoming globalities – that is global diversities are increasingly on our doorsteps through changing demographics, IT and world markets. The concept of Managing Diversity is one of the response strategies that is being increasingly used by private and public sector companies."*

Mit dieser erweiterten Aufgabenstellung gehen auch Veränderungen einher, die das Personalmanagement betreffen. Thompson (1998, S. 195) schreibt dazu,

> *"The concept of managing diversity is one that has grown out of Human Resources management and is also a movement away from traditional equal opportunities policies and practices. It is premised on a recognition of diversity and differences as positive attributes of an organisation, rather than as problems to be solved."*

Um welche grundlegend neue Sichtweise es sich dabei handelt wird erkennbar, wenn man den bisherigen „Equal-Opportunity-Ansatz" mit dem neuen Diversity-Ansatz vergleicht (Abb. 46).

Equal Opportunity	**Diversity**
Externally driven	Internally driven
Legally driven	Business needs driven
Quantitative focus (i.e. improving numbers)	Qualitative focus (i.e. improving the environment)
Problem-focused	Opportunity focus
Assumes assimilation	Assumes pluralism
Reactive	Proactive
Race, gender and disability	All differences

Abb. 46 Equal Opportunity versus Diversity
Quelle: Kandola, Fullerton, 1998, S. 13

Von innen gesteuert, von Geschäftsinteressen geleitet, mit Fokus auf eine lebenswerte Umwelt, Möglichkeiten vor allem als Chancen begreifend, Pluralismus bejahend, vom eigenen Willen getrieben und Diversity als umfassender Ansatz akzeptiert, wird eine Denkweise offenkundig, die deutlich macht, worauf der neue Ansatz von „Managing Diversity" abzielt.

Eine internationale Unternehmensführung wird ihrem ganzheitlichen Auftrag von daher nur gerecht werden können, wenn die organisationsinternen Managementpraktiken Wertehaltungen unterschiedlicher lokaler Kulturen mit berücksichtigen und sie in einer neu zu definierenden Corporate Identity ihren Niederschlag finden. Aus diesem Blickwinkel gesehen bietet der Wertewandel eine Chance, den veränderten Umweltbedingungen eine unternehmensadäquate Lösung anzubieten.

> **Individuelle Verschiedenheit**
> (Lino Hermes)
>
> Als erste europäische Hochschule bildet die Universität Witten/Herdecke ab April 2006 zum Master of Arts in Diversity Management aus. Führungskräfte sollen lernen, die unterschiedlichen Kompetenzen, Erfahrungen, ethnischen Abstammungen, Geschlechter oder sexuellen Orientierungen der Mitarbeiter als Ressource für das Unternehmen zu nutzen.
>
> In: karriereführer hochschulen, Nr. 1, 2006, S. 15

4.4 Wertewandel und Moral Leadership

Die Umsetzung des zuvor formulierten Postulats wird allerdings nur dann zum Tragen kommen, wenn vor allem die Führungskräfte mit ihrem Verhalten eine Art Vorbildcharakter an den Tag legen, d.h. die Verkörperung von Werten durch gelebte Einstellungen zum Handlungsprinzip erheben. Die moderne Gesellschaft besitzt keine eindeutigen Verhaltenkodizes, nach welchen sich moralische Führung bestimmen ließe.

In einer Welt widersprüchlicher Moralvorstellungen hat moralische Führung demnach die Aufgabe, in einer wertepluralistischen Gesellschaft Prioritäten zu setzen (Staffelbach, 1995, S. 17). Ein moralischer Leader gibt durch intellektuelle Führung Richtungen vor und verkörpert Werte durch gelebte Einstellungen; er vermittelt, welche Leistungen und Erfolgskriterien "wertvoll" und "sinnlos" sind. Seine Kardinaltugenden werden mit folgenden Eigenschaften in Verbindung gebracht: Klugheit, Gerechtigkeit, Tapferkeit, Besonnenheit, Gemeinsinn, tolerante Prinzipientreue, Dialogbereitschaft, partizipativer Teamgeist und Weltoffenheit (Staffelbach, 1995, S. 18).

Allerdings wird dieser Ansatz nicht von allen geteilt. Zwierlein (1995, S. 21) sieht darin ein untaugliches Instrument, um ein Unternehmen erfolgreich auf den richtigen Kurs zu bringen und schlussfolgert:

> *„Es wäre falsch, die Ökonomie zum Sündenbock der aktuellen Krisen (Natur, Menschheit) zu machen. Die wahre Moral der Ökonomie ist ihre Morallosigkeit."*

Allerdings wächst in der heutigen Welt mit ihren vielfältigen Versuchungen und Reizangeboten das Verlangen nach moralischer Grundorientierung und einem verbindlichen Wertesystem. Vieles worunter wir leiden, wie z.B. zunehmende Kriminalität, Brutalisierung des Alltags, Korruption bis in die höchsten Stellen, hängt damit zusammen, dass es keine ethischen Normen und keine moralischen Barrieren mehr gibt (Dönhoff, 1995, S. 11).

Wer dieser Einschätzung zustimmt, muss die Forderung nach Moral Leadership unterstützen. Im Spannungsfeld zwischen dem wirtschaftlichen Interesse des Unternehmens und der moralischen Verpflichtung gegenüber dem Einzelnen und der Allgemeinheit kommt dem ethischen Verhalten der Führungskräfte eine Schlüsselrolle zu. Moral Leadership beginnt ganz oben in der Unternehmenshierarchie. Wenn allerdings die Gewinnoptimierung zur alleinigen Maxime unternehmerischen Handelns erhoben wird, dann wird die Solidarität zerstört und Eigennutz über das Gemeinwohl gestellt. Das Prinzip der gesellschaftlichen Verantwortung wird durch das ausschließlich erwerbswirtschaftliche Prinzip ersetzt, Markt statt Moral zur alleinigen Handlungsmaxime erhoben.

Beispielhaft sei in diesem Zusammenhang auf die Firma Bosch verwiesen, die für den obersten Führungskreis eine jährliche Pflichtveranstaltung zum Themenbereich „Interkulturelle Ethik" eingeführt hat.

Values
(Barack Obama)

Our individualism has always been bound by a set of communal values, the glue upon which every healthy society depends. We value the imperatives of family and the cross-generational obligations that family implies. We value community, the neighborliness that expresses itself through raising the barn or coaching the soccer team. We value patriotism and the obligations of citizenship, a sense of duty and sacrifice on behalf of our nation. We value a faith in something bigger than ourselves, whether that something expresses itself in formal religion or ethical precepts. And we value the constellation of behaviors that express our mutual regard for one another: honesty, fairness, humility, kindness, courtesy, and compassion.

In: The Audacity of Hope, New York, 2006, p. 55

4.5 Das Beispiel der Hilti AG

Am Beispiel der Hilti AG soll aufgezeigt werden, welche länderübergreifende Erwartungshaltung im Hinblick auf gelebte Werte ein international operierendes Unternehmen für seine Mitarbeiter formuliert hat (Mayer, 1998, S. 15 ff.).

Für ein erfolgreiches Unternehmen wie die Hilti AG mit Sitz in Lichtenstein ist es von entscheidender Bedeutung, ständig Innovationen im Hinblick auf Produkte und Dienstleistungen zu generieren. Innovationen entstehen in den Köpfen von engagierten und motivierten Mitarbeitern. Die Hilti AG begreift deshalb Innovation als zentrales und zugleich globales Kulturthema im Unternehmen, das alle angeht. Aus diesem Grunde beschloss der Vorstand 1995, das Kulturprogramm „Innovation 1 Compact" zu konzipieren und es weltweit ab 1997 für annähernd 12 000 Mitarbeiter in über 100 Länder innerhalb von 5 Jahren umzusetzen. Als Ziel wurde das Steigern und Erhalten eines positiven Bewusstseins der Hilti-Kultur genannt. Lokal handeln und global denken, gemeinsame Werte, Visionen und Ziele sollen die Hilti-Kultur prägen. Charakterisieren lässt sich eine derartige Kultur durch fünf typische Wertehaltungen, die es dem Unternehmen ermöglichen soll, sich zielgerichtet weiter zu entwickeln (s. Abb. 47).

- *Toleranz*: Die Meinung anderer achten, umfassend über den eigenen Bereich hinaus denken und die eigene Position durch andere Denkansätze in Frage stellen können.
- *Veränderung*: Den Wandel akzeptieren, bereit sein, sich Neuem zu stellen, Risiken zu tragen und Chancen zu nutzen.
- *Selbstverantwortung*: Verantwortung als persönliche Aufgabe erkennen und wahrnehmen. Für eigenes Tun und Lassen voll einstehen.
- *Wahlfreiheit*: Die Freiheit erkennen und nutzen, den eigenen Weg zu wählen, gewisse Bedingungen und Situationen zu akzeptieren, zu verändern oder allenfalls zu verlassen.
- *Lernen*: Durch Wissen, Fähigkeiten und Motivation neue Erfahrungen gewinnen. Fehler als Lernschritte betrachten. Positive und negative Erfahrungen als Grundlage für Lernprozesse nutzen."

Abb. 47 Wertehaltungen bei der Hilti AG
Quelle: Zusammengestellt nach Mayer, 1998, S. 16

4.6 Gemeinsame Wertehaltungen von Managern aus unterschiedlichen Kulturkreisen

> **Teehaus und Hofbräuhaus**
> (Helmut Sautter)
>
> Mehr denn je ist Japan heute geprägt von dem Kontrast zwischen seinen ureigenen Traditionen und der Uniformität einer technisch dominierten Weltzivilisation. Wie kaum eine andere Tradition gehört die Teezeremonie zum Wesen japanischer Kultur. In einem Teehaus in Yokohama versammelt sich allwöchentlich eine Gruppe wohlhabender Frauen, um dieses Ritual zu vollziehen. Im Hofbräuhaus Tokio, in das sich kaum je ein Deutscher verirrt, verkosten Japaner bayerisches Bier und versuchen Laute nachzubilden, die im Original „Oans, zwoa, gsuffa" heißen. Dazu jodelt die Besitzerin Yasuko Aso.
>
> In: Japan im Aufbruch, Spiegel „spezial", Nr. 4/1998, S. 105 ff.

Der weltweit agierende Manager kommt also nicht umhin, sich mit dem Wandel der Werte auseinanderzusetzen. Durch Offenheit, Aufgeschlossenheit, Toleranz und Respekt kann er zeigen, inwieweit er bereit ist, sein Verhalten an allgemeingültigen Wertmaßstäben auszurichten.

> **Jung, Frau, Asiatin**
> (Reuters)
>
> Dass die Führungsriege von Siemens bunter werden soll, hat Vorstandschef Peter Löscher schon vor längerer Zeit angekündigt. Nun gibt es auch einen Verantwortlichen dafür. Besser gesagt: eine Verantwortliche. Der Technologiekonzern schafft eigens den Posten des „Chief Diversity Officer" und besetzt ihn mit der 45 Jahre alten Jill Lee. „In einigen Jahren soll sich die Internationalität unseres Kundenstamms und unserer jüngeren Mitarbeiterinnen und Mitarbeiter auch in unserem Top-Management widerspiegeln", teilte das Unternehmen mit. Siemens-Konzernchef Peter Löscher hatte im Rahmen des radikalen Konzernumbaus auch gefordert, Personal vielfältiger aufzustellen und der Globalisierung Rechnung zu tragen. Die in Singapur geborene Lee ist seit 1986 für Siemens tätig. Seit 2004 war sie Finanzchefin in China.
>
> In: FAZ, 08./09.11.2008, S.4

Wenn auch jeder Kulturkreis sich durch seine eigenen Wertvorstellungen und Verhaltensweisen auszeichnet, lassen sich aber auch eine ganze Reihe von gemeinsamen Wertehaltungen feststellen. Manager in Amerika, Japan, Australien und Indien wurden nach ihren Wertvorstellungen im Hinblick auf ihren persönlichen Erfolg gefragt. Folgende Gemeinsamkeiten konnten dabei herausgefunden werden (England/Lee, 1974, S. 418 ff.):

- *"There is a reasonably strong relationship between the level of success achieved by managers and their personal values.*
- *It is evident that value patterns predict managerial success and could be used in selection and placement decisions.*
- *Although there are country differences in the relationships between values and success, findings across the four countries are quite similar.*
- *The general pattern indicates that more successful managers appear to favour pragmatic, dynamic, achievement-oriented values, while less successful managers prefer more static and passive values. More successful managers favour an achievement orientation and prefer an active role in interaction with other individuals who are instrumental to achieving the managers' organisational goals. Less successful managers have values associated with a static and protected environment in which they take relatively passive roles."*

Auszug aus einem Interview, das der Redakteur des Bayerischen Rundfunks Rüdiger Baumann am 11.04.2008 mit Prof. Dr. Jürgen Rothlauf führte:

Baumann: *Sie haben ja selbst in totalitären Staaten gelebt und gearbeitet. Ist es möglich, dieses europäische, demokratische, liberale, interkulturelle Verständnis, das wir haben, zu exportieren?*

Rothlauf: Wir glauben natürlich, dass unser Ansatz der richtige ist. Das ist zunächst einmal der Ausgangspunkt. Wenn wir z.B. der Überzeugung sind, dass die Würde des Menschen unantastbar ist, dass der Respekt vor der anderen Kultur uns wichtig erscheint, dass eine gewisse Mitbestimmung am Arbeitsplatz wünschenswert wäre, dann sollten wir das auch vorleben. Und es gibt ja eine Reihe guter Beispiele. Wenn Volkswagen, das schon sehr lange in China tätig ist, am Arbeitsplatz, seinen chinesischen Mitarbeitern gewisse Rechte einräumt und andere Unternehmen diesem Beispiel folgen, dann wird das auch irgendwann die Gesellschaft in China verändern. Der Einfluss der Informationstechnologie sollte ebenfalls nicht als gering angesehen werden. Auch in Saudi Arabien beginnen sich mittlerweile die Dinge zu ändern. Das heißt, ein Staat kann nicht mehr alle Informationen komplett zurückhalten: heute nicht und in Zukunft erst recht nicht mehr.

4.7 Wertehaltungen und ihre Gewichtung in unterschiedlichen Kulturkreisen

Das Werteraster einer Person ist nicht nur, wie in den vorangegangenen Kapiteln aufgezeigt, durch eigene Wertvorstellungen geprägt, sondern im weiten Bereich auch von dem Kulturkreis bestimmt, in dem eine Person sich bewegt. Gruppennormen überlagern individuelle Werte, und sie selbst sind geprägt von nationalen Vorstellungen über Erstrebenswertes. Hinzu kommt, dass Werte einem Wandel unterliegen, der eine verstärkte Anpassungsbereitschaft fordert.

> **Fremde Fahrräder**
> (ohne Verfasser)
>
> Zwei chinesische Touristen haben es in Münster mit der Polizei zu tun bekommen, weil sie sich nach chinesischem Recht zwei fremde Fahrräder „ausgeborgt" haben. Das Ehepaar hatte die Räder unverschlossen am Straßenrand gefunden, wie die Polizei am Dienstag mitteilte. Als die beiden an einer Münsteranerin vorbeiradelten, erkannte diese ihr Fahrrad wieder und rief die Polizei. Die konnte mithilfe einer Dolmetscherin das interkulturelle Missverständnis aufklären: In China werde das Abstellen unverschlossener Fahrräder als Eigentumsverzicht des Besitzers gewertet. Die Polizei schrieb dennoch eine Anzeige gegen das Paar.
>
> In: Die Welt, 18.07.2007, S. 32

Werteskalen, die eine Gewichtung der jeweiligen Wertvorstellungen vornehmen, fallen - je nach Kultur - sehr unterschiedlich aus. Während für die Amerikaner mit dem Freiheitsbegriff die Fokussierung auf das Individuum gegeben ist, spielen in der asiatischen Welt Harmonie und Gruppenzugehörigkeit als Ausdruck des Gemeinschaftsgedanken eine entscheidende Rolle.

Derart divergierende Ausprägungen machen es für einen Auslandsmanager außerordentlich schwierig, im entsprechenden Kontext die richtige „Ansprache" zu finden. Ist z.B. eher die Gruppe gefragt oder das Individuum? Welche Rolle spielen die Kinder in der Gesellschaft? Gibt es eher eine maskulin oder eine feminin geprägte Wertehaltung? Findet man eher eine risikofreudige oder fatalistische Einstellung vor? Wie wichtig sind materielle Dinge? Lebt man zukunfts- oder vergangenheitsbezogen? Wie geht man mit Religion, Aberglaube und Freundschaften um? Welchen Stellenwert hat Arbeit oder wie steht man zur Natur und Umweltschutz?

> **India: Family amd Societal Values**
> (Zubko/Sahay)
>
> Indian society is family oriented and collectivistic where emphasis is on harmony and conformity with established cultural norms, social values, and family traditions. Elders command deep respect and family is a priority. Traditionally, individuals who are self-oriented were viewed with distrust, although with the changing socioeconomic conditions and growing disposable income, young professional Indians have started to indulge in a culture of consumption. A long-term relationship is the centerpiece of core Indian values and is the coveted goal of everyone from newspaper vendors to business tycoons and industrial houses.
>
> In: Inside the Indian Business Mind, 2011, p. 5

Viele Fälle von Kulturschocks sind auf mangelnde Berücksichtigung von unterschiedlichen Wertvorstellungen zurückzuführen (Unger, 1997, S. 27). Manche Menschen denken, dass etwas, was von ihrer eigenen Kultur verschieden ist, deshalb falsch oder zumindest nicht ganz richtig ist. Jede Kultur setzt ihre eigenen Akzente und Schwerpunkte. Die nachfolgende Abbildung zeigt, welche Prioritäten Amerikaner, Japaner und Araber setzen, wenn es um ihre Wertvorstellungen geht.

Amerikaner	Japaner	Araber
1. Freiheit	1. Zugehörigkeit	1. Familiensicherheit
2. Unabhängigkeit	2. Gruppenharmonie	2. Familienharmonie
3. Selbststärke	3. Gruppenstärke	3. Seniorität
4. Gleichheit	4. Alter	4. Alter
5. Individualität	5. Gruppenkonsens	5. Autorität
6. Wettbewerb	6. Zusammenarbeit	6. Kompromiss
7. Effizienz	7. Qualität	7. Zuneigung
8. Zeitbewusstsein	8. Geduld	8. Viel Geduld

Abb. 48 Unterschiedliche Gewichtung von Wertvorstellungen in verschiedenen Kulturkreisen
Quelle: Unger, 1997, S. 27

Die unterschiedliche Gewichtung der für den jeweiligen Kulturkreis bestimmenden Wertehaltungen unterstreicht die Notwendigkeit, sie in interkulturelles Handeln einfließen zu lassen. Übertragen auf den Geschäftsalltag ergeben sich daraus wichtige Schlussfolgerungen. Wer Werbung in einem fremden Umfeld durchführen will, muss z.B. gerade im emotionalen Bereich Werte ansprechen, die in dem entsprechenden Kulturkreis auch als bedeutend angesehen werden. Die folgenden Beispiele belegen, welche Fehlhaltungen beobachtet werden konnten, um sie nach einer Korrektur handlungswirksam werden zu lassen.

The difference between heaven and hell
(Sheida Hodge)

In heaven the cooks are French, the policemen are English, the lovers are Italians, the mechanics are Swiss, and the whole thing is organized by the Germans. In hell, the cooks are English, the policemen are Germans, the lovers are Swiss, the mechanics are French, and the whole thing is organized by the Italians.

In: Global Smarts: The art of communicating and deal making anywhere in the world, 2000, p. 11

Ob die Natur als schützenswertes Gut gilt oder etwas ist, das man erobern oder zähmen muss, bestimmt auch die Einstellung gegenüber der Verwendung von Tieren in der Werbung. In arabischen Ländern, wo Tiere als niedrige Form der Schöpfung gelten, war die Firma Esso mit ihrem Tiger im Tank nicht sehr erfolgreich und musste diese Anzeige daraufhin ändern. Was das Verhältnis Erwachsene/Kinder betrifft, so geht man in vielen Kulturkreisen von der Annahme aus, wonach man Kinder zwar sehen, aber nicht hören sollte. Auf die Aktivitäten der Firma Kellogg's in Brasilien übertragen, bedeutete die Nichtrespektierung dieser Verhaltensweise, dass ihre ersten Werbespots ein Flop wurden, weil man Kinder zeigte, die das Kaufverhalten von Erwachsenen verbal beeinflussen sollten. Erst als man den Familienvater aktiv mit einbezog, wie er seinen Lieben Kellogg's-Produkte auf den Teller brachte, stimmte das Bild für die Brasilianer und der Umsatz erhöhte sich (Unger, 1997, S. 28 ff.).

Indien: Der mörderische Makel Frau
(Georg Blume)

Heute gibt es kein Geheimnis mehr um das Geschlecht des Kindes. Der Mann zwingt die Schwangere zur Ultraschalluntersuchung. Und wenn es ein Mädchen ist, kann die Mutter nicht mehr so leicht sagen: Dann versuchen wir es später noch einmal. Denn auch sie möchte nur noch ein, höchstens zwei Kinder. Früher schon war eine Tochter wegen der höheren Aussteuer eine zusätzliche Last; heute fallen außerdem noch Schul- und Erziehungskosten für sie an. Außerdem wollen die Familien neben Kindern auch ein neues Auto. Deshalb müssen es weniger Kinder sein – und mindestens ein Sohn muss als Stammhalter her.

Der Hebamme Arora fällt auf, dass der religiöse Glaube bei den Familienentscheidungen keine Rolle mehr spielt. Für die Muslime in ihrem Viertel waren die Kinder früher Gottesgeschenke. Heute treiben sie ab wie alle anderen. Für die Hindus pilgerte Arora früher zur Fruchtbarkeitsgöttin Vaishna Devi nach Kaschmir. Die Göttin ist eine Frau und beschützt auch die Mädchen. Doch von Vaishna Devi wollen die jungen Frauen heute nichts mehr hören. „Sie glauben nicht mehr an die Götter", sagt Arora.

Stattdessen glauben sie an die Abtreibungspille. Sie kostet in Delhi umgerechnet zwischen fünf und acht Euro. Ausgerechnet das moderne, schnell wachsende Delhi ist eine Hochburg der Tötung ungeborener Mädchen. Hier wurden zuletzt nur noch 860 Mädchen pro 1000 Jungen geboren.

In: Die Zeit, 15.03.2012, S. 24

4.8 Case Study: A vision of a modern Arab world

In his old life in Cairo, Rami Galal knew his place and his fate: to become a maintenance man in a hotel, just like his father. But here, in glittering, manic Dubai, he is confronting the unsettling freedom to make his own choices. Here Galal, 24, drinks beer almost every night and considers a young Russian prostitute his girlfriend. But he also makes it to work every morning, not something he could say when he lived back in Egypt. Everything is up to him. Everything he eats, whether he goes to the mosque or a bar, where his friends are.

"I was more religious in Egypt," Galal said, taking a drag from yet another of his ever-burning Malboros. "It is moving too fast here. In Egypt there is more time. They have more control over you. It is hard here. I hope to stop drinking beer – I know it is wrong. In Egypt, people keep you in check. Here, no one keeps you in check." In Egypt, and across much of the Arab world, an Islamic revival is being driven by young people for whom faith and ritual are increasingly the cornerstone of identity. But that is not true in the ethnic mix that is Dubai, where 80 percent of the people are expatriates, with 200 nationalities.

This economically vital, socially freewheeling yet unmistakably Muslim state has had a transforming effect on young men. Religion has become more of a personal choice and Islam less of a common bond than national identity. Dubai is, in some ways, a vision of what the rest of the Arab world could become – if it offered comparable economic opportunity, insistence on following the law and tolerance for cultural diversity. In this environment, religion is not something young men turn to because it fills a void or because they are bowing to a collective demand.

That, in turn, creates an atmosphere that is open not only to those inclined to a less observant way of life, but also to those who are more religious. In Egypt, Jordan, Syria and Algeria, a man with a long beard is often treated as an Islamist – and sometimes denied work. "Here, I can practice my religion in a natural and free way because it is a Muslim country and I can also achieve my ambition at work," said Ahmed Kassab, 30, an electrical engineer from Zagazig in Egypt who wears a long dark beard and has a prayer mark on his forehead. "People here judge the person based on productivity more than what he looks like. It is different in Egypt, of course." No one can say for sure why Dubai has been spared the kind of religion-fueled extremism that has plagued other countries in the region. There are not even metal detectors at hotel and mall entrances, standard fare from Morocco to Saudi Arabia. Some speculate that Dubai is like Vienna in the Cold War - a playground for all sides. There is a robust state security system. But there is also a feeling that diversity, tolerance and opportunity help breed moderation. Dubai dazzles, but also confuses. It appears to offer a straight deal – work hard and make money. It is filled with inequities and exploitation. It is a land of rules: No smoking, no littering, no speeding, no drinking and driving.

"They should give you an introduction when you arrive", said Hamza Abu Zanad, 28, who moved to Dubai from Jordan about 18 months ago and works in real estate. "It is very distorting. I felt lost. There are fancy cars, but don't speed. You can have prostitutes, but don't get caught with a woman." Dubai offers a chance to lead a modern life in an Arab Islamic country. Abu Zanad raises his beer high, almost in a toast, and said he liked being able to walk through a mall and still hear the call to prayer.

Back in Cairo, Galal is reconnected with his family. He fasted for Ramadan, including giving up cigarettes during daylight hours. And he went out looking for his friends on the bustling streets of his neighborhood, which is the antithesis of Dubai. It is filled with people – men, women, children – all night long, shopping, chatting, smoking, enjoying the cold night, the warmth of the neighborhood and a common culture.

"My friends are all stuck at a certain limit. That's as far as they can go," Galal said after three weeks at home. "Nothing is new here. Nothing is happening. My friends feel like I changed. They say money changed me." Galal and a cousin went out for a night of fun the day before he was scheduled to return to Dubai. "I want to go back," he said."I was living better there. It is the simple things – sitting at the coffee shop, talking to people. Their mentality is different." He said he had broken off his engagement. Marriage in Egypt is usually a practical matter, a necessary step to adulthood, to independence. It is often arranged. A year in Dubai changed his view of marriage. "You are looking for someone to spend you whole future with," Galal said. "I want to go back and have fun. My future is there, in Dubai."

Slackman, M., A vision of a modern Arab world, in: International Herald Tribune, 23.09.2008, p. 1

Review and Discussion Questions:

1. Describe in your own words Galal's mixed feelings related to the place he comes from and the way he is living in Dubai!

2. Could you imagine that Dubai's policy of religious openness will become a role model for other Islamic countries? Explain your opinion!

3. Which Islamic values are in danger to get lost with a specific view on the five pillars of Islam?

4. What are the reasons for Galal to stay in Dubai?

4.9 Literaturverzeichnis

Asendorpf, D., Der gefeierte Verräter, in: Die Zeit, Nr. 18, 2004.
Beerman, L./ Stengel, M., Werte im interkulturellen Vergleich, in: Bergemann/ Sourisseaux (Hrsg.), Interkulturelles Management, 2. Aufl. Heidelberg 1996.
Blume, G., Der mörderische Makel Frau, in: Die Zeit, 15.03.2012
Chouhan, K., Managing Diversity, big business, the UN and Global markets, in: Managing Diversity – Can it offer anything to the delivery of race equality or is it a distraction? London 2002.
Czajor, J., Rekrutierung japanischer Toptalente, in: Personalwirtschaft Nr.1/2004.
Dönhoff, M., Gier nach Beute, Das Streben nach Gewinnmaximierung zerstört die Solidarität, in: Die Zeit, Nr.48/1995.
Dormann, J., Wertemanagement, in: Wieland, J. (Hrsg.), Handbuch Wertemanagement, Hamburg 2004.
Dometeit, G., Fernsehkonsum nach westlichem Muster, in: Focus, Nr. 21/2006.
England, G.W./ Lee, R., The Relationship between Managerial Values and Managerial Success in the US, Japan, India and Australia, in: Journal of Applied Psychology,1978.
Follath, E., „Tigerstaaten": Modell oder Menetekel, in Spiegel „special", Nr. 4/1998.
Gussmann, B./ Breit, C., Ansatzpunkte für eine Theorie der Unternehmenskultur, in: Heinen/Fank, M. (Hrsg.), Unternehmenskultur, 2. Aufl., München 1997.
Hauch-Fleck, M., Das asiatische Rätsel, in: Die Zeit, Nr. 27/1998.
Hermes, L., Individuelle Verschiedenheit, in: karriereführer, Nr. 1, 2006.
Hodge, S., The difference between heaven and hell, in: Global Smarts: The art of communicating and deal making anywhere in the world, 2000.
Huntington, S. P., Kampf der Kulturen. Die Neugestaltung der Weltpolitik im 21. Jahrhundert, Wien 1996.
Kandola, R./ Fullerton, J., Diversity in Action: Managing the Mosaic, 2nd ed., London 1998.
Kiechl, R., Interkulturelle Kompetenz, in: Kopper/Kiechl (Hrsg.), Globalisierung: Von der Vision zur Praxis, Zürich 1997.
Koh, J., Diversity in our Workforce, in: Siemens AG – Corporate Values, 2006.
Luthans, F., Value Differences and Similarities across Cultures, in: Luthans/Hodgetts (Hrsg.), International Management, 3. Aufl., New York 1997.
Mayer, B., Innovation und Unternehmenskultur. Die Hilti AG fördert weltweit Kommunikation und Teamfähigkeit, in: Personalwirtschaft, Nr. 2/1998.
Messmer, W., Working with India, Heidelberg 2009
Mohn, R., Werte, in: Bertelsmann Stiftung (Hrsg.), Change, 3/2008.
Obama, B., Values, in: The Audacity of Hope, New York 2006.
o.V., Fremde Fahrräder, in: Die Welt, 18.07.2007.
Pinzler, P., Moral statt Markt, in: Die Zeit, Nr. 49/1994.
Reuters, Jung, Frau, Asiatin, in: FAZ, 08./09.11.2008.
Sautter, H., Japan im Aufbruch - Wandel der Zeit, in: Spiegel „special", Nr. 4/1998.
Slackman, M., A vision of a modern Arab world, in: International Herald Tribune, 23.9.2008
Sommer, T., Die asiatische Krankheit, in: Die Zeit, Nr. 28/1998.
Staffelbach, B., Moral Leadership, Daimler-Benz Forum: Verantwortung in Management, Stuttgart 1995.
Steger, U., Globalisierung verstehen und gestalten, in: Globalisierung der Wirtschaft Konsequenzen für Arbeit, Technik und Umwelt, Berlin 1996.
Thompson, N., Anti Discriminatory Practice, London 1998.
Unger, K.R., Internationale Kommunikationspolitik, in: Krystek/Zur (Hrsg.), Internationalisierung. Eine Herausforderung für die Unternehmensführung, Berlin 1997.
Volvo Car Corporation (Hrsg.), Discrimination is everyone's business, 2000.

World Values Survey, Values Change the World, unter: http://www.worldvalues survey.org/wvs/articles/folder_published/article_base_110/files/WVSbrochure6-2008_11.pdf, 2008.

World Values Survey Association, The World Values Survey: Questionnaires of 2005, 2000, 1995, unter: http://www.worldvaluessurvey.org/index_surveys, 2012.

Zubko, K.C., Sahay R.R., Inside the Indian Business Mind, Jaico Publishing House, Mumbai 2011

Zwierlein, E., Moral Leadership?, Das Plädoyer des advocatus diaboli, Daimler-Benz Forum: Verantwortung in Management, Stuttgart 1995.

5 Interkulturelle Kompetenz

5.0 Problemstellung

Negotiations in Japan

Thomas Schneider, a distinguished and successful employee in the export department of a medium-sized German pharmaceutical company, has just returned from a business trip to Japan. He is asked by his colleague Bernd Neumann, how the sales negotiations with the Japanese partners have gone.

Neumann: How did the negotiations in Kyoto proceed? Could you apply the Japanese skills from your last language course?

Schneider: Things worked out well with the Japanese, but the negotiations didn't go as smoothly as I'd imagined. We had to make significant price concessions.

Neumann: Did the Japanese drive such a hard bargain? That wasn't normally to be expected.

Schneider: The case is this: After the usual introductory words, I informed Mr. Yoshida about our offered price and he reacted with a strange silence.

Neumann: He didn't answer?

Schneider: No, he sat there with a very serious facial expression. After a few seconds of silence, I thought that the offered price would not meet his expectations. Therefore, I started reducing the price. When he still didn't answer but just looked rather startled, I marked down the price even further, well, actually down to my absolute limit.

Neumann: And what happened then?

Schneider: After another short silence, Mr. Yoshida finally accepted our offer.

Neumann: Well, at least we've got the contract. You should be pleased.

In: Rothlauf, J., Seminarunterlagen, 2011

5.1 Zum Kompetenzbegriff

Trotz intensiver Forschung in den letzten vierzig Jahren und einer eindrucksvollen Spannweite von Definitionen interkultureller Kompetenz gelang es nicht, ein zufriedenstellendes theoretisches Modell dafür zu entwerfen. Der Konsens der Forscher besteht darin, dass interkulturelle Kompetenz eine Voraussetzung für effektives und kuturadäquates Handeln in verschiedenen Kontexten darstellt (Kovacova, 2010, S. 65; Bolton, 2011, S. 2). Was man nun unter interkultureller Kompetenz versteht, ist ähnlich breit angelegt, wie die Diskussion über den Begriff „Kultur". Die nachfolgende Herangehensweise ist deshalb iterativ zu betrachten und fängt mit der Definition des normalen Kompetenzbegriffes an und erweitert diese dann mit der Einbeziehung von interkulturellen Sichtweisen.

Unter Kompetenz wird zunächst die Befugnis und die Berechtigung verstanden, effizient und effektiv mit der Umwelt zu interagieren (Kiechl, 1997, S. 13). Der Kompetenzbegriff lässt sich dabei in drei Teile aufgliedern. Zum einen wird die Fachkompetenz, die zur Erledigung von Sachaufgaben notwendig ist, eingefordert; zum anderen wird Methodenkompetenz erwartet, um verschiedenste Verfahren und Instrumente zur Problemlösung einsetzen zu können und schließlich bezieht der Kompetenzbegriff auch die soziale Komponente mit ein. Sie ermöglicht auf der Basis selbständigen Handelns die Entfaltung der eigenen Persönlichkeit und schafft die Voraussetzung, gemeinsam mit anderen, Aufgaben im Team zu übernehmen.

5.2 Zur Begriffsbestimmung von interkultureller Kompetenz

Interkulturell erweitert wird diese Begriffsbestimmung, wenn bei der Zusammenarbeit mit Menschen aus fremden Kulturen deren spezifische Konzepte der Wahrnehmung, des Denkens, Fühlens und Handelns mit einbezogen werden und Niederschlag im eigenen fremdkulturellen Handlungsfeld finden.

Interkulturelle Kompetenz setzt dabei das Bewusstsein voraus, dass die eigene Kultur nur eine von vielen ist, und dass in jeder Kultur eigene Vorstellungen davon existieren, was "real" ist, was Menschen unausgesprochen voneinander erwarten können. Dieses Bewusstsein ist noch kein Wissen um die Unterschiede. Aber es ist eine wesentliche Voraussetzung für die Neugier am Fremden, ohne die jedes Wissen steril bliebe. Dagegen ist interkulturelle Kompetenz mit einer Einstellung, die das Fremde nicht aufmerksam beschreibt, sondern durch an der eigenen Kultur orientierte Bewertungen abtut, unvereinbar (Clement/Clement, 2002, S. 2).

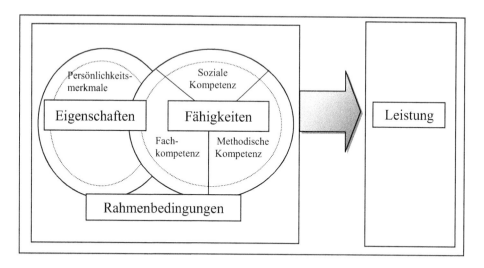

Abb. 49 Interkulturelle Kompetenzen einer Führungskraft
Quelle: Eubel-Kasper, 1997, S. 148

Zum interkulturellen Verständnis gehört auch, dass wirtschaftliche und technische Gesetzmäßigkeiten in ihrer Anwendung durch Menschen zwangsläufig in einen spezifischen kulturellen Kontext eingebunden sind und ihre Handlungen beeinflussen. Deshalb bedürfen die zuvor aufgeführten allgemeinen Begriffsbestimmungen expliziter Einbeziehung des internationalen Handlungsumfeldes. Fachkompetenz beginnt mit der Beherrschung der entsprechenden Fremdsprache, was in vielen Ländern mit der englischen Sprache gleichgesetzt wird, und beinhaltet zudem landeskundliches Wissen; je nach Aufgabendefinition bedeutet dies darüber hinaus beispielsweise auch die Kenntnis des Marktes, der Gesetzgebung oder tariflicher Bestimmungen.

Methodenkompetenz steht im internationalen Umfeld für die Beherrschung von Managementtechniken des jeweiligen kulturellen Umfeldes: Zeit- und Informationsmanagement, Entscheidungsfindung, Konfliktmanagement usw. Zur Erschließung dieser auf Auslandsaktivitäten gerichteten Kompetenz sind grundlegende Kenntnisse der tiefer liegenden Werte des fremdkulturellen Umfeldes notwendig.

Die mit Sicherheit größten Anforderungen an Führungskräfte sind mit der Sozialkompetenz verbunden. Abhängig von einer fremdbestimmten Umgebung müssen Fähigkeiten entwickelt werden, die der eigenen Akkulturation und damit dem eigenen Selbstverständnis als Führungskraft unter Umständen stark zuwiderlaufen können. Das Führen eines internationalen Teams bzw. das Wahrnehmen von Führungsverantwortung in einem bisher unbekannten Umfeld wirft u.a. Fragen nach der Akzeptanz des Führungsstils auf, mit der Folge, dass Führungsfragen neu bedacht werden müssen, um Entscheidungen vor Ort kulturspezifisch absichern zu helfen (Rothlauf, 2007, S. 20).

The importance of intercultural knowledge for the future
(Annette Ulrich)

Everything we do across national and cultural borders, or within diverse societies, needs to take cultural differences into account. Intercultural specialists are beginning to move into strategic decision making and marketing in large companies: the perception of companies, products, and marketing approaches can differ tremendously across cultures. A wide variety of management strategies, such as recruiting procedures, need to be adapted when operating in a different country. The possibilities of applying intercultural knowledge in business are vast, and go far beyond the traditional area of expatriate support. While international business has played a key role in bringing intercultural concepts into use, other fields have been slower to put them into practice. Yet public administration in diverse societies, and international relations too, will increasingly need to use intercultural knowledge.

In: BSN, Nr. 16, 2004, p. 3

5.3 Zielsetzungen von interkultureller Kompetenz

Generelle Zielsetzung von Maßnahmen zur Entwicklung von interkultureller Handlungskompetenz in Unternehmen ist daher die Qualifizierung von Mitarbeitern zum Erkennen und zur konstruktiven bzw. effektiven Bewältigung von beruflichen Aufgaben, die sich unter fremden Kulturbedingungen und/oder in der Interaktion mit fremdkulturell geprägten Partnern ergeben (Holzmüller, 1997, S. 793).

Aus dem Blickwinkel der internationalen Unternehmensführung stellt sich die Aufgabe, Personen, die im Rahmen der Unternehmenstätigkeit mit interkulturellen Überschneidungssituationen konfrontiert sind, so vorzubereiten, dass sie:

- handlungswirksame Merkmale des jeweiligen fremdkulturellen Orientierungssystem identifizieren sowie
- diese in das eigene Handlungsschema übernehmen, um spezifische Managementaufgaben unter für sie fremden Kulturbedingungen erfüllen zu können (Holzmüller, 1997, S. 790).

Interkulturelle Kompetenz und Auslandserfahrung
(Christoph Fay)

Globalisierung und Internationalisierung haben große Auswirkungen auf unsere Gesellschaft und Wirtschaft. Sie bestimmen unser Zusammenleben auf dieser Welt in der Zukunft nachhaltig. Jede Studentin und jeder Student muss sich dieser Herausforderung im Studium und insbesondere im Berufsleben stellen. Die Wirtschaft sucht Menschen, die sich nicht nur in einer, sondern in mehreren Welten zurechtfinden. Global Player wie BASF, Daimler, Siemens oder Lufthansa setzen dies bei Bewerbungen schon heute voraus. Morgen werden viele andere folgen. Jeder, der heute seinen Berufseinstieg plant, muss wissen, dass er im Wettbewerb mit Bewerbern steht, die auslandserfahren und interkulturell kompetent sind. Nicht nur die Karrieremöglichkeiten von heute, sondern sogar die Berufsfähigkeit von morgen hängen wesentlich von interkultureller Kompetenz und Auslandserfahrung ab.

In: Stiftung der Deutschen Wirtschaft (Hrsg.), Jahresbericht 2006, S. 40

5.4 Anforderungen an interkulturelle Kompetenz

Um interkulturelle Handlungskompetenz zu erlangen, sind gewisse Anforderungen zu erfüllen, um sich in fremden Kulturen zu behaupten (Dülfer 1995, S. 473):

- **Offenheit für fremde Kulturen:** Besonderes Interesse und positive Neugier gegenüber fremden natürlichen und kulturellen Umwelten erleichtern die Akzeptanz der Andersartigkeit und das Leben in fremder Umgebung, wobei die Bereitschaft zur Akzeptanz überhaupt als Grundlage für Lernfähigkeit im Hinblick auf andersartige Lebensverhältnisse gegeben sein muss.

- **Akzeptanz fremden Verhaltens:** Voraussetzungen hierfür sind Selbstdisziplin, Beachtung bestimmter Prinzipien der „ungesprochenen Sprache" sowie Einfühlungsvermögen in einen veränderten

Verhaltenskodex. Dazu kommen noch Respekt vor Andersartigkeit, Anerkennung sozialer Ränge, die unter Umständen auch mit anderem Maß gemessen werden, sowie Toleranz gegenüber Ungewöhnlichem, was insgesamt zu einer passiven kulturellen Anpassung führt.

- **Eigene Verhaltensanpassung:** Die eigene, aktive Verhaltensanpassung beginnt bei der Sprachbeherrschung und führt zu einem Anpassungsprozess der täglichen Umgangsformen, der Kleidung etc.

Bestimmte Umgangsformen werden in interkulturellen Arbeitsbeziehungen häufig als problematisch erlebt, weil sie der eigenen Verhaltensnorm nicht entsprechen. Wer die passive Rolle des chinesischen Delegationsleiters bei einem Geschäftstreffen verkennt, wer bei der Überreichung von Visitenkarten in Vietnam dies nicht mit zwei Händen und einer leichten Verbeugung vollzieht oder wer die religiös verursachten großen Unterbrechungen bei Verhandlungen während der Ramadanzeit in der arabischen Welt nicht zur Kenntnis nimmt, dessen Verhalten wird häufig von Frust und Erfolglosigkeit geprägt sein. Anpassungsfähigkeiten an die ungewohnte Umgebung sind hier gefragt. Dabei geht es vor allem darum, dass man seine eigenen kulturell bedingten Gewohnheiten an die Kultur des jeweiligen Gastlandes anzupassen hat, um den Toleranzerwartungen des Gastgebers zu entsprechen.

Ohne Englisch geht es nicht - Fremdsprachenkenntnisse stehen bei Arbeitgebern oben auf der Liste
(Berit Böhme)

Wer Amerikanern aufgrund von fehlenden Fremdsprachenkenntnissen den Smalltalk verweigert, macht einen sehr schlechten Eindruck. In China zu erwähnen, dass man Japan toll findet, grenzt an beruflichen Selbstmord - auch umgekehrt. Solche Fauxpas können für Unternehmen teuer werden, wenn sich Kunden kulturell beleidigt fühlen, sind die Wogen oft nur schwer zu glätten. Vor allem für Ingenieure ist es wichtig, sensibel mit den Eigenarten anderer Kulturen umgehen zu können. Sie gehören zu einer Berufsgruppe, die besonders oft mit dem Ausland zu tun hat. „Den Mittelständler, der nur auf den deutschen Markt ausgerichtet ist, gibt es kaum noch", sagt Tanja Schumann vom Verein Deutscher Ingenieure (VDI). „Fremdsprachenkompetenz steht bei Unternehmensbefragungen als Einstellungskriterium immer oben auf der Liste", sagt Schumann.

In: Frankfurter Allgemeine Zeitung, 16./17.Oktober 2011, Beruf und Chance C6

> Exercise concerning the topic of "intercultural communication"
>
> **Born in Germany: Taking a close look at the German culture**
> *Please answer the following questions by writing down keywords:*
>
> - Three German heroes/heroines
> - Three important basic rules/principles Germans have to observe to be accepted by the society
> - Three popular conversational topics of Germans
> - Three to five characteristics of German women
> - Three to five characteristics of German men
> - What do Germans want to reach in life?
> - What do Germans expect from their government?
> - What do Germans expect from their employer?
> - What do Germans expect from their children?
> - What do Germans expect from their neighbors?
> - What do Germans expect from foreigners and other minority groups?
> - Which are the most important leisure-time activities in Germany?
> - What does "friendship" mean to Germans?
> - How does a German react when someone is successful?
> - How does a German react when someone makes a mistake?
> - Name a German way of behaving which is considered as a repulsive act.
>
> This exercise can be applied to other cultures as well!

5.5 Merkmale interkultureller Kompetenz

Die Frage, welche Merkmale eine Person auszeichnen, sich in einer fremden Umgebung schnell zurechtzufinden, gleichzeitig die beruflichen Aufgaben erfolgreich in Angriff zu nehmen und darüber hinaus gute soziale Beziehungen mit den Gastlandangehörigen aufzubauen, hat zu einer regen Forschungstätigkeit geführt (Stahl, 1995, S. 36 ff.). Den Prototyp eines erfolgreichen Auslandsentsandten haben Kealey/Ruben (1983, S. 165) wie folgt beschrieben:

> *"The resulting profile is of an individual who is truly open to and interested in other people and their ideas, capable of building relation-*

ships of trust among people. He or she is sensitive to the feelings and thoughts of another, expresses respect and positive regard for others, and is nonjudgmental. Finally, he or she tends to be self-confident, is able to take initiative, is calm in situations of frustration of ambiguity, and is not rigid. The individual also is a technically or professionally competent person."

Ein Großteil der Untersuchungen zur interkulturellen Kompetenz ist allerdings mit konzeptuellen und methodischen Mängeln behaftet; insbesondere wird moniert, dass die postulierten Merkmale kaum operationalisiert werden können, so dass unklar bleibt, welche konkreten Verhaltensweisen sich dahinter verbergen (Spitzberg, 1989; Stahl, 1995).

Kühlmann/Stahl (1998, S. 216 ff.) haben mit Hilfe der Technik der kritischen Ereignisse, d.h. mit Hilfe von Fragen nach dem Anlass für kritische Vorfälle, mehr als 300 deutsche Fach- und Führungskräfte befragt, die zum Zeitpunkt des Interviews im Ausland tätig oder kurz vorher zurückgekehrt waren. Ihr Ziel war es, Merkmale herauszufinden, die interkulturelle Handlungskompetenz beschreiben. Als Ergebnis ihrer Untersuchungen haben sie einen Merkmalskatalog erstellt, der die Kriterien für interkulturelle Handlungskompetenz auflistet:

- *„Ambiguitätstoleranz:* Die Neigung, sich in unsicheren, mehrdeutigen und komplexen Situationen wohl zu fühlen bzw. zumindest nicht beeinträchtigt zu fühlen.

- *Verhaltensflexibilität:* Die Fähigkeit, sich schnell auf veränderte Situationen einzustellen und darin auf ein breites Verhaltensrepertoire zurückzugreifen.

- *Zielorientierung:* Die Fähigkeit, auch unter erschwerten Bedingungen zielstrebig auf die Erreichung der gestellten Aufgaben hinzuarbeiten.

- *Kontaktfreudigkeit:* Die Neigung, soziale Kontakte aktiv zu erschließen und bestehende Beziehungen aufrechtzuerhalten.

- *Einfühlungsvermögen:* Die Fähigkeit, Bedürfnisse und Handlungsabsichten von Interaktionspartnern zu erkennen und situationsadäquat darauf zu reagieren.

- *Polyzentrismus:* Vorurteilsfreiheit gegenüber anderen Meinungen, Einstellungen und Handlungsmustern, insbesondere fremdkultureller Prägung.

- *Metakommunikative Kompetenz:* Die Fähigkeit, in schwierigen Gesprächssituationen steuernd einzugreifen und Kommunikationsstörungen zu beheben." (Kühlmann/Stahl, 1998, S. 217)

Das Erfüllen der Merkmale wird dabei als notwendige, aber nicht hinreichende Bedingung für erfolgreiche Arbeitsbeziehungen im Ausland betrachtet. Im konkreten Einzelfall verursachen aufgaben-, unternehmens- und länderspezifische Besonderheiten zusätzliche Anforderungen oder sind mit einer Gewichtungsverschiebung verbunden (Kühlmann/Stahl, 1998, S. 218).

Globalisierung und Interkulturelle Kompetenz
(Liz Mohn)

Um sich gegenseitig zu verstehen, die Werte und Überzeugungen des anderen zu respektieren, mit Ihnen umzugehen und erfolgreich zusammenzuarbeiten, bedarf es einer besonderen Sensibilität, Toleranz, Achtung und Bescheidenheit. Diese interkulturelle Kompetenz wird mit der Globalisierung von Wirtschaft und Gesellschaft immer wichtiger. Denn wir stehen erst am Anfang einer Entwicklung bei der immer mehr Menschen am Geschehen in einer globalen Welt teilhaben werden.

In: Bertelsmann Stiftung (Hrsg.), Unternehmenskulturen in globaler Interaktion, 2005, S. 5

5.6 Notwendige Kompetenzen für die Arbeit in internationalen Organisationen

Das Forschungsprojekt „Professionelle Ausbildung für internationale Organisationen" (kurz PROFIO) wurde vom Juli 2004 bis Juni 2006 an der Erfurt School of Public Policy, Universität Erfurt, durchgeführt. Es untersuchte, welche Kompetenzen und Fähigkeiten für Karrieren in internationalen Organisationen notwendig sind und wie diese vermittelt werden können. Die nachfolgende Übersicht zeigt die Ergebnisse der Studie.

Freiwilligendienst im Ausland

Unter www.kulturweit.de finden Sie umfassende Informationen zum Freiwilligendienst sowie alle Bewerbungsunterlagen und Fristen.

- ➢ **Social-communicative competencies**

  - Communications skills
    - Presentation skills
    - Rhetoric skills
    - Negotiation skills
    - Listening skills
    - Drafting skills
    - Writing skills

  - Intercultural skills
    - Diplomatic skills
    - Foreign language skills

- ➢ **Professional-methodical competencies**

  - Job-specific knowledge and skills
  - Basic knowledge of the organization
  - Basic knowledge of other international organizations
  - Basic knowledge of economics and politics
  - Basic knowledge of policy analysis, development and implementation
  - Knowledge specific to a country or region
  - Knowledge on how to avoid risk and threats
  - Basic management skills
    - Organizational & planning skills
    - Financial management skills
    - Office & time management skills
    - Staff & team management skills
    - Leadership skills
    - Project management skills

- ➢ **Personal competencies**

  - Integrity
  - Respect for diversity
  - Honesty
  - Self-awareness
  - Tolerance
  - Passions
  - Motivation
  - Stress resistance

- ➢ **Activity and implementation-related competencies**

  - Flexibility
  - Mobility
  - Assertiveness
  - Initiative
  - Self-management

Abb. 50 Kompetenzen, die bei internationalen Organisationen notwendig sind
Quelle: PROFIO-Forschungsteam

Der Auswärtige Dienst und die Auslandsvorbereitung
Auszüge aus einem Interview, das die beiden Studenten der University of Applied Sciences Stralsund, Anne Schmidt und Susann Kröger, mit dem stellvertretenden Abteilungsleiter der Personalabteilung des Auswärtigen Amtes, Herrn Stefan Kruschke, im Mai 2006 in Berlin führten:

Studenten: *Wie bereitet das Auswärtige Amt seine Mitarbeiter für einen Auslandseinsatz vor?*

Kruschke: Wir bereiten unsere Mitarbeiter gezielt für ihren Auslandseinsatz vor. Unser Fortbildungsprogramm umfasst dieses Jahr 120 Seminare und die teilen sich auf in fachliche Seminare und in kommunikative Seminare, wo vor allem die Soft Skills vermittelt werden.

Studenten: *Welche Rolle spielt hierbei die interkulturelle Vorbereitung?*

Kruschke: Interkulturelle Trainingseinheiten werden nur zum Teil durchgeführt. Es sind vor allem die Kommunikationsseminare in Englisch und Französisch, die einen großen zeitlichen Anteil in Anspruch nehmen. Auf Land und Leute bereiten sich unsere Mitarbeiter dadurch vor, dass sie in Bad Honnef landesübliche Seminare besuchen. Eine Woche lang werden sie dort auch mit Fragen konfrontiert, die mit der interkulturellen Verhaltensweise im Zielland zu tun haben.

Studenten: *Welchen Stellenwert nimmt die Familie bei der Auslandsvorbereitung ein?*

Kruschke: Es gibt Seminare für mit ausreisende Partner/innen, um sich einfach auf die Lebensform des Auswärtigen Amtes einzustellen. Darüber hinaus ist die Familie bei den landeskundlichen Seminaren eingeladen mit teilzunehmen. Dann bieten wir auch Einzelseminare wie die Kommunikationsseminare an, zu denen auch die Partner mitkommen können.

Studenten: *Sind bei Ihren Seminaren auch ehemalige Expatriates eingeladen, um von ihren Erfahrungen zu berichten?*

Kruschke: Also das kommt eigentlich selten vor. Die Ehemaligen spielen nicht die große Rolle in diesem Zusammenhang. Es sind meistens Dozenten von den Fachreferaten und es sind natürlich auswärtige Dozenten, die wir engagieren.

> *Studenten:* *Dann arbeiten Sie bei den Seminaren auch mit Trainern zusammen, die nicht beim Auswärtigen Amt beschäftigt sind?*
>
> **Kruschke:** In den allgemeinen Seminaren sind es vor allem deutsche Dozenten, die uns über die Jahre hinweg gut bekannt sind und mit denen wir zusammenarbeiten, die aber auch immer wieder wechseln können. Wir haben im Zusammenhang mit den Verhandlungstechniken, gerade für den multilateralen Raum, sprich EU oder UNO, auch ausländische Trainer engagiert, die schon mehrere Seminare bei uns durchgeführt haben und die auch vertraut sind mit den Verhältnissen in Brüssel oder New York. Hinzufügen möchte ich noch, dass diese Seminare jeweils auf Englisch und Französisch abgehalten werden.
>
> In: Intercultural training - Seminarunterlagen, Stralsund 2006, S. 35

5.7 Intercultural Competence in the Framework of the 7-S-Model

Peters/Waterman (1982) called it "Productivity through people", when they were asked about the fundamental criteria for successful companies. In the framework of culture-comparative management research and in cooperation with Pascale/Athos (1981), they have developed the so-called "7-S-Model", which creates a framework for systematization and which can also be linked to the development of intercultural competence.

The 7-S-Model distinguishes between "hard" and "soft" elements. While the formal organizational "structure", the "systems" (in the sense of "business systems") and the corporate "strategy" represent the "hard" variables, the terms (managerial) "staff", "skills", "style" and subordinate goals ("shared values") are referred to as "soft" elements (Heinen, 1997, p.12). How they fit into the intercultural framework shall be briefly described on the following pages.

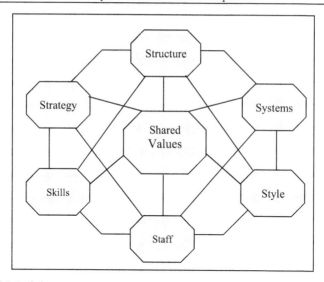

Abb. 51 7-S-Model
Quelle: Peters/ Waterman, 1982, S. 10

5.7.1 The "Hard" Elements of the 7-S-Model

➢ **"Strategy"** is understood as the plan or course of action in order to reach certain goals with the given means. Question which have to be raised in this intercultural context are: In which foreign markets, respectively at which locations do we want to or have to be present? Do we have a quantitative and qualitative potential analysis of all employees worldwide? Do we have support plans for all those activities?

➢ **"Structures"** ask for the relevant structures for the internationalization process. Do we want a centralized or a decentralized structure of our organization? Should organizational forms take local requirements into account and how does an organizational structure and process organization of a worldwide operating company look like?

➢ **"Systems"** deal with controlling and the reporting system. Here, the following questions arise: Do our systems support the internationalization process? Which information policy is currently applied in our company? Are our guidelines everywhere realistic and effective? Are they culturally appropriate? Who is going to take the final decision by using which managerial leadership tool and in which language? Does our current incentive program reflect the intercultural needs of our partners?

5.7.2 The "Soft" Elements of the 7-S-Model

Especially the success of Japanese companies in the 1980's with a special focus on the so-called "soft" elements – in opposition to an overemphasis on the "hard" factors in the Western world – has led to a paradigm change among companies.

➢ In the intercultural context, this means that there are questions connected e.g. with the element of **"style"** referring to the leadership style and all associated tasks a manager has to fulfill. How does the communication behavior look like, how is the climate in a post-merger situation or how are German staff members treated, trained, supported or promoted for an international assignment. Which role do our international managers play in this context? Is our management philosophy also unrestrictedly effective abroad and how does a manager see him-/herself in this context?

➢ The element **"staff"** especially deals with the company's employees. Which employees are involved in the internationalization process, which nationalities do they represent, where do they work and which qualifications do they have? What do we know about the potential of our employees? Do we have all the necessary information related to their knowledge, skills, international experiences and so on? Do we have a policy that enables them to promote their career even as far as top positions in our company are concerned, regardless where they come from?

➢ In an international setting, the element **"skills"** with a specific focus on intercultural competences is the decisive prerequisite for success and is in the heart of any internationalization strategy. Questions like the following ones determine if we are internationally competitive or not: Do our employees have these skills in order to act efficiently and effectively on an international level? Which are these intercultural skills and how can we adequately adapt them, before we send our employees abroad? Are the same skills needed everywhere and who is able to identify them at an early stage?

➢ **"Shared values"** reflect the guiding values of any company and are expressed in the corporate culture. Questions concerning technology and quality, reliability, corporate ethics, environmental sustainability as well as the company's visions are connected to that. With regard to the internationalization strategy, questions like the role and importance of the internationalization strategy should be a vital part in the mission statement. Moreover, a holistic approach to the values includes principles that underline how we act as a company. What are our internal and external structures? How does our social commitment look like? How is the public perception of all our activities and is the image we have created in line with our values? Even the role model of the behavior of our managers must not be neglected in this context.

Neues Tool prüft die interkulturelle Kompetenz

Die ICUnet.AG aus Passau bietet neben der Vorbereitung auf Auslandseinsätze nun auch interkulturelle Personalauswahltools an. Im Rahmen eines ganzheitlichen Ansatzes sollen sie dazu dienen, die Mitarbeiter auszuwählen, die über die Voraussetzungen für erfolgreiche Auslandsaufenthalte und die Arbeit in internationalen Teams verfügen. Dadurch ist es nach Aussagen des Anbieters möglich, 30 000 Euro pro Mitarbeiter einzusparen, da die begleitenden Maßnahmen wie Workshops und Trainings durch Einsatz der Tools weniger kostenintensiv sind. Ein interkulturelles Assessment-Center mit webbasierten Tests, strukturierten Interviews und simulationsorientierten Übungen gibt Aufschluss über die jeweilige Eignung des Mitarbeiters.

In: Personalwirtschaft, Heft 8, 2003, S. 70

5.8 Zur Umsetzung von interkultureller Kompetenzvermittlung

Interkulturelle Lernprozesse setzen Veränderungsbereitschaft von Personen und Organisationen voraus. Effektiver Kompetenzerwerb lässt sich dabei nur in zweigleisiger Form erreichen, nämlich durch „on the job-" und „off the job-Maßnahmen". Welche Schritte in der betrieblichen Praxis unternommen werden, um die interkulturellen Fähigkeiten der Mitarbeiter zu entwickeln, soll anhand der folgenden zwei Praxisfälle aufgezeigt werden.

5.8.1 Das Beispiel BMW

BMW will seine Mitarbeiter und Führungskräfte auf die globalen Herausforderungen zukünftig so vorbereiten, dass das Unternehmen die geistige und mentale Einstellung aller Beschäftigten in den Vordergrund stellt, um sich zu einem international denkenden und handelnden Unternehmen zu entwickeln. Unter dem

Motto: "Wir sind ein multinationales Unternehmen mit deutschen Wurzeln. Unsere Zielsetzung ist der globale Unternehmenserfolg in einer Vielzahl nationaler und regionaler Märkte". Acht Thesen (s. Abb. 52) wurden zur internationalen Personalpolitik formuliert, in der auch interkulturelle Überlegungen Eingang gefunden haben.

5.8.1.1 Bestandsaufnahme und Zielvorstellungen

Eine Bestandsaufnahme bei BMW hatte ergeben, dass bei der Umsetzung von internationalem Denken und Handeln im Konzern Mängel offenkundig wurden. Die Ergebnisse der Bestandsaufnahmen führten zu veränderten Zielvorstellungen. Im Hinblick auf die interkulturelle Handlungskompetenz sah das Ergebnis wie folgt aus:

These 1: In den kommenden Jahren muss BMW den Übergang von einem internationalen zu einem multinationalen Unternehmen bewältigen.

These 2: Die internationale Personalentwicklung bei BMW ist die Basis zur Schaffung einer multikulturellen Firmenkultur.

These 3: Internationale Personalentwicklung kann nur erfolgreich sein, wenn sie von der Geschäftsleitung gewollt und unterstützt wird.

These 4: Internationale Personalentwicklung muss in ein Gesamtkonzept der Personalpolitik eingebunden sein.

These 5: Internationale Personalentwicklung ist nicht allein Aufgabe der Zentrale.

These 6: Internationale Personalentwicklung muss über ein vielseitiges Programm internationaler Qualifizierungsmaßnahmen umgesetzt werden.

These 7: Eines der wichtigsten Ziele internationaler Personalentwicklung ist die Internationalisierung des Managements.

These 8: Die Internationalisierung der Bildungsarbeit ist ein wichtiger Bestandteil internationaler Personalpolitik.

Abb. 52 Acht Thesen zur internationalen Personalpolitik bei BMW
Quelle: Hermann, 1995, S. 227

Weg von ...	Hin zu ...
... Fehlendem Verständnis und fehlender Orientierung über die weltweiten Aktivitäten des BMW Konzern - Ungenütztem Know-How und Ressourcenaustausch (tayloristische Arbeitsweisen) - nationalen und standortbezogenen Denk- und Verhaltensmustern	... einem gemeinsamen Verständnis und Interesse an internationalen Aktivitäten im BMW-Konzern i.S. eines "global business" - Verstärktem Know-How und Innovationsaustausch/ -transfer sowie verbesserter Nutzung von lokal spez. Marktchancen und Kostenvorteilen - Zentralfunktion und Beteiligungsgesellschaften sehen sich als Teil eines Ganzen
... Fehlern bei Auslandsentsendungen - Auswahl - keiner Berücksichtigung interkultureller Vorbereitungsmaßnahmen - Entsendungen von „Sozialfällen" enttäuschte Hoffnungen, der im Ausland eingesetzten Expatriates - Fehlenden Reintegrationschancen - ungenutztem Erfahrungswissen nach der Rückkehr	... Bedarfsorientierten Entsendungen - im Rahmen einer Personalentwicklungsmaßnahme - im Rahmen von Know-How-Transfer - Auswahl von fachlich, persönlich und interkulturell geeigneten Mitarbeitern - Festlegen von individuellen Einsatz- und Entwicklungsszenarien für Expatriates - jährlicher Transparenz über Vakanzen und Expatriates in der Personalplanung

... Mangelhaftem Wissen über interkulturelle Wirkgrößen und nationale Unterschiede
 	
- Reibungsverlusten in der täglichen Zusammenarbeit
  - zwischen den Standorten
  - bei internationalen Projekten
  - mit Expatriates
	... Interkulturellem Basiswissen bei allen Führungskräften und Mitarbeitern sowie länderspezifischem Wissen und interkulturellen Fähigkeiten bei Expatriates
	
	- Arbeiten und Lernen von/mit anderen Kulturen
	- Offenem Lern- und Arbeitsklima für Expatriates
	- Verbesserter „Cross-kulturelle" Zusammenarbeit im Tagesgeschäft und in der Projektarbeit

... deutschen Führungskräften, die weltweit eingesetzt sind und national denken - Mangel an international erfahrenen Führungskräften	... Internationalen Top Führungskräften, die "global business" betreiben - International erfahrenen Führungskräften - Internationalisierung des Managements

Abb. 53 Ergebnisse der Bestandsaufnahmen und Zielvorstellungen bei BMW
Quelle: Hermann, 1995, S. 230

5.8.1.2 Das modular aufgebaute 3-Stufen-Konzept

Um zukünftig seine weltweit tätigen Führungskräfte verstärkt mit internationalem Denken und Handeln vertraut zu machen, hat der BMW-Konzern ein dreistufiges Konzept entwickelt (Hermann, 1995, 232 ff.).

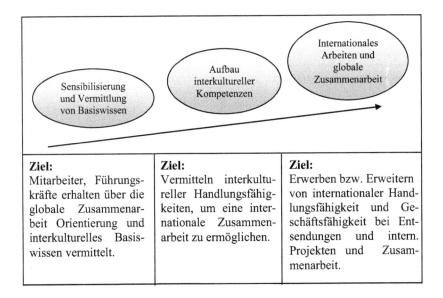

Abb. 54 Entwicklungsschritte zum internationalen Denken und Handeln bei BMW
Quelle: Hermann, 1995, S. 232 ff.

Um die Umsetzung zu gewährleisten, wurden drei Module eingeführt:

Modul 1: „BMW International" - Cultural Sensitivity

Dieses erste Modul dient als ein Workshop zur Vermittlung und Erarbeitung eines Grundverständnisses über die globalen Aktivitäten des Konzerns und zur Vermittlung von Basisinformationen über kulturell bedingte Verhaltensunterschiede zur mentalen Vorbereitung auf eine internationale Zusammenarbeit einer Organisationseinheit. Die angesprochene Zielgruppe sind Mitarbeiter aus in- und ausländischen Organisationseinheiten und Unternehmensbereichen.

Modul 2: „BMW -International" - Cultural Diversity

Das zweite Modul besteht aus einem Workshop zum Erwerb eigener Handungskompetenzen durch das Kennen lernen spezifischer Kulturmerkmale einer anderen Landeskultur und bietet konkrete interkulturelle Vorbereitung auf die Zusammenarbeit mit dem ausländischen Geschäftspartner. Die angestrebte Zielgruppe setzt sich aus Führungskräften in- bzw. ausländischer Unternehmensbereiche und Organisationseinheiten zusammen.

Modul 3: „BMW -International" - Corporate Culture

Das letzte Modul ist ein Workshop zur Qualifizierung und Begleitung von internationalen Projekten, Teams und Unternehmensbereichen für eine erfolgreiche, landesübergreifende Zusammenarbeit. Teamentwicklungsprozesse werden dabei über nationale Kulturgrenzen hinweg ermöglicht, wobei auch internationale Geschäfts- und Handlungsfähigkeit erworben wird. Zielgruppen sind internationale Projektteams sowie Mitarbeiter aus Unternehmensbereichen des Konzerns, die miteinander über nationale Grenzen hinweg kooperieren.

Besuch-Abordnung-Entsendung
(Ursula Kals)

Im Gegensatz zum Besuch, der nur einige Tage dauert, und der Abordnung, bei der es keinen geregelten Rückkehranspruch gibt, dauert die Entsendung einer Führungskraft in der Regel zwischen zwei und fünf Jahre. „Im Jahr gibt es in Deutschland ungefähr 50 000 Entsendungen von Konzernmitarbeitern ins Ausland, die Zahl ist nach oben offen", schätzt Matthias Weber von Rödl & Partner. Bei einem Unternehmen wie Siemens in Erlangen, beschäftigen sich allein 80 Mitarbeiter mit den Auslandsentsendungen.

In: FAZ, 11.11.2002, S. 22

5.8.2 Das Beispiel Bosch

Der Anpassungsprozess der Personalpolitik bei Bosch an die internationale Konzernstrategie – weg von einer ethnozentrischen Strategie, die für eine zentralistische Steuerung aller bedeutenden Personalentscheidungen steht, hin zu einer geozentrischen Strategie, die eine einheitliche, integrative Personalpolitik unter kompromissartiger Berücksichtigung nationaler/kultureller Besonderheiten fordert – und die daraus resultierenden Aufgaben zum interkulturellen Kompetenzerwerb, sollen im Folgenden dargestellt werden.

5.8.2.1 Interkultureller Kompetenzerwerb und interkulturelle Lernkurve

Wie der Anpassungsprozess der Personalpolitik an die internationale Konzernstrategie und die daraus resultierenden Aufgaben zum interkulturellen Kompetenzerwerb bei Bosch ablaufen, soll im Mittelpunkt dieses Kapitels stehen. Mit Blick auf die interkulturelle Lernkurve (s. Abb. 55) geht man bei Bosch davon aus, dass, je stärker das Erfahrungslernen (on the job) und das Lernen durch Sensibilisierung, Verhaltensübungen und Reflektion (off the job) gekoppelt sind, desto höher ist auch die interkulturelle Fähigkeit ausgeprägt.

---

30 TIPS ON HOW TO LEARN ACROSS CULTURES (16-18)
(Andre Laurent)

16. Listen, observe and try to understand before judging and evaluating.

17. Accept the fact that your conception of time may not be shared. You can only win through understanding and negotiating.

18. Be patient. Accept the fact that it may take a much longer time to get results.

In: SIETAR (Hrsg.), Keynote-Speech, Kongress 2000, Ludwigshafen

---

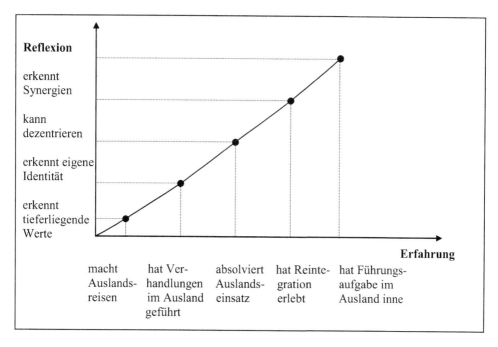

Abb. 55 Die Kultur-Lernkurve bei Bosch
Quelle: Eubel-Kasper, 1997, S. 151

Um dieses Erfahrungswissen zu gewinnen, werden bei Bosch folgende "on the job"-Maßnahmen durchgeführt:

- Auslandsversetzungen (in beide Richtungen),
- internationale Rotationen (noch in den Anfängen),
- Traineeprogramme mit Auslandsstationen,
- internationale Projekte.

30 TIPS ON HOW TO LEARN ACROSS CULTURES (19)
(Andre Laurent)

19. If you like to make jokes, watch out for those that do not fly so well across cultures. Although, humor can sometimes be an effective lever in cross-cultural situations, it is also one of the most culturally sensitive aspects of social life.

In: SIETAR (Hrsg.), Keynote-Speech, Kongress 2000, Ludwigshafen

5.8.2.2 Maßnahmen zur interkulturellen Sensibilisierung

Was die "off the job"-Aktivitäten bei Bosch betrifft, so wird – wie die nachfolgende Abbildung zeigt - eine breite Palette von Maßnahmen angeboten.

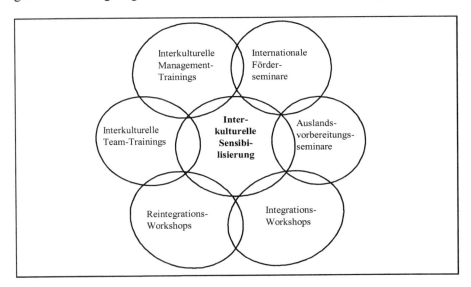

Abb. 56 Maßnahmen zur Entwicklung interkultureller Kompetenz bei Bosch
Quelle: Eubel-Kaspar, 1997, S. 152

Im Zusammenhang mit Auslandsversetzungen werden länderspezifische interkulturelle Team-Trainingsmaßnahmen, Auslandsvorbereitungsseminare und erstmals auch Reintegrationsworkshops durchgeführt. Soweit dies möglich ist, werden Mitarbeiter und deren Partner in Gruppentrainings geschult: Hier ist effektives Verhaltensschulung mit Rollenspielen, Simulationen und Fallstudienarbeit möglich. Sind wegen zu kleiner Teilnehmerzahlen solche Gruppentrainingseinheiten nicht möglich, werden in zunehmenden Maße auch Einzel- und Kleingruppentrainingsmaßnahmen durchgeführt.

Für Mitarbeiter in internationalen Projekten oder in international zusammengesetzten Teams werden interkulturelle Teamentwicklungsmaßnahmen angewendet. Hier zielt das Training insbesondere auf eine Verbesserung der Zusammenarbeit im bi- oder multikulturellen Kontext.

> **Der Geradlinige – Bosch-Geschäftsführer Bernd Bohr ist ein harter, aber zuverlässiger Verhandlungspartner**
> (Susanne Preuss)
>
> Bernd Bohr überlässt nichts dem Zufall. Er spricht offen an, was ihm wichtig ist. Das geht so weit, dass er auch mal einen Übersetzer korrigiert – so geschehen in Japan, wo Bohr in englischer Sprache etwas erläuterte, seine Ausführungen aber falsch verstanden sah: Pech für den Dolmetscher, dass Bohr beide Sprachen beherrscht, weil er in den 90er Jahren einige Jahre in Japan lebte und in seiner Jugend in England. Wie alle Führungskräfte bei Bosch wurde er ins Ausland geschickt, als Geschäftsleiter Fertigung der Nippon ABS. Im Alter von 42 Jahren wurde er in die Geschäftsführung der Robert Bosch GmbH berufen, seit 2003 ist er Vorsitzender des größten Unternehmensbereichs Kraftfahrzeugtechnik.
>
> In: FAZ. 21.07.2006. S. 16

Im „Interkulturellen Managementtraining" werden Führungskräfte der unterschiedlichsten Fachrichtungen (Juristen, Personalreferenten, Vertriebsleute, Entwickler, Controller etc.) trainiert, die internationale Joint-Venture-Verbindungen vorbereiten oder unterstützen, die internationale Projekte mit Kunden oder Zulieferern leiten bzw. mitgestalten oder die Entscheidungsträger internationaler Versetzungen, Kooperationen oder Akquisitionen sind. Die Trainings befassen sich hier mit „Projektmanagement" in einem bestimmten Land (z.B. Projektmanagement China) oder mit der Vermittlung kulturallgemeinen Wissens für Führungskräfte, die Entscheidungen in ständig wechselnden nationalen Umfeldsituationen fällen müssen.

In internationalen Förderseminaren, die u.a. auch interkulturelles Wissen vermitteln, sind Mitarbeiter aller Ebenen mit überdurchschnittlichem Entwicklungspotential zusammengefasst. Über eine Aufnahme in diesen so genannten Bosch-Förderkreis wird im Rahmen der jährlichen Mitarbeiterentwicklungsgespräche durch den direkten und den nächsthöheren Vorgesetzten und die zuständige Personalabteilung entschieden. Die Förderkreiszugehörigkeit beträgt üblicherweise zwischen zwei und vier Jahren, wobei eine Wiederaufnahme bei erkennbarem Potential möglich ist, in der Regel dann aber auf der nächsthöheren Ebene.

Für jede Förderkreisstufe gibt es eine Pflichtveranstaltung, die sog. Fördertage, die jeweils eine Woche dauern und an denen maximal 20 Personen teilnehmen. In den Fördertagen der Stufe 1 wird auf Gruppenleiterebene das Thema „Interkulturelle Kommunikation" in den Mittelpunkt gestellt. In der Stufe 2, vorgesehen für die Abteilungsleiterebene, geht es um das Thema „Interkulturelles Management", während in den Fördertagen der Stufe 3 Mitarbeiter des oberen Führungskreises sich mit dem Themenbereich „Interkultureller Ethik" beschäftigen.

Die Teilnehmer kommen dabei aus allen Erdteilen und repräsentieren Bosch in seiner gegenwärtigen Internationalität.

Schnuppertage minimieren das Risiko
(Ursula Kals)

Seriöse Unternehmen erleichtern den Sprung in ein neues Leben, indem sie der Familie „Look-and-see-Trips" oder zumindest ein Schnupperwochenende im Zielland zahlen. Die Kurzreise dient nicht dem Vergnügen, sondern der Vermittlung geballter Informationen. Die Männer werden mit Kollegen bekannt gemacht; das Damenprogramm führt in Kindergärten und Schulen, um zu prüfen, ob der eigene Nachwuchs hier gut untergebracht wäre.

„Etwa 30 Prozent der Entsendungen gehen im ersten Jahr schief", sagt Matthias Weber von „Rödl &Partner". Und das sei vor allem dann der Fall, wenn das Unternehmen die Entsendung nicht gründlich vorbereite, so der Assistent der geschäftsführenden Partnerin, der in 32 Ländern vertretenen Unternehmensberatung. „Ungünstiger ist die Prognose, wenn aus der Hüfte geschossen wird, die Firma einen Großauftrag bekommen hat, und jemand ad hoc ausreist und die Familie dann später nachkommt."

In: FAZ, 11.11.2002, S. 22

Im Mittelpunkt aller dieser Maßnahmen steht die „interkulturelle Sensibilisierung". Darunter versteht Bosch nicht nur die Wissensvermittlung über fremde Kulturen, sondern Erkenntnisse über Kulturausprägung im weitesten Sinne – insbesondere auch die eigene –, um damit ein tiefergreifendes Verstehen und Umgehen mit dem Fremden zu ermöglichen.

Bei allen interkulturellen Trainingsmaßnahmen ist die Transfersicherung besonders wichtig. Bei Bosch wird dies durch die Geschlossenheit der Programme versucht: keine inselhaften Lösungen, sondern möglichst ganzheitliche Konzepte (Auslandsvorbereitung, Begleitung durch Mentoren, Reintegrationsmaßnahmen, Rückführung des Wissens in die Organisation durch Einbindung der „Expatriates" in die Vorbereitungsseminare); andererseits wird großer Wert darauf gelegt, dass die Kulturkompetenz in aufeinander aufbauenden Bildungsmaßnahmen weiter entwickelt wird (Eubel-Kaper, 1997, S. 139 ff.).

> **30 TIPS ON HOW TO LEARN ACROSS CULTURES (20-21)**
> (Andre Laurent)
>
> 20. One of the problems across cultures is that we naturally tend to interpret and evaluate behavior on the basis of our own culture. We apply our standards where they may not apply. This leads to misunderstanding. Behavior does not talk for itself. Trusting behavior per se can be highly confusing. What matters is the actual meaning of behavior which is embedded in different values across different cultures.
>
> 21. When you encounter some "strange" behavior that looks bizarre, ineffective, meaningless, crazy or even stupid from your own point of view, suspend your judgment and make every effort to understand where this behavior comes from, what it means. If you work hard enough at this, you may end up with the conclusion that this behavior makes a great deal of sense. You may even discover that you can learn something from it.

In: SIETAR (Hrsg.), Keynote-Speech, Kongress 2000, Ludwigshafen

5.9 Studien zur interkulturellen Kompetenz

Wenn auch die Beispiele von BMW und Bosch, und man könnte noch eine Reihe anderer deutscher Unternehmen aufzählen, gezeigt haben, welche Anstrengungen unternommen werden, um interkulturelle Kompetenzen zu vermitteln, so wird diese Einstellung noch längst nicht von der Mehrheit der international agierenden Unternehmen, unabhängig von ihrem Standort, geteilt.

Was die Bedeutung und den Stellenwert der interkulturellen Kompetenz betrifft, besteht zwischen Anspruch und Wirklichkeit immer noch eine erhebliche Lücke, wie die Ergebnisse der beiden Studien belegen, die nachfolgend dargestellt werden sollen.

> **Studieren in Europa, Praktika im Ausland, Jobben im Ausland**
>
> Die Zentrale Auslands- und Fachvermittlung (ZAV) der Bundesagentur für Arbeit hält unter diesen Stichwörtern umfangreiche Informationen und Links bereit in ihrem Internetauftritt unter www.ba-auslandsvermittlung.de.

> **30 TIPS ON HOW TO LEARN ACROSS CULTURES (22)**
> (Andre Laurent)
>
> 22. Learning across cultures can only occur when differences are not only understood but truly appreciated. Appreciation feeds the motivation to learn. Lots of people are aware of cultural differences. Some people understand. Few people really appreciate. Positive appreciation of cultural differences is a requirement for effective collaboration.
>
> In: SIETAR (Hrsg.), Keynote-Speech, Kongress 2000, Ludwigshafen

5.9.1 Ergebnisse der Untersuchung der Unternehmensberatung Windham International

In einer von der Unternehmensberatung Windham International im Jahre 1998 durchgeführten Untersuchung, bei der 177 international tätige Unternehmen nach der Wichtigkeit bestimmter Aktivitäten im Hinblick auf die weitere globale Expansion ihrer Unternehmen befragt wurden, nannten nur 44 Prozent der Befragten, dass sie in ihrer strategischen Ausrichtung auch interkulturelle Vorbereitungsprogramme mit einbeziehen.

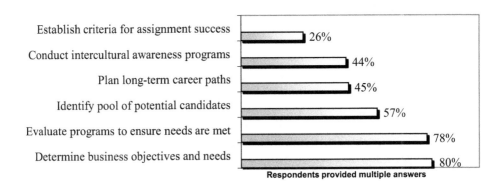

Abb. 57 How Companies Prepare for Global Expansion
Quelle: Windham International, 1998, S. 22

Befragt man allerdings die Unternehmen, die ihre Mitarbeiter interkulturell vorbereitet haben, dann erfreuen sich derartige Programme hoher (49 %) und höchster (36 %) Zustimmung.

"Of those who provide cross-cultural preparation programs, 85 % reported that they were of great or high value, and only 2 % had less than favorable comments." (Windham, 1998, p. 25)

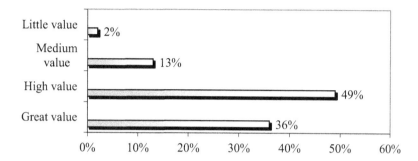

Abb. 58 Value of Cross-Cultural Preparation
Quelle: Windham International, 1998, S. 25

Nimmt man diese hohe Zustimmungsrate als Ausgangspunkt für veränderungswillige Unternehmen, sollten diejenigen Betriebe, die bisher der Vermittlung von interkulturellen Kompetenzen keine Aufmerksamkeit geschenkt haben, ihre Unternehmenspolitik ändern. Wie eine ganzheitliche Strategie dabei aussehen könnte, zeigt das nachfolgende Beispiel.

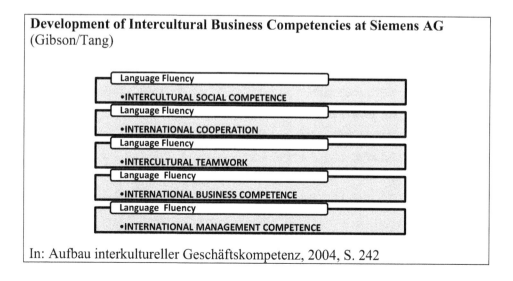

5.9.2 Ergebnisse der Untersuchung des Instituts für Personalmanagement

Im Auftrag der IHK Berlin, der Handwerkskammer Berlin und der Vereinigung der Unternehmensverbände in Berlin und Brandenburg hat das Institut für Personalmanagement im Jahre 2004 Unternehmen in der Region u.a. auch nach den Anforderungen in den Bereichen fachlich-methodische, soziale und persönliche Kompetenzen befragt, die sie als wichtig für ein Unternehmen einschätzen. Was die sozialen Kompetenzen betrifft, so finden sich ganz oben in der Skala Einsatzbereitschaft, Verantwortungsbewusstsein und Kommunikationsfähigkeit. Die interkulturelle Kompetenz wird von den befragen Unternehmen als eine zu vernachlässigende Größe hierbei betrachtet. Nur 14 Prozent der Befragten erachten sie als sehr wichtig und knapp über 50 Prozent stufen sie als wichtig ein.

Die Befragung erfolgte vor dem Hintergrund der Erwartungen der Wirtschaft an Absolventen der neuen Bachelor- und Masterstudiengänge. Wenn der Stellenwert der interkulturellen Kompetenz verbessert werden soll, dann kann man sich nur der Empfehlung anschließen, die am Ende der Studie ausgesprochen wird. Demnach müssen zum einen die Arbeitgeber besser über die Entwicklungen in der Hochschule informiert werden, was insbesondere die Studieninhalte und die Praxisanbindung betrifft, zum anderen müssen die Unternehmen sich offener zeigen für die Veränderungen, die das Anforderungsprofil im internationalen Umfeld erfordert.

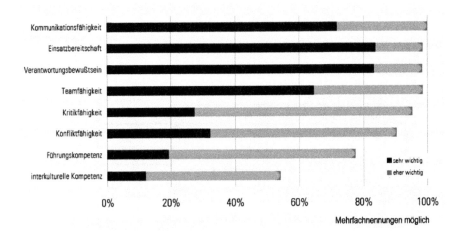

Abb. 59 Die wichtigsten sozialen Kompetenzen
Quelle: Institut für Personalmanagement, 2004, S. 14

5.10 WWW – a selection of intercultural sites

Wer sich vor allem in der englischsprachigen Literatur mit interkulturellen Fragenstellungen noch intensiver auseinander setzen möchte, der findet in der nachfolgenden Liste eine Reihe von Adressen, die hierbei behilflich sein können.

- **Journal of Intercultural Studies, Monash University, Australia**
  www.tandf.co.uk/journals/carfax/07256868.html

- **(Journal of) Intercultural Education, Netherlands**
  www.tandf.co.uk/journals/carfax/14675986.html

- **Centre for Intercultural Studies, Austria**
  http://www.cis.or.at/

- **Nordic Network for Intercultural Communication**
  http://sskkii.gu.se/nic/

- **Centre for Intercultural Communication**
  www.sik.no/

- **Centre for Intercultural Studies, Dept of Anthropology, University of New Mexico (Alfonso Ortiz Center for Intercultural Studies)**
  http://www.unm.edu/~ortizctr/programs.html

- **School of Applied Language Intercultural Studies, Dublin City University**
  www.dcu.ie/SALIS/

- **Intercultural Studies: Scholarly Review of the International Association of Intercultural Studies (IAIS)**
  www.intercultural-studies.org/

- **Intercultural Communication Institute, Portland, Oregon, USA**
  www.intercultural.org/

- **UK Unesco**
  www.unesco.org.uk/

- **Cultnet**
  http://www.cultnet.english.arts.tu.ac.th/

- **Culture Source**
  http://www.culture-source.de

- **Guardian quizzes on popular culture**
  www.guardian.co.uk/quizzes/

- **University of Minnesota, Center for Advanced Research on Language Acquisition (CARLA)**
  http://www.carla.umn.edu/

- **Society for Intercultural Education, Training and Research (SIETAR) sites:**
    - **Sietar Austria**
      http://sietar.wu-wien.ac.at/
    - **Sietar Europe**
      http://www.sietareu.org/
    - **Sietar France**
      www.sietar-france.org/
    - **Sietar Germany**
      www.sietar-deutschland.de/
    - **Global Network**
      http://www.sietar.org/
    - **Sietar UK**
      http://www.sietar.org.uk/
    - **Sietar USA**
      www.sietarusa.org/
    - **Young Sietar**
      www.youngsietar.org/

- **Official website of the European Union**
  www.europa.eu

- **Eurodesk**
  www.eurodesk.org

- **Innovation across cultures, Cordis (archived)**
  www.cordis.lu/tvp/src/culture3.htm

- **Delta Intercultural Academy, Konstanz**
  www.dialogin.com

- **European Youth Training**
  www.europeanyouthtraining.com

5.11 Case Study: Germans are often more direct

Peter Wollmann, the executive vice president, is responsible for planning and controlling corporate strategy within Deutscher Herold, the insurance arm of Deutsche Bank. His job requires him to chair and participate in international meetings. Bob Dignen spoke to him.

Dignen: *What kind of chairman are you?*
Wollmann: I try to be very open and friendly and to develop an approach that suits the situation. The main thing is to get the participants committed to the objective and the procedure. But I'm also very German in that I am very strict with the timing and the agenda of the meeting. I don't allow digression. In fact, I'm famous for finishing meetings ahead of schedule.

Dignen: *What are the main challenges for you when speaking English at meetings?*
Wollmann: First and foremost, it's speaking fluently. I often find I don't have the vocabulary to say what I would say in German. I get round this by writing down key points or statements. I also find it difficult to be as precise and concise as I would be in German and have to go round and round a subject until I've explained it, rather than finding the right word straight away. Understanding native speakers who speak quickly, or certain non-native accents, is also a challenge. To deal with this, I always ensure that there is someone producing a written note of the meeting on a white board so that everyone, including myself, understands the decisions, I also ask a lot of clarification questions to make sure that I understand.

Dignen: *Is there a specific way of conducting meetings in German business culture?*
Wollmann: This depends a lot on what you mean by "culture". My first response would be to say that departmental culture has an enormous impact on a meeting and how I have to handle people. Working with IT or technical experts is very different from working with more "creative" marketing people.
But in terms of national culture, one interesting difference between the British and the Germans is that German chairpersons are far more technically oriented and will spend much more time discussing technical details. In Britain, such details are left to engineers. Also, as I said earlier, Germans are very strict with time and agenda meeting and tend to be less socially oriented, especially at

the beginnings of meetings. I notice that southern Europeans will invest a lot of time in developing rapport and in relationship-building before getting down to business. It can cause real friction when we Germans arrive and want to jump straight into the agenda. Another important difference is that Germans are more direct. Negative comments or disagreement are often communicated hammer-style. People from other nations, Austrians in particular, are far more charming in their disagreement. Finally, on a more positive note, I find that Germans are less hierarchical than other cultures, with staff members free to contribute their expertise within meetings.

Dignen, B., in: Business Spotlight, Nr.4/2001, p. 77

Review and Discussion Questions:

1. How would you describe the way Germans are conducting business meetings?

2. If you compare the behaviour of German business managers to their colleagues in Great Britain, Italy and Austria in which way do they differ?

3. In which words would you characterize Peter Wollmann?

5.12 Literaturverzeichnis

Birchall, D., The new Flexi-Manager, London 1996.
Bolton, J., Aktuelle Beiträge zur interkulturen Kompetenzforschung, in: Intercultural journal, Ausgabe, 12/2010
Böhme, B., Ohne Englisch geht es nicht, in: FAZ, 16./17.Oktober 2011.
Buchanan, D./ Boddy, D., The Expertise of the Change Agent, Hemel Hempstead, 1992.
Bundesagentur für Arbeit, in: Internet: www.ba-auslandsvermittlung.de.
Clement, U., Was ist interkulturelle Kompetenz, in: Internet: ww.uteclement.de, 08.07.2002.
Dignen, B., Germans are often more direct, Interview with Peter Wollmann, in: Business Spotlight, Nr.4/2001.
Dülfer, E., Internationales Management, 3. Aufl., München 1995.
Eubel-Kasper, K., Interkulturelle Kompetenz als strategischer Erfolgsfaktor: Erläutert am Beispiel des Förderkreises, in: Kopper/Kiechl (Hrsg.), Globalisierung - Von der Vision zur Praxis, Zürich 1997.
Falk, H./ Weiß, J., Die Zukunft der Akademiker, Institut der deutschen Wirtschaft (Hrsg.), Köln 1993.
Fay, C., Interkulturelle Kompetenz und Auslandserfahrung, in: Stiftung der Deutschen Wirtschaft (Hrsg.), Jahresbericht 2006.
Gibson, R./ Tang, Z., Aufbau interkultureller Geschäftskompetenz, in: Rosenstiel, L.., Pieler, D., Glas, P. (Hrsg.), Strategisches Kompetenzmanagement: Von der Strategie zur Kompetenzentwicklung in der Praxis, Wiesbaden 2004.
Greene, S., Ikea sets big Russia presence, in: The Russian Journal, 12.10.2000.
Heinen, E., Unternehmenskultur als Gegenstand der Betriebswirtschaftslehre, in: Heinen/Fank (Hrsg.), Unternehmenskultur, 2. Aufl., München 1997.
Hermann, N., BMW mit Riesenschritten zum „Global Player ", in: Scholz, J. (Hrsg.), Internationales Chance Management, Stuttgart 1995.
Hilb, M., Der Weg zum Globalpreneur, in: Personalwirtschaft, Nr. 2/1998.
Hodgetts, R.M./ Luthans, F., International Management, 3rd ed., McGraw-Hill, New York 1997.
Holzmüller, H.H., Bedeutung und Instrumente zur Handhabung der kulturellen Heterogenität im internationalen Unternehmensverbund, in: Macharzina/Oesterle (Hrsg.), Handbuch Internationales Management, Wiesbaden 1997.
Institut für Personalmanagement, Mit Bachelor und Master nach Europa, Berlin 2004.
Kals, U., Schnuppertage minimieren das Risiko, in: FAZ, 11.11.2002.
Kals, U., Besuch-Anordung-Entsendung, in: FAZ, 11.11.2002.
Kealey, D.J./ Ruben, B.D., Cross-cultural personnel selection: Criteria, issues and methods, in: Landis/Brislin (Hrsg.), Handbook of intercultural training, New York 1983.
Kiechl, R., Interkulturelle Kompetenz, in: Kopper/Kiechl (Hrsg.), Globalisierung: Von der Vision zur Praxis, Zürich 1997.
Kovacova, M., Komparative Evaluation kulturspezifischer didaktischer und erfahrungsorientierter interkulturellen Trainings, Europäische Hochschulschriften (Hrsg.), Frankfurt/M 2010
Kühlmann, T.M/ Stahl, G.K., Diagnose interkultureller Kompetenz und Examinierung eines Assessment Centers, in: Barmeyer/Bolten (Hrsg.), Interkulturelle Personalorganisation, Berlin 1998.
Mohn, L., Globalisierung und Interkulturelle Kompetenz, In: Bertelsmann Stiftung (Hrsg.), Unternehmenskulturen in globaler Interaktion, 2005.
Pascale, R.T./ Athos, A.G., The art of Japanes Management, Harmondsworth 1981.
Personalwirtschaft (Hrsg.), Neues Tool prüft die interkulturelle Kompetenz, Heft 8, 2003.

Peters, T.J./ Waterman, R.H., In search of excellence, New York 1982.

Preuss, S., Der Geradlinige – Bosch-Geschäftsführer Bernd Bohr ist ein harter, aber zuverlässiger Verhandlungspartner, in: FAZ, 21.07.2006.

PROFIO-Forschungsteam (Hrsg.), Kompetenzen, die bei internationalen Organisationen notwendig sind, in: Professionelle Ausbildung für internationale Organisationen – Abschlusskonferenz im Auswärtigen Amt Berlin, 22/23.06.2006.

Schroll-Machl, S., Die Zusammenarbeit in internationalen Teams – Eine interkulturelle Herausforderung dargestellt am Beispiel USA - Deutschland, in: Scholz, J.M.(Hrsg.), Internationales Change-Management, Stuttgart 1995.

Spitzberg, B.H., Issues in the development of a theory of interpersonal competence in the intercultural context, in: International Journal of Intercultural Relations, 13/1989.

Stahl, G.K., Die Auswahl von Mitarbeitern für den Auslandseinsatz: Wissenschaftliche Grundlagen, in: Kühlmann, T.M (Hrsg.), Mitarbeiterentsendung ins Ausland: Auswahl, Vorbereitung, Betreuung und Wiedereingliederung, Göttingen 1995.

Töpfer, A., Der lange Weg zum Global Player, in: Uni - Special, Internationale Unternehmen, Nr. 3/1995.

Ulrich, A., The importance of intercultural knowledge for the future, in: BSN, Nr. 16, 2004.

Windham International, Global Relocation Trends, New York 1998.

6 Interkulturelle Kommunikation

6.0 Problemstellung

> **How to work with heavy accents**
> (Sasivimol Suchinparm)
>
> May Choi's China Chef restaurant was located in an area where many of the customers were Mexican. Most of the restaurant employees were Chinese and could not understand or speak Spanish. One day a Mexican customer came in to order dinner. During the order, the Mexican asked for *arroz* – rice in Spanish. May Choi, who was taking the order, thought the customer was asking for "a rose" and directed him to a florist located in the same mall. After this incident, May Choi hired a number of Mexican employees who spoke both English and Spanish to help communicate with her Mexican customers.
>
> In: Global Smarts: The art of communicating and deal making anywhere in the world, New York 2000, p. 153

6.1 Der Kommunikationsprozess

Wenn ein Sender und ein Empfänger Informationen austauschen, läuft ein regelkreisförmiger Prozess ab: Botschaften werden in Signale, Zeichen und Symbole verschlüsselt (codiert), die anschließend vom Empfänger entschlüsselt (decodiert) werden. Oberflächlich betrachtet erscheint dies ein ziemlich einfacher Vorgang zu sein. Die Schwierigkeit des Kommunikationsvorganges besteht nun darin, dass sowohl verbale als auch non-verbale Signale vom Sender zum Empfänger auf unterschiedliche Weise überbracht und richtig entschlüsselt werden müssen.

In der alltäglichen Praxis verursacht dieser Transformationsprozess eine Vielzahl an Problemen, die darin bestehen, dass die Vermittlung falsch wiedergegeben, eine unkorrekte Übersetzung vorliegt oder die Bedeutungsinhalte falsch interpretiert werden.

Entscheidend bei diesem Vorgang ist, dass beide Seiten einen gemeinsamen Zeichenvorrat besitzen und ihn auch dementsprechend entschlüsseln können (Unger, 1997, S. 299). Wie ein derartiger Prozess abläuft, zeigt Abbildung 60.

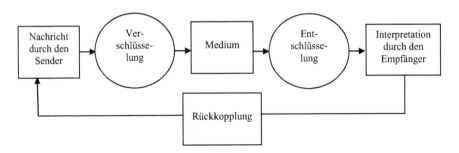

Abb. 60 Der Kommunikationsprozess
Quelle: Hodgetts/ Luthans, 1997, S. 271

Der Sender einer Botschaft entscheidet zunächst was er oder sie sagen möchte und verschlüsselt dann diese Botschaft, um seinen Inhalt zu übermitteln. Diese Nachricht wird anschließend durch ein bestimmtes Medium, sei es Telefon, Fax, E-Mail, Brief oder auch durch eine persönliche Begegnung weitergegeben. Schließlich wird die Botschaft dekodiert und durch den Empfänger interpretiert. Ist die Botschaft unklar oder der Empfänger glaubt, dass eine Antwort notwendig ist, dann wird ein umgekehrter Vorgang eingeleitet. Der Empfänger wird zum Sender, der ursprüngliche Sender zum Empfänger. Die Antwort wird durch ein Feedback eingeleitet, wodurch ein zweiseitiger Informationsfluss entstanden ist.

Der Buchstabe „L"
(ohne Verfasser)

15 japanische Touristen mussten eine Nacht in einer israelischen Siedlung im Westjordanland verbringen, weil sie den Buchstaben „L" nicht aussprechen konnten. Die israelische Zeitung „Ma'ariv" berichtete, die Reisegruppe habe einen Ausflug in die nordisraelische Stadt Afula vorgehabt. Weil sie das „L" jedoch wie ein „R" artikulierten, erhielten sie versehentlich Karten für die Siedlung Ofra im nördlichen Westjordanland. Als die Touristen am späten Abend in der streng bewachten Siedlung eintrafen, habe der verdutzte Wächter erklärt, dass es kein „nahes Hotel" gebe. Die Japaner mussten in der Siedlung übernachten, die als eine der radikalen Hochburgen in den Palästinensergebieten gilt.

In: Die Welt, 15.05.2006, S. 32

Kommunikationsprobleme können entstehen, wenn Ausdrücke, die auf einen interkulturell vergleichbaren Realitätsausschnitt bezogen sind, in unterschiedliche Sachverhalts-, Handlungs-, Deutungs- und Bewertungsschemata eingebettet sind (Bergemann/Sourisseaux, 2003, S. 114). Yong Liang (1996, S. 399) war der erste, der den Bereich der „getting-to-know-you questions" im chinesischen Kontext untersuchte. „Are you married?" or "Do you have children?" or "How much do you earn a month" waren solche Fragen, die die Chinesen in der Eröffnungsphase an ihre deutschen Counterparts richteten.

Wie fiel nun die Reaktion der Deutschen aus:

"In such cases it is not seldom to find German interlocutors reacting with confusion or even outrage, because these questions penetrate their „sacred" private sphere and show, in their eyes, a lack of respect for social distance. This situation, unusual for a German, is perfectly normal to Chinese people; indeed it is almost obligatory at the start of the first conversation. In China these questions are on no account seen as harmful to the social relationship or curiosity about "private matters", but they are considered an expression of politeness because they are intended to signalize interest in the concerns of the other person" (Liang, 1996, S. 399).

In der Praxis geht es nun darum, Inhalte zwischen den beteiligten Personen abzuklären oder zu spezifizieren, um Fehlinterpretationen oder Missverständnissen von Anfang an zu begegnen (Hodgetts/Luthans, 1997, S. 271). Das richtige Kommunikationsverhalten und der entsprechende Transfer werden so zu einer conditio sine qua non, die bereits in einem frühen Stadium die Grundlagen für einen späteren Erfolg bzw. Misserfolg legen.

6.2 Unterschiedliche Kommunikationsarten

Interkulturelle Kommunikation findet nicht nur über den reinen Wortaustausch statt, sondern bezieht vielfältige Arten der Körpersprache ebenso mit ein wie das Sprachtempo oder das Schweigen. Eine Übersicht über die unterschiedlichen Formen der interkulturellen Kommunikation finden sich in der nachfolgenden Abbildung.

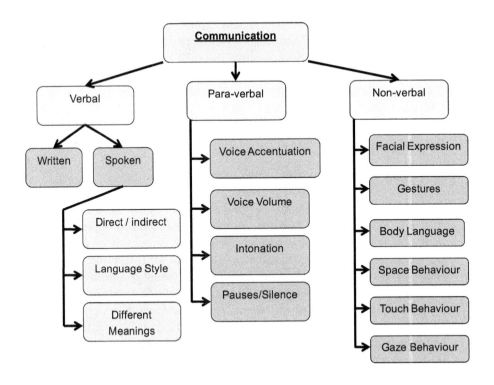

Abb. 61 Unterschiedliche Kommunikationsarten
Quelle: Blom & Meier, 2002, S. 80

6.2.1 Verbale Kommunikation

Von allen kulturellen Elementen, die Einfluss auf die internationale Geschäftstätigkeit nehmen, stellt die Kommunikationsbeziehung eine ganz besondere Herausforderung dar. Die häufigste Form interkultureller Kommunikation bedient sich des gesprochenen Wortes. Aber auch der Austausch über elektronische Medien nimmt immer mehr an Bedeutung zu und bedarf der interkulturellen Feinabstimmung, um Fettnäpfchen zu vermeiden.

Es reicht nicht, nur andere Sprachen zu verstehen
(Jürgen Rothlauf)

Auszüge aus einem Interview mit Dr. Loimeier

Loimeier: *Ist interkulturelle Kommunikation aber nicht auch bei Aufgaben im Inland erforderlich?*

Rothlauf: Die Fußball-Weltmeisterschaft hat gezeigt, dass die Polizei dafür ein gewisses interkulturelles Training erhielt und auch sehr erfolgreich umgesetzt hat. Aber an Hochschulen gibt es noch zu wenig eigenständige Lehrangebote für interkulturelles Management. Für Tourismusfachwirte ist interkulturelle Kompetenz aber eine unverzichtbare Bedingung! Wir haben mit unseren Studenten eine Woche lang praktisches Training auf dem Kreuzfahrschiff "Aida" gemacht, und mein Kollege Staisch referierte auf dem Schiff über den Libanon und ich über den Islam. Das Interesse auf Seiten der Passagiere war gewaltig! Reiseveranstalter sollten aufgrund dieser Erfahrung Touristen in interkulturellen Vor-Ort-Seminaren vorbereiten. Entsprechend sollte man auch alle diejenigen, die mit Ausländern zu tun haben, wie z.B. unsere Polizei, besser für ihren Alltagseinsatz interkulturell vorbereiten.

Loimeier: *Wie kann das konkret gehen?*

Rothlauf: Im Rahmen einer Diplomarbeit sind wir der Frage nachgegangen, wie der Bundesligaverein Bayer Leverkusen seine ausländischen Fußballspieler auf das neue fremdbestimmte Umfeld vorbereitet. Wir sind zum Ergebnis gekommen, dass es hier noch viel zu tun gibt, um durch die Gestaltung der interkulturellen Rahmenbedingungen die Leistung von Spielern nachhaltig positiv zu beeinflussen: Spielern das Gefühl zu vermitteln, dass ihre Kinder sich im Kindergarten oder der Schule gut aufgehoben fühlen, dass sie selbst Ansprechpartner finden, und zwar dort, wo sie leben, nicht nur, wo sie spielen. Ähnliche Überlegungen müssen Ehepartner einbeziehen, von deren Integration in die neue Umgebung letztendlich auch die Leistungsfähigkeit der Spieler abhängt. Sicherlich nur ein Beispiel, das aber zeigt, welche Wege in Zukunft beschritten werden müssen, damit sich alle Beteiligten wohl fühlen.

In: Mannheimer Morgen, 03.08.2006, S. 3

6.2.1.1 Sprache und Kommunikation

Die Schwierigkeit des Kommunizierens besteht zum einen in den Sprachbarrieren, zum anderen bedeutet eine gewisse Sprachfertigkeit nicht immer, dass man die Botschaft auch richtig verstanden hat. Die Fähigkeit, zumindest eine Fremdsprache zu beherrschen, d.h. sie zu sprechen und zu verstehen, ist eine der Grundvoraussetzungen für eine internationale Karriere.

> **What are the Impediments to Good Communication?**
> (Sheida Hodge)
>
> Problems with meaning are especially important in cross-cultural communication. What you mean when you say something is not necessarily what the other side hears. Messages derive a large part of their meaning from their cultural context. In a cross-cultural communication, messages are composed or "coded" in one context, sent, and then received or "decoded" in another cultural context. In the United States, when you say, "It will be very difficult," it generally means that there will be additional effort or expense required to achieve a certain goal. In an Asian culture, the same words might mean that the person is unwilling or unable to do what is asked.
>
> In: Global Smarts: The art of communicating and deal making anywhere in the world, New York 2000, p. 145

Die Sprache ist nach der Religion der wichtigste Faktor, der Menschen einer Kultur von Menschen einer anderen Kultur unterscheidet (Huntington, 1996, S. 99). Gegenwärtig gibt es mehr als 3000 verschiedene Sprachen, die in der Welt gesprochen werden. Darüber hinaus kommen rund 10 000 Dialektformen zur Anwendung. In einigen Ländern bestehen mehrere Sprachen gleichzeitig (u.a. Belgien, Schweiz, Kanada); in Indien wiederum werden fünfzehn Hauptsprachen und über 1000 Dialekte gesprochen (Baldev, 1969, S. 26 ff.).

In Ländern der früheren Teilrepubliken der ehemaligen Sowjetunion oder dem früheren Jugoslawien bestehen neben verschiedenen Sprachen auch noch unterschiedliche Alphabetformen (Daniels/Radebaugh, 1992, S. 91 ff.). Zwar hat Dr. Lazarus Ludwig Zamenhof vor einiger Zeit versucht, dieser Sprachenvielfalt mit der Einführung einer einheitlichen internationalen Sprache zu begegnen, doch seinem Versuch, die Weltsprache „Esperanto" einzuführen, war nur ein bescheidener Erfolg beschieden (Asheghian/Ebrahimi, 1990, S. 263).

6.2.1.1.1 Wichtige Sprachen und deren Verbreitung

Wirft man einen Blick auf die Entwicklung der Sprecherzahlen großer Sprachen, dann wird erkennbar, dass sich das Gesamtbild während der letzten drei Jahrzehnte nicht dramatisch geändert hat (s. Abb. 62 und Abb. 63). Während der Prozentsatz der Menschen, die Englisch, Deutsch, Französisch, Russisch oder eine der chinesischen Sprache(n) als Heimatlandsprache angeben, zurück gegangen ist, ist der prozentuale Anteil derjenigen, die Arabisch, Spanisch, Portugiesisch oder Hindi sprechen, angestiegen. Bezieht man parallel dazu die Entwicklung der Bevölkerungszahlen in den betreffenden Ländern und Regionen mit ein, dann ergibt sich ein ursächlicher Zusammenhang für die jeweilige Zu- bzw. Abnahme. Auch wenn die vorliegenden Daten schon vor einiger Zeit gewonnen wurden, kann man mit Blick auf die demografische Entwicklung der letzten Jahre sagen, dass die Grundaussage der Bedeutung der jeweiligen Sprachen geblieben ist.

Sprecherzahlen großer Sprachen in Prozent der Weltbevölkerung*				
Jahr	1958	1970	1980	1992
Sprache				
Arabisch	2,7	2,9	3,3	3,5
Bengalisch	2,7	2,9	3,2	3,2
Englisch	9,8	9,1	8,7	7,6
Hindi	5,2	5,3	5,3	6,4
Mandarin	15,6	16,6	15,8	15,2
Russisch	5,5	5,6	6	4,9
Spanisch	5	5,2	5,5	6,1

*100 = Anzahl der Menschen, die eine von mindestens 1 Million Menschen gesprochene Sprache sprechen

Abb. 62 Sprecherzahlen großer Sprachen
Quelle: Huntington, 1996, S. 3

Greift man aus dem Gesamtbild der am meist verbreiteten Sprachen die wichtigsten chinesischen und westlichen Sprachen heraus, dann sprechen mehr als 900 Mio. Menschen allein Mandarin. Zählt man noch weitere chinesische Sprachen wie Kanton, Wu, Min und Hakka dazu, dann werden von rund 1,2 Mrd. Menschen chinesische Sprachen gesprochen, was einem Prozentsatz von 18,8 Prozent an der Weltbevölkerung entspricht. Dem gegenüber stehen die wichtigsten westlichen Sprachen, die insgesamt einen Anteil von 20,8 Prozent ausmachen (Abb. 63).

Verbreitung der wichtigsten chinesischen und westlichen Sprachen: Anzahl und prozentualer Anteil an der Weltbevölkerung				
Jahr	1958		1992	
Sprache	Anzahl (in Mio.)	Prozent	Anzahl (in Mio.)	Prozent
Mandarin	444	15,6	907	15,2
Kanton	43	1,5	65	1,1
Wu	39	1,4	64	1,1
Min	36	1,3	50	0,8
Hakka	19	0,7	33	0,6
Chinesische Sprachen	581	20,5	1119	18,8
Englisch	278	9,8	456	7,6
Spanisch	142	5	362	6,1
Portugiesisch	74	2,6	177	3
Deutsch	120	4,2	119	2
Französisch	70	2,5	123	2,1
Westliche Sprachen	684	24,1	1237	20,8
Welt ges.	**2845**	**44,5**	**5979**	**39,4**

Abb. 63 Verbreitung der wichtigsten chinesischen und westlichen Sprachen
Quelle: Huntington, 1996, S. 84

6.2.1.1.2 Englisch als Weltkommunikationssprache

Wenn es allerdings darum geht, dass Menschen verschiedener Sprachgruppen und Kulturen miteinander in Kommunikation treten wollen, dann wird Englisch zur lingua franca, sprachwissenschaftlich gesprochen zur wichtigsten „Language of Wider Communication" in der Welt (Fishman, 1977, S. 108). Diplomaten, Geschäftsleute, Wissenschaftler, Touristen und die Touristikbranche, Flugzeugpiloten und Fluglotsen benötigen ein Mittel der effizienten Kommunikation untereinander. Englisch hat hierbei zum großen Teil diese Rolle übernommen. Durch die Einführung des Computers hat Englisch darüber hinaus seine dominante Stellung als Konversationssprache in der internationalen Geschäftswelt weiter ausgebaut.

Globale Kommunikation bedeutet für immer mehr Unternehmen die Einführung einer konzerneinheitlichen Geschäftssprache, um Kosten für Übersetzung und

Rückübersetzung zu minimieren. ABB hat dies ganz konsequent umgesetzt und Englisch als Konzernsprache eingeführt. Der neue Weltkonzern Daimler-Chrysler hat sich ebenfalls für die englische Sprache als Kommunikationsmittel entschieden und seinen deutschen Führungskräften zwei Jahre Zeit gegeben, sich umzustellen. „Die Sprache der Welt ist Englisch", behauptet der Herausgeber des Wall Street Journals (Bartley, 1993, S. 16). In diesem Sinne ist Englisch die Art, wie die Welt interkulturell kommuniziert, so wie der christliche Kalender die Art ist, wie die Welt die Zeit berechnet und die arabischen Zahlen die Grundlage sind, wie die Welt zählt (Huntington, 1996, S. 82).

6.2.1.1.3   Ausweitung und Erneuerung von Sprachen

Das Ende der Sowjetunion und des Kalten Krieges förderte die Tendenz zur Ausweitung und Erneuerung von Sprachen, die unterdrückt oder vergessen worden waren. In den meisten der früheren Sowjetrepubliken sind große Anstrengungen unternommen worden, traditionelle Sprachen zu neuem Leben zu erwecken. Estnisch, Lettisch, Litauisch, Ukrainisch, Georgisch und Armenisch sind heute Amtssprachen unabhängiger Staaten. In muslimischen Republiken hat es eine ähnliche sprachliche Selbstbehauptung gegeben. Aserbaidschan, Kirgisistan, Turkmenistan und Usbekistan sind von der kyrillischen Schrift zur westlichen Schrift übergegangen, während das persisch-sprachige Tadschikistan die arabische Schrift eingeführt hat. Die Serben wiederum nennen ihre Sprache jetzt Serbisch, nicht mehr Serbokroatisch, und sind von der westlichen Schrift zur kyrillischen Schrift übergegangen (Huntington, 1996, S. 89).

Der Hintergrund für diese Entwicklungen hängt damit zusammen, dass der eigene Sprachraum als identitätsbildend angesehen wird. Auf dieser Basis versucht man die eigene kulturelle Identität zu bewahren und bedient sich gleichzeitig des Englischen, um mit Menschen anderer Kulturen zu kommunizieren. Interkulturelles Handeln hat daher beide Aspekte zu berücksichtigen. Wenn auch Englisch der interkulturellen Kommunikation hilft, sollte zumindest ein Grundwortschatz der Sprache des Gastlandes Bestandteil einer bescheidenen Kommunikation vor Ort sein („Survival Knowledge").

Kostenloser Sprachtest

Sprachkenntnisse kann man kostenlos testen unter www.testpodium.com. Das ermittelte Sprachniveau lässt sich anschließend mit internationalen Prüfungen vergleichen.

6.2.1.1.4 Survival knowledge

Bei der Besetzung von Auslandspositionen wird von den Personalabteilungen sehr darauf geachtet, dass der zu Entsendende zumindest die Geschäftssprache des dortigen Landes beherrscht. Wer in den Oman entsandt wird, der sollte über sehr gute Englischkenntnisse verfügen, während derjenige, der sich geschäftlich in Marokko aufhält, der französischen Sprache mächtig sein sollte. Der Aufenthalt im Gastland beschränkt sich allerdings nicht nur auf den Geschäftsbereich. Wer z.B. auf den Markt zum Einkaufen geht, kann nicht per se erwarten, dass der Händler die jeweilige Geschäftssprache versteht.

Auszug aus einem Interview, das der Redakteur des Bayerischen Rundfunks Rüdiger Baumann am 11.04.2008 mit Prof. Dr. Jürgen Rothlauf führte:

Baumann: *Sie haben ja, kürzer oder länger, 140 Länder auf der ganzen Welt besucht. Dabei verweisen Sie immer wieder auf den Begriff „survival knowledge". Was hat man darunter zu verstehen?*

Rothlauf: Als ich in Saudi-Arabien tätig war, habe ich schnell herausgefunden, dass ohne einige Grundbegriffe der arabischen Sprache es sehr schwierig sein wird, sich im Lande zurecht zu finden. Zwar sollte eine Einführung in die Sprache des Gastlandes obligatorisch sein, doch ich wurde ohne irgendein interkulturelles Training nach Riad geschickt. Dann habe ich über mein Zeitmanagement nachgedacht und entschieden, dass ich jeden Morgen auf der Fahrt zu meinem Arbeitsplatz mit Hilfe einer Sprachkassette Arabisch lerne. Die dabei erlernten Grundbegriffe, die sogenannten survival knowledge-Kenntnisse, haben mir dann nicht nur geholfen, mich auf dem Souk, dem arabischen Markt, verständlich zu machen, sondern mir auch die Möglichkeit gegeben, in Kontakt mit ganz gewöhnlichen Menschen zu treten. Dadurch bekam ich ein wesentlich umfangreicheres Bild des Landes über die Menschen und ihre Kultur vermittelt, als wenn ich nur Kontakt zu einer bestimmten Oberschicht gehabt hätte.

Aus geschäftlicher wie privater Sicht sollte derjenige, der längere Zeit im Ausland verbringt, zumindest über einen Grundwortschatz der dortigen Landessprache verfügen. Für derartige Situationen empfiehlt es sich, dass der Mitarbeiter vor der Ausreise zumindest Grundkenntnisse (survival knowledge) der jeweiligen Landessprache erwirbt (DGFP, 1995, S. 37). Eine derartige interkulturelle

Sprachvorbereitung, die zumindest zwei Wochen umfassen sollte, findet bei bundesdeutschen Unternehmen noch nicht die Resonanz, die notwendig ist, um Akzeptanzproblemen vor Ort vorzubeugen. Beispielhaft ist in diesem Kontext die Gesellschaft für Technische Zusammenarbeit (GTZ), jetzt Gesellschaft für Internationale Zusammmenarbeit (GIZ), mit Sitz in Eschborn zu nennen, die eine derartige Sprachvorbereitung als konstitutiven Bestandteil ihrer Auslandsvorbereitung ansieht. Wer z.B. für zwei Jahre oder länger als Berater für die GTZ in die Türkei entsandt wird, dem wird ein mindestens sechswöchiges Vorbereitungsseminar angeboten, von denen zwei Wochen u.a. auch der Einführung in die Landessprache gewidmet sind.

Mehrsprachigkeit kann Erfolg von Betrieben steigern
(ohne Verfasser)

Viele kleine und mittelgroße Unternehmen verpassen jedes Jahr Geschäftschancen, weil ihre Mitarbeiter über ungenügende sprachliche und interkulturelle Kenntnisse verfügen. Zu diesem Ergebnis kommt ein von der Europäischen Kommission eingesetztes Wirtschaftsforum. Im Mittelpunkt des unlängst vorgelegten Berichtes steht die Frage, wie sich Sprachkenntnisse auf Wirtschaft und auf Arbeitsplätze in der Europäischen Union auswirken können. Zwar werde Englisch wohl seine führende Rolle als Weltgeschäftssprache behalten, sagen europäische Unternehmen in Umfragen. Kenntnisse der deutschen, französischen und russischen Sprache seien jedoch ebenfalls stark gefragt. Bei großen Unternehmen spielten Mandarin und andere chinesische Sprachen zudem eine wichtige Rolle. Sprachkenntnisse seien entscheidend dafür, ob ein Unternehmen „in der Masse untergeht oder sich im Wettbewerb profilieren kann", heißt es in dem Bericht. Europa drohe an Wettbewerbsfähigkeit einzubüßen. Denn die asiatischen und lateinamerikanischen Schwellenländer würden neben anderen Kompetenzen auch rasch solide Sprachkenntnisse erwerben.

In: FAZ, 26.08.2008, S. 19

Besonders wichtig ist hierbei, dass auch die Familie bzw. der mit ausreisende Partner in die sprachliche Vorbereitung einbezogen wird. Nicht immer wird bei einem Auslandseinsatz bedacht, dass der Erfolg einer Auslandsentsendung auch und gerade mit dem Wohlbefinden des mit ausreisenden Partners bzw. der Familie zusammenhängt. Untersuchungen haben gezeigt, dass das Unvermögen des Lebenspartners bzw. der Familie sich der neuen Situation anzupassen, zu einer vorzeitigen Rückkehr geführt und damit für alle beteiligten Seiten sich als kontraproduktiv herausgestellt hat (Twisk, 1995, S. 126). Diejenigen, die ohne die Einbindung in das Unternehmen, tagtäglich in Kontakt mit den Menschen treten, sind viel stärker auf entsprechende Grundkenntnisse in der jeweiligen Landessprache angewiesen als der in einem Auslandsunternehmen tätige Partner.

Wenn eine derartige sprachliche Vorbereitung nicht vor der Ausreise geplant ist, dann sollte zumindest darüber nachgedacht werden, ob man nicht vor Ort einen Sprachkurs anbietet. Häufig unterschätzt und manchmal für den Erfolg einer Auslandsmission geradezu überlebensnotwendig bleiben aber zumindest einige Sprachformeln, die es einem ermöglichen, zu ganz bestimmten Anlässen seine Wertschätzung zum Ausdruck zu bringen. Wer z.B. während des Neujahrfestes, dem sogenannten Tetfest, in Vietnam weilt, der sollte in der Lage sein, seinem Counterpart ein „Chuc Mung Nam Moi" zu wünschen, was nichts anderes bedeutet, als dass man seinem Gegenüber alles Gute für das neue Jahr wünscht (Rothlauf, 1998, S. 34). Ähnliches gilt es für den arabischen Raum zu beachten, wenn man sich dort zur Fastenzeit aufhält. Ein „Karim Mubarak" gehört hier zu den Worten, die jeder Gesprächseröffnung vorangehen sollte und mit „Alles Gute zur Fastenzeit" übersetzt werden kann.

6.2.1.2 Kommunikation und Geschäftstätigkeit

Eine wichtige Rolle spielt – wie bei jeder Begegnung – der erste Eindruck, den man bei seinem Gesprächspartner hinterlässt. Dabei ist es unabhängig, ob man sich physisch vorstellt oder über eine der modernen Telekommunikationsarten mit ihm in Kontakt tritt. Folgende Fragen drängen sich auf: Wie soll man positiv auf sich aufmerksam machen, von welcher Erwartungshaltung geht der Counterpart aus, welche Themenbereiche soll man ansprechen und welche tunlichst vermeiden?

Style of Presentation
(Michael Mühlbauer)

When I came to the U.S. three month ago I made presentations in a German way – I just gave facts and numbers. But how would Americans ever accept me if I was so dry? So I started my last presentation to a group of executives by telling a little story about myself. They liked it. It was if I wasn't German to them anymore.

In: Forbes, March 22, 1999, p. 26

6.2.1.2.1 Die richtige Themenwahl als Gesprächseröffnung

Bereits bei der Eröffnung einer Konversation können schwerwiegende Fehler gemacht werden, wenn man z.B. Themenbereiche anspricht, die im jeweiligen Kulturkreis als unangemessen bzw. als verpönt angesehen werden. Wer geschäftlich in Vietnam zu tun hat, der sollte das Thema Vietnamkrieg ausklammern und stattdessen über die Landschaft, die Gastfreundschaft oder auf sportliche Bereiche zu sprechen kommen. In arabischen Ländern wiederum sollten Fragen nach dem Befinden der Ehefrau unterbleiben. Da nach dem Islam vier Ehefrauen erlaubt sind, wird es schwierig für den Geschäftspartner sein, darauf eine passende Antwort zu geben, ohne ihn hierbei in Verlegenheit zu bringen.

Abbildung 64 zeigt an ausgewählten Beispielen, über welche Themenbereiche man sprechen bzw. nicht sprechen sollte, was wiederum voraussetzt, dass man sich zuvor mit der betreffenden Problematik auseinandergesetzt hat. Vor allem in südostasiatischen Ländern kommt es häufig vor, dass man eine Geschäftsbesprechung mit einer kleinen Rede seitens des Gastgebers einleitet. Es wird erwartet, dass der entsprechende Leiter der Delegation kurz darauf antwortet. Auch hier gilt, dass man in wenigen Sätzen die Themen anspricht, die der Erwartungshaltung entsprechen und seinen Toast damit beendet, dass man den Verhandlungen beidseitigen Erfolg wünscht.

---

30 TIPS ON HOW TO LEARN ACROSS CULTURES (23-25)
(Andre Laurent)

23. When working across cultures, do everything to build, develop and maintain trust. Trust is the essential foundation for effective cross-cultural collaboration. But remember that different cultures may define trust differently and may favour different ways of promoting it.

24. Face-to-face relationships are a prerequisite for developing trust across cultures. Don't rely on e-mail only.

25. Working effectively across cultures is not a natural act. It requires specific action and investment.

In: SIETAR (Hrsg.), Keynote-Speech, Kongress 2000, Ludwigshafen

Land	Geeignete Gesprächsthemen	Ungeeignete Gesprächsthemen
Frankreich	Musik, Sport, Bücher, Theater	Preise, Arbeit, Alter, Einkommen
Großbritannien	Geschichte, Architektur, Gartenarbeit	Politik, Geld, Preise
Japan	Geschichte, Kultur, Kunst	2. Weltkrieg, Regierungspolitik zum Ausschluss ausländischer Konkurrenten
Mexiko	Familie, soziales Umfeld	Politik, Steuer oder Inflationsprobleme, Gewalt an der Grenze
Vietnam	Musik, Literatur, Fußball, eigene Familie	Kommunismus, Vietnamkrieg, aktuelle Politik
Saudi-Arabien	Arabische Sprichwörter, Falkenjagd, Kamelrennen, Fußball	Familie, Politik, Religion

Abb. 64 Geeignete und weniger geeignete Gesprächsthemen
Quelle: Chaney/Martin, 1995, S. 102

6.2.1.2.2 Auslandstelefongespräche

Unabhängig, auf welcher Ebene man mit seinem ausländischen Partner kommuniziert, können Probleme dann vermieden werden, wenn es einem gelingt, sich auf den jeweiligen Gesprächspartner einzustellen. Gerade bei der Gesprächsführung am Telefon ergeben sich durch das Fehlen eines visuellen Kontaktes, abweichenden Arbeitszeiten und Zeitunterschiede Verständigungsschwierigkeiten, die die verbale Kommunikation erschweren. Obwohl die meisten Verhaltensregeln für Telefongespräche mit ausländischen Kontaktpersonen ebenfalls für ein korrektes Telefonieren im eigenen Land gelten, sollten Unterschiede in der Art der Eröffnung, dem Aufbau des Gespräches und im Sprachgebrauch nicht unberücksichtigt bleiben. Kopper (1997, S. 214) hat hierzu einen Fragenkatalog erstellt, der bei der Vorbereitung einer telefonischen Kontaktaufnahme wichtige Hilfestellung leisten kann:

- „Mit welchen Worten und in welcher Reihenfolge erfolgt die Vorstellung? Mit Vor- und Nachname, Firmenname, Standort, Abteilung, oder sagt man einfach „Hallo"?

- Ist die Begrüßung „freundlich und höflich", d.h. entsprechend den kulturellen Regeln des Angerufenen?

- Wird abgeklärt, ob der Gesprächspartner die gleiche Sprache spricht, oder wird dies als selbstverständlich angenommen?

- Wie viel Zeit soll für den Austausch von persönlichen („Wie war Ihr Urlaub?") oder informellen Informationen (z.B. Bemerkungen über das Wetter) verwendet werden, bevor das eigentliche Sachgespräch beginnt?

- Fühlt sich der Gesprächspartner beleidigt, wenn er unter musikalischer Berieselung warten muss oder wenn er mit elektronischen Anweisungen (digital processing) empfangen wird?

Um Missverständnissen vorzubeugen, empfiehlt es sich beim Durchführen von derartigen Telefonaten langsam und deutlich zu sprechen. Darüber hinaus sollte man darauf achten, dass man kurze Sätze bildet, häufiger Pausen einlegt und sich durch Nachfragen vergewissert, dass der Adressat die Information(en) auch richtig verstanden hat. Am Schluss sollte es zu einer empfängerorientierten Verabschiedung kommen, bei der der Dank für die Leistung, die Information, die Zusammenarbeit usw. zum Ausdruck kommt.

Tips for Cross Cultural Communication
(Jürgen Rothlauf)

- *Take Turns* – Cross-cultural communication is enhanced through taking turns to talk, making a point and then listening to the response.

- *Avoid Slang* - Even the most well educated foreigner will not have a complete knowledge of slang, idioms and sayings. The danger is that the words will be understood but the meaning missed.

- *Slow down* - Even when English is the common language in a cross-cultural situation, this does not mean you should speak at normal speed. Slow down, speak clearly and ensure your pronunciation is intelligible.

- *Separate questions* - Try not to ask double questions such as, "Do you want to carry on or shall we stop here?" In a cross-cultural situation only the first or the second question may have been comprehended. Let your listener answer one question at a time.

In: Multicultural Management Insights with a specific focus on Multicultural Teams, 2009, S. 22

Ähnlich der alltäglichen Praxis sollte nach einer rein verbalen Kommunikation eine Zusammenfassung der Ergebnisse in schriftlicher Form erfolgen, wobei Fax oder E-Mail hierbei als schnelle Übertragungsmittel wertvolle Dienste leisten. Auf diese Art der Rückbestätigung ist deswegen besonders zu achten, weil bei Telefonaten, gerade wenn sie noch in einer Fremdsprache durchgeführt worden sind, nicht ausgeschaltet werden kann, dass es zu unbeabsichtigten Missverständnissen kommen kann.

	Americans	**Japanese**	**Arabs**
Objective	Information, Action	Information	Personal relationship, commitments
Opening	Full name, purpose of call	Company name	Personal greetings
Use of Language	Direct objective	Generally conservative	Flattery
Non-verbale Communication	Urgency	Silence/harmony, Non-confrontational	Conveys emotions with tone of voice
Time Orientation	Time is money	Time controlled by caller	Longer time span
Information Exchange	Step-by-step	Always seeking, minimum given	Looping to objectives
Process	Task-oriented, direct question	Information gathering by listening	Indirect approach, inquire first about self/family, then get to business
Closing	Seek commitment, assign responsibility, will be in touch	No commitments, will discuss, call us back	Greetings, "wishing peace", reiterates long-term relationship, let us hear from you again
Applied Cultural Values	Directness, privacy, action-, task-oriented	Listening, informative, company, harmony	Religious harmony, emotional support, social organization, process orientation

Abb. 65 Empfehlungen für das Führen von Telefongesprächen – Ein Vergleich der US-amerikanischen, japanischen und arabischen Kulturen
Quelle: Elashmawi/Harris, 1993, S. 105

6.2.2 Paraverbale Kommunikation

Neben dem formalen Erlernen einer Fremdsprache und der Fähigkeit zu sprechen und wirksam zu kommunizieren, muss der international geprägte Manager auch in der Lage sein, die richtige idiomatische Interpretation einer Sprache vornehmen zu können, die sich nicht allein und ausschließlich am „Dictionary" orientiert. Die Bedeutung eines Wortes erschließt sich dabei nicht nur durch das Übertragen eines Begriffes von der einen in die andere Sprache. Wer erfolgreich kommunizieren will, muss sich der Nuancen aber auch der doppelten Bedeutung mancher Begriffe und der verschiedenen Interpretationen im Hinblick auf den zugrunde liegenden kulturellen Kontext bewusst sein.

> **Using a wrong key metaphor**
> (Carté/Fox)
>
> A large European company were trying to sell their high-tech systems to clients around the world. They tailored each presentation to the individual client's interests, but there was one key metaphor, and visual that they always used: "Your problems", they told their clients, "are like lions – wild unpredictable, and hard to control. But with our systems, you can be a lion tamer. You can subdue the lions and keep them under control." This worked very well until they went to a country in Africa. As soon as they showed the visual, the audience looked horrified. The lion was a symbol of their country, and the image that came across to them was of colonial power subduing their State. The Europeans lost the contract to a competitor.
>
> In: Bridging the culture gap, London 2004, p. 108

Dass auch große Firmen nicht frei von Fehlern sind, zeigt das Beispiel der Firma Rolls Royce, als man eine neue Automarke mit dem Namen „Silver Mist" zum Verkauf brachte. Damit löste die Firma einige Irritationen auf dem deutschen Markt aus, denn die rein technische Übersetzung auf Deutsch bedeutet nichts anderes als Mist, was einer negativen Besetzung des Begriffes gleichkommt und von den Marketingstrategen so wohl nicht beabsichtigt war (El Kahal, 1994, S. 34).

Kommunikations- und Verständigungsprobleme entstehen, wenn Ausdrücke, die auf einen interkulturell vergleichbaren Realitätsausschnitt bezogen sind, in unterschiedliche Wahrnehmungsschemata eingebunden sind. Dazu gehören paraverbale Signale, die einem Deutungsmuster zugeordnet werden müssen. Was das Ausmaß der Tonhöhenmodulation und ihre richtige Interpretation im interkulturellen Kontext betrifft, so entspricht die fallende Intonation, mit der in europäischen Sprachen ein Aussagesatz artikuliert wird, in einigen südindischen Sprachen z.B. der Intonation von Fragesätzen (Gumperz, 1982, S.65).

Lautstärke wiederum wird in einigen afrikanischen und arabischen Kulturen als ein Mittel eingesetzt, um den Sprecherwechsel zu regeln: wenn mehrere Personen um das Recht als nächster Sprecher in Konkurrenz treten, dann wird mit Hilfe der Lautstärke versucht, sich durchzusetzen. Ein derartiges Verhalten würde in europäischen Kulturen gegen die normale Erwartungshaltung verstoßen, die mit einem Sprecherwechsel verbunden ist (Bergemann/Sourisseaux, 1992, S. 65).

Auch das Ein- bzw. Nichteinlegen von Sprechpausen fällt nicht nur in unterschiedlichen Kulturbereichen, sondern auch im gleichen Kulturkreis, verschieden aus. Während bei Asiaten aber auch bei den Indianerkulturen sehr lange Pausen innerhalb von Redebeiträgen eintreten können, ist der Redefluss bei Arabern, insbesondere bei US-amerikanischen Juden, ungebrochen (Tannen, 1981, S. 135); die Finnen wiederum zeichnen sich im Vergleich zu anderen europäischen Ländern durch deutlich längere Pausen innerhalb von Redebeiträgen aus (Lenz, 1990, S. 65).

Communication blunders
(Deresky/El Kahal/Ricks)

- When Pepsi Cola's slogan "Come Alive with Pepsi" was introduced in Germany, the company learned that the literal German translation of "come alive" is come out of the grave.

- An U.S. airline found a lack of demand for its "rendezvous lounges" on its Boeing 747s flying out of Portugal. They later learned that "rendezvous lounges" in Portuguese refers to a room that is rented for prostitution.

- The Ford Motor Company was unsuccessful at marketing the Ford Pinto for Brazil. Ford had not realized that "Pinto" is a slang term in Portuguese for "small penis". Not surprisingly, few Brazilian men were willing to be associated with a Pinto. Later on Ford managed to save its investment by changing the name of the car to Corcel, the Portuguese name for "horse".

- After General Motors introduced its new Chevrolet Nova in Puerto Rico, it found out that although the word Nova means "start" in Spanish, its pronunciation sounded also like "no va", meaning "does not go", and had to change it to "Caribe".

In: El Kahal, 1994, S. 34, Deresky, 2000, S. 144, Ricks, 1983, S. 43

Vor allem interkulturelle Trainingsmaßnahmen können hier bei der Vorbereitung helfen, um den oder die zu Entsendende(n) mit derartigen paraverbalen Signalen und ihrer adäquaten Interpretation vertraut zu machen.

---

30 TIPS ON HOW TO LEARN ACROSS CULTURES (26)
(Andre Laurent)

26. Cultural diversity can only become a source of synergy or competitive advantage when differences are recognized, understood and discussable. Whenever possible and in a timely fashion, bring differences into the open where they can be discussed and worked through.

In: SIETAR (Hrsg.), Keynote-Speech, Kongress 2000, Ludwigshafen

---

6.2.3 Non-verbale Kommunikation

Neben dem verbalen und dem paraverbalen Medium finden sich eine Reihe von non-verbalen Kommunikationsnormen, die – gerade im fremdkulturellen Umfeld – zunehmend an Bedeutung gewinnen. In der interpersonalen Kommunikation als auch in der audiovisuellen Massenkommunikation spielt das Nonverbale eine wichtige Rolle (Unger, 1997, S. 300). Man spricht auch von verborgenen Signalen, die hierbei ausgesendet werden und einer richtigen Interpretation bedürfen. Diese Art der Kommunikation, die auch als „silent language" bezeichnet wird (Hall, 1960, S. 120), orientiert sich noch stärker als das verbale Medium am kulturellen Kontext und an Konventionen. Um welche Problematik es geht, zeigen ausschnittsweise die nachfolgenden Fragen (Kopper, 1997, S. 213):

- Werden Visitenkarten formell ausgetauscht und wie werden sie überreicht?
- Wann darf vom Stehen zum Sitzen gewechselt werden und wer setzt sich zuerst und wohin?
- Welche Aussagen sind mit der Größe des Büros verbunden?
- In welcher Form kommen Vertragsunterzeichnungen zustande?
- Wie groß ist bei der Begrüßung der räumliche Abstand zueinander?
- Wie viel Augenkontakt ist üblich?
- Ist eine Verbeugung, ein Händeschütteln oder sogar eine Umarmung der Gewohnheit entsprechend?

> **30 TIPS ON HOW TO LEARN ACROSS CULTURES (27)**
> (Andre Laurent)
>
> 27. Remember that cultural differences go much beyond differences in management or communication styles. These are interesting artefacts but they only represent the tip of the iceberg. The deepest and most challenging aspects of cultural differences lie in the fact that different cultures define and construct reality differently. So what is a decision for culture A may not be one for culture B. And the same contract, commitment, agreement, performance etc. across cultures, do not assume that your definition of effective action is shared by others.
>
> In: SIETAR (Hrsg.), Keynote-Speech, Kongress 2000, Ludwigshafen

6.2.3.1 Formen der non-verbalen Kommunikation

Ob es sich um das Zeitempfinden, um Mimik und Gestik, Etiketten und Symbole, Vereinbarungen, Geschenke oder um Raumbedürfnisse handelt, immer wird dabei das non-verbale Kommunikationsverhalten angesprochen. Abbildung 66 fasst die wichtigsten Ausdrucksformen in vier Gruppen zusammen.

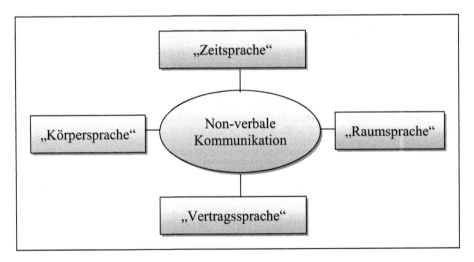

Abb. 66 Formen der non-verbalen Kommunikation
Quelle: Eigene Darstellung

Receiving Negative Feedback from India
(Graig Storti)

In most circumstances Indians never say anything negative but simply refrain from saying anything positive. In other words, negative feedback in India is essentially the absence of positive feedback. Giving negative feedback is even more difficult for an Indian than saying "no", because this does not only mean to disappoint but also to criticize someone and causing a possible loss of face. Hence, Indians either resort to very lengthy circumlocutions that can be difficult to decipher for foreigners or they fall silent. The most commonly techniques used to avoid commenting on a topic are:

1. *Not responding.* If an Indian does not reply to a proposal, it can mean negative feedback without the Indian having said anything. An Indian is under strong cultural pressure to say something positive in order to strengthen relationships. Not replying is a courageous step which the Indians think will help Westerners to preserve face. The intercultural problem is that for Westerners negative feedback implies saying something and they do not consider the absence of feedback as negative feedback. For them, no response is an omission or negligence and they feel the urge to follow-up, which in turn will put the Indian under an even bigger cultural pressure to avoid explicit negative feedback.

2. *Trying not to answer.* By repeating parts of the question, Indians try to defer their reply and deflect from the question. Sample phrases used are: "Last week?, "Really?", "Did you send a suggestion?", "When exactly did you send it?". To the Westerners, it sounds like the Indian is in a different world and cannot relate to the topic under discussion.

3. *Conspicuous pauses.* Westerners need messages in the form of words. But sometimes an Indian says nothing or tries to start a new discussion thread; this can mean another attempt to convey an uncomfortable feeling about a proposition by allowing the contact person to save face.

4. *Suggesting alternatives.* When Indians do not provide feedback but suggest an alternative, the real message is that the first idea is not worth of discussion.

In: Speaking of India. Bridging the Communication Gap when working with Indians. Intercultural Press/Nicholas Breadly Publishing, Boston (MA), 2008, p. 58

6.2.3.1.1 Die „Zeitsprache"

Jede Gesellschaft hat eine unterschiedliche Einstellung zur Zeit. Daraus können sich unliebsame Konsequenzen für die internationalen Geschäftsbeziehungen ergeben, wenn der gegebene zeitliche Kontext unbeachtet bleibt. Die Auffassung über Pünktlichkeit z.B. kann zu Missverständnissen führen, wenn die jeweiligen Geschäftspartner unterschiedliche Vorstellungen damit verbinden.

In einigen Gesellschaften der Dritten Welt ist die Einstellung zur Arbeit noch durch die in ruralen Gegenden weitgehend vorherrschende Subsistenzwirtschaft geprägt, in der der Einzelne im engeren oder weiteren Familienverband die Güter selbst produziert, die er zur Bedürfnisbefriedigung benötigt (Dülfer, 1992, S. 266). Neben der Erfüllung von Grundbedürfnissen geht es dabei auch um Teilhabe an geselligen Vergnügungen oder musischen und ästhetischen Genüssen.

Der Arbeitsrhythmus, z.B. in einer Subsistenzwirtschaft, wird durch den Tages/Nacht-Rhythmus, den Jahreszeitenrhythmus und den Mahlzeitenrhythmus bestimmt. Qualitative und quantitative Leistungsunterschiede können im Zeitablauf wieder ausgeglichen werden. Opportunitätskosten des Zeitverbrauchs entfallen weitgehend, weil andere Verwendungsmöglichkeiten nicht gegeben sind. Von daher erklärt sich, warum in einer solchen Gesellschaft ein Mangel an linearem Zeitbewusstsein festzustellen ist und die Zeitvorstellung zyklisch verläuft (Davidson, 1982, S. 125).

Im Rahmen der zyklischen Zeitauffassung sind deshalb Wartezeiten und Zeiteinbußen nicht schwerwiegend, weil alles auf einen späteren Zyklus verschoben werden kann. Unter dieser Einstellung leidet folglich auch die Pünktlichkeit. Verabredungen können sich um Stunden verzögern und Zeitpläne wiederum sind wenig erwünscht (Moran/Harris, 1981, S. 216).

Wie viele Asiaten, so haben auch die Vietnamesen eine andere Einstellung zur Zeit als wir sie bei Europäern oder Amerikaner vorfinden. Der nach wie vor anzutreffende agrarische Charakter ihrer Gesellschaft richtet sich eher nach Jahreszeiten als nach Tagen oder Wochen. Dies kommt besonders gut in der Aussage zum Tragen, wonach "Americans measure time by the clock, Vietnamese by the monsoon" (Smith, 1996, S. 48). Obwohl sich auch hier langsam Veränderungen abzeichnen, bleibt festzuhalten, dass der Entscheidungsprozess längere Zeit benötigt und keine ad hoc Festlegungen erfolgen. Geduld wird als Ausdruck alter konfuzianischer Tradition angesehen. Sie gilt sowohl für den persönlichen als auch für den geschäftlichen Bereich und lässt sich in der Aussage zusammenfassen: "Patience is the key of relief".

> **Cyclical Time: The Indian Workday**
> (Zubko/Sahay)
>
> A cyclical view of time creates a more fluid or relaxed appearance to time. IST or "Indian Standard (Stretched) Time" is the nickname that describes a sense of timing without regard to attuning actions precisely to a clock. When time repeats and does not hold the weight of one chance, there is no need to rush around to get things done. There will be other opportunities that will come around. The good news is that this instills the possibility for fresh starts and for timing to be more naturally matched to the type of project and creativity needed. At the same time, IST causes some of the worst conflicts between people from different cultures, as people are routinely "late" for meetings and appointments and deadlines are not absolute. Adopting a more flexible attitude toward time will alleviate many frustrations. Even though many people have adjusted their own habits to be more punctual when working with Western clientele, if a task or project needs to be completed, setting an earlier deadline than necessary may be a helpful strategy.
>
> The nine-to-five workday is also not to be found in Indian contexts for many reasons. Looking at a typical workday illustrates priorities that place family time over work, and practicalities that account for weather conditions as well as customer base. In general the workday starts much later to allow for time in the morning to be with families and personal activities. The largest meal of the day is around 2:00 pm, and many people return home to eat and take rest afterward, during the hottest portion of the day. People in small commercial businesses return to work in the late afternoon/early evening, and stay open later, as many people find it more comfortable to run errands when it cools down.
>
> In: Inside the Indian Business Mind, 2011, p. 123

Während in westlichen Gesellschaften eine Verspätung als eine Unhöflichkeit angesehen wird, ist es – was den Gastgeber betrifft – in Lateinamerika, aber besonders auf der arabischen Halbinsel, Teil der Geschäftskultur. Allerdings sollte aus Sicht des westlichen Partners nicht der Schluss gezogen werden, eine ähnliche Verhaltensweise bei den nächsten Sitzungen an den Tag zu legen. Der arabische Geschäftsmann weiß z.B. sehr wohl um die Pünktlichkeit seiner westlichen Kollegen als Teil ihrer Geschäftskultur und würde es seinerseits als eine Beleidigung verstehen, wenn man später als zum vereinbarten Zeitpunkt erscheinen würde. Ungeduld ist im Übrigen wohl auch hier der größte Fehler, den man begehen kann, wenn man mit Menschen aus dem asiatischen oder arabischen Kulturkreis zusammentrifft. Da derartige Situationen nicht immer einfach zu meistern sind, müssen sie expliziter Bestandteil der interkulturellen Vorbereitung werden. Welche nervliche Anspannung es kosten kann und welche enorme Selbstbeherrschung erforderlich ist, um bei einer ersten geschäftlichen Begegnung in arabischen Ländern die richtigen Schlussfolgerungen für sein Verhalten zu ziehen, soll das nachfolgende Beispiel zeigen.

A Roundtable on Time
(Sheida Hodge)

Thailand: Being late is okay: In Bangkok you just blame it on the traffic. People are usually late.

Germany: Everyone has to be on time. In Germany, things are too organized for anyone to be late.

Saudi Arabia: Time is important. People try to be on time, though they don't always make it.

In: Global Smarts: the art of communicating and deal making anywhere in the world, New York 2000, p. 70

Wird z.B. in Saudi-Arabien ein Geschäftstermin um 10.00 Uhr vereinbart, dann kann es passieren, dass die eigentlichen Verhandlungen erst gegen den späten Nachmittag oder mit dem Abendessen beginnen. Vor allem das Procedere zwischen diesen Zeiten stellt für viele Manager eine Herausforderung dar, der sie in vielen Fällen nicht gewachsen sind. Nach der offiziellen Begrüßungszeremonie wird dem Gast zunächst Kaffee oder Tee gereicht. Parallel dazu werden vom Gastgeber Telefongespräche geführt, Akten unterzeichnet und Freunde empfangen. Und dies alles wird mit einem freundlichen Lächeln in Anwesenheit des Gastes durchgeführt. Gemäß dem Motto: „Die Geduld ist von Allah, die Eile vom Satan", werden die Pausenintervalle vom saudischen Gastgeber immer wieder genutzt, um weitere nichtalkoholische Getränke anbieten zu lassen. Bei Gelegenheit erkundigt man sich nach dem Wohlbefinden des Gastes oder fragt nach dessen ersten Eindrücken vom Gastland. Dann kann es passieren - und in der Fastenzeit ist dies eher der Normalfall – dass kurz nach 11.00 Uhr darauf verwiesen wird, dass man nun beten müsse und es wohl am besten wäre, die Kontakte am Abend fortzusetzen. Nur der interkulturell versierte Manager wird dies als natürliche Ausdrucksform seines arabischen Counterparts einschätzen und sein Verhalten danach ausrichten (Rothlauf, 1996, S. 19 ff.).

The Multicultural Manager

This is your second visit to your Arab business contact's office. He asks you to come from ten o'clock to eleven o'clock in the morning to continue your discussion. You should arrive at:

    a) Nine-fifty
    b) Ten o'clock
    c) Ten-thirty
    d) Eleven o'clock

Solution: see p. 724

6.2.3.1.2 Die „Körpersprache"

Wer erfolgreich mit ausländischen Geschäftspartnern zusammenarbeiten will, der sollte auch die Signale, die von der „Körpersprache" ausgehen, richtig decodieren können. Die Nichtberücksichtigung auch des kleinsten Details kann hierbei zu Fehleinschätzungen führen, wodurch der Gastgeber sich persönlich verletzt fühlen kann. Möglichkeiten einer Fehlinterpretation können sich aus der Art und Weise ergeben wie Menschen sich bewegen, wie sie sitzen, stehen, ihre Beine übereinander schlagen, Abstand halten, usw.

Welche unterschiedlichen Schlussfolgerungen sich allein daraus ergeben, wenn jemand seinen Daumen und einen Finger zu einem „O" formt, wird daran ersichtlich, dass es für einen Amerikaner verbunden ist mit einem „O.K.", in Japan für Geld steht und in Tunesien bedeutet, ich töte dich (Ferrieux, 1989, S. 39). Der nach oben gerichtete Daumen steht im Westen für Anerkennung im Sinne von gut gemacht, während ein derartiges Zeichen in Ghana als vulgär betrachtet und im Iran als eine Beleidigung angesehen wird. Vor der Brust verschlossene Arme wiederum werden auf den Fidschi Inseln gleichgesetzt mit Respekt, aber als Beleidigung und als Ausdruck der Arroganz z.B. in Finnland gesehen (Ricks, 1983, S. 17).

> **The Multicultural Manager**
>
> In your first encounter with an Arab businessman, you should
>
> a) Open both your arms to receive his hug.
> b) Give him your business card with your left hand and extend your right hand for a handshake.
> c) Shake hands, and give him your business card after you sit down.
> d) Give him your business card only if he asks for it.
>
> Solution: see p. 724

Was die Fußhaltung betrifft, so sollte man bei thailändischen Gesprächspartnern niemals die Schuhsohlen in Richtung des Gesprächspartners richten (Glover, 1990, S. 2 f.). Eine derartige Schuhhaltung ist ebenso verpönt auf der arabischen Halbinsel. Der Geschäftspartner könnte bei einer derartigen Sitzhaltung den Schluss ziehen, dass man unter seiner Schuhsohle angesiedelt ist, was wiederum Minderwertigkeitskomplexe hervorrufen könnte (Rothlauf, 1997, S. 31).

Auch das „Ja" wird nicht immer als das verstanden, was wir durch unser Nicken zum Ausdruck bringen wollen. Das Auf und Ab des Kopfes wird zwar in einer Reihe von Ländern als Zustimmung verstanden; in China gibt man damit lediglich zu verstehen, dass man jemand verstanden hat, was aber nicht als Zustimmung interpretiert werden kann. Ähnliche unterschiedliche Reaktionen sind mit einem Kopfschütteln verbunden. In Deutschland aber auch in Amerika wird damit ein „Nein" zum Ausdruck gebracht; in Bulgarien wiederum steht es für ein „Ja" und im Orient wird durch ein Winken der Hand in Höhe des Gesichtes eine Verneinung zum Ausdruck gebracht (Ricks, 1983, S. 17).

Allein die richtige beziehungsweise falsche Begrüßung kann im Kontakt mit internationalen Geschäftspartnern entscheidende Wirkung haben. Während nämlich ein klassischer Handschlag im westlichen Kulturkreis – bei Deutschen und Amerikanern übrigens gerne fester, bei Franzosen lieber softer – als gängiges Willkommensritual gilt, stellt sich etwa in Asien der Begrüßungsstandard sehr unterschiedlich dar. So werden bei der sogenannten Namaste-Begrüßung – wie in Indien und vielen Teilen Asiens üblich – beide Handflächen in Herznähe zusammengepresst und der Kopf wird leicht nach vorne gebeugt. Ganz ähnlich wird auch im Mittleren Osten und in Lateinamerika häufig eine Hand auf die andere gelegt. Eine Mischung wiederum aus beiden entspricht dagegen in etwa der typisch japanischen Begrüßung, zu der sowohl eine leichte Verbeugung als auch ein Handschlag gehört, wobei in vielen Fällen eine Verbeugung ausreichend ist. Um hier nicht in ein non-verbales Fettnäpfchen zu treten, kommt es allerdings vor allem auf die Distanz zum Gegenüber an. Ein Abstand einer ausgestreckten Armlänge ist Pflicht. Die Verbeugung sollte außerdem die Beziehung beider Personen zueinander entsprechen. Zu beachten gilt es hierbei, dass wer in der Hierarchie, sei es hinsichtlich des Alters oder der gesellschaftlichen Stellung, niedriger steht, sich tiefer vorbeugen und sich erst dann aufrichten sollte, nachdem es der „Ranghöhere" getan hat . Generell liegt man bei den meisten Gelegenheiten mit einer mitteltiefen Verbeugung richtig (Matsching, 2010, S. B4).

Ein weiteres wichtiges Kriterium bei der non-verbalen Kommunikation ist mit der Frage des richtigen Blickkontakts verbunden. Während es z.B. in Amerika üblich ist, dass ein Zuhörer dem Redner auf den Mund sieht, wird diese Frage in China genau anders gelöst. Hier hält der Redner Blickkontakt mit dem Zuhörer, während der Zuhörer dem Redner weder in die Augen sieht noch den Blick auf eine andere Stelle des Gesichts richtet. Besonders heikel ist außerdem die Interpretation des direkten Blicks, der häufig als Demonstration von Macht wahrgenommen wird. Ein intensiver Augenkontakt gilt beispielsweise in Europa und Amerika als Zeichen von Offenheit, Aufrichtigkeit und Integrität. Arabische Kulturen wiederum sehen darin eine Möglichkeit, die wahren Absichten des Gesprächspartners zu erforschen. Ein Vorhaben, das in Japan auf wenig Begeisterung stoßen würde. Da es hier als äußerst unhöflich empfunden wird, jemanden direkt in die Augen zu sehen und so dessen Privatsphäre zu verletzen, blicken Japaner, die sich in einer formellen Situation gegenüberstehen, generell aneinander vorbei.

Die aufgeführten Beispiele haben deutlich werden lassen, dass die richtige Interpretation der „Körpersprache" mit wichtigen Signalen für das eigene Verhalten verbunden ist. Zwar wird man im Gastland in vielen Fällen über kleine Fehlhaltungen hinwegsehen, doch auch hier gilt, dass es besser ist, Fehlern vorzubeugen als später über dritte Kanäle zu erfahren, gegen welche Grundregeln des Gastlandes man verstoßen hat.

6.2.3.1.3 Die Sprache des „Raumes"

Ein weiteres non-verbales Medium stellt die sogenannte "Language of Space" (El Kahal, 1994, S. 35) dar, die sowohl Raumbedürfnisse im Sinne von Körperabstand als auch Raumfragen in Form von Lage, Größe und Funktion eines Büros anspricht.

Nicht nur Individuen haben unterschiedliche Raumbedürfnisse, man kann auch nationale Unterschiede feststellen. Während man bei US-Bürgern und den meisten Nordeuropäern eine Armlänge Abstand vom anderen halten sollte, streben Südamerikaner und Araber bei der Kommunikation untereinander enge Kontakte, ja sogar Körperberührung an. Gelingt es nicht, hier eine für beide Seiten akzeptable Basis zu finden, kann der eine Part sich bedrängt, der andere wiederum sich zurückgewiesen fühlen (Unger, 1997, S. 301).

Während die Japaner schon alleine durch ihre Verbeugung bei der Begrüßung auf körperliche Distanz gehen, reduziert sich dieser Abstand, wenn man mit Chinesen zusammentrifft.

> *"The Chinese conception of the proper social distance between people in a room, or in an elevator, is somewhat closer than that common to many Western cultures, especially America. Don't be surprised if you find a Chinese friend standing a bit too close to you for comfort, touching you, or breathing directly into your face when talking with you." (Seligman, 1999, p. 77)*

Zur "Language of Space" gehört es auch, die richtige „Raumwahl" bzw. „Standortwahl" vorzunehmen. Man ist sicherlich bei dieser Thematik gut beraten, vorher prüfen zu lassen, ob damit bestimmte Eigentümlichkeiten im Gastland verbunden werden, um sie dann in sein Entscheidungsverhalten mit einzubeziehen. In den meisten amerikanischen und europäischen Firmen stehen dem Präsidenten und dem Topmanagement die räumlich größten Büros zur Verfügung, die in vielen Fällen im obersten Stock gelegen sind. Die Japaner auf der anderen Seite ziehen es vor, in einem Großraumbüro zu arbeiten, um dort möglichst schnell Informationen untereinander auszutauschen (EL Kahal, 1994, S. 35).

The Multicultural Manager

You are on a training assignment at a Japanese company in Tokyo. They offer you a desk in the middle of a big hall with 15 other staff members. Will you

　　a) Ask for a special room because you are used to working in a quiet office?
　　b) Ask for a portable wall to keep others from looking at you?
　　c) Accept the offer?
　　d) Ask for a corner location away from traffic?

Solution: see p. 724

Gebäude in China wiederum dürfen erst nach Befragung eines Astrologen errichtet werden. Dieser muss vorher die Lage des Erddrachen bestimmen. Gebaut werden darf auf keinem Fall auf dem Kopf oder gar auf dem Augapfel, sondern nur auf dem Rücken des Erddrachen (Schell, 1995, S. 1).

In der arabischen Welt, insbesondere in Saudi-Arabien, ist es nicht erlaubt, dass Männer und Frauen in einem Büro zusammenarbeiten. Auch wird in diesem Kulturkreis eine Politik der sogenannten „offenen Tür" betrieben. Die Bürotüren werden offen gehalten, was im übertragenen Sinn so zu interpretieren ist, dass jeder zu jeder Zeit hereinkommen kann. Dies wird auch als Ausdruck der Nähe der obersten Führungsschicht zu den Mitarbeitern gesehen, gemäß dem arabischen Motto: „Wer ein Problem hat, möge eintreten" (Rothlauf, 1997, S. 32).

Auch bei Darstellungen in Werbefilmen sollten die typischen Raumverhältnisse in den jeweiligen Ländern sowohl in den Büros als auch in den Privatwohnungen berücksichtigt werden, um nicht durch Unachtsamkeit Gefühle anderer zu verletzen (Unger, 1997, S. 302).

Where culture and language meet
(Inez Sharp)

Cycling through Tokyo one evening, I was stopped by a policeman. He was right to stop me: the bike was so old it was a danger to everyone on the road. Searching wildly through my rudimentary Japanese, I managed: "I'm very sorry. I'm a very old bicycle." The policeman laughed so hard he just waved me on.

In: Spotlight, 05/2009, p. 1

6.2.3.1.4   Die „Vertragssprache"

Vertragsverhandlungen und Geschäftsübereinkünfte unterscheiden sich in der Art ihres Zustandekommens von Land zu Land. Wer bei internationalen Verhandlungen glaubt, nur auf seinem eigenen Standpunkt verharren zu können bzw. einseitige zeitliche Fixierungen vorgibt, kann Vertragsabschlüsse unnötig verzögern bzw. deren Zustandekommen gefährden. Der „Vertragssprache" kommt gerade deshalb als non-verbales Kommunikationsmittel besonders hohe Bedeutung zu, weil dieses Medium zum Abschluss einer Reihe von Gesprächen zum Einsatz kommt und das bis dahin praktizierte richtige interkulturelle Verhalten durch ein unkorrektes „Vertragsverhalten" plötzlich wieder in Frage gestellt werden kann.

Amerikaner bestehen beim Abschließen von Gesprächen gewöhnlich darauf, dass alle Detailfragen zu Papier gebracht werden. Im Mittleren Osten wird die verbale Übereinkunft genauso als bindend betrachtet als würde man sich auf eine schriftliche Vereinbarung stützen. Der persönliche Kontakt steht im Mittelpunkt, d.h. die „Chemie" muss zwischen den Verhandlungspartnern stimmen (El Kahal, 1994, S. 36).

Non-verbal communication	
Time language • Is punctual always punctual?	**Contract language** • Verbal or written?
Body language • Which gestures could be misunderstood? • What is considered to be unclean? • How to address the other party? • How to hand over business cards?	**Space language** • How much distance should be kept? • How are offices organized? • Which seat to choose if there are no name cards?

Die Chinesen wiederum legen übertriebenes Gewicht auf Detailfragen, obwohl diese für die Verhandlungen und deren Abschluss nicht von Bedeutung sind. Hinzu kommt, dass bei Vertragsverhandlungen in China nicht der Chef verhandelt, sondern er genaue Anweisungen an seine Angestellten gibt, währenddessen er der Besprechung nur als stiller Beobachter beiwohnt. Im Übrigen wird in China den Verträgen nicht die Bedeutung beigemessen wie in westlichen Ländern. Chinesen betrachten derartige Übereinkünfte in der Regel nur als Richtlinien, die sie dann auf ihre Bedürfnisse zuschneidern. Von westlichen Partnern aufgesetzte Schriftstücke werden oft zwischen den Zeilen gelesen, wobei die angeschlagene Tonart oft entscheidender ist als der Inhalt (Seligman, 1999, S. 105 ff.).

Die ausführliche Diskussion und ein herzhaftes Debattieren kennzeichnen den Verhandlungsstil der Franzosen, bevor es zu einer Vertragsunterzeichnung kommt. Die Japaner als auch die Araber wiederum bevorzugen bei Vertragsverhandlungen eine langsame und sehr bedachte Vorgehensweise. Sie möchten zunächst erst die Person bzw. die Verhandlungspartner näher kennen lernen, um über eine derartig aufgebaute Beziehungsebene schrittweise einen Geschäftsabschluss herbeizuführen. Wer bei Geschäftsreisen in diese Länder glaubt, schon bei einer ersten Begegnung zu einer Vertragsunterzeichnung zu kommen, wird nicht nur ohne Ergebnis nach Hause reisen, sondern erhöht mit dieser Fehleinschätzung auch das Scheitern seiner gesamten Mission (Graham/Cambell/Jobbert/Meissner, 1988, S. 49 ff.).

Wie die unterschiedlichen Kommunikationsarten beim Empfänger aufgenommen werden, ist nachfolgender Abbildung zu entnehmen:

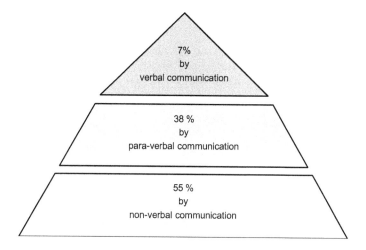

Abb. 67 Aufnahme der unterschiedlichen Kommunikationsarten
Quelle: Rothlauf, 2009

The Multicultural Manager

After exchanging letters for several months with a Japanese company, they have agreed to a meeting in Tokyo. They are offering this meeting to

a) Negotiate the terms and conditions of your proposal.
b) Seek more information on your product.
c) Exchange more information with you on their company.
d) Present you with their proposal.

Solution: see p.724

> **30 TIPS ON HOW TO LEARN ACROSS CULTURES (28-30)**
> (Andre Laurent)
>
> 28. Cultural differences can be so deep and so challenging that it is overoptimistic to expect people to work effectively through such differences in the sole context of action. Experience shows that there is often a need to "stop the music" and design a special off-site event – typically a workshop - "transitional space" where the agenda is to develop awareness, understanding and appreciation of cultural differences between the partners. In such settings, participants are encouraged to bring forward a number of cross-cultural issues that never get openly discussed in the context of action. "Transitional spaces" are designed to promote cross-cultural understanding as an investment into more effective collaboration.
>
> 29. "Transitional spaces" – like any other action program – reflect particular cultural values on effective action and intervention. Such values may not be shared by your partners from other cultures. Keep only the basic idea of time-off which is likely to be widely accepted and co-design the workshop with your partners.
>
> 30. Whenever challenged by cultural differences, think about how boring the world would be with a global, uniform culture. Keep that thought in mind when initiating or designing so-called global processes in organizations.
>
> In: SIETAR (Hrsg.), Keynote-Speech, Kongress 2000, Ludwigshafen

6.3 Grundsätze interkultureller Kommunikation

Die vorangegangenen Kapitel haben gezeigt, dass die richtige interkulturelle Kommunikation, sei es in verbaler, paraverbaler oder in non-verbaler Form, ein wichtiges Medium darstellt, um dem ausländischen Gesprächspartner das Gefühl zu geben, dass wir unser Verhalten den fremdbestimmten Gepflogenheiten des Gastlandes anpassen können. Die folgenden 12 Grundsätze fassen noch einmal zusammen, worauf es ankommt, wenn wir mit Menschen aus anderen Kulturkreisen zusammentreffen (Herbig/Kramer, 1991, S. 19 ff.):

Grundsatz 1: Nehmen Sie zur Kenntnis, dass der ausländische Gesprächspartner von unterschiedlichen Vorstellungen, Motiven und Überzeugungen geprägt ist.

Grundsatz 2: Lernen Sie diese andere Kultur zu verstehen und zu respektieren, unabhängig, ob es sich um Protokollfragen, soziale Belange oder um Überzeugungen handelt.

Grundsatz 3: Verinnerlichen Sie die Tatsache, dass Ihre eigenen kulturellen Vorstellungen nicht immer vereinbar sind mit dem, was man im fremden Land an Überzeugungen vertritt.

Grundsatz 4: Machen Sie sich mit dem Entscheidungsverhalten in der neuen Umgebung vertraut. Lernen Sie die Grundkenntnisse über die Verhandlungstaktik und entwickeln Sie im entsprechenden Kontext Gegenstrategien, die wiederum nicht zu Spannungen führen.

Grundsatz 5: Geduld ist der Schlüssel zum Erfolg. Denken und handeln Sie langfristig und schaffen Sie von sich aus keine „deadlines". Derjenige, der den Zeitfaktor zu seinen Gunsten arbeiten lässt, wird am Ende auch gewinnen.

Grundsatz 6: Lernen Sie Menschen zu verstehen, die ein unterschiedliches Verhältnis zur Zeit und zur Pünktlichkeit haben.

Grundsatz 7: Versuchen Sie gute persönliche Beziehungen anzustreben. Sie sind eine wichtige Voraussetzung für eine langfristige Geschäftsbeziehung. Denken Sie auch daran, dass schriftlich niedergelegte Worte weniger bedeutsam sind als der Aufbau eines persönlichen Beziehungsnetzes.

Grundsatz 8: Das non-verbale Verhalten ist ein Schlüsselelement bei allen Verhandlungen. Es ist von daher wichtig, dass die damit verbundenen Konsequenzen voll verstanden und adäquat umgesetzt werden.

Grundsatz 9: Nehmen Sie sich Zeit, um die Kultur des Gastlandes zu verstehen und versuchen Sie, die Landessprache, zumindest als „survival knowledge", sprechen zu können.

Grundsatz 10: Beziehen Sie von Anfang an Ihre(n) Übersetzer oder Ihre(n) Berater beim Aufbau Ihres interkulturellen Verständnisses mit ein. Sie können Ihnen helfen, die Besonderheiten der neuen Kultur besser verstehen zu lernen, bevor Sie über ein vermeintlich zu vernachlässigendes Problem stolpern, mit negativen Auswirkungen für die Geschäftsbeziehungen.

Grundsatz 11: Bilder zählen mehr als tausend Worte. Wenn es um Präsentationen geht, dann beziehen Sie Zeichnungen, Diagramme, Fotos, Kopien von Schlüsseldokumenten, Kataloge, Bücher oder auch Proben von entsprechenden Produkten mit ein.

Grundsatz 12: Der Weg zum Verhandlungserfolg besteht schließlich in der entsprechenden kulturellen Vorbereitung und nochmaligen Vorbereitung. Nur wer sein Gastland und die damit verbundene Kultur versteht, wird langfristig dort auch reüssieren.

Working with Interpreters and Translators
(Sheida Hodge)

Communicating across language barriers is the biggest challenge when working in other countries. Despite the disadvantages, sometimes you have no choice but to hire an interpreter. Communicating through an interpreter, however, is like kissing through a screen door: You get the general idea, but it's not the same thing. If you need an interpreter (for oral communication) or a translator (for written documents), get the best one you can. Make sure he or she is reputable and has good credentials. Mistakes or misunderstandings can be much more expensive that the extra cost of getting a professional. There simply isn't room for sloppiness when there are millions of dollars at stake.

In: Global Smarts: The art of communicating and deal making anywhere in the world, New York 2000, p. 157

"Learning is like rowing against the river.
If you stop, you drift back."
Lao-tse

6.4 Case Study: Indien: Manager-Erfahrungen in einem fremden Kulturkreis

Wen es beruflich nach Indien zieht, der sollte Standhaftigkeit gegen Bestechungsversuche und im Privaten viel Verständnis gegenüber einer neuen Kultur mitbringen. Das empfiehlt Clas Neumann, seit fünf Jahren in Indien und dort Chef von 1200 Softwareentwicklern am SAP-Standort Bangalore.

In Indien gibt es „ein anderes Verständnis von Pünktlichkeit und Zuverlässigkeit", hat Neumann erfahren. Der tägliche Stromausfall oder trockene Wasserhähne müssen einfach einkalkuliert werden. Und auch andere Abläufe im Alltag sind gewöhnungsbedürftig. Wer einen Klempner braucht, komme telefonisch nicht weit. Am besten, man schickt seinen Fahrer, der holt den Klempner aus seiner Werkstatt, bringt ihn in die Wohnung, überwacht die Reparatur und fährt den Handwerker wieder zurück, rät Neumann.

Dass Handwerker auch nicht immer helfen können, hat der SAP-Manager im eigenen Haus erfahren. Seit einem Jahr tropft es im Schlafzimmer, weil das Dach undicht ist. Zunächst hat Neumann das Wasser in einem Eimer aufgefangen, jetzt steht dort eine schöne indische Vase, die den gleichen Zweck erfüllt. „Es stört mich nicht mehr", sagt Neumann, der wiederholt zur Gelassenheit rät. „Für Choleriker ist Indien tödlich." Und für die gebe es immer einen Grund, sich in Indien aufzuregen. Doch durch Rumschreien habe sich dort noch nie etwas bewegt. Neumann, dem eine Sympathie zu Indien stets anzumerken ist, empfiehlt, im Alltag etwas von der „indischen Lebensweise" anzunehmen.

Der größte Fehler von Indien-Neulingen sei es zu glauben, man brauche kein Hauspersonal. „Das Leben ist ohne Personal nicht zu bewältigen", weiß Neumann. Wenn die Stromrechnung in bar bezahlt werden muss, fehle schnell die Zeit. Weil der Strom nicht immer zuverlässig aus der Steckdose komme, werde der Hemdenbügler (mit Kohlebügeleisen) bestellt. Das eigenhändige Bügeln birgt außerdem eine weitere Gefahr. „Wer als Mann seine Hemden selbst bügelt, wird nicht mehr ernst genommen, verliert Respekt". So angenehm die Entlastung bei häuslichen Arbeiten ist, so ärgerlich kann der Verzicht auf Hobbys sein.

Wer in Deutschland Radfahren und Joggen an der frischen Luft gewöhnt ist, kann sich davon verabschieden. Radfahren ist eh kaum möglich, die meisten Wege sind stark befahrene Straßen, und Jogger werden schon mal von Hunden verfolgt. Neumann joggt nur noch im Fitnessstudio.

Auf der anderen Seite sei Indien ein sehr gastfreundliches und kommunikatives Land, man komme schnell ins Gespräch. Das passiere auch schon mal, wenn man selbst nicht gerade auf Unterhaltung mit Fremden aus sei, etwa bei Picknick mit der Familie. „Man ist nie allein, hat kaum Privatsphäre", sagt Neumann. Dafür ist Indien für Manager mit Familie ideal. Neumann selbst hat Kinder. Inder seien sehr kinderfreundlich. „Das ist ein großer Unterschied zu Deutschland", hat er erfahren und schätzen gelernt. Ohne Kinder dagegen sei ein Aufenthalt in Indien dagegen alles andere als reizvoll. „In Bangalore stirbt man als Single vor Langeweile". Neumann, der auch über China-Erfahrung verfügt, sagt, dass Shanghai oder andere chinesische Metropolen schon eher „Singlestädte seien als Bangalore".

Ist der Alltag halbwegs bewältigt, sollten Neulinge im Unternehmen als erstes lernen, sich von gewohnten Führungsstilen zu verabschieden. Neumann rät zum wiederholten Nachfragen oder Erinnern. Es sei kein böser Wille, aber wer nicht nachfrage, erlebe am Ende mitunter Überraschungen. Fehler Nummer zwei: Was Inder überhaupt nicht leiden können, sind Vergleiche nach dem Motto „In Deutschland machen wir das so", gefolgt von weiteren Erklärungen.

Eine gewisse Beharrlichkeit muss gegen die allseits üblichen Bestechungsversuche aufgebracht werden. Egal, ob Gebäude gebaut werden oder Kaffeemilch bestellt wird. „Die Lieferanten kommen stets mit privaten zusätzlichen Leistungen um die Ecke", sagt Neumann. Das reiche von Einladungen in teure Restaurants über den Kurzurlaub auf den Malediven bis zum Leasingwagen zur privaten Nutzung. „Man muss schon einen festen Standpunkt haben, sonst gerät man schnell in Abhängigkeit". In Indien werden derartige Zusatzleistungen zum Geschäft offen offeriert, „alles ist ein Deal". SAP, das konzernweit Antikorruptionsengagements unterstützt, lehne diese Art von Geschäft ab. Zahlreiche Lieferanten hat Neumann schon aussortiert. Von den Zulieferern, die zu Beginn von Neumanns Zeit in Indien SAP bedienten, ist keiner mehr im Geschäft.

Irrgang, M., Manager-Erfahrungen in einem fremden Kulturkreis, in: FAZ, 12.10.2004, S. 16

Fragen zur Diskussion:

1. Worauf hat man sich als Expatriate im Privatbereich einzurichten?

2. Was das Verhalten im Unternehmen betrifft, worauf ist zu achten?

3. Welche Position vertritt SAP gegenüber korruptem Verhalten und teilen Sie diese Meinung?

6.5 Literaturverzeichnis

Asheghian, P./ Ebrahimi, B., International Business: Economics, Environment and Strategies, New York 1990.
Baldev, R.N., National Communication and Language Policy in India, New York 1990.
Bartley, R.L., The Case for Optimism - The West Should Believe in Itself, in: Foreign Affairs, Nr. 5/1993.
Bergemann, N./ Sourisseaux, A.L.J., Interkulturelles Management, Heidelberg, 1992.
Bergemann, N./ Sourisseaux, A.L.J., Interkulturelles Management, 3. Aufl., Heidelberg 2003.
Blom, H./ Meier, H., Interkulturelles Management: interkulturelle Kommunikation, Internationales Personalmanagement, Diversity- Ansätze im Unternehmen, in: Meier, H. (Hrsg.), Internationales Management, Berlin 2002.
Chaney, L. H./ Martin, J. S., Intercultural Business Communication, 1995, New Jersey, S. 102, in: Hodgetts/ Luthans (Hrsg.), International Management, 3. Auflage, New York 1997.
DAAD, Living in Germany – Do's and Don'ts, www.daad.de.
Daniels, J.D./ Radebaugh, L. H., International Business. Environments and Operations, 6. Aufl., Reading MA 1992.
Davidson, W.H., Global Strategic Management, New York 1982.
Deresky, H., International management: managing across borders and cultures, London 2000.
Deutsche Gesellschaft für Personalführung e.V., Der internationale Einsatz von Fach- und Führungskräften, 2. Aufl., Köln 1995.
Dülfer, E., Internationales Management in unterschiedlichen Kulturbereichen, 2. Aufl., München 1992.
Elashmawi, F./ Harris, P.R., Multicultural Management. New Skills for Global Success, Houston 1993.
Elashmawi, F./ Harris, P. R., Multicultural Management 2000. Essential Cultural Insights for Global Business Success, Houston 1998.
Ferrieux, E., Hidden Messages, in: World Press Review, Juli 1989.
Fishman, J.A., The Spread of English as a New Perspective for the Study of Language Maintenance and Language Shift, in: Fishman/Cooper/Conrad: The Spread of English: The Sociology of English as an Additional Language, Rowley 1977.
Glover, K., Do's and taboos. Cultural aspects of international business, in: Business America, 13.08.1990.
Graham, J.L./ Cambell, N.A./ Jobbert, A./ Meissner, H., Marketing negotiations in France, Germany, the United Kingdom and the United States, in: Journal of Marketing, April 1988.
Gumperz, J., Discourse Processes, in: Bergemann, N. (Hrsg.), Interkulturelles Management, Heidelberg 1992.
Hall, E.T., The silent language in overseas business, in: Harvard Business Review, May-June 1960.
Herbig, P.A./ Kramer, H. E., Cross-cultural negotiations: success through understanding, in: Management Decisions, Nr. 29/1991.
Hodgetts, R.M./ Luthans, F., International Management, – Culture, Strategy, and Behavior, 3rd ed., Mc-Graw-Hill, New York 1997.
Hodge, S., Global Smarts: The art of communicating and deal making anywhere in the world, New York 2000.
Huntington, S. P., Kampf der Kulturen. Die Neugestaltung der Weltpolitik im 21. Jahrhundert, Wien 1996.

Irrgang, M., Manager-Erfahrungen in einem fremden Kulturkreis, in: FAZ, 12.10.2004.
Kopper, E., Hilfe zur Selbsthilfe: Interkulturelles Lernen im Alleingang, in: Kopper/Kiechl (Hrsg.), Globalisierung: Von der Vision zur Praxis, Zürich 1997.
Laurent, A., The cultural diversity of western conceptions of management, in: International Studies of Management and Organization, 13/1-2, 1983.
Lenz, F., Finnische Wirtschaftskommunikation, in: Bergemann/ Sourisseaux (Hrsg.), Interkulturelles Management, 2. Aufl. Heidelberg 1996.
Liang, Y., Höflichkeit: Fremdheitserfahrung und interkulturelle Handlungskompetenz, in: Wierlacher/Stötzel (Hrsg.), Blickwinkel. Kulturelle Optik und interkulturelle Gegenstandskonstitution, München 1996.
Matsching, M., Andere Länder, andere Sitten, in: Süddeutsche Zeitung, Nr. 81, 08.04.2010
Moran, R.T./ Harris Ph. R., Managing Cultural Synergy, 2. Aufl., Houston 1981.
Mühlbauer, M., Style of Presentation, in: Forbes, 22.03.1999.
o. V., Der Buchstabe "L", in: Die Welt, 15.05.2006.
o. V., Mehrsprachigkeit kann Erfolg von Betrieben steigern, in: FAZ, 26.08.2008.
Ricks, D.A., Big Business Blunder Mistakes in Multinational Marketing, Homewood IL, 1983.
Rothlauf, J., Two water melons cannot be carried in one hand, in: Personalwirtschaft Nr. 7/1996.
Rothlauf, J., Geschäftsfreunde auf der arabischen Halbinsel: Wie man sie gewinnt und behält, in: Karriereberater Nr. 6/1997.
Rothlauf, J., Erfolgreich verhandeln in Vietnam, in: Personalwirtschaft Nr. 2/1998.
Rothlauf, J., Es reicht nicht, nur andere Sprachen zu verstehen, Interview mit Dr. Loimeier, in: Mannheimer Morgen, 03.08.2006.
Rothlauf, J., Intercultural Management handouts, Stralsund 2004.
Rothlauf, J., Interview am 11.04.2008 mit Rüdiger Baumann von BR-alpha zu Fragen des Interkulturellen Managements, in: www.br-online.de/br-alpha/alpha-forum.
Rothlauf, J., Multicultural Management Insights with a specific focus on Multicultural Teams, Pau, 2009.
Schell, R., Aufbau eines Joint-Ventures in China (am Beispiel der Bayer AG, Leverkusen), in: Zusammenfassung des Vortrages vom 12.04.1995 an der John-F.-Kennedy Schule in Esslingen.
Seligman, S. D., Chinese Business Etiquette. A Guide to Protocol, Manners, and Culture in the People's Republic of China, New York 1999.
Sharp, I., Where culture and language meet, in: Spotlight, 05/2009.
Smith, E. S./ Pham, Jr. C., Doing Business in Vietnam: A Cultural Guide, in: Business Horizons, Mai-Juni 1996.
Storti, G., Speaking of India. Bridging the Communication Gap when working with Indians. Intercultural Press/Nicholas Breadly Publishing, Boston (MA), 2008.
Suchinparm, S., How to work with heavy accents, in: Hodge, S. (Hrsg.), Global Smarts: The art of communicating and deal making anywhere in the world, New York 2000.
Tannen, D., New York Jewish conversational style, in : International Journal of the Sociology of Language, Nr. 30/1981.
Testpodium, in: Internet: www.testpodium.com.
Twisk, T. F., Assessment von internationalen Managern, in: Scholz, J.M. (Hrsg.), Internationales Change Management, Stuttgart 1995.
Unger, K.R., Internationale Kommunikationspolitik, in: Krystek/Zur (Hrsg.), Internationalisierung. Eine Herausforderung für die Unternehmensführung, Berlin 1997.
Zubko, K.C., Sahay R.R., Inside the Indian Business Mind, Jaico Publishing House, Mumbai 2011

7 Interkulturelle Personalführung

7.0 Problemstellung

Bridging the culture gap
(Carté/Fox)

You are running an international project with very tight deadlines. Your colleague, Susan, knows that she needs to send you a detailed progress report at the end of every month. It's now 5 July and Susan's June report has only just arrived – nearly a week late. To make matters worse, some of the figures are inaccurate. You decide to call her.

How would you instinctively handle the conversation with Susan? Would you feel more comfortable taking approach A, or approach B?

Approach A

You: *I'm calling about your June report. It was a week late and some of the figures were inaccurate.*
Susan: *Yes, I know. I'm very sorry about that. A couple of my people were off sick.*
You: *Yes but, Susan, you must respect the deadlines. If you don't, we'll fall behind schedule. And, in future, please make sure that you check all the figures very carefully.*

Approach B

You: *I'm calling about your June report.*
Susan: *I was just about to call you. I'm sorry it was late, but a couple of my people were off sick.*
You: *Oh dear... The thing is, I've just been through the figures and I'm afraid some of them don't seem to add up.*
Susan: *Don't they? Oh, I'm sorry. I had to put them together very quickly.*
You: *Right. But what about this month? Will you be able to spend a bit more time on them?*
Susan: *Yes, of course.*
You: *Great. Because, as you know, there's an important deadline coming up, and we'll be in real trouble if we miss it.*

In: Bridging the culture gap, London 2004, p. 81

7.1 Herausforderungen an die Führungskraft

Das Eingangsbeispiel hat auf einige Probleme hingewiesen, die sich in einem fremdkulturell bestimmten Umfeld ergeben können. Besondere Herausforderungen sind damit vor allem für die Auslandsführungskraft verbunden, denn sie sieht sich mit völlig neuartigen Problemen konfrontiert, die ein anderes Reagieren verlangen als das bisher im Heimatland der Fall war. Der interkulturell geprägte Kontext bestimmt das Handeln, und das gilt in ganz besonderer Weise für eine Führungskraft.

Auszug aus einem Interview, das der Redakteur der Welt am Sonntag, M. Fischer, mit Carlos Ghosn, dem Chef von Renault/Nissan führte

WamS: Sie haben Erfahrungen als Manager in verschiedenen Ländern und Kontinenten gesammelt. Was muss ein internationaler Manager können?

Ghosn: Es dauert seine Zeit, bis man so weit ist. Man kann nicht aus Büchern lernen, was ein internationaler Manager können muss. Sie müssen Erfahrungen sammeln, in unterschiedlichen Unternehmen, in verschiedenen Ländern, mit andersartigen Kulturen. Dabei muss man vor allem eins bleiben: offen für neue Erfahrungen. Und man muss bereit sein, immer Neues zu lernen.

In: Welt am Sonntag, 14. 12. 2003, S. 31

7.1.1 Fremdbestimmtes Arbeitsumfeld

Neben ökonomischen, ökologischen, technologischen und politisch-gesetzlichen Umwelteinflüssen bestimmen eine Reihe weiterer Faktoren das fremdbestimmte Arbeitsumfeld. Unterschiedliche Denkmuster, die sich aus verschiedenartigen Sprachsystemen ergeben, müssen ebenso in das Handeln einbezogen werden wie Rücksicht genommen werden muss auf divergierende Arbeits- und Lebensgewohnheiten. Darüber hinaus trifft die Führungskraft auf eine Umgebung, die eine völlig andere Auffassung über das Führungsverhalten hat als man das bisher im Stammland gewohnt war. Schließlich wird ein Rollenverhalten gefordert, das Flexibilität im Führen von Mitarbeitern erwartet und nicht mit einem eindimensionalen Führungsverhalten zu erreichen ist.

> Unterschiedliche Denkmuster im Zusammenhang mit verschiedenartigen Sprachsystemen der jeweiligen Muttersprache

> Unterschiedliche Arbeits- und Lebensgewohnheiten

> Unterschiedliche Auffassungen über angemessenes Führungsverhalten

> Divergierendes Rollenverständnis bzw. divergierender Führungsstil

> Hemmnisse in der außerdienstlichen gesellschaftlichen-familiären Kommunikation zwischen den Führungskräften und ihren Familien im Zusammenhang mit der Neigung, gruppen- oder nationalitätenbedingte Klischees auf den einzelnen Kommunikationspartner zu projizieren

Abb. 68 Unterschiedliche Herausforderungen an die Führungskraft
Quelle: Hammer/Hinterhuber, 1993, S. 201

7.1.2 Mehrdimensionalität des Aufgabenbereiches

Auslandstauglichkeit
(Martin Posth)

Wir lernten einmal mehr, dass Auslandserfahrung nicht unbedingt „China-Tauglichkeit" bedeutet. Wer aus Nigeria kam, wo man die Menschen mit autoritärem Druck zum Arbeiten gebracht hatte, war nicht unbedingt der Richtige, um in China eine Führungsaufgabe wahrzunehmen, die Einfühlungsvermögen voraussetzte. Einer unserer chinesischen Kollegen bemerkte zu dem Vergleich mit Erfahrungen, die man in Nigeria gesammelt hatte, einmal in außerordentlich scharfen Ton: „Wir sind hier nicht in Nigeria. Wir Chinesen sind anders. Wir sind es nicht gewöhnt, von einer Kolonialmacht unterdrückt zu werden und wir haben eine sehr lange Kulturgeschichte." Auch in Mexiko oder Brasilien herrscht eine ganz andere Mentalität – und deshalb taugte ein Fachmann, der in Südamerika Erfahrungen gesammelt hatte, nicht automatisch für den China-Einsatz. Am besten geeignet waren nach unserer Erfahrung Mitarbeiter, die – ganz gleich, wo sie bisher gearbeitet hatten – gut mit den Menschen in fremder Kultur umgehen konnten.

In: 1000 Tage in Shanghai, S. 71

Wer als Manager ins Ausland geschickt wird, findet häufig neben einer quantitativen Vergrößerung der zu bewältigenden Führungsaufgabe eine qualitative Anreicherung der Problemstellungen und Lösungsanforderungen vor. Auslandsführungskräfte müssen die sie umgebende fremde Umwelt verstehen, sie analysieren und prognostizieren können. Sie müssen Menschen führen und motivieren sowie die Wertvorstellungen ihrer Mitarbeiter ernst nehmen. Ebenso gehört zu ihrem Aufgabenspektrum, Merkmale der Lebenswelt zu erkennen und „kulturgerecht" zu handeln, was auch die Berücksichtigung von anderen sozialen Konventionen wie auch von anderen Zeichensystemen beinhaltet. Auslandsführungskräfte müssen sich deshalb u. a. mit folgenden Fragen auseinandersetzen:

1. Sollen den Mitarbeitern detaillierte Instruktionen erteilt werden oder sind allgemeine Anweisungen ausreichend?

2. Welcher Führungsstil unterstützt meine Aufgabe vor Ort?

3. Wie ist der Arbeitseinsatz der Mitarbeiter einzuschätzen? Handelt es sich um Mitarbeiter, die wenig Interesse am Betrieb haben oder trifft man auf Menschen, die durch Eigeninitiative auffallen?

4. Müssen die Mitarbeiter regelmäßig kontrolliert und bei Nichterfüllung der Ziele durch Lohnentzug bestraft werden?

5. Welche Rolle spielen extrinsische (Anerkennung in Form von Geld) und intrinsische Motivation (Anerkennung in Form von Lob und Anerkennung)?

6. Entspricht meine Erwartungshaltung der Erwartungshaltung der Mitarbeiter?

Die Aufgaben, die mit der interkulturellen Personalführung verbunden sind, erhalten eine zusätzliche Ebene von Komplexität, wenn die geforderten Entscheidungsprozesse kooperativ organisiert und in einen multikulturellen Rahmen angesiedelt sind. Führungskräfte mit unterschiedlicher Herkunft haben Entscheidungen zu treffen, die sie vorher abstimmen müssen. Unter solchen Bedingungen erhalten die Anforderungen mehrdimensionalen Charakter. Die Verständigungs- und Vermittlungsprozesse verlaufen zwischen mehreren Bezugssystemen und sind entsprechend komplex (Haritz/Breuer, 1995, S. 112). U. a. gilt es Einstellungen, Ziele, Strategien, Methoden zu "übersetzen". Die Führungskraft muss zwischen den beteiligten Welten vermitteln; sie muss wechselseitig übersetzen und transformieren können.

> Auszug aus einem Interview mit G. Cromme, dem Aufsichtsratsvorsitzenden von Siemens:
>
> **FAZ:** *Und nun bekommt Siemens nach 160 Jahren den ersten Chef von außen, einen völlig unbekannten Österreicher dazu. Wie sind Sie ausgerechnet auf Peter Löscher verfallen?*
>
> **Cromme:** Ein gemeinsamer Bekannter von einem anderen Aufsichtsrat und von mir hat uns den Lebenslauf gegeben. Anfang Mai war das, da habe ich sofort gesehen: Das ist der Richtige.
>
> **FAZ:** *Ohne Herrn Löscher je getroffen zu haben?*
>
> **Cromme:** Er entspricht optimal den Kriterien, die wir aufgestellt hatten: Internationalität, Technologiekompetenz, Integrationsfähigkeit. Wenn man jemand in den letzten 20 Jahren hätte vorbereiten wollen auf diese Position, dann hätte man es nicht besser machen können: Herr Löscher hat unter anderem in Hongkong studiert, hat von dort aus in China gearbeitet, später in Deutschland, Großbritannien, Japan, Amerika und Spanien. Er spricht neben Deutsch Japanisch, Englisch, Französisch und Spanisch. Eine abgerundete Persönlichkeit mit nicht einmal 50 Jahren. Er kennt die Produkte von Siemens, hat einen Namen in der Finanzwelt. Er war im Vorstand von General Electric. Wenn es überhaupt einen Wunschkandidaten gab, dann war er es.
>
> In: FAZ, 27.05.2007, S. 21

7.2 Führungstheorien

Einer der entscheidenden Gründe, warum Manager sich in bestimmten Situationen verschiedenartig verhalten, liegt in ihren jeweiligen Vorstellungen über ihr Führungsverhalten begründet. Diejenigen, die glauben, dass Mitarbeiter nur wegen des Geldes arbeiten, zeigen einen anderen Führungsstil als Manager, die von der Annahme ausgehen, dass Mitarbeiter sich an der Herausforderung ihrer Arbeit erfreuen und bereit sind, auch Verantwortung zu übernehmen. McGregor, einer der Pioniere im Hinblick auf Führungsstiluntersuchungen, hat zwei Führungsphilosophien beschrieben, die er mit den Begriffen „Theorie X" und „Theorie Y" kennzeichnete.

7.2.1 Theorie X und Theorie Y

Theorie X geht von der Annahme aus, dass die Führungskraft glaubt, es mit faulen Mitarbeitern zu tun zu haben, die im Grunde nicht arbeiten wollen. Sie zeigen darüber hinaus wenig Ehrgeiz, vermeiden die Übernahme von Verantwortung und möchten, dass man sie führt. Um die Sicherstellung der Unternehmensziele zu gewährleisten, ist es notwendig, sie zu kontrollieren und durch Androhung von Bestrafungen ihren Arbeitseinsatz sicherzustellen (McGregor, 1960, S. 33 ff.).

Ein Manager der Theorie Y lässt sich in seinem Führungsverhalten davon leiten, dass unter den richtigen Bedingungen, die Mitarbeiter nicht nur bereit sind hart zu arbeiten, sondern auch signalisieren, Verantwortung übernehmen zu wollen. Wenn es also gelingt, diese Fähigkeiten zu wecken, dann wird sowohl der quantitative als auch der qualitative Output wesentlich höher ausfallen als bei einem Führungsverhalten, das das kreative Potential der Mitarbeiter völlig außer Acht lässt. Kontrolle wird dabei nicht mehr als das alleinige Mittel angesehen, um die Zielerreichung der Mitarbeiter zu gewährleisten (McGregor, 1960, S. 47ff).

Welcher Ansatz nun gewählt wird, variiert von Kultur zu Kultur. Amerikanische Manager glauben im Hinblick auf die Motivation ihrer Mitarbeiter, dass deren höherrangige Bedürfnisse (Einkommen, Status, Selbstverwirklichung) befriedigt werden können, wenn ein Führungsverhalten im Sinne der Theorie Y vorliegt. In China wiederum finden sich beide Verhaltensausprägungen, wobei Theorie Y aus völlig anderen Gründen zum Einsatz gelangte. Nach der Revolution im Jahre 1949 gab es zwei Typen von Managern: Die Experten und die Kommunisten. Die erste Gruppe fokussierte sich auf rein technische Fertigkeiten und Fähigkeiten der Mitarbeiter, zeigte also ein Führungsverhalten im Sinne der Theorie X. Die Kommunisten, die in der Menschenführung geübt und über politische und ideologische Erfahrungen verfügten, vertraten eine Führungsphilosophie im Sinne der Theorie Y. Außerdem sahen sie durch die Vorgaben, die die Handschrift ihres Parteivorsitzenden Mao trugen, wonach es allen Mitarbeitern wirtschaftlich und kulturell besser gehen sollte, eine Unterstützung ihres Denkansatzes (Adler, 1991, S. 150).

Die Überlegungen von McGregor im Hinblick auf das Führungsverhalten führten in der Folgezeit dazu, dass man sich verstärkt Gedanken darüber machte, welche Verhaltensmuster Manager auszeichnen und welchen Einfluss sie dadurch auf das gesamte Arbeitsklima nehmen.

7.2.2 Führungsstilformen

Das Verhalten einer Führungskraft drückt sich in seinem jeweiligen Führungsstil aus. In der Praxis haben sich unterschiedlichste Führungsstilformen herausgebildet, wobei die folgenden drei Formen sich einer weitgehend auch internationalen Akzeptanz erfreuen (Hodgetts/Luthans, 1997, S. 364).

Der autoritäre Führungsstil ist gekennzeichnet durch eine starke Zentralisierung der Entscheidung, ein hochgradig sachliches Interesse an der Aufgabenerfüllung, verbindliche Anordnungen von „oben" und von sehr geringen Arbeitsbeziehungen. Vorteile dieses Führungsstils können sich, wenn überhaupt, vor allem in Krisensituationen ergeben, wo schnelle Entscheidungen gefordert sind. Dieser Führungsstil findet weitgehend Akzeptanz bei Managern, die ihr Verhalten an der Theorie X ausrichten, die menschliche Bedürfnisse weitgehend unberücksichtigt lassen und vor allem aufgabenorientiert führen.

Der paternalistische Führungsstil zeigt ein arbeitsorientiertes Verhalten mit einer mitarbeiterorientierten Ausrichtung. Dieser Typ lässt sich am besten mit den Worten „Arbeite hart und das Unternehmen kümmert sich um deine Belange" umschreiben. Er findet vor allem in Japan Anwendung. Paternalistische Führer erwarten einen hohen Arbeitsinput. Dafür können die Mitarbeiter, zumindest in japanischen Großunternehmen, mit einer lebenslangen Beschäftigung und verschiedensten Formen der sozialen Absicherung (Heiratsgeld, kostenlose medizinische Untersuchungen, usw.) rechnen. Aufgrund der starken Betonung der Kontrollvorgänge wird dieses Managerverhalten auch als eine Art „weiche" Anwendung der Theorie X gesehen (Hodgetts/Luthans, 1997, S. 365).

Der kooperative (partnerschaftliche) Führungsstil zeichnet sich durch eine hohe Beteiligung der Mitarbeiter am Entscheidungsprozess aus. Ziele werden gemeinsam formuliert und der Erfolg an der Erreichung dieser gemessen. Eine wesentliche Grundüberlegung besteht darin, dass Mitdenken und Partizipation sich positiv auf das Führungsergebnis auswirken. Arbeitsbeziehungen nehmen in ihrer Ausprägung stark kollegiale Formen an, so dass neben Gruppen- auch Einzelentscheidungen getroffen werden, was durch das Delegationsprinzip noch gefördert wird. Vorgesetzte, die diesen Führungsstil bevorzugen, ermutigen ihre Mitarbeiter, Kontrollvorgänge selbst auszulösen. Wer derartige Führungsverantwortung zeigt, muss sowohl über Teamgeist als auch über soziale Führungsfähigkeiten verfügen. Dieser kooperative Führungsstil findet sich in vielen technologisch hoch entwickelten Ländern wie z.B. in Amerika oder England, zunehmend auch in Deutschland, vor allem aber in den skandinavischen Ländern.

Welcher Führungsstil letztendlich zum Einsatz gelangt, hängt von einer Reihe von weiteren Faktoren ab. Hersey/Blanchard (1977, S. 165) vertreten dabei die These, dass es einen besten Führungsstil nicht gibt, sondern, je nach den Umständen und der Situation, die Handhabung unterschiedlicher Führungsstilvarianten sich als effektiv erweisen kann. Übertragen auf eine konkrete Situation kann dies bedeuten, dass in Abhängigkeit vom Reifegrad der Mitarbeiter der Vorgesetzte gegenüber einer Gruppe von Mitarbeitern einen eher autoritären, partnerschaftlichen, integrierenden oder einen mehr auf Delegation bezogenen Führungsstil praktiziert.

Wenn man die unterschiedlichen Führungserwartungen, die an einen Manager in einer fremdbestimmten Umwelt gestellt werden, betrachtet, dann zeigt der Situationsansatz von Hersey/Blanchard eine breite Anwendungspalette. Positiv gesehen wird bei diesem Modell, dass der Reife-Gedanke die Auseinandersetzung mit den Mitarbeiter-Bedürfnissen und -Qualifikationen ausdrücklich fordert, so dass daraus eine Verpflichtung für die Führungskraft abgeleitet werden kann, sich an der Mitarbeiterentwicklung, unabhängig, ob es sich um entsandtes oder um einheimisches Personal handelt, aktiv zu beteiligen.

Wie sieht nun die Qualifikation derjenigen aus, die in international agierenden Konzernen im Vorstand bzw. im Aufsichtsrat tätig sind und für die richtungsweisenden Entscheidungen verantwortlich zeichnen?

Schmid/Daniel (2007, S. 17 ff.) haben einen Internationalisierungsindex erstellt, der, basierend auf den vier Anforderungen

- Multinationalität (Der Anteil Nicht-Deutscher bei den Vorstandsmitgliedern)
- Internationale Ausbildung (Ausbildung im Ausland)
- Internationale Berufserfahrung (Karrierestationen im Ausland)
- Internationale Verbindungen (Mandat im Ausland)

zeigt, welches Unternehmen am ehesten dem oben erhobenen Postulat nach Internationalität gerecht wird (s. Abb. 69).

	Unternehmen	Internationalitäts-index - Vorstand		Unternehmen	Internationalitätsindex Aufsichtsrat Anteilseignervertreter
1	Henkel	62,58 %	1	Hypo Real Estate	53,95 %
2	Siemens	47,08 %	2	DaimlerChrysler	52,56 %
3	Schering	44,44 %	3	Deutsche Börse	42,95 %
4	DaimlerChrysler	39,64 %	4	Schering	42,83 %
5	Deutsche Bank	38,69 %	5	Continental	42,74 %
6	Commerzbank	38,50 %	6	Siemens	42,69 %
7	Allianz	37,14%	7	TUI	40,70 %
8	ThyssenKrupp	36,57 %	8	Commerzbank	39,11 %
9	RWE	36,43 %	9	Bayer	36,45 %
10	Infineon	35,71 %	10	BMW	35,68 %
11	BASF	35,36 %	11	Adidas-Salomon	34,72 %
12	Adidas-Salomon	33,39 %	12	Allianz	33,97 %
13	Lufthansa	32,41 %	13	BASF	33,60 %
14	Continental	30,21 %	14	Münchener Rück	31,28%
15	Deutsche Post	29,37 %	15	Lufthansa	29,66 %
16	Münchener Rück	28,87 %	16	Infineon	29,46 %
17	Linde	26,71 %	17	MAN	29,46 %
18	BMW	25,97 %	18	ThyssenKrupp	27,85 %
19	SAP	24,33 %	19	Linde	26,47 %
20	MAN	24,00 %	20	Volkswagen	25,89 %
	Mittelwert	31,28%		Mittelwert	30,03 %

Abb. 69 Rangliste der Unternehmen nach Internationalität ihrer Vorstandsmitglieder sowie Anteilseignervertreter im Aufsichtsrat
Quelle: Schmid/ Daniel, 2007, S. 21

*„Jede Arbeit ist wichtig, auch die kleinste.
Es soll sich keiner einbilden, seine Arbeit sei über
die seines Mitarbeiters erhaben.
Jeder soll mitwirken zum Wohle des Ganzen."*
Robert Bosch

7.3 Führungsstile und Kulturtypen

Richard Lewis recognised that more and more business is done in an international context and more corporations establish themselves globally.

> *"The several hundred national and regional cultures of the world can be roughly classified into three groups: task-oriented, highly organized planners (linear-active); people-oriented listeners (reactive) (Lewis, 2006, p. 27)."*

Figure 70 is a diagrammatic demonstration of linear-active, multi-active and reactive countries. It is based on the evaluation of thousands of cultural profiles of 68 nationalities. It is a graphical presentation which is drawn to scale the cultural distance between each nationality. The figure is illustrated as a pyramid that indicates the position of each culture in terms of its linear-active, multi-active and reactive nature.

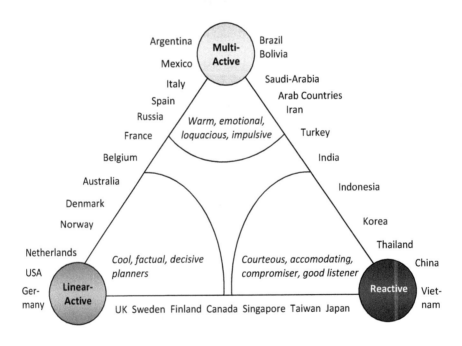

Abb. 70 Cultural Types: The Lewis Model
Quelle: Lewis, 2006, p. 42

> **Manager in linear-aktiven Kulturen**
> - Haben technische Kompetenz
> - Ziehen Fakten bloße Meinungen und Logik den Emotionen vor
> - Sind ergebnisorientiert und korrekt
> - Halten sich an Tagesordnungen
> - Inspirieren mit umsichtiger Planung
>
> **Multiaktive Manager**
> - Sind extrovertiert und dialogorientiert
> - Verrichten viele Dinge gleichzeitig
> - Halten Zeitpläne nicht ein
> - Verlassen sich auf ihre Überzeugungsfähigkeit
> - Nutzen Charisma als einen inspirierenden Charakter
>
> **Manager in reaktiven Kulturen**
> - Dominieren durch Wissen, Geduld und stille Kontrolle
> - Sind höflich, gute Zuhörer und vermeiden Konfrontation
> - An langfristigen Beziehungen interessiert
> - Schaffen eine harmonische Atmosphäre für Teamwork
> - Sind paternalistisch
> - Monolog – Pause – Reflexion – Monolog
>
> In: Kumbruck/Derboven, 2005, S. 103

7.4 Leading Across Cultures: Personality versus Authenticity

The following text is part of a presentation that Michael Nagel, manager at BearingPoint Frankfurt, held at the 14th International Baltic Sea Forum in Stralsund, entitled "A Global View on Intercultural Management" (2009, p. 50).

> *"Let's come to the famous take home message, what I would like to remember after this presentation. First of all, cultures are different. We can learn a lot from others. Why? Just consider none of the big emerging economies, so called BRIC countries (Brazil, Russia, India, China) is linear. So, why should the management style, the western management styles coming from the United States, coming from Germany should be the good ones or the successful ones. Just look at the BRIC countries. We shouldn't think that we are the best or the superior. We are all at the same level. We have to learn from each other to find the best solution to work together.*

The majority of senior managers blame cultural differences for the failure of mergers, so not the financials. It is not the product, it is not marketing. It is how the people communicate. A manager from Finland being now responsible for a Brazilian team, not being emotional, not winning the hearts, not following some simple rules, some simple advices, and all of a sudden all breaks down.

You could now say, well I want to be authentic. If I present, I want to present this Michael. I do not want to change, I do not want to act. I want to follow the rule of authenticity. You do not lose your personality or your values or your beliefs if you change. This is a stage and what do you want to do here? You want to sell something. You want to bring across a message. Here is the audience. So try to figure out what are the expectations. Do they expect a show? Or do they expect very detailed figures about analysis or whatever. So you are not changing your personality. It is just a simple practical step. Try it. The best place to try is being a student. In every single presentation you can try to be someone different. And anyway, I experienced lots of people and they told me 'I do not want to play roles'. The truth is you are playing roles all the time. I play the role of a husband when I am at home, I play the role of a presenter here, I play the role of a consultant in my company, and tonight I will play the role of a guest in a restaurant. So we are playing roles all the time. The difference makes it if you are playing a role successfully. And this does not mean changing the personality."

Stil zeigen bis ins Detail
(Bernhard Roetzel)

Fliegt der Personalberater und Führungskräfte-Coach Kai Kochmann zu einem Termin nach London, dann nur in dunklem Zwirn und blank polierten schwarzen Schuhen. Für die traditionsreiche Personalberatung A. Hughes rekrutiert Kochmann Manager aus ganz Europa und den USA. Er kennt die Dresscodes - und befolgt sie konsequent. So vermeidet er, was für ihn der "Hauptfehler im internationalen Geschäftsleben" ist: "Es mag noch einige Deutsche geben, die es als gradlinig empfinden, sich ohne Rücksicht auf die Gepflogenheiten des Gastlandes zu kleiden und zu benehmen." Aber Ausländer bewerten diese Haltung meist als ignorant und wenig einfühlsam. Die falsche Garderobe kann schlimmere Folgen haben als nur kritische Blicke: Der sicher geglaubte Geschäftsabschluss kann scheitern.

In: Capital, Nr. 20/2003, S.166

7.5 Führungsverhalten in Abhängigkeit von religiösen Einflüssen

Der zunehmende Einfluss, der von religiösen Überzeugungen auf unser Führungsverhalten ausgeht, und damit auch den Geschäftserfolg determiniert, unterstreicht die Aussage von Petra Vogler (2009, S. 26), die für die Firma Bosch in Bangalore/Indien für das interkulturelle Training verantwortlich ist.

> *"What is very interesting in India is that you have a strong spiritual approach toward leadership. If you ask a person in a senior position: What are your main thoughts? What makes you so successful? Most of the times they refer to their religious believe system. That is very interesting. You find this answer quite often. It is more important to be a good person than knowing everything in detail about the business culture of the other company. The underlined goodness of human to human context and understanding is strengthened."*

Aufgrund der Vielfalt an Religionen und ihrer zahlreichen Differenzierungen ist es nicht möglich, den Einfluss, der von den Glaubenslehren und religiösen Wertvorstellungen auf das jeweilige Führungsverhalten ausgeht, umfassend darzustellen. An vier Beispielen soll jedoch aufgezeigt werden, in welcher Weise das Führungsverhalten dadurch beeinflusst wird. Damit soll für die Auslandsmanager erkennbar werden, dass sie nicht umhin können, sich mit den damit verbundenen Fragestellungen zu beschäftigen.

Confucian Management at Hyundai
(Lee Chang-sup)

Confucian-oriented management was introduced by Chung Ju-yung at Hyundai. The confucianism goal was defined by frugality, religious belief in achieving this goal, and diligence. His management strategies were defined as follows:

- As long as employees are diligent and dedicated to attaining a goal, life employment was guaranteed.
- All employees were treated the same way.
- At no times, strikes were accepted or tolerated.
- The management strategy was based upon group thinking and team work was seen as a key factor for success.

In: Korea Times, 28.03.2001, p. 12

7.5.1 Der Einfluss des Konfuzianismus auf das Führungsverhalten

Wenn auch die Frage nach einem speziell konfuzianischen Entwicklungsmodell umstritten sein mag, der Aufschwung des industriellen Ostasiens lässt jedenfalls darauf schließen, dass sich dort eine Form von Moderne entwickelt hat, die sich von der europäischen und nordamerikanischen unterscheidet (Sharma, 1997, S. 759). Die Stärke jener Länder, die das konfuzianische Ostasien bilden (außer Japan und den Vier Kleinen Drachen – Taiwan, Hongkong, Südkorea und Singapur – scheinen auch die Volksrepublik China und Vietnam diesem „Modell" zu entsprechen) ist eine zweifache: Erstens haben sie sich das westliche Knowhow aufs gründlichste angeeignet – was eine Voraussetzung für Ihre Wettbewerbsfähigkeit auf dem internationalen Markt ist – und zweitens haben sie ihre eigenen Ressourcen erfolgreich mobilisiert und Führungsqualitäten und soziale Kohärenz entwickelt, die dem wirtschaftlichen Wachstum um nichts nachstehen (Rothlauf, 2008, S. 21).

Mit dieser Erfolgsgeschichte ist zum einen die Frage verbunden, was diese konfuzianische Lebensform auszeichnet, zum anderen ist zu klären, welche Konsequenzen sich daraus für das Führungsverhalten ergeben. An fünf Beispielen soll dies verdeutlicht werden (Sharma, 1997, S. 760; Glasenapp, 1996, S. 176 ff.):

1. Konfuzianische Gesellschaften gehen von einer festen Überzeugung aus, dass die menschliche Situation durch persönliche Selbsterziehung, die als gemeinschaftlicher Akt verstanden wird, verbessert werden kann. Eigennutz wird als Wert betrachtet, und gegenseitige Hilfe in der Familie, Nachbarschaft, Schule und am Arbeitsplatz wird als selbstverständlich angesehen.

   Konsequenzen für das Führungsverhalten: Wenn man z.B. von einem chinesischen Mitarbeiter privat um Hilfe gebeten wird, sollte man sich dafür auch einsetzen. Konkret kann das bedeuten, dass man bei der Suche nach einem Studienplatz für den Sohn oder die Tochter in Deutschland angesprochen wird.

2. Der Zusammenhalt der Familie ist der Klebstoff, der eine organische Solidarität gewährleistet. Auch wenn auf Freiwilligkeit basierende Vereinigungen die institutionelle Infrastruktur für eine prosperierende Wirtschaft bilden, so garantiert doch erst ein auf Zusammenhalt bedachtes Familiensystem Disziplinierung und Verlässlichkeit der Belegschaft eines Betriebes.

Konsequenzen für das Führungsverhalten: Auf die Corporate Identity muss in konfuzianischen Gesellschaften sehr geachtet werden. Der Betrieb wird wie eine Familie gesehen. Von einer Führungskraft wird erwartet, dass Sie persönlich auf Betriebsfesten anwesend ist und z.B. auch der Einladung zu einer Hochzeit folgt.

3. Die Erziehung auf der Primär- und Sekundärstufe will einerseits die Charakterbildung fördern und andererseits auch praktisches Wissen vermitteln. Erziehung wird nicht nur deswegen mit so viel Engagement betrieben, weil man erkannt hat, dass sie unabdingbar für die moderne Wirtschaft ist, sondern auch deswegen, weil sie ein Ausdruck der ostasiatischen weltlichen Religionen ist. Der Konfuzianismus geht in seiner Sicht der menschlichen Entwicklung von einer langfristigen Perspektive aus: Es mag zehn Jahre dauern, um einen Baum heranzuziehen, aber es bedarf einiger Jahrzehnte, um eine Persönlichkeit zu schulen.

Konsequenzen für das Führungsverhalten: Lebenslanges Lernen in den Mittelpunkt stellen, d.h. durch ständige Weiterbildungsangebote dem Drang der Mitarbeiter nach Lernen gerecht werden.

4. Gesetze sind zur Aufrechterhaltung der Ordnung nötig. Was die Gesellschaft aber zusammenhält, sind Sittlichkeit und Anstand. In der konfuzianischen Sozialethik steht das Gefühl für soziale Verpflichtungen im Vordergrund, nicht das Einfordern von Rechten.

Konsequenzen für das Führungsverhalten: Eine genaue Analyse der örtlichen Rahmenbedingungen ist zwingend erforderlich. Organisation von Hilfen für Schulen oder Krankenhäuser werden hoch bewertet. Spätere staatliche Aufträge sind häufig der indirekte Ausdruck des Dankes.

5. Vorbildliche Führungsqualitäten sind für die Steigerung der wirtschaftlichen Produktivität wichtig.

Konsequenzen für das Führungsverhalten: In jeder Situation seiner Vorbildfunktion gerecht werden, d.h. Bescheidenheit im Auftreten und Omnipräsenz bei allen Ereignissen, die mit dem Unternehmen in Verbindung gebracht werden können.

> Auszug aus einem Interview, das der Redakteur des Bayerischen Rundfunks Rüdiger Baumann am 11.04.2008 mit Prof. Dr. Jürgen Rothlauf führte:
>
> **Baumann:** *Ich möchte jetzt gerne das Thema Religion im Allgemeinen ansprechen. Wie wichtig ist denn eigentlich Religion? Sie waren soeben in Indien, dort stoßen ja mehrere Weltreligionen aufeinander, was auch immer wieder zu Reibungen führt. Welche Rolle spielt also die Religion im interkulturellen Zusammenleben tatsächlich?*
>
> **Rothlauf:** Eine wichtige! Ich versuche das zunächst einmal an einem praktischen Beispiel zu verdeutlichen. Es macht einfach keinen Sinn, wenn man Mitte November eine Delegation nach Indien schickt oder Mitte Februar die gleiche Überlegung für China oder Vietnam anstellt. Während die Inder zum angesprochenen Zeitpunkt ihr Diwali-Fest feiern, beginnt bei den beiden anderen genannten Ländern zu dieser Zeit das Neujahresfest, das sich mindestens über drei bis vier Tage erstreckt. Lassen Sie mich noch auf ein anderes Beispiel verweisen. Wenn für die Muslime der Fastenmonat Ramadan beginnt, macht es auch wenig Sinn, hier eine größere Geschäftsaktivität zu erwarten. Muslime dürfen in dieser Zeit von Sonnenaufgang bis Sonnenuntergang weder essen noch trinken und fühlen sich von daher nicht besonders wohl, längere Verhandlungen zu führen. Worauf es aber in dieser Zeit ankommt, ist die richtige interkulturelle Botschaft zu senden, die den religiösen Kontext entsprechend berücksichtigt. Ob man hierbei „Happy Diwali" wünscht, oder in Vietnam zu Beginn des neuen Jahres die Formel „Chuc mung nam moi" verwendet oder den Muslimen zu Ramadan „Kull am wa antum bichair" entbietet, macht den kleinen interkulturellen Unterschied aus, der in der Praxis große positive Wirkungen erzielen kann.

7.5.2 Der Einfluss des Buddhismus auf das Führungsverhalten

Im Zusammenhang mit dem Führungsverhalten ist die Lehre des Buddha über die Beziehung von Lehrern und Schülern von besonderem Interesse. Unter sechs

Typen von Lehrern erscheint ihm nur derjenige empfehlenswert, bei dem die Führungsqualitäten Lebensführung, Lehre, Lehrmethode, Kenntnis und Einsicht als „rein", d.h. der Lehre des Buddha entsprechend vorkommt (Gerlitz, 1980, S. 227 ff.).

Im Umgang mit Menschen kommt dem „8-fachen Pfad" eine besondere Rolle zu. U. a. heißt es dort in Pfad 4, der mit rechtem Handeln umschrieben wird: „Alle Handlungen, die gegen die Sittlichkeit verstoßen, wie z.B. das Verletzen und Töten anderer Wesen, Beleidigungen und Ausschweifungen werden unterbunden. Das Handeln soll von Freigebigkeit und Hilfsbereitschaft geprägt sein" (Gerlitz, 1980, S.276). Auch Pfad 7, der der rechten Achtsamkeit gewidmet ist, berührt das Führungsverhalten, wenn von der beständigen Achtsamkeit auf Körper, Gefühle, Gedanken und Denkobjekte gesprochen wird.

Ist die interkulturelle Personalführung innerhalb des buddhistischen Kontextes angesprochen, so muss immer auch die „Wahrung des Gesichtes" ("loosing face") mit beachtet werden. Wer gegen diesen Grundsatz verstößt, was im Übrigen einer Demütigung der betreffenden Person gleichkommt, hat alle gesellschaftlichen wie religiösen Grundsätze und Regeln außer Acht gelassen, die in einem buddhistisch geprägten Umfeld Geltung besitzen.

Harmonie und Loyalität werden in der Pflege guter zwischenmenschlicher Beziehungen am Arbeitsplatz gesehen, wobei Loyalität vor Wahrheit rangiert. Betriebsangehörige werden in einer derart geprägten Gemeinschaft oft noch wie Angehörige eines Familienclans behandelt und geführt. Wenn die Betriebsleitung diesen Erwartungen weitgehend entspricht, sich also z.B. um Familienbelange, Ausbildung der Kinder und um Familienplanung kümmert, wachsen das Gefühl, der Stolz auf die Betriebszugehörigkeit und die Einsatzbereitschaft der Betriebsangehörigen (Hann, 1995, S. 76).

Für das Arbeitsverhalten der Mitarbeiter lässt sich daraus ein betontes Pflichtgefühl ableiten, das dazu dienen soll, übertragene Aufgaben sorgfältig zu erfüllen, Kollegen zu helfen und Arbeiten im Team durchzuführen. Im Führungsverhalten wird eine Einstellung erkennbar, die dem europäischen Begriff der Fürsorgepflicht ähnelt. Kooperative Führung entspricht daher stärker buddhistischen Regeln als ein autoritär ausgeübter Führungsstil. In Entscheidungsprozessen wird die Komplexität der Realität betont, weshalb oft ein Rückgriff auf intuitive Methoden erfolgt (Dülfer, 1992, S. 296).

7.5.3 Der Einfluss des Taoismus auf das Führungsverhalten

Das grundlegende Denkmuster und die einzig richtige Verhaltensweise im Sinne des Taoismus ist zyklisch und auf keinen Fall evolutionär oder linear-prozessbezogen. Die Welt wandelt sich ständig („alles fließt"), auch der Mensch befindet sich in einem dauernden Zustand der Veränderung und des Werdens. In diesem Zusammenhang ist auch die Art des Wissenserwerbs im Taoismus sehr wichtig. Im westlichen Kulturkreis folgen die Mitarbeiter einem linearen Weg des Wissenserwerbs. Alles ist streng auf ein Lern- oder Fortbildungsziel ausgerichtet. Trainer haben die Aufgabe, den Wissensgegenstand auf schnellstem und einfachstem Weg zu vermitteln. Anders im Taoismus. Hier wird das Gelernte immer wieder in Frage gestellt. Vorurteile und Meinungen werden immer wieder zerstört. Es geht nie darum, Wissen zu erwerben, denn nicht das Haben, sondern das Sein ist entscheidend (Jahrmarkt, 1991, S. 104 ff.).

Auf das Management übertragen bedeutet eine derartige am Taoismus orientierte Verhaltensweise, dass sich Manager als auch Mitarbeiter durch ein hohes Maß an Flexibilität auszeichnen und einmal definierte Ziele auch wieder in Frage stellen sollten, wenn eine neue Situation eingetreten ist. Bei der Beschreibung von Verhaltensweisen im Problemlösungsprozess in internationalen Teams fand Schroll-Machl (1995, S. 207) folgendes heraus: *„Die deutsche Gruppe änderte nur ungern und in Ausnahmefällen bereits bearbeitete Details. Sind die Deutschen dann tatsächlich gezwungen, Änderungen vorzunehmen, wird der gesamte Problemlösungsprozess wieder aufgerollt."*

Was das über das betriebliche Tagesgeschehen hinausgehende Verhalten betrifft, fehlt dem heutigen Manager westlicher Prägung die Zeit oder die Neigung, sich in etwas zu vertiefen. Das besinnliche Nachdenken und Nachspüren ist solchen Menschen nahezu unmöglich. Das Gehetztsein und das laufende Eingreifen in natürliche Abläufe sind zur Norm geworden. Im Gegensatz dazu besagt einer der wichtigsten Lebensregeln des Taoismus, dass jegliches Handeln wider die Natur schädlich für die Natur und den handelnden Menschen selbst ist. Dies führt zu laufendem Eingreifen in natürliche Abläufe, also zur permanenten Manipulation.

Wenn westliche Manager im Gegensatz dazu lernen, integrativ und ganzheitlich zu denken und zu handeln, und dabei sich gleichzeitig vom Gefühl befreien, ständig im Mittelpunkt stehen zu müssen, kehrt die Gelassenheit ein, die notwendig ist, um Zeit für Visionen zu haben. Der Taoismus sagt, dass Visionen weder eine Vorwegnahme der Zukunft noch ein logisch-analytischer Vorgang sind, sondern ein Gefühl. Visionsfähigkeit kommt aus der rechten Gehirnhälfte, dem vernachlässigten Teil unseres Gehirns. Sie muss also trainiert werden. Eine Vision erzeugt Leidenschaft und eine Wirklichkeit, die erst durch das Machen entsteht. Die Vision ist im Übrigen die einzig stabile Basis und kraftgebende Verbindung zwischen der Unternehmenskultur und der Strategie. Nur wenn eine klare Vision besteht, lassen sich auch strategische Geschäftsfelder und betriebliche Aktionsräume entwickeln (Jahrmarkt, 1991, S. 138).

Worin das Geheimnis eines am Taoismus ausgerichteten Führungsverhaltens besteht, zeigt die Geschichte von einem alten Mann, der ein hervorragender Gärtner war. Die Leute wollten das Geheimnis seines Erfolges wissen, aber er leugnete, irgendeine besondere Methode zu haben außer der Pflege der natürlichen Anlagen (Cooper, 1985, S. 49):

> *„Wenn du Bäume pflanzt, gib Acht, dass du die Wurzel gerade setzt, die Erde um sie herum glättest, guten Humus verwendest und ihn gut andrückst. Dann berühre die Pflanze nicht mehr, denke nicht mehr an sie, geh nicht hin, um sie anzuschauen, sondern lass sie allein, lass sie für sich selbst sorgen, und die Natur wird das übrige tun. Ich vermeide nur, Bäume mit Gewalt zum Wachsen zu bringen."*

7.5.4 Der Einfluss des Islam auf das Führungsverhalten

Ein islamisches Wirtschaftskonzept, das auf sozioökonomische Gerechtigkeit zielt, geht von der Annahme aus, dass die knappen Ressourcen, die der Gesellschaft zur Verfügung stehen, in einer sozial ausgewogenen Weise genutzt werden, ohne dass noch ein Unterschied zwischen dem geistlichen und weltlichen Bereich gemacht wird (van Sees, 1974, S. 67). Zu den Grundelementen des Islams gehören u. a. die Gleichheit und gleiche Rechte für alle, worunter die persönliche Freiheit und eine menschenwürdige Behandlung fallen. Außerdem wird ausgeführt, dass jedes Individuum für das Wohlergehen seines Nachbarn und der sozialen Gruppe, der er angehört, verantwortlich ist (Rothlauf, 1995, S. 40).

Im Koran finden sich verschiedene Stellen, die das soziale Zusammenleben hervorheben. Was die entsprechende Verhaltensweise betrifft, so findet sich u.a. die Aussage:

> *"Co-operate with one another for virtue and heedfulness, and do not co-operate with one another for the purpose of vice and aggression."*
> (Irving/ Ahmad/ Ahsan, 1979, p. 175)

Die in vielen arabischen Ländern zu beobachtende Praxis, wonach das Unternehmen wie eine Großfamilie geführt wird, dessen spirituelle Basis die religiöse Gemeinschaft bildet und an dessen Spitze die Familienmitglieder stehen, führt dazu, dass keine kollektive Entscheidungsfindung stattfindet, sondern eine ausgeprägte Top-to-Down-Haltung zu beobachten ist. Da in der arabischen Welt auch heute noch ein stark fatalistisches Weltbild vorherrscht, nach der die Zukunft als weitgehend unvorhersehbar angenommen wird, erzeugt diese Einstellung ein Mitarbeiterverhalten, das auf Weisung "von oben" wartet (Macharzina, 1992, S. 766).

Für die Familienunternehmen ergibt sich dadurch eine besondere Verantwortung gegenüber ihren Mitarbeitern. Ähnlich einer Familie sorgt sich das Unternehmen auch um die persönlichen Belange seiner Beschäftigten. Wer sich um seine kranken Familienmitglieder kümmern muss, wird dafür von der Arbeit freigestellt. Wer seinen religiösen Verpflichtungen als gläubiger Muslim während der Arbeitszeit nachkommen will - in Saudi-Arabien ist dies im Übrigen Pflicht - dem werden Räume zum Beten zur Verfügung gestellt oder er kann zum Beten in die nächstgelegene Moschee gehen. Für dieses Entgegenkommen erwartet das Unternehmen dann allerdings unbedingte Loyalität seitens seiner Mitarbeiter.

7.5.5 Fazit

Die aufgeführten Beispiele haben ansatzweise versucht deutlich zu machen, dass die Einbeziehung des religiösen Kontextes zu einer condition sine qua non im Auslandsgeschäft wird. Wer, wie z.B. die Firma Bosch in Bangalore bereits bei der Zubereitung des Mittagessens daran denkt, dass unterschiedliche Speisen für Hindus, Muslime und Christen angeboten werden, wird ebenso auf positive Zustimmung seiner Mitarbeiter stoßen, wie diejenige Führungskraft, die um die unterschiedlichen religiösen Feiertage Bescheid weiß und sie respektiert. Dazu genügt es manchmal, sich einen Kalender zu besorgen, in dem die Feste der Kulturen aufgeführt sind. Beispielhaft sei hier die Stadt Leipzig erwähnt, die mit Hilfe des Referates Ausländerbeauftragter einen derartigen Kulturkalender erstellt hat. Es sind sicherlich nur Kleinigkeiten um die es manchmal geht. In der Summe können damit aber große Wirkungen auf das Mitarbeiterverhalten und den Unternehmenserfolg verbunden sein. Erfolgreiche Führungskräfte haben diese Botschaft verstanden (Rothlauf, 2008, S. 23).

7.6 Führungsverhalten und Erwartungshaltungen

Das erfolgreiche Führungsverhalten eines Auslandsmanagers wird nicht nur danach gemessen, welchen Führungsstil er praktiziert und wie es ihm gelingt, seine religiös geprägte Umwelt in den betrieblichen Alltag zu integrieren. Darüber hinaus muss er auch unterschiedlichen Erwartungshaltungen entsprechen, die einerseits vom Stammhaus und andererseits von seiner neuen Umwelt an ihn herangetragen werden.

7.6.1 Beispiel für ein Führungsmissverständnis

Folgende Konversation zeigt am Beispiel eines amerikanischen Managers und eines griechischen Mitarbeiters auf, wie entsprechende Verhaltensweisen zu völlig unterschiedlichen Annahmen führen.

Verhalten	Annahmen
Amerikaner: „Wie lange wird es dauern, bis Sie den Bericht fertig haben?"	**Amerikaner:** Ich lade ihn ein, seine Meinung zu äußern und zu partizipieren. **Grieche:** Warum fragt er mich das? Er ist doch der Boss. Warum sagt er mir das nicht?
Grieche: Ich weiß nicht. Wie lange soll es denn dauern?"	**Amerikaner:** Er will keine Verantwortung übernehmen. **Grieche:** Ich habe ihn um eine Anweisung gebeten.
Amerikaner: „Das können Sie selbst am besten beurteilen."	**Amerikaner:** Ich dränge ihn Verantwortung zu übernehmen. **Grieche:** Was für ein Unsinn. Ich gebe ihm am besten irgendeine Antwort.
Grieche: „10 Tage."	**Amerikaner:** Er kann den Zeitaufwand überhaupt nicht abschätzen. Dieser Vorschlag ist absurd.
Amerikaner: „Sagen wir 15 Tage. Ist das in Ordnung?"	**Amerikaner:** Ich biete ihm eine Vereinbarung an. **Grieche:** Das ist mein Befehl: 15 Tage

Die Fertigstellung des Berichts hätte eine Mindestzeitdauer von 30 Tagen erfordert. Der griechische Mitarbeiter arbeitet Tag und Nacht und hätte am 15. Tag genau noch einen Tag gebraucht, um den Bericht zu Ende zu bringen.

Verhalten	Annahmen
Amerikaner: „Haben Sie den Bericht fertig?"	**Amerikaner:** Ich stelle sicher, dass er unsere Vereinbarung einhält. **Grieche:** Er will den Bericht.
Grieche: „Er wird morgen fertig sein."	**Beide** realisieren, dass der Bericht nicht fertig ist.
Amerikaner: „Aber wir hatten doch vereinbart, dass der Bericht heute fertig sein würde.	**Amerikaner:** Ich muss ihm zeigen, was es heißt, eine Vereinbarung einzuhalten. **Grieche:** Dieser inkompetente Idiot. Nicht nur, dass er mir falsche Anweisungen gibt, er schätzt es nicht einmal, dass ich eine Arbeit für 30 Tage in 16 Tagen erledigt habe.
Der **Grieche** reicht seine Kündigung ein.	Der **Amerikaner** ist überrascht. **Grieche:** Ich werde nie wieder für einen Amerikaner arbeiten.

Zusammengestellt nach Keller (1982, S. 3 ff.; Bosch, 2006, S. 40, Rothlauf 1999, S. 110).

7.6.2 Interkulturelle Führungskompetenz - vier Reaktionstypen

Forschungen über psychologisch relevante Anforderungen an Menschen, die im internationalen Management tätig sind, sind nach wie vor sehr selten. Thomas (2006, S. 31) hat nun die Ergebnisse einer Studie vorgelegt, die der Frage nachgegangen ist, wie Führungskräfte auf unterschiedlichste Anforderungen bei einer interkulturellen Begegnung reagieren. Dabei hat er vier Reaktionstypen herausgefunden (Thomas, 2006, S. 31):

1. Der Ignorant: Wer nicht so denkt und handelt, wie es richtig ist, d.h. wie ich es gewohnt bin, ist entweder dumm (ihn muss man aufklären), unwillig (ihn muss man motivieren oder zwingen) oder unfähig (ihn kann man trainieren). Wer sich nach allen erdenklichen Bemühungen immer noch falsch verhält, dem ist nicht zu helfen. Er kommt als Partner nicht in Betracht. Kulturell bedingte Verhaltensunterschiede werden nicht wahrgenommen, nicht ernst genommen oder einfach negiert.

2. Der Universalist: Menschen sind im Grunde auf der ganzen Welt gleich. Kulturelle Unterschiede haben – wenn überhaupt – nur unbedeutende Einflüsse auf das Managementverhalten. Mit Freundlichkeit, Toleranz und Durchsetzungsfähigkeit lassen sich alle Probleme meistern. Im Zuge der Tendenz zur kulturellen Konvergenz werden die noch bestehenden Unterschiede im „global village" sowieso rasch verschwinden.

3. Der Macher: Ob kulturelle Einflüsse das Denken oder Verhalten bestimmen oder nicht, ist nicht so wichtig. Entscheidend ist, dass man weiß, was man will, dass man klare Ziele hat, sie überzeugend vermitteln kann und sie durchzusetzen versteht. Wer den eigenen Wettbewerbsvorteil erkennt und ihn zu nutzen versteht, gewinnt - unabhängig davon, in welcher Kultur er lebt und tätig wird.

4. Der Potenzierer: Jede Kultur hat eigene Arten des Denkens und Handelns ausgebildet (kulturspezifisches Orientierungssystem), die von den Mitgliedern der Kultur gelernt und als „richtig" anerkannt werden. Produktives internationales Management muss diese unterschiedlichen Denk- und Handlungsweisen auch als Potential erkennen und ernst nehmen. Kulturelle Unterschiede können aufeinander abgestimmt und – miteinander verzahnt – synergetische Effekte erzeugen und so einen Wettbewerbsvorteil im internationalen Management bieten.

Diese vier Reaktionstypen unterscheiden sich hinsichtlich der Dimensionen:

- Einfachheit,
- Komplexität, Aktionismus,
- Reflexivität und interkulturelle Dominanz,
- interkulturelle Kompetenz.

„Der Ignorant" und der „Macher" übersehen und negieren die Bedeutung kultureller Unterschiede zugunsten eines einfach strukturierten machbarkeitsorientierten und machtdeterminierten Welt- und Menschenbildes. Erfolgreich sind internationale Manager dieses Typs dann, wenn sie als Monopolisten begehrter Ressourcen (Kapital, Know-how, Waren, Dienstleistungen) konkurrenzlos und einseitig die Geschäftsbedingungen diktieren können.

„Der Universalist" kann als Utopist so lange erfolgreich sein, wie seine Überzeugungen vom „global village" nicht ernsthaft auf die Probe gestellt werden oder solange sich seine Kulturerfahrungen im Milieu einer weitgehend standardisierten internationalen Businesskultur (Hotel, Flugzeug, Konferenzritual etc.) ausbilden und dort verbleiben.

Allein „der Potenzierer" ist in der Lage, interkulturelle Kompetenzen zu erwerben, die ihn in die Lage versetzen, eigene kulturelle Denk- und Verhaltensgewohnheiten mit fremdkulturellen Orientierungsmustern so zu verbinden, dass Missverständnisse und Spannungen minimiert und Handlungspotentiale maximiert werden. Ignoranz kultureller Unterschiede und Dominanz einer Kultur – oft gar nicht einmal bewusst als Machtinstrument eingesetzt, häufig aber wohlmeinend naiv praktiziert – sind keine produktiven und kompetenten Formen internationaler Zusammenarbeit und internationalen Managements.

Karriere ist Hauptmotiv für Umzug ins Ausland
(ohne Verfasser)

Deutsche Auswanderer zieht es vor allem aus Karrieregründen in die Fremde. Nach einer Studie des baden-württembergischen Wirtschaftsministeriums gaben 78 Prozent der befragten Auswanderer an, für sie sei der Wunsch nach weiteren Karriereschritten entscheidend gewesen. Die meisten Auswanderer sind dabei unentschlossen, ob sie dauerhaft im Ausland leben wollen. Laut Studie verlassen insbesondere hochqualifizierte Menschen das Land. Im Jahr 2007 wanderten 165 000 Personen aus – nach Angaben des Statistischen Bundesamtes war das die höchste Zahl seit 1954.

In: Beruf und Karriere, Süddeutsche Zeitung, 26./27.07.2008, S. V2/11

7.6.3 Interaktive Fertigkeiten einer Auslandsführungskraft

Es wäre zu wünschen, dass die Erkenntnisse aus der Studie von Thomas zukünftig stärker bei der Auswahlentscheidung für Auslandseinsätze von Führungskräften Eingang finden würden. Die alleinige Fokussierung auf die fachliche Qualifikation entspricht nicht den Anforderungen in einem fremdkulturell bestimmten Umfeld. Werden außerfachliche Merkmale herangezogen, handelt es sich meist um Auswahlkriterien, die auch bei der Besetzung von Inlandspositionen Verwendung finden. Einstellungen und Fertigkeiten, die für den Umgang mit fremden Lebens- und Arbeitsbedingungen wichtig sind, bleiben dagegen weitgehend unberücksichtigt. Dieser Auswahlpraxis liegt die Annahme zugrunde, dass ein Mitarbeiter, der seine Aufgaben im Heimatland mit Erfolg bewältigt hat, zwangsläufig auch unter völlig veränderten Umweltbedingungen im Ausland erfolgreich sein wird.

Eine Untersuchung von Wahren (1987, S. 200 ff.), der eine Auswertung im Hinblick auf Qualifikationen und Kenntnisse vorgenommen hat, die einen Auslandsmanager auszeichnen und die, wenn nicht vorhanden, in einem Kommunikationstraining erworben werden können, zeigt, dass Fachkompetenz allein nicht ausreicht. Im Einzelnen zählt Wahren folgende interaktive Fertigkeiten auf:

- Mut zur Selbstöffnung (Echtheit, Ausdruck von Gefühlen)
- Aufbau eines positiven Selbstbildes (Souveränität, Selbstsicherheit)
- Persönliches Wollen (Aktivität, Kontaktbereitschaft)
- Meinungsvielfalt und Zivilcourage
- Fähigkeit, sich in die Rolle des anderen zu versetzen
- Fähigkeit, unterschiedliche Rollen einzunehmen
- Fähigkeit, Verhaltensweisen – in Anpassung an den Kontext – zu verändern
- Direktheit im Verhalten
- Dialogfähigkeit (z.B. Kenntnis über das Führen hilfreicher Gespräche)
- Gesprächsführungen in Gruppen
- Techniken der Moderation und Visualisierung (z.B. Metaplan)
- Fähigkeiten zum konstruktiven Umgang mit Konflikten (Konfliktbereitschaft und Toleranz)
- Fähigkeiten zum konstruktiven Umgang mit Kritik
- Fähigkeiten zum konstruktiven Umgang mit Problemen
- Fertigkeiten zur Anwendung von Feedback
- Fertigkeiten in der Metakommunikation
- Kenntnisse über die Probleme sozialer Beziehungen
- Fähigkeit zur Analyse von Kommunikationsprozessen

Aus Sicht des entsandten Mitarbeiters ist ein Auslandseinsatz dann erfolgreich, wenn er sich als instrumentell für die Befriedigung beruflicher und privater Zielvorstellungen erweist; aus Sicht des Unternehmens steht die Erfüllung des Entsendungsauftrages im Vordergrund. Beide Erfolgskriterien lassen sich aber nur dann in Übereinstimmung bringen, wenn es dem Unternehmen gelingt, den Entsandten adäquat auf seinen Auslandseinsatz vorzubereiten.

Für eine identitätsorientierte interkulturelle Personalführung folgt daraus: Je größer der Fremdheitsgrad zwischen Stammland und Gastland, desto größer ist die Wahrscheinlichkeit, dass nur jene Vorgesetzten erfolgreich Personen führen können, bei denen neben fachlicher und konzeptioneller Kompetenz vor allem die soziale Qualifikation sehr stark ausgeprägt ist. Sie drückt sich wiederum in der Beherrschung der interaktiven Fertigkeiten aus und ist mit einer flexiblen Ich-Identität verbunden.

Experten/Statements
Markus Dinslacken

Bei der Henkel KGaA wird insbesondere Wert auf die folgenden Eigenschaften bei Berufsanfängern gelegt: praktische Erfahrungen, die während des Studiums gesammelt wurden (z.B. durch ein Auslandssemester, ein Auslandspraktikum); Sprachen; sehr gute Studienleistungen; Initiative und Engagement (der starke Wille, etwas verändern zu wollen); außeruniversitäres Engagement; Teamfähigkeit.

In: CampusAnzeiger Berlin, Vol. 14, April/Mai 2006, S. 11

7.6.4 Anforderungsprofil für Auslandsmanager

In wie weit der Typ des „Potenzierers" als auch die zuvor beschriebenen interaktiven Fertigkeiten Eingang in das Anforderungsprofil bundesdeutscher Unternehmen mit Auslandsaktivitäten gefunden haben, macht ein Blick auf eine Reihe von Untersuchungen deutlich, die sich dieser Problematik gewidmet haben. Eine schriftliche Unternehmensbefragung, die im Jahre 1993 vom Institut der Deutschen Wirtschaft im Hinblick auf das Persönlichkeitsprofil eines Auslandsmanager durchführte, kam bei der Auswertung zu dem Ergebnis, dass Leistungsbereitschaft, Problemlösungsfähigkeit, Initiative, Kooperationsfähigkeit und Lernbereitschaft als die herausragenden Anforderungskriterien für einen Auslandseinsatz genannt wurden.

Bei den angebotenen und abgefragten Anforderungen findet sich kein einziges Item, das explizit Einfühlungsvermögen in andere Mentalitäten und Kulturen auflistet oder gar interkulturelle Kompetenz einfordert. Neuere Untersuchungen allerdings zeigen, dass zunehmend mehr Wert auf interkulturelle Themenbereiche gelegt wird.

7.6.4.1 Ergebnisse der Töpfer-Studie

Die im Jahre 1995 durchgeführte Studie von Töpfer, bei der er 435 bundesdeutsche Personalleiter befragte und Mehrfachnennungen möglich waren, zeigt neben dem herausgehobenen Wert von Fremdsprachenkenntnissen (92 Prozent), den die Personalchefs bei einem Auslandseinsatz als äußerst wichtig erachten, dass mit den Items „Einfühlungsvermögen in andere Mentalitäten und Kulturen" mit 87 Prozent, „Denken in globalen Dimensionen" mit 83 Prozent und „sozialer Kompetenz" mit 81 Prozent erstmals in einer Studie auch interkulturelle Fragestellungen Eingang in die Bewertung gefunden haben.

Fremdsprachenkenntnisse	**92%**
Räumliche Mobilität	**89%**
Einfühlungsvermögen in andere Mentalitäten und Kulturen	**87%**
Denken in globalen Dimensionen	**83%**
Marktkenntnisse	**82%**
Soziale Kompetenz	**81%**
Verhandlungsgeschick	**75%**
Organisations-/Improvisationsfähigkeiten	**75%**
Ausländische Rechtskenntnisse	**61%**
Kaufmännische und technische Ausbildung	**55%**

Abb. 71 Anforderungen an einen Auslandsmanager
Quelle: Töpfer, 1995, S. 18 ff.

Karriere im Auswärtigen Amt?

http://www.auswaertiges-amt.de/DE/AusbildungKarriere/Uebersicht_Navi.html

Physical State and Health Conditions
(Eberhard Dülfer)

Personal constitution and the level of bearable organic stress are the physical preconditions for a work assignment abroad. These factors are all the more important the more extreme the climatic conditions are where the work assignment is to be executed and the more intense frequent changes of location cause divergence between local time and one's own biological clock and rhythm. As far as tropical regions are concerned one must not only take into consideration the extra stress of bodily organs, but also the fact that visits to the doctor and medical supplies are only available with considerable effort (e.g. substantial distances) if at all in many operational areas. On the other hand, it is not always possible to properly preserve larger supplies of medication needed on a daily basis owing to the frequent lack of refrigerators and the like. A longer-term stay abroad under extreme environmental conditions – particularly in developing areas – is therefore not advisable for people who are dependent on a daily dose of medicine or on particular medical equipment (such as shots, respirators or pacemaker or subject to diet). Furthermore, people particularly sensitive to allergies are only to a limited degree fit for foreign assignment as the individual problems caused by unfamiliar fauna or local air pollution (dust, smog) cannot be properly assessed in advance.

Vaccination requirements can pose further restrictions. One must demonstrate both the willingness and physical ability to have vaccinations made for operational areas located overseas. Aside from malaria prophylactic which is needed in regions maintained to be free from the danger of infection, other prophylactic vaccinations which are still necessary include those against tetanus, yellow fever, typhoid and cholera. The vaccination against yellow fever is required for the Amazon Basin in South America and for Central Africa. The cholera vaccination cannot prevent an infection outright but can considerably reduce its affects.

Many people have an aversion against prophylactic vaccinations either because of the pain associated with the vaccination (particularly for typhoid and cholera) or because they are fearful of side effects or after effects. *The willingness to undergo vaccination therefore plays a fairly significant role in the context of foreign work assignments.*

In: Internationales Management in unterschiedlichen Kulturbereichen, München 1999, S. 462 ff.

7.6.4.2 Interview mit Dr. Franz B. Humer, Roche Holding AG

Im Mai 2007 führten Marlen Rummelhagen und Kristina Schüttauf, Studentinnen des Studiengangs Baltic Management Studies an der FH Stralsund, ein Interview zur Bedeutung der interkulturellen Personalführung mit Dr. Franz B. Humer, dem Präsidenten des Verwaltungsrates und Chief Executive Officer der Roche Holding AG.

Studentinnen: Welche Eigenschaften muss Ihrer Meinung nach eine Führungskraft besitzen, wenn sie im Ausland beschäftigt ist?

Dr. Humer: Intuition, ein feines Sensorium für andere (d.h. zuhören können) und interkulturelle Kompetenz. Wenn es um Führung geht, geht es letztlich auch immer um Urteilsvermögen. Das muss man mitbringen - im eigenen Land ohnehin, aber besonders in einer kulturell fremden Umgebung. Grundlegend hierfür ist die Fähigkeit, sich ganz auf seine Umgebung einlassen und einstellen zu können, sie zu erfassen, zu verstehen und dann angemessen zu handeln. Ich persönlich versuche, mich ganz – mit Geist und Seele – auf mein Umfeld einzustellen und gänzlich „auf Empfang zu gehen". Nur so kann ich sicher sein, Situationen zu verstehen, mir ein angemessenes Urteil bilden zu können und dann richtig zu agieren. In vielen verschiedenen Ländern gelebt zu haben, hat meine Fähigkeit hierzu enorm geschult. Ich habe dabei unschätzbare Erfahrungen gemacht, die mich heute in die Lage versetzen, Situationen schnell zu erfassen und mich schnell anzupassen.

Studentinnen: Mussten Sie sich während Ihrer Internationalen Karriere mit unterschiedlichen Führungsstilen auseinandersetzen und wie haben Sie Ihre Aufgabe gemeistert?

Dr. Humer: Ich hatte das Glück und die Chance, in vielen Ländern arbeiten und Erfahrungen sammeln zu können. In jedem Land wird anders gearbeitet und geführt. Man bekommt mit den Jahren ein Gefühl dafür, wie man am besten mit unterschiedlichen Situationen umgeht. Ich habe eine Art „Intuition" entwickelt, die ich bereits sehr früh geschult habe. Nämlich während meines Studiums, das ich mir mit Führungen für Touristen finanziert habe. Das war eine ausgezeichnete Schule, um unterschiedlichste Menschen und Gruppen einschätzen und verstehen zu lernen. Ich bin nicht mit dieser Intuition geboren, ich habe sie über die Jahre durch die Auseinandersetzung und das Leben in unterschiedlichsten Umgebungen und Situationen entwickelt.

Studentinnen: Welcher Führungsstil ist Ihrer Meinung nach am erfolgreichsten? Kann man den eigenen Führungsstil unabhängig von dem jeweiligen Land verfolgen oder sollte man sich anpassen?

Dr. Humer: Grundsätzlich gilt: man sollte nie versuchen, jemand anderes zu sein. Und am besten gelingt das, wenn man sich selbst gut kennt und die eigenen Mechanismen und Verhaltensmuster versteht. In einer fremden Umgebung kann nur erfolgreich sein, wer von sich selbst ausgehend sein Umfeld erfasst und dann – wie ich oben schon ausgeführt habe – entsprechend handelt. Im Allgemeinen pflege ich einen situativen Führungsstil, welcher der Art und Komplexität der Aufgabe sowie dem Umfeld Rechnung trägt.

In: Hausarbeit zum Thema „Intercultural Leadership", Stralsund, 2007 (nicht veröffentlicht)

7.6.4.3 Ergebnisse der Studie der Deutschen Wirtschaft

Wirft man einen Blick auf die Studie, die im Jahre 2000 vom Institut der Deutschen Wirtschaft durchgeführt wurde, so haben die Items, die sich mit interkulturellen Elementen der Unternehmensführung beschäftigen, weiter zugenommen. 775 Betriebe mit insgesamt 1,6 Millionen Beschäftigten wurden nach den Qualifikationen befragt, die für einen Auslandseinsatz als wichtig erachtet werden. Im Gegensatz zur Töpfer-Studie hatten die Unternehmen mehr Items zur Auswahl, so dass eine spezifizierte Auswertung auf der Basis von Mehrfachnennungen möglich wurde.

Während bei der von Töpfer durchgeführten Untersuchung den Fremdsprachenkenntnissen ganz allgemein der höchste Wert zugeordnet wurde, ging es bei der Studie der Deutschen Wirtschaft darum, nur die Englischkenntnisse zu bewerten. Dass sie einen hohen Stellenwert aufweisen (54%) lässt sich dahingehend interpretieren, dass der Fokus auf sehr gute Sprachkenntnisse im arbeitsrelevanten Umfeld zu legen ist. Die nachfolgenden Items zeigen mehr oder weniger einen direkten Bezug zu interkulturellen Werten auf. Aspekte wie Toleranz und Anpassungsfähigkeit (37%), die Fähigkeit, sich in andere hineinzuversetzen (34%), Fähigkeit in interkulturellen Teams zu arbeiten (27%) sowie Kenntnisse der Geschäftskultur (26%) stehen neben dem Denken in globalen Dimensionen (27%) ganz oben auf der Skala der Qualifikationen, die von den Unternehmen als wichtig eingestuft wurden.

Englischkenntnisse		54 %
Toleranz und Anpassungsfhigkeit gegenüber anderen Kulturen		37 %
Fähigkeit, sich in andere hineinzuversetzen		34 %
Kenntnisse internationaler Standards und Normen		34 %
Kenntnisse ausländischer Märkte		30 %
Kenntnisse internationaler Geschäftspraktiken		29 %
Denken in internationalen/ globalen Bezügen		27 %
Fähigkeit, in interkulturellen Teams zu arbeiten		27 %
Bereitschaft zum Auslandseinsatz		27 %
Kenntnisse der Gesprächskultur im Ausland		26 %

Abb. 72 Globales Denken ist Trumpf
Quelle: Institut der Deutschen Wirtschaft, in: DIE WELT, 21.04.2001, S. 21

Vergleicht man die Ergebnisse der beiden Studien, die vom Institut der Deutschen Wirtschaft in den Jahren 1993 und 2000 durchgeführt wurden, so zeigt sich, dass das Anspruchsprofil für Auslandsmanager sich dahingehend verändert hat, dass den interkulturellen Komponenten mittlerweile eine herausgehobene Stellung zukommt.

Über welche Eigenschaften und Qualitäten eine Führungskraft z.B. bei der Firma Nestlé AG, mit Sitz in Vevey/Schweiz verfügen soll, beschrieb der damalige Verwaltungsratsvorsitzender Helmut O. Maucher (1998, S. 26) mit folgenden Worten:

„Der Erfolg von Anstrengungen zum strategischen Wandel hängt stark von den Eigenschaften unserer Kadermitarbeiter ab. Diese sollten – neben professionellen Kenntnissen und Erfahrungen – über Mut, Nerven und Gelassenheit, über Lernfähigkeit, Sensibilität für Neues, Vorstellungsvermögen für die Zukunft (d.h. Vision), über Kommunikations- und Motivationsfähigkeit nach innen und außen, über die Fähigkeit zur Schaffung eines innovativen Klimas, die Fähigkeit zum Denken in Zusammenhängen und vor allem über Glaubwürdigkeit verfügen. Zusätzlich sollte die Bereitschaft zu Veränderungen und die Fähigkeit, Veränderungen zu managen vorhanden sein, dazu gewisse charakterliche Eigenschaften - keine Karriereopportunisten und Hedonisten - auch internationale Er-

fahrung bzw. Verständnis anderer Kulturen sowie allgemeine Interessen und Bildung."

Leadership in India
(Chhokar/Kakar)

Indian leaders manage to balance, accommodate, and integrate contradictions between thoughts and actions; they do not necessarily lead to dissonance and confrontation. Face saving has great importance in Indian autocratic leadership. For instance, Indians can keep secrets much longer than their Western counterparts. Even lying can be acceptable if it serves a just purpose. If the team or the business can be protected by bending the truth, this is very much acceptable.

Relationship orientation is more important for effective leadership than performance or task orientation. When building a team, one would usually prefer team members whom one can trust and is comfortable to interact with over the team members with a perfect skill-fit but not on the same wave length. There is a comparatively high commitment by employees and also senior managers to the leadership of their companies. In fact, they almost adore and idealize their CEOs. Because of the socialization pattern in the family, Indians are more likely to be inclined to perceive the leader of a company as a wise, caring, dependable yet demanding figure – just like the elders in the family or social community. However, today this idealization of leaders is no longer completely blind to their deficiencies or the organizational needs to they might not fulfill.

In short, the most effective leadership style in India combines charisma, action orientation, autocracy, bureaucracy, collective relationship orientation, being a problem solver, self-starter, entrepreneur, and visionary. This appears a difficult task for one person to fulfill. But in Indian organizations, individualism coexists with vertical collectivism. This is seemingly contradictory, but it is the coexistence of values that in other cases would be mutually exclusive, which makes Indians effective leaders in their world.

In: J.S. Chokar, India: Diversity and Complexity in Action, New Jersey, 2007, p.994; S. Kaher et al., Leadership in Indian Organizations from a Comparative Perspective, In: International Journal of Cross Cultural Management, Vol. 2, 2002, p. 239-242

7.7 The Intercultural Manager

With the march of globalization and internationalization growing louder and stronger, few successful businesses can now escape the need to work across cultures. With this move towards a cross-cultural business environment comes a need for people to be aware of how culture impacts the workplace. Unfortunately, as many quickly discover, the rest of the world does not do things "like we do". Cultural differences impact everything from inter-personnel communication to health and safety procedures to project management. In short, no corner of any business escapes.

In addition to the normal pressures of management, managers are now required to deal with challenges, friction and misunderstandings emanating from cross-cultural differences. Effective management in the modern environment necessitates cross-cultural competency in order to get the best out of a multicultural team.

It is within this context that the idea of leadership is being challenged. Our conceptualization of who a leader is, what they do and how they do it is not shared by all. Today's leaders need to adapt to leading and managing people of different cultures; they need to listen to the "voices of the people as well as understand what those voices may actually be telling them. In the essence is the crux of the challenge; when people perceive the world, communicate and view their leaders in different ways, the leader's ears may be ringing with misunderstood messages. The leader will come across cultural issues in many different guises. In the following, there are some guidelines how to behave correctly in this context.

The role of a manager is evolving from the needs of companies operating on the international stage. The complexities of globalization brought to the area of management are great and require the 21st century manager to adapt in order to offer modern solutions to modern problems. One area in particular of growing importance is intercultural management skills.

The majority of companies can no longer escape the necessity to buy from, sell to or work with people from different cultures. Multinationals have offices spanning the globe; manufacturers increasingly rely on foreign markets and distributors; services and products are no longer solely marketed to native audiences. In short, very few businesses escape the need for intercultural communication. As a result, companies are increasingly recognizing that, in order to grow, diversify and retain a competitive advantage, intercultural management skills are critical, especially for an intercultural manager.

Internally, he or she needs to be able to act as a medium between senior personnel and staff; communicate clearly and effectively with colleagues; build and nurture efficient intercultural and transnational teams and display strategic global thinking. Externally, an intercultural manager must demonstrate business acumen with a framework of intercultural awareness to supervise entrance into foreign markets, oversee the proper selection, mentoring and guidance of company.

The intercultural manager is therefore tasked with the responsibility of ensuring that communication is clear, coherent and free from intercultural misunderstandings on all levels. In order to achieve this, the intercultural manager must possess certain key attributes. These are namely intercultural awareness, flexibility, capitalizing on differences and patience.

The following 10 tips on intercultural management are meant to provide a starting point to managers dealing with culturally diverse teams. They might only touch the surface, but can be helpful especially right at the beginning of your intercultural career as a manager (Kwintessential, 2009):

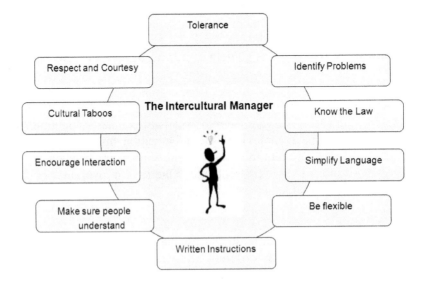

Abb. 73 The Intercultural Manager
Quelle: Eigene Darstellung, basierend auf Kwintessential, 2009

1. **Respect and Courtesy:** The fundamental pillar of intercultural communication is respect and courtesy. Showing your appreciation of and consideration for others breeds a culture of openness. If colleagues request special treatment due to cultural or religious circumstances these are meant.

2. **Tolerance:** Tolerance is the key to intercultural leadership. It is not only needed in terms of respecting people's views and beliefs but also for different working practices and mistakes. If an atmosphere of non-tolerance is created, it is more likely that you will not be getting the best out of your employees.

3. **Identify Problems:** If cross cultural differences are proving an obstacle to communication within the workplace, try and analyse where things are going wrong. Take a step back and look at who is involved, the context, the situation, the means of communication (i.e. face to face, email, phone) and the outcome. Only by properly recognising the root of a problem you will be able to solve it.

4. **Cultural Taboos:** An understanding of all the cultural nuances is a tall task. An intercultural manager should therefore be aware of the major cultural taboos of his/her staff to ensure that offence or misunderstandings are not caused. Simple things such as providing a vegetarian alternative for Hindu colleagues or a food based upon the halal slaughtering method for Muslims makes a big difference for that employee.

5. **Know the Law:** If the country you work in has legislation covering diversity issues in the workplace, familiarise yourself with these to ensure you comply. Cultural diversity can and does lead to unnecessary employment tribunals.

6. **Encourage Interaction:** It is a good idea to encourage frequent and positive interaction within a culturally diverse workforce. This leads to stronger interpersonal relationships and a greater awareness of one another.

7. **Simplify language:** Although many of your staff or all will speak and use English, this does not mean they are fully competent. There is a strong desire from the team members to improve their English knowledge. For those that speak English as a second or third language it is best to avoid using slang or phrases.

8. **Make sure people understand:** Always make sure that a message has been processed and understood.

9. **Written instructions:** It is always a good idea to write instructions down to ensure that a message or request is fully understood.

10. **Be Flexible:** The good intercultural manager is a flexible manager. Understanding where potential obstacles lie in communication and adapting is good practice. For example, graphics are sometimes a more useful way of presenting information. So, rather than using text to explain health and safety issues, simply use illustrations that can be grasped across cultures.

Ghosn und Nissan: Ein internationales Schulbeispiel
(Manfred Fischer)

Carlos Ghosn ist Libanese von Herkunft, wurde 1954 in Brasilien geboren, studierte in Frankreich, fing 1978 beim Reifenhersteller Michelin an, ging für Michelin 1985 nach Brasilien und 1990 in die USA, wechselte 1996 zu Renault nach Paris und übernahm 1999 den Sanierungsauftrag bei Nissan in Japan.

Der japanische Autohersteller Nissan wurde 1933 gegründet, erlangte mit seiner Automarke Datsun in den siebziger Jahren internationales Renommee, vor allem durch den Sportwagen 240Z, versank in den neunziger Jahren durch eine Mischung aus Filz und Arroganz in einem See finanzieller Schwierigkeiten und wurde zum Übernahmekandidaten, an dem kurzfristig auch Daimler-Chrysler interessiert war, ehe 1999 Renault mit zunächst 36,8 Prozent einstieg und die Beteiligung später auf 44,4 Prozent erhöhte.

Die Verbindung des kosmopolitischen Chefs Ghosn mit dem traditionellen, auf seine Produkte stets besonders stolzen japanischen Unternehmen Nissan erwies sich als überaus erfolgreich. Während sich der Verlust des Unternehmens im Krisenjahr 1999 auf 684 Milliarden Yen belief, wird Nissan im laufenden Geschäftsjahr, das Ende März 2004 zu Ende geht, nach eigener Prognose voraussichtlich einen Betriebsgewinn von 820 Milliarden Yen erzielen (umgerechnet zu Durchschnittskursen der ersten Jahreshälfte entspricht dieser Betrag 6,9 Milliarden Dollar oder 6,2 Milliarden Euro). Bei einem Umsatz von erwarteten 7,45 Billionen Yen (56,7 Milliarden Euro) ergibt sich daraus eine Umsatzrendite von elf Prozent. Besser ist kein Autohersteller.

Ob Nissans Aufstieg ein Lehrbeispiel für die in Schwierigkeiten steckende Daimler-Chrysler-Beteiligung Mitsubishi Motors in Japan ist, scheint momentan allerdings fraglich: „Deinen Fall möchte ich nicht an der Backe haben", soll Ghosn zu seinem Kollegen, dem nach Japan entsandten Daimler-Manager Rolf Eckrodt, gesagt haben, als dieser ihn gleich am Anfang um Rat fragte.

In: Welt am Sonntag, 14.12.2003, S. 31

7.8 Der Weg zum Globalpreneur

Eine Weiterentwicklung der bisher genannten Kompetenzen stellt der Ansatz der St. Gallener Hochschule dar (Hilb, 1998, S. 23 ff.). Der Ausgangspunkt ihrer Überlegungen besteht darin, dass in Zeiten zunehmender Globalisierung und Technologisierung nur jene Unternehmen die Zukunft meistern werden, denen es gelingt, ihre Mitbewerber in der Lernfähigkeit und Innovationskraft zu überbieten. Dabei weisen ihrer Meinung nach vor allem zwei Typen von Organisationen große Überlebenschancen auf:

- Sozialkompetente Klein-Unternehmer (mit bisher national erfolgreichen Produkten und Dienstleistungen), die sich in virtuellen Partnerschaften international zusammenschließen, um gezielt neue Märkte aufzubauen;
- Sozialkompetente Mit-Unternehmer von transnationalen Firmengruppen, die sich als weltweite Konföderationen von überblickbaren innovativen Zelt-Niederlassungen verstehen, in denen jedes Mitglied die Kunden, die Mitarbeiter, die Eigentümer und die Mitwelt kennt.

7.8.1 Neue Kompetenzebenen

Was den Kanon bisher vorgefundener Kompetenzen von Auslandsführungskräften betrifft, so werden die bisherigen Kompetenzebenen hinterfragt und durch zusätzliche Qualifikationen ergänzt. Von folgender Überlegung geht ihr Ansatz aus (Hilb, 1998, S. 23):

„Es gibt Menschen, die sprechen mehrere Sprachen, haben jedoch nichts mitzuteilen.

Oder:

- Nicht jeder der Fremdsprachen spricht, verfügt über multikulturelle Kompetenz;
- nicht jeder, der multikulturelle Kompetenz aufweist, verfügt über Management-Kompetenz;
- nicht jeder, der Management-Kompetenz aufweist, verfügt über Leadership-Kompetenz;

- nicht jeder, der Leadership-Kompetenz aufweist, verfügt über unternehmerische Kompetenz;
- nicht jeder, der unternehmerische Kompetenz aufweist, ist ein humaner Unternehmer mit Sozialkompetenz."

Um erfolgreich in unterschiedlichen Kulturen innerhalb und zwischen Amerika, Asien und Europa wirken zu können, sieht das Triaden-Konzept nun vor, die vier wesentlichen Kompetenz-Ebenen für international tätige Führungskräfte, nämlich Unternehmer-Kompetenz, Leadership-Kompetenz, Management-Kompetenz und Multikulturelle Kompetenz integrativ zu verbinden (s. Abb. 74).

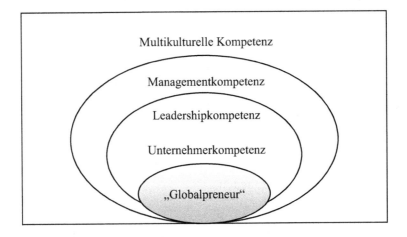

Abb. 74 Die vier Kompetenzdimensionen eines „Globalpreneurs"
Quelle: Hilb, 1998, S. 23

Um zukünftige Auslandsführungskräfte auf den Weg zum Globalpreneur vorzubereiten, schlagen sie drei verschiedene Bausteine vor, die in Form von jeweils einer Blockwoche auf unterschiedlichen Kontinenten zu absolvieren sind. Wer diese Anforderungen erfüllt, hat ihrer Meinung nach den Weg zum „Globalpreneur" geschafft.

Ihr bisher nur theoretisches Modell sieht dabei folgenden Ablauf vor:

1. Blockwoche zum Thema: „Multikulturelles Leadership" in Amerika
2. Blockwoche zum Thema: „Integriertes Management" in Europa
3. Blockwoche zum Thema: „Vernetztes Unternehmertum" in Asien

Via Internet und anderen modernen Telekommunikationsmitteln ist geplant, die Teilnehmer eigene multikulturelle Probleme lösen zu lassen bzw. ein globales Konzept für eine Teilnehmerfirma zu entwickeln.

Drei zentrale globale Eigenschaften sollen dabei den Führungskräften vermittelt werden:

>"A cool head, a warm heart and active hands",

um sich so von denjenigen Unternehmen zu unterscheiden, die sich durch

>"A cool heart, a hot head and active knifes"

leiten lassen (Hilb, 1998, S. 24).

Eine ähnliche transnationale Kompetenzerweiterung weisen die Überlegungen von Buchanan/Boddy (1992) und Birchall (1996) auf. Sie sehen ihren „Change Agent" bzw. den neuen „Flexi Manager" als eine Führungskraft an, die im gegenwärtigen Transformationsprozess neue Fähigkeiten und Fertigkeiten im interkulturellen Kontext entwickelt und durch ein Set an Kompetenzen den Herausforderungen auf allen unternehmerischen Ebenen gerecht wird.

Mit Laptop und Lederhose
(Dieter Stolte)

Wie viel Globalisierung verträgt der Mensch? Wie verändert Globalität den Menschen? Wie findet er im Spannungsfeld zwischen Globalisierung und Heimatverbundenheit Orientierung? Die Herausforderung besteht nicht in anderen Ländern, sondern in anderen Menschen, in ihren anderen Sprech-, Denk- und Lebensweisen, kurzum in ihrer anderen Kultur. Wir können global kommunizieren, Handel treiben, Ressourcen erschließen und auch reisen, aber nicht im Globalen fühlen und wohnen. Wohnen können wir immer nur an einem konkreten Ort, wo wir Heimatliebe entfalten können. Das muss in einem Menschenleben nicht immer der gleiche Ort sein, aber er muss für den Menschen die Qualität des Zuhauses haben. Häufig ist das dort, wo seine Familie und Freunde sind und wo er seine angestammte Kultur pflegen kann. Und wo er das nicht hat oder findet, wird er heimatlos.

In: Rheinischer Merkur, Nr. 20/2006, S. 23

7.8.2 Zum Handlungsumfeld des Global Managers

Wenn man heute von einem global tätigen Manager spricht, so wird damit eine Komplexität an Handlungsweisen angesprochen, die in unterschiedlichen Regionen der Welt kulturadäquat zum Einsatz gelangen müssen, um den persönlichen als auch den Erfolg für das Unternehmen zu sichern.

Global Managers: What makes them different
(Maxine Dalton)

John Smith is sitting at his desk in New York City. The phone rings. It is the British plant manager in Beijing announcing that the plant is closed down because workers are demonstrating against the accidental bombing of their embassy. John turns to his e-mail. There is a message from the plant manager in Mexico. Inflation remains rampant and employees are once again complaining that they are not making enough to pay their ever-increasing rent. The phone rings again. The Saudi Arabian plant manager in the U.K. informs him that consumers are becoming increasingly resistant to the idea of genetically engineered foods. John leaves to go to a meeting, then turns back to his office to ask his secretary to arrange a conference call of all plant managers. This call will take place across 12 time zones. John knows this means that he will be up at 3 a.m. to participate in the call. The secretary reminds him that he will be flying to Mexico on Monday for a five-day stay and then going on to England for an additional week. She wants to know if John wants the call scheduled before he goes or while he is travelling....

And so it goes:

John Smith is a global manager. He lives in New York and his office is in New York but he manages across distance, country borders and cultural regions through the use of telephone, e-mail, fax and frequent airplane trips. Every time John picks up the phone, gets off the airplane, or logs onto his e-mail, he is faced with a management issue – as is any manager – but John must assess and respond to each issue through the ever-shifting lens of distance, country and culture.

In: Success for the New Global Manager: How To work Across Distances, Countries, and Cultures, New York 2002, S. 5

Dalton (2002, S. 24 ff.) beschreibt dabei drei große Herausforderungen, denen sich ein „global manager" zu stellen hat:

7.8.2.1 Distance

Global managers work largely in a virtual environment in which face-to-face contact is often not possible. They typically handle fifty to seventy-five e-mails daily, meet in person with subordinates once every six weeks, and work in airplanes and from airports. Global managers must deal with both the inconvenience of time differences and the significant difficulty of working with people who cannot see one another.

7.8.2.2 Country

Global managers work with people who may have very different ideas about how business gets done. They must understand and adapt to country differences in unions, currency exchange rates, corporate governance, political legislation, investment policies […] to name just a few of the issues that can have an impact on business. In addition, global managers must stay aware of and often deal with political, environmental and other events occurring around the world – issues over which they have no control.

7.8.2.3 Culture

Global managers must take into account the complex interactions of norms, beliefs, values and attitudes that distinguish one cultural group from another. Working globally, managers must address multiple and differing expectations about how people (employees, colleagues, customers, suppliers, distributors, etc.) should behave, and how work should get done. Given the cultural diversity of our world, this is an extremely challenging task.

„Moral erweist sich im Handeln,
nicht im Glauben."
(Eveline Goodman-Than, Rabbinerin in Jerusalem)

7.9 Neue Herausforderungen für das Internationale Personalmanagement

Wer im fremdkulturell bestimmten Umfeld als Teammitglied oder als Führungsverantwortlicher erfolgreich agieren will, muss einer Reihe von Kriterien entsprechen, die zuvor vom internationalen Personalmanagement festgelegt worden sind.

7.9.1 Thesen zur Internationalisierung des Personalmanagements

In einer von Wunderer (1992, S. 117) durchgeführten Umfrage bei 16 Personalvorständen, die alle in internationalen Großunternehmen tätig sind, wurden im Hinblick auf die Internationalisierungsthesen des Personalmanagements neun Punkte genannt, die als richtungsweisend angesehen werden können und aufzeigen, wohin eine internationale Ausrichtung der Unternehmen zu gehen hat.

1. Teams (z.B. in Projekten) müssen bewusst international zusammengesetzt werden, um Netzwerke zu schaffen.

2. Mitarbeiter müssen generell viel langfristiger (v.a. Nachwuchs) auf internationale Assignments vorbereitet werden.

3. Ausländische Mitarbeiter müssen verstärkt für Stammhauspositionen gewonnen werden, um die sogenannte „Entsendungseinbahnstraße" zu unterbinden ("Expatriates"). Dieses gilt auch für Vorstandsmitglieder.

4. Zur Verstärkung einheitlicher Denkweisen muss Kommunikation durch das gesamte Kader geleistet werden (z. B. durch "Management by travelling around").

5. Für die verstärkte und bessere Wahrnehmung dieser Aufgaben sollten auch Mitglieder der Personalabteilung verstärkt international eingesetzt werden bzw. Ausländer im Personalwesen Verwendung finden.

6. Im Ausland muss spezifisch (z.B. mit der Headline „Sprechen Sie Deutsch?") und gezielt nach auch im Stammhaus einsetzbaren international orientierten Mitarbeitern und Nachwuchskräften gesucht werden.

7. Einheitliche Leitlinien und Programme, müssen für das "job grading", die Beförderungspolitik, die Vergütung sowie für die allgemeine Vertragsgestaltung formuliert werden.

8. Zur Förderung einer verstärkt internationalen Unternehmenskultur sind zwei Sprachen als Verständigungsmittel im Unternehmen (u.a. im Stammhaus) festzulegen.

9. Für die internationale Besetzung im Management sind Quoten zu bestimmen (z.B. fünf bis zehn Prozent).

7.9.2 Internationale Führungsrichtlinien und Auswahlkriterien bei der Robert Bosch GmbH

In wie weit die von Wunderer geforderte Neuorientierung Eingang in die Unternehmen gefunden hat, soll am Beispiel der Robert Bosch GmbH aufgezeigt werden (Bosch GmbH Bamberg, 2006, S. 41 ff.).

7.9.2.1 Internationale Führungsrichtlinien

1. Die Wertschätzung und die Aufstiegschancen unserer Mitarbeiter richten sich nach ihrer persönlichen und fachlichen Neigung, nicht nach ihrer Nationalität.

2. Internationale Berufserfahrung durch eine Tätigkeit für die Bosch-Gruppe außerhalb des jeweiligen Heimatlandes ist wichtiger Bestandteil der beruflichen Entwicklung unserer Fach- und Führungskräfte und unseres Führungskräftenachwuchses. Von den nationalen Führungskräften unserer Auslandsgesellschaften erwarten wir grundsätzlich auch eine mehrjährige Tätigkeit in einer Geschäftseinheit der Bosch-Gruppe in Deutschland. Bei vergleichbarer Eignung geben wir Mitarbeitern mit internationaler Erfahrung bei der Besetzung von Führungspositionen den Vorrang.

3. Der internationale Mitarbeiteraustausch innerhalb der Bosch-Gruppe gilt weltweit und für alle Funktionsbereiche.

4. Er dient vor allem

    - der Entwicklung von Mitarbeitern zu international erfahrenen Fach- und Führungskräften

    - dem Transfer und Austausch von Wissen und Erfahrungen

    - der Entwicklung und der Pflege der weltweiten Verständigung und Zusammenarbeit innerhalb der Bosch-Gruppe

    - der Wahrnehmung von Aufgaben an Standorten, an denen noch keine geeigneten nationalen Mitarbeiter zur Verfügung stehen

5. Die Eignung von Mitarbeitern für einen Auslandseinsatz wird neben ihrer Qualifikation wesentlich von der Fähigkeit und Bereitschaft bestimmt, sich an die örtlichen Lebens- und Arbeitsumstände anzupassen. Wir wählen deshalb die Mitarbeiter für eine Auslandstätigkeit sorgfältig aus und bereiten sie intensiv auf ihren Einsatz vor. Während der Auslandstätigkeit bleiben sie in Kontakt zu ihrem Heimatland und werden bei ihrer Rückkehr unterstützt.

6. Unsere Tätigkeit in internationalen Märkten erfordert, dass sich unsere Fach- und Führungskräfte in englischer Sprache verständigen können. Von Mitarbeitern, die außerhalb ihres Heimatlandes tätig sind, erwarten wir, dass sie die jeweilige Landessprache erlernen. Führungskräfte, deren Muttersprache nicht deutsch ist, sollten darüber hinaus Kenntnisse der deutschen Sprache erwerben.

7. Langfristig streben wir in allen Bereichen der Bosch-Gruppe eine internationale Zusammensetzung des Führungskreises an. Dabei soll der Anteil aus dem jeweiligen Land überwiegen.

7.9.2.2 Internationale Auswahlkriterien

Was die Auswahlkriterien betrifft, die für einen Auslandseinsatz erfüllt sein müssen, so geben die nachfolgenden Informationen aus dem Hause Bosch einen ersten Überblick (Bosch, ZM2, 03.2001):

Relocations to foreign countries are enormously costly for all parties involved: for the company, for associates, and for their partners and dependents. In assessing associates' suitability for such assignments, the following criteria should be kept in mind. This form has been designed to help you structure relevant talks with your associates, and to help you come to appropriate conclusions.

Preconditions

- adequate professional experience, in order that tasks can be fulfilled and objectives can be achieved

- adequate leadership experience, i.e. more than one year (in the case of managers)

- exceptionally good performance reviews

- a highly developed sense of loyalty to the company

Personal and business environment

There can be developments in the private life of a candidate which make relocation to a foreign country – as opposed to domestically – seem inadvisable.

Potential **risk factors** include:

- the desire to escape from problems, domestic or otherwise (e.g. separation from one's partner)

- the desire to get ahead in one's career, where this is the sole motivation

Under no circumstances must associates be sent abroad in order that they might "rid themselves" of professional or personal problems at home!

Positive factors which usually support relocation abroad are

- stable marital and family relations

- positive attitudes of the partner accompanying the associate: her receptiveness to living in a foreign country

- language aptitude and skills

- positive aptitude and skills

- positive experiences of the associate and his partner with previous relocations, whether domestic or foreign

In your talk, you find an affirmative response to most of the following **performance criteria** and questions, this will speak for the suitability of your associate for an assignment abroad.

Tolerance of ambiguity	Can your associate deal with ill-structured and contradictory situations, and does he retain the ability to take action?
Receptiveness	Does your associate hold other cultures and ways of thinking in high regard, and is he willing to learn?
Even-temperedness	Does your associate have a capacity for self-control, and does he avoid impulsive reactions?
Ability to withstand stress	Is your associate able to "bounce back" from disappointments, and can he cope with strenuous situations?
Ability to empathize	Can your associate see the world from the perspective of others, and size up situations accordingly?
Flexibility	Can your associate adapt to new situations rapidly?
Patience	Is your associate patient with himself and others, and does he not allow himself to become discouraged by resistance?

Integrity	Is your associate honest and trustworthy, and does he put his money where his mouth is?
Ability to make friends	Can your associate easily establish contact to others and develop relationships?
Affirmative disposition	Does your associate have a positive outlook on life?
Pragmatism	Does your associate act according to the dictates of the situation at hand, and not striving for perfection at any price?

Potential kick-off questions

- Could you describe a situation or event from your business or private life in which integrity (as examples; for others, see performance criteria) was called for?

- Could you describe a situation in which you were confronted with people from another culture?

- Are there attitudes, behaviours, or even mannerisms which you regard as culturally determined and which at the same time you feel you do not approve of or even reject?

- How did you experience the challenges of your last relocation?

Situation	Event	Result
....	....	....
....	....	....
....	....	....
....	....	....
....	....	....

7.10 Case Study: Auslandsentsendungen

Situation: Sie sind Mitarbeiter der Firma Roschmann in der Abteilung Internationale Mitarbeiterentsendung. In einem neu gegründeten Referat, das sich in der deutschen Zentrale befindet, sind Sie zuständig für das Land Indien. Roschmann hat in Ihrem Zuständigkeitsbereich vor kurzer Zeit ein lokales Unternehmen gekauft, das nun in den Konzern integriert werden soll. Es befindet sich an mehreren Standorten und hat bisher keine Erfahrungen mit Expatriates. In ca. 3 Monaten werden 25 deutsche Mitarbeiter aus unterschiedlichen Funktionsbereichen, Hierarchieebenen und Konzernstandorten entsandt. Die Dauer der Entsendungen beträgt durchschnittlich 3 Jahre.

Arbeitsauftrag:

A) Erstellen Sie ein Konzept für den Prozess der Entsendung in das Zielland, das in Zukunft angewandt werden soll. Das Konzept besteht aus drei Bausteinen, die sich auf die Phasen der Entsendung beziehen:

1. Vorbereitung im Heimatland,
2. Unterstützung während des Aufenthaltes im Zielland und
3. (eventuell vorzeitige) Rückkehr des Mitarbeiters.

Berücksichtigen Sie in dem Konzept die unterschiedlichen Voraussetzungen der einzelnen Mitarbeiter (Dauer der Roschmannzugehörigkeit, privates Umfeld, Sprachkenntnisse, etc.)

B) Erstellen Sie einen Leitfaden zum Thema „Do's and don'ts in Indien" (besonders im Hinblick auf die interkulturelle Kommunikation), der an jeden Expatriate ausgehändigt werden soll.

C) Erarbeiten Sie einen Katalog: „Zehn Gebote für Auslandsreisende" (kulturunabhängig).

Präsentieren Sie Ihre Ergebnisse dem Abteilungsleiter und Ihren Kollegen. Ihre Ausarbeitungen sollen als Handout zur Verfügung stehen.

In: Rothlauf, J., Seminarunterlagen, 2006

Der Kultur-Code
(Clotaire Rapaille)

Lego, der dänische Spielwarenhersteller, hatte mit seinen ineinander greifenden Steinen auf dem deutschen Markt sofort Erfolg, während der Absatz in den Vereinigten Staaten nur schleppend in Gang kam. Warum? Die Firmenleitung war der Auffassung, ihr Erfolg sei in erster Linie der Qualität der jeder Schachtel Legosteine beiliegenden Anleitung zu verdanken, die es Kindern ermöglichte, das jeweilige Teil richtig zusammenzubauen. Die Bauanleitungen waren in der Tat ein Volltreffer: präzise, bunt und sehr verständlich. Sie vereinfachten das Bauen mit Legosteinen nicht nur, sondern machten es in gewisser Weise zu etwas Magischem. Wenn man die Anweisungen genau befolgte, entstand aus kleinen Plastikteilen etwas Grandioses.

Amerikanischen Kindern war das vollkommen schnuppe. Sie rissen die Verpackung auf, warfen (wenn überhaupt!) einen flüchtigen Blick auf die Bauanleitung und fingen sofort nach eigenem Gutdünken an zu bauen. Und es machte ihnen anscheinend auch Spaß, nur bauten sie z.B. aus Steinen, die für ein Automobil gedacht waren, eine Burg. War die fertig, brachen sie alles wieder auseinander und fingen von vorn an. Auf diese Weise hielt zu Legos Bestürzung eine einzige Schachtel Legosteine jahrelang vor.

In Deutschland hingegen ging die Strategie von Lego genau wie geplant auf. Deutsche Kinder öffneten die Schachtel, suchten nach der Bauanleitung, lasen sie sorgfältig und sortierten die Teile nach Farben. Dann begannen sie mit dem Zusammensetzen und verglichen ihr Werk immer wieder mit den klaren, hilfreichen Illustrationen in der Bauanleitung. Am Ende hatten sie eine exakte Kopie des Produktes, das außen auf der Schachtel abgebildet war. Sie zeigten es ihrer Mutter, die anerkennend in die Hände klatschte, und stellten das Modell auf ein Regalbrett. Jetzt brauchten die Kinder eine neue Schachtel Legosteine.

In: Der Kultur Code, München, 2006, S. 253

7.11 Literaturverzeichnis

Adler, N. J., International Dimensions of Organizational Behaviour, 2nd ed., Boston 1991.
Bosch GmbH Bamberg (Hrsg.), Interkulturelles Managementhandbuch, 2006.
Carte, P./ Fox, C., Bridging the culture gap: a practical guide to international business communication, London 2004.
Chhokar, J.S., India: Diversity and Complexity in Action, New Jersey, 2007.
Cooper, J.C., Der Weg des Tao, 4. Aufl., München 1985.
Dalton, M., Success for the New Global Manager: How to work across distances, Countries, and Cultures, New York 2002.
Dinslaken, M., CampusAnzeiger Berlin, Vol. 14, April/Mai 2006.
Dülfer, E., Zum Problem der Umweltberücksichtigung im „Internationalen Management, in: Pausenberger (Hrsg.),Internationales Management, Stuttgart 1981.
Dülfer, E., Die spezifischen Personal- und Kommunikationsprobleme international tätiger Unternehmen - eine Einführung, Berlin 1983.
Dülfer E., Internationales Management, 2. Aufl., München 1992.
Engelmeyer, E., Identitätsorientierte interkulturelle Personalführung aus gesellschaftstheoretischer Sicht, in: Schoppe, S.G. (Hrsg.), Kompendium der Internationalen Betriebswirtschaftslehre, München 1991.
Festing, M., Strategisches internationales Personalmanagement - Vision oder Realität?, in: Personalwirtschaft, Nr. 2/1997.
Fischer, M., Es gibt keinen globalen Lifestyle, in: Welt am Sonntag, 2003.
Fischer, M., Ghosn und Nissan: Ein internationales Schulbeispiel, in: Welt am Sonntag, 14.12.2003.
Gerlitz, P., Die Ethik des Buddha, in: Ratschow, C.H. (Hrsg.), Ethik der Religionen, Stuttgart 1980.
Gertsen, M.C., Intercultural Competence and expatriates, in: International Journal of Human Resource Management, 3/1990.
Glasenapp von, H., Die fünf Weltreligionen, München 1996.
Hammer, K./ Hinterhuber, H., Strategisches Management global, Wiesbaden 1993.
Hann, U., Asienkompetenz - Türöffner für den wachstumsstärksten Markt der Welt, in: Scholz, J. (Hrsg.), Internationales Chance-Management, Stuttgart 1995.
Haritz, J./ Breuer, K., Computersimulierte und dynamische Entscheidungssituationen als Element der multikulturellen Personalentwicklung, in: Scholz, J. (Hrsg.), Internationales Chance-Management, Stuttgart 1995.
Heidemann, K./ Steckhan, H./ Rietz, C., Erfolgsfaktor Expatriates, in: Personalwirtschaft, Nr. 1/2004
Hersey, P., Blanchard, K.H., Management of organizational behaviour, 3rd ed., New York 1977.
Hilb, M., Der Weg zum Globalpreneur, in: Personalwirtschaft, Nr. 2/1998.
Hodgetts, R. M./ Luthans, F., International Management, 3. Auflage, New York 1997.
Irving, T. B./ Ahmad, K./ Ahsan, M.M., The Qur'an. Basic Teachings, Leicester 1979.
Jahrmarkt, M., Das TAO Management, Freiburg 1991.
Kakar, S., et al.: Leadership in Indian Organizations from a Comparative Perspective,in: International Journal of Cross Cultural Management, Vol. 2, 2002.
Keller, E., Management in fremden Kulturen - Ziele Ergebnisse und methodische Probleme der kulturvergleichenden Managementforschung, Bern 1982.
Kumar, B.N., Interkulturelle Managementforschung. Ein Überblick über Ansätze und Probleme, in: Wirtschaftswissenschaftliches Studium, Nr. 17, 1988.
Kumbruck,C./ Derboven,W., Interkulturelles Training, Heidelberg 2005.

Kwintessential, www.kwintessential.co.uk.
Lee Chang-sup, Konfucian Management at Hyundai, in: Korea Times, 28.03.2001.
Lewis, R., When cultures collide: Leading across cultures, 3rd ed., London/Boston 2006.
Macharzina, K., Internationalisierung und Organisation, in: Zeitschrift für Organisation und Führung, 1992.
Maucher, H.O., Anforderungen an eine Führungskraft, in: Rothlauf, J., Total Quality Management, 2. Aufl., 2004.
McGregor, D., The Human Side of Enterprise, New York 1960.
o.V., Auszug von einem Interview mit G. Cromme, dem Aufsichtsratvorsitzenden von Siemens, in: FAZ, 27.05.2007.
o. V., Karriere ist Hauptmotiv für Umzug ins Ausland, in: Beruf und Karriere, Süddeutsche Zeitung, 26./27.07.2008.
Posth, M., 1000 Tage in Shanghai, München 2006.
Rapaille, C., Der Kultur Code, München 2006.
Roetzel, B., Stil zeigen bis ins Detail, in: Capital, Nr. 20/2003.
Rothlauf, J., Allah sieht alles, in: Personalwirtschaft Nr. 5/1995.
Rothlauf, J., Interkulturelles Management, 1. Aufl., München 1999.
Rothlauf, J., Interkulturelle Personalführung im religiösen Kontext: Eine Herausforderung für den Auslandsmanager, in: Fachhochschule Mainz (Hrsg.), Update 7 WS 08/09, Mainz 2008.
Rothlauf, J. (Hrsg.), 14th International Baltic Sea Forum: A Global View on Intercultural Management, Stralsund 2009.
Rummelhagen, M., Schüttauf, K., Hausarbeit zum Thema „Intercultural Leadership", Stralsund, 2007 (nicht veröffentlicht).
Sess van, J., Bruner-Traut (Hrsg.), Islam, in :Die fünf großen Weltreligionen, Freiburg 1974.
Schmid, S./ Daniel, A., Die Internationalität der Vorstände und Aufsichtsräte in Deutschland, in: Bertelsmann Stiftung (Hrsg.), Gütersloh 2007.
Schroll-Machl, S., Die Zusammenarbeit in internationalen Teams, in: Scholz, J. (Hrsg.), Internationales Change-Management, Stuttgart 1995.
Sharma, A., Innenansichten der großen Religionen, Frankfurt/M 1997.
Stolte, M., Mit Laptop und Lederhose, in: Rheinischer Merkur, Nr. 20/2006.
Thomas, A., Interkulturelle Kompetenz im internationalen Management, in: VolkswagenStiftung (Hrsg.), Wir stiften Wissen, Tagungsband, Dresden 2006.
Wahren, H-K., Zwischenmenschliche Kommunikation und Interaktion in Unternehmen, Berlin 1987.
Wunderer, R., Vom bayerischen Kirchturm zur europäischen Kathedrale?, in: SZ, Nr. 243, (S. 117), 01.10.1992.

8 Internationale Teams

8.0 Problemstellung

> **A failed teamwork project**
> (Hodgetts/Luthans)
>
> In attempting to plan a new project, a three-person team composed of managers from Britain, France, and Switzerland failed to reach agreement. To the others, the British representative appeared unable to accept any systematic approach; he wanted to discuss all potential problems before making a decision. The French and Swiss representatives agreed to examine everything before making a decision, but then disagreed on the sequence and scheduling of operations. The Swiss, being more pessimistic in his planning, allocated more time for each suboperation than did the French. As a result, although everybody agreed on its validity, they never started the project.
>
> In: International Management, 5th ed., 2003, p. 187

8.1 Zur Notwendigkeit der Bildung internationaler Teams

Im Zuge der internationalen Zusammenarbeit entsteht immer häufiger die Notwendigkeit, hochspezialisierte Arbeitskräfte auf einem weltweiten Arbeitsmarkt zu rekrutieren und sie in immer mehr gemischt-kulturelle Gruppen zu integrieren.

> *"Multinational groups of many types are evident: the management team of an international joint venture, a group developing a product for multiple-country markets, a group responsible for formulating an integrated European strategy, a task force charged with developing recommendations for rationalizing worldwide manufacturing, and, increasingly, even the top management team of the firm itself"* (Hambrick/Davidson/Snell/Snow, 1998, p. 181).

Die fortschreitende Vernetzung des europäischen Binnenmarktes und anderer kontinentaler Märkte der Welt führt dazu, dass nicht nur Großunternehmen, sondern auch zunehmend mittelständische Entscheidungsträger ihre Geschäftsstrategie und damit in letzter Konsequenz auch ihre Personal- und Organisationsentwicklung strategisch an den internationalen und interkulturellen Erfordernissen von morgen ausrichten müssen. International zusammengesetzte Teams, unabhängig in welcher Form und auf welcher Ebene sie auch immer gebildet werden, werden dann zu einem entscheidenden Wettbewerbsfaktor, wenn es gelingt, den Beitrag der einzelnen Teammitglieder zu einem Optimum zusammenzuführen.

8.2 Herausforderungen an internationale Teams

Allerdings stehen diese Teams vor einer besonderen Herausforderung, denn ungleich der Situation im Stammlandunternehmen, können die Mitglieder in einem derart zusammengestellten interkulturellen Team nicht von der Voraussetzung ausgehen, dass alle Beteiligten die gleichen Grundüberzeugungen über gruppendynamische Prozesse teilen.

> *"Situations in which a manager from one culture communicates with a native of another culture (one-on-one) or supervises a group from a different culture (token groups) can be quite difficult. What happens in work or project groups with members from two cultures (bicultural group) and in those with members representing three or more ethnic backgrounds (multicultural groups)?"* (Kopper, 1992, p. 235)

Es ist sehr wahrscheinlich, dass jedes Gruppenmitglied eine andere Vorstellung darüber hat, worin sein Beitrag zur effizienten und effektiven Gruppenarbeit besteht. Vor allem liegen unterschiedliche Annahmen (Smith/Berg, 1997, S. 8). im Hinblick

- auf die Akzeptanz von Autoritätsstrukturen,
- auf geeignete Handlungsschemata und ihre Bestandteile, wie Zielbildung, strategische Orientierung und Motivation,
- über zeitliche Vorstellungen,
- über den Entscheidungsprozess,
- über Konfliktlösung sowie
- über das Äußern von Gefühlen vor.

Hinzu kommt, dass bei interkulturell zusammengesetzten Gruppen, die Auffassungen der einzelnen Gruppenmitglieder bei der Erfassung, Analyse, Behandlung und Bewertung arbeitsbezogener Problemstellungen sowie den Beitrag, den der Einzelne in den unterschiedlichen Phasen zu leisten hat, divergieren.

In einer Situation interkultureller Zusammenarbeit orientieren sich die Mitglieder einer Kultur an ihrem eigenen kulturspezifischen Problemlösungsprozess, den sie als gegeben und allgemeingültig hinnehmen. Dadurch kommt es unweigerlich zu Irritationen und Missverständnissen, weil der jeweils andere den durch die eigene Kultur geprägten Erwartungen nicht entspricht, sondern fremdkulturell handelt (Schroll-Machl, 1995, S. 212).

Erschwerend kommt hinzu, dass diese kulturellen Unterschiede bei der Zusammensetzung der Gruppe oftmals ignoriert werden und auch keine spezifisch externen und/oder internen Vorbereitungsmaßnahmen seitens der Unternehmen angedacht sind, um dieser Herausforderung gerecht zu werden (Smith/Berg, 1997, S. 8).

Die „Zürich-Versicherungs-Gesellschaft" gehört zu den wenigen Firmen, die bereits seit 1991 Kultur-Seminare zum Themenbereich "Working Together in a Multinational Organization" durchführen. Als Begründung für die Übernahme dieses Bausteins in ihre interkulturellen Vorbereitungsmaßnahmen weisen sie darauf hin, dass als Hauptursachen für das Misslingen eines Auslandseinsatzes neben mangelnden sozialen Kontakten, fehlenden persönlichen Beziehungen mit der lokalen Bevölkerung und Anpassungsschwierigkeiten der Familien, vor allem Kommunikationsprobleme in den Arbeitsgruppen zu beobachten waren (Saunders, 1995, S. 94).

> **Eine interkulturelle Herausforderung: USA – Deutschland**
> (Sylvia Schroll-Machl)
>
> In einem bedeutenden Entwicklungsprojekt mit amerikanischer und deutscher Besetzung kam es nach nur kurzer Zeit zu heftigen Konflikten: „Die Amerikaner teilen ihr Wissen und Know-how nicht!" sagten die Deutschen. Die Amerikaner sahen das ganz anders: „Die Deutschen fragen nicht und zeigen zu wenig Initiative!" Die Liste der Ärgernisse war noch um vieles länger und das Arbeitsklima trotz der anfänglichen gegenseitigen Sympathie von Streit und Dauerkonflikten vergiftet.
>
> In: Internationales Change-Management, 1995, S. 203

8.2.1 Interkultureller Lernprozess als Ausgangspunkt

In international zusammengesetzten Teams muss ein neuer Denkansatz entwickelt werden, der davon ausgeht, dass die Beteiligten ihre kulturellen Divergenzen als Ausgangsbasis ihrer Arbeit ansehen. Dies bedeutet eine Abkehr von der bisher geübten Praxis, die vorwiegend darin bestand, dass kulturelle Anpassungsprozesse als gegeben angesehen wurden und bei auftretenden Problemen die Meinung vertreten wurde, dass sie sich im Zeitablauf von selbst erledigen. Das Eingangsbeispiel hat das Scheitern dieses Ansatzes deutlich werden lassen.

Wer den Erfolg einer international zusammengesetzten Arbeitsgruppe will, muss einen interkulturellen Lernprozess auf allen Seiten einleiten. Auf die Gruppenmitglieder übertragen bedeutet dieser Ansatz, dass bereits vor Formierung eines multikulturellen Teams die Bereitschaft bei allen Teilnehmern gegeben sein muss, sich in eine lernende Situation zu begeben. Des Weiteren sind vor dem eigentlichen Tätigwerden der multikulturellen Gruppe eine Reihe von Maßnahmen seitens des jeweiligen Unternehmens zu ergreifen, um die Gruppenmitglieder für ihre neue „Umgebung" zu sensibilisieren, d.h. sie mit möglichen Problemen vertraut zu machen, die bei der Bildung von derartigen Gruppen auftreten können.

Weil nur wenige Anschauungsbeispiele zu diesem Themenbereich vorliegen, die zeigen, wie man mit der betreffenden Problematik richtig umgeht, wird in den nächsten Kapiteln immer wieder Bezug auf Übungen genommen, die von Smith/Berg (1997, S. 8 ff.) durchgeführt und anschließend ausgewertet wurden.

8.2.2 Stimulierende Faktoren

In ihrer Untersuchung über die Wirkungszusammenhänge in einem internationalem Team haben Smith/Berg (1997, S. 9 ff.) Prozesse ausfindig gemacht, die interkulturelles Lernen erleichtern helfen. Um einen derartigen Prozess in Gang zu setzen und um eine Evaluierung zu ermöglichen, forderten sie zunächst jedes Gruppenmitglied auf, eine Situation zu beschreiben, in der es die Möglichkeit hatte, etwas Wichtiges zu lernen und auch umzusetzen.

In ihrer Auswertung fanden sie heraus, dass als stimulierende Faktoren von den Teilnehmern folgende Situationen beschrieben wurden:

- Sowohl eine positive als auch eine negative Rückmeldung,
- eine Umgebung, die Offenheit schätzt,
- keine Lügen,
- die Bereitschaft, angreifbar - im Sinne von nicht allwissend - zu sein,
- die Akzeptanz, dass Fehler passieren,
- eine offene Auseinandersetzung, wenn Fehler passieren,
- aktives Zuhören auch bei schlechten Nachrichten,
- ausreichend Zeit zur Fehleranalyse,
- offener Austausch von Erfahrungen,
- eine Atmosphäre, die das Lernen ermutigt und Leistungen belohnt.

8.2.3 Leistungshemmende Faktoren

Um nun herauszufinden, welche Faktoren das Lernen behindern, baten sie die Teilnehmer, eine Situation zu schildern, die ihnen die Möglichkeit bot, etwas zu lernen, ohne dass eine entsprechende Umsetzung erfolgte. Gleichzeitig sollten die Gründe genannt werden, die eben dieses Lernen verhindert haben (Smith/Berg, 1997, S. 9 ff.).

Faktoren, die das Lernen besonders erschweren, wurden in Beziehung mit folgenden Situationen gebracht:

- ein Klima, das Schuldzuweisungen zulässt,
- nicht ausreichend Zeit zum gemeinsamen Nachdenken,
- Angst,
- Mangel an Informationen,
- eine autoritäre Managementstruktur,
- die Vorstellung, man könne einem Problem aus dem Weg gehen,
- eine Fokussierung auf Personen und nicht auf deren Leistung,
- Überbetonung von Außeninformationen bei gleichzeitiger Negierung von Binneninformationen,
- ein zu starkes Eingehen auf egoistische Bedürfnisse,
- unzureichend qualifizierte Lehrer bzw. Mentoren.

8.2.4 Lernprozess und Gruppenentwicklung

Mit dieser Eingangsübung konnten Smith/Berg Faktoren identifizieren, die es ermöglichen, einen Lernprozess positiv in Gang zu setzen. Da gerade bei der Formierung eines internationalen Teams die Aktivierung derartiger Lernprozesse eine wichtige Voraussetzung für eine spätere Gruppenkohäsion darstellt, wird damit zugleich die Forderung verbunden, dass jedes Gruppenmitglied die Bereitschaft erklärt, sich in eine lernende Situation zu begeben. Lange bevor eine so zusammengesetzte Gruppe effektiv zu arbeiten beginnt, müssen die Mitglieder den Grundsatz *"learn how to learn from each other"* praktizieren (Smith/Berg, 1997, p. 8).

Gleichzeitig werden mit dieser Übung weitere Gruppenfunktionen angesprochen, die zum Erreichen des Gruppenziels notwendig sind.

> *"It provides a way for potential group members to prepare for the learning that will be needed as they get started. It reveals a universality at the level of learning process that undergrids their experience even when the specifics of that experience vary widely. It encourages all to recognize that some environments are not hospitable to productive group life. This helps them to be more understanding and patient with each other when group crisis occur. It also inspires them to put energy into altering the context as a means of increasing group effectiveness, energy which serves as an antidote to the natural tendency to blame each other when, inevitably, the group encounters bumps in the road." (Smith/Berg, 1997, p. 9)*

8.3 Multikulturalität und Gruppenverständnis

Da sich in einem multikulturellen Team Mitglieder aus mehreren Nationen und aus unterschiedlichen Kulturkreisen zusammenfinden, besteht eine der wichtigsten Aufgaben darin, aus divergierenden Vorstellungen baldmöglichst zu einem gemeinsamen Gruppenverständnis zu gelangen.

> *"For a multi-cultural group to function effectively it is important for its members to know that the unique contributions each brings will be listened to, understood and embraced. This is not easy to achieve when such groups are left to navigate group formation on their own." (Smith/Berg, 1997, p. 9)*

8.3.1 Zum Aufbau eines interkulturellen Gruppenverständnisses

> **Das Wettrudern**
> (Jürgen Rothlauf)
>
> Vor einiger Zeit verabredete eine deutsche Firma ein jährliches Wettrudern gegen eine japanische Firma, das mit einem Achter auf dem Rhein ausgetragen wurde. Beide Mannschaften trainierten lange und hart, um ihre höchsten Leistungsstufen zu erreichen. Als der große Tag kam, waren beide Mannschaften topfit, doch die Japaner gewannen das Rennen mit einem Vorsprung von einem Kilometer. Nach dieser Niederlage war das deutsche Team sehr betroffen und die Moral war auf einem Tiefpunkt. Das obere Management entschied, dass der Grund für diese vernichtende Niederlage unbedingt herausgefunden werden muss. Ein Projektteam wurde eingesetzt, um das Problem zu untersuchen und um geeignete Abhilfemaßnahmen zu empfehlen. Nach langen Untersuchungen fand man heraus, dass bei den Japanern sieben Leute ruderten und ein Mann steuerte, während im deutschen Team ein Mann ruderte und sieben steuerten. Das obere Management engagierte sofort eine Beraterfirma, die eine Studie über die Struktur des deutschen Teams anfertigen sollte. Nach einigen Monaten und beträchtlichen Kosten kamen die Berater zu dem Schluss, dass zu viele Leute steuerten und nur einer ruderte. Um einer weiteren Niederlage gegen die Japaner vorzubeugen, wurde die Teamstruktur geändert. Es gab jetzt vier Steuerleute, zwei Obersteuerleute, einen Steuerdirektor und einen Ruderer. Außerdem wurde für den Ruderer ein Leistungsbewertungssystem eingeführt, um ihm mehr Ansporn zu geben. „Wir müssen seinen Aufgabenbereich erweitern, und ihm mehr Verantwortung geben." Im nächsten Jahr gewannen die Japaner mit einem Vorsprung von zwei Kilometern. Das Management entließ den Ruderer wegen schlechter Leistungen, verkaufte die Ruder und stoppte alle Investitionen für ein neues Boot. Der Beratungsfirma wurde ein Lob ausgesprochen und das eingesparte Geld dem obersten Management ausbezahlt.
>
> In: Seminarunterlagen 2005, S. 12

Geht es darum, eine Arbeitsgruppe aus Teilnehmern zu bilden, die sich aus unterschiedlichen Nationen und Kulturkreisen zusammensetzt, dann kann davon ausgegangen werden, dass bei allen Beteiligten ein gewisses Informationsdefizit über die Kenntnis der soziokulturellen und der politisch-ökonomischen Rahmenbedingungen des betreffenden Gruppenmitgliedes und seines Heimatlandes vorliegt.

"For example, individuals of two different nationalities tend to know, assume, and perceive different things about their respective countries." (Walsh, 1995, p. 285)

Um möglichen Vorurteilen bereits in der Anfangsphase entgegenzutreten und zugleich zu einer informativen Auseinandersetzung mit den Gastlandbedingungen des jeweils anderen Gruppenmitgliedes zu kommen, schlagen Smith/Berg eine Übung vor, die als eine Förderung des interkulturellen Verständnis angesehen werden kann.

Gemäß ihres Herkunftslandes bzw. ihrer -region werden die Teilnehmer in verschiedene geographische Gruppen eingeteilt. Dann sollen sie gemeinsam in ihrer Gruppe Ereignisse benennen, die in den betreffenden Ländern/Regionen in den Jahren 1970, 1980 und 1990 stattgefunden haben, wobei eine Fokussierung auf wirtschaftliche und soziale Vorgänge erfolgen soll. 10 bis maximal 20 Themen werden dann von jeder Gruppe auf eine Wand gepinnt und allen Teilnehmern zugänglich gemacht. Anschließend werden die Ergebnisse vorgetragen und von allen diskutiert. Die Vielfalt der angesprochenen Themenbereiche kann man daran erkennen, dass von Teilnehmern, die aus Europa kamen, für die 80er Jahre u.a. Schlagworte wie die EU, der Zusammenbruch des Kommunismus und steigende Arbeitslosigkeit genannt wurden, während die Gruppenmitglieder aus Asien das Bevölkerungswachstum, die Bedeutung der Tigerstaaten, die wichtige Rolle Chinas, aber auch die zunehmende Bedeutung demokratischer Strukturen in den Mittelpunkt ihrer Beiträge stellten.

8.3.2 Einsichten und Konsequenzen

Zum spontanen Aufbau eines Sympathiefeldes innerhalb einer Gruppe gehört die Beherrschung der Spielregeln, das Erkennen der feinen Nuancen im Verhalten der jeweils anderen Gruppenteilnehmer (Rühl, 1997, S. 17). Durch Informationsaustausch schon vor Aufnahme der eigentlichen Teamarbeit ergeben sich eine Reihe von Vorteilen, die sich positiv auf die weitere Gruppenentwicklung auswirken können. Aus neu gewonnenen Einsichten lassen sich Konsequenzen im Hinblick auf das eigene Verhalten ableiten. Folgende Ergebnisse haben die Untersuchungen von Smith/Berg (1997, S. 10) in diesem Kontext erbracht:

Alle Teilnehmer müssen anerkennen, dass es eine Menge an Informationen über andere Teile der Welt bzw. Kulturen gibt, von denen man bisher wenig oder gar nichts wusste.

1. Alle Teilnehmer stimmen darin überein, dass sie dazu beitragen können, anderen ein besseres Verständnis über ihren Teil der Welt zu vermitteln.
2. Ein derartig durchgeführtes Brainstorming führt dazu, dass die Gruppe erfährt, wie man aus unterschiedlichen Blickwinkeln lernt, den anderen zu verstehen, indem man gemeinsam über die betreffenden Themen spricht.
3. Es besteht ein zunehmendes Bewusstsein darüber, dass das, was zu einem gegebenen Zeitpunkt in einem Teil der Welt passiert, sich mit zeitlicher Verzögerung oft in einem anderen Teil der Welt wiederholt.
4. Es wird festgestellt, dass die Welt sich zunehmend interdependent darstellt.
5. Die Teilnehmer berichten, dass sie durch diese Art der Heranführung an unterschiedliche kulturelle Standards das Gefühl haben, einen Beitrag zur Gruppenkohäsion zu leisten.
6. Es wird unterstrichen, dass durch diese Aktivität nur ein rudimentäres Wissen offenkundig wird und dass es wesentlich mehr zu lernen gibt.

Drinking beer
(Carté/Fox)

Two firms in the brewing industry, one German and the other Japanese, were in the final stage of negotiating a contract. Neither side was prepared to concede on some minor details. It was Sunday afternoon in one of the Japanese company's breweries. The German team asked for a break, and, when offered drinks, requested some beers – they were in a brewery, after all. The Japanese left the room. Instead of the usual 10 minutes, the break lasted nearly an hour. On their return, the leader of the Japanese delegation bowed deeply and said they were now prepared to accept all the remaining demands the Germans had made. The delighted Germans and considerably less enthusiastic Japanese shook hands on the deal. Only later did the Germans discover that their request for alcohol had been interpreted by the Japanese as a subtle: "Accept our demands or the deal is off." Traditionally in Japan, alcohol only comes out to celebrate an agreement.

In: Bridging the culture gap, London 2004, p. 133

8.3.3 Gruppenerfahrung und Polaritäten

Standen bisher die Erfahrungen der einzelnen Gruppenmitglieder im Hinblick auf den eigenen Lernprozess sowie der Austausch von Informationen im Mittelpunkt der Betrachtung, gilt es jetzt der Frage nachzugehen, welche unterschiedlichen Erfahrungen die Mitglieder hinsichtlich ihrer bisherigen Gruppenarbeit mitbringen und wie diese Erfahrungen für das Zusammenarbeiten in einem internationalen Team genutzt werden können. Um die Reflexionen darüber zu erleichtern, wird von Smith/Berg die folgende Übung vorgeschlagen:

Zunächst wird jeder Teilnehmer, der dem zukünftigen internationalen Team angehören soll, aufgefordert, 8 bis 10 Regeln zu benennen, die für Gruppenarbeit in seinem Heimatland gelten. Anschließend werden Paare aus unterschiedlichen Kulturkreisen gebildet, in dem die jeweiligen Teilnehmer sich über ihre Erfahrungen bezüglich der Gruppenarbeit in ihrem Land austauschen. Nachdem dieser Diskussionsvorgang abgeschlossen ist, werden die Paare gebeten, ihre unterschiedlichen Erfahrungen und Vorgehensweisen, die sie mit der Gruppenarbeit in ihrem Heimatland gemacht haben, auf Kärtchen aufzuschreiben, sie anschließend auf einer Pinnwand zu plakatieren, um sie dann dem gesamten Plenum vorzustellen. Am Schluss erfolgt durch alle Teilnehmer eine Aufstellung der Gemeinsamkeiten als auch der Unterschiede, um sie dann abschließend zu diskutieren.

Die durch diese Übung erzielten Ergebnisse zeigen allen Gruppenteilnehmern, dass es nicht nur unterschiedliche Auffassungen im Hinblick auf die Gruppenarbeit gibt, sondern dass durch Negierung derartiger Divergenzen Probleme bereits in der Frühphase der Gruppenbildung entstehen können, die nachhaltig den Gruppenbildungsprozess beeinflussen können. Auf der anderen Seite führt das Wissen um die aufgetretenen Polaritäten zu einem neuen Grundverständnis für Verhaltensweisen und Entscheidungsabläufe in einem internationalen Team.

Folgende Polaritäten konnten beobachtet werden:

- Konfrontation vs. Harmonie
- Aufgaben- vs. Prozessorientierung
- Direkte vs. indirekte Kritik
- Individualität vs. Kollektivität
- Qualitäts- vs. Quantitätsdenken
- Produktivität vs. Kreativität
- Autoritäre vs. partnerschaftliche Entscheidungsfindung

Die Schwierigkeiten, die in diesem Zusammenhang bei multikulturellen Teams auftreten können, hängen damit zusammen, diese Polaritäten einigermaßen zum Ausgleich zu bringen. Während bei einem Teil der Gruppe die Mitglieder gewöhnt sind, dass Probleme direkt angesprochen und Kritik offen geäußert werden kann, wird bei einem anderen Teil der Gruppenmitglieder, die aus einem anderen Kulturkreis stammen, eine gegenteilige Auffassung vertreten. Die unterschiedliche Ausgangsposition allen Teilnehmern deutlich werden zu lassen, war Auslöser dieser Gruppenübung; mehr Verständnis für die jeweils andere Seite zu entwickeln, das damit verbundene Ziel.

"As members acknowledge the range of differences that exist within a multinational group, we observe several things happen. First, there is surprise that this exploration was easier than expected and that it felt collaborative and non-threatening. Second, there is an emerging excitement that membership in this group could be rewarding. Third, there is anxiety over how they are going to manage these differences which are now out in the open and much more difficult to ignore. Fourth, there is fear that the group will be paralyzed by the tensions that will naturally arise as a result of the differences among the members. Finally, there is a wish that these differences can be regulated, controlled, and subordinated to the collective purpose of the group."
(Smith/Berg, 1997, p. 11)

8.4 Effektivität von multikulturellen Teams

Wenn es darum geht, die Effektivität eines multikulturellen Teams zu erfassen, dann spielen unterschiedliche Einflussgrößen eine Rolle, die sich u.a. aus folgenden Fragen ergeben: Wie werden Konflikte gesehen und ihnen begegnet, werden unterschiedliche Verhaltensweisen und Erfahrungen der Gruppenmitglieder aus verschiedenen Ländern und Kulturkreisen in das Team eingebunden und wenn, wie können sie in einen Zusammenhang mit der Gruppeneffektivität gebracht werden?

8.4.1 Konflikte als belebendes Element

Bezogen auf das Arbeiten in einem multikulturellen Team kommt eine frühere Untersuchung von Smith/Berg (1987) zu dem Ergebnis, dass eine Bereitschaft der Gruppenmitglieder zu beobachten war, die eigene Zielsetzung dem Gruppenziel unterzuordnen. Trotzdem bleiben in einer Gruppe widersprüchliche Auffassungen bestehen, die auch dazu führen können, dass sie konfliktär ausgetragen werden.

> *"We argue that conflict in groups is a problem primarily because we think of it as a problem. If we saw conflict as a source of group vitality we would seek it out rather than avoid it in and effort to harness it in the service of the group's mission."* (Smith/Berg, 1997, p. 11)

Die Schlussfolgerung, die man daraus ableiten kann, lautet, dass Konflikte als ein Bestandteil jeder Zusammenarbeit nicht wie bisher einfach negiert werden (McGrath/Altmann, 1966), sondern als ein Element betrachtet werden, das, richtig umgesetzt, einen wertvollen Beitrag zum Gruppenerfolg liefert. Nicht ein lineares Denken wird hierbei vom einzelnen Gruppenmitglied verlangt, sondern das Einbeziehen unterschiedlicher Meinungen und Auffassungen erlaubt es jedem Gruppenteilnehmer, gemeinsame Ansatzpunkte zu erkennen. Dort, wo man bisher nur unvereinbare Gegensätze vermutet hatte, wird durch eine derartige Gruppendynamik zusätzliche Energie frei, die das Arbeiten in einem internationalen Team neu beleben kann.

Taskforce für interkulturelle Mediation – Konfliktlösung in komplexen Zusammenhängen
(Liane Dannenberg)

Die Mediation ist eine strukturierte und zielorientierte Vorgehensweise zur außergerichtlichen und einvernehmlichen Konfliktlösung. Mediation ist das geeignete Instrument, wenn Führungskräfte, international tätige Teams oder Personen in Organisationen in unvereinbar erscheinenden Situationen feststecken, die das gemeinsame Handlungsziel gefährden. Interkulturell geschulte Mediatoren versuchen hier realistische und nachhaltige Lösungen zu finden. Im Gegensatz zum juristischen Weg, der Gewinner und Verlierer definiert, wird mit dem Einsatz von Mediatoren Zeit und Geld gespart, weil Mediation kurzfristig und mit vergleichsweise geringen Kosten Klärungen bewirken kann. Im gemeinsamen Gespräch können unterschiedliche Wahrnehmungen, die durch verschiedene kulturelle Herkunft, durch Sprachschwierigkeiten oder durch unterschiedliche Verhaltensweisen entstanden sind, angesprochen und einer Lösung zugeführt werden. Eine Reihe von Instituten, die sich mit interkulturellen Fragestellungen beschäftigen, bieten hier ihre Dienste an.

In: mitteconsult, 2004, S. 3

8.4.2 Gruppeneffektivität und Nationalität

Multikulturelle Teams setzen sich per Definition aus Personen zusammen, die unterschiedlichen Nationalitäten entstammen und divergierenden Kulturkreisen angehören. Differenzen, die sich daraus für die Teamarbeit ergeben, können durch eine Reihe von Faktoren hervorgerufen werden, die in den jeweiligen Personen oder auch im jeweiligen Unternehmen begründet sein können. Eine herausragende Bedeutung kommt dabei dem Konstrukt Nationalität zu. Ob es sich um den Einfluss der verwendeten Kommunikationssprache, um die Auslandserfahrung der Gruppenmitglieder oder um die Art der Aufgabenstellung im Hinblick auf die Gruppeneffektivität handelt, immer sind sie auch in Abhängigkeit des Faktors Nationalität zu betrachten.

"When the patterns of differences were analyzed, variations in responses could be partly explained by characteristics such as age, education, job professional experience, hierarchical level, and company type. Less expected, however – particularly in an institution that places great emphasis on an international ethos – was the fact that the nationality of the respondents emerged as an explanation for far more variations in the data than any of the respondents' other characteristics." (Laurent, 1991, p. 201)

8.4.2.1 Zwei Unternehmen – zwei unterschiedliche Ergebnisse

Geht man der Frage nach, warum bei einem multikulturell zusammengesetzten Team Erfolg wie Misserfolg so nahe beieinander liegen, dann macht der folgende Auszug einer Konversation auf diese Problematik aufmerksam:

"When we first launched our research programme on multinational groups, we discussed it with a group of senior executives from major multinational corporations. The comments of two executives, both from European-based companies, symbolize the complexity and subtlety of the issues involved. One executive said: "I don't see why this is an important topic of study. Our company puts people of different nationalities together all the time. It's how we do business: there is nothing particularly special about such groups. What's the big issue?"

The second executive responded:

"Wait a minute. In my company, we are having great difficulties with such groups. We've had strategic plans suffer and careers derail be-

cause complications arising from multinational groups. Just last month we killed a global product development project because the team had taken so long that the competition had already sewn up the market." (Hambrick/Davison/Snell/Snow, 1998, p. 182)

8.4.2.2 Gruppeneffektivität und Auslandserfahrung der Mitarbeiter

Eine Forschungsgruppe, die beauftragt war, den Ursachen für diese unterschiedlichen Resultate nachzugehen, kam zu dem Ergebnis, dass die erste Firma tatsächlich mit der Nationalitätenfrage keinerlei Probleme hatte. Das im Ölbereich tätige Unternehmen konnte auf langjährige, auslandserfahrene Mitarbeiter zurückgreifen, die gewohnt waren, in multikulturellen Teams zu arbeiten. Hinzu kam, dass eine stark ausgeprägte internationale Unternehmenskultur dafür sorgte, dass sehr schnell eine Identifikation innerhalb der Gruppe herbeigeführt werden konnte, so dass ein mögliches Konfliktpotential von Anfang an sich nicht zur Entfaltung bringen konnte.

Demgegenüber fand man beim zweiten Unternehmen die angesprochenen Schwachstellen. Es stellte sich heraus, dass das in der Lebensmittelproduktion angesiedelte Unternehmen durch Zukauf nationaler Firmen mit internationalen Filialen nicht über die notwendige multikulturelle Erfahrung der Mitarbeiter verfügte. Unvorhergesehene Probleme in der globalen Produktplanung waren die Folge.

Aus ihren Beobachtungen zogen die Wissenschaftler den Schluss, dass, je auslandserfahrener die Mitarbeiter einer Unternehmung sind, desto höher sind auch die Chancen, dass die Zusammenarbeit in einem multikulturellen Team von Erfolg gekrönt ist. Wenn es um ihre Effektivität geht, spielt allerdings der Zeitfaktor eine ganz entscheidende Rolle (Watson, 1993, S. 590). Zum einen wird damit zum Ausdruck gebracht, dass ausreichend Zeit in die Vorbereitung der Mitarbeiter zu investieren ist um zum gewünschten Ergebnis zu kommen, zum anderen stellen die über einen längeren Zeitraum gewonnenen Auslandserfahrungen ein belebendes Element beim Aufbau einer positiven Beziehungsstruktur innerhalb eines multikulturellen Teams dar. Gerade die bei der Neuformierung eines internationalen Teams auftretenden Anfangsschwierigkeiten können so minimiert werden, denn

"[...] newly-formed multinational groups are likely to be the most vulnerable to the drawbacks of diversity, but over time, if they survive

and meet nominal performance thresholds, they develop more trust and rapport." (Hambrick/Davison/Snell/Snow, 1998, p. 199)

8.4.2.3 Gruppeneffektivität und Kommunikationssprache

Den Fremdsprachenkenntnissen kommt nicht nur beim Anforderungsprofil eines Auslandsmanagers eine große Rolle zu, sondern die jeweils verwendete Kommunikationssprache beeinflusst auch die Effektivität eines international zusammengesetzten Teams. Um Anweisungen adäquat umsetzen zu können, muss man sie vorher richtig verstanden haben, d.h. der entsprechende Bedeutungsgehalt muss mit der geforderten Kommunikationssprache in Übereinstimmung gebracht werden. Eine Reihe von Missverständnissen ist ursächlich mit Verständigungsschwierigkeiten verbunden, weil die Botschaft des Absenders nicht in der gewünschten Form vom Empfänger dekodiert worden ist.

"The influence of language proficiencies in a multinational group setting has been observed to be profound. For example, an individual's facility with the group's working language greatly affects one's amount and type of participation, as well as one's influence in the group." (Gudykunst, 1991, pp. 5)

In einer anderen Untersuchung fand Geringer (1988, S. 214) heraus, dass die wechselseitige Beherrschung der Fremdsprache, die in einem Team als Kommunikationssprache verwendet wird, einen signifikanten Einfluss auf den Erfolg eines Joint-Venture-Unternehmens hat.

"The simple ability to communicate with one's counterpart in a partner firm often makes a significant difference in a JV's prospects for success; the absence of this ability has caused more than a few disasters'." (Geringer, 1988, p. 214)

Geht es darum, den Einfluss der Fremdsprache in Abhängigkeit von der Aufgabenstellung eines Teams zu hinterfragen, dann ergeben sich unterschiedliche Korrelationen.

"[...]the harmful effects of limited shared language facility will be greatest for groups engaged in coordinative tasks, least for computational tasks, and in-between for creative tasks. Increases in shared language facility result in corresponding increases in group performance for each type of task." (Hambrick/Davison/Snow/Snell, 1998, p. 198)

8.4.3 Gruppeneffektivität und internationale Zusammensetzung

Neben den Einflussgrößen Auslandserfahrung der Gruppenmitglieder und Beherrschung der jeweiligen Kommunikationssprache kommt auch der Zusammensetzung der Gruppe mit Blick auf die unterschiedlichen Nationalitäten eine wichtige Rolle zu. Die Untersuchungen von Hambrick u.a. (1998, S. 192) belegen, was die Anzahl unterschiedlicher Nationalitäten in einer multikulturellen Gruppe betrifft, dass je mehr Nationalitäten in einer Gruppe repräsentiert sind, desto größer fällt die Distanz zwischen den Gruppenmitgliedern aus.

Daraus allerdings den Schluss ziehen zu wollen, dass man der Vielfalt dadurch begegnet, ein Team ausschließlich nach regional- bzw. kulturkreisspezifischen Kriterien zu bilden, wird durch Hofstede's 5-D-Modell widerlegt. In seiner Untersuchung über den Individualismus wurde bereits deutlich, dass z.B. die Amerikaner über eine stärker ausgeprägte Individualismus-Neigung verfügen als dies z.B. bei den Finnen der Fall ist.

Hinzu kommt, dass von Gruppen, die sich z.B. aus Japanern und Koreanern oder aus Türken und Griechen bzw. aus Vietnamesen und Kambodschanern zusammensetzen, bedingt durch ganz bestimmte historische Ereignisse in diesen Ländern, eine eher kontraproduktive Einstellung ausgehen kann. Inwieweit die Heterogenität eines Teams das Gruppenergebnis eher positiv oder negativ beeinflusst, muss deshalb in Abhängigkeit von einer Reihe von Parametern betrachtet werden, wobei der Art des Aufgabenvollzuges eine Schlüsselstellung zukommt.

8.4.4 Gruppeneffektivität und Aufgabenstellung

Seit längerer Zeit besteht Klarheit darüber, dass die Lösung von alltäglich anfallenden Aufgaben am besten von einer homogenen Gruppe gelöst werden kann. Handelt es sich dagegen um eine vorher nicht genau definierte Aufgabe, für die es auch keine objektiv richtigen Antworten gibt, dann wird der Vollzug am effektivsten von einer heterogen zusammengesetzten Gruppe gewährleistet (Hoffmann/Maier 1961, S. 401 ff.). Zu einer ähnlichen Einschätzung gelangen Hambrick/Davison/Snow/Snell (1998, S. 195) als sie die Effektivität einer multikulturellen Gruppe im Hinblick auf das Lösen einer kreativen Aufgabenstellung untersucht haben. Geht es in einem multikulturell zusammengesetzten Team darum, für regionale oder weltweite Märkte bestimmte Produkte zu entwickeln bzw. Marktnischen aufzuspüren, dann wird das Brainstorming durch die Vielzahl unterschiedlicher Meinungen belebt.

"When the group is engaged in a creative task, diversity of values can be expected to be beneficial for group effectiveness. The varied perspectives and enriched debate that comes from increased diversity will be helpful in generating and refining alternatives." (Hambrick/Davison/Snow/Snell, 1998, p. 195)

Geht es bei der Aufgabenstellung darum, aus einer Vielzahl von Fakten und Zahlen eine Lösung analytisch aufzubereiten, wobei man gleichzeitig auf objektive Messkriterien zurückgreifen kann, dann spielt die Zugehörigkeit zu einer Nation und die damit zusammenhängenden Wertvorstellungen der Gruppenmitglieder keine signifikante Rolle bei der Zusammenarbeit innerhalb des Teams.

"When the task is computational, we would expect increases in value diversity to be generally unrelated to group effectiveness. Such tasks typically involve rather clear-cut data collection, analysis and solution generation. Operating more in the realm of facts than values, groups engaged in such tasks are not strongly affected by either the homogeneity or the heterogeneity of values." (Hambrick/Davison/Snow/Snell, 1998, p. 196)

Erfordert die Aufgabenstellung eine gut abgestimmte Interaktion unter den Gruppenmitgliedern, dann ergibt sich aus der heterogenen Zusammensetzung der Gruppe eine negative Korrelation. Persönliche Wertvorstellungen werden stärker in die Diskussion gebracht und längere Abstimmungen als normalerweise notwendig beeinflussen die Umsetzung. Gerade wenn es darum geht, ein Krisenmanagement durchzuführen, dann erweist sich die Heterogenität hierbei eher als ein Nachteil.

"However, when the task is coordinative, involving elaborate interaction among group members, diversity of values will tend to be negatively related to group effectiveness. In such a task situation, fluid and reliable coordination is required; debates or tensions over why or how the group is approaching the task - which will tend to occur when values vary - will be counter-productive. In addition, disparate values create interpersonal strains and mistrust which become damaging when the group is charged with a coordinative task." (Hambrick/Davison/Snow/Snell, 1998, p. 197)

Daneben hat sich eine Reihe von Studien mit der Effektivität von multikulturell zusammengesetzten Gruppen auf der Top-Management-Ebene beschäftigt. Die Untersuchungen kommen im Hinblick auf die Qualität von Entscheidungen als auch bei Fragen, die sich mit Organisationsstrukturen beschäftigen, zu einer positiven Korrelation zwischen Aufgabenvollzug und Heterogenität der Gruppe (Bantel/Jackson, 1989, Eisenhardt/Schoonhoven, 1990, Hambrick, 1996).

Zu einer ähnlichen Einschätzung gelangt Ralph Lehmann, Managementprofessor an der Universität in Chur/Schweiz in dem er formuliert:

„Internationale Teams produzieren mehr Alternativen und Ideen als monokulturelle. Außerdem unterliegen sie weniger der Gefahr des Gruppendenkens und werfen auch eher traditionelle Methoden über Bord." (Lehmann, 2006, S. 40)

8.5 Die fünf Phasen der Teamentwicklung

Die vorangegangenen Kapitel haben deutlich gemacht, dass internationale Teams vor vielfältigen Herausforderungen stehen, die sich in den Ansprüchen und in ihrer Intensität als sehr komplex erweisen. Unabhängig, ob das Team mit sprachlichen Herausforderungen konfrontiert ist, unterschiedliche Nationalitäten zu integrieren und historisch bedingte Sensibilitäten zu berücksichtigen hat oder durch divergierende Vorstellungen über gruppendynamische Prozesse geprägt ist, all diese Faktoren beeinflussen das Gruppenverhalten und die gewünschte Entstehung einer Gruppenkohäsion.

Hinzu kommt, dass die Entwicklung hin zu einer Gruppe einem Phasenprozess unterliegt, der im Zeitablauf zu sehen und mit jeweils unterschiedlichen Verhaltensweisen der Gruppenmitglieder verbunden ist. Wer das Aufgabenverhalten in den entsprechenden Phasen nicht richtig einzuschätzen weiß, wird den Gruppenbildungsprozess unnötig erschweren, möglicherweise ihn sogar verhindern. Tuckman (1967, S. 25 ff.) hat bei der Auswertung seiner Untersuchungen zur Gruppenentwicklung fünf Phasen identifiziert und sie im Hinblick auf Gruppenstruktur und Aufgabenverhalten charakterisiert. Die nachfolgende Abbildung 75 macht die unterschiedlichen Probleme deutlich, die mit der jeweiligen Phase verbunden sind.

Die *Forming-Phase* ist durch ein hohes Maß an Unsicherheit bei allen Beteiligten gekennzeichnet. In dieser Anfangsphase beginnen die Mitglieder ihr eigenes Regelwerk zu entwickeln und ihre gruppenspezifischen Aufgaben zu definieren. Was die Rolle der Führungskraft betrifft, so hat sie das Team vor allem bei der Entscheidungsvorbereitung zu unterstützen.

Die sich anschließende *Storming-Phase* zeichnet sich dadurch aus, dass Meinungen sich zu polarisieren beginnen, emotionale Übersteuerungen zu beobachten sind und die Konfliktbereitschaft steigt. Gerade diese Phase birgt große Gefahren für das Auseinanderbrechen der Gruppe. Was Geschlossenheit und Festigkeit der Gruppe betrifft, so hängen sie davon ab, inwiefern die beiden ersten Phasen erfolgreich bewältigt werden können. In besonderer Weise ist die Führungskraft in dieser Phase gefordert. Bei der Zielformulierung zu helfen als auch sich als vertrauensbildender Ansprechpartner anzubieten, können hier als flankierende Hilfestellung angesehen werden.

Eine Gruppe wird sich allerdings nur dann endgültig formieren können, wenn es ihr gelingt, einen Attraktivitätsgrad (Kohäsion) für alle ihre Mitglieder zu entwickeln. Kohäsion bezieht sich dabei auf das Ausmaß, in dem eine Gruppe eine kollektive Einheit bildet und ist zugleich Maßstab für die Stabilität einer Gruppe. Mitglieder hoch kohäsiver Gruppen sind bereit, sich für und in der Gruppe zu engagieren, Zeit und andere Ressourcen einzusetzen und andere Aktivitäten hinter den Gruppenerfordernissen zurückzustellen. Kohäsive Gruppen dienen auch der Befriedigung von Individualbedürfnissen. Außerdem schaffen sie Identität, vermitteln Sinn im sozialen Gefüge und helfen, die Welt besser zu verstehen. In der *Norming-Phase* werden dafür die Voraussetzungen geschaffen. Der Führungskraft obliegt es hier, die einzelnen Aufgaben und Personen zu koordinieren.

In der *Performing-Phase* werden auf der Basis eines flexiblen Rollenverhaltens aller Gruppenmitglieder die Energien freigesetzt, die notwendig sind, um durch konstruktive Beiträge den Gruppenerfolg auch langfristig sichern zu helfen. Da das Team sich nun weitgehend selbst steuert, besteht die Hauptaufgabe der Führungskraft darin, Globalziele vorzugeben.

1970 fügte Tuckman noch eine fünfte Phase hinzu, die das Ende der Aufgabenstellung als auch das Ende der bisherigen Gruppenarbeit beschreibt. Von der Führungskraft wird verlangt, dass sie diese Phase so kurz wie möglich hält sowie den Teammitgliedern bei der Suche nach neuen Tätigkeitsfeldern und Aufgaben beratend zur Seite steht.

Phase	Gruppenstruktur	Aufgabenverhalten
(1) Forming	Unsicherheit; Abhängigkeit von einem Führer; Ausprobieren, welches Verhalten in der Situation akzeptabel ist	Mitglieder definieren die Aufgaben, die Regeln, die geeigneten Methoden
(2) Storming	Konflikte zwischen den Untergruppen, Aufstand gegen den Führer, Polarisierung der Meinungen, Ablehnung einer Kontrolle durch die Gruppen	emotionale Ablehnung der Aufgabenanforderungen
(3) Norming	Entwicklung von Gruppenkohäsion, Gruppennormen und gegenseitiger Unterstützung, Widerstand und Konflikte werden abgebaut bzw. bereinigt	offener Austausch von Meinungen und Gefühlen; Kooperation entsteht
(4) Performing	Interpersonelle Probleme gelöst, Gruppenstruktur ist funktional zur Aufgabenerfüllung, Rollenverhalten ist flexibel/funktional	Problemlösungen tauchen auf, konstruktive Aufgabenbearbeitung, Energie wird ganz der Aufgabe gewidmet (Hauptarbeitsphase)
(5) Adjourning	Gruppe löst sich auf oder formiert sich neu	Aufgabenstellung ist erledigt

Abb. 75 Unterschiedliche Phasen der Gruppenentwicklung
Quelle: Tuckman/ Jensen, 1977, S. 419

8.6 Intercultural Team Building

As with all businesses success depends upon effective cooperation and communication within teams, intercultural business structures have been radically transformed over the past few decades. Changes in areas such as communication and information technology and shifts towards global interdependency have resulted in companies becoming increasingly international and therefore intercultural. In addition, the need to "go global" and to cut outgoings is demanding that companies protect international interests whilst keeping down staff numbers. The solution in most cases has been the forming of intercultural teams. The intercultural dimension of today's teams however brings new challenges. Successful team building does not only involve the traditional needs to harmonise personalities but also languages, cultures, ways of thinking, behaviours and motivations.

Over the last decade a lot of research work has been done in the framework of Bachelor- and Master Theses regarding the collaboration within multicultural teams. Companies like German Lloyd, Rickmers GmbH &Cie.KG, or OCCAR were part of our studies. Interviews with Don A. Neuman, who is the manager and chief pilot of domestic and international flight inspection for the Federal Aviation Administration in Atlanta, with Tom Dinkelspiel, CEO at the Swedish Investment Bank Öhman, or with Dr. Boll, Head of Corporate Office of Internationalization, Bosch GmbH, only to name a few, made clear that there are some advantages as well as disadvantages that occur if members with a different cultural background have to work together. Because of the assurance to treat all information strictly confidential, only some general observations will be examined in the following.

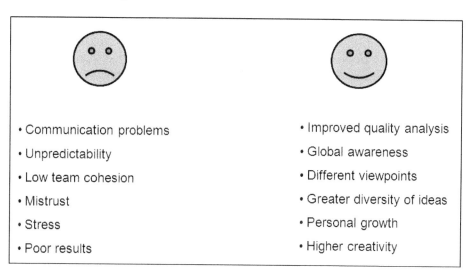

Abb. 76 Strengths and weaknesses of multicultural teams
Quelle: Eigene Darstellung

Intercultural teams have an inherent disadvantage. Cultural differences can lead to communication problems, unpredictability, low team cohesion, mistrust, stress and eventually poor results. However, intercultural teams can in fact be very positive entities. The combination of different perspectives, views and opinions can lead to an enhanced quality of analysis and decision making while team members develop new skills in global awareness and intercultural communication. Normally, one can expect a different viewpoint that broadens the horizon of each team member and leads to a greater diversity of ideas, which enables the members to be extremely creative. Moreover, each team member can personally benefit from the work within a multicultural team and can promote their career.

> **Multicultural Team Building**
> (Elashmawi/Harris)
>
> As the result of team-building activities, which rested in a better understanding of cultural differences and working toward common goals, participants came up with the following motto:
>
> **T**ogether **E**verybody **A**chieves **M**ore (TEAM)
>
> In: Multicultural Management 2000, S. 260

But: In reality this best case scenario is seldom witnessed. More often, intercultural teams do not fulfill their potential. The root cause is the fact that, when intercultural teams are formed, people with different frameworks of understanding are brought together and expected to naturally work well together. However, without a common framework of understanding, e.g. in matters such as status, decision making, communication etiquette, this is very difficult, and thus requires help from outside to truly commit to the team.

> **Interview with Dr. Boll**
> Head of Corporate Office of Internationalisation, Bosch GmbH:
>
> *Students:* *Wo sehen Sie die Vorteile eines international zusammengesetzten Teams gegenüber einem nationalen Team?*
> **Dr. Boll:** Wenn es um kreative Entwicklungen geht, sind internationale Teams oft produktiver.
> *Students:* *Wie schätzen Sie das Verhältnis der internationalen Mitarbeiter zueinander ein. Gibt es Verständigungsprobleme?*
> **Dr. Boll:** Ein Drittel kooperiert gut, ein Drittel passabel, ein Drittel nur wenig. Manchmal entstehen Verständigungsprobleme durch verschiedene Sprachen und andere Werte.
> *Students:* *Arbeiten Sie mit Mitarbeitern aus einer spezifischen Kultur besonders gerne zusammen und wenn ja, warum?*
> **Dr. Boll:** Ich arbeite gerne mit Menschen aus der Türkei, Indien und Brasilien zusammen. Diese Kulturen sind sehr optimistisch, aktiv, konstruktiv und engagiert.
>
> In: Projektunterlagen, Bachelor- und Masterarbeiten (alle unveröffentlicht), Stra lsund, 2000-2009

Again, it becomes obvious that without a qualified intercultural training the overall goals of a company cannot be met. A good intercultural training is the decisive method of helping to blend a team together. Through analysis of the cultures involved in a team, their particular approaches to communication and business and how the team interacts, intercultural team builders are able to find, suggest and use common ground to assist team members in building harmonious relationships.

Intercultural training sessions aim at helping team members to realise their differences and similarities in areas such as status, hierarchy, decision making, conflict resolution, showing emotion and relationship building. These are then used to create mutually agreed upon structures of communication and interaction. From this basis, teams are tutored how to recognise future communication difficulties and their cultural roots, empowering the team to become more self-reliant. The end result is a more cohesive and productive team.

In conclusion, for intercultural teams to succeed, managers and human resource personnel need to be attuned to the need for intercultural training in order to help cultivating harmonious relationships. Companies must be supportive, proactive and innovative if they wish to reap the potential benefits intercultural teams can offer. This goes beyond financing and creating technological links to bring intercultural teams together at a surface level and going back to basics by fostering better interpersonal communication. If international businesses are to grow and prosper in this ever contracting world, intercultural synergy must be a priority.

Interview with Don A. Neuman
Manager and chief pilot of flight inspection for the Federal Aviation Administration in Atlanta:

Students: *In which way were the experiences you have made as a member of an international team helpful for your own personal development?*

Neuman: I learnt a lot; especially it helps me to get a different perspective how to solve problems.

Students: *Before collecting a team, what is necessary for the success of a multicultural team?*

Neuman: Multilingual capabilities are absolutely necessary, especially in our area it is English and Spanish.

In: Projektunterlagen, Bachelor- und Masterarbeiten (alle unveröffentlicht), Stralsund, 2000- 2009

8.7 A Study on Intercultural Teams: The OCCAR Example

Abdelkarim El-Hidaoui, Monika Fehrenbacher, Michaël Koegler and Yvonne Kempf, students of the Université de Haute-Alsace, were part of a research project with a specific focus on staff members of the OCCAR in 2008. The Organisation Conjointe de Coopération en matière d'Armement (Organization for Joint Armament Cooperation) is an intergovernmental organization with the aim to provide more effective and efficient arrangements for the management of certain existing and future collaborative armament programs. Currently, the member states are Belgium, France, Germany, Italy, Spain and the United Kingdom. Some of the group's findings can be found below.

1) What are the positive effects of culturally diverse teams?

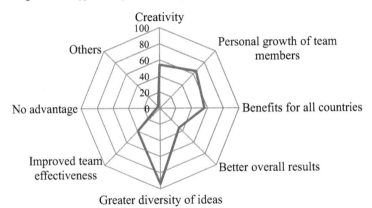

2) What are the negative effects of culturally diverse teams?

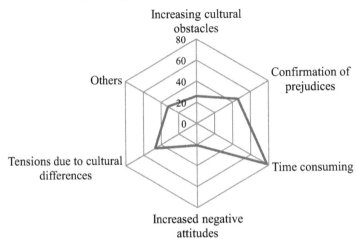

3) What do you expect from your colleagues?

4) Have you ever been confronted with cultural conflicts arising from…

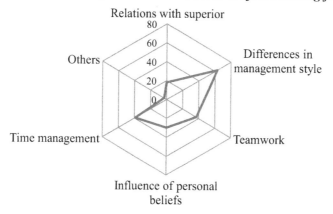

5) Which managerial skills are important for an efficient intercultural team?

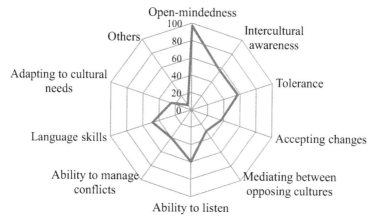

In: El-Hidaoui/ Fehrenbacher/ Kempf/ Koegler, International Teams - Practical application regarding to the teamwork of OCCAR, Mulhouse, 2008, unpublished

8.8 Zur Teamentwicklung eines multikulturellen und interdisziplinären Projektteams – ein Workshop der Firma 3 M

Auf die Notwendigkeit von interkulturellen Trainingsmaßnahmen wurde schon an verschiedenen Stellen dieses Buches hingewiesen. Nun soll mit Hilfe eines Trainingsbeispiels gezeigt werden, worauf es ankommt, wenn man seine Mitarbeiter „teamfähig" machen möchte.

8.8.1 Ausgangssituation und Zusammensetzung des Teams

Die „Minnesota Mining and Manufacturing" in St. Paul, Minnesota, abgekürzt 3 M, ist ein internationales Unternehmen mit etwa 85 000 Mitarbeitern in 61 Ländern. Um Mitarbeiter für ein internationales Projekt vorzubereiten, wurde ein Team-Entwicklungs-Workshop in einem der deutschen Werke durchgeführt (Smith, 1997, S. 103 ff.).

Das Team bestand aus Maschinenführern, Prozessingenieuren (zwei von drei kamen von der Muttergesellschaft in den USA und hatten geringe Deutschkenntnisse), einer Personalentwicklerin (zu 20% ihrer Arbeitszeit) und zu je 50% aus einer Spezialistin des europäischen Labors (irische Staatsbürgerin, Deutsch fließend), einem Spezialisten für Datenverarbeitung und Statistik und der Abteilungssekretärin. Der Projektmanager ist ein US-Amerikaner, der fließend Deutsch spricht, der Team-Leader ein Deutscher, der fließend Englisch spricht. Es gab auch einen Projektberater aus St. Paul, der während der Planung und des Auftakts dabei war, aber kein Deutsch spricht. Die übrigen fünf Teilnehmer waren Maschinenführer (spanischer und polnischer Herkunft), die sehr wenig Englisch sprechen.

Interview with Tom Dinkelspiel,
CEO at the Investment Bank Öhman:

Students: *What are the risks for a project manager of a multicultural project?*

Dinkelspiel: There can be difficulties in assessing the skills and competencies of team players. Training and education standards and the relative value of qualifications can be very different in different parts of the world.

In: Projektunterlagen, Bachelor- und Masterarbeiten, Stralsund, 2000- 2009

Um einen erfolgreichen Start zu gewährleisten, beschloss das Projektmanagement, mit einem zweitägigen Team-Entwicklungs-Workshop zu beginnen und durch einen Moderator leiten zu lassen.

8.8.2 Workshop: Struktur und Ablauf

Das Ziel bestand darin, aus 15 Individuen, die sich vorher kaum kannten, ein Team zu bilden. Der Workshop sollte dazu dienen, ein Gefühl der Zusammengehörigkeit zu erzeugen und den Willen miteinander zu arbeiten zu verstärken. Darüber hinaus sollten die Grundregeln für den Umgang miteinander entwickelt sowie eine Atmosphäre geschaffen werden, die es jedem erlaubt, seine Meinung einzubringen, Meinungsverschiedenheiten anzusprechen und sachlich auszutragen. Schließlich sollte mit diesem Workshop auch die Möglichkeit verbunden sein, die anderen Teammitglieder kennenzulernen, so dass man weiß „wie sie funktionieren" und wie ihr bevorzugter Arbeitsstil aussieht. Die nachfolgende Programmübersicht (Abb. 77) zeigt, welche Aufgaben, mit welchen Designkriterien und welcher Zielstellung bearbeitet werden sollten.

8.8.2.1 Der erste Abend

Die Fahrt zum Hotel am Abend vor dem Workshop wurde als Gelegenheit zum Kennen lernen bewusst genutzt: Man traf sich beim Werk und fuhr zusammen in vier Autos, jeder trug einen Post-it-Zettel mit seinem Namen in der Mitte geschrieben und an den vier Ecken sein Hobby, seine Sportart, sein Lieblingsland und sein Lieblingsessen. Damit jeder mit jedem Gemeinsamkeiten feststellen konnte, waren zwei Pausen eingeplant, um den Wagen zu wechseln und sich zu mischen. Am Abend aß man zusammen im Hotel.

8.8.2.2 Der erste Tag

Nach der Begrüßung durch den Projektmanager schloss sich eine kurze Vorstellungsrunde an. Da es in einer Gruppe von 15 Personen unmöglich ist, dass alle eng miteinander zusammenarbeiten, wurde die Gruppe in drei Kleingruppen aufgeteilt mit der Aufgabe, Teamwork zu definieren. Dabei wurde darauf geachtet, dass die nicht deutsch sprechenden Teilnehmer gleichmäßig auf alle Kleingruppen verteilt waren. Sobald die Gruppen ihre Definitionen erstellt hatten, wurden sie gebeten, nicht mehr zu sprechen und wortlos ihre Definition auf Flipchart darzustellen.

Der zweite Teil der Aufgabe - das Erstellen des Bildes - musste ohne Sprache gemeistert werden. Die Absicht dieser Übung bestand darin zu zeigen, dass Menschen, die nicht die gleiche Sprache sprechen, durchaus in der Lage sind, komplexe Sachverhalte zu kommunizieren. Hier erfährt man, ob die eigene Körpersprache von den anderen verstanden wird, wobei man zum ersten Mal erlebt, dass Handzeichen nicht universell verständlich sind. Das erfolgreiche und sichtbare Ergebnis aus der Gruppenarbeit steigerte das Vertrauen dieser multikulturellen Gruppen, Aufgaben zusammen lösen zu können. Die Bilder der Kleingruppen hingen für den Rest des Workshops als Sinnbilder für Teamwork aus. Diese Aufgabe diente letztlich auch der gedanklichen Einstimmung auf eine der späteren Aufgaben, sich auf Teamregeln zu einigen.

Rollenspiele im Training: Alles andere als Theater
(Paul Diebel)

Ebenso wie Kinder in ihrem spontanen "Ich-tue-so-als-ob-Spiel" können auch Erwachsene effektiv und nachhaltig im bewusst inszenierten Rollenspiel lernen, vorausgesetzt, sie verlieren ihre Scheu davor. Das professionelle Rollenspiel im Training ist wie ein Theaterlabor, in dem es unter geschützten Bedingungen erlaubt ist, andere Rollen zu spielen, eigene Rollen ganz anders zu definieren oder völlig Neues zu erfinden und zu erproben. Gelingt es dem Trainer, seine Teilnehmer für das Rollenspiel zu öffnen, ist diese Methode universell einsetzbar: Beispielsweise ist das Rollenspiel geeignet, Wissen, Fachkompetenzen und Erkenntnisse zu vermitteln, Soft Skills zu trainieren und in Workshops als kreatives Medium zu dienen. Der dabei stattfindende Austausch und die Verarbeitung von Informationen geschieht sowohl auf sachlicher als auch auf emotionaler Ebene: Das Rollenspiel verbindet die beiden Elemente miteinander und schafft damit die Grundlage für die nachhaltige Wirkung und einen erfolgreichen Praxistransfer. Damit Seminarteilnehmer ihre Vorbehalte abbauen und sich für das Rollenspiel entflammen, ist allerdings einiges nötig: Neben seiner eigenen Begeisterung für das Rollenspiel braucht der Trainer vor allem ein gut durchdachtes didaktisches Konzept. Professionelle Trainer verstehen sich als Spielleiter und Prozess-Steuerer und legen das Konzept so an, dass eine lernfördernde und vertrauensvolle Atmosphäre geschaffen und erhalten wird. Dabei sind Lockerungsübungen, Aufwärmspiele und Mini-Rollenspiele in den gesamten Trainingsablauf zu integrieren.

In: managerSeminare Nr. 74/2004, S. 72

Ablauf und Aufgaben		Designkriterien	Ergebnis/Ziel
Erster Abend	Sich kennenlernen	Gemeinsame Fahrt zum Seminarhotel Aufgabe unterwegs zum Austauschen von persönlichen Informationen	Gemeinsamkeiten untereinander feststellen
Erster Tag	*Aufgabe 1* Teamwork definieren	In Kleingruppen die Zusammenarbeit üben, ein gemeinsames Verständnis von Teamwork entwickeln	Bilder von Teamwork zeichnen Vertrauen in der Gruppe steigern Kollegen/Kolleginnen besser kennenlernen
	Kurzvortrag: Die vier Phasen der Teamentwicklung nach Tuckman		
	Aufgabe 2 Teamregeln entwickeln	In Kleingruppen die Verhaltensregeln für die Zusammenarbeit festlegen	Explizite Teamregeln vereinfachen die Metakommunikation
	Aufgabe 3 Spaziergang	Aufeinander-Zugehen erleichtern Kontakte knüpfen	Sich persönlich näherkommen Informelle Aktivität nach dem Mittagessen
	Aufgabe 4 Quadratübung	Einzelerfolg muss dem Teamerfolg untergeordnet werden	Zusammenhang zwischen individuellen Zielen und dem Gruppenziel verstehen
	Kurzvortrag: Die Rollen im Team nach Belbin		
	Aufgabe 5 Turmbau	Ein Mikro-Projekt bearbeiten Kreativität und Konfliktpotential kennenlernen	Gruppendynamik in Bezug auf Wettbewerbsdenken erkennen Spaß am späteren Nachmittag
Zweiter Tag	*Aufwärm-Übung*		
	Aufgabe 6 Sprachenthematik	Individuelle Stellungnahme zu Sprachproblemen in multikulturellen Teams	Sprachregeln aufschreiben Feedback über das eigene Kommunikationsverhalten im Team erhalten
	Aufgabe 7 Was bringe ich im Team ein und wo brauche ich Unterstützung?	Individuelle Stellungnahme zum Projekt und zur eigenen Rolle und Funktion im Team	Übergang von der Menschen- zur Aufgabenorientierung Besprechen des Projektauftrags
	Feedback zum Workshop: *Schriftliche und mündliche Rückmeldung der Teilnehmer*		

Abb. 77 Teamentwicklungs-Workshop bei 3 M - Programmübersicht
Quelle: Smith, J.M.H., 1997; S. 115 ff.

Im Anschluss an Aufgabe 1 folgte ein Kurzvortrag über die „Vier Phasen der Teamentwicklung", wobei jeweils eine Seite pro Phase an die Teilnehmer ausgeteilt, gemeinsam gelesen und dann besprochen wurde.

Aufgabe 2 bestand darin, in drei Kleingruppen (Gruppenbildung analog zu Aufgabe 1, aber neu gemischt)

a) eine Liste der Verhaltensregeln für effektives Teamwork durch Brainstorming zu erzeugen und
b) durch Gruppendiskussion diese Liste auf 10 Punkte zu reduzieren und die Punkte in Reihenfolge der Wichtigkeit zu ordnen.

Diese Aufgabe war so konzipiert, dass jeder in der Kleingruppe seine persönliche Vorstellung von dem, was er unter Teamarbeit versteht, entsprechend formulieren konnte. Anschließend musste jeder seinen Standpunkt vertreten.

Beobachtet werden konnte, wie die Gruppen konsequent zweisprachig zu arbeiten begannen und Wortmeldungen in beiden Sprachen am Flipchart notierten. Die zwei Maschinenführer wurden von deren jeweiligen Gruppen als Sprecher für diese Aufgabe gewählt. Die Listen waren - wie zu erwarten - sehr ähnlich und konnten in eine Gesamtliste zusammengefasst werden (s. Abb. 78). Diese Liste wurde im Projektraum für die Dauer des Projektes ausgehängt.

Aufgabe 3 beinhaltete einen Spaziergang in ungezwungener Atmosphäre (ca. 45 Minuten). Er stellte eine willkommene Alternative zur weitgehend sitzenden Tätigkeit im Konferenzraum dar und überbrückte auch den Energietiefpunkt nach dem Essen. Er ist besonders geeignet für multikulturelle Gruppen, da das Zuhören und Übersetzen sehr anstrengend ist. Als Ergebnis konnte festgehalten werden, dass viele informelle Kontakte geknüpft wurden.

Aufgabe 4 bestand darin, drei Gruppen an getrennten Tischen - diesmal zusammengesetzt nach Geburtstag und -monat - zu bitten, Teile eines Quadrates zusammenzusetzen bis jeder in der Gruppe ein gleichgroßes Quadrat fertig hatte. Zu Beginn bekam jeder einen Umschlag mit Teilen, die so verteilt waren, dass mehrere Spieler auf Anhieb ein Quadrat fertigstellen konnten.

How should we handle the language problem?
Wie sollen wir mit dem Sprachproblem umgehen?
Understanding/Verstehen
• Every team member must have the right to interrupt if he/she doesn't get the information. *Jedes Teammitglied hat das Recht zu unterbrechen, wenn er/sie der Kommunikation nicht folgen kann.*
• Call time-out or breaks when translation/understanding starts to wear people down. *Pausen oder «time-outs» einlegen, wenn das Übersetzen zu ermüdend wird.*
• If possible, have bilingual overheads. *Wenn möglich sind zweisprachige Overhead-Folien zu verwenden.*
• The English/German speaking team members are responsible for translations. *Zweisprachige (englisch/deutsch) Mitglieder sind für die Übersetzung verantwortlich.*
• Have a German (or English) speaking person near a person who speaks another language during discussions or meetings. *Während Meetings sollten Englisch-/Deutschsprachige in der Nähe sitzen zum Übersetzen.*
• Direct translation in meetings. *Direktes Übersetzen bei Meetings.*
• Ask now and then whether anybody has problems with understanding. *Hin und wieder fragen, ob alles verstanden wurde.*
• If you don't understand something, speak up and ask to have it clarified. *Wenn man etwas nicht verstanden hat, nachfragen.*
• Periodically ask everyone if they understand what is being discussed. *Regelmäßig nachfragen, ob alle der Diskussion folgen können.*

Abb. 78 Lösungsansatz zur Sprachenthematik
Quelle: Smith, J.M.H., 1997; S. 115 ff.

Die Spieler wurden angewiesen, Teile, die sie anderen anbieten wollen, in der Mitte des Tisches zu platzieren. Es war nicht erlaubt bei dieser Übung zu sprechen und auch keine Zeichensprache zu benutzen. Gewonnen hat das Team, das die gleichgroßen Quadrate als erstes fertig hat.

Dieses Spiel stellt Anforderungen an die Fähigkeit, die eigene Lösung in Frage zu stellen und vorrangig ein Gruppenergebnis anzustreben. Je früher man merkt, dass jeder auf die anderen angewiesen ist, umso schneller ist die Aufgabe gelöst. Bei der Beobachtung stellte sich heraus, dass die Gruppe, die mehrheitlich aus Frauen bestand, die Aufgabe am schnellsten gelöst hatte. Diese Gruppe begann als erste, die eigenen fertigen Quadrate aufzubrechen und den anderen Teile anzubieten. In der anschließenden Diskussion betonten mehrere, wie wichtig es im Verlaufe des Projektes sein würde, die Lektionen dieses Spieles im Hinblick auf das Teilen von Informationen mit anderen Subteams verinnerlicht zu haben. Manche behaupteten, es wäre einfacher gewesen, wenn man aufgestanden und um den Tisch gegangen wäre, um die Probleme der anderen besser zu sehen. Die Spielregeln hatten das nicht verboten! An diesem Beispiel wurde der Gruppe auch klar, dass innerhalb der Projektarbeit die Gefahr besteht, die eigenen Grenzen enger zu setzen als nötig. Auf das Projekt übertragen, wurde deshalb die Devise formuliert: Soweit gehen, bis man an eine Grenze stößt, um zu versuchen, sie dann zu überschreiten.

In einem zweiten Kurzvortrag wurden die Teamrollen nach Belbin präsentiert. Jeder, der sich spontan mit einer Rolle identifizieren konnte, nahm zu seiner Erfahrung mit den eigenen Verhaltensmustern in Arbeitsgruppen Stellung.

Am Ende des Tages folgte mit Aufgabe 5 eine projektähnliche Situation: Aufgeteilt in zwei Gruppen in getrennten Räumen mussten die Teilnehmer mit den vorhandenen Mitteln in einer halben Stunde einen Turm bauen. Diese Übung bietet die Möglichkeit, bei einer kreativen Arbeit die eigenen Ideen einzubringen und ein besseres Gefühl dafür zu bekommen, wie es ist, mit anderen Menschen zu arbeiten. Die Eindrücke, die man bis jetzt vom anderen hatte, werden dabei überprüft und korrigiert.

Der Moderator konnte beobachten, wie die Kleingruppen die Aufgabe interpretiert hatten: nämlich als Wettbewerb, den höchsten Turm zu bauen. (Die Gruppen hatten fälschlicherweise angenommen, dass die Baumaterialien für beide Gruppen gleich waren; außerdem hatten sie Spaß daran, möglichst hoch zu bauen). In der Diskussion war man sich dann einig, dass eine reelle Gefahr bestand, ein solches Wettbewerbsdenken könne während des Projektes zwischen den Subteams aufkommen. Man konnte sehr schön sehen, dass dies kontraproduktiv sein kann, da der Turm der Gruppe, die sich in den vermeintlichen Wettbewerb hineingesteigert hatte, kurz vor Schluss beim Versuch, ihn noch höher zu machen, zusammengefallen ist. Man lernte bei dieser Übung auch, seine eigenen Annahmen kritisch unter die Lupe zu nehmen.

8.8.2.3 Der zweite Tag

Der zweite Tag fing mit einem gemeinsamen Frühstück an. Danach folgten zwei Bewegungsübungen: als erstes mussten die Teammitglieder sich strecken; für die zweite Übung setzten sie sich auf den Boden und mussten zu zweit Rücken an Rücken aufstehen, ohne die Hände zu benutzen. Hinweis: Nicht alle Übungen mit Körperkontakt können bei Menschen mit hoher Körperdistanz eingesetzt werden (Morris, 1996). Diese „metaphorische Aktion" zeigte, dass man zusammen Dinge fertig bringen kann, die man alleine nicht schaffen würde. Gleichzeitig wird dadurch das Zusammengehörigkeitsgefühl weiter verstärkt.

Aufgabe 6 war der Sprachenthematik gewidmet. Während einer kurzen Vorbereitungszeit sollte sich jeder seine Einstellung zur Muttersprache und zu der Fremdsprache überlegen (sowohl die geschriebene als auch die gesprochene Sprache) und in der Gesamtgruppe dazu Stellung nehmen. Anschließend war die Gelegenheit gegeben, Feedback zum eigenen Kommunikationsverhalten zu bekommen.

Obwohl diese Übung sehr viel Zeit in Anspruch nahm, da alles in die jeweils andere Sprache übersetzt werden musste, fanden die Teilnehmer diese Trainingseinheit sehr wertvoll, da man selten aufgefordert wird, über seine Einstellung zur Sprache nachzudenken. Mittels Metaplantechnik wurden konkrete Vorschläge gesammelt und als Poster aufgehängt. Da die Sprachenthematik ein potentielles Hindernis für die effektive Teamarbeit darstellte, war es wichtig, sich die Zeit zu nehmen, eine Vorgehensweise zu finden, auf die sich alle einigen konnten. Alle Beiträge wurden übersetzt, wobei sich jeder vorher seinen Übersetzer aussuchte.

Aufgabe 7 sah vor, dass nach einer kurzen Vorbereitungszeit jeder die folgende Frage zu beantworten hatte: „Was bringe ich für dieses Projekt ins Team ein und wo brauche ich Unterstützung?" Da die Themen am zweiten Tag projektspezifischer angedacht waren, sollte eine Überleitung von der Menschenorientierung zur Aufgabenorientierung erfolgen, wodurch Aussagen über fachliche als auch über persönliche Stärken und Entwicklungsfelder des einzelnen für das Projekt ermöglicht wurden.

Als Ergebnis dieser Übung konnte festgestellt werden, dass sowohl der fachliche Hintergrund der Kollegen als auch deren Einstellung zum Team und zum Projekt als solches besser beurteilt werden konnte. Ein Beispiel für eine Stellungnahme sah wie folgt aus: „Was ich einbringen möchte, ist Kreativität, Kenntnisse der Prozesstechnik, gute Kontakte im Unternehmen, Erfahrung mit verschiedenen Kulturen und viel Engagement. Unterstützung brauche ich bei der statistischen Analyse, außerdem suche ich Feedback zu meinem Verhalten im Team."

Der Rest des Tages wurde der Besprechung des Auftrages für das siebenmonatige Projekt gewidmet. Zum Abschluss füllte jeder einen Feedback-Bogen aus, der auch die Möglichkeit vorsah, Verbesserungsvorschläge einzubringen. Man verabschiedete sich in der Hoffnung, sich nach drei Monaten wieder zu einem Workshop zu treffen, der dann dem Themenbereich „Optimierung des Meeting-Verhaltens" gewidmet sein sollte.

Verschieden sind wir stark
(Christoph Lixenfeld)

Schwieriger wird es, wenn sich die Mitglieder eines internationalen Teams nur selten sehen. Beim Pharmakonzern Boehringer Ingelheim entwickeln so genannte Core-Teams neue Arzneimittel: Bis zu sieben Menschen unterschiedlicher Nationalität, die an zwei oder mehreren Standorten sitzen, arbeiten dabei über viele Jahre zusammen. Bis zu vier Mal pro Jahr treffen sie sich, dazwischen gibt es Telefon- und Videokonferenzen. „Ganz wichtig ist, auch andere Meinungen auszuhalten. Und wenn Leute nicht nur unterschiedliche Ansichten, sondern auch einen unterschiedlichen Charakter haben, kann das sehr kreativitätsfördernd enden", beobachtet Christoph Hallmann, internationaler Projektleiter bei Boehringer. Er erinnert sich: „Bei meinem Ex-Arbeitgeber gab es am Anfang nur rein deutsche Projektteams. Die wussten genau, wie man hier Patienten behandelt. Ohne internationale Teams würde ein Deutscher indische Therapien aber immer nur durch die deutsche Brille betrachten können. Und keine internationalen Ziele erreichen.

In: Handelsblatt, 05.11.2006, S. 39

8.8.3 Exercise: Cross-Cultural Team-Building Scale

All human beings have values preferences that significantly impact work group cohesion. To see your values profile, mark an X along the continuum for each item and then connect the Xs. The benefit of this exercise to you team is that you will all see where the similarities and differences are. From there, the next step is to discuss how you make your individual differences a collective advantage.

	+2	+1	0	+1	+2	
Value change						Value tradition
Specificity in communicating						Vagueness in communicating
Analytical, linear problem solving						Intuitive, lateral problem solving
Emphasis on individual performance						Emphasis on group performance
Communication primarily verbal						Communication primarily non-verbal
Emphasis on task and product						Emphasis on relationship and process
Surface different views						Harmony
More horizontal organization						More vertical organization
Informal tone						Formal tone
Competition						Collaboration
Rigid adherence to time						Flexible adherence to time

Plett/Franz, in: mitte consult, Berlin, 2004, S. 16

8.9 Two Interviews on Working in Intercultural Teams

8.9.1 Interview with Henrick Wegner, Netcom Consultants

Henrick Wegner, Project Director of Netcom Consultants, currently working on the "Tigo Rwanda Project" in Kigali answered questions raised by the students of Baltic Management Studies (BMS) Daniel Günther, Anne Kerber, Franka Laudahn und Josephine Wiese on 28th of May 2010:

Students: What do cultural differences at work mean to you?
Wegner: Challenges and rewarding experiences, certain frustration included.

Students: Besides all the potential misunderstandings and problems, are there also opportunities, when people work together from different cultures?
Wegner: Of course. The advantages of working with multinational teams and organizations (the agility, diversification and different approaches just to mention a few), those clearly outweigh the occasional nuisance or the additional conflict potential.

Students: You have already worked in Asia, America and Africa. What are the differences and it is complicated to work in those countries?
Wegner: Too many to mention, really.

Students: Do you prefer a special culture to work with?
Wegner: Different cultures come with different distinguishing features in respect to work. For instance, I have often appreciated the hard working attitude of Asian colleagues or admired the outperforming professionalism of North American associates. Then again, the downsides of different working cultures are evident too and I would, all things considered, not rank any of them higher compared to another.

Students: What is your best career advice to somebody who has just graduated from university?
Wegner: Do seek maximum exposure by specifically pursuing overseas assignments, ideally with a global company that is head-quartered in Central Europe. Do not mind the tough challenges as they will prove to be your best trainer and valuable for future references. The better you manage to cope with unaccustomed working conditions, the more appreciation you would be able to reasonably expect from your organization, thus making the foundation of your professional career ever more solid.

In: Günther/Kerber/Laudahn/Wiese, Written Assignment, Stralsund, 2010 (unpublished)

8.9.2 Interview with Jerry Holm, DB Schenker

The BMS students Anna Dünnebier and Matthias Hoffmann had an interview with Jerry Holm, Trade Lane Manager for South-East Europe within the DB Schenker Concern in Gotheburg on the 22nd of November 2011. Here are some of his answers:

Students: What is your general understanding of the term "international teams"?
Holm: An international team is, in spite that are all human beings, living in different countries with different mentalities, habits and thinking, that you must work in a network, because you should help each other to build up a network, which should be as perfect as possible.

Students: When you are planning an international team meeting, which planning steps, according the relevant time requirements and the introduction phase, are necessary?
Holm: DB Schenker used to organize development meetings at the head quarter in Essen, Germany. Such meetings are planned for all important members within the company from all around Europe. The schedule during such meetings provides group meetings for all participants and workshops to develop new ideas and solutions. In these workshops, consensus and strategies will be developed, which come into force in the regional departments. In a start-up phase the new ideas will be discussed and finally set into action.

Students: Which advantages/disadvantages do you see as far as international teams are concerned?
Holm: I suppose that you have many possibilities to move around. If you are young you can start at the company in the country you like and the level you like. The disadvantage in working for a big company is that you could feel sometimes as a number and your influence on the decision-making process is very modest.

Students: What do you think about modern communication tools? Which are used frequently?
Holm: With the modern telecommunication system that is offered nowadays the communication exchange has become much more easier. We have many conference rooms which are equipped with a video-system; because it is a way to save time and money, but I think it will never take away the need of meeting a person face to face, especially if trust and confidence play a vital role. Very problematic is the usage of too many E-mails. I think people have to be trained to use this tool wisely, that means only if it is absolutely necessary.

In: Dünnebier/Hoffmann, Written Assignment, Stralsund, 2012 (unpublished)

8.10 Role play: Intercultural Team Work

The following role play was created by the students of Baltic Management Studies at the University of Applied Sciences Stralsund, Juliane Wormsbächer and Christoph Kolbin. Firstly, you are asked to find out, how the managers in the role play behave based on their cultural background. Secondly, write down the mistakes you have found as far as Dr. Wagner's behavior is concerned and let us know how your solution looks like.

(Part 1)

The American, the German and the Chinese company representatives of "Colors United", Mr. Peter Smith, Dr. Wagner and Mr. Byung Ningchu, meet in Berlin at 10 o'clock in the morning, since several decisions concerning the production of a new sports suit have to be made. After the greetings, they all take their assigned seats.

Wagner: *(He stands up, looks at the people in the room constantly gesticulating because he is full of enthusiasm.)* I would like to welcome you to our meeting today. I'm glad to have the representatives from China and also the US here in Germany to talk about the development of "Colors United's" new sports suit. I'm looking forward to this meeting and hope that we will be able to decide on the further development of our product. But before we get down to business, I would like to express my appreciation towards you and your teams for the fantastic work that has been done so far. We have had some great research and a feedback from the States, which was more than helpful. The results we got from China were outstanding. Mr. Ningchu, let me just ask: Who has came up with the new "skin" textiles?

Ningchu: *(He smiles, a little shy.)* That was our innovation and development group.

Wagner: And who is the head of this group?

Ningchu: The head is Mr. Young.

Wagner: Would you please tell Mr. Young that we are very satisfied with his work and that we are glad to have someone with his competence as a partner!

Ningchu: *(He looks a little confused and answers with a short delay.)* Yes, I will tell him.

Wagner: Thank you very much! All right, then let us now talk about our new product.

(Part 2)

Wagner: As you all know, we have already selected the material and have developed a design for the jacket as well as for the pants. Today we will talk about the colors and the motifs or symbols and the name for our new sports suit.

Smith: *(He interrupts the German and looks at his notes while starting to speak.)* Let me comment on the design of the jacket and the pants. Our research and marketing team has just finished a couple of series in research concerning design and style trends for the upcoming year. We would suggest shortening the collar of the jacket and tightening it around the neck. This would make it look sportier; the same can be said for the pants. The trend seems to go in a direction where tight pants will be asked for. We suppose that our product would fail and not be able to compete with other products on the market if the changes weren't made. We've already produced a few suits in the modified style and even carried out a survey with both suits. We asked people which of them they were more likely to buy and the one with the changes was 40% ahead. We'll soon be able to send our new plans to our partners in China so that they can adjust the production.

Wagner: So, what you are trying to say is that we should change the design we have previously agreed on? Do I understand you correctly? We have spent most of the time on questions related to the design and we have all agreed that this design will be competitive on the market.
(He pauses for a moment) I would say we leave the design as it is.

Smith: Trust me! *(a bit angry)* We have spent a lot of time discussing these changes with the development group. Our efforts to change the design will be rewarded. I'm absolutely sure about that!

Wagner: I still don't agree with changing anything. We have planned our work and now have to implement our plan. There is no room for changes.

Smith: What is your opinion, Mr. Ningchu?

Ningchu: I have to agree with Dr. Wagner! We have spent a lot of time on the design and it seems to be good. But your team has done all those researches and if the trend goes towards what you've just said, it will be important to make the changes because we are going to launch a product with which we want to be successful and if the changes are necessary for that, we should consider them carefully.

Smith: *(impatiently asking)* So, do you say we should make those changes?

Ningchu: Well, we would have to discuss that within our group in China. I can't decide that on my own.

Smith: But we are running out of time, we need to finalize the changes and send them to China so you can implement them. Don't you think your colleagues would agree to these changes as much as you do?

Ningchu: I understand that we have a tight schedule, but I'm unable to decide this matter without having discussed anything within the group.

Wagner: Gentlemen, we are losing precious time. Let us get back to our actual topic. We can talk about possible changes if we still have time later on.

(Part 3)

Wagner: We should now focus on the colors. Mr. Smith, it's your turn. Would you please be so kind to share your results with us?

Smith: I'd love to. *(He rises from his chair and goes towards the flip chart)* The main idea of the whole project was to create a suit which is sportsmanlike, comfortable and of course stylish. *(He demonstrates it with his index finger.)* The design makes it look sporty and the new material makes it comfortable. But the right combination of the colors together with the design will determine whether the suit has style or not. After our researches and long discussions we have decided for a combination of black and blue. *(He reveals his model on the flipchart and gives the group a moment to look at it)* We have tried out a variety of color combinations, but this one is just putting the main ideas of the project together. Sporty, comfortable and stylish! *(He looks at his audience and notices the nodding of the Chinese partner; smiles towards the Chinese)* I'm glad you agree with me. Dr. Wagner, what is your opinion?

Wagner: I'm impressed. It certainly is a sports suit with style.

Smith: Mr. Ningchu, what do you think?

Ningchu: *(a long pause)*

Smith: *(impatiently asking)* You have an opinion on that, don't you?

Ningchu: *(little shy)* The design is wonderful and the main ideas are very well implemented. Even the colors look great. *(He pauses for a second.)* But are there maybe also other colors possible?

Smith: We do have other color combinations, but the black and blue one is certainly the best one and will lead to success. But didn't you also agree to the blue and the black earlier? I remember you nodding to me when I presented the suit.

Wagner: Mr. Ningchu's nodding meant that he understood what you were saying. But in China, I believe, nodding doesn't necessarily mean agreement. Is that right, Mr. Ningchu?

Ningchu: *(with a calm voice)* Yes, that is true.

Smith: *(He looks a bit confused)* Well, I didn't know that. Now, let us get back to the topic, I'm afraid we are running out of time. (in a raised voice) Mr. Ningchu, would you tell me, why you think we need other colors?

Ningchu: Well, black and blue, as well as dark green and white symbolize pain, harm and bad things in China. The product might be successful in Germany and the States, but it would fail in China. Our suggestion would be a combination of red and yellow. These are seen as sun colors and reflect joy and happiness.

Smith: *(still a bit angry)* Well, we'll see what we can do.

(Part 4)

Wagner: At our last meeting, we agreed on "air" as the name of the sports suit. And three weeks ago I sent you 4 different examples for the logo, so you've had time to discuss the design of the logo within your teams. I'm now looking forward to hear about the results. *(He turns towards his Chinese counterpart)* Mr. Ningchu, what has your delegation decided on?

Ningchu: Yes. *(He opens his binder)* It was not easy to choose only one out of these four. All of them would fit very well as a logo. However, in the end we decided for the third example because it seems to fit best to what we want the suit to represent.

Wagner: Thank you very much for your contribution. Now, I want to ask you, Mr. Smith! Which logo do you prefer most?

Smith: Well, we have had an interesting discussion about that. Let me mention here that we have two Muslims in our group and they weren't quite pleased to see example 4.
(The other participants pay more attention)
It is the one with the flames. They said the logo looked very similar to the way Muslims spell the name of their god "Allah". Both were very upset about the fact that someone would suggest putting the name of their god on a sports suit. It took us quite some time, explanations and apologies to be able to carry on with the meeting. At the end, we were able to make a decision: Example 2 is, as we think, perfect as a logo.

Wagner: It is very interesting to hear that the logo caused so much trouble. We had never thought that the logo would be seen as an insult. However, it is good to find out something like that in advance. Just imagine what it would have cost us if the sports suit had already been on the market. Anyway, my group decided in favor of the second example, just like the group in the USA. This seems to be the best solution. Would you all agree that we use example 2?

Smith: I do agree.

Ningchu: If you don't mind, I'll answer that question in our next meeting. Let us find out what our groups think about it.

Wagner: I think I'll have to accept that. As for this meeting we are running out of time. Gentlemen, thank you very much for coming. I hope you will enjoy the rest of your stay and let's hope that we will be able to get a little more done the next time we meet. Have a nice afternoon.

(The managers get up from their seats and say goodbye to each other.)

In: Kolbin/Wormsbächer, Written Assignment – Role Play, Stralsund, 2006 (unpublished), pp.8

8.11 Case Study: Managing Diversity at Luxury Island Resort

Patricia Atwell had just accepted a position as a human resource consultant for the Luxury Island Resort in California. The resort's profitability was declining, and Patricia had been hired to evaluate the situation and to make recommendations to the local management and the headquarters management. Feeling a little bid overwhelmed by this task, Patricia pondered where to start.

There had been an extremely high employee turnover rate in the past few years, the quality of the resort's service had declined, and many regular clients were not returning. Patricia decided to start with the clients by interviewing some of them and asking others to fill out a comment slip about the resort. Many clients criticized the poor service from every type of staff member. One regular client said, "This used to be a happy, efficient place. Now I don't even know if I'll come back next year; the atmosphere among the workers seems dismal; nobody ever looks happy."

Patricia began to investigate trends and practices regarding hiring and placement. In reviewing the files, she noticed that the labour pool had become increasingly diverse in the last few years. The majority of the employees at the resort represented a number of racial and ethnic backgrounds, and many were recent immigrants. Many were unskilled and had little schooling, yet there were placed straight into their jobs. The management and office staff was also quite diversified; yet, even with higher education and skill level, there was considerable turnover.

One day later Patricia decided to get out among the employees – to talk to them and observe them on the job. She started her departmental evaluations in the kitchen, where she found a melange of cultures; the French chef was screaming directions, mostly in French, to his assistants and the waiters, who seemed to be Haitian, Spanish, and Asian. Many seemed confused about what they should do, but did not say anything. After lunch Patricia decided to review the housekeeping department. She observed a new housekeeper who had been hired that day; her name was Sang, and she was a recent immigrant from Taiwan. Sang was given a cleaning cart, an assigned block of rooms, and a key to the rooms; she was told to get to work. That same day there was a customer complaint. Apparently, Sang did not understand the meaning of the sign "Do not disturb" and had interrupted someone taking a shower. Later, she overheard a manager reprimanding another housekeeper, remarking that she was nothing but a "lazy Mexican." Patricia spoke to the young woman and found out that when the manager noticed her leaning against the wall, she was just waiting for the room occupant to come back out, as he had said he was about to do, so that she could clean the room.

Patricia interviewed a couple of the housekeepers. She asked a variety of questions: What did they perceive the job duties to be? How should they be performed? What could be done to improve the job? The assortment of answers she received perplexed her; each housekeeper perceived the job differently, and each had valid ideas for improvement based on his or her understanding of the job. Patricia asked one Chinese housekeeper why she did not bring her suggestions to her supervisor. She replied, "Oh, no! I could not do that. He will only think my ideas are stupid." At the end of the week, Patricia was disturbed when she observed two of the Chinese housekeepers throw their ballots in the garbage. When she asked them why they had decided not to vote, they said that they could not make such a difficult decision about their fellow workers.

For the following days, Patricia practiced her "management by walking around", just trying to quietly observe the staff and their interactions. One thing she noticed was that each day the different ethnic groups could be found socializing only among themselves – outsiders were not welcomed. She observed a group of Chinese workers planning a picnic, but as she approached them, they were politely quieted down.

After carefully studying the work processes and interactions in the other resort departments, Patricia decided to interview and evaluate the various managers in the resort, both in the hotel and in the various beach and recreation areas. She started with the restaurants. The manager said that he did not perceive any problems with his staff. When she mentioned some of her observations, he said that he was busy and that he really did not find anything to be concerned about. Next, she approached the manager of housekeeping, Mrs White, who explained that she set the rules and duties and that the only real task was for the staff to follow them; if they did not, she fired them. In consulting with the resort manager, she noticed that he was concerned about declining occupation. However, he explained, he tried not to become involved in employee problems. He said that he hired experienced department managers, and he expected them to be able to handle such problems.

In concluding her evaluation period, Patricia spent a couple of days reviewing her findings. Then she drew up her report and recommendations. Next, she set up two meetings – one with all the managers at resort, and one with the president of the Luxury Island Resorts.

Deresky, H., in: Managing across borders and cultures, New Jersey, 2000, S. 132

Review and Discussion Questions:

1. You are Patricia Atwell. Evaluate the situation and tell us what went wrong.

2. What are your conclusions out of this scenario? Draw up a list of recommendations to the resort management and a list of recommendations to the company president.

3. Assuming your recommendations are accepted, outline your plan for implementing them. What specific steps must be taken, by whom, and when? What results do you anticipate?

Amerikaner – hemdsärmelig und unkompliziert
(Craig Storti)

1. Der durchschnittliche Amerikaner wechselt den Job achtmal, die Karriere dreimal und zieht alle sieben Jahre um.
2. Wenn man mit Amerikaner arbeitet, sollte man versuchen, stets positiv und kein Duckmäuschen zu sein. Schlagen Sie nie vor, aufzugeben, und seien Sie bereit, Risiken einzugehen.
3. Erwarten Sie nicht, Amerikaner mit ihrer Vergangenheit zu imponieren zu können.
4. Neue Ideen und Produkte üben eine starke Anziehungskraft auf Amerikaner aus.
5. Zeit ist Geld. Daher seien Sie pünktlich, schweifen Sie nicht ab, und halten Sie Fristen ein.
6. Amerikaner sind eher abgeneigt, in Teams zu arbeiten, da sie lieber unabhängig arbeiten.
7. Am Arbeitsplatz herrscht der Glaube, jeder sei gleich. Nichtsdestotrotz hat der Chef die absolute Macht über die Gruppe.
8. Amerikaner legen Wert auf effiziente Arbeit.
9. Seien Sie direkt in der Kommunikation. Sagen Sie, was Sie meinen und vermeiden Sie Zweideutigkeiten.
10. Amerikaner halten einen persönlichen Raum von etwa 18 bis 24 Zoll ein, während sie sich mit Ihnen unterhalten.

In: Americans at Work - A Guide to he Can-do People. Intercultural Press 2004, übersetzt in: Globalisierung hautnah, hrsg. v. Andrea Beyer und Rüdiger Nagel, Mainz 2010, S. 164

8.12 Literaturverzeichnis

Bantel, K./ Jackson, S., Top management and innovations in banking: does the competition of the top team make a difference?, in. Strategic Management Journal, Nr. 10, 1989.
Carte, P./ Fox, C., Bridging the culture gap, London 2004.
Dannenberg, L., Taskforce für interkulturelle Mediation - Konfliktlösung in komplexen Zusammenhängen, in: mitteconsult (Hrsg.), Berlin 2004.
Deresky, H., Managing Diversity at Luxury Island Report, in: Managing across borders and cultures, 3rd ed., New Jersey 2000.
Diebel, P., Rollenspiele im Training: Alles andere als Theater, in: managerSeminare, Nr. 74/2004.
Dünnebier, A./ Hoffmann, M., Written Assignment, Stralsund, 2012 (unpublished)
Eisenhardt, K./ Schoonhoven, C., Organizational growth: linking founding team, strategy, environment, and growth among U.S. semiconductor ventures, 1978-1988, in: Administrative Science Quarterly, Nr. 35, 1990.
Elashmawi, F./ Harris, P., Multicultural Team Building, in: Multicultural Management 2000, Houston 1998.
Geringer, J.-M., Partner selection criteria for developed country joint venture, in: Business Quarterly, Nr. 53/2.
El-Hidaoui, A/ Fehrenbacher, M./ Kempf, Y./Koegler, M., International Teams - Practical application regarding to the teamwork of OCCAR, Mulhouse, 2008, (unpublished).
Günther, D./Kerber, A./Laudahn, F./ Wiese, J., Written Assignment, Stralsund, 2010 (unpublished)
Gudykunst, W., Bridging differences: Effectice intergroup communication, Newbary Park, CA. 1991.
Hambrick, D./ Davidson, S./ Snell, S./ Snow, Ch., When Groups Consist of Multiple Nationalities: Towards a New Understanding of the Implications, in: Organization Studies, Issue 2/19, 1998.
Hambrick, D.C./ Snow, C.C., Strategic Reward Systems, in: Snow (Hrsg.), Strategy, Organization Design and Human Resource Management, Greenwich 1989.
Hodgetts, R.M./ Luthans, F., International Management, 5th ed., New York 2003.
Hoffmann, L.R./ Maier, N., Quality and acceptance of problem solutions by members of homogeneous and heterogeneous groups, in: Journal of Abnormaland Social Psycholgy, Nr. 62, 1961.
Kolbin, C./ Wormsbächer, J., Written Assignment – Role Play, Stralsund, 2006 (unpublished),
Kopper, E., Multicultural Workgroups and Project Teams, in: Bergeman, N. (Hrsg.), Interkulturelles Management, Heidelberg 1992.
Laurent, A., The cultural diversity of western conceptions of management, in: International Studies of Management and Organization, 13/1-2, 1983.
Lehmann, R., Verschieden sind wir stark, in: Handelsblatt, 05.11.2006.
McGrath, J.E./ Altman, I., Small Group Research, New York 1966.
Plett, A./ Franz, L., Cross-Cultural Team-Building Scale, in: mitte consult, Berlin 2004.
Rothlauf, J., Das Wettrudern, in: Seminarunterlagen, Stralsund 2005.
Rühl, I., Ein Benimm-Guide für die wichtigsten Handelspartner Deutschlands, in: Der Karriereberater, Nr. 6/1997.
Saunders, M., Working Together in a Multinational Organization: Erfahrungen mit einem interkulturellem Seminar, in: Kopper/Kiechl (Hrsg.), Globalisierung: Von der Vision zur Praxis, Zürich 1997.

Schroll-Machl, S., Die Zusammenarbeit in internationalen Teams – Eine interkulturelle Herausforderung dargestellt am Beispiel USA - Deutschland, in: Scholz, J.M.(Hrsg.), Internationales Change-Management, Stuttgart 1995.

Smith, J. M. H., Teamentwicklung eines multikulturellen und interdisziplinären Projektteams, in: Kopper/Kiechl (Hrsg.), Globalisierung: Von der Vision zur Praxis, Zürich 1997.

Smith, K./ Berg, D., Cross-cultural Groups at Work, in: European Management Journal, Vol. 15, No. 1, Febr. 1997

Storti, C., Americans at Work - A Guide to he Can-do People. Intercultural Press 2004, übersetzt in: Globalisierung hautnah, hrsg. v. Andrea Beyer und Rüdiger Nagel, Mainz 2010.

9 Interkulturelle Auslandsvorbereitung und Reintegration

9.0 Problemstellung

> **The cost of failure**
> (Jeremy Williams)
>
> Unfortunately, many Western companies and individuals fail to face the realities of life and work in the Gulf. Many costly mistakes can be made, both financially and personally. Western companies sometimes believe that simply by dispatching highly qualified and intelligent staff to undertake duties in the Gulf all will be well. Foolish companies will presume that professional qualifications is the overriding requirement and give no weight to the wider mental preparation (and selection) of such people and their spouses. Professional competence is the starting point for selection purposes; what is also needed, in the character of those under consideration for Gulf employment, is an intercultural preparation. Without knowing the peculiarities of Arab culture, business practices and the relevant behaviour patterns, which include a comprehensive understanding of Islam, each expatriate will definitely fail.
>
> In: Don't they know it's Friday? 2004, p. 3

9.1 Unzureichende Vorbereitung auf einen Auslandseinsatz

9.1.1 Eine Bestandsaufnahme

Auch wenn sich bei den international tätigen deutschen Großunternehmen immer mehr die Einsicht durchsetzt, die Mitarbeiter auf einen Auslandseinsatz vorzubereiten, belegen die nachfolgenden Untersuchungsergebnisse in eindeutiger Weise, dass die interkulturelle Vorbereitung der deutschen Unternehmen in ihrer Gesamtheit noch sehr zu wünschen übrig lässt:

- 85 Prozent aller deutschen Unternehmen schicken ihre Mitarbeiter unvorbereitet ins Ausland (Untersuchung der Bad Homburger Marketing Corporation 1999)

- Über drei Viertel größerer internationaler Unternehmen haben keine internationale Personalplanung (Althauser, in: Personalwirtschaft Nr. 7/1996).

- Die empirischen Befunde einer Mittelstandsstudie zeigen, dass von 25 befragten Unternehmen mit einem Joint Venture in China 18 ihre Expatriates nicht auf den Einsatz in China vorbereitet haben. Lediglich ein Unternehmen hat einen Mitarbeiter geschult und in vier Fällen hatten die Mitarbeiter bereits vorher Arbeitserfahrung in Asien gesammelt (Deutscher Industrie- und Handelstag, 1997).

- Eine bei international tätigen deutschen Unternehmen in den Branchen Metall/Elektro, Chemie und Dienstleistungen im Jahre 1995 durchgeführte Untersuchung hat ergeben, dass bei etwa 80 Prozent der befragten Mitarbeiter keine interkulturelle Vorbereitung stattgefunden hat und ein Großteil der Entsandten ihre notwendigen kulturellen Informationen in der Regel im Rahmen der Eigeninitiative beschafft haben (Horsch, in: Personalwirtschaft Nr. 7/1996).

- Eine Reihe von Untersuchungen, die im Rahmen von Projekten, Diplom- und Bachelorarbeiten an meinem Lehrstuhl in den Jahren von 2002 bis 2009 in Frankreich wie in Deutschland durchgeführt worden sind, unterstreichen die zuvor aufgeführten Beispiele. Im Durchschnitt haben mehr als 65% der rund 200 befragten Unternehmen keine interkulturellen Vorbereitungsmaßnahmen angeboten, wobei dies nicht nur für deutsche sondern auch für französische Unternehmen gilt. Eine Ausnahme bilden allerdings die internationalen Konzerne: Hier werden nur noch 15% der Mitarbeiter ohne interkulturelle Vorbereitung in ihr neues Wirkungsgebiet entsandt (siehe dazu Kap. 9.9).

Den unzureichenden Stellenwert, den die interkulturelle Vorbereitung bei den Unternehmen nach wie vor einnimmt, unterstreicht auch die Aussage von Robert Gibson, Senior Consultant, Intercultural Management, Siemens AG, der auf die Frage der beiden Studenten K. Föhlisch und C. Vieweger von der University of Applied Sciences Stralsund nach der Bedeutung des interkulturellen Trainings folgende Antwort gab (2006, S. 37):

"I think there are some problems that people don't quite understand what it is and why it is helpful for their business. For instance, language training is more tangible. But with intercultural training they don't quite understand what it is. More and more companies are getting involved with that. But compared with other training it is still a small number. So I think the tangible benefit is not clear to the potential customers of businesses."

Viele Firmen haben sich darüber hinaus auch noch keine Gedanken über die Folgen eines gescheiterten Auslandseinsatzes gemacht. Nicht nur die direkten Kosten, wie z.B. die Übernahme von ganz bestimmten Verpflichtungen, wie im Voraus zu bezahlende Mieten, Schulgeld oder Übernahmegarantien, belasten das Unternehmen, sondern vor allem die indirekten Kosten können die Existenz eines Unternehmens nachhaltig gefährden.

Dabei wird fast durchweg vergessen, was es bedeutet, den Counterpart zu enttäuschen. Wenn bei einem 20 Millionen teuren Auftrag plötzlich der deutsche Ansprechpartner einfach seine Zelte abbricht und nach Hause zurückkehrt, hinterlässt er nicht nur Enttäuschung im eigenen Haus. Das verloren gegangene Vertrauen bei seinen Ansprechpartnern verursacht einen derartigen Vertrauensverlust, der sich, wenn überhaupt, nur langfristig wieder schließen lässt. Die Schwierigkeiten, die er damit seinem Nachfolger aufbürdet, sollten dabei nur am Rande erwähnt werden.

Die nachfolgenden Beispiele sollen verdeutlichen, worum es hier eigentlich geht:

- Eine Befragung von 328 Auslands- und Inlandsführungskräften aus 40 Unternehmen in 46 Ländern kam zu dem Ergebnis, dass zwischen 15 und 30 Prozent der Auslandseinsätze deutscher Firmen scheitern (Untersuchung des Instituts für Interkulturelles Management in Königswinter, 1998). Der Prozentsatz wurde in einer weiteren Untersuchung des IFIM aus dem Jahre 2002 bestätigt.

- Eine andere IFIM-Untersuchung (1998) hat ergeben, dass eine gescheiterte viereinhalbjährige Entsendung statistische Kosten bis zu rund 1,2 Millionen Euro verursachen kann, ohne die strategischen Fehlkosten mit einzubeziehen. Eine Untersuchung von Barmeyer (2000, S. 65) kommt zum Ergebnis, dass sich die Fehlkosten auf rund 1 Million Euro belaufen können.

- Eine im Jahr 2005 durchgeführte Untersuchung beziffert den Verlust durch frühzeitige Rückkehr der Expatriates in Abhängigkeit von der Größe des Unternehmens auf durchschnittlich 285 000 Euro (Buttermann, in: Hamburger Abendblatt 05/2005).

- Ein Drittel aller ins Ausland gesandten Führungskräfte muss vorzeitig wieder zurückgeholt werden (Althauser, in: Personalwirtschaft Nr. 7/1996).

9.1.2 Culture Shock India

When you encounter a new environment all the habits and behaviors that allow you to get around and survive at home suddenly no longer work. Things as simple and automatic as getting lunch, saying hello to colleagues, or setting up a meeting become difficult and strange. The rules have changed and no one has told you what the new rules are. Even as far as your understanding of truth is concerned not everybody sees it as binding. In order to get a better understanding what is meant in this context the following example should underline the difficult approach to get familiar with a new culture. There are a lot of things that strike people from other cultures when they interact with Indians for the first time (Messmer, 2009, p. 118-119):

1. *Lack of order and structure*
   Life functions differently in India, everything seems to run in its own rhythm. Following schedules, adherence or existence of rules cannot be taken for granted. Everybody follows their own destination, logic, and rhythm.

2. *Decibel level*
   Indians tend to speak all at the same time and at much louder volumes than necessary. People are used to living and working in overcrowded spaces and its thought to be important to raise ones voice in order to catch attention.

3. *Display of emotions*
   Indians control their emotions far less than foreigners do. Uncontrolled outbursts of irritation, overwhelming appreciation, open anxiety, and declaration of loyalty can be a challenge to deal with.

4. *Respect for hierarchy*
   Elders in the family enjoy a special superior status because of their seniority. Most organizations have a very steep hierarchy and authority is often not questioned.

5. *Lack of private sphere*
   Colleagues at work and also total strangers surprise you with questions about your age, work experience, marital status, number of children - and even your income. All this is not viewed as a violation of personal space in India. Colleagues at work are very much aware on where their peers stand in terms of monetary compensation.

6. *Juggling of appointments and multitasking*
   Appointments are not necessarily written in stone, as they are more considered like a tentative reservation that can be cancelled without notice if anything more important comes up. It is very rare that a telephone conference starts at the scheduled time; most Indian participants will dial in five to fifteen minutes later. When in a meeting, Indians will not switch off their cell phones but take each and every call - it might be an important one. This goes as far as telephone calls being answered while visiting the restroom.

7. *Peace over truth*
   In cases of conflicts or disputes, the value of peace comes before truth. This means that you will not be told the complete truth or be told an adjusted version of the story in order to allow the Indian to keep face and continue with a harmonic relationship. Facts can be twitched and turned, if it serves a good purpose; there is not only one version of truth.

9.1.3   Culture Shock Saudi-Arabia

Prof. Rothlauf worked for GIZ (Gesellschaft für Internationale Zusammenarbeit) former GTZ, as a Senior Commercial Adviser from 1991 to 1994. In the following text, he describes some of his manifold experiences as well as his mixed feelings while living and working in a completely new environment (Seminarunterlagen, 2012):

"When I came to Saudi Arabia, I was confronted with a Muslim society in which the Qur'an determines the whole life, regardless, if someone is a Muslim or not.

The Muslim day starts very early at about 4.45am. The exact time depends on the sunrise of this day and is to be found in any newspaper well ahead of the given day. From more than 2500 mosques the respective loudspeaker informs all people in the area that the time has come to perform the first prayer. There is no escape from receiving this message, especially not from the noise linked to the loudspeakers, because you will find a mosque within a distance of about 200 m. However, after a while, one gets familiar with these circumstances and only those living quite close to a mosque will not find sleep again.

The next time you have to adjust your behavior - now towards your Muslim colleagues - occurs when the second prayer time will take place. At about 11.25am the colleagues will leave the working place in order to pray. They have two opportunities to perform the praying. Either they go to one of the praying rooms set up at every floor within the building, or they have the possibility to walk to the nearby mosque outside the working place. The overwhelming majority of all governmental clerks decide to go to the next mosque. Why? I presume, in order to avoid working too long. At about 12.20pm or later, you can continue the collaboration with your Muslim colleagues.

As far as the third and fourth prayer time is concerned an interesting explanation will be given to you. Normally, each Muslim has to pray five times a day. The Saudi interpretation of the Qur'an now says that those who have to travel are allowed to pray only three times. What does that mean in reality? At around 3.25pm thousands of cars are moving from their home to the next mall. The same can be observed about two hours later when the fourth praying time will take place, with the difference that the cars are now moving home.

The fifth prayer time will take place at about 7.30pm. If you expect guests from Saudi Arabia, keep in mind that they will not arrive before 9.00pm. The heavy traffic causes a lot of delays and those who want to pray should be given sufficient time to perform their duties as Muslims."

9.2 Ziele der interkulturellen Vorbereitung

Jeder Mensch denkt, fühlt und handelt gemäß eines bestimmten Orientierungssystems, das durch die Kultur geprägt ist, in der er aufgewachsen ist. Diese Kultur ist jedoch nicht angeboren, sondern wird von jedem Mitglied einer Kultur während des Sozialisationsprozesses auf vielfältige Art und Weise erlernt. Basierend auf dieser Annahme ist es von daher auch möglich, eine neue, fremdartige Kultur zu erlernen, die es einem ermöglicht, effektiv und erfolgreich im Ausland tätig zu sein (Darlington, 1996, S.34).

> *„Allgemein umfasst interkulturelles Training alle Maßnahmen, die darauf abzielen, einen Menschen zur konstruktiven Anpassung, zum sachgerechten Entscheiden und zum effektiven Handeln unter fremdkulturellen Bedingungen und in kulturellen Überschneidungssituationen zu befähigen. Das Ziel dieses Trainings besteht in der Qualifizierung der Führungskräfte zum Erkennen und zur konstruktiven und effektiven Bewältigung der spezifischen Managementaufgaben, die sich ihnen gerade unter den für sie fremden Kulturbedingungen und in der Interaktion mit fremdkulturell geprägten Partnern stellen."* (Thomas/Hagemann, 1996, S.174)

Die interkulturelle Vorbereitung soll von daher den Teilnehmern Möglichkeiten aufzeigen, positiv und aufgeschlossen mit der Andersartigkeit umgehen zu lernen (Hofstede, 1997, S.74ff.). Auf diese Weise sollen das Einfühlungsvermögen in die fremde Kultur gefördert und soziale Fertigkeiten geschult werden. Folgende Teilziele lassen sich dabei ableiten:

- Bewusster und kritischer Umgang mit Stereotypen
- Aufbau von Akzeptanz für andere Kulturen
- Überwindung von Ethnozentrismus
- Verständnis der eigenen Kulturverhaftung
- Fremdverstehen.

Dabei besteht die Zielsetzung derartiger Schulungen nicht nur darin, die Teilnehmer auf die Bewältigung berufsbedingter Anforderungen im fremdbestimmten kulturellen Kontext vorzubereiten. Da auch die persönliche Lebensgestaltung im Ausland vor Veränderungen steht, muss es darüber hinaus das Ziel sein, flankierend durch gezielte Trainingsmaßnahmen auch hier eine Hilfestellung zu leisten (Bergemann/Sourisseaux, 2003, S.238).

9.3 Adressaten der interkulturellen Vorbereitung

9.3.1 Fach- und Führungskräfte

Adressaten der interkulturellen Vorbereitung, unabhängig ob es sich dabei um Unternehmen, Institutionen oder internationale Organisationen handelt, sind in aller erster Linie die betreffenden Fach- und Führungskräfte, die für einen Auslandseinsatz vorbereitet werden sollen. Sie müssen mit den interkulturellen Spielregeln vor Ort vertraut gemacht werden, um den unterschiedlichen Erwartungen im Heimat- wie im Gastland gerecht zu werden.

Interkulturelle Vorbereitung darf dabei allerdings nicht als Einbahnstraße verstanden werden. Ein noch so intensives Training wird nicht dazu führen, dass wir ganz bestimmte Kulturtechniken verlieren werden. Deshalb bedarf es auch der interkulturellen Schulung der Partner vor Ort, damit sie sich auf ganz bestimmte Verhaltensweisen der neuen Partner einstellen können. Vor allem geht es hierbei um lokale Fach- und Führungskräfte, die hier in Trainingsmaßnahmen eingebunden werden müssen. Als Multiplikatoren können sie dann im zweiten Schritt ihre interkulturellen Erfahrungen in firmeninternen Workshops weiter an ihre Mitarbeiter geben.

Wie eine derartige ganzheitliche interkulturelle Vorbereitung aussieht, zeigt das Beispiel der BASF. 1997 gründete die BASF ein 60/40–Joint Venture mit dem staatlichen Öl- und Gasunternehmen Petronas in Malaysia. Von den rund 300 Beschäftigten sind 44 direkte BASF-Mitarbeiter mit ein- bis vier Jahren Entsendungsdauer, die alle an interkulturellen Trainingsmaßnahmen teilgenommen haben. Den gesamten Projektablauf begleiteten rund ein Dutzend zwei- bis dreitägige interkulturelle Schulungen, die durch das Institut für Interkulturelles Management durchgeführt wurden. Interkulturell geschult wurden auch die Partner des deutschen Unternehmens, 50 malaysische Mitarbeiter in Schnittstellen-Funktionen von Technik, Marketing und Logistik, damit diese die deutsche Mentalität und Vorgehensweise besser verstehen können. In den geschätzten 1,6 Milliarden DM Investitionskosten für das gesamte Joint Venture nehmen die interkulturellen Vorbereitungen nach BASF-Einschätzung rund 250 000 DM ein (Rothlauf, 2006, S. 200).

Doch inzwischen richten sich die interkulturellen Trainings nicht mehr nur allein an die beiden genannten Zielgruppen. Auch Mitarbeiter im Inland, die im Stammhaus an Schnittstellen fungieren, die mit internationalen Kontakten zu tun haben oder Mitarbeiter, die in multinationalen Projekten mit Partnern aus anderen Kulturkreisen zusammenarbeiten und sich über Videokonferenzen oder andere Medien austauschen, müssen wissen, wie sie sich richtig interkulturell zu verhalten haben. Dabei gilt generell, dass geschäftliche Verbindungen nur dann erfolgreich sein werden, wenn alle involvierten Seiten mit den Grundregeln der jeweils anderen Kultur vertraut gemacht worden sind (Clemens, 1998, S.24).

Kriterien für einen erfolgreichen Auslandsaufenthalt
(Heidemann/Steckhan/Rietz)

Eine optimale Betreuung sollte alle Phasen der Entsendung einbeziehen, beginnend mit der Auswahl des geeigneten Mitarbeiters, über die Vorbereitung des Einsatzes, den Auslandsaufenthalt inklusive Betreuung des Mitarbeiters und seiner Familie vor Ort bis zur Reintegration. Außerdem sollte die optimale Betreuung zielorientiert und an den Erwartungen von Unternehmen und Expatriates ausgerichtet sein. Denn nur wenn diese Erwartungen erfüllt werden, wird der Auslandsaufenthalt als erfolgreich erlebt und absolviert, wobei die Kriterien für den Erfolg neben geringen Abbruchquoten auch in der Lösung der gestellten Aufgaben zu sehen sind. Dabei betrachten die Mitarbeiter die Entsendung häufig als Mittel zum Zweck: Sie erwarten eine Verbesserung der Arbeitsstruktur und des Tätigkeitsfeldes, die Förderung ihrer Karriere, die positive Entwicklung ihrer Fähigkeiten oder das Erleben einer Herausforderung während und nach dem Einsatz.

In: Personalwirtschaft, Nr. 11/2004, S. 50

9.3.2 Mit ausreisender Partner und Familie

Der Erfolg einer Auslandsentsendung hängt aber nicht nur davon ab, ob der Mitarbeiter interkulturell geschult und auf seinen Auslandseinsatz im neuen Betätigungsfeld vorbereitet wird, sondern die Vorbereitungsmaßnahmen müssen sich auf die gesamte Familie erstrecken. Als Hauptgründe für das Scheitern eines Auslandseinsatzes werden, je nach Untersuchung, zwischen 50 bis zu 80 Prozent häusliche und familiäre Probleme angegeben (Buschermöhle, 2000, S.30ff; Kwintsessential 2007).

Dies macht deutlich, dass der mit ausreisende Partner und die Kinder in die Vorbereitung integriert werden müssen, da sie in der fremden Kultur teilweise größeren Belastungen ausgesetzt sind, als die Entsandten selbst (Stahl, 1998, S.68). Vor allem Kinder werden hier, wenn überhaupt, nur unzureichend mit in die Planungen einbezogen. Gerade für sie ist es schwer, sich in einer für sie völlig neuen Umgebung zurecht zu finden wie Angelika Plett, interkulturelle Trainerin von mitteconsult Berlin, ausführt (2009, S. 41):

"They go into a totally different environment, they leave their friends, they leave whatever they know and they are familiar with. They have to dive into a new culture with a new language. And they need support as well. Only a few companies are doing it right now and only a few are doing it with the spouses."

Längere Auslandsaufenthalte sind für mit ausreisende Kinder ein einschneidendes Erlebnis, eine Erfahrung, die sie ihr Leben lang begleiten wird. Die Frage nach den Auswirkungen solcher Erfahrungen und den Möglichkeiten, sie positiv zu gestalten, beschäftigt die Eltern im Vorfeld einer Ausreise. Während sie sich oft Sorgen um die schulische Leistungsfähigkeit ihrer Kinder machen, geht es den ausreisenden Kindern und Jugendlichen meist stärker um die Frage der Kontakt- und Beschäftigungsmöglichkeiten vor Ort. Für eine befriedigende Integration der Kinder ist es notwendig die Kinder frühzeitig und umfassend in die Ausreiseplanung einzubeziehen (www.ifim.de/faq).

Auf die Frage, ab welchem Alter es denn Sinn macht, Kinder mit in die interkulturelle Vorbereitung einzubeziehen und worin die Verantwortung der Eltern dabei besteht, soll noch einmal Angelika Plett (2009, S. 41) zitiert werden:

"Well, school kids and then from a very early stage on: 7, 8, 9 years old, you could do that. But it is more a child appropriate approach like painting things and talking about what is missing and also having

a discussion between the child and the parents. So that the parents are aware of what it means for the children to leave everything behind them. It is not their choice. They are kind of the victims of this situation and they feel like this. And so they need support."

Das Institut für Interkulturelles Managements verweist in diesem Zusammenhang darauf, dass die Anpassungsschwierigkeiten der Kinder mit dem Alter zunehmen (www.ifim.de/faq):

- Mit Kleinkindern im Alter **bis zu ca. 3 Jahren** gibt es bei einem Umzug ins Ausland in der Regel kaum Probleme, wenn zumindest ein Elternteil Präsenz und Stabilität gewährleisten kann.

- **Ab dem Alter von ca. 3 Jahren** fangen Kinder an, ernsthafte Beziehungen aufzubauen, die allerdings tendenziell noch instabil sind. Abschiedsschmerz wird zwar erlebt, ist aber in der Regel nach wenigen Tagen vergessen. Dennoch können Kinder bis zum Alter von 6 Jahren vor Ort einen abgemilderten Kulturschock erleben, der sich in der Regel in physischen oder neurotischen Symptomen (z.B. Bettnässen, Daumenlutschen) zeigt. Meist gelingt ihnen die Anpassung jedoch schneller als ihren Eltern. Die Symptome verschwinden von alleine.

- Bei **Schulkindern** kommt es anfangs häufiger zu verschlechterten Leistungen, auf die die Eltern mit Verständnis, Unterstützung und emotionaler Zuwendung reagieren sollten. Erfahrungsgemäß verschwinden die Probleme innerhalb weniger Monate. Schwierigkeiten mit fremdsprachlichem Unterricht werden auch eher überschätzt. Durch ihre Fähigkeit, bis zu einem Alter von etwa 8 Jahren Sprachen phonetisch zu lernen, sind die Kinder den Erwachsenen oft in kurzer Zeit überlegen. Dagegen wird häufig übersehen, dass in ausländischen Schulen heimatbezogene Informationen (Deutsch, Geschichte, Politik, Geographie) zu kurz kommen können und so die spätere Wiedereingliederung erschwert wird. Die Wahl der passenden Schule sollte also unbedingt im Einklang mit den langfristigen Plänen der gesamten Familie erfolgen.

- Schwierig können Auslandsaufenthalte vor allem bei Kindern **ab etwa zehn Jahren** werden. Ältere Kinder reagieren mit dem Alter zunehmend mit Widerstand gegen die Ausreise, da sie in der Regel mehr mit ihrem sozialen Umfeld verbunden sind. Die Ausreise bedeutet für sie eine meist unerwünschte Abkoppelung von ihrer "Peer Group". Wenn sie dennoch einem Auslandsaufenthalt zustimmen, leiden sie in der Anfangszeit unter der verstärkten Abhängigkeit von den Eltern und der Einschränkung ihrer Selbständigkeit. Die Zeit im Ausland erleben sie umso befriedigender, je besser es ihnen gelingt, Freunde und Akzeptanz in ihrem neuen Sozialgefüge zu finden.

Die unterschiedlichen kulturellen Rollenerwartungen sind für die Kinder spürbar. Sie gehen meist in Privatschulen, die den Kindern der Oberschicht vorbehalten sind, werden in vielen Ländern mit Fahrern zur Schule gebracht und merken, dass Hausangestellte ihnen gehorchen. Statt Selbständigkeit ist Statusverhalten gefragt. Insofern obliegt es den Eltern, ihren Kindern Grenzen zu setzen und Pflichtgefühl zu vermitteln, sonst kann die Wiedereingliederung mehr Probleme verursachen als die Ausreise. Doch insgesamt verläuft der Auslandseinsatz für die Kinder meist ohne größere Probleme, auch wenn sich die Eltern hier im Vorfeld große Sorgen machen.

Einige Grundregeln für das Leben und Arbeiten im Ausland
(Jürgen Rothlauf)

Lassen Sie sich nicht unter Druck, vor allem nicht unter Zeitdruck, setzen. Mit der Familie für einige Jahre ins Ausland umzuziehen, ist nicht nur für das Unternehmen und für Sie, sondern auch für Angehörige, insbesondere Partner/in und ggf. Kinder eine Entscheidung mit erheblichen Wirkungen auf Alltag und Lebensplanung. Diese sollte nicht zwischen Tür und Angel getroffen werden und vor allem nicht, ohne die „Mitbetroffenen" gleichberechtigt einzubeziehen. Entscheidungen unter Druck oder die Tatsache, als Partner/in vor vollendete Tatsachen gestellt zu werden, hat schon manche Beziehung ruiniert.

Vor allem: bleiben Sie zuhause ehrlich! Es hat sich fast immer gerächt, Partner/in mit Hilfe falscher (oder „weggelassener") Informationen ins Ausland zu bewegen. Bedenken gegen einen Auslandseinsatz sind normal – und man sollte sie auch zulassen! Die meisten Bedenken beruhen auf Annahmen und Befürchtungen, die einer Realitätsprüfung nicht statthalten.

Sorgen Sie dafür, dass nicht alle Lasten des Umzugs bei der Familie landen! Einerseits ist das Unternehmen hier auch in der Pflicht, zumindest was die Beschaffung von Informationen und die Schaffung der rechtlichen und behördlichen Voraussetzungen angeht – viele Unternehmen sind heute aber auch bereit, international tätige „Relocation-Services" zu beauftragen, die den gesamten Umzug managen.

So sehr es Sie vor der Ausreise beschäftigen wird, was Sie mit Ihren Möbeln machen, wie viel Volt im Gastland aus den Steckdosen kommt etc. – für den Erfolg des Auslandseinsatzes und der Beziehung ist dies letztlich erwiesenermaßen irrelevant. Viel wichtiger als diese „survival needs" erweisen sich im Ausland die „interaction needs", also jene Voraussetzungen, die Sie brauchen, um mit Land und Leuten rasch zurecht zu kommen.

In: Seminarunterlagen, Stralsund 2008

9.4 Interkulturelle Trainingsmethoden

Die Inhalte interkultureller Trainingsmaßnahmen zielen darauf ab, die Teilnehmer entweder allgemein für interkulturelle Situationen vorzubereiten (kulturallgemein), oder sie für eine spezifische Kultur (kulturspezifisch) zu sensibilisieren. In der Praxis der interkulturellen Vorbereitung kommen zahlreiche verschiedene Trainingsmaßnahmen wie Rollenspiele, Fallstudien und Diskussionsrunden zum Einsatz. Die nachfolgende Abbildung zeigt, dass sich die verschiedenen Maßnahmen nach Trainingsaufwand und Umfang der Beteiligung der Teilnehmer grob in drei Kategorien unterteilen lassen:

- informationsorientiertes Training
- kulturorientiertes Training
- interaktionsorientiertes Training

Die Trainingsmaßnahmen unterscheiden sich nicht nur aufgrund der Art, wie sie an diese Veränderung herangehen, sondern ebenfalls aufgrund des Fremdheitsgrades der Gastlandkultur und dem Umfang der Interaktion mit den Mitgliedern der fremden Kultur (Scherm, 1995, S. 224). Aus der folgenden Abbildung lassen sich die verschiedenen interkulturellen Trainingsmethoden entnehmen:

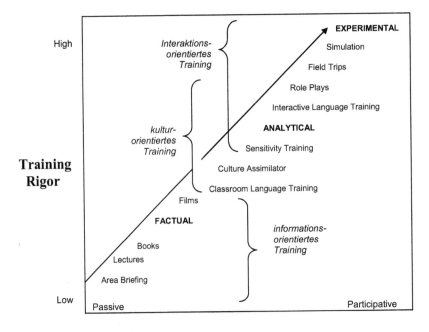

Abb. 79 Interkulturelle Trainingsmethoden
Quelle: in Anlehnung an Stahl, 1998, S. 248

9.4.1 Informationsorientiertes Training

Trainingsaufwand und Mitgestaltung durch die Lernenden nehmen bei dem informationsorientierten Training jeweils einen sehr geringen Umfang ein. Das Ziel dieses Trainings besteht vorwiegend darin, dem Teilnehmer wichtige Daten und Fakten über das Gastland, seine zukünftigen Lebensumstände vor Ort und seine fachlichen Aufgaben, die er in der neuen Umgebung übernehmen soll, zu vermitteln. Meist handelt es sich bei den Maßnahmen um Vorträge, Filme und schriftliches Material, die über die geschichtlichen, wirtschaftlichen, politischen und sozialen Rahmenbedingungen sowie Tabuthemen des Gastlandes informieren sollen. Ergänzt werden kann dieses Training durch Gespräche mit oder Vorträge von ehemaligen Auslandsmanagern, die ihre Erfahrungen zur Verfügung stellen, indem sie Tipps geben und über praktische Handlungsweisen informieren. Wie der Name des Trainings bereits verrät, handelt es sich hierbei lediglich um eine reine Informationsaufnahme, wodurch eine intensive Kulturkontrasterfahrung nicht möglich ist (Thomas/Hagemann, 1996, S.184 ff.; Hofstede, 1997, S. 231).

9.4.2 Kulturorientiertes Training

Das kulturorientierte Training wird auch „cultural-(self)-awareness-Training" oder „experiental learning" genannt. Der Trainingsaufwand und die Mitgestaltung durch die Teilnehmer nehmen zu. Auf diese Weise ist eine aktivere Beteiligung an der Vorbereitung gewährleistet, die für das interkulturelle Lernen erforderlich ist.

Es handelt sich jedoch bei diesem Training um eine kulturallgemeine Maßnahme, was bedeutet, dass ein Anpassungsprozess an jede Kultur verfolgt wird, da es sich nicht auf ein bestimmtes Entsendungsland bezieht. Im Mittelpunkt steht die Entwicklung eines Bewusstseins der eigenen Kultur, auf dessen Basis das Verständnis für die Interaktion mit einer fremden Kultur und somit die Sensibilisierung gegenüber dieser gefördert wird. Den Teilnehmern wird aufgezeigt, in welcher Weise die jeweilige Kultur das Verhalten eines Menschen, seine Wahrnehmung, seine Wertvorstellungen und Bewertungskriterien sowie sein Selbstverständnis beeinflusst. Maßnahmen wie Kultursimulationsspiele, Rollenspiele etc. sollen ein Verständnis für die grundlegenden Prozesse interkulturellen Lernens vermitteln. Eine allgemeine Förderung der interkulturellen Handlungskompetenz wird angestrebt (Thomas/Hagemann, 1996, S.185 ff.).

9.4.3 Interaktionsorientiertes Training

Sowohl der Umfang der aktiven Beteiligung der Teilnehmer als auch der Trainingsaufwand sind beim interaktionsorientierten Training am stärksten ausgeprägt. Es handelt sich um eine kulturspezifische Schulung, da das Entsendungsland bereits bekannt ist und alle Maßnahmen wie Rollenspiele, Simulationen etc. auf Informationen und Erfahrungen bzgl. dieser spezifischen Kultur ausgerichtet sind (Weber/Festing/Dowling/Schuler, 1998, S. 173).

Bei diesen Maßnahmen handelt es sich um verhaltensorientierte Trainingsverfahren, die dem Lernenden die Gelegenheit zur aktiven Teilnahme, direktem Feedback und praktischer Anwendung geben. Durch das Einbeziehen von Mitarbeitern aus dem Entsendungsland in die Vorbereitungsmaßnahme entsteht ein direkter Kontakt zu Menschen des Gastlandes. Durch die selbstständige Kontaktaufnahme und Kommunikation mit diesen können Missverständnisse und Fehlinterpretationen gleich geklärt werden. Diese Maßnahme stellt das effektivste Training dar, denn von den Teilnehmern wird persönliches Engagement und aktive Mitarbeit gefordert, was eine sehr intensive Kulturkontrasterfahrung ermöglicht.

Die Kulturkontrasterfahrung ist also beim interaktionsorientierten Training am intensivsten ausgeprägt. Somit gewährleistet es im Vergleich zu den anderen Maßnahmen die schnellste und effektivste Anpassung an die Kultur des Gastlandes und stellt folglich auch mit der größten Wahrscheinlichkeit den Erfolg der geschäftlichen Zusammenarbeit sicher. Jedoch handelt es sich hierbei um die aufwendigste und kostenintensivste Methode der Vorbereitung, weshalb sie in der Praxis äußerst selten zum Einsatz kommt. Meist finden lediglich landeskundliche Informationen und Sprachkurse Eingang in die interkulturelle Vorbereitung.

Eine optimale Vorbereitung würde ein kultur- oder interaktionsorientiertes Training darstellen, das durch ein informationsorientiertes Seminar und einen Sprachkurs ergänzt wird. Auf diese Weise können die Vorteile der Kulturkontrasterfahrung genutzt werden, ohne auf die wertvollen landeskundlichen Informationen verzichten zu müssen (Thomas/Hagemann, 1996, S.187 ff.).

9.4.4 Die Culture Assimilator Methode

Bei dem Culture Assimilator handelt es sich um eine Trainingsmaßnahme, die in die Kategorie „kulturorientiertes Training" fällt. Da es sich aber um eine ganz besondere Form der interkulturellen Vorbereitung handelt, soll diese Methode an dieser Stelle separat erläutert werden.

Der Culture Assimilator ist ein Lernprogramm, das auf sozialpsychologischen Aspekten beruht. Es wurde in den 60er Jahren in den USA von Fred Fiedler, Terence Mitchell und Harry Triandis entwickelt. Auch diese Methode zielt darauf ab, ein kulturelles Bewusstsein bei den Teilnehmern zu entwickeln, um so eine größere Sensibilität für den Umgang mit Menschen einer fremden Kultur zu vermitteln.

Die Culture Assimilator Programme, die in schriftlicher Form oder als Computerprogramme vorgelegt werden, ermöglichen die Simulation von typischen kritischen Interaktionssituationen zwischen Menschen aus unterschiedlichen Kulturen. So machen sie die Differenzen in den jeweiligen Kulturstandards für die Trainingsteilnehmer erfahrbar. Der Lernende hat auf diese Weise die Möglichkeit, sich in Lernschleifen anhand repräsentativer und illustrativer Beispiele Wissen über die Kulturstandards und deren Implikationen für Alltagssituationen in interkulturellen Überschneidungsaktionen anzueignen. Jede Situation bietet dem Teilnehmer verschiedene Antwortmöglichkeiten, aus denen er eine als die für die jeweilige Kultur richtige erkennen muss. Das Programm bietet ausführliche Erläuterungen zu den möglichen Antworten, wodurch zentrale Kulturstandards beim Lernenden kognitiv verankert werden können. Der Culture Assimilator ist eine der am besten erforschten Trainingsmethoden, die jedoch viel Selbstdisziplin und Eigenmotivation des Lernenden voraussetzt (Thomas/ Hagemann, 1996, S. 188; Bittner, 2006, S. 2).

9.4.5 Interkulturelles Training via E-Learning

Unter „E-Learning" versteht man alle Formen des Lernens, die durch digitale Medien unterstützt werden. Mit der Bandbreite der Medien hat sich in den vergangenen 20 Jahren das Spektrum dieser Lernformen erheblich erweitert. Am Anfang der Entwicklung stand der Wunsch der Nutzer, Informationen und Wissen in komprimierter Form zu erhalten und Lernprozesse unabhängig von Präsenzveranstaltungen durchführen zu können. Seit der Durchsetzung des PC in den achtziger Jahren erfüllen diesen Zweck vor allem auf CD publizierte Computer Based Trainings (CBT).

Mit dem Aufbau des World Wide Web zu Beginn der neunziger Jahre erfolgte vor allem eine sukzessive Verlagerung des Lehr-/und Lerngeschehens in das Internet. Entsprechende „Web Based Trainings" (WBT) werden mehr und mehr auf Lernplattformen angeboten, sodass deutlich interaktivere Lernszenarien entstanden sind. Damit werden Möglichkeiten gefördert, die es dem Teilnehmer erlauben, aktiv an der Gestaltung von Lernprozessen mitzuwirken, sei es als Autor von Lerntagebüchern und Forenbeiträgen oder als Chat-Teilnehmer (Bolten, 2007, S. 37).

Die dritte Entwicklungsphase steht im Zeichen des sogenannten „Web 2.0". Neu arrangierte Mediennutzungsmöglichkeiten zielen auf die Einbindung des (vormals eher rezeptiven) Nutzers in Wissensgemeinschaften. Gefordert ist hier die Bereitschaft des Einzelnen mit anderen Usern zusammenzuarbeiten und selbst als Impulsgeber von Interaktionsbeziehungen aktiv zu werden. Ob als Koautor themenbezogener Ereignischroniken (Weblogs oder „Blogs") und Wörterbuchartikel (Wikis), als Produzent und Regisseur eigener Audio-/Videobeiträge oder als Fachexperte, Dozent und Moderator (Chat, Skype, komplexe „virtual classrooms"). Aktuelle Modelle internetgestützten Lernens reagieren auf die neuen Nutzungsmöglichkeiten des Web 2.0 inzwischen unter der Bezeichnung „E-Learning 2.0" (Michel, 2006, S. 18).

In Zukunft werden interkulturelle Trainingsmaßnahmen mit Hilfe des E-Learnings eine größere Bedeutung erhalten. Nicht nur, dass der Kostenfaktor hier eine nicht zu unterschätzende Rolle spielen wird – die Teilnehmer müssen u.a. nicht mehr zum Seminar anreisen – sondern durch den weltweiten Verbund eröffnen sich auch personell neue Möglichkeiten, sodass nun auch diejenigen erreicht werden, für die bis dato eine interkulturelle Schulung – aus welchen Gründen auch immer – nicht möglich war.

The Jena (E-)Network for Intercultural Studies

In cooperation with different partners, the Department for Intercultural Business Communication at the University of Jena offers more than 70% of the seminars and lectures online.
- BA "Intercultural Business Communication"
- MA "Intercultural HRM & Communication Management"

Wie eine solche interkulturelle Zusammenarbeit via Internet und virtuellem Klassenzimmer erfolgen kann, zeigt das nachfolgende Beispiel, das vom Studiengang „Intercultural Business Communication" in Jena angeboten wird (Bolton, 2008, S. 2):

> **InterCulture 2.0 – The world's first e-intercultural business game**
>
> We play the game at four different places of the world. Four teams with 3-4 members5 each are connected by internet and webcam in a virtual classroom. Each team represents an enterprise that is acting on the world-market for drinking bottles.
> The market is highly competitive. Therefore the teams have to cooperate, i.e. build up alliances or joint ventures. In this context it is necessary to negotiate across cultures and languages, to make decisions with partners from other parts of the world. The game consists of 6 business periods and will take seven weeks. Because of the differences between the time zones team will meet only for one virtual conference a week. The conference takes 3-4 hours and will be supervised by intercultural coaches. The supervising coaches of the four countries will evaluate these "live" sessions and are thus able to give support to their coaches.
> During the week the coaches (team member) do their "normal" work. Via the e-platform, they have a lot of opportunities to communicate with each other (via mail, voip, forum, chat) or to learn more about the cultures of their partners of about intercultural competence.

9.4.6 Trainingsmethoden und ihre Anwendung in der Praxis

Im Rahmen von Projektarbeiten versuchen wir immer wieder in Kontakt mit Unternehmen zu treten, um u.a. herauszufinden, in wie weit interkulturelle Trainingsangebote nachgefragt werden und welche Methoden in der Trainingspraxis zum Einsatz gelangen.

In einer Projektstudie, durchgeführt im Jahre 2008, wurden Trainingsinstitute u.a. befragt, welche Trainingsmethoden sie anbieten und wie häufig diese nachgefragt werden. Nachfolgend finden sich die Ergebnisse verbunden mit einer Analyse der Resultate (Warnke/Hanisch, 2008, S. 44):

	Mean	Mode	Median
Lectures	3.23	4	3
Written Materials	3.36	5	3.5
Films	2.31	3	3
Self-Assessment	2.79	3	3
Discussions	4.07	4	4
Case Studies	3.86	4	4
Critical Incidents	3.93	5	4
Role Plays	3.79	4	4
Language training	1.58	0	1
Immersion	0.82	1	1

Abb. 80 Frequency of Intercultural Training Methods (0 = not offered, 5 = very often)
Quelle: Warnke/Hanisch, 2008, S. 43

"The frequency was measured on a scale from zero to five, at which zero means that the method is not offered, and five implies that the method is used very often. The table shows the results of the 16 respondents out of 35 training institutes. For a complex and proper analysis of the data, not only mean, but also mode and median were calculated.

The survey showed that discussions, case studies, critical incidents and role plays are the most frequently used methods. Case studies, critical incidents and role plays are methods which were especially developed and adapted for intercultural training; therefore it seems reasonable that these methods are applied quite often. It might seem astonishing that discussions are as frequent as these intercultural methods. But a discussion is a method which is suitable for combining all other methods, so it is mostly part of intercultural trainings. The same reason applies to written materials. Although they are used less on average, the mode shows that most of the institutions which answered the question indicate text materials as frequently provided.

Lectures and films are considered as moderately used. Reasons for this might be that participants are only observers and do not participate actively which can reduce the learning effect. Surprisingly, films are not provided that often as lectures, although they are said to be more lively and motivating than lectures. An explanation which was given by one training institute is that films are often too time consuming and therefore offered rather seldom. Furthermore, the contents of lectures are more adaptable than those of films. Self-assessment is a method which is approximately used as often as films. One reason for this is the limited time frame, too, which makes it almost impossible for the trainer to evaluate the results in a proper way by getting all group members involved.

Language trainings do not play an important role, indicated by all three statistical measures. The mode even points out that most of the training institutes do not offer language courses at all. However, three of the institutes declared language courses as one of the most important methods. This difference is not difficult to explain: some of the institutes have specialised on language trainings whereas others do rather concentrate on intercultural competence apart from language skills.

Comparing the arithmetic means, it appears that immersion, also called look-and-see-trip, is the least frequently used method in intercultural training. Though the mode states that immersion is more likely to be used than language trainings, it achieved one of the worst results by far. Only one institution acknowledged that immersion is one of the most frequently used methods. Immersion is the most intensive form of experiential learning in terms of intercultural training. But considering the high costs of a trip to the host country, many institutes do not offer the method which at the end has to be decided and paid by the companies."

9.5 Dauer der interkulturellen Vorbereitung

Im Hinblick auf die Dauer der Vorbereitung gibt es unterschiedlichste Vorstellungen. Was den zeitlichen Rahmen betrifft, können Schulungsmaßnahmen zwischen einem Tag und einigen Wochen variieren, was grundsätzlich davon abhängt, für welche Vorbereitungsmaßnahmen sich ein Unternehmen entscheidet. Da es in den meisten Fällen an der erforderlichen Zeit für die Vorbereitung mangelt, sind die Schulungen, so weit sie überhaupt durchgeführt werden, zeitlich sehr knapp bemessen (Stahl, 1998, S. 247).

Um einen Überblick zu gewinnen, wie lange ein interkulturelles Training im Durchschnitt dauert, wurden in der bereits angesprochenen Projektstudie die interkulturellen Trainingsinstitute auch gebeten, uns mitzuteilen, für welchen Zeitraum die Unternehmen bereit sind, Schulungen nachzufragen bzw. durchführen zu lassen. Ausgehend von einem Tagesseminar bis hin zu der Möglichkeit Schulungen über mehrere Wochen zu buchen, zeigt das Ergebnis, dass vor allem kürzere Zeiträume gewählt wurden. Rund zwei Drittel der Institute gab an, dass zwei- bis dreitägige Seminare am häufigsten nachgefragt werden. Die übrigen Unternehmen bevorzugen Schulungen über einen Zeitraum von einem Tag oder zwei Tagen, wobei ein Unternehmen auch um die Durchführung eines halbtägigen Seminars gebeten hatte, was nicht Eingang in die Statistik fand.

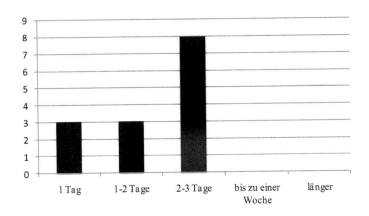

Abb. 81 Durchschnittliche Dauer von interkulturellen Trainingsseminaren
Quelle: Warnke/Hanisch, 2008, S. 41

Fragt man wiederum die Trainingsinstitute, was sie als optimalen Vorbereitungszeitraum ansehen, so findet sich eine große Mehrheit, die dafür plädiert, zumindest eine Woche für interkulturelle Vorbereitungsmaßnahmen einzuplanen. Grundsätzlich gilt aber, dass nicht alle Auslandseinsätze ein Training der gleichen Intensität benötigen, wie auch von den Instituten angemerkt wird. Die Dauer des Trainings sollte sich demnach an dem Umfang der Interaktion vor Ort, also der Häufigkeit und Intensität der Kontakte mit Mitgliedern der fremden Kultur, der Dauer des Einsatzes sowie dem Fremdheitsgrad zwischen den Kulturen orientieren.

9.6 Kosten der interkulturellen Vorbereitung

Je nachdem, für welche Art der Vorbereitung sich ein Unternehmen entscheidet, fallen auch die Kosten für die interkulturelle Schulung sehr unterschiedlich aus. Beeinflusst werden dabei die Aufwendungen ganz entscheidend dadurch, ob das Training vom Unternehmen selbst, also intern mit eigenem Personal oder von externen Trainern durchgeführt wird. Weitere Kostenaspekte sind damit verbunden, für welchen Zeitraum ein interkulturelles Training angedacht ist und ob nur die auszureisende Führungskraft oder auch seine gesamte Familie eine Schulung erhalten soll. Des Weiteren sollte nicht unerwähnt bleiben, dass selbst eine Freistellung des Mitarbeiters für Schulungsmaßnahmen mit zusätzlichen Kosten für das Unternehmen verbunden ist.

In einer im Jahre 2007 durchgeführten Befragung im Rahmen einer Projektarbeit gingen Studenten u.a. auch der Frage nach, wie viel Geld die Unternehmen bereit sind, für interkulturelle Trainingsmaßnahmen auszugeben. 22 nationale wie internationale Unternehmen füllten den entsprechen Fragebogen aus. Das Ergebnis findet sich in der nachfolgenden Übersicht.

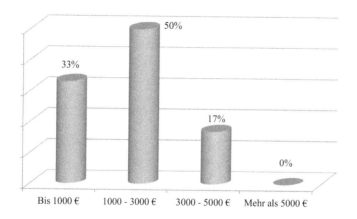

Abb. 82 Kostenübernahme für Schulungen durch das Unternehmen
Quelle: Drozdova/Fritzsche/Neubert/Korkach/Steinfeldt, 2007, S. 101

Rund 83 Prozent der Unternehmen kalkulieren dabei mit Aufwendungen, die sie bis zu einer Höhe von 3000 Euro pro Teilnehmer als angemessen ansehen. 17 Prozent sind auch bereit, interkulturelle Schulungen in Höhe bis zu 5000 Euro zu finanzieren. Die Bereitschaft mehr Geld als die genannten 5000 Euro auszugeben, fand keine Unterstützung bei den befragten Unternehmen, wobei hinzugefügt werden sollte, dass internationale Konzerne hier bereit sind, mehr Geld zu investieren (s. dazu Kap. 9.9).

Damit man zumindest eine Vorstellung von den unterschiedlichen Schulungsangeboten und den damit verbundenen Seminarkosten bekommt, sollen beispielhaft zwei Trainingsinstitute herausgegriffen werden. Zum einen möchte ich die compass international mit Sitz in Stuttgart erwähnen, die für ein eintägiges Chinaseminar zum Themenbereich „Personalauswahl und Personalführung" (Beginn 09:00 Uhr – Ende 17:00 Uhr) einen Betrag von 395 Euro pro Teilnehmer in Rechnung stellt. Der Preis bezieht sich ausschließlich auf das Seminar. Weitere Kosten z.B. für Übernachtung oder die An- und Abreise sind darin nicht enthalten (compass international, Stuttgart, 2009).

Die Teilnahme eines Mitarbeiters an einem externen Seminar beim Institut für Interkulturelles Management (IFIM) für ein fünftägiges Seminar kann zwischen 1.250.- und 1.850.- Euro kosten. Erweitert man diesen Betrag um Gehalt, Nebenkosten, Unterkunft, Reise- und Verpflegungskosten, fallen laut IFIM Gesamtkosten von knapp 4.600 Euro pro Training und Person an. Nimmt der mit ausreisende Lebenspartner am Training teil, erhöhen sich diese Gesamtkosten auf ca. 6.650 Euro. Diese Kosten für fünf Tage Schulung entsprechen vergleichsweise dem Gehalt eines achttägigen Auslandseinsatzes oder 0,5% der Gesamtkosten eines vierjährigen Auslandseinsatzes (www.ifim.de). Bei Sachinvestitionen in vergleichbarer Höhe wäre eine Ausgabe von 0,5% der Investitionssumme zur Absicherung der Investition kein Thema einer betrieblichen Auseinandersetzung (Clemens, 1998, S. 34).

Die beiden Beispiele haben noch einmal nachhaltig unterstrichen, dass zu hohe Kosten als Begründung für das „Nicht – Vorhandensein" einer interkulturellen Vorbereitung kein durchschlagendes Argument sind. Eine richtig durchgeführte interkulturelle Vorbereitung ist eine Zukunftsinvestition, die sich auf alle Fälle lohnt.

9.7 Kriterien für die Auswahl der Trainer

Der Erfolg einer interkulturellen Schulung ist von unterschiedlichen Faktoren abhängig. Die Qualität und die Fähigkeiten des Trainers bzw. des Trainerteams nehmen dabei eine herausgehobene Rolle ein. Ob ein externer Trainer das Seminar leitet oder ob der Mitarbeiter aus dem eigenen Unternehmen kommt, ist dabei nachrangig. Entscheidend ist, dass die betreffende Person die dazu notwendigen Kriterien erfüllt. Entscheidend bei der Auswahl des Moderators ist die Beantwortung der Frage, wer befähigt ist, interkulturelle Trainingseinheiten zu konzipieren und durchzuführen. Die Firma Bosch (Kasper, 1997, S. 153 ff.) hat dazu folgende Kriterien aufgestellt:

- Der Fokus des Trainings sollte genau definiert werden.

- Die Kompetenz des Trainers muss sichergestellt werden - zum einen seine Kulturkenntnisse, zum anderen die Kompetenz zur Erreichung des definierten Ziels: Teambuilding, Projektmanagement oder Strategieentwicklung etc.
- Aus unserer Erfahrung haben sich Trainertandems, die sich aus den betroffenen Zielkulturen rekrutieren (insbesondere bei bi-kulturellen Trainingseinheiten) sehr bewährt.

Während z.B. die Firma Henkel mit Sitz in Düsseldorf mit einem externen Trainingsinstitut zusammenarbeitet (Kothari/Helling, 1995. S. 161 ff.), das bei der internen Bewertung sehr gut abgeschnitten hat, setzt die Hilti AG mit Sitz in Lichtenstein auf die Rekrutierung von Moderatoren aus dem eigenen Unternehmen. Dazu hat Hilti ein Programm entwickelt, das unter der Bezeichnung „Train the Trainer" abläuft und mit Hilti-eigenen Trainern im Train the Trainer-Ansatz umgesetzt wird (Mayer, 1998, S. 16 ff.). Dafür wurden 19 Mastertrainer ausgebildet, die ihrerseits wiederum weltweit 200 Trainer ausbilden, welche dann die Workshops durchführen.

Für die Auswahl von Trainern gelten bei der Hilti AG folgende Kriterien:

- mindestens zwei Jahre Hilti-Erfahrung,
- Akzeptanz bei Kolleginnen und Kollegen,
- Enthusiasmus,
- sehr gute Kommunikationsfähigkeiten,
- Wille, die Trainer-Funktion als Möglichkeit zur Verbesserung der eigenen Fähigkeiten und Fertigkeiten zu verstehen,
- Wille, es zu tun.

Für die Auswahl von Mastertrainern wird folgendes Profil abverlangt:

- mindestens ein Jahr Trainingserfahrung,
- mindestens drei Jahre Führungserfahrung,
- mindestens drei Jahre bei der Hilti AG,
- Akzeptanz bei Vorstand und erweiterter Konzernleitung sowie
- alle Trainer-Kriterien.

Was den Einsatz von internen bzw. externen Trainern betrifft, so gibt es unterschiedliche Erfahrungen. Entscheidend bei der Beurteilung bleibt der Eindruck, den der bzw. die Moderator(en) hinterlassen hat (haben). Dazu sollte nach jedem

Seminar ein Fragebogen ausgefüllt und durch unabhängige Beurteiler ausgewertet werden.

Was konkret die Erfahrung der Hilti AG mit ihren eigenen Trainern angeht, so liegen folgende Ergebnisse vor:

- Das Programm wird sehr gut angenommen; das Feedback der Teilnehmer sowie die Auswertung der Fragebögen besagen, dass die Thematik, die Methodik und die sogenannten "Hobby-Trainer" voll anerkannt und geschätzt werden.
- Es gibt keine kulturspezifischen Probleme, das heißt, Chinesen haben das Programm mit demselben Engagement und Enthusiasmus angenommen wie z.B. die Amerikaner.
- Die Hilti-eigenen Trainer haben große Freude bei der Umsetzung und erachten den "Trainer-Job" als großen persönlichen Gewinn.

Ausbildung zum Intercultural Business Trainer/Moderator durch E-Learning bereichert

Die Firma Stöger & Partner hat die Ausbildung zum Intercultural Business Trainer/Moderator mit dem Begleitprogramm „E-IBTM" erweitert. Dieses Programm bietet die Möglichkeit, sich auf einzelne Module in Form von digitaler Lektüre vorzubereiten, die Trainingsinhalte zwischen den Modulen gemeinsam mit anderen Teilnehmern online im IBT/M Community Forum für Ihre Lerngruppe zu reflektieren und ermöglicht anhand von Trainer-Support und Peer-Coaching den Transfer des erworbenen Wissens in die eigene Berufspraxis.

9.8 Veranstalter von interkulturellen Seminaren

Nicht alle Unternehmen sind in der Lage, ein Leistungsangebot mit internen Trainern zu unterbreiten. Vor allem für viele klein- und mittelständische Unternehmen würde sich der Kostenaufwand nicht rechnen. Auf der Suche nach Trainingsinstituten, die den Unternehmen helfen können, derartige Veranstaltungen durchzuführen, fällt es natürlich schwer, aus der Vielzahl an Institutionen die jeweils richtige zu finden.

Geht es um eine ganz bestimmte Zielregion, so sollte man Institute auswählen, die sich hier in besonderer Weise qualifiziert haben und über hoch qualifizierte Trainer verfügen, die auch in dem entsprechenden Gastland gelebt und gearbeitet haben.

Folgende Unternehmen haben sich aufgrund ihrer langjährigen Erfahrungen und sehr guter Beurteilungsnoten für die Durchführung von interkulturellen Seminaren in Deutschland und Großbritannien empfohlen (Michahelles, 1997, S. 162; Rothlauf, 2007, S. 31 ff.), wobei diese Liste nur einen bescheidenen Ausschnitt aus der Gesamtheit der möglichen Firmen darstellt und keinen repräsentativen Anspruch erhebt:

- das Asien-Pazifik Institut für Management in Hamburg
- die Carl-Duisberg Centren GmbH in Köln
- die Gesellschaft für interkulturelle Kommunikation und Auslandsvorbereitung in Hildesheim
- das Institut für Auslandsbeziehungen in Stuttgart
- das Institut für interkulturelle Kommunikation in Aachen
- das Institut für Interkulturelles Management in Königswinter
- Kwintessential for cross cultural communication services in London

---

Ausbildung zum Trainer und Coach für Interkulturelle Kompetenzen
(www.artop.de)

Das Institut an der Humboldt Universität in Berlin „artop" bietet in Kooperation mit dem Institut für Erziehungswissenschaften ab Juni 2006 eine Ausbildung zum Trainer und Coach für Interkulturelle Kompetenzen an. Sie richtet sich an Trainer, Berater, Coachs sowie Personalentwickler, Angestellte und Projektmitarbeiter, die einen persönlichen oder beruflichen interkulturellen Hintergrund haben.
Teilnahmegebühr: 2900 Euro.

In: Der Tagesspiegel, 02.04.2006, S. 19

9.9 Intercultural Training at Robert Bosch India Limited

The following program descriptions of Robert Bosch India Limited show some of the elements which can be involved in the company's intercultural training programs.

9.9.1 Global Corporate Etiquette

Target group: project managers/project leaders   *Duration:* 1 day

Focus:
Global Etiquette today goes a long way in determining one's acceptance in business interactions. As they say, we don't get a second chance to make a first impression. By ironing out deviations from expected international norms of behavior, we improve our chances of operating successfully in a multinational business environment.

Objectives:
- Understanding the importance of good mannerisms and their importance in the Global Business environment
- Developing professional work habits and corporate pride through appropriate office conduct and discipline
- Developing an understanding of image in business and use of appropriate etiquette for business communication
- Learning the art of conversation, correct dining etiquette and the importance of interacting in a relaxed and confident style

Contents:
- Importance of etiquette excellence
- Professional presence in business meetings and maintaining the office decorum
- Successful encounters in the profession
- Diplomacy and its 3-dimensions
- Specific mannerisms such as exchanging business cards and dining habits in business gatherings

Methodology
- Video presentations/clips
- Simulation
- Games and Group Discussions

In: Robert Bosch India Limited: Enhancing Competencies – Behavioral, Intercultural, CIP and Leadership Programs & Offerings, 2006, p. 18

9.9.2 Intercultural Training: Country-specific

Target group: All for country Training Germany [Essential], others according to customer/business needs

Duration: 1 day

Focus:
[...] In an increasingly globalized world, it is vital to become more aware of one's own culture and to have a better understanding of other cultural environments. The aim of this program is to increase understanding, tolerance, respect for a specific country and the concerning culture. It enables to communicate appropriate to the specific intercultural situation and to grab business opportunities. Currently we are offering Country specific training for Germany, India, Japan, China, Austria, USA, Switzerland, Korea, Brazil, France, Italy, UK and Netherlands.

Objectives
- Understanding the purpose of intercultural sensitivity
- Reflecting on one's own attitudes, behaviors and cultural patterns
- Training to change perspectives by using different "cultural glasses"
- Gaining data competence on country specific issues
- Developing social and self-competence

Contents
- Cognitive Approach: information on political, historical, economical issues
- Communicative Approach: information on everyday life, forms of communication, ways of working and living
- Intercultural Approach: sensitization for other cultures and understanding of cultural differences
- Empathy and Social Competence

Methodology
- Case Studies/Critical incidents
- Culture-Assimilator-Method
- Role-plays
- Group-Activity/Discussion

In: Robert Bosch India Limited: Enhancing Competencies – Behavioral, Intercultural, CIP and Leadership Programs & Offerings, 2006, p. 16

9.10 Survey on Intercultural Preparation

Wer zum Themenbereich „Interkulturelle Auslandsvorbereitung" mehr Informationen erhalten oder sich im Rahmen von wissenschaftlichen Arbeiten mit dieser Thematik weiter beschäftigen möchte, erhält mit dem nachfolgenden Fragebogen und seiner Auswertung die Möglichkeit, sich intensiver mit den relevanten Themenfeldern auseinander setzen zu können. Die Befragung fand im Rahmen einer Projektarbeit statt, die von den Studenten des internationalen Studienganges "Baltic Management Studies", Susanne Kluth, Jonas Linke und Hendrik Walter im Juni 2009 durchgeführt wurde. 21 Unternehmen, die alle im internationalen Bereich tätig sind, stellten sich den Fragen der Studenten. U.a. nahmen folgende Firmen an der Umfrage teil: Aida-Seetours, BBC World Service, BMW, Brose, Daimler, Deere, Deutsche Bank, Hannover Rückversicherung, Hitachi, PricewaterhouseCoopers, Schott, Sear, Shell, Villeroy & Boch.

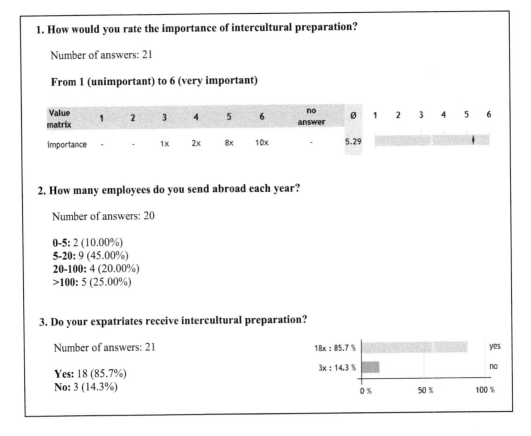

4. Is intercultural training offered to their families?

Number of answers: 21

Yes: 11 (52.4%)
No: 10 (47.6%)

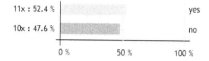

5. Do you train your future expatriates in your company or do you hire a special training institute?

Number of answers: 20

In-company training: 6 (30.00%)

Training institute: 5 (25.00%)

Both: 9 (45.00%)

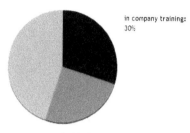

6. How long does the training last?

Number of answers: 19

1 day: 4 (21.05%)
3 days: 4 (21.05%)
1 week: 1 (5.26%)
Weekly seminars: 1 (5.26%)
Others: 9 (47.37%)

e.g.:
- sometimes 1 day, but sometime several month
- depends on the location
- various offerings - 1 day intercultural, language training is offered permanent (weeks, months...)
- 12 weeks
- varies depending on circumstances
- 2 days to 4 weeks (included in other trainings)

7. When does the training phase start?

Number of answers: 19

1 year before: - (0.00%)

6 month before: 2 (10.53%)

3 month before: 7 (36.84%)

< 3 months before: 10 (52.63%)

8. Of which components does the training consist?

Number of answers (several answers possible): 20
Linguistic Preparation: 12 (21.43%)
Intercultural training seminars: 12 (21.43%)
Country information and briefing the culture of the host country: 16 (28.57%)
Expatriate colleagues' information: 8 (14.29%)
Look-and-see-trip: 8 (14.29%)
Others: - (0.00%)

9. Are former expatriates a part of the intercultural training?

Number of answers: 19

Yes: 7 (36.8%)
No: 12 (63.2%)

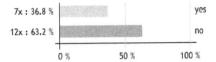

10. Do you think the preparation is sufficient?

Number of answers: 19

Yes: 17 (89.5%)
No: 2 (10.5%)

11. How much money do you spend on intercultural preparation per year?

Number of answers: 17

< 500€: 1 (5.88%)
500€ - 2000€: 2 (11.76%)
2000€ - 5000€: 1 (5.88%)
5000€ - 10.000€: 4 (23.53%)
10.000€ - 50.000€: 4 (23.53%)
Others: 5 (29.41%)

e.g.:
- more than 50.000€
- don't know

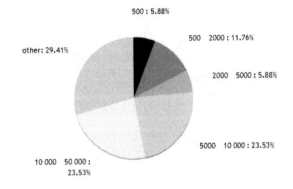

Abb. 83 Survey on intercultural preparation: Results of an international study 2009
Quelle: Kluth/Linke/Walter, 2009, S. 45

Living in Germany – Do's and Don'ts
(ohne Verfasser)

As in all countries, also in Germany there are certain norms of behaviour and politeness which you should observe if you do not want to put your foot in it.

Greeting People
People usually greet each other without shaking hands saying "Hallo", "Grüß Dich" or "Servus" (in Bavaria) and leave saying "Tschüß", "Bis bald" (see you soon) etc.

To shake hands or not to shake hands? That is the question
The rule of thumb is: Do not shake hands with fellow students or in public offices. If you attend an interview or go to a professor's office hour, always shake hands. Just wait until the senior person (i.e. the professor or prospective boss) offers you his/her hand to shake.

"Sie" (formal) or "Du" (informal)?
Adults generally address each other in the formal "Sie"-form and with "Herr" or "Frau" plus surname and possibly even a title: "Guten Tag, Frau Dr. Meier". Colleagues often still use the formal "Sie", even after working together for years. Younger people, until roughly the age of 30, address themselves with "Du" in public, even though they do not know each other.

Formal and Informal Address
Germans only abandon their formal attitude and use the informal Du-form with their friends, and even this is only possible after it has been formally offered. However, students usually use the Du-form all the time amongst themselves, so when you address a fellow-student feel free to say Du.

Titles
Titles are very important in Germany. If someone has a doctorate it is usual to address them as Herr Doktor Meier or Frau Doktor Müller. Professors are usually addressed as Professor plus surname. There are doctors and professors who prefer their titles not to be used; they will soon let you know if this is the case.

Punctuality
It cannot be denied that Germans place a lot of emphasis on punctuality. If you have an appointment with your professor there is one thing you should certainly not do - keep him or her waiting! However, amongst students punctuality is taken less seriously. Nevertheless, individual affections towards punctuality have to be considered.

In: www.daad.de

9.11 Reintegration

Während man sich zunehmend bei den Unternehmen Gedanken macht, welche interkulturellen Vorbereitungsmaßnahmen ergriffen werden sollen, um im Auslandsgeschäft erfolgreich zu sein, fallen die Unterstützungsmaßnahmen, die vor der Rückkehr des Auslandsmitarbeiters in sein Heimatland zu erfolgen haben, doch noch sehr bescheiden aus. Eine Vielzahl an fremden wie auch an eigenen Studien belegen, dass der Erfolg einer Auslandsentsendung aber auch davon abhängt, welche Maßnahmen seitens des Unternehmens erbracht werden, um die Reintegration des Mitarbeiters sowie seiner gesamten Familie so optimal wie möglich zu gestalten.

> **Rückkehr aus Penang**
> (Andreas Bittner)
>
> Jörg Wagner und seine Familie hatten sich auf die Rückkehr nach Deutschland gefreut. Nicht, dass ihnen Malaysia nicht gefallen hätte. Im Gegenteil: Land, Kultur und Menschen waren ihnen irgendwie ans Herz gewachsen. Man würde sicher in einem Urlaub mal wieder zurückkommen. Aber fünf Jahre, einschließlich einer Verlängerung, waren einfach genug. Jetzt freuten sie sich auf den kommenden Herbst, auf Freunde, die einen einfach sofort verstehen, auf eine gute Nachrichtensendung im Fernsehen oder darauf, mal wieder ins Theater zu gehen. Auch an die Rückkehr in die Firma dachte Wagner mit einer gewissen Vorfreude. Er war immer mal wieder auf Stippvisite dort gewesen. Dass er in Asien trotz der Krise einen guten Job gemacht hatte, hatte sich auch im Mutterhaus rumgesprochen und mit der vielbeschworenen, aber immer noch keineswegs selbstverständlichen Auslandserfahrung, hatte er gehörig an Kompetenz dazu gewonnen.
>
> Der zweite Kulturschock kam für die Wagners etwa zwei Monate nach der Rückkehr. Nicht, dass man offen unfreundlich zu ihnen gewesen wäre oder dass sich in Deutschland Gravierendes geändert hätte. Auch mit der deutschen Pünktlichkeit, der Genauigkeit sogar bei eher unwichtigen Dingen und der berühmten Ordnung hatte man gerechnet. All das hatte ja auch seine guten Seiten. Dennoch fragten sich die Wagners, was eigentlich aus ihrer Freude auf die Heimat geworden sei. Frau Wagner fand, dass es im privaten Bereich viel schwerer war, an alte Freundschaften wieder anzuknüpfen, als sie es erwartet hatte. Entweder hatte man sich auseinander entwickelt und fand kaum noch gemeinsame Themen oder sie hatte das Gefühl, keiner könne sich eigentlich vorstellen, wie fünf Jahre Asien einen verändern können.

> Herr Wagner merkte Ähnliches im Betrieb: nicht nur, dass ihm schnell klar wurde, dass er einiges an organisatorischen und technischen Entwicklungen schlichtweg verpasst hatte. Es schien sich auch niemand wirklich für sein Know-how, seine internationalen Kontakte, seine Erfahrungen mit seinen asiatischen Businessleuten zu interessieren. Nach einigen freundlichen Nachfragen hatte er das Gefühl, dass man im Grunde nur wolle, dass er sich möglichst reibungslos wieder in die Firma einordne. Dem entsprach auch die neue Position: nicht etwa eine Beförderung in den internationalen Geschäftsbereich der Firma, sondern eher so etwas Ähnliches, wie vor dem Auslandseinsatz. Er war ziemlich enttäuscht, aber angesichts der zwischenzeitlichen Stellenkürzungen schon froh, überhaupt etwas zu haben. Schließlich war es die 12-jährige Tochter, bei der man mit Anlaufschwierigkeiten gerechnet hatte, die ausspach, was die ganze Familie empfand: Wir wollen wieder zurück nach Asien!
>
> In: Institut für Interkulturelles Management (Hrsg.), Presse-Service 2/2002, S. 2

9.11.1 Zur Begriffsbestimmung

Mit Reintegration und ähnlichen Begriffen wie Re-entry, Rückgliederung, Resozialisierung, Rückführung, Repatriierung und Wiedereingliederung wird ein Tatbestand umschrieben, der als ein aktiver Prozess der Anpassung an das berufliche, private und soziokulturelle Umfeld des Heimatlandes nach einer längeren Abwesenheit im Ausland angesehen werden kann (Kühlman/Stahl, 1995, S. 178).

9.11.2 Reintegrationsprobleme

Geht man den Anpassungsproblemen in den drei genannten Bereichen nach, so versteht man unter beruflichen Reintegrationsproblemen eine Unzufriedenheit des zurückgekehrten Expatriates mit seinem Arbeitsumfeld. Dazu gehören Determinanten wie die Rückkehrposition, die Karriereentwicklung, das Verhalten der Kollegen oder die Nutzung der aus dem Ausland mitgebrachten Kenntnisse und Qualifikationen durch das Unternehmen (Steinmann/Kumar, 1984, S. 397 ff.; Kenter/Welge 1983, S. 191 ff.).

> **Die Rückkehr planen**
> (Marlis Tiessen)
>
> - Treffen Sie bereits vor der Ausreise klare Absprachen über Ihre Wiedereingliederung.
> - Schließen Sie mit Ihrem Arbeitgeber nach Möglichkeit einen so genannten „ruhenden Arbeitsvertrag", der Ihnen Ihre spätere Rückkehr in den inländischen Betrieb zusichert.
> - Vereinbaren Sie mit Ihrem Arbeitgeber eine Rückkehrklausel, die genau regelt, wie Sie nach dem Auslandsaufenthalt wieder in das Unternehmen eingegliedert werden.
> - Klären Sie vorab, auf welcher Gehaltsstufe Sie wieder einsteigen.
> - Beantragen Sie bei Aufenthalten im vertragslosen Ausland oder bei Sozialversicherungspflicht im Gastland nach Möglichkeit eine Anwartschaftsversicherung bei Ihrer Krankenversicherung. Denn sie sichert jederzeit die problemlose Rückkehr in ihre Krankenkasse.
> - Beachten Sie, dass Experten die ideale Dauer des Einsatzes zwischen drei und fünf Jahren ansiedeln. Bei Auslandsaufenthalten von längerer Dauer wird die Reintegration erheblich schwieriger.
> - Verlieren Sie nicht den Anschluss! Bleiben Sie während Ihres Auslandsaufenthaltes für Ihr Unternehmen präsent. Halten Sie Kontakt zu Ihren Ex-Kollegen, -Vorgesetzten und -Mitarbeitern.
> - Bleiben Sie stets auf dem Laufenden, was in Ihrem Heimatland passiert.
> - Betrachten Sie Ihre Rückkehr stets als einen Neuanfang!
>
> In: uni 2/2006, S. 63

Was den privaten Bereich betrifft, so sind es vor allem Probleme, die sich aus der Wiedereingliederung der ausgereisten Familie ergeben. Die Beziehungen zu Verwandten und Bekannten sowie Determinanten, die das private Umfeld betreffen (finanzielle Lage, Lebens- und Wohnbedingungen), sind in diesem Kontext zu berücksichtigen. Eine schlechte Anpassung eines Familienmitgliedes wirkt sich dabei negativ auf die ganze Familie aus (Harvey, 1989, S. 53 ff.). Hat z.B. das Kind nach der Rückkehr Probleme in der Schule oder findet der Ehepartner keine angemessene Arbeitsstelle, so wird diese Unzufriedenheit Teil der allgemeinen Familiensituation und beeinflusst darüber hinaus auch das Arbeitsverhalten.

Die Rückkehr geht mit einer interkulturellen Neuanpassung einher, die durch den Übergang von der fremden Kultur zurück in die eigene Kultur erforderlich wird. Dem ersten "Kulturschock" folgt so häufig ein zweiter. Probleme, die im soziokulturellen Bereich liegen, hängen mit den Einflüssen der Kultur auf die allgemeinen Lebensbedingungen zusammen (Adler, 1981, S. 341 ff., Gaugler, 1989, S. 1937 ff.). Es geht z.B. um die Möglichkeiten der Freizeitplanung oder – was für viele als Selbstverständlichkeit angesehen wird – um die Integration in die „alte" Umgebung, wozu auch das Autofahren gehört. Gerade die für Frauen schwierige Situation z.B. in Saudi-Arabien, die es ihnen während des Auslandsaufenthaltes nicht erlaubt, Auto zu fahren, zeigt an, worin derartige Rückkehrprobleme liegen können.

9.11.3 Studien zur Reintegrationspolitik

9.11.3.1 Studie von Ladwig/Loose

Im Jahre 1998 wurde eine Untersuchung von Ladwig/Loose durchgeführt, die der Frage nachgegangen ist, welche Probleme sich für deutsche Mitarbeiter ergeben, wenn sie aus dem Ausland – hier die Golfstaaten – wieder in ihr Heimatland zurückkehren.

Als besonders kritisch dabei hat sich die Wiederanpassung an die heimatlichen soziokulturellen Lebensbedingungen erwiesen. 43 Prozent der befragten Personen gaben an, Probleme mit der Wiederanpassung an die deutsche Kultur zu haben, während knapp 20 Prozent den Verlust von Freunden und Bekannten als eine weitere Ursache für ihre Schwierigkeiten nannten, mit denen sie nach ihrer Rückkehr konfrontiert wurden. Auch der Neidgedanke mit 12 Prozent, der im deutschen Kulturkreis sehr ausgeprägt erscheint, wurde als erschwerend angesehen, weil die Gleichung Rückkehrer ist gleich jemand, der nun mehr Geld auf seinem Sparkonto hat, zu einer doch sehr starken Reserviertheit gegenüber den Rückkehrern geführt hat (Ladwig/Loose, 1998, S. 59 ff.).

Der zweite Teil der Studie befasste sich mit der Fragestellung, welche Maßnahmen der Auslandsmitarbeiter von seinem Unternehmen erwartet, wenn er zurückkehrt, und welche Angebote tatsächlich unterbreitet wurden. Die entsprechenden Ergebnisse der Befragung - Mehrfachnennungen waren zugelassen - finden sich in Abbildung 84 zusammengetragen.

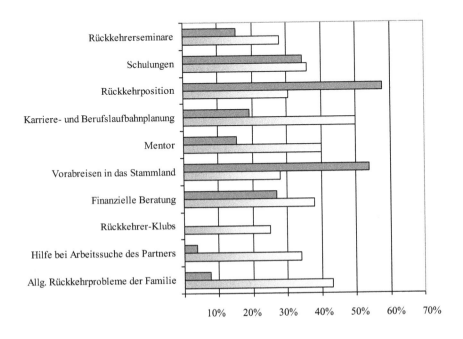

Abb. 84 Erwartungshaltungen der Expatriates und unternehmensinterne Vorbereitungsmaßnahmen
Quelle: Ladwig/Loose, 1998, S. 68

Als besonders wichtig wurde von den zurückgekehrten Auslandsmitarbeitern der Wunsch in den Mittelpunkt gestellt, dass die Unternehmen sich rechtzeitig um die weitere Berufslaufbahn kümmern mögen. Rund 50 Prozent der Befragten sehen hier Handlungsbedarf. Wer Jahre für das Unternehmen im Ausland gearbeitet hat, so die Schlussfolgerung, dem solle man auch bei seiner Karriereplanung hilfreich zur Seite stehen. Anspruch und Wirklichkeit liegen hier doch sehr weit auseinander. Nur 19,2 Prozent der Unternehmen engagieren sich in dem angesprochenen Sinne. Allerdings wird von den Unternehmen zumindest eine gewisse Arbeitsplatzsicherheit garantiert, denn 57,7 Prozent bieten im Anschluss an den Auslandseinsatz eine weitere Beschäftigung im eigenen Hause an.

Während bei den angebotenen Schulungen und der finanziellen Beratung aber auch bei den Rückkehrseminaren Erwartungshaltung und Realität nicht so weit auseinander liegen, dass sie einer gesonderten Betrachtung unterzogen werden müssten, fällt vor allem das unterdurchschnittliche Engagement der Unternehmen auf, wenn es um die Hilfe bei der Arbeitsplatzsuche im Heimatland für den mit ausgereisten Partner geht. Nur 3,2 Prozent der Unternehmen sind hier bei der Suche behilflich, verglichen mit einer Erwartungshaltung der Mitarbeiter (33 Prozent), die hier auf nachhaltige Unterstützung hoffen.

Was die Divergenz bei der Frage zur Rückkehrintegration für Familien angeht - einer Erwartungshaltung seitens der Mitarbeiter von 42 Prozent steht ein Unternehmensangebot von rund 7 Prozent gegenüber - so dürften unterschiedlichste Gründe dafür verantwortlich sein. Fragen, ob der Betrieb auch Hilfestellung bei der Wohnungssuche leisten soll oder die Frage, wie weit das Unterstützungsangebot des Unternehmens gehen sollte, um schulpflichtigen Kinder die Integration zu erleichtern, vor allem dann, wenn sie eine internationale Schule besucht haben, in der ausschließlich in englischer Sprache unterrichtet wurde und sie jetzt wieder mit deutschsprachigem Unterricht konfrontiert werden, zeigen das Spektrum an Fragen auf, um die es hier geht.

> **Fehlende Reintegrationsplanung**
> (Silke Wickel-Kirsch)
>
> Mängel bei der Reintegration wurden auch in einer Studie belegt, die im Jahre 2003 an der Fachhochschule Wiesbaden durchgeführt wurde und an der sich 22 vorwiegend mittelständische Unternehmen beteiligten. 24 Prozent der Befragten kritisierten dabei eine fehlende Reintegrationsplanung für die Mitarbeiter nach dem Auslandseinsatz. Als eine der häufigsten Ursachen für Kündigungen seitens der Mitarbeiter wurde die Unzufriedenheit mit der neuen Position genannt (23 Prozent).
>
> In: Die Personalwirtschaft, Nr. 2/2004, S. 6

9.11.3.2 Studie von Management Mobility Consulting

Eine Untersuchung der französischen Management Mobility Consulting hat 44 deutsche Großunternehmen, die in verschiedenen Branchen tätig sind und von denen die Hälfte zu den TOP-100 Konzernen mit Sitz in Deutschland gehören, im Jahre 2002 nach den Unterstützungsmaßnahmen gefragt, die sie für ihre Mitarbeiter vorsehen (www.management-mobility.com). Die nachfolgende Abbildung zeigt, welche Aktivitäten im Hinblick auf die Ausreise aber auch bei der Wiedereingliederung unternommen worden sind. Dabei wird offenkundig, dass die Maßnahmen, die mit der Wiedereingliederung zu tun haben, sehr bescheiden ausfallen. Nur 19 Prozent der Unternehmen verfügen hier über ein Reintegrationsprogramm.

Vorbereitungsmaßnahmen durch...			
Unterstützung bei Haussuche			89 %
Sprachkurse			85 %
Look & See Trip			78 %
Hilfe bei adm. Formalitäten			63 %
Betreuung vor Ort			56 %
Interkulturelles Training			30 %
Praktische Vorbereitung			22 %
Jobsuche für Partner(in)			22 %
Reintegrationsprogramme			19 %
Zentrale	Filiale vor Ort	externe Dienstleister	

Abb. 85 Vorbereitungsmaßnahmen im Hinblick auf einen Auslandseinsatz
Quelle: Personalwirtschaft, 7/2002, S. 14

9.11.3.3 Studie von Windham International & NFTC

Eine der wohl besten Adressen weltweit, die sich mit Fragen der Reintegration von Auslandsmitarbeitern beschäftigt, ist die Windham International, die nun, was die „Relocation-Studies" betrifft, unter dem Namen Brookfield Global Relocation Services firmiert. Seit 1993 wird zum genannten Themenbereich jährlich eine Studie erstellt, die als „Global Relocation Trends Survey" veröffentlicht wird. 154 Topmanager aus unterschiedlichen Industriebereichen und verschiedenen Ländern werden zu Fragen der Reintegration befragt. Die erhobenen Daten lassen zum einen erkennen, welche Veränderungen im Lauf der Zeit stattgefunden haben und ermöglichen darüber hinaus sowohl einen nationalen als auch einen internationalen Unternehmensvergleich.

Die von Windham International und NFTC im Jahre 2006 durchgeführte Relocation-Study zeigt zunächst einmal, dass den Unternehmen eine Vielzahl an Möglichkeiten zur Verfügung steht, wenn es um Maßnahmen zur Wiedereingliederung ihrer Mitarbeiter und vor allem deren Familie geht. 22 Prozent gaben dabei an, dass ihre Firma keinerlei Hilfen bei der Reintegration leistet. Was nun die Angebotsseite betrifft, so fällt der hohe Anteil von 69 Prozent der Unternehmen auf, die ein Sprachtraining als eine wichtige Wiedereingliederungsmaßnahme vorsehen. Die vielfältigen anderen Offerten sollten vor allem diejenigen Unternehmen sensibilisieren, die bisher über kein oder nur ein unzureichendes Angebot für die mit ausreisenden Partner und deren Kinder verfügen.

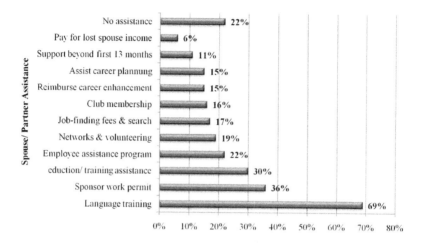

Abb. 86 Unterstützung der Familie bei der Reintegration
Quelle: in Anlehnung an Windham International & NFTC, 2007, p.46

9.11.4 Reintegration: Konsequenzen für die Unternehmen

Fragen der Reintegration tangieren nicht nur den Mitarbeiter und seine Familie direkt, sondern sind auch für das Unternehmen mit wichtigen Entscheidungen verbunden. Die nachfolgenden Überlegungen mögen im Sinne einer win-win-Strategie helfen, sich dieser Thematik noch einmal bewusst zu werden und daraus ableitend, die entsprechenden Schritte für die Zukunft einzuleiten.

1. Der Fokus des Auslandseinsatzes darf nicht nur auf eine ausreichende Vorbereitung der Mitarbeiter gelegt werden, sondern bedarf einer ganzheitlichen Sichtweise, in der auch Fragen, die nach der Rückkehr des Mitarbeiters in sein Stammland zu stellen sind, vorweg mit bedacht und Lösungen dafür auch rechtzeitig entwickelt und angeboten werden. Offerten hier zeitnah zu unterbreiten und nicht erst dann tätig werden, wenn der Mitarbeiter kurz vor seiner Ausreise steht, sollten zum Bestandteil einer

Unternehmenspolitik werden, von der sowohl der Auslandsmitarbeiter als auch das Unternehmen profitiert.

2. International agierende Unternehmen müssen erkennen, dass Expatriates, die während ihrer Auslandstätigkeit vom ursprünglichen Pionier zum Global Player gereift sind, zu Schlüsselfiguren im internationalen Geschäft geworden sind. Sie haben wichtige Erfahrungen erworben, die es ihnen ermöglichen, verschiedene internationale Märkte, Mitbewerber und Organisationszusammenhänge genau zu analysieren, um zu entsprechenden Schlussfolgerungen zu gelangen. Hinzu kommt, dass sich ihre Managementfähigkeiten während des Auslandseinsatzes verbessert und ihr interkulturelles Verständnis und Handeln eine neue Qualität erfahren haben. Ist der Expatriate jedoch nach seiner Rückkehr unzufrieden mit seinem neuen Tätigkeitsbereich oder verlässt er sogar das Unternehmen, so können seine Fähigkeiten nicht ausreichend bzw. überhaupt nicht für das Unternehmen genutzt werden. Erst eine erfolgreiche Reintegration ermöglicht eine langfristige und strategische Nutzung dieses Potentials.

3. Immer noch werden die mit einem Auslandseinsatz der Mitarbeiter verbundenen Möglichkeiten durch das Unternehmen zu wenig genutzt. Es werden teure Trainer angeworben, die Vorbereitungsseminare durchführen, ohne je in der entsprechenden Region tätig gewesen zu sein. Gerade für ein so schwieriges Land wie Saudi-Arabien bieten sich hier Synergieeffekte für die Unternehmen an. Niemand kann Mitarbeiter für einen Auslandseinsatz besser interkulturell vorbereiten als zurückgekehrte Expatriates. Sie haben Erfahrungen vor Ort gesammelt und zudem den Vorteil, dass sie für das Unternehmen wesentlich kostengünstiger sind als externe Berater. Kein Trainer kann mehr Glaubwürdigkeit bei seinen Zuhörern erzielen als ehemalige Auslandsmitarbeiter, die sich tagtäglich den schwierigsten Situationen stellen mussten und kulturspezifische Lösungen zu erarbeiten hatten.

4. Um das Mitarbeiterwissen aber optimal zu nutzen, müsste zuvor ermittelt werden, welche Stufe interkulturellen Lernens im Einsatzland erreicht wurde. Allzu oft erhalten die Mitarbeiter das Prüfsiegel „auslandserfahren", ohne dass eine weitere Differenzierung bzw. eine Evaluierung erfolgt ist (Bittner/Reisch, 1994, S. 113). Erfolgreiche Reintegration bedeutet deshalb auch, durch nachfolgende Auswertung von zuvor festgelegten Merkmalen einen Überblick über die interkulturellen Fähigkeiten des Mitarbeiters zu bekommen.

9.11.5 Fragebogen zur Reintegration von Auslandsmitarbeitern

Wer Fragen der Auslandsvorbereitung und der Reintegration als wichtig für sein Unternehmen ansieht, wird seine Entscheidung nicht emotional treffen, sondern versuchen, sie durch Fakten und zusätzliche Informationen abzusichern. Befragungen der betroffenen Mitarbeiter können hier eine gute Hilfestellung leisten. Immer wieder beklagen Unternehmen, dass sie die dafür notwendigen Untersuchungen als zeit- und auch kostenintensiv betrachten. Hochschulen bieten hier ihre Dienste an.

Fragebogen
Thema „Die Rolle und Wichtigkeit von Expatriates"
Mitarbeiterentsendung ins Ausland

Firma:

Gibt es bei Ihnen im Unternehmen in irgendeiner Form Unterstützung für Expatriates?

Ja ☐ Nein ☐

Wenn ja:

Wie unterstützt das Stammhaus den Mitarbeiter bei der Rückkehr ins Stammland?
(Mehrfachnennungen möglich)

- Wohnungssuche ☐
- Behördengänge (Anmeldung) ☐
- Integration in das soziale Umfeld ☐
- weitere Elemente, die wir nicht berücksichtigt haben:

Welche Leistungen übernimmt das Unternehmen allgemein?
(Mehrfachnennungen möglich)

	gar nicht	teilweise	ganz
Übernahme von Rückreisekosten:	☐	☐	☐
Übernahme von Tickets für die Rückreise	☐	☐	☐
Überführungskosten des PKW	☐	☐	☐
Übernahme von Zöllen und Gebühren	☐	☐	☐
Übernahme v. Kosten, die sich bei Nichteinhaltung v. Kündigungsfristen ergeben.	☐	☐	☐
Übernahme von Umzugskosten und entsprechenden Versicherungen	☐	☐	☐
Suche nach Wohnung im Stammland	☐	☐	☐
Nachhilfeunterricht für schulpflichtige Kinder (sofern dies erforderlich ist)	☐	☐	☐
Medizinischer Check-Up für die Familie	☐	☐	☐
Hilfe bei der Arbeitssuche für den/die Ehepartner/in, der/die im Gastland nicht berufstätig war, jedoch wieder eine Berufsausübung anstreben.	☐	☐	☐
Super Vision (psychologische Betreuung)	☐	☐	☐
weitere Elemente, die wir nicht berücksichtigt haben:			

Findet eine ganzheitliche Evaluierung statt? Ja ☐ Nein ☐

Wenn ja, welche Bestandteile werden ausgewertet?
Zuwachs Fachwissen ☐
Teamfähigkeit ☐
interkulturelle Kompetenz ☐
Denken in globalen Strukturen ☐
Verhandlungssicherheit ☐
Kenntnisse der Landessprache ☐
Weiterleitung von Informationen an die Personalabteilung ☐
weitere Elemente, die wir nicht berücksichtigt haben:

Wie würden Sie die beruflichen Perspektiven nach der Rückkehr einschätzen? (Mehrfachnennungen möglich)

Abstufung ☐
Höherstufung ☐
Rückkehr in gleiche Position ☐

In welcher Form nutzen Sie die Erfahrung der Expatriates?

keine Nutzung ☐
Bestandteil interner Schulungsmaßnahmen ☐
Betreuung zukünftiger Expatriates im Unternehmen ☐

Welche Maßnahmen ergreifen Sie, um die Wiedereingliederung eines Expatriates zu erleichtern. (Mehrfachnennungen möglich)

Einarbeitungszeit ☐
Stellung eines Mentors für eine bestimmte Zeit ☐
Ermöglichung einer Mitgliedschaft in einem Expatriates-Club ☐
Teilnahme an einem Rückkehrerseminar ☐
  1 Tag ☐   2 Tage ☐   länger ☐

weitere Elemente, die wir nicht berücksichtigt haben:

Dieser Fragebogen kann nicht erschöpfend sein, deshalb bitten wir sie einige Aspekte zu nennen, die bei der Reintegration von Mitarbeitern eine Rolle spielen.

Vielen Dank für Ihre Mitarbeit!

Abb. 87 Fragebogen zur Mitarbeiterentsendung ins Ausland
Quelle: Liesching/Fitschen, 2004, S. 42

Das vorangegangene Beispiel, das im Rahmen einer Projektarbeit durchgeführt wurde, zeigt wie Unternehmen und Hochschulen zusammenarbeiten können. Wenn auch die Ergebnisse der Befragung nicht veröffentlicht werden dürfen, weil wir zuvor Vertraulichkeit zugesichert haben, so kann der Fragebogen helfen, die Bandbreite des Themenfeldes „Reintegration" abzubilden.

9.11.6 Case Study: Outsourcing Sends U.S. Firms to "Trainer"

When Axcelis Technologies Inc. outsourced some engineering jobs to India last year, the Beverly, Massachusetts, company worried that some of its workers might resent their new Indian colleagues. So Axcelis called in Bidhan Chandra.

Over two days, the Indian born Mr. Chandra taught about 60 Axcelis employees the finer points of how to shake hands with Indians and why not to get frustrated if an Indian worker made no eye contact during a meeting. He got the group to role-play scenarios where one person would pretend to be an Indian and the other his U.S.-based colleague. Indian music throbbed in the background during the breaks.

"At first, I was skeptical and wondered what I'd get out of the class," says Randy Longo, a human resources director at Axcelis, producing tools for manufacturing semiconductors. "But it was enlightening for me. Not everyone operates like we do in America."

Even as the debate about the outsourcing of jobs to India mounts, people like Mr. Chandra are preaching understanding. As one of the country's premier "awareness trainers", the 56-year-old former mechanical engineer travels the U.S. to teach workers how – in essence – to be sensitive to their counterparts abroad.

His business is booming. Mr. Chandra, an international business professor at Empire State College in Saratoga, New York, teaches his sensitivity course once or twice a month, up from once every two months last year. Tech companies such as Axcelis, Advanced Micro Devices Inc. and KLA-Tencor Corp. have hired him. For these companies, Mr. Chandra holds a course dubbed "Working Effectively with Indians," which includes a cultural-sensitivity quiz. And he is now offering "immersion programs", where executives can travel to India with him as a guide.

The knowledge he imparts might be basic, but it can help to avoid business misunderstandings, says Mr. Chandra. For example, he notes that when Indians shake hands, they sometimes do so rather limply. That is not a sign of weakness or dislike; instead, a soft handshake conveys respect, Mr. Chandra says. When an Indian avoids eye contact, he adds, that is also a sign of deference.

At the root of potential problems between U.S and Indian workers is a vast cultural gap, argues Mr. Chandra. India is what he calls a "high context" society, which relies heavily on relationships and moral codes. "When people understand these differences, they are less likely to make mistakes with each other," Mr. Chandra says.

Mr. Chandra began developing his courses four years ago when a company in Singapore approached him to teach an awareness course on India. Over the next few years, he linked up with several U.S. intercultural-training firms, including Meridian Resources Associates, Inc., Change Management Consulting & Training LLC, Cultural Savvy and Intercultural Business Center Inc., which hired him as their primary trainer for India. These firms provide Mr. Chandra with the bulk of his corporate assignments, for which some of them charge 5,000 U.S. dollar, or about 4,000 Euro a day.

Each of Mr. Chandra's day long courses starts with a quiz to assess how much students already know about India. Then he discusses aspects of India's religious and linguistic diversity and its differences with the U.S., after which he divides the class into groups to analyse case studies of working situations. He follows that up with a tutorial on communication tips, including pointers on shaking hands, business protocol and business attire in India. Sometimes he ends the class with an Indian meal.

Mr. Chandra's clients say his teachings have helped minimising some common problems, such as misunderstandings about commitments made by Indian employees or contractors. Several years ago, for instance, tech firm KLA-Tencor was having communication mix-ups with its Indian partner, leading to some work deadlines being missed, says David Pitts, director of global alliances at KLA-Tencor.

After hiring Mr. Chandra to teach a class, "the most practical thing we learned was to get the individual in India to give feedback to you in a different medium – that is, if you'd spoken to them in a conference call, then get them to write an e-mail and repeat back what you have said," Mr. Pitt says. "We tended to forget that while Indians have good English, they might not be processing the information the same way that we do."

Last month, Mr. Chandra took about 20 executives from Advanced Micro Devices on a two-week "immersion" trip to India. The program required six months of planning, with Mr. Chandra preparing information on security issues they might confront. The group traveled to New Delhi, Bangalore and Bombay, meeting with local government officials and businessmen. As one tip, Mr. Chandra advised the team not to plunge into business talks right away during meetings, but to first chat about current events and other issues. AMD India President Ajay Marathe, an Indian who has worked for years in the company's U.S. operations, says Mr. Chandra helped the group learn how to better interact with Indians. "We know it takes a different kind of business behavior to succeed there," he says.

While few would dispute that, some executives believe cross-cultural training is best handled internally. After PeopleSoft Inc. opened an operation in India last July, Michael Gregoire, executive vice president of the software company, sent an executive team to India to get to know the operation. He also asked his team to take their staffs out for Indian meals. "I wouldn't advocate us taking our corporate culture out to anyone else" for training, Mr. Gregoire says.

Tam, Pui-Wing, Outsourcing Sends U.S. Firms to "Trainer", in: The Wall Street Journal – Arab news, 06/03/2006, p. 20

Review and Discussion Questions:

1. What different forms and methods of intercultural training are mentioned in this article? Please, list them all here.

2. Now put them in an order that starts with more passive forms of intercultural training and continue your scale till the most active form of intercultural training has been reached.

3. The author has pointed to a low and high-context example in this context. Who is the father of this concept? Could you give a brief overview of his model?

4. What did you learn about the right intercultural behavior in doing business with Indian partners? Name all important aspects!

5. What is your position regarding the trainer, respectively training institutes. Should they come from outside the company, would you prefer to have an in-company trainer or do you see another possibility to cross-culturally train the staff for international assignments?

9.12 Literaturverzeichnis

Adler, N.J., Re-entry: Managing cross-cultural transitions, in: Group & Organizations Studies, Nr. 6/1981.
Althauser, U., Internationales Personal-Management in den Kinderschuhen?, in: Personalwirtschaft, Nr. 7/1996.
Barmeyer, C., Interkulturelles Management und Lernstile – Studierende und Führungskräfte in Frankreich, Deutschland and Quebec, Campus 2000.
Bergemann, N./ Sourisseaux, A. (Hrsg.), Interkulturelles Management, 3. Aufl., Heidelberg, 2003.
Bittner, A., Interkulturelle Trainingsmethoden, Königswinter 2006.
Bittner, A., Rückkehr aus Penang, in: Institut für Interkulturelles Management (Hrsg.), Presse-Service 2/2002.
Bolten, J., Intercultural Training via E-Learning, in Poznan School of Banking (Hrsg.), International Conference: Opportunities and Threats for Management and Education in the Multicultural Europe, Poznan 2008.
Bolten, J., Interkulturelle Kompetenz im E-Learning, in: Straub, J., Wiedemann, D., (Hrsg.), Handbuch Interkulturelle Kompetenz, Stuttgart 2007.
Borning, A., Vom Spezialisten zum Generalisten, in: Personalführung, 1996, Nr. 4, S.308.
Buschermöhle, U., Ein neuer Expatriate – Typus entsteht, in: Personalwirtschaft, 05/00.
Buttermann, W., „Manager Gehalt", in Hamburger Abendblatt, 05/2005.
Clemens, S., Interkulturelles Management, in: Wirtschaft und Weiterbildung, Ausgabe 05/98.
DAAD, Living in Germany, www.daad.de.
Darlington, G., Culture: a theoretical review, in: Joynt, P./Warner, M., Managing Across Cultures, Issues and Perspectives, International Thomson Business Press, London, Boston, 1996.
Der Tagesspiegel (Hrsg.), Ausbildung zum Trainer und Coach für Interkulturelle Kompetenzen 02.04.2006.
Deutscher Industrie- und Handelstag (DIHT), Direktinvestitionen in China, ein Handbuch für den Mittelstand, Shanghai 1997.
Drozdova, A./ Fritzsche, A./ Neubert, J./ Korkach, T./ Steinfeldt, M., Projektarbeit „Intercultural Training", Stralsund 2007 (unveröffentlicht).
Fitschen, A./ Liesching, F., Projektarbeit „The Role and Importance of Expatriates", Stralsund 2004 (unveröffentlicht).
Flechsig, Interkulturelles und kulturelles Lernen, http://www.gwdg.de/~kflechs/iikdiaps1-97.htm, 11/2001.
Föhlisch, K./ Vieweger, C., Projektarbeit „Intercultural Training", Stralsund 2007 (unveröffentlicht).
Gaugler, E., Repatriierung von Stammhausdelegierten, in: Macharzina/Welge (Hrsg.), Handwörterbuch Export und internationale Unternehmung, Stuttgart 1989.
Hanisch, A./ Warnke, C., Projektarbeit „Intercultural Training", Stralsund 2008 (unveröffentlicht).
Harvey, M.G., Repatriation of corporate executives: An empirical study, in: Journal of International Business Studies, Nr. 20/1989.
Heidemann, K./ Steckhan, H./ Rietz, C., Kriterien für einen erfolgreichen Auslandsaufenthalt, in: Personalwirtschaft, Nr. 11/2004.
Hofsted, G., Cultures and Organizations, Software of the mind, Intercultural Cooperation and its Importance for Survival, IRIC Institute for Research on Intercultural Cooperation, University of Limburg at Maastricht, NL, McGraw-Hill Companies, New York, London et al., 1997.

Horsch, J., Reif fürs Ausland?, in: Personalwirtschaft, Nr. 7/1996.
Hummel, T. R./Jochmann, W., Beurteilungs- und Erfolgskriterien des Personaleinsatzes im internationalen Personalmanagement, in: Kumar, B. N./Wagner, D., Handbuch des Internationalen Personalmanagements, Verlag C.H. Beck, München 1998.
Institut für Interkulturelles Management, www.ifim.de.
Institut für Interkulturelles Management, Presseberichte Nr. 2/2002.
Kasper, H., Organisationskultur: über den Stand der Forschung, Wien 1997.
Kenter, M.E./ Welge, M.K., Die Reintegration von Stammhausdelegierten. Ergebnisse einer explorativen empirischen Untersuchung, in: Dülfer (Hrsg.), Personelle Aspekte im internationalen Management, Berlin 1983.
Kluth, S./ Linke, J./ Walter, H., Survey on Intercultural Preparation: Results of an international study 2009, Stralsund 2009 (unveröffentlicht).
Kothari, V./ Helling, A., Internationales Management Training der Henkel-Gruppe – Geschichte, Erfahrungen und Visionen, in: Scholz, J.M. (Hrsg.), Internationales Change-Management, Stuttgart 1995.
Kühlmann, T.M./ Stahl, G.K., Die Wiedereingliederung von Mitarbeitern nach einem Auslandseinsatz: Wissenschaftliche Grundlagen, in: Kühlmann (Hrsg.), Mitarbeiterentsendung ins Ausland, Göttingen 1995.
Kumar, B. N., Konzeptioneller Rahmen, in: Kumar, B. N./Wagner, D., Handbuch des Internationalen Personalmanagements, Verlag C.H. Beck, München 1998.
Kwintessential, http://kwintessential.couk/cultural-services.html.
Ladwig, D.H./ Loose, K., Bestimmungsfaktoren und Lösungsansätze der Reintegrationsproblematik von Mitarbeitern nach einem Aufenthalt im arabischen Ausland, Institut für Personalwesen und Internationales Management (Hrsg.), Forschungsbericht der Universität der Bundeswehr Hamburg, Nr. 21/1998.
Mayer, B. Innovation und Unternehmenskultur. Die Hilti AG fördert weltweit Kommunikation und Teamfähigkeit, in: Personalwirtschaft, Nr. 2/1998.
Michahelles, R., So sollten Führungs- und Nachwuchsführungskräfte, Unternehmer und Chefs auf den Auslandseinsatz vorbereitet werden, in: Der Karriereberater, Nr. 6/1997.
Michel, L., Digitales Lernen. Forschung – Praxis –Märkte, Berlin 2006.
o.V., Vorbereitungsmaßnahmen im Hinblick auf einen Auslandseinsatz, in: Personalwirtschaft 7/2002.
Plett, A., Einbeziehung von Kindern in die interkulturelle Vorbereitung, in: Rothlauf, J. (Hrsg.), 14th International Baltic Sea Forum: A Global View on Intercultural Management, Stralsund 2009.
Robert Bosch India Limited, Behaviour, Intercultural, CIP and Leadership Programs & Offerings – Enhancing Competencies, 2006.
Rothlauf, J. Interkulturelles Management, 2. Aufl., München 2006.
Rothlauf, J., Projektunterlagen, Stralsund, 2007.
Scherm, E., Internationales Personalmanagement, Oldenbourg Verlag, München, Wien 1995.
Stahl, G., Internationaler Einsatz von Führungskräften, Oldenbourg Verlag, München, Wien 1998.
Steinmann, H./ Kumar, B.N., Personalpolitische Aspekte von im Ausland tätigen Unternehmen, in Dicht/Issing (Hrsg.), Exporte als Herausforderung für die deutsche Wirtschaft, Köln 1984.
Tam, P., Outsourcing Sends U.S. Firms to "Trainer", in: The Wall Street Journal – Arab news, 06.03.2006.
Thomas, A./ Hagemann, K., Training interkultureller Kompetenz, in: Bergemann, N./ Sourisseaux, A. L.J., Interkulturelles Management, 2., überarbeitete Auflage, Physica Verlag, Heidelberg 1996.

Thomas, A., Psychologische Bedingungen und Wirkungen internationalen Managements - analysiert am Beispiel deutsch - chinesischer Zusammenarbeit, in: Engelhard, J., Interkulturelles Management, Theoretische Fundierung und funktionsbereichsspezifische Konzepte, Gabler Verlag, Wiesbaden 1997.

Tiessen, M., Die Rückkehr planen, in: uni 2/2006.

Weber, W./Festing, M./Dowling, P. J./Schuler, R. S., Internationales Personalmanagement, Gabler Verlag, Wiesbaden 1998.

Wickel-Kirsch, S., Fehlende Reintegrationsplanung, in: Die Personalwirtschaft, Nr. 2/2004.

Windham International & National Foreign Trade Council: Global Relocation Trends Survey, retrieved April 29, 2008.

Williams, J., Don't they know it's Friday, Cross-Cultural Considerations for Business and Life in the Gulf, Ajman, UAE, 2004.

10 Interkulturelles Management in Vietnam

„Ein Bach, der von seiner Quelle abgeschnitten wird, trocknet aus und wird versiegen. Ein Baum, der seiner Wurzeln beraubt ist, wird absterben. Ein Revolutionär, dem es an Moral mangelt, wird niemals sein Ziel erreichen."

(Ho Chi Minh)

10.1 Basisindikatoren im Vergleich

Indikatoren	Vietnam	Deutschland
Bruttoinlandsprodukt Wachstumsrate	5,8%	2,7%
Bruttoinlandsprodukt pro Kopf	3.300 $	37.900 $
Bevölkerung	91.519.289 (2012 est.)	81.305.856 (2012 est.)
Bevölkerungswachstum	1,054% (2012 est.)	-0,2% (2012 est.)
Inflation	18,9%	2,2%
Exporte	96,81 Mrd. $	1,543 Bill. $
Lebenserwartung (Jahre)	72,41	80,19
Alphabetisierungsrate	94%	99%

Abb. 88 Ausgewählte Basisindikatoren im Vergleich Vietnam-Deutschland im Jahre 2011
Quelle: CIA World Factbook, 2012

10.2 Politisch-ökonomische Rahmenbedingungen

Um das vielfältige Beziehungssystem mit seinen unterschiedlichen politischen und ökonomischen Abhängigkeiten in Vietnam zu verstehen, das in Form und Ausprägung sowohl den Geschäfts- als auch den Privatbereich tangiert, bedarf es der allgemeinen Kenntnis der politisch-ökonomischen Rahmenbedingungen.

> **Vietnam**
> (Drobeck/Rademacher)
>
> Vietnam's outline on the map looks like a bamboo pole, with a rice basket hanging from each end. In the North, the fertile Red River delta making up one of the baskets, balanced on the other end by the Mekong delta in the South. Between them lies a long, narrow and rather barren strip of land almost 600 miles in length, which at some point is only 30 miles wide. Wild, jagged mountain landscapes, in which mountain people live a withdrawn way of life, beautiful endless sandy beaches, lonely bays, pagodas, temples, floating villages, verdant green rice paddies, canals, rivers, palm groves, thousands of years of tradition contrasting with the frantic pace of development. All this is Vietnam – and the impression, particularly in the cities, that this country never sleeps.
>
> In: Vietnam Panorama, 2008, S. 2

10.2.1 Vietnam auf dem Weg zur politischen Freiheit

Am 2. September 1945 proklamierte Ho Chi Minh die Demokratische Republik Vietnam, die 1946 von Frankreich anerkannt wurde. Im 1. Indochinakrieg (1946-1954) versuchte man von französischer Seite, diesen Schritt zu revidieren. Seit dieser Zeit ist der Name Vietnam mit dem längsten und blutigsten Krieg nach dem 2. Weltkrieg verbunden, der fast 30 Jahre lange dauerte. Nach der militärischen Niederlage der Franzosen 1954 wurde auf der Genfer Indochina-Konferenz der 17. Breitengrad als Demarkationslinie zwischen Nord- und Süd-Vietnam bestimmt und die Basis für die getrennte Entwicklung beider Landesteile gelegt (FitzGerald, 2001, S.202).

Während der Neubeginn im Norden unter Ho Chi Minh mit Unterstützung der Volksrepublik China und der Sowjetunion nach marxistisch-stalinistischen Kriterien erfolgte, lösten die USA im Süden Frankreich als bestimmenden Machtfaktor ab. Nach dem Sturz des von den USA gestützten Antikommunisten Ngo Dinh Diem 1963 kam es zu einer Reihe von Staatsstreichen – als Folge der bewaffneten Auseinandersetzungen innerhalb Südvietnams im 2. Indochinakrieg (1964-1975), der als Vietnamkrieg in die Geschichte einging. Die Unterstützung der Vietkong, der südvietnamesischen Befreiungsbewegung, durch den Norden, veranlasste die USA zu einer Steigerung ihrer Militärhilfe, bis sie schließlich fast eine halbe Million US-Soldaten in Südvietnam stationiert hatten. Das Vorgehen der USA (Bombardements Nordvietnams, der Einsatz von Napalm und Entlaubungsmitteln gegen Nordvietnam) traf zunehmend die Zivilbevölkerung und stieß international auf Protest (Flade, 1998, S.7).

Der Schlaf des Patrioten
(Andrew X. Pham)

Onkel Ho soll ein Weißer gewesen sein? Das wäre mir neu. Jedenfalls liegt er jetzt wie Schneewittchen in einem gläsernen Sarg. Sein weißes Haar leuchtet mit einem blonden Stich. Sein Gesicht hat die rötliche Frische eines berauschten Ariers. Nun ja, vielleicht ist es auch nur das Licht.

Ich glotze ihn an wie der Rest der Touristen, die zur Hälfte Ausländer in abgeschnittenen Jeans, Sportbüstenhaltern und Birkenstocksandalen sind, zur Hälfte Vietnamesen, die in ihrer Sonntagskleidung schwitzen und leiden. Um die Würde Onkel Hos nicht zu verletzen, verlangen die Beamten kein Eintrittsgeld für das Mausoleum, aber das stündliche Ereignis nimmt bisweilen bizarre Formen an. An den Wänden des Korridors aus schwarzem Marmor stehen finster blickende Wächter, konfiszieren Kameras und gebieten Ausländern Ruhe. Ein australischer Junge, der seinen Vater hinter sich herzieht, piepst: „Werden wir jetzt einen echten Toten sehen? Ist er wirklich tot?"

Hinter dem Kind formiert sich der Trauerzug der vietnamesischen Besucher, die kaum zu atmen oder zu sprechen wagen und die Köpfe gesenkt halten. Vielleicht sind sie beschämt, weil man Onkel Ho in einer schrecklichen Gruft ausgestellt hat, obwohl sein letzter Wunsch lautete, eingeäschert zu werden, weil das Land kostbar ist und landwirtschaftlich genutzt werden sollte.

Was immer Vietnamesen von diesem Mann und seiner Ideologie halten mögen, er gilt bei ihnen wie bei allen unterdrückten Völkern auf dieser Erde als ein Mensch einfacher Herkunft, der sich als niedriger Arbeiter durch das Land des weißen Mannes kämpfte und zurückkehrte, um seine Heimat aus den Fängen des Imperialismus zu befreien.

In: Mond über den Reisfeldern, München 2002, S. 275 ff.

Die 1968 eingeleiteten Friedensgespräche führten 1973 zu einem Waffenstillstandsabkommen und markierten den Rückzug US-amerikanischer Truppen. 1975 überrannte die Armee Nordvietnams den Süden und stellte die Einheit Vietnams unter kommunistischer Vorherrschaft wieder her.

Rund ein Jahr später erfolgte die Wiedervereinigung. 1992 wurde die Verfassung erneuert. Danach kehrte endlich Frieden in das Land zwischen den Drachenbergen im Norden und dem Mekong-Delta im Süden ein (Rousseau, 1998, S. 7 ff.).

10.2.2 Vietnam auf dem Weg zur sozialistisch orientierten Marktwirtschaft

Mit dem Inkrafttreten des Gesetzes zur Förderung der ausländischen Investitionstätigkeit in Vietnam im Dezember 1988 sollte auch für ausländische Investoren ganz offenkundig gemacht werden, dass das seit 1975 wiedervereinigte Vietnam den Übergang von einer zentral gelenkten Planwirtschaft hin zu einer sozialistisch orientierten Marktwirtschaft ganz offensichtlich in Angriff genommen hat. Der vietnamesische Weg der schrittweisen wirtschaftlichen Öffnung, den man in Vietnam als „Doi Moi" gekennzeichnet hat, fand auch im Westen hohe Anerkennung. Der Beitritt zur ASEAN im Jahre 1995 und zur APEC im November 1998 hat darüber hinaus dem Land weiter geholfen, aus seiner jahrzehntelangen politischen und wirtschaftlichen Isolation zu kommen und sich in die Wachstumsmärkte Südostasiens weiter zu integrieren (Cam, 1998, S. 6).

Doi Moi: Renovation, Reform, and Growth
(Van Huy/Kendall)

Economic and social changes do not mean that Vietnam has completely given up on its socialist ambitions. Certainly at a rhetorical level, those ambitions remain. Slogans used in everyday life and posted everywhere indicate that Vietnam is not implementing liberal capitalist reforms but is creating a "socialist market economy". The regime justifies its departure from orthodox socialism by promising that a socialist Vietnam will be fully industrialized and modernized by the year 2020.

In: Vietnam: Journey of Body, Mind and Spirit, 2003, p. 41

Die Mitte der achtziger Jahre von der vietnamesischen Regierung eingeleiteten Wirtschaftsreformen haben neben einer grundsätzlichen makroökonomischen Stabilisierung auch zu markanten Veränderungen auf der Mikroebene geführt. Seitdem ist die Anzahl kleiner Produktions- und Handelsbetriebe landesweit sprunghaft angestiegen. Hierbei handelt es sich fast durchgehend um Betriebe auf Familienbasis, die mit wenig Kapital, jedoch viel Fleiß und Engagement versuchen, ihren Lebensunterhalt zu erwirtschaften (Kurths, 1997, S. 1).

Der Gründerboom bei den klein- und mittelständischen Familienbetrieben in der Landwirtschaft und in der einfachen Industrie, wurde durch die Kenntnis typisch westlichen Wissens gestützt. Die Vietnamesen haben im Laufe ihrer Geschichte zumindest partiell erfahren, was westliche Demokratien bewirken können und gelernt, wie Märkte funktionieren und wie man sich in einer Konkurrenzgesellschaft bewegt.

Vietnam öffnet die Tore weit für den Handel
(Jochen Buchsteiner)

Seit dem 11. Januar 2007 gehört Vietnam auch der Welthandelsorganisation WTO an. Elf Jahre dauerte es, bis der am Ende 900 Seiten dicke Katalog der Beitrittsklauseln unterschriftsreif war. Die neuen Marktzugangsmöglichkeiten hat sich die Regierung mit weitreichenden Öffnungen der eigenen Wirtschaft erkauft. Insbesondere der Landwirtschaft drohen Fachleuten zufolge schwere Zeiten, wenn nun internationale Handelskonzerne dank geringerer Importzölle ins Land drängen. Auch für Industrieprodukte und Dienstleistungen aus dem Ausland wird Vietnam nun die Tore weit öffnen. Mit Übergangsfristen von bis zu sieben Jahren will die Regierung die durchschnittlich auf 18 Prozent geschätzten Importzölle je nach Branche auf bis zu 5 Prozent senken. In der Telekommunikation sowie im Banken- und Versicherungsgeschäft hat Vietnam weitgehenden Beteiligungsmöglichkeiten zugestimmt.

In: FAZ, 11.01.2007, S. 10

Mit dem im April 2006 verabschiedeten Jahresplan wird weiter auf Wirtschaftswachstum gesetzt. Bis zum Jahr 2010 soll das Bruttosozialprodukt im Vergleich zu 2001 verdoppelt werden. Vietnam will sich aus der Riege der Entwicklungsländer verabschieden. Bis 2020 will das Land als moderner Industriestaat auftreten. Dem Beispiel China folgend strebt Vietnam dabei nach internationaler Anerkennung. Als wichtige Wegmarke betrachten die Kommunisten dabei das Treffen des Asiatisch-Pazifischen Wirtschaftsforums im November. Zu dem

Gipfel in Hanoi wird erstmals seit dem Vietnam-Krieg auch ein amerikanischer Präsident in Hanoi empfangen werden (FAZ, 17.05.2006, S. 7).

Das Land ist außergewöhnlich reich an Bodenschätzen. Dazu gehören u.a. Kohle, Bauxit, Eisen, Eisenerz, Titan, Chrom, Nickel, Gold, Silber und Edelsteine. Die größten Einnahmen werden jedoch aus der Rohölförderung erzielt. Zunehmende Bedeutung erlangt die Erdgasgewinnung, die als unerwünschtes Nebenprodukt der Ölförderung jahrelang einfach abgefackelt wurde (Saigon Times, 1998, S. 9). Eine der größten Herausforderungen des Landes liegt im Bereich der Infrastruktur. Während mit der Verkabelung landesweit begonnen wurde und so das Kommunikationswesen schon jetzt davon profitiert, bleibt die unzureichende Verkehrsanbindung eine der großen Aufgaben der nächsten Jahre (Stajkovic, 1997, S. 545).

Mit der zweitgrößten Bevölkerungszahl in Südostasien von gegenwärtig 86 Mio. Bewohnern und einer geschätzten Einwohnerzahl von rund 100 Mio. im Jahre 2020 stellt Vietnam - auch gemessen an der Einwohnerzahl - einen interessanten Markt der Zukunft dar.

Viele Wege zum Erfolg
Auszug aus einem Interview, das Hans Hoyng und Jürgen Kremb mit dem vietnamesischen Staatspräsidenten Nguyen Minh Triet führten:

Spiegel: *Herr Präsident, Ihr Land ist eine sozialistische Republik mit Marktwirtschaft. Wie viel Mitsprache haben die einzelnen Bürger?*
Triet: Wir haben uns den Sozialismus in einem verlustreichen Krieg für Unabhängigkeit und Wiedervereinigung hart erkämpft. Um eine wohlhabende und prosperierende Gesellschaft aufzubauen, schlugen wir den Weg einer sozialistischen Marktwirtschaft ein. Wir verzeichnen ein hohes Wirtschaftswachstum und trotzdem ist das Gefühl der Solidarität in der Gesellschaft nicht verloren gegangen. Das ist den Leuten wichtig.
Spiegel: *Welchen Modellen folgen Sie bei Ihren Wirtschaftsreformen: China, den Tigern in Südostasien oder dem kapitalistischen Westen?*
Triet: Die Welt ist groß, und es gibt viele Wege, die zum Erfolg führen. Das gilt gleichermaßen für politische wie wirtschaftliche Konzepte. Wir sehen deshalb keine Notwendigkeit, stoisch den chinesischen, amerikanischen oder französischen Weg einzuschlagen. Mit China verbindet uns der Sozialismus.

> *Spiegel:* *Westliche Anleger schätzen Vietnam und China, auch weil es dort kaum Streiks und keine unabhängigen Gewerkschaften gibt. Auch die Umweltauflagen sind weitaus geringer. Arbeiter im kapitalistischen Deutschland besitzen viel mehr Rechte als Arbeiter in Vietnam oder China. Verraten Sie damit nicht die Werte des Sozialismus an den Kapitalismus?*
>
> **Triet:** Der Hauptunterschied liegt im Lohnniveau, und zwar deshalb, weil unsere Arbeiter noch nicht so gut ausgebildet sind wie in anderen Ländern. Deshalb müssen wir die Bedingungen akzeptieren, die auf den internationalen Märkten herrschen. Doch auch unsere Gewerkschaften setzen sich für die Rechte der Arbeiter ein.
>
> *Spiegel:* *Arbeitervertreter im Westen werfen Parteien in Vietnam und China vor, sie würden die Standards für industrielle Arbeit unmenschlich drücken und somit zum Verlust von Arbeitsplätzen im Westen beitragen.*
>
> **Triet:** Die Regierungen und die kommunistischen Parteien in Vietnam und China tun ihr Bestes, um die heimische Wirtschaft zu entwickeln. Aber der Aufstieg der Länder in Asien steht nicht im Gegensatz zur Entwicklung und dem Wohlstand westlicher Nationen. Es ist eine Entwicklung von gegenseitigem Nutzen. Die Interessen von westlichen Anlegern sind bei uns geschützt. Davon profitieren der Westen und wir gleichermaßen.
>
> *Spiegel:* *In dieser Woche stattet Bundespräsident Horst Köhler Vietnam einen Besuch ab. Was erwarten Sie von Deutschland?*
>
> **Triet:** Deutsche Unternehmer haben viel in unserem Land investiert, auch der Handel blüht. Wir wollen die wirtschaftliche Zusammenarbeit beschleunigen. Ihr Land ist ein großer, wichtiger Geber von Entwicklungshilfe und hat sehr viel dazu beigetragen, die Armut für viele Vietnamesen zu lindern.

In: Der Spiegel, Nr. 21/2007, S. 112ff.

10.2.2.1 Staatliche versus nicht-staatliche Betriebe

Im Vergleich zu den Staatsbetrieben befinden sich die Privatbetriebe in Vietnam in einer noch angespannten ökonomischen und rechtlichen Situation. Zwar verfügen die Privatunternehmen über eine effizientere innerbetriebliche Organisation und sind den staatlichen Betrieben auch im Hinblick auf die besseren Anreiz- und Führungsstrukturen überlegen, doch das nach wie vor vorhandene Beziehungsgefüge zwischen staatlichen Betrieben und den sie kontrollierenden Ministerien führt zu einer Verzerrung der Wettbewerbschancen. Obgleich mit Ausnahme einiger verteidigungspolitisch wichtiger Industrieproduktionen dem

> **Führung in Vietnam ausgetauscht**
> (Deutsche Presseagentur)
>
> **Hanoi** – Vietnam hat seine Staatsspitze verjüngt und wieder einen Wirtschaftsreformer als Ministerpräsidenten eingesetzt. Die Nationalversammlung bestätigte Nguyen Tan Dung (56) als neuen Regierungschef. Der Nachfolger von Phan Van Khai (72) ist der jüngste Ministerpräsident seit Ende des Vietnamkriegs. Im kommunistischen System des Landes wird er in der Machtfülle nur noch von KP-Chef Nong Duc Manh übertroffen.
>
> Das vietnamesische Parlament wählte zudem den 64-jährigen Nguyen Minh Triet zum neuen Präsidenten. Der bisherige KP-Chef der Wirtschaftsmetropole Ho-Chi-Minh-Stadt, des früheren Saigon, löst Tran Duc Luong (69) ab, der in den Ruhestand geht. Triet hat sich im Kampf gegen die in Vietnam weitverbreitete Korruption einen Namen gemacht.
>
> In: Die Welt, 28.06.2006, S. 6

Privatsektor alle Branchen offen stehen, konzentriert er sich überwiegend auf die für ihn leicht zugänglichen Märkte, wozu u. a. der Einzelhandel und das Dienstleistungsgewerbe gehören (Kurths, 1997, S. 77).

Was das Engagement ausländischer Investoren betrifft, so dürfen Sie nicht in allen Bereichen der vietnamesischen Wirtschaft tätig werden, wie etwa im Handel und in verschiedenen Dienstleistungsbereichen wie Import und Vertrieb von Handelswaren, Telekommunikation oder Speditionsdienstleistungen. Allerdings sind mit dem Beitritt Vietnams zur Welthandelsorganisation (WTO) Hoffnungen auf eine Liberalisierung verbunden (Hoffmann, 2005, S. 52).

> **Vietnam: Das Volk fordert Reformen**
> (Harry Mainzer)
>
> Noch immer gibt es keine echte Chancengleichheit zwischen Staatsbetrieben und privater Wirtschaft. Das zeigt sich besonders bei Joint-Venture-Genehmigungen mit ausländischen Partnern und bei Außenhandelslizenzen. Der Repräsentant des Ostasiatischen Vereins in Hanoi, Tran Quoc Hung, appelliert an die deutsche Wirtschaft, sich von bürokratischen Hemmnissen nicht abschrecken zu lassen. Der Verein trug dazu bei, dass heute 85 deutsche Firmen mit mehr als 100 Niederlassungen in Vietnam vertreten sind.
>
> In: Rheinischer Merkur, Nr. 20/2002, S. 5

10.2.2.2 Vietnam ein dynamischer Wachstumsmarkt in Asien mit deutschsprachigem Arbeitskräftepotenzial

In den letzten 15 bis 20 Jahren wuchs die vietnamesische Volkswirtschaft um gut 7,5 Prozent jährlich. Seit dem WTO-Beitritt hat die wirtschaftliche Entwicklung Vietnams mit einem Wachstum von 8,5 Prozent im Jahr 2007 und prognostizierten 9,0 Prozent 2008 zusätzlich an Dynamik gewonnen. Die einsetzende weltweite Wirtschaftskrise hat mittlerweile allerdings auch Vietnam erreicht, so dass für das Jahr 2009 nur noch mit 6,1 Prozent Wachstum gerechnet wird. Trotzdem bleiben die Wachstumsraten im weltweiten Vergleich extrem hoch. Was die industrielle Produktion betrifft, so ist sie im Jahr 2007 um 17 Prozent auf 35.9 Milliarden US-Dollar angestiegen, der Zufluss registrierter Auslandsinvestitionen erreichte dabei einen historischen Höchststand von über 20 Milliarden US-Dollar. Die vietnamesischen Importe stiegen um 21,7 Prozent, die Einfuhren nach Deutschland sogar um 23,7 Prozent. Noch dynamischer entwickelten sich im gleichen Zeitraum die deutschen Ausfuhren mit einem Plus von 74,6 Prozent (Nöther, 2008, S. 1).

Der WTO-Beitritt stärkt die weltwirtschaftliche Integration und ist Impuls für ehrgeizige Reformprozesse. Die vietnamesische Regierung arbeitet an einer ständigen Verbesserung der wirtschaftlichen Rahmenbedingungen für ausländische Investoren. Beispiele hierfür sind der Erlass der neuen Regelungen zum Schutz geistigen Eigentums, umfangreiche Klarstellungen zu rechtlichen Aspekten der Unternehmensgründung und die Kapitalbeteiligung an vietnamesischen Unternehmen. Die politische und wirtschaftliche Integration Vietnams in der ASEAN wird für Vietnam positive Standorteffekte entfalten. Vietnam schließt zügig zu den wirtschaftlich entwickelten Gründungsmitgliedern auf und forciert die regionale Wirtschaftsintegration im Rahmen der ASEAN Free Trade Area. Damit gewinnt Vietnam als Standort für die industrielle Produktion weiter an Bedeutung. Die deutsche Wirtschaft begrüßt diese positive Entwicklung als hervorragende Basis für eine verstärkte Wirtschaftszusammenarbeit.

Die traditionell enge Verbundenheit beider Länder schafft eine gute Ausgangslage. Dafür stehen den deutschen Unternehmen mit rund 100 000 in der ehemaligen DDR ausgebildeten Fach- und Führungskräften ein ausgezeichnetes Arbeitskräftepotenzial mit zum Teil hervorragenden Deutschkenntnissen zur Verfügung. Im Gegensatz zu vielen Ländern der Welt könnte man hier Mitarbeiter rekrutieren, die gelernt haben mit unserer Mentalität umzugehen. Hinzu kommt, dass eine Reihe von deutschsprachigen Vietnamesen Führungspositionen in Ministerien und in der öffentlichen Verwaltung einnehmen, so dass Entscheidungswege häufig verkürzt werden können und das sonst so aufwendige Procedere von Genehmigungen eine schnellere Abwicklung erfährt (Rothlauf, 2006, S. 11). Dass zudem die Zusammenarbeit im Hochschulbereich zwischen den beiden Ländern intensiviert werden soll wird von allen Beteiligten sehr begrüßt, wozu auch bilaterale Projekte im Bereich der Managementausbildung oder der technischen Ausbildung gehören.

Wie in anderen wachstumsstarken Ländern der Region sind mit der zügigen Industrialisierung Vietnams Chancen für die deutsche Industrie verbunden. So werden technologische Lösungen für den Abbau bestehender Umweltbelastungen gesucht und der Ausbau der Energieversorgung spielt bei der weiteren Entwicklung eine große Rolle. Vietnams Energiebedarf ist in den letzten 15 Jahren um durchschnittlich 11,2 Prozent jährlich gewachsen und der weiter zu erwartende Anstieg wird die Nachfrage nach Energie weiter wachsen lassen. Darüber hinaus erfordert der Wachstumsprozess umfangreiche Instandhaltungs- und Erweiterungsinvestitionen in die Infrastruktur, den öffentlichen Nahverkehr und die Stadtentwicklung. Das gleiche gilt für die Automobilindustrie. Mit 600 000 zugelassenen Fahrzeugen genießt dieser noch junge Markt positive Zukunftsaussichten (Nöther, 2007, S. 1). Als Fazit lässt sich feststellen, dass Vietnam nicht nur in der Vergangenheit ein interessanter Markt für deutsche Produkte und Dienstleistungen war, sondern dass sich durch die Dynamik des vietnamesischen Marktes neue Chancen und Möglichkeiten ergeben, die es aus Sicht der deutschen Volkswirtschaft zu nutzen gilt.

Auszug aus einem Interview, das H. Hoffmann (Aktuell ASIA) in Vietnam mit A. Bischoff, Vorsitzender der GBA, und W. Ehmann, Delegierter der deutschen Wirtschaft in Vietnam führte:

Aktuell ASIA: *Vietnam hat in den letzten Jahren mit durchschnittlich mehr als sieben Prozent ein enormes Wachstumstempo vorgelegt. In Teilbereichen wie etwa der Informationstechnologie sind Zuwachsraten von über 30 Prozent zu beobachten.*

Ehmann: Ja, es ist gelungen, Wachstumsmotore wie die Industrie- und Exportmärkte sowie Dienstleistungssektoren rasch zu entwickeln. Von einem niedrigen Niveau ausgehend ist es natürlich ungleich einfacher, eindrucksvolle Wachstumsraten zu produzieren. Um das Niveau nachhaltig zu halten, muss der Grad, der in Vietnam erzeugten Wertschöpfung erhöht werden, d.h. Lohnveredlung, Exporte von Roh- und Halbfertigerzeugnissen müssen durch die Entwicklung einheimischer Zulieferindustrien, eigener Produktentwicklung und deren Vermarktung aufgewertet werden.

Bischoff: ..zudem ist Vietnam in einer Phase, wo es eine Investment- und Wachstums-Identität sucht. So wie es Indien im IT-Sektor gelungen ist und China als Produktionsstandort, so versucht Vietnam klare Signale an Investoren zu senden, um Investments zu stimulieren.

Aktuell ASIA: *Wie sieht es in diesem Bereich aus?*

Ehmann: Mit zunehmender Privatisierung der Wirtschaft investieren die Unternehmen auch mehr in Produktionsmittel und Ausbildung. Hier ist auch die deutsche Entwicklungszusammenarbeit aktiv. Erst in diesen Tagen wurde eine neue Einrichtung der GTZ ins Leben gerufen, die vietnamesischen Unternehmen beim Aufbau von Markennamen und der internationalen Vermarktung helfen soll. Verschiedentlich sind schon Erfolge sichtbar, etwa im Bereich der Mode hat sich „Khai Silk" international einen Namen gemacht, oder neuerdings die „Vinashin" im Schiffbau.

Bischoff: Vietnam hat zudem einen noch fast unberührten einheimischen Markt, dessen Potential vom Wachstum der Bruttoinlandsprodukte abhängt. Die Vietnamesen vertrauen mehr in das Wachstum ihres Landes als in ausländische Investoren. Basis für das Wachstum ist politische Stabilität und die ist gegeben.

Aktuell ASIA: *Somit scheinen als die zwei Grundvoraussetzungen für ausländisches Engagement „Rechtssicherheit" und „Investitionsschutz" gewährt. Wo herrschen noch Defizite, wo gibt es Fortschritte?*

Ehmann: Vietnam hat große Anstrengungen unternommen, um sein Rechtssystem rechtsstaatlichen Prinzipien anzupassen, mit ausländischer, als auch mit deutscher Hilfe. Mit Deutschland besteht ein Investitionsschutzabkommen. Dennoch muss man beachten, dass der Reformprozess des Rechtssystems erst in Gang gekommen ist, und man in Vietnam nicht das Niveau einer Rechtssprechung etwa wie in Deutschland erwarten kann.

Aktuell ASIA: *Und wie bewerten Sie die Chancen für ein Engagement jetzt, in fünf Jahren, in zehn Jahren?*

Ehmann: Vietnam wird sich weiter öffnen und seine Wirtschaft modernen Standards anpassen, der WTO-Beitritt wird hierzu ein weiterer Katalysator sein. Die Industrieproduktion wird ein solides Rückgrat bilden und der Dienstleistungssektor die Wachstumsbranche stellen. Dazu gehören der Bildungsbereich, IT und Tourismus. Das Land kann auf die hohe Qualität seines Humankapitals bauen.

Aktuell ASIA:	*Gibt es besonders herausragende Betätigungsfelder?*
Ehmann:	Der Nachholbedarf ist in allen Bereichen groß. Um seine Wachstumsziele zu erreichen und um im Standortwettbewerb mit den Nachbarn zu bestehen, gilt es besonders, die Verkehrsinfrastruktur auszubauen. Speziell im Bereich Tourismus sehe ich eine solide Zukunft. Das Land ist im Vergleich zu seinen Nachbarn touristisch weniger erschlossen und bietet abwechslungsreiche Attraktionen für Besucher. Es ist weniger eine Frage des „ob", sondern des „wann" Vietnam eine führende Touristendestination in Asien wird. Die Entwicklung der Besucherzahlen in den letzten Jahren ist jedenfalls sehr ermutigend.
Aktuell ASIA:	*Ausländische und auch deutsche Unternehmen haben viel zum Wachstum und der Entwicklung Vietnams beigetragen. Wird dieses Engagement auf vietnamesischer Seite gewürdigt und entsprechend auch gefördert?*
Ehmann:	Deutschland, deutsche Produkte und Tugenden werden in Vietnam sehr geschätzt, nicht nur von der Vielzahl der in der ehemaligen DDR ausgebildeten Vietnamesen.
Aktuell ASIA:	*Wie sieht es eigentlich mit dem deutschen Engagement in Vietnam aus?*
Ehmann:	Es gibt schätzungsweise 120 Niederlassungen deutscher Firmen, zumeist in der Rechtsform einer Repräsentanz und ca. 20 Prozent als Joint Ventures oder 100%-ige Auslandsinvestitionen.
Aktuell ASIA:	*Was müssen deutsche Unternehmen, die sich in Vietnam engagieren wollen, besonders beachten?*
Ehmann:	Ein Ansprechpartner vor Ort ist unerlässlich – als Agent, freier Mitarbeiter, als Repräsentanz oder in einer anderen Form. Entscheidend ist, dass jemand vor Ort die Interessen der Firma wahrnimmt und die Kommunikation funktioniert. Wir beobachten häufig, dass geschäftliche Beziehungen – auch schon lang etablierte – bisweilen ohne erkennbaren Grund stagnieren oder die Antwort auf eine Anfrage oder ein Angebot ausbleibt. Meistens genügt zur Klärung ein einfacher Anruf – eben jener Anruf, der ohne lokalen Kontakt wegen der Zeitverschiebung oder Sprachbarrieren ungleich schwerer zu tätigen ist. Bisweilen sind es auch kulturelle Unterschiede: man sagt in Asien selten „Nein", sondern antwortet eben auf eine Anfrage nicht, wenn kein Interesse besteht.

In: Aktuell ASIA, Heft 11/2005, S. 50 ff.

10.3 Soziokulturelle Rahmenbedingungen

Wer in Vietnam Geschäfte machen möchte, wird dies nur erfolgreich durchführen können, wenn es ihm gelingt, die kulturellen Unterschiede zu verstehen und in sein Handeln mit einzubeziehen. Neben der Kenntnis der politisch-ökonomischen Faktoren kommt von daher den soziokulturellen Rahmenbedingungen für das Agieren in einer fremden Umwelt eine ganz entscheidende Rolle zu.

10.3.1 Zum Einfluss des nicht-religiösen Kulturwissens

In (Süd-) Ostasien hat sich ein spezifisches Kulturwissen entwickelt, das sowohl jahrhundertealte religiöse als auch nicht religiöse Interpretationsmuster umfasst (Kaufmann, 1989, Luckmann, 1991, Schluchter, 1991). Das nicht-religiöse Kulturwissen besteht zum einen in der Einbeziehung typisch asiatischer Sichtweisen, zum anderen fließen auch die bisher gemachten Erfahrungen mit marktwirtschaftlichen Denk- und Handlungsweisen ein.

Wie die meisten ehemals kolonialisierten (süd-) ostasiatischen Länder musste sich auch Vietnam unter den Franzosen und Amerikanern mit den westlichen Werten auseinandersetzen. Trotz massiver Unterdrückungsversuche während der Kollektivierungsphase wurde dieses Kulturwissen nicht vergessen, sondern in Dorfgemeinschaften und im engeren Familienkreis aufbewahrt; insbesondere Angehörige älterer und mittlerer Jahrgänge der vietnamesischen Bevölkerung, vor allem im Süden des Landes, können heute darauf zurückgreifen. Nach 1954 entwickelte sich in Südvietnam eine Kleineigentümerideologie vermischt mit bürgerlichen Wertvorstellungen und einer von amerikanischen Einflüssen geprägten Lebensweise (Pfeifer, 1991, S. 11). Damit ist ein Kulturwissen entstanden, das über den eigenen Kulturraum hinausreicht, unter veränderten Bedingungen wieder abrufbar ist und in der gegenwärtigen Transformationsphase eine wichtige Hilfestellung leisten kann.

Das Mädchen sucht den klugen Mann, der Jüngling die schöne Frau.
(Vietnamesisches Sprichwort)

10.3.2 Reziprozität als Handlungsprinzip

Persönliche Beziehungen im Sinne gegenseitiger Hilfe spielen seit jeher im Leben der Vietnamesen eine herausragende Rolle, unabhängig, ob sie die familiäre, betriebliche oder gesellschaftliche Ebene betreffen.

> *"Relationships are everything, everything is relationships. It's the only thing the Vietnamese can trust. They've been seen legal systems come and go. They've had the Chinese legal system, and the French legal system, and the Saigon regime's legal system. But personal relationships are the only thing that can be guaranteed to work in Haiphong and to work in Vung Tau." (Cat, 1997, p. 17)*

So sind z.B. die Beziehungen der Inhaber kleinerer Betriebe untereinander in Vietnam von großer Bedeutung, denn sie bieten einen Ausgleich für die Unvollkommenheiten des Marktes und des Rechtssystems. Da es gegenwärtig weder ausreichende Kreditversorgungsmöglichkeiten für Kleingewerbetreibende noch einen generellen Versicherungsschutz gibt, fungieren sie als Ersatz bei Kapitalmangel (z.B. durch Kredite von Familienmitgliedern, Freunden) oder dienen als soziales Sicherungsnetz (z.B. bei Geschäftsaufgabe wegen Zahlungsunfähigkeit oder Verlust des Betriebes durch Feuer, Überflutung etc.).

Das dabei zugrunde liegende Prinzip ist das der Reziprozität, womit gemeint ist, dass jede Hilfe oder Sachleistung auf einem „gedachten" Konto verbucht wird. Der zunächst Begünstigte muss sich zu einem späteren Zeitpunkt bei dem Geber für diese Leistung revanchieren, wenn dieser sie einfordert (Meinardus, 1989, S. 50).

Das Funktionieren dieses Prinzips hängt allerdings von der Wirksamkeit sozialer Kontrollmechanismen bzw. ungeschriebener Verhaltensregeln ab, die sich durch die Zuweisung von Ansehen oder Schande ausdrücken. Die auch für Vietnam typischen weit verzweigten Verwandtschaftssysteme und eng geknüpften Dorfgemeinschaften stellen letztendlich nichts anderes als ein Netz von Reziprozitäten dar.

Das Prinzip der „Gegenseitigkeit" gilt allerdings nicht nur für die Beziehungen der Klein- und Mittelbetriebe zueinander, sondern findet sich auf allen Ebenen. Leistung und Gegenleistung repräsentieren zugleich ein soziales System, das von Dankbarkeit und Gegenseitigkeit geprägt ist. Damit wird eine durchgängig anzutreffende Verhaltensweise offenkundig, die zu einem wichtigen Baustein der vietnamesischen Gesellschaftsordnung geworden ist. Durch die Einhaltung sozialer Normen wird zum einen ein positiver, weil stabilisierender Effekt auf den Reformprozess ausgeübt, zum anderen wird der individuelle Handlungsspielraum eher eingeschränkt als gefördert (Hemmer, 1995, S. 3).

10.3.3 Die Familie als Eckpfeiler der vietnamesischen Gesellschaft

Wie in allen asiatischen Gesellschaften spielt auch in Vietnam der Einfluss, der von der Familie ausgeht und die Rolle, die dem einzelnen Mitglied dabei im Familienverbund zukommt, eine Schlüsselstellung beim Verständnis der Gruppenstrukturen. Der Reisanbau, der die komplizierteste und zugleich arbeitsintensivste aller landwirtschaftlichen Kulturen darstellt, führte im Delta des Roten Flusses schon vor 3000-4000 Jahren zur Herausbildung von Gemeinschaftsstrukturen, die auch heute noch in das Familienleben hineinwirken und es beeinflussen.

> **Vietnam's Ethnic Mosaic**
> (Frank Proschan)
>
> At first glance, Vietnam's ethnic composition seems relatively simple: ethnic minorities make up only a small part of the nation's population, 13 percent (unlike its neighbour Laos, where minorities represent more than half of the population), and they inhabit primarily the remote mountainous regions of the country. However, the relatively small proportion of minorities in the overall national population belies what is in fact a very complicated ethnoscape. The highlands, where most minority groups dwell, are typically far from urban and industrial centers, population density is lower, communications and transportation are less developed. Highland minorities also share in certain cultural traditions that differ from those of their lowland compatriots: most groups reside in stilt houses rather than earthen houses, they often consume as a staple glutinous rice or maize grown on dry hillside swidden rather than ordinary rice grown in irrigated paddies, and they share patterns of kinship and marriage that distinguish them from the rest of the country.
>
> In: Vietnam, Journeys of Body, Mind, and Spirit, 2003, p. 53

10.3.3.1 Reisanbau als gemeinschaftsbildender Faktor

Der Nassreisanbau erfordert eine genau abgestimmte Arbeitsteilung und basiert auf einem sozialen Ordnungssystem, das die Mitarbeit vieler Personen bedingt. Weder kann ein Reisbauer die nötigen Deiche und Dämme alleine aufschütten noch ist er in der Lage, Aussaat, Umpflanzung, Bewässerung und Ernte ohne die Mithilfe anderer durchzuführen. Diese Gemeinschaftsleistung erbringt der Familienverband, der in arbeitsintensiven Zeiten zusätzlich noch auf die Mitarbeit anderer Arbeitskräfte zurückgreift. Reisanbau bedingt von daher der Gruppenarbeit, um das Einbringen der Ernte und damit zugleich das Überleben seiner Mitglieder zu sichern.

Mehr als nur eine ökonomische Aktivität wird durch den Anbau von Reis auch eine Lebensweise und Weltanschauung deutlich, die sich stark von individualistischen Gesellschaften unterscheidet (Liljestrom/Tuong, 1991, S. 18 ff.). Die Basis hierfür schafft der feste Zusammenhalt des Familienverbandes, in dem jeder auf die Zuarbeit des anderen angewiesen ist. Wenn z.B. beim Reisanbau nicht darauf geachtet wird, dass in jedem Stadium des Wachstums der Wasserspiegel gleich hoch ist und versäumt wird, durch entsprechendes Zu- oder Abführen für Ausgleich zu sorgen, verfaulen oder vertrocknen Sprösslinge. Damit ist nicht nur die Reisernte gefährdet, sondern die Gemeinschaft in ihrer gesamten Existenz bedroht.

Das Gefühl, sich auf die anderen Gruppenmitglieder verlassen zu können, hat die Herausbildung einer hohen Gruppenkohäsion schon frühzeitig gefördert. Die Familie stellt im Sozialsystem die kleinste Solidargemeinschaft dar. Ein in sich abgestimmtes System sorgt dafür, dass die Zusammenarbeit nach festen Regeln abläuft. Dazu gehören Ein- und Unterordnung in die Gemeinschaft ebenso wie das Respektieren von Hierarchieebenen und die Achtung vor dem Alter (Heyder, 1997, S. 23). Ständig in der Gefahr zu leben, von Dürren und Überschwemmungen bedroht zu werden, hat darüber hinaus eine besondere Schicksalsgemeinschaft entstehen lassen, in der gegenseitige Hilfe und Unterstützung den Zusammenhalt auch mit den Nachbardörfern gestärkt hat.

Die in der familiären Mikroebene zu Tage tretenden Gemeinschaftsstrukturen bilden die Grundlagen für alle anderen gesellschaftlichen Ebenen. Effektive Bewässerungskontrolle beginnt mit dem eigenen Feld. Wenn es allerdings darum geht, Deiche zu sichern oder Flussläufe für den Reisanbau zu regulieren, dann ist die Kooperation ganzer Dörfer, Distrikte und Provinzen bis hin zu landesweiter Planung und Kontrolle erforderlich. Gemeinschaftliches Handeln ist hier gefragt. Akzeptanz von Entscheidungen sowie ein hohes Maß an Loyalität, basierend auf dem Zurückstellen eigener Interessen zugunsten des Gemeinschaftswohls, werden hier erkennbar. Die damit verbundenen Auswirkungen sind auch heute noch in der vietnamesischen Gesellschaft zu beobachten und beeinflussen das Handeln, unabhängig ob es die Familie, den Betrieb oder die staatlichen Ebenen betrifft.

10.3.3.2 Familiäre Denk- und Handlungsstrukturen und ihr Einfluss auf die vietnamesische Gesellschaft

Wenn heutzutage die Einbeziehung sämtlicher Familienmitglieder in den Arbeitsprozess und das Auftreten der Großfamilie als eine ökonomische Einheit am Markt zu beobachten ist, wird dies nicht in aller erster Linie als ein ökonomisches, sondern eher als ein solidarisches Handeln interpretiert, das den konfuzianischen Geboten entspricht (Liljestrom/Tuong, 1991, S. 22 ff.). Das Besetzen von frei werdenden Stellen mit Familienmitgliedern oder nahen Verwandten oder Freunden, unabhängig von der entsprechenden Qualifikation, ist in diesem Kontext zu sehen. Ähnliche Beobachtungen lassen sich machen, wenn es um die Besetzung von staatlichen Stellen geht. Wenn in diesem Zusammenhang von Nepotismus gesprochen wird, so ist der Ausgangspunkt für dieses Handeln in einem äußerst ausgeprägten Gruppenverständnis zu suchen, das familiäre Beziehungen höher schätzt als Qualifikation und Ausbildung (Kurths, 1997, S. 77).

Familiäre Strukturen, vor allem diejenigen der Vietnamesen chinesischer Herkunft, die zumeist schon seit Generationen in Vietnam leben, haben in Südvietnam bereits vor 1975 eine zentrale Bedeutung für die Privatwirtschaft gehabt. Wie erfolgreich die Familienunternehmen zu dieser Zeit gewirkt haben, zeigt sich daran, dass 80% der Nahrungsmittel-, Textil-, Chemie- und Elektroindustrie sowie 90% des Im- und Exportgeschäftes über diese Familienbetriebe abgewickelt wurden (Auer, 1992, S. 10).

Nach wie vor beeinflussen familiäre Denk- und Handlungsmuster den vietnamesischen Alltag. Die Familie, verstanden vor allem als Großfamilie, sorgt für die soziale Absicherung bei Krankheit und Alter, gibt Unterstützung bei Ausbildung und beruflicher Entwicklung und bietet nicht zuletzt Geborgenheit und emotionale Wärme. Der Einzelne verwirklicht sich in hohem Grade als Mitglied der Familie, d.h. er erfährt nur insofern und in dem Maße Anerkennung wie er zur Existenz seiner Familie beiträgt.

Minh Khai Phan Thi, Moderatorin und Schauspielerin, im Gespräch mit Roger Willemsen, Publizist und Schriftsteller:

Willemsen: *Minh Kai, du wurdest in Darmstadt geboren, deine Eltern sind Vietnamesen. Ist die Kultur, in der du aufgewachsen bist, also eher eine deutsche oder eher eine vietnamesische gewesen?*

Minh Kai: Beides. Wofür ich meinen Eltern sehr dankbar bin, ist, dass sie es geschafft haben, beides zu vereinen. Ausländer, die in Deutschland leben, sind ja oft viel radikaler – die Türken, die Vietnamesen, die Chinesen haben immer Angst, dass man sozusagen fremdbeherrscht ist oder dass man seine eigene Kultur verleugnet. Meine Eltern, die in jungen Jahren hierher gekommen sind, haben sich aber gesagt: Wir leben hier, wir haben deutsche Freunde, unsere Tochter ist hier geboren, deswegen müssen wir es schaffen, beides zu vereinen.

Willemsen: *Was ist das, was man dann findet?*

Minh Kai: Eine gewisse Zurückhaltung und manchmal auch eine Maske, also das Lächeln, dieses Nicht-das-wahre-Gesicht-zeigen. Sogar meine besten Freunde, die mich seit zehn, zwölf Jahren kennen, wissen manchmal nicht, was ich wirklich denke. Und auch diese Sache mit dem Respekt. Ich bin ein Mensch, der sehr darauf achtet; ich behandle andere Menschen so, wie ich behandelt werden will. Und das fehlt mir in Deutschland bei vielen Leuten. Hier geht es manchmal einfach sehr respektlos zu.

Willemsen: *Bis ins Physische hinein...*

Minh Kai: Ja, und auch die Höflichkeit fehlt mir hier. Die Deutschen fordern viel. Ich bin ein sehr höflicher Mensch, ich kann manchmal meine Meinung nicht sagen, und fordern kann ich auch nicht. Die Vietnamesen fordern nicht, die reden immer um den heißen Brei rum und hoffen, dass dann irgendwie das passiert, was sie wollen.

Willemsen: *Habt ihr zu Hause vietnamesische Feste gefeiert?*

Minh Kai: Ja, machen wir immer noch. Die Todestage werden sehr gefeiert, da wird ein Altar aufgebaut, und die Lieblingsspeisen des Toten werden geopfert. Und dann gibt es natürlich das Tetfest, also das Neujahrsfest, das ist wie das chinesische Neujahrsfest. Solche Sachen werden sehr zelebriert bei uns.

In: Die Deutschen sind immer die anderen. Künstler sehen Deutschland, Berlin, 2001, S. 37

Die Folgen dieser kulturspezifischen Sozialisation sind fast immer eine tief verwurzelte Ich-Schwäche und ein passives Verhalten gegenüber allen Autoritäten, unabhängig, ob auf familiärer oder makrogesellschaftlicher Ebene. Darüber hinaus wird von jedem Einzelnen ein hohes Maß an Integrationsfähigkeit und Rücksichtnahme auf die Interessen der jeweiligen sozialen Bezugsgruppe abverlangt. Das führt dazu, dass die Beziehungen innerhalb dieses Gefüges so ritualisiert sind, dass Konflikte vermieden werden können (Pfeifer, 1989, S. 29).

Einer Familie ähnlich, kümmert sich auch der Betrieb um die sozialen Belange seiner Mitarbeiter, wozu u. a. bei staatlichen Institutionen ein kostenloses Mittagessen gehört, das alternativ auch als zusätzlicher Bestandteil zum Gehalt ausbezahlt werden kann. Dafür erwartet das Unternehmen, Konformität im Verhalten der Mitarbeiter, ein hohes Maß an Loyalität sowie das Ein- und Unterordnen. Hier wird eine Interdependenz in den Handlungsweisen erkennbar, die symptomatisch für das Beziehungsmuster in der vietnamesischen Gesellschaft ist und deren Ursprung in den familiären Grundstrukturen zu suchen ist.

10.3.4 Zum Neben- und Miteinander der verschiedenen vietnamesischen Religionen und ihrem Einfluss auf das geistige und religiöse Leben

Die Neigung der Vietnamesen zu pragmatischen Lösungen und praxisorientiertem Verhalten hat in Vietnam keine einheitliche religiöse Gemeinschaft entstehen lassen, die die Geschichte und das Selbstverständnis des Landes und seiner Bewohner auch nur annähernd so geprägt hätte wie der Buddhismus Kambodscha, Burma und Thailand oder der Islam den Iran und Irak (Kothmann/Bühler, 1996, S. 100).

10.3.4.1 Religion als Teilhabe an Tradition und Kultur

Ein Vietnamese kann heute Buddhist und morgen Taoist sein (und dazwischen als Kommunist die Ahnen verehren), konfuzianische Verhaltensweisen in seinen Lebensalltag einbeziehen und trotzdem noch der gleiche bleiben. Das schmälert keineswegs seinen Glauben und ändert auch nichts an seiner Identität. Vietnamesen betrachten sich nicht als Mitglieder einer Religionsgemeinschaft, wie es Christen oder Moslems tun, sondern sehen sich als Teilhaber an einer gemeinsamen Tradition und Kultur (Storey/Robinson, 1997, S. 60 ff.). Daraus den

Schluss zu ziehen, dass Vietnam ein unreligiöses Land sei, wäre eine unzulässige Schlussfolgerung. Das Gegenteil ist der Fall. Die gleichzeitige Zugehörigkeit zu verschiedenen Glaubensrichtungen ist nicht untypisch, wenn man z.B. einen Blick nach Japan wirft, wo man ebenfalls mehreren Religionen gleichzeitig angehören kann. Allerdings führt eine derartige Verhaltensweise dazu, dass es keine eindeutigen Trennungslinien mehr zwischen den Religionen gibt und sie letztlich alle in irgendeiner Form miteinander verwoben sind.

Descending the Dragon
(Jon Bowermaster)

As Buddhists, we're taught to see beauty in death. Fatalism is a strong constant in our lives. The Vietnamese have a very strong sense of spiritualism. In Vietnam we believe that everything is connected by a spiritual world. Another main trait is the family. In Vietnamese society the family is the focal point of any decision making. Family is all, individuals lower on the spectrum. All my major decisions have been made not for me but in consideration of my family and involving them in that process.

In: My Journey Down the Coast of Vietnam, 2008, p.87

Vietnamesen machen sich Religionen zu eigen, sie lassen sich aber nicht von ihnen beherrschen. Keine buddhistische Pagode, in der sich nicht auch taoistische Gottheiten fänden und volkstümliche Ahnen ihren Platz gleich neben animistischen Kultgegenständen hätten, denen wundertätige Wirkung zugeschrieben wird. Mit großer Hingabe werden sie allesamt bedacht.

Religion wird in Vietnam als ein Mittel betrachtet, die Erscheinungen der übermächtigen Natur zu erklären oder zumindest zu bannen. Götter und Geister sind dazu da, Trost im Alltag zu spenden und das Schicksal in eine günstige Richtung zu beeinflussen. Die strengen Dogmen der Hochreligionen haben ihre Spuren, aber kein fest gefügtes religiöses Bewusstsein hinterlassen. Ahnenkult und Animismus, Konfuzianismus, Taoismus und Buddhismus formen sich eher zu einer Lebensweise zusammen, als dass sie als Religion den Alltag der Vietnamesen durchdringen und ihr Verhalten bestimmen (Kothmann/Bühler, 1996, S. 100).

10.3.4.2 Ahnenkult und Animismus

Die Ahnenverehrung spielte in den Glaubensvorstellungen der Vietnamesen schon in sehr frühen, d.h. zu vorchinesischen Zeiten, eine wichtige Rolle. Wie in allen traditionellen Bauerngesellschaften glaubte man auch in Vietnam daran, dass die Natur kein "Stillleben" darstellt, sondern belebt ist. Geister wohnen in allen Dingen und Phänomenen des täglichen Lebens, sie sind wie die Menschen böse oder gut, dumm, dreist oder lustig, können den Menschen wohlgesonnen sein oder ihnen Schaden zufügen. Mit Opfergaben und Kulten kann man sie abwehren, besänftigen oder bestechen. Erfüllen Schutzgeister die Hoffnungen nicht, die man in sie gesetzt hat, können sie verstoßen und durch andere ersetzt werden.

Die große Bedeutung der Ahnenverehrung ist zu einem Teil mit den Seelenvorstellungen der Menschen, aber auch mit dem Familienzusammenhalt und der Achtung vor dem Alter zu erklären. Man geht davon aus, dass der Mensch nach seinem Tod in die Welt der Ahnen eingeht. Während sein Körper zerfällt, lebt seine Seele weiter (Heyder, 1997, S. 16). Die Vietnamesen glauben nicht an den Tod, sondern an die Toten. Die Verehrung der Ahnen wurzelt von daher im Glauben an die Unsterblichkeit der Seele, die nach dem leiblichen Tode im Kreis ihrer Familie Ruhe findet. Dadurch kann der Verstorbene am Leben der Familie teilnehmen und dieses Leben in gewisser Weise auch beeinflussen.

In schwierigen Zeiten bittet man die Ahnen um ihre Unterstützung. Im Gegenzug sorgen die Lebenden durch Speiseopfer und Berichte in Form von Gebeten über das Geschick der Nachkommen für das Wohlbefinden der Seelen. Natürlich sind solche Vorstellungen auch der unbewusste Versuch, dem Phänomen Tod zu begegnen. Nicht weniger bedeutsam scheint jedoch die Dankbarkeit zu sein, die man den vorangegangenen Generationen schuldet. Die Ahnenverehrung ist eng mit der hohen Achtung vor dem Alter und der Lebensleistung verbunden. Sie erfährt ihre Fortsetzung in der Verehrung der Toten. In vielen vietnamesischen Häusern und Tempeln stehen daher Altäre, um den Ahnen die gebührende Verehrung zu erweisen.

Der Kult der Ahnen ist die Grundlage der vietnamesischen Religiosität und vereinigt alle Vietnamesen, unabhängig welcher Glaubensrichtung oder welcher weltanschaulichen Überzeugung sie sich zugehörig fühlen. Der Glaube an die Existenz von Geisterseelen, die nach dem Tod weiter ihre alten Wohnstätten aufsuchen und der Nahrung bedürfen, verbindet nicht nur die Toten mit den Lebenden, sondern auch die Lebenden mit allen zukünftigen Generationen. Der

Einzelne ist niemals "allein", er ist kein unabhängiges Wesen, sondern aufgehoben und geborgen als Glied einer langen und scheinbar unendlichen Kette von Vorfahren und Nachfahren. Selbst in schlechtesten Zeiten muss er sich nicht als losgelöstes und unsicheres Individuum fühlen, sondern findet Beistand bei seiner Familie, die die Lebenden, die Toten und die Ungeborenen umfasst (Heyder, 1997, S. 16 ff.).

Da der Vietnamese Schutz, Hilfe, Rat und Trost bei seinen Ahnen sucht, üben sie großen Einfluss auf sein Alltagsleben aus. Sie werden zeremoniell mit Tee, Wein, Früchten, Räucherstäbchen und anderen Opfergaben am Ahnenaltar über alles, was in der Familie geschieht, auf dem laufenden gehalten und um Rat gefragt. An Todestagen und traditionellen Festtagen versammeln sich die Verwandten vor dem Altar, und der älteste Sohn des Verstorbenen, der die Pflicht hat, die Familie fortzupflanzen und die Verehrung der Ahnen fortzusetzen, wacht über die Einhaltung der Riten (Kothmann/Bühler, 1996, S. 101).

10.3.5 Der Konfuzianismus

Der Konfuzianismus entstand um 500 v. u. Z. als eine Art Morallehre und Verhaltenskodex. Seinem Schöpfer Kung Fu Tse (vietn. Khong Tu) ging es in einer Periode staatlicher Zerrüttung und moralischen Niedergangs um die Wiederherstellung der Ordnung. Diese Ordnung glaubte er dadurch zu erreichen, dass jedermann, vom König bis zum letzten Untertan, seinen Platz und seine Pflicht kenne, sich dementsprechend verhalte, die Riten pflege und durch maßvolles, ruhiges, kluges und friedfertiges Verhalten das gemeinsame Zusammenleben ermögliche (Huard/Durand, 1994, S. 73).

10.3.5.1 Der Konfuzianismus als Lebensphilosophie

Weil der außerweltliche Bezugspunkt fehlt, wird der Konfuzianismus nicht als eine Religion im eigentlichen Sinne verstanden. Er stellt vielmehr eine praktische Anleitung zum richtigen Leben und eine Philosophie der gesellschaftlichen Organisation dar. Der Konfuzianismus befreite den Ahnenkult von seinen animistischen und magischen Praktiken und verlieh ihm ethische und moralische Grundlagen, die auf dem Fundament der patriarchalischen Familie erst den Aufbau von Gesellschaft und Staat ermöglichten (Glassenapp, 1985, S. 149). Er ist zugleich ein moralisch-ethischer Ratgeber und ein Ideengebäude für die Ordnung der Gesellschaft. Basis des Konfuzianismus ist ein pragmatischer Realismus der Weltanpassung, nicht der Weltbeherrschung. Die Kernelemente sind Ahnenverehrung, Zentralität der Familie, Vorstellung einer vertikal strukturierten sozialen und politischen Ordnung, Kontinuitätsidee (die Gegenwart baut auf der Vergangenheit auf) sowie die Wichtigkeit des Weltverstehens, d.h. des permanenten Lernens.

10.3.5.2 Konfuzianismus und Ökonomie

Gemäß den konfuzianischen Ordnungsvorstellungen kommen „Reichtum und Ansehen" vom Himmel – es ist allerdings erwünscht, dies auch individuell zu beeinflussen. (Glassenapp, 1985, S. 148). Der Schlüssel dafür ist Lernen, was als Weltaneignung interpretiert wird und deshalb einen hohen Stellenwert hat. Wenn jemand durch Lernen zu Reichtum und Ansehen gelangt ist, kann er für sich in Anspruch nehmen, vom Himmel beschenkt worden zu sein. Dies ist auch der Grund, wenn profitorientiertes Handeln grundsätzlich positiv bewertet wird, denn es nutzt der Mehrung des Reichtums. Somit wird das im vietnamesischen Alltag beobachtbare aggressive Streben nach einem besseren Leben und nach entsprechenden westlichen Statussymbolen moralisch-ethisch legitimiert und keineswegs verpönt. Die öffentliche Demonstration von Reichtum und Ansehen ist Ausdruck einer gelebten konfuzianischen Ordnung und wird nicht als Angeberei verstanden.

Die konfuzianische Weltanschauung verpflichtet dazu, für die Ahnen, für sich und die Kinder zu sorgen. Konfuzianismus und Animismus sind auch an dieser Stelle sehr eng miteinander verbunden. Die Sitte, die verstorbenen Eltern und Großeltern zu ehren, ist im konfuzianischen Moralkodex verankert und wird auch im Vietnam von heute noch sehr gepflegt. Lebenswichtige Dinge werden daher in den Familien sehr langfristig geplant.

Dieser Vorsorgegedanke hat eine für die wirtschaftliche Entwicklung nicht zu unterschätzende Bedeutung, weil damit die Konsum- und Spareigung der Haushalte gesteuert wird: Vorsorge bedeutet Beschränkung im Konsumverhalten, was das Sparen positiv beeinflusst, mithin auch die nationalen Investitionsmöglichkeiten. Das Für-die-Zukunft-Sparen wird von den Vietnamesen also nicht mit einer ökonomischen Vernunft, sondern mit Hinweis auf die Ahnen und die Bedeutung der Familie begründet.

Diese Beispiele des praktischen Alltagskonfuzianismus zeigen, dass politische und ökonomische Handlungen mit einem Bedeutungsüberschuss versehen werden. Eine wirtschaftliche Transaktion dient nicht nur der Einkommens- oder Profiterzielung, sie steht darüber hinaus auch für eine konfuzianische Lebensführung. Konfuzianische Deutungen sind Re-Interpretationsfolien, die den sozialen Wandel auf der Basis vertrauter Traditionen legitimieren, ohne das gewachsene, identitätsstiftende (süd-) ostasiatische Selbstverständnis zu gefährden (Gransow, 1995, S. 185).

10.3.5.3 Konfuzianismus und Sozialismus

Die kollektiven und bürokratischen Traditionen des Konfuzianismus und sein prinzipientreuer Moralismus, der in jedem Menschen die Gesamtheit seiner gesellschaftlichen Rechte und Pflichten sieht, werden hierbei geschickt mit dem Ideologiegebäude des Sozialismus verwoben. Man sieht in dieser Synthese eine Fortführung der traditionellen Werte des Sozialismus, der die Verpflichtung gegenüber der Gesellschaft schon immer einen höheren Rang eingeräumt hat als das Recht des Individuums (Kothmann/Bühler, 1996, S. 102).

Daher überrascht es nicht, dass die vietnamesischen Kommunisten der ersten Stunde fast ausnahmslos ehemalige konfuzianische Gelehrte waren. Ihre daraus abgeleitete Ideologie bestand darin, gesellschaftliche, ja kollektive Disziplin einzufordern bei gleichzeitiger Ablehnung von Anarchie und bürgerlichem Individualismus. Wie der Funktionär das Vorbild der Kader ist, so repräsentiert die Partei das Modell für den Staat. Die tiefe Verwurzelung in alten Traditionen und Denkweisen erklärt auch zu einem großen Teil, weshalb der Zusammenbruch des Sozialismus die Regierung in Hanoi noch nicht zu einem radikalen Umdenken gezwungen hat (Kothmann/Bühler, 1996, S. 102).

„Ein Mensch ohne Aufrichtigkeit ist ein Gefährt ohne Achsen, unbeweglich und unverwendbar."
(Konfuzius)

10.3.5.4 Werte- und Tugendenkatalog

Die zutiefst humanistische Tradition des Konfuzianismus, der das Bewusstsein der Menschen eher auf das Hier und Heute der Gemeinschaft lenkt, denn auf "himmlische Verheißungen" oder die Mystifizierung des Individuums, hat zu einem Werte- und Tugendenkatalog geführt, der durch unverrückbare Werte und ewige Tugenden gekennzeichnet ist.

Die Natur des Konfuzianismus basiert auf Werten, wie sie in den ewigen Tugenden wie Treue, Rechtschaffenheit, Aufrichtigkeit, Sittlichkeit und Weisheit sich wieder finden. Die auf immerwährende Harmonie ausgerichtete Grundeinstellung lehnt Veränderung und Erneuerung ab. Das Beharren auf den Status Quo führte dazu, Geschichte als einen dynamischen Prozess abzulehnen, mit der Folge, dass der westliche Kolonialismus leichtes Spiel hatte, sich in diesen Gesellschaften zu etablieren.

Im konfuzianischen Moralkodex werden auch die Tugenden angesprochen, die für das jeweilige geschlechterspezifische Verhalten gelten, wobei der Mann generell als geachtet gilt, während die Frau eine Geringschätzung erfährt.

Im Hinblick auf den Tugendenkatalog des Mannes werden dabei Menschlichkeit, Verantwortungs- und Pflichtbewusstsein, Höflichkeit (Einhaltung der Konventionen), Verstand und Vertrauenswürdigkeit formuliert (Heyder, 1997, S. 32): Was die Tugenden der Frau betrifft, so werden Fleiß und Geschick bei jeder Arbeit, untadeliges Betragen ("Reinheit"), eine sanfte Sprache und Zurückhaltung und Wohlerzogenheit (Ehrerbietung gegen Höhergestellte, Nachsicht zu Unterstellten) eingefordert (Heyder, 1997, S. 33).

10.3.5.5 Regeln und Rituale

Das Gesellschaftsmodell des Konfuzianismus orientiert sich an strengen Regeln, Riten und Hierarchien. Der Einzelne spielt hierbei eine untergeordnete Rolle, kann dafür sich aber in einem allumfassenden System gegenseitiger Pflichten und Verantwortungen aufgehoben fühlen (Pfeifer, 1991, S. 11). Jedes Wort, jede Geste ist Teil eines Rituals, d.h. eines "korrekten Verhaltens". Es gibt Rituale wie man seine Eltern ehrt, Rituale für das Verhalten gegenüber nahen oder entfernten Verwandten, Fremden oder Freunden, Jüngeren oder Älteren, Höher- oder Niedergestellten.

Dies drückt sich auch in der Begrüßungs- und Anredeformel aus. Dabei gilt es einem komplizierten Anredesystem zu folgen (Brockob/Brossmer, 1995, S. 7). Man siezt Freunde und Familienangehörige je nach Alter und Position „älterer Bruder", „Onkel", „Kleine" usw. Ist z.B. Herr Nguyen deutlich älter als man selbst, so redet man ihn mit Nguyen **ong** an; bei geringem Altersunterschied mit Nguyen **bac**. Wenn er jünger ist als man selbst wird die Anrede Nguyen **chu** verwendet und bei ganz jungen Gesprächspartnern spricht man die betreffende Person mit Nguyen **anh** an. Eine ähnliche Unterscheidung wird vorgenommen, wenn es um die Anrede von Frauen geht (Nguyen Xuan Thu, 1993, S. 22).

Das Ritual betont und verewigt die unverrückbare Ordnung aller Dinge und die ewig gleiche Harmonie aller Beziehungen. Der Vater ist Vorbild für den Sohn wie der Lehrer für den Schüler oder der Vorgesetzte für den Mitarbeiter. Als Vater trägt man Verantwortung, die Mutter muss gutherzig und sanft sein, der ältere Bruder soll gegenüber den jüngeren Bruderliebe zeigen, der jüngere Bruder Ehrerbietung und Achtung vor den älteren Geschwistern.

Was die Geschlechterbeziehung betrifft, so spielt die Frau eine dem Mann untergeordnete Rolle. Neben den bereits im Tugendenkatalog genannten Pflichten, verdeutlichen die folgenden drei Abhängigkeiten ihre untergeordnete soziale Stellung: „*Solange eine Frau im Hause der Eltern wohnt, hat sie dem Vater gehorsam zu sein, nach der Heirat ihrem Ehegatten und nach dessen Tode dem Sohn*" (Heyder, 1997, S. 33).

10.3.6   Taoismus

Der klassische Taoismus Chinas hat mit der chinesischen Kolonialisierung im vorchristlichen Jahrhundert (500-600 v.u.Z.) Einzug nach Nordvietnam gehalten und verbreitete sich etwa zur gleichen Zeit in Vietnam wie der Konfuzianismus. Im Gegensatz zum Konfuzianismus wird nicht der Mensch, sondern die Natur mit ihren wechselseitigen Kräften Yin (vietn. Am) und Yang (vietn. Duong) in den Mittelpunkt des Kosmos gerückt (Kothmann/Bühler, 1996, S. 103).

10.3.6.1 Grundzüge des Taoismus

Der Taoismus fußt auf der mystischen Lehre des Lao Tse (vietn. Lao Tu), die davon ausgeht, dass der Mensch Bestandteil der universellen Ordnung ist. Während der Konfuzianismus diese Ordnung als Idealvorstellung sieht und sein Bemühen darauf richtet, sie zu erreichen, sieht sie der Taoist als gegeben an (Heyder, 1997, S. 23). Tao bedeutet das Sein aller Dinge, die Harmonie der ewigen Weltordnung, das Urprinzip, das das Weltall bestimmt; es kann durch das Handeln der Menschen nicht beeinflusst werden, denn das Schicksal der Menschen wird nicht auf Erden beschlossen. Was könnte besser diese taoistische Denkweise zum Ausdruck bringen, als das folgende Gedicht von Lao Tse:

> „wer andere kennt, ist klug
> wer sich kennt, ist weise
> wer andere bezwingt, ist unbezwingbar
> wer sich zu begnügen weiß, ist reich
> wer sich durchsetzt, ist willensstark
> wer sein Wesen nicht verliert, währt lang
> wer dahingeht, ohne zu vergehen, lebt ewig."

(Lao Tse, in: Heyder, 1997, S. 23)

Das in diesem Gedicht zum Ausdruck kommende Denken umschreibt die taoistische Philosophie. Der Begriff „Tao" wird mit der „Weg" bzw. „Pfad" und in seiner verbalen Form mit „einen Weg bahnen", „führen" oder „eine Verbindung herstellen" übersetzt. Im weiteren Sinne wird Tao auch als „Lehre" verstanden, die das menschliche Verhalten mit moralischen Regeln durchsetzt (Jahrmarkt, 1991, S. 39).

Daoism: Signs and Symbols
(John Renard)

For example, the tortoise and crane mean long life, the dragon means protection, the phoenix warmth. The heron and countless other birds of good omen betoken happiness, while creatures of all omen, such as the owl, portend death and bad fortune.

In: The Handy Religion Answer Book, 2004, p. 381

10.3.6.2 Yin und Yang

Die Dualität ist der entscheidende Ausgangspunkt im taoistischen Denken und drückt sich in den beiden Begriffe Yin und Yang aus, die der chinesischen Sprache entnommen sind und dort als Schatten- bzw. Sonnenseite übersetzt werden (Geldsetzer/Hong, 1986, S. 99). Mit Yin und Yang werden verschiedenste Eigenschaften und Erscheinungen in Verbindung gebracht, die jedoch nicht isoliert betrachtet werden dürfen, sondern erst in ihrem gemeinsamen Auftreten die vorhandene Ordnung repräsentieren und als eine Harmonie der Gegensätze gesehen werden. Die folgenden Beispiele geben einen Einblick, in welchen Formen Yin und Yang (s. Abb. 89) auftreten können (Jahrmarkt, 1991, S. 43).

Symbolisch lassen sich Yin und Yang auch in einem Kreis darstellen, der aus zwei Feldern besteht. Je ein Punkt oder Embryo befindet sich in den beiden Feldern, ein schwarzer Punkt (Embryo) im weißen Feld und ein weißer Punkt im schwarzen Feld (Embryo). Damit soll zum Ausdruck gebracht werden, dass es kein Sein gibt, das nicht in sich den Keim seines Gegenteils trägt (Copper, 1992, S. 32).

> **Taoismus**
> (Beate Szerelmy)
>
> Laotse versteht darunter eine allen Dingen innewohnende Kraft, die mit den Sinnen aber nicht erfassbar ist. Sie wirkt nicht durch ihre Stärke, sondern durch ihre (scheinbare) Schwäche, durch ihre Unmerklichkeit. Als Beispiel hierfür dient das Wasser als schwächstes Medium, das aber in der Lage ist, den stärksten Stein auszuhöhlen. Laotse nimmt keine Wertung zwischen Gut und Schlecht vor, denn das Tao wohnt beiden inne, und das Wasser kann seine Wirkung nur im Zusammenhang mit dem Stein tun. Diese Vorstellung wird symbolisiert durch Yin und Yang, das männliche und das weibliche Urelement, das in seinem Zusammenspiel und seiner wechselseitigen Durchdringung zu Harmonie führt.
>
> In: Vietnam, Baedeker (Hrsg.), 1999, S. 38

Die wechselseitigen Kräfte der Natur werden durch Erde und Himmel symbolisiert. Damit wird zugleich das Prinzip des Dualismus zum Ausdruck gebracht, der „zwei Kräfte der Natur", der zwei großen regulierenden Kräfte der kosmischen Ordnung in der Welt der Phänomene (Copper, 1972, S. 31). Alles, was zwischen Himmel und Erde existiert, hat vom Yin die materielle Gestalt, vom Yang den Geist.

Diese Philosophie der inneren Ausgeglichenheit durchdringt auch die vietnamesische Kampfkunstsportart „Vovinam". Das schnelle Hantieren mit Schwert und Bambusstange erfordert zum einen höchste Konzentration und perfekte Beherrschung der Techniken und folgt zum anderen dem steten Bemühen um Balance von Geist, Körper und Seele. Das Emblem des „Vovinam", dessen zwei Felder in Rot und Blau ineinander verschlungen sind, umgeben von einem weißen Kreis und in der Mitte verklammert durch den gelben Umriss Vietnams, spiegelt die Symbole Am und Duong wider (Bökemeier, 1998, S. 51).

Die laotische Lehre geht davon aus, dass die gesamte Welt von einem solchen Geist durchdrungen ist. Der menschliche Körper gilt als auf dieselbe Art konzipiert wie die Welt: Dem runden Kopf (Himmel) stehen die eckigen Füße (Erde) gegenüber. Sonne und Mond finden sich wieder im linken und rechten Auge; die Venen sind die Flüsse, die Harnblase der Ozean, die Haare sind die Sterne und Planeten [...] und ein Knirschen der Zähne ist das Grollen des Donners. Zwischen Erde und Himmel ist der Mensch eingebunden, der keinen Mittler zu „Gott" braucht, sondern selbst im Zentrum des göttlichen Geschehens steht und sich durch die Verehrung der guten Geister in die universelle Harmonie einzugliedern sucht. Um diesen philosophischen Kern herum gruppieren sich die verschiedensten Glaubensvorstellungen und Beschwörungen (Heyder, 1997, S. 18).

Bei der Ahnenverehrung werden z.B. Räucherstäbchen verwendet. Sie gehören zum Yang, dem positiven männlichen Prinzip, das gleichzeitig den Himmel, das Klare, den Beginn usw. darstellt. Sie müssen von ungerader Zahl sein, wodurch die Wechselwirkung zwischen Himmel, Erde und Mensch symbolisch zum Ausdruck gebracht wird.

„Stille: das ist Rückkehr zur Bestimmung.
Rückkehr zur Bestimmung: das ist Ewigkeit.
Die Ewigkeit erkennen: das ist Weisheit."
(Daodejing)

YIN	YANG
weiblich	männlich
negativ	positiv
passiv	aktiv
empfangend	schöpferisch
dunkel	hell
Nacht	Tag
Kälte	Hitze
weich	hart
feucht	trocken
Winter	Sommer
Schatten	Sonne
Ruhe	Bewegung
Weisheit	Planmäßigkeit
intuitiv	rational

Abb. 89 Ausdrucksformen des Yin-Yang-Prinzips
Quelle: Jahrmarkt, 1991, S. 43

10.3.6.3   Taoistische Kosmologie

In taoistischen Tempeln sieht man heute noch eine bunte Vielfalt von Göttern, die ebenso verehrt werden wie bestimmte fassbare und unfassbare Schöpfungen des Himmels, der an erster Stelle steht. Die Mächte der beseelten Natur erscheinen in übernatürlicher Gestalt in den Geistern, Göttern und Dämonen der taoistischen Kosmologie wieder, über das der Jadekaiser Ngoc Hoang herrscht. Ihm zur Seite stehen seine Minister Bac Dau, der Stern des Nordens mit dem Buch der Toten, und Nam Tao, der Stern des Südens, der über die Lebenden Buch führt (Huard/Durand, 1994, S. 74). Beide überwachen das Tun und Lassen der Menschen und erstatten zum Ende des Jahres Bericht. Entsprechend dieser Aufzeichnung werden Verdienste und Fehler aufgerechnet und wird das Leben der Menschen verlängert oder verkürzt. Der Jadekaiser herrscht über Sonne, Mond, Sterne, Wind, Wolken, Blitz und Regen. Die Geister der Berge, des Waldes und der Flüsse sind ihm ebenso wie Mensch und Tier untertan (Heyder, 1997, S. 24).

Dem Kult der Mütter ist im taoistischen Tempel oft ein eigener Raum gewidmet. Tu Phu, die vier Mütter, stehen für die Himmelsrichtungen, repräsentieren aber auch Himmel, Erde, Wasser und Wald, und sind umgeben von Helfern (u.a. fünf Tigern) und Kinder, die die bessere Welt nach der Wiedergeburt symbolisieren (Kothmann/Bühler, 1996, S. 103). Die Verehrung der Mütter, im Gegensatz zur Geringschätzung der Frauen im Konfuzianismus, war auch ein Grund, warum sich der Taoismus relativ schnell verbreitete und hohe Akzeptanz fand.

10.3.6.4 Taoismus und Alltagsleben

Die philosophisch-metaphysische Seite des Taoismus blieb dem vietnamesischen Denken weitgehend fremd. Der Taoismus beeinflusst vor allem durch sein besonderes Harmoniebedürfnis auch heute noch die vietnamesische Gesellschaft (Pfeifer, 1992, S. 7) und hat sich vor allem durch seine populären Praktiken der Zauberei und Dämonenbeschwörung, der Astrologie und Wahrsagerei in der Bevölkerung durchgesetzt. Bis heute spielt der Küchengott Tao Quan eine herausragende Rolle. Er wohnt in der Küche der Familie und bekommt lauter leckere Sachen, damit er im Himmel Gutes berichtet. Aus diesem Grund wird auch von einem volkstümlichen Taoismus gesprochen, bei dem Beschwörungen mit Animismus, Aberglauben und Mystizismus einhergehen.

Der Glaube an die göttlichen und beseelten Naturkräfte führte dazu, dass der Geomantie in Vietnam große Bedeutung zuerkannt wurde. Sie beschäftigt sich mit den heilvollen und unheilvollen Einflüssen, die von Bergen, Gewässern und Himmelsrichtungen ausgehen. Wie der Astrologie wird ihr allerdings nur ein pseudowissenschaftlicher Charakter nachgesagt, was ihrer Allgegenwart in Vietnam keinen Abbruch tut (Huard/Durand, 1994, S. 99).

Will man z.B. die richtige Lage von Gebäuden bestimmen, um die Menschen vor Unheil zu schützen, dann kommen ihre Geheimnisse zum Tragen:

"Position is a very important factor in Vietnames lives. In general, they want their houses to be built facing south or south east. For business purposes, they will choose the direction depending upon the astrological interpretation. The doors of houses should not face each other. If they do, mirrors must be hung above the doors. This is done to fend off the evil spirits."(HIWC, 1998, p. 8)

Ähnliche Vorüberlegungen sind anzustreben, wenn es um die Festlegung von Reisedaten geht. Sie bestimmen sich nach dem vietnamesischen Mondjahr, der mit dem Neumond beginnt, und in die Zeit zwischen dem 22. Januar und dem 19. Februar fällt. Traditionsgemäß werden dabei der 7., 17. und der 27. des Mondkalenders als Abreisedaten sowie der 3., 13. und 23. als Rückreisedaten vermieden, weil nach dem vietnamesischen Mondkalender damit ganz bestimmte negative Auswirkungen verbunden sein könnten (HIWC, 1998, S. 7). Der taoistische Volksglaube, der in keinem Widerspruch zum Konfuzianismus oder Buddhismus steht, lässt sich in seiner Alltagswirkung am besten wie folgt beschreiben:

Teestunde
(Pham Luc)

Einmal wurde ein Meister nach dem Weg der Weisheit gefragt. Doch statt auf den Rat des Meisters zu hören, war der Besucher die ganze Zeit damit beschäftigt, von seinen Sorgen und Schwierigkeiten zu erzählen.

Schließlich kam die Teestunde, und der Meister begann einzuschenken. Er goss die Schale des Besuchers bis zum Rand voll und hätte nicht mit dem Einschenken aufgehört, wenn ihm sein Besucher nicht in den Arm gefallen wäre. „Was tust du da, Meister", rief er, „seht Ihr denn nicht, dass die Schale voll ist?" „Ja, sie ist voll", sagte der Meister, „und auch du bist bis zum Rande angefüllt mit Sorgen und Schwierigkeiten. Wie soll ich dir Weisheit einschenken, wenn Du mir keine leere Schale reichst."

In: Paintings and fairy tales, Hanoi, 2004, S. 12

"Taoism has become assimilated into the daily lifes of most of the Vietnamese as a collection of superstitions and mystical and magic aspects that are now part of the popular Vietnamese religion." (Storey/Robinson, 1997, p. 64)

10.3.7 Der Buddhismus

Der Buddhismus kam in den ersten Jahrhunderten unserer Zeitrechnung fast zur gleichen Zeit auf dem Landweg nach China wie auf dem Seeweg über Indien nach Vietnam (Vien/Ngoc, 1979, S. 27). Die Lehre geht auf den historischen Buddha Shakyamuni zurück, der im 6. Jahrhundert vor Christus in Indien lebte. Er verkündete die „Vier edlen Wahrheiten": Alles Leben ist Leid; Ursache des Leidens ist Begierde; Ziel ist es, diese rasch zu erkennen und zu überwinden. Buddha lehrt dazu den achtteiligen Pfad: rechte Anschauung, rechter Entschluss, rechtes Wort, rechte Tat, rechtes Leben, rechtes Streben, rechte Gedanken und rechtes Sich-Versenken (Glasenapp, 1982, S 67).

> **Erlösung aus eigener Kraft**
> (Andreas Hilmer)
>
> Buddhisten glauben im Gegensatz zu den Anhängern anderer Religionen weniger an überlieferte Lehrsätze. Vielmehr sind sie dazu angehalten, ihre Lehre kritisch zu überprüfen und selbst zu erfahren. Der Buddhismus ist eine Religion ohne Schöpfergott, von dem man Heil erwarten kann – er ist eine Philosophie der Selbsterlösung. Mit der Hinwendung zu Buddha, Dharma und Sangha – dem Lehrer und der Gemeinschaft – bekennt man sich zu den vier edlen Wahrheiten, die um das Leiden an der Unzufriedenheit kreisen und in denen Buddha das Dasein analysierte wie ein Arzt den Patienten mit Anamnese, Diagnose und Therapievorschlag:
>
> 1. Das Leben in Unwissenheit ist leidvoll – dies ist zu durchschauen
> 2. Ursachen des Leidens sind Gier, Hass und Verblendung - sie sind zu überwinden
> 3. Erlöschen die Ursachen, so erlischt das Leiden – dies ist zu verwirklichen
> 4. Zum Erlöschen des Leidens führt der edle achtfache Pfad – ihn gilt es zu gehen.
>
> In: Geo (Hrsg.), 09.2005, S. 28

10.3.7.1 Mahayana- und Hinayana- Buddhismus

Schon vor der Verbreitung des Buddhismus in Vietnam hatte sich die ursprüngliche Lehre in zwei Strömungen gespalten, nämlich in den Hinayana- (Kleines Fahrzeug) und den Mahayana-Buddhismus (Großes Fahrzeug). Der in China geprägte Mahayana-Buddhismus hat sich in Nordvietnam weitgehend behauptet. Der aus Indien stammende Hinayana-Buddhismus, auch Theravada-Buddhismus genannt, (Theravada = Lehre der Alten genannt), den Mönche in das Mekongdelta eingeführt haben, hat sich vor allem in dieser Region bis heute behauptet (Altenburger, 1995, S. 14).

Der Hinayana-Buddhismus ist individualistischer und stärker an Formen und Bilder gebunden. Er stellt auch die dogmatischere Ausprägung der beiden Formen dar, weil er an der „reinen" Lehre festhält und die Gläubigen dazu anhält, durch Ansammeln von Verdiensten nach „individueller" Selbsterlösung zu streben. Als Ziel des Menschen sieht er an, ein Heiliger (Arhat) zu werden, der aus eigener Kraft durch die sorgfältige Beachtung der Gebote Buddhas die vollkommene Erleuchtung (Buddhaschaft) gewinnt, um in das Nirvana einzugehen (Kothmann/Bühler, 1996, S. 104).

Im Mahayana-Buddhismus dagegen, der auch in China, Taiwan, Korea und Japan – allerdings mit länderspezifischen Modifikationen – praktiziert wird, ist Raum für abstraktes Denken nach dem Motto: „Alle wahrnehmbaren Erscheinungen und Bilder sind eine Täuschung", so dass die Wege zum Ziel der Erleuchtung nicht an Schrifttexte und bildhafte Vorstellungen gebunden sein müssen. Helfer auf dem Weg sind die Bodhisattvas, Erleuchtete, die zum Wohle des Menschen und der anderen Lebewesen auf der Erde bleiben und auf die höchste Buddhaschaft verzichten (Höfer, 1995, S. 95).

Während im Hinayana-Buddhismus nur Mönche durch ihr vorbildliches Leben aus dem Kreislauf des Leidens erlöst werden können – was voraussetzt, dass man seine Familie verlässt –, verspricht der Mahayana-Buddhismus dagegen allen Menschen, die sich darum bemühen, die Erlösung. Dies ist auch der Grund, warum der Mahayana-Buddhismus auf wesentlich größere Zustimmung in Vietnam gestoßen ist. Schließlich gibt es für die Vietnamesen kaum etwas Schlimmeres als die Trennung von der Familie.

10.3.7.2 Volksbuddhismus

Obwohl unterschiedliche Religionen in Vietnam praktiziert werden, bezeichnen sich rund 80 Prozent der Vietnamesen als Buddhisten (Engholm, 1995, S. 11). Im religiösen Alltagsleben stellt der Buddhismus sich als ein Konglomerat aus einheimischen Ahnen- und Geisterkulturen, taoistischer Götzen- und Dämonenanbetung und buddhistischen Praktiken dar. Die damit implizierte Vielfalt hat auch dazu geführt, dass der Buddhismus in Vietnam keine alleinbeherrschende Rolle wie in den südostasiatischen Nachbarländern von Kambodscha bis Burma wahrnimmt. In Vietnam fließt ein wohlabgestimmtes System von animistischen Praktiken mit in den buddhistischen Glauben ein, so dass man deshalb auch treffend von einem Volksbuddhismus spricht (Hau, 1990, S. 45).

Grundlegend ist der Ahnen- und Geisteskult: Es gibt Heilige, Schutzgeister, Götter und Nationalhelden, die mit Anbetungen, Opferhandlungen, Riten und Zeremonien bei wiederkehrenden Festlichkeiten oder Wallfahrten verehrt werden; in fast allen Orten befinden sich Tempel, die als Gemeindezentren zugleich auch weltlichen Verrichtungen dienen. Diese Form der Weltdeutung hat im Wesentlichen eine Sozialstaatsfunktion: In den mythischen Erzählungen begegnen sich menschliche Figuren mit nichtdurchschaubaren Mächten, mit denen sie sich beispiel- und vorbildhaft in Form von Ritualen auseinandersetzen müssen (Hau, 1990, S. 46).

Zu den jenseitigen Verhältnissen haben die meisten vietnamesischen Buddhisten ein ambivalentes Verhältnis, denn man ist nicht restlos davon überzeugt, dass Gebete, Opfer, Riten usw. genau das bewirken, was ihnen unterstellt wird; andererseits ist man sicher, dass eine Nichtbeachtung negative Folgen haben kann (Wolf, 1986, S. 6 ff.). Pragmatisch gewendet heißt dies, dass gemäß dem Als-ob-Prinzip gehandelt wird: also „als ob es wirken würde". Die religiöse Handlung wird als Teil eines Äquivalententauschs interpretiert. Man opfert – zahlt also – für einen z.B. anstehenden Geschäftsabschluss, und erwartet im Gegenzug, dass das Geschäft gewinnbringend sein wird. Wirtschaftliches Handeln wird deshalb unmittelbar mit religiösen Praktiken verknüpft, um die unternehmerischen Unsicherheitsmomente einzuschränken.

Über Aberglaube und andere Unglaubwürdigkeiten

Falls Ihr Geschäftspartner im August keinen Verhandlungstermin mit Ihnen vereinbaren möchte, hat dies nicht unbedingt mit Ihnen zu tun. Denn die Buddhisten unter den Asiaten glauben, dass während des siebten Mondmonats, meist im August, alle Geister vom Himmel und der Hölle auf die Erde zurückkehren. Deshalb werden in diesem Monat keine Hochzeiten gefeiert, und wichtige Verhandlungen bzw. Entscheidungen werden verschoben.

In: Cathay Pacific (Hrsg.), Kleiner Asien-Knigge, 2004, S. 77

Die unmittelbare Gegenseitigkeit zwischen Verehrung und Rat sowie Gabe und Unterstützung ermöglicht es, jeden einzelnen politischen Schritt, jede anstehende Investition oder jede soziale Veränderung im Rahmen eines religiösen Verpflichtungsverhältnisses abzuhandeln. Findet ein Vorhaben Zuspruch, dann kann es kaum misslingen, scheitert es dennoch, dann hat es bei der Durchführung Fehler, aber kein individuelles Scheitern gegeben, weil man sich ja zuvor abgesichert hatte.

10.3.7.3 Zum Einfluss des Konfuzianismus auf den Buddhismus

Der Buddhismus reguliert das Verhältnis zum unbekannten Nicht-Diesseitigen und wird deshalb auch als eine Ergänzung zum Konfuzianismus betrachtet. Er gilt – anders als das Christentum – als tolerant und anpassungsfähig, weil er alle anderen religiösen Denkmuster als Vorstufen zu einer alles umfassenden Wahrheit interpretiert und deshalb gelten lässt. Vietnamesen denken in dieser Hinsicht nicht in westlichen Wahr-Falsch-Mustern; die unterschiedlichen Religionen werden eher als bedingt gültige Ausdrucksweisen transzendenter Erfahrungen interpretiert (Glassenapp, 1985, S. 148 ff.). Die große Affinität des vietnamesischen Volkes zur buddhistischen Lehre liegt auch darin begründet, dass durch deren Duldsamkeit gegenüber den alten vietnamesischen Göttern und ihre tröstlichen Inhalte sie den Menschen leichter vermittelt werden konnte als der strenge, von oben verordnete Konfuzianismus, der zudem über Jahrhunderte als Staatsdoktrin wirkte.

Während der Konfuzianismus es gestattet, modernes, westlich orientiertes Handeln über seinen ursprünglichen Zweck hinaus auch als Element einer konfuzianischen Lebensführung zu deuten, wird der Volksbuddhismus als ein Austauschsystem interpretiert, das dies- und jenseitsbezogene Vorstellungen aufeinander abstimmt. Der praktizierte Konfuzianismus legitimiert, der Volksbuddhismus sanktioniert – im Sinne von heiligt – diese Handlungen. Die Verknüpfung der religiösen Lebensweise mit konfuzianischen Ordnungsvorstellungen wirkt so förderlich auf politisches und wirtschaftliches Handeln.

10.3.8 Cao Dai und Hoa Hao

Wie an verschiedenen Beispielen aufgezeigt werden konnte, war Vietnam nie ein Land der „reinen Lehre". Immer existierten verschiedene Lehren und Glaubensrichtungen gleichzeitig, entweder nebeneinander oder sich wechselseitig beeinflussend. Vor diesem Hintergrund ist es nur natürlich, dass es auch Versuche gegeben hat, die verschiedenen Systeme zusammenzufassen und in eine neue Lehre einfließen zu lassen. Cao Dai und Hoa Hao gehören zu diesen neuen Glaubensrichtungen, die auch über die Grenzen Vietnams hinaus Bekanntheit erlangten.

Das Ziel der Cao-Dai-Lehre besteht darin, alle Religionen auf der Welt zu studieren und das Beste und Edelste aus ihnen zu verinnerlichen (Heyder, 1997,

S. 35). Die Cao-Dai-Religion (cao dai = „Großer Palast") entstand in den 20er Jahren und wurde von dem Spiritisten Ngo Van Chie ins Leben gerufen. Die Cao-Dai-Glaubensinhalte sind sämtlich aus vorhandenen Religionen und Lehren entlehnt. Sie setzen sich zusammen aus den 3 Lehren (Buddhismus, Konfuzinanismus, Taoismus) und den 5 Wegen: Humanismus (Konfuzianismus), Gott-Glaube (Christentum), Glaube an Schutzgeister und Feen (Taoismus), Glaube an Buddha und die Lehre vom Dai Dao („Großer Weg"). Neben Buddha, Jesus Christus und Konfuzius werden die verschiedensten Persönlichkeiten verehrt, u.a. Victor Hugo, Jeanne d'Arc oder Winston Churchill (Altenburger, 1995, S. 6).

Die Cao Dai sind wie ein kleiner Staat organisiert und verfügen über eigene Schulen, Kindereinrichtungen und Werkstätten. Sie finden sich ausnahmslos im Süden Vietnams und zählen dort etwa 1,5 Mio. Anhänger (Kothmann/Bühler, 1996, S. 107).

Auch der Reform-Buddhismus der Hoa-Hao-Sekte, die 1939 von Huynh Phu So im Mekong-Delta gegründet wurde, illustriert den Drang zu einer unabhängigen Bewegung mit (pseudo-)religiöser Grundlage. Die Glaubensgrundsätze setzen sich aus buddhistischen Regeln und der Lehre von den Tugenden zusammen. Der Gründer glaubte, dass es durch diese Verbindung für viel mehr Menschen möglich sei, irgendwann dem Kreislauf des Leidens zu entkommen und in das Nirvana einzugehen. Aufwendiger Lebensstil und Rituale zu Ehren der Gottheiten werden abgelehnt (Heyder, 1997, S. 36).

Die Rückkehr zur „Einfachheit" der früheren Buddhisten wird gefordert, Bescheidenheit und Genügsamkeit gepredigt. Damit befinden sich die Hoa Hao im diametralen Gegensatz zu den Cao-Dai-Anhängern, da sie weder Pagoden bauen noch Statuen oder andere Abbilder von Buddha verehren. Buddha, die Ahnen und Helden, die sich Verdienste um das Vaterland erworben haben, werden in der Familie verehrt. Gottheiten, deren historische Wurzeln unklar sind, werden abgelehnt. Zweimal täglich verbeugen sich die Gläubigen vor dem Hausaltar, rufen die Götter an und beten für eine friedliche Welt (Heyder, 1997, S. 38).

Was ihren Verbreitungsgrad angeht, so wird ihre fast ausschließlich im Mekong-Delta anzutreffende Anhängerschaft auf rund 1 Mio. geschätzt. Nach außen treten sie aber so gut wie nicht in Erscheinung, da sie weder über Kirchen verfügen noch eine bestimmte Tracht tragen (Kothmann/Bühler, 1996, S. 108).

10.3.9 Christentum

Seit dem 16. Jahrhundert versuchten Missionare den Katholizismus in Vietnam zu verbreiten. Zum ersten Mal gelangte damit eine Lehre in diese Region, die nicht bereit war, sich in das gewohnte Neben- und Miteinander verschiedener Glaubensrichtungen einzufügen. Die katholische Kirche kritisierte den Ahnenkult und verlangte von ihren Anhängern, dass sie ihre alten Götter vergessen sollten. Darüber hinaus wurden weder die ethischen Normen des Konfuzianismus noch die Lehre des Buddhismus geduldet. Der Alleinvertretungsanspruch war für die toleranten Vietnamesen eine schwer nachvollziehbare Forderung (Pfeifer, 1992, S. 6).

Der Katholizismus wurde in der Folgezeit immer wieder in Zusammenhang mit der kolonialen Unterwerfung durch die Franzosen gebracht und war allein schon deshalb stigmatisiert. Zwar fanden Pomp und die Neigung zur Prachtentfaltung einen gewissen Zuspruch, denn rituelle Feierlichkeiten, ob Tempelfest oder Buddhas Geburtstag, gehörten seit jeher zum vietnamesischen Alltag, doch Strenge, Härte und Intoleranz trugen entscheidend dazu bei, dass die katholische Lehre in Vietnam nie wirklich populär wurde. Die Schlichtheit des Auftretens der evangelischen Kirche führte im Übrigen dazu, dass sie in Vietnam nie richtig Fuß fassen konnte.

Rund 8 Mio. Vietnamesen bekennen sich zum christlichen Glauben, darunter 85 Prozent Katholiken (Nghia, 1998, S. 3). Mit drei Erzbistümern in Hanoi, Hue und Saigon verfügt die katholische Kirche über eine gut ausgebaute pastorale Infrastruktur, die es ihr erlauben dürfte, den Anteil der Katholiken an der stetig wachsenden Gesamtbevölkerung Vietnams schrittweise zu erhöhen, vor allem auch deshalb, weil eine Reihe „Bessergestellter" mit Einfluss und Beziehungen sich unter ihnen befinden (Pfeifer, 1992, S. 8).

10.3.10 Das Tetfest

Das zweifellos bedeutsamste gesellschaftliche Ereignis in Vietnam ist das Neujahrsfest, das nach dem Mondkalender begangen wird und nach unseren Maßstäben Weihnachts- und Neujahrsfest in einem Ereignis vereint (Bock, 1997, S. 172). Es wird zu Beginn des Frühlings gefeiert und fällt auf den ersten Neumond zwischen dem 20. Januar und dem 19. Februar. Zwar gilt seit vielen Jahrzehnten in Vietnam der gregorianische Kalender; für alle wichtigen Termine der vietnamesischen Tradition ist jedoch der Mondkalender entscheidend. Da Mondmonate kürzer als Sonnenmonate sind und nur aus 29 bzw. 30 Tagen bestehen, wird zum Ausgleich alle 3 Jahre ein 13. Monat eingeschoben.

10.3.10.1 Natur und Glauben als Ausgangspunkt

Im Tetfest finden sich alte Traditionen der Ahnenkultur als auch alle adaptierten Glaubensrichtungen wieder. Besonders der Bezug zur Natur und zum Reisanbau wird immer wieder ganz deutlich.

> *"The Vietnam people celebrate Tet on the first of January of the Lunar calendar when the winter crop has been harvested, spring rice seeds have been sowed, and land has been well tilled, and when it starts raining providing water for farmers to transplant." (Huyen, 1998, p. 6)*

Darüber hinaus spielen Blumen beim Tetfest eine besondere Rolle. Sie symbolisieren mit zarten Rosetönen oder in leuchtendem Gelb und Orange den Frühling, den Beginn neuen Wachsens und Gedeihens und das Ende der kalten Jahreszeit. Besonders beliebt sind Mandarinenbäumchen, Pfirsichzweige im Norden und Forsythien im Süden des Landes. Den zartrosa Pfirsichblüten wird im Übrigen eine Geister vertreibende Wirkung zugeschrieben.

Das Tetfest zeigt zugleich aber auch, wie unterschiedliche Glaubensvorstellungen sich in einem Ereignis dokumentieren und feiern lassen können.

> *"Embodied in both its ceremony and essence is the whole spectrum of Vietnamese mythology, the entire concept of one's place in the family the universe and in relation to the ancestors, the dead and the spirits. It is a fascinating mixture of Buddhism, Taoism, Confucianism, the three current religions, which have blended with the original Vietnamese animistic beliefs and ancestor worship to form the unique religious fusion adhered by today's Vietnamese." (Höfer, 1995, p. 109)*

10.3.10.2 Sitten und Bräuche zum Tetfest

Das Tetfest ist für die Vietnamesen vor allem eine Gelegenheit des Austauschs gemeinsamer Gefühle und die Weitergabe von ethnischen Prinzipien, schönen Bräuchen und edlen Hoffnungen; sie sind Verbindung zwischen Vergangenheit und Gegenwart, bestärken den Geist des Zusammenhalts der Gemeinschaft, der Liebe zur Heimat und den Stolz auf die eigenen Wurzeln (Phuong/Vu, 1997, S. 179).

Die Ahnenverehrung ist besonders anlässlich des neuen Jahres ein wichtiger Punkt im Familienleben. Am Nachmittag des letzten Tages im alten Jahr geht die Familie hinaus zu den Gräbern und richtet diese wieder her. Dann werden Räucherstäbchen entzündet und die Ahnen bzw. die Seelen der Verstorbenen eingeladen, das Tetfest gemeinsam mit der Familie zu feiern. Nach der Rückkehr wird den Ahnen am Hausaltar ein Opfer gebracht.

Eine ungewohnte Hektik geht den Tagen des Tetfestes voraus. Dinge, die das ganze Jahr nicht als wichtig erschienen, müssen jetzt unbedingt erledigt werden. Geliehenes, Geld inklusive, gilt es unbedingt noch im alten Jahr zurückzugeben. Wer Außenstände hat, sollte seine Schuldner rechtzeitig an Rückgabe bzw. Zahlung erinnern; denn gleich zu Beginn des neuen Jahres Schulden einzutreiben, könnte nämlich Unheil heraufbeschwören. Aber auch der allgemeine Hausputz gehört zu den Dingen, die vor dem Tetfest zu erledigen sind, wozu u.a. auch das feierliche Reinigen des Ahnenaltars, der Ahnentäfelchen und aller anderen Utensilien, die mit der Ahnenverehrung zusammenhängen, gehören. Darüber hinaus soll ein gründlicher Hausputz den Küchengott günstig stimmen, wenn er auf seinem Karpfen zum Himmel steigt und dem Jadekaiser Bericht erstattet; ihm zu Ehren wehen bunte Papierkarpfen vor den Häusern (Huyen, 1998, S. 6).

Die meisten Vorbereitungen haben aber mit dem Essen zu tun. Suppe aus Bambussprossen, Frühlingsrollen, Huhn, süßsaure Fleischgerichte und Fisch sind sehr beliebt. Viele Sorten von Obst schließen das Festmahl ab. Auf keinen Fall darf aber der Reiskuchen (banh chung) fehlen. In grünen Blättern eingewickelte und mit Bambusfäden zusammengehaltene Schichten von Klebreis, Bohnenpasta und Schweinefleisch werden mindestens zwölf Stunden gekocht. Die Pasteten werden rund (Himmel) und viereckig (Erde) geformt und symbolisieren so über die Anlehnung an den Taoismus die Verbindung mit den Ahnen.

Nach dem Mahl findet um Mitternacht ein Feuerwerksfest statt. Feuerwerkskörper gehören unbedingt zur Neujahrsnacht, denn die Tradition des Lärmens ist uralt. Vor allem sollen damit die bösen Geister daran gehindert werden, mit in das neue Jahr zu kommen. Allerdings haben Unfälle, ein gestiegenes Umweltbewusstsein, vor allem aber Sparsamkeitsüberlegungen dazu geführt, momentan auf ein derartiges Feuerwerksfest zu verzichten. Zum neuen Jahr beglückwünscht man sich gegenseitig und tauscht auch Geschenke aus. Das geschieht vor allem an den ersten Tagen des neuen Jahres, wenn Verwandte und Freunde besucht werden. Besonders dem ersten Besucher am Neujahrsmorgen kommt eine wichtige Rolle zu, denn von seinem Charakter hängt es ab, ob das kommende Jahr Glück oder Unglück mit sich bringt. Welche Erwartungshaltung den ersten Tag im neuen Jahr prägt, gibt folgendes Stimmungsbild wieder:

"After the New Year's Eve, all family members are eager to wait for the first footer. The first footer invited by the host is preferably a man or a boy who is cheerful, successful and lucky and his sign must be suitable to that of the host and the New Year. The first footer may go to pagoda to pick a young tree branch to present the host or simply wish old people longevity and give lucky money to other family members, especially children." (Huyen, 1998, p. 6)

10.3.10.3 Tetfest und Geschäftskontakte

Wer sich während des Tetfestes als Geschäftsreisender in Vietnam befindet, sollte auf keinen Fall vergessen, kleine Geschenke für seine Geschäftspartner mitzubringen. Selbst wenn man der vietnamesischen Sprache nicht mächtig ist, gehört es sich, dem Gastgeber und seiner Familie ein "Chuc Mung Nam Moi" zu wünschen, was übersetzt soviel wie "Alles Gute zum Neuen Jahr" bedeutet. Neben Blumen, die als obligatorisches Geschenk auf keinen Fall fehlen sollten, werden Torten, Whisky oder Cognac als Geschenke gerne gesehen (HIWC, 1998, S. 9).

Daneben sollte man auf alle Fälle Kinder mit Kleinigkeiten beschenken, wobei sich in den letzten Jahren das Schenken kleiner Geldbeträge immer mehr durchgesetzt hat. Wichtig hierbei ist nicht die Höhe des Betrages, sondern die Tatsache, dass man neue, noch nicht abgegriffene Scheine schenkt, die man in rote Umschläge steckt. Noch wichtiger erscheint jedoch, den Kindern für ihre neuen Kleider ein großes Kompliment auszusprechen (Heyder, 1997, S. 188).

Die hohe Bedeutung, die dem Besuch eines ausländischen Gastes während des Tetfestes zukommt, kann sich auch darin zeigen, dass er nach dem Besuch mit einer veränderten Anrede bedacht wird und Aufnahme in den erweiterten Familienkreis gefunden hat.

> *"After you attend Tet at a person's home, your relationship with them deepens. The formal pronoun they use to address you might change. You may find yourself from then on being addressed, literally, as 'brother' or 'sister'."* (Engholm, 1995, p. 240)

Sollte man sich zu diesem Zeitpunkt nicht im Land aufhalten, aber zu seinem Geschäftspartner bereits Kontakte aufgebaut haben, dann gehören die besten Wünsche für das neue Jahr zu den Dingen, auf die man auf alle Fälle zu achten hat. Das Schenken z.B. eines Kalenders mit Motiven aus dem Heimatland des Geschäftspartners hat für Vietnamesen eine hohe symbolische Bedeutung, denn so können sie auf diese Art und Weise ihren Freunden ihre „Internationalität" dokumentieren.

10.4 Verbale und non-verbale Kommunikation

Das Tetfest hat beispielhaft aufgezeigt, wie die Kenntnis soziokultureller Rahmenbedingungen das interkulturelle Handeln beeinflussen kann. Um sich den alltäglichen Herausforderungen der vietnamesischen Geschäftskultur in adäquater Weise stellen zu können, kommt gerade in diesem asiatisch geprägten Land dem richtigen Kommunikationsverhalten eine Schlüsselrolle zu.

Kommunikations- und Verständigungsprobleme können entstehen, wenn Ausdrücke, die auf einen interkulturell vergleichbaren Realitätsausschnitt bezogen sind, in unterschiedliche Handlungs- und Deutungsschemata eingebunden sind und nicht richtig dekodiert werden. Ob bei der Begrüßung, bei Geschäftsverhandlungen, beim Essen oder beim Austausch informeller Informationen, immer wieder werden in einer fremdkulturell geprägten Umgebung Kommunikationsmuster erkennbar, die das eigene Handeln herausfordern. Hierbei Signale richtig zu beurteilen und gleichzeitig dem Empfänger das Gefühl zu geben, die Botschaft auch verstanden zu haben, gehört zu den Wesensmerkmalen erfolgreich praktizierter verbaler wie non-verbaler Kommunikation.

10.4.1 Besuchsankündigung

Unabhängig, ob bereits Kontakte zu einem vietnamesischen Gesprächspartner bestehen oder nicht, empfiehlt es sich für einen Besuch in Vietnam eine entsprechende schriftliche Vorankündigung vorzunehmen. Der Unterschied zur sonst üblichen Praxis besteht vor allem darin, dass man mit einer Bestätigung des Termins zum Teil immer noch Wochen warten muss. Es erscheint von daher ratsam, rechtzeitig seinen Besuch anzukündigen. Zwar ist in letzter Zeit durch die zunehmende Verkabelung und die damit verbundene Ausstattung mit E-Mail-Anschlüssen eine gewisse Verbesserung eingetreten, doch das nach wie vor unseren Zeitvorstellungen diametral entgegengesetzte Zeitgefühl der Vietnamesen hat sich bis dato noch nicht entscheidend geändert (Rothlauf, 1998, S. 31).

Im Hinblick auf die Korrespondenz sollte man einen sehr formalen Stil wählen, bei dem Titel und der volle Namen verwendet werden. Was die Schlussformel betrifft, so empfiehlt es sich, eine Formulierung zu verwenden, die z.B. „mit den allerbesten Grüßen und tiefen Respekt" uns eher übertrieben erscheint, in Vietnam jedoch als äußerst taktvoll empfunden wird.

10.4.2 Begrüßung

Zur Begrüßung wird einem Europäer in Vietnam die Hand gereicht, was auf den französischen Einfluss zurückgeht. So wie man auch Gegenstände in Vietnam mit beiden Händen reicht, wird meistens auch bei der Begrüßung die rechte Hand des Gastes mit beiden Händen von den Vietnamesen umschlossen. Diese Geste kann man ohne weiteres übernehmen, wenn man eine besondere Herzlichkeit zum Ausdruck bringen möchte. Vietnamesen untereinander reichen sich zur Begrüßung und Verabschiedung normalerweise nicht die Hände. Da man bei der allerersten Begegnung noch nicht die Namen seiner Verhandlungspartner kennt, kann man, wenn man eine vietnamesische Begrüßungsformel verwenden möchte, die Herren mit „Chao-Ong", die Damen mit „Chao-Ba" begrüßen, was soviel wie „Hallo Herr" bzw. „Hallo Frau" bedeutet. Wer dazu noch eine leichte Verbeugung während der Begrüßungszeremonie demonstriert, hat die erste Hürde erfolgreich hinter sich gebracht (Smith/Cuong, 1996, S. 19).

10.4.3 Austausch von Visitenkarten

Eine der ersten offiziellen Handlungen, die dieser Begrüßung folgen, ist der Austausch von Visitenkarten. Ihnen kommt insofern eine wichtige Rolle zu, weil sie Auskunft über die Stellung und den Status des Gegenübers geben. Obwohl nicht zwingend notwendig, so empfiehlt es sich doch als kleine Geste der Aufmerksamkeit, die Rückseite in vietnamesischer Sprache drucken zu lassen. Wer am Wochenende anreist und seinen ersten Termin am Montag hat, kann auch seine Visitenkarten in Vietnam drucken lassen.

Abb. 90 Eine zweisprachig gedruckte Visitenkarte
Quelle: Rothlauf, 1998, S. 12

Beim Austausch der Visitenkarten sollte man darauf achten, dass man seine Visitenkarte mit beiden Händen überreicht und das gleiche Verhalten an den Tag legt, wenn man die Visitenkarte seines Gegenübers in Empfang nimmt (Rothlauf, 1998, S. 32).

Oftmals erkundigt man sich nach dem Austausch der Visitenkarten nach dem Alter des Gesprächs- bzw. Geschäftspartners. Dies geschieht u.a. auch, um seinen Gegenüber korrekt anzusprechen. Hat man auf der Visitenkarte gelesen, dass sein Gegenüber den Titel „Director" trägt und als Namen mit Dr. Pham Van Pho ausgewiesen ist (siehe Abb. 91), dann fühlt er sich richtig verstanden, wenn man ihn mit Dr. Pho anspricht. Die Anrede von Personen erfolgt also mit dem Titel und dem 1. Namen oder nur mit dem Titel ("Thank you, Director").

Der volle Name in Vietnam setzt sich sehr oft aus zwei oder aus drei Namensbestandteilen zusammen. Umgekehrt zur europäischen Tradition beginnt in Vietnam die Namenssetzung mit dem Familiennamen. Häufig werden dann als Mittelnamen „Thi" für ein Mädchen und „Van" für einen Jungen verwendet. Was nun den eigentlichen Vornamen betrifft, so findet eine sorgfältige Auswahl statt, denn man glaubt, dass gerade er das Leben des Kindes beeinflussen wird. Die Vornamen der Mädchen werden oft nach Blumen oder Bäumen benannt, wie z.B. Hong (Rose) oder Lien (Lotus) während für die Jungen Namen ausgesucht werden, die eher mit Eigenschaften wie klug (Minh) oder tugendhaft (Duc) verbunden werden (HIWC, 1998, S. 9).

```
         MINISTRY OF PLANNING AND INVESTMENT

    EPCTC    Dr. PHAM VAN PHO
                      Director
         The Economic - Planning Cadre Training Center
                   Executive Manager
                The Central Club of Directors

    Office : 68 Phan Dinh Phung    Res : Flat 502, House K18
    Street, Hanoi                  Bach Khoa, Hanoi
    Tel : 8.431818 - 8.431812      Tel : 8690309
```

Abb. 91 Eine vietnamesische Visitenkarte
Quelle: Rothlauf, 1998, S. 12

10.4.4 Teezeremonie und Small Talk

Bevor die eigentlichen Verhandlungsgespräche beginnen, werden den Gästen unterschiedliche Getränke angeboten. Während früher ausschließlich grüner Tee offeriert wurde, kann man heutzutage zwischen Tee, Kaffee und Mineralwasser wählen. Da grüner Tee in Vietnam aber als Nationalgetränk angesehen wird, kann man davon ausgehen, dass er zunächst jedem Gast angeboten wird. Es ist nun eine Frage der Höflichkeit, dieses Angebot auszuschlagen. Teetrinken bedeutet im Übrigen mehr als nur Tee zu sich zu nehmen. Worauf man beim Teetrinken – traditionell üblich sind Tässchen von Eierbechergröße – in fremder Umgebung zu achten hat, soll mit Hilfe eines kleinen Knigge verdeutlicht werden (siehe Abbildung 92):

- Nachdem Tee eingeschenkt wurde, wird gewartet, bis der Gastgeber zum Trinken auffordert. Erst wenn dieser selbst die Tasse zum Mund hebt, tun wir es ihm - einen Moment später - nach.

- Reicht man uns mit beiden Händen und unter einer angedeuteten Verbeugung die Tasse, so wird sie ebenso entgegengenommen: beidhändig und mit einem Kopfnicken.

- Tee wird schlückchenweise zu sich genommen und die Tasse nicht auf einen Schluck geleert.

- Grüner Tee wird generell pur genossen, so dass Zusätze wie Zucker, Milch oder Löffel nicht gebraucht werden und man dementsprechend auch nicht nachfragen sollte.

- Wer seine Tasse schnell leer trinkt in der Hoffnung, nun seine Ruhe zu haben, wird feststellen, dass man immer wieder nachschenken wird.

- Wem der grüne Tee nicht schmeckt, der trinke symbolisch kleine Schlückchen. So wird die Tasse nicht leer, und es gibt keinen Grund, nachzuschenken. Auf keinen Fall sollte man ablehnen, weil dies als Unhöflichkeit gewertet würde.

- Will man als Gast trinken, so schickt sich das eigentlich nicht ohne die Aufforderung durch den Gastgeber. Ist dieser unaufmerksam und spürt nicht, dass man trinken möchte, so kann man folgendes tun: Man nimmt die Tasse in die Hand, sucht den Blick des Gastgebers und nickt ihm beim Anheben der Tasse zu.

Abb. 92 Verhaltens-Knigge beim Teetrinken
Quelle: Heyder, 1997, S. 236

Während des Teetrinkens wird das Gespräch mit Fragen zu allgemeinen Themen in Gang gebracht. Die ersten Sätze gelten stets dem Wohlbefinden des Gesprächspartners, seinen Eindrücken vom Land, seiner Familie oder einfach dem Wetter. Mit ähnlichen Fragen an den Gastgeber sollte der Dialog fortgesetzt werden. Ein derartiger "small talk" ist Pflicht, selbst dann, wenn man sich unvorsichtigerweise unter zeitlichen Druck gebracht hat. Es ist in Asien generell unvorstellbar, dass man sofort in eine Beratung einsteigt. Ist man aber erst einmal mit dieser Methode des Gesprächsaufbaus vertraut, wird man feststellen, wie gut damit Hektik und Stress abgebaut werden können.

Bei der Gesprächseröffnung handelt es sich eher um einen rituellen Austausch mit mehr oder weniger standardisierten Fragen. Man sollte allerdings daraus nicht den Schluss ziehen, diese einführenden Gespräche seien oberflächlich oder zeugten von Desinteresse. Sie haben vor allem den Zweck, sich mit Empathie auf den Gesprächspartner einzustellen.

10.4.5 Zeitliche Vorstellungen

Wer während der Teezeremonie ungeduldig wird, auf die Uhr schaut und versucht zum eigentlichen Thema überzulenken, hat unnötigerweise bereits hier entscheidende Punkte verschenkt. Während Europäer die Zeit nach der Uhr bemessen, gilt für viele Menschen in dieser Region immer noch der Monsun als Gradmesser (Smith/Cuong, 1966, S. 18). Geduld, Ruhe und Beharrlichkeit sind im Übrigen alte konfuzianische Tugenden, die sowohl für den Geschäfts- als auch für den Privatbereich gelten. Für Gespräche und Verhandlungen braucht man in asiatisch geprägten Ländern viel mehr Zeit und generell ein anderes Zeitverständnis, als man es von zu Hause gewohnt ist. Die einleitende Teezeremonie gehört ebenso zu diesem Ritual, wie längere Ausführungen des vietnamesischen Verhandlungsführers, die man auf keinen Fall durch Zwischenfragen unterbrechen sollte. Im Übrigen bestimmt die vietnamesische Seite, wann tatsächlich mit den Verhandlungen begonnen wird (Engholm, 1995, S. 230).

Dieses durchgängig vorzufindende Prinzip des „Sich-Zeit-Nehmens" gilt sowohl für die erste Geschäftskontaktaufnahme, als auch für die nachfolgenden Verhandlungen. Wer auf diesem Markt langfristig bestehen will, der sollte von Anfang an ein eher langfristiges Engagement planen und nicht auf einen schnellen Return on Investment schielen (Rothlauf, 1998, S. 31). Einer der Hauptfehler beim Eingehen einer Geschäftsverbindung mit Vietnamesen liegt darin, dass man glaubt, schon beim ersten Besuch die „claims" abstecken zu können. Mehrmalige Besuche sowie eine Gegeneinladung und deren Realisierung lassen schrittweise ein Vertrauensverhältnis entstehen, das den Weg zum geschäftlichen Erfolg ebnen hilft.

Von welchen Vorstellungen westlich geprägte Manager ausgehen, zeigt der folgende Auszug, der zwar auf das Verhalten amerikanischer Geschäftspartner abzielt, in seiner allgemeinen Aussagekraft aber auch für die übrigen westlichen Verhandlungspartner Geltung besitzt:

"Americans are pushy in their negotiations. Often, Americans are representatives of large businesses with extensive resources. Yet while simultaneously proposing large projects or representing ambitious plans, many of them show minimal commitment to Vietnam. Businessmen just fly in and fly out of Vietnam with unrealistic expectations about how much can be accomplished during each visit. Even with companies that maintain an office in Vietnam, it doesn't take us long to figure out that most Americans do not understand Vietnamese thinking or the various levels at which consensus must occur before decisions are made and action can take place." (Phong/Christie, 1998, p. 48)

Zum grundlegenden Verhaltenskodex gehören darüber hinaus innere Ruhe und Gelassenheit, Abwarten sowie Beherrschung der Gefühle. Insgesamt erwartet man, dass das Gegenüber Zeit für seine Gespräche mitbringt und dies auch in seiner Gesprächsführung zum Ausdruck bringt. Auch wenn sich die Verhandlungen über einen sehr langen Zeitraum erstrecken können, so sollte man, was Verabredungen betrifft, nicht den Fehler begehen zu glauben, dass man zeitliche Absprachen großzügig zu interpretieren hat. Vietnamesen erscheinen – im Gegensatz zu anderen asiatischen Geschäftspartnern – äußerst pünktlich zum verabredeten Zeitpunkt und erwarten von ihrem Gegenüber, dass er sich seiner Tradition bewusst ist. Nicht ohne Grund werden die Vietnamesen aufgrund dieser Haltung auch als die Preußen Asiens bezeichnet (Heyder, 1997, S. 252).

10.4.6 Verhandlungsablauf

Sind die atmosphärischen Voraussetzungen für ein Gespräch geschaffen, kann die erste Verhandlungsrunde beginnen. Sie sollte immer unter der Maxime geführt werden „Gesicht geben, niemals Gesicht nehmen, selbst Gesicht wahren." Die konfuzianische Tradition der Disziplin und Harmonie ist nicht auf Konflikt angelegt, sondern auf Ausgleich und gegenseitigem Respekt. Dies schafft zum einen sehr harmonische Verhandlungsrahmen, zum anderen werden eindeutige Schlussfolgerungen sehr schwer zu ziehen sein können, vor allem dann, wenn man das vietnamesische „Ja" zu interpretieren versucht. Grundsätzlich lassen sich mindestens vier Hauptbedeutungen des „Ja" unterscheiden (Heyder, 1997, S. 232):

- Ja, ich höre deine Worte.
- Ja, ich stimme dir zu.
- Vielleicht, ich bin noch nicht sicher.
- Nein, aber das kann ich nicht direkt sagen.

Der vietnamesische Geschäftspartner wird so weit wie möglich ein „Nein" vermeiden. Es bleibt also nur ein „Ja" oder ein „Vielleicht". Wer ein feines Gehör hat und im Gesicht seines Gastgebers zu lesen versteht, wird erkennen können, wann ein „Ja" Zustimmung bedeutet und wann nicht. Dazu bedarf es allerdings langjähriger Erfahrung. Für den mit diesen Nuancen nicht so vertrauten ausländischen Geschäftspartner empfiehlt es sich von daher die Gegenprobe zu machen, indem man die Frage genau andersherum stellt. Wenn jetzt ein lebhaftes, erleichtertes „Ja" ertönt, dann ist das als eindeutige Zustimmung zu interpretieren. Eine dritte Variante kann ebenfalls hier helfen, einen Schritt voranzukommen. Man bittet den Partner einen eigenen Vorschlag zu machen. Auf diese Weise kann er, ohne in Verdacht zu geraten dem Ausländer etwas aufdrängen zu wollen, seine eigene Absicht äußern.

Was die Verhandlungsführung betrifft, so wird sie vor allem bei staatlichen Unternehmen in den allermeisten Fällen nicht von Personen wahrgenommen, die in der Hierarchie am höchsten stehen. Es gilt im Vorfeld herauszufinden, wer der Entscheidungsträger ist, wobei häufig ein Blick auf die vorher ausgetauschten Visitenkarten eine wichtige Hilfestellung leisten kann (Engholm, 1995, S. 230).

Wie bei allen Gesprächen mit Asiaten ähnelt die Gesprächsführung der Gastgeber einem Denkansatz, der sich in Form von konzentrischen Kreisen beschreiben lässt, wobei man – bildlich gesprochen von außen kommend – sich ganz langsam dem eigentlichen Zentrum nähert. Auf diese Weise wird der eigentliche Gesprächsinhalt schrittweise eingegrenzt.

> *"In Vietnam there does not seem to be a sense of urgency to reach agreement on an issue." (Phong/Christie, 1998, p. 48)*

Auf dem Weg dorthin sollte immer wieder die Zufriedenheit über bereits geklärte Punkte zum Ausdruck gebracht werden. Gemäß dem asiatischen Motto, wonach der Weg das Ziel ist, werden ruhig und gelassen die entsprechenden Zwischenetappen in Angriff genommen. Auf diese Art und Weise kommt man der entscheidenden Frage näher, die es aktuell zu klären gilt.

Auszug aus einem Interview, das Isabell Lisberg-Haag im Auftrag des DAAD mit Oliver Massmann und Ton-Nu Thuc-Anh führte:

Lisberg-Haag: *Wie wurden Sie in Vietnam aufgenommen?*
Massmann: 1991 reiste ich zum ersten Mal nach Vietnam und bin von da an immer wieder hierher gekommen. Ich habe begonnen, Vietnamesisch zu studieren und mich sofort wohl gefühlt. Ich mag die Menschen, weil sie sehr zielstrebig und pragmatisch sind.

Lisberg-Haag: *Wie wurden Sie von den Deutschen aufgenommen?*
Thuc-Anh: Freundlich, ich wurde noch nie als Ausländerin schlecht behandelt. Das hängt vielleicht auch damit zusammen, dass ich meistens in der Umgebung der Universität bin.

Lisberg-Haag: *Kommunizieren Vietnamesen und Deutsche unterschiedlich?*
Massmann: Ja, in Vietnam sind einige Kommunikationsregeln zu beachten. Es wird praktisch kaum direkt verneint, eine Ablehnung wird eher in Alternativvorschlägen ausgedrückt. Generell ist es unüblich, direkt zum Punkt zu kommen. Was in Deutschland als effektiv und zeitsparend betrachtet wird, kann in Vietnam durchaus als Unhöflichkeit ausgelegt werden.

Thuc-Anh: Ja, die Deutschen sind direkter. Ablehnungen und Wünsche werden direkt ausgedrückt und neutral aufgenommen. Wenn ich zum Beispiel eine Einladung zu einer Party von Kommilitonen absage, weil ich nicht hingehen möchte, akzeptieren sie das, ohne mich überreden zu wollen. Meine Absage bringt mich nicht in Verlegenheit. Es ist ganz anders, wenn ich die Einladung von Vietnamesen nicht annehme. Denn die Gastgeber versuchen, mich zu überreden. Dabei fühle ich mich schuldig als ob ich kein Recht dazu hätte, abzulehnen.

Lisberg-Haag: *Gibt es Tabuthemen, die zu vermeiden sind?*
Massmann: Keine Ho Chi Minh-Witze, keine öffentliche Kritik an der Staatsführung und keine respektlosen Bemerkungen über die vietnamesische Geschichte oder Religion.

Thuc-Anh: Über die Themen Einkommen und Religion wird nicht offen gesprochen.

Lisberg-Haag: *Welche Kleiderordnung müssen Sie beachten?*
Massmann: In Vietnam gilt eher ein konservativer Stil. Selbst junge Vietnamesinnen kleiden sich in Nordvietnam häufig wie deutsche Seniorinnen. Es ist daher eher unpassend für Frauen, zu viel Haut zu zeigen. Männer tragen in der Regel lange Hosen und Hemd.

Thuc-Anh:	In der Universität ist man locker angezogen, das gefällt mir. Bei feierlichen Anlässen finde ich das vorherrschende Schwarz ein wenig monoton.
Lisberg-Haag:	*Wie lauten die wichtigsten Regeln, um in Vietnam Geschäfte zu machen?*
Massmann:	Eine der wichtigsten Eigenschaften ist Geduld. Gleichzeitig sollte man bei Verhandlungen oder konkreten Abschlüssen versuchen, möglichst viel Entscheidungsbefugnis in den eigenen Händen zu haben. Geschäftsleute müssen flexibel bleiben, denn in Vietnam ändern sich die Investitionsbedingungen derzeit in raschem Tempo. Unabdingbar ist zudem eine sehr gute Vorbereitung auf das Land, Verträge sollten glasklare Bedingungen enthalten.
Lisberg-Haag:	*Welche Tipps haben Sie für Deutsche in Vietnam?*
Massmann:	Deutsche Investoren sollten nach Vietnam kommen und sich ein Bild von dem Wirtschaftsboom machen, der hier stattfindet. Bei aller Geduld muss man aber gegenüber den vietnamesischen Geschäftspartnern auf den gesetzten Zielen beharren.
Lisberg-Haag:	*Welche Tipps haben Sie für Vietnamesen in Deutschland?*
Thuc-Anh:	Jeder sollte neutral bleiben und akzeptieren, dass die deutsche Kultur anders ist. Das bedeutet nicht, dass sie besser oder schlechter ist. Außerdem muss man bereit sein, etwas Neues, Anderes zu lernen – also sich bis zu einem gewissen Maß anpassen, ohne gleich ein Deutscher zu werden. Die gesellschaftlichen Regeln und Sitten in Deutschland sollte man kennen lernen und annehmen.

In: DAAD-magazin: Interkulturelle Kommunikation, 29.01.2007, S. 1ff.

(TonNu Thuc-Anh ist 31 Jahre alt. Die Linguistin ist DAAD-Stipendiatin und promoviert an der Universität Bielefeld. Oliver Massmann ist Wirtschaftsjurist und leitet seit 1999 das Büro einer international tätigen Anwaltskanzlei. Der 40-Jährige war der erste deutsche Anwalt, der vom vietnamesischen Justizministerium zugelassen wurde. Er lehrt auf Vietnamesisch Internationales Recht.)

Beginnt die Situation sich als besonders schwierig herauszustellen, dann kann eine richtig gebrauchte Redewendung dem weiteren Verhandlungsverlauf neue Impulse verleihen.

10.4.7 Redewendungen

"As a bird has a nest, so people have ancestors."
(Vietnamese saying)

Wie alle Asiaten bedienen sich auch die Vietnamesen im sprachlichen Umgang gerne der Bilder. Die Gedankenfolge wird nicht nur in ihrer rational logischen Struktur wiedergegeben, sondern durch den Gebrauch von Bildern, Symbolen und Gleichnissen ergänzt. In gewisser Weise wird dadurch der Mensch in seiner Gesamtheit erfasst. Redewendungen spielen hierbei eine wichtige Rolle. Zum einen wird durch ihren Gebrauch versucht, Spannungen abzubauen bzw. vorzubeugen, zum anderen versucht man seinem Counterpart zu demonstrieren, dass man in der Lage ist, eine geistreiche Konversation zu führen.

Jede Redewendung hat zwei Bedeutungsinhalte. Zum einen wird ein direkter Bezug zu einem Gegenstand oder einer Sache genommen, zum anderen lässt sich erst in der übertragenen Bedeutung der wahre Charakter der Redewendung erkennen.

Eine bekannte Redewendung in Vietnam z.B. lautet: *„Beim Wassertrinken soll man sich immer auch der Quelle erinnern."* Der direkte Bezug kommt darin zum Ausdruck, dass dann, wenn man Wasser trinkt, die Frage sich erhebt, woher das Wasser kommt, d.h. sich der Quelle bewusst zu sein. Im übertragenen Sinne wird der indirekte Bezug darin gesehen, dass dann, wenn man z.B. erfolgreich gewesen ist, man sich immer auch der „Quelle" erinnern sollte, die für diesen Erfolg ausschlaggebend war. Hat ein Freund beim Zustandekommen eines erfolgreichen Geschäftes durch gute Ratschläge geholfen, dann sollte das positiv in Erinnerung bleiben.

Elston/Hong Hoa (1997, S. 49) haben eine Reihe von vietnamesischen Sprichwörtern zusammengetragen und versucht, ihrer übertragenen Bedeutung gerecht zu werden:

- *"Eat porridge, then kick the bowl", describes a person who receives a favour and fails to express gratitude.*

- *"The young bamboo is easy to bend", compares bamboo to people. We must teach our children good morals and manners while they are young, because when they get older, like bamboo, become too thick to bend.*

- *"Catch fish with both hands" is used to describe a person who has a choice between two things and tries to capture both of them in a frantic way instead of concentrating on just one thing at the time.*

- *"Near the ink is black, near the light is bright". This one instructs us that if we make bad friends, we will also become bad. The flip side: if we keep good friends, we also become good people.*

- *"Same the fruit, know the tree". In this sentence, the fruit is a child, the tree is the father. In English (German), we say something similar, "The apple doesn't fall far from the tree".*

- *"If you don't venture into the cave, how will you catch the tiger?" tells us that we must risk something in order to gain something.*

- *"Close the doors, then teach each other" refers to the family circle. When there is a dispute inside the family, we should close the doors and solve the problems privately without involving our neighbors or outsiders".*

- *"Far faces, distant hearts" is what happens in a long-distance relationship between two lovers. In English (German), our expression might be "Out of sight, out of mind".*

Abb. 93 Häufig gebrauchte Redewendungen und ihre Bedeutung in Vietnam
Quelle: Elston/Hong Hoa, 1997, S. 49

10.4.8 Einladung zum Abendessen

Die Gastfreundschaft der Vietnamesen wird den ausländischen Gesprächspartner während seines Aufenthaltes in Vietnam tief beeindrucken. Bereits zu Beginn einer Verhandlung ist davon auszugehen, dass eine formelle Einladung zu einem Abendessen ausgesprochen wird, wobei manchmal schon ein Blick auf den Programmablaufplan genügt, um sich einer derartigen Einladung zu vergewissern. Das Essen findet normalerweise in einem Hotel oder einem sehr guten Restaurant statt. Die Wahl einer entsprechenden Kleidung ist zugleich auch immer Ausdruck der Wertschätzung gegenüber seinem Counterpart. Es empfiehlt sich von daher, im Anzug oder in einem Kostüm zu erscheinen.

Was die Auswahl des Essens betrifft, so wird dem Gast die Möglichkeit eingeräumt, à la carte zu bestellen. Da im Normalfall mehrere Personen am Abendessen teilnehmen werden, das Essen zugleich aber auch immer als Gemeinschaftserlebnis empfunden wird, sollte man den Gastgeber bitten, die Auswahl des Essens festzulegen. Dies hat im Übrigen zur Folge, dass man die Speisen zu sich nehmen kann, die einem eher entsprechen, wobei man auf alle Fälle von den übrigen Gängen zumindest einmal probieren sollte. Die nachfolgende Beschreibung gibt einen Einblick in die Vielfalt der Speisen und unterstreicht zugleich die Bedeutung, die mit einem derartigen Essen für den Austausch harmonischer Beziehungen verbunden ist:

> *"As a guest seated at a dining table... will mostly likely be welcomed by a display of different-sized dishes and bowls containing meat, fish, soup (meant to be poured over rice), fresh herbs and vegetables, dipping sauces, spicy condiments and rice. After the polite invitations to commence eating one is confronted with the inescapable problem of having to decide what to eat first.*
>
> *Even a modest Vietnamese meal guarantees the freedom to choose and pick from among several dishes, to eat more of one dish than another, or to eat everything in equally hearty proportions. In a contemporary setting, everyone selects food from the same communal dishes and places it into his or her own bowl. Food can also be served to a neighbour without having to consult him first.*
>
> *By sharing food with others, people express generosity of spirit, respect for others and a belief in the commonalty and equality of all humans."* (Dinh, 1998, p. 11)

Ob man mit Stäbchen essen will oder nicht, wird einem selbst überlassen. Sollte man sich allerdings für Stäbchen entscheiden, dann ist darauf zu achten, dass man sie niemals in einer Reisschüssel stecken lässt. Der Anblick erinnert Asiaten an Räucherstäbchen, die zu Ehren der Toten entzündet werden – ein Zeichen, das Unglück bringt und zudem eine große Beleidigung darstellt.

Essen und Trinken
(Florence, M., Storey, R.)

Den vietnamesischen Essgewohnheiten entsprechend nimmt man Reis aus einer gemeinsamen Schüssel, legt ihn in die eigene Schale und gibt mit den Stäbchen Fleisch, Fisch oder Gemüse dazu (nie die Soße direkt in die eigene Schale kippen). Bevor man zu essen beginnt, muss alles in die eigene Schale befördert werden; auf keinen Fall darf man mit den Stäbchen Leckerbissen gleich aus der Gemeinschaftsschüssel in den Magen wandern lassen. Die Reisschale führt man zum Mund und isst dann mit den Stäbchen. Die Vietnamesen finden es sehr merkwürdig, wenn die Reisschale auf dem Tisch stehen bleibt und das unsicher zwischen die Stäbchen geklemmte Essen den ganzen Weg vom Tisch bis in den Mund befördert wird.

In: Vietnam, 6. Aufl., 2001, S. 48

Gerade bei einer ersten Einladung zu einem offiziellen Essen ist davon auszugehen, dass der vietnamesische Verhandlungsführer – hier ranggleich mit der obersten Entscheidungsperson – die Gelegenheit ergreifen wird, einen Toast auf seine Gäste und das Gelingen des Geschäftes auszusprechen. Die ausländische Seite sollte darauf vorbereitet sein. Wenn ihr Delegationsleiter das Wort ergreift, dann sollte er bedenken, dass er das Glas mit beiden Händen umfasst und in Richtung auf den ranghöchsten Vertreter spricht. In seiner kurzen Replik sollte er auf alle Fälle die vietnamesische Gastfreundschaft sowie den bisherigen harmonischen Verlauf der Verhandlungen in seine Rede mit einbeziehen.

Ähnlich der Begrüßungsbegegnung sollten bei diesem Abendessen möglichst Themen vermieden werden, die sich mit dem Vietnamkrieg, der aktuellen Politik oder dem Kommunismus beschäftigen. Darüber hinaus sollte man bemüht sein, bei seinem Counterpart kein Gefühl der Überlegenheit aufkommen zu lassen. Geschäftliche Angelegenheiten bleiben ausgespart. Gespräche wiederum, die sich auf die vietnamesische Kultur, einschließlich der Literatur und der Musik beziehen, gelten ebenso als unverfänglich wie Themenbereiche, die einen sportlichen Hintergrund aufweisen oder sich mit der Sprache und dem Essen beschäftigen.

Mit dem Auftragen von Früchten wird das Ende der Einladung signalisiert. Man erwartet, dass sich der Gast nach einer geraumen Zeit erhebt, sich bei allen Teilnehmern noch einmal persönlich bedankt, beginnend übrigens mit dem ranghöchsten Teilnehmer, und dann den Raum verlässt. Da das Essen in der Regel spätestens gegen 21.00 Uhr beendet sein wird, könnte der Gast versucht sein, spontan noch eine Einladung zu einem Glas Bier oder Wein auszusprechen. Dies sollte tunlichst vermieden werden, denn mit dem Ende des Abendessens wird in Vietnam auch ein Ende des kommunikativen Austausches signalisiert. Allerdings gehen die vietnamesischen Partner davon aus, dass baldmöglichst eine Gegeneinladung erfolgt (Rothlauf, 1998, S. 33).

Business Entertainment
(Smith/Pham)

Most business luncheons and dinners are held in hotels, restaurants, or government facilities. Usually your host will arrange for a dinner during the early part of your visit. You are expected to reciprocate by arranging for a return dinner, possibly in your hotel or at a well-known restaurant. If no formal dinner is indicated on your itinerary, you should still try to invite your hosts to dinner to show your thanks and appreciation for their arrangements.

In: Business Horizon Nr. 3/1996, S. 51

10.4.9 Gastgeschenke

Höflichkeit spielt eine wichtige Rolle bei allen formellen oder informellen Begegnungen. Dazu gehört auch die Überreichung von Gastgeschenken. Sie sollten im Anschluss an die erste Zusammenkunft oder während der ersten Sitzungspause ausgetauscht werden. Man sollte vor allem daran denken, dass man auch ausreichend Geschenke mitgebracht hat, da keiner der offiziellen Verhandlungspartner ausgespart bleiben sollte.

Wenn es auch im Einzelfall schwierig sein dürfte, das jeweils richtige Geschenk zu empfehlen, so liegt man sicherlich richtig, wenn man Krawatten, Halstücher, Kugelschreiber, Kalender oder Bildbände mitgebracht hat. Derartige Geschenke müssen nicht teuer sein, sollten aber Markenfirmen präsentieren und wenn möglich, mit dem Logo der eigenen Unternehmung versehen sein. Vor allem ist daran zu denken, dass die Geschenke in einer entsprechenden Verpackung überreicht werden, wobei man auf die Farben schwarz oder weiß verzichten sollte, da mit ihnen in Vietnam der Tod in Verbindung gebracht wird (Smith/Cuong, 1996, S. 19).

Bei der Überreichung sollte man mit dem Verhandlungsführer beginnen und dann auf die nachrangigen Delegationsmitglieder achten. Teure Geschenke, wie ein Schreibset oder eine CD-Sammlung mit klassischer Musik, sollte man sich als Abschiedsgeschenk vorbehalten. Wann und ob Geschenke ausgepackt werden, ist dem Gastgeber zu überlassen. Normalerweise wird man sie weder in Anwesenheit anderer Personen auspacken noch ihnen eine gebührende Bewunderung zukommen lassen. Das hat weder mit Gleichgültigkeit noch mit Unhöflichkeit zu tun, sondern entspricht der konfuzianischen Forderung nach Haltung und Wahrung der Würde. Unbeherrschte Neugier an den Tag zu legen, entspricht nicht dieser Denktradition.

Richtiges Verhalten
(Thomas Barkemeier)

Ist man bei einer Familie eingeladen, sollte man ein Gastgeschenk mitbringen. Für Kinder empfiehlt sich eine Dose Kekse, Erwachsene freuen sich besonders über ein Mitbringsel aus Europa. Beim Betreten eines vietnamesischen Hauses zieht man unaufgefordert die Schuhe aus.

In: Vietnam, 1998, S. 30

10.4.10 Zur Bedeutung der Körpersprache

Verbale und non-verbale Kommunikation finden häufig zur gleichen Zeit statt. Unterhält man sich bei einem Glas Tee in einer Verhandlungspause, dann sollten beide Kommunikationsarten aufeinander abgestimmt sein. Darüber hinaus gibt es Situationen, die es erforderlich machen, mehr der Körpersprache und ihren Signalen hohe Aufmerksamkeit zu schenken.

> **Doing Business in Vietnam**
> (Smith/Pham)
>
> As a high-context culture, Vietnamese want to get to know you as a person before settling down to business. By understanding your background, personality, and interests, they are better able to comprehend your verbal and non-verbal communication, which helps decrease uncertainty and ambiguity in the relationship. This often means that a first meeting – or even the first several meetings – are spent discussing what Europeans and Americans would consider to be non-productive topics.
>
> In: Business Horizons, Nr. 4/1996, S. 24

Die Zurückhaltung der Asiaten in ihrer Körpersprache, wozu auch Mimik und Gestik gehören, ist schon fast sprichwörtlich. Mit der Faust auf den Tisch zu schlagen oder beim Sprechen mit den Händen zu fuchteln, entspricht nicht der vornehmen Zurückhaltung der konfuzianisch geprägten Vietnamesen. Darüber hinaus ist es auch bei den Vietnamesen nicht üblich, die Hände oder Arme zur Untermalung des gesprochenen Wortes zu benutzen. Absolut unmöglich ist es, mit der ausgestreckten Hand oder mit dem Zeigefinger auf Personen zu zeigen. Weit ausholende Gesten, z.B. bei Vorträgen, wirken auf Vietnamesen eher befremdlich, denn dieses Verhalten passt nicht zu der ruhigen und zurückhaltenden Umgangsweise der Vietnamesen. Um Fehlhaltungen zu vermeiden, sollten deshalb die folgenden Regeln beachtet werden:

- Möchte man jemanden heranwinken, so tut man das mit nach unten weisender Handfläche. Dabei schwenkt man keineswegs den ganzen Arm, sondern bewegt mit steifem Ellenbogen nur unauffällig das Handgelenk. Auf keinen Fall sollte man andere mit gekrümmten Fingern zu sich heranwinken.
- Man zeigt nicht mit Fingern, mit Essstäbchen oder sonstigen Gegenständen auf andere Menschen.
- Gegenstände, wie z.B. Trinkschalen, die mit beiden Händen gereicht werden, sollten auch mit beiden Händen entgegengenommen werden.
- Es ist unter Vietnamesen nicht üblich, sich gegenseitig freundschaftlich auf die Schulter zu klopfen. Der alte Aberglaube, auf der Schulter wohne ein Geist, der sich dann erschrecke, wird zwar heute eher belächelt, sollte aber trotzdem respektiert werden und nicht dazu führen, mit tapsigen Sympathiebekundungen aufzufallen.
- Berühren Sie niemals das Haupt eines Menschen; streichen Sie auch Kindern nicht über den Kopf. Bei Buddhisten gilt dieser Körperteil als der edelste.
- Füße hingegen sind der „niedrigste" Körperteil. Weisen Sie daher niemals mit dem Fuß auf Personen oder heilige Gegenstände wie Buddhastatuen.
- Es wird als unpassend registriert, wenn man mit über der Brust verkreuzten Armen und breitbeinig oder die Hände in die Seiten gestemmt vor einem Auditorium steht.
- Schreien und lautes Sprechen gelten als unhöflich. Die Fassung verlieren bedeutet Gesichtsverlust – auch für ihren Gesprächspartner – und bringt sie in der Regel nicht weiter.

Abb. 94 Beispiele non-verbaler Kommunikation in Vietnam
Quelle: zusammengestellt nach: Haller/Reichenbach, 1998, S. 127, Heyder, 1997, S. 243

Was den Blickkontakt betrifft, so sieht man sich in Vietnam während eines Gespräches viel seltener und kürzer in die Augen als wir es gewohnt sind. Das ist auch nicht nötig, da Nuancen oder Intentionen in einem Gespräch ja kaum aus dem gleichförmigen Lächeln und der starren Körperhaltung wahrgenommen werden. Es ist daher wichtiger auf die Wahl der Worte, Gleichnisse und Symbole zu achten, denn sie drücken Feinheiten aus und lassen eher Freude oder Ärger erkennen (Pfeifer, 1992, S. 12).

10.5 Führungs- und Entscheidungsverhalten

Die Kapitel über die Vorstellung der Grundprinzipien des Buddhismus und Konfuzianismus sowie des Taoismus haben deutlich gemacht, dass das westliche Denken in Entweder-Oder-Kategorien in einem konfuzianisch-volksbuddhistisch-taoistisch geprägten Gedankengebäude keinen Platz hat. Es herrscht vielmehr die Maxime vor, dass das eine und auch das entgegengesetzte andere richtig sein könnten. Ein interkulturell angelegtes Führungsverhalten hat diese Denkstrukturen zur Kenntnis zu nehmen und auf dieser Basis den Versuch zu unternehmen, eine Entscheidungsfindung im Sinne des Unternehmens durchzuführen.

10.5.1 Hierarchiegebundenheit

Wer als ausländisches Unternehmen in Vietnam einen Betrieb gründen oder eine Joint-Venture-Verbindung eingehen will, muss sich der Verschiedenartigkeit der Führungs- und Entscheidungsstrukturen von Anfang an bewusst sein. Unabhängig, ob man mit einem Familienbetrieb oder mit einem staatlich geführten Unternehmen zusammenarbeiten möchte, die bestehende Hierarchiegebundenheit wird kurz- bis mittelfristig als Faktum zu berücksichtigen sein.

Der zuvor angesprochene Hintergrund macht es für ausländische Unternehmen nicht einfach, eine Entscheidungsfindung im Sinne westlichen oder japanischen Denkens herbeizuführen. Hinzu kommt, dass nicht nur Kleinunternehmen dazu tendieren, ihren Betrieb autokratisch zu leiten. Gerade die Allmacht der Bürokratie, die sich tagtäglich in staatlichen Einrichtungen und Behörden vorfindet, hat bei den leitenden Personen zu autoritären Verhaltensausprägungen geführt, die einen direkten Zugang zu den Entscheidungsträgern häufig unmöglich machen. Kurze Entscheidungswege bleiben damit versperrt, das Aufbauen von „Beziehungen" wird zu einer conditio sine qua non.

> *„Wenn die Straße gerade ist, gehe ich schnell und ohne Anstrengung;*
> *wenn sie sich windet und schlängelt,*
> *dann mache ich für mich das Beste daraus."*
> (Lie Tse)

10.5.2 Top-Down-Prinzip

Auch der Entscheidungsfindungsprozess im Sinne eines gegenseitigen Informationsaustausches wird durch die Bereitschaft der Vietnamesen sich ein- und unterzuordnen nicht erleichtert. Das ausgeprägte Hierarchiebewusstsein mit der unbedingten Achtung der Älteren und Ranghöheren, führt im betrieblichen Alltag dazu, dass man Respektpersonen, also Vorgesetzten, nicht direkt widerspricht. Man ist gewohnt, dass von oben angeordnet und auf den nächstfolgenden Ebenen diese Anweisungen ausgeführt werden. Das damit offen zu Tage tretende Top-Down-Prinzip sieht keine aktive Mitwirkung der Beschäftigten vor. Anpassung, Konformität und teilweise auch Passivität bestimmen das entsprechende Verhaltensmuster der Mitarbeiter.

Fehlerprävention als Voraussetzung für eine hohe Produktivität findet ebenso wenig statt wie das Eingreifen in Vorgänge, die mit Fehlern behaftet sind.

"Workers sometimes don't have the common sense to stop production when there are obvious mistakes." (Engholm, 1995, p. 223)

Neuerungen in einem derartigen Umfeld durchzusetzen fallen schwer. Fehlende westliche Managementerfahrung führt u. a. dazu, dass Produkte von geringerer Qualität produziert werden (Chee, 1992, S. 44) oder um es mit den Worten von Thao (1998, S. 33) auszudrücken

"... poor operational and managerial skills, causing low business and labour efficiency."

10.5.3 Zur Rolle der Betriebsdirektoren

Obgleich der institutionelle und gesetzliche Rahmen bereits die wichtigsten marktwirtschaftlichen Reformen durchlaufen hat, gelten auf betrieblicher Ebene immer noch die Regeln, die sogenannte "discretionary rules", die sich die Direktoren im Laufe der Zeit selbst geschaffen haben. Ihr autoritärer Führungsansatz konzentriert sich auf Abhängigkeitsverhältnisse und Beziehungen statt auf unternehmerisches Wirken (Gates, 1995, S. 31).

"Directors lack genuine ability, on the other hand, the role of directors is not defined clearly, resulting in ineffective operations." (Thao, 1998, p. 33)

Kurzfristig vereinbarte Kooperationen zwischen den Direktoren von Staatsbetrieben und den Geschäftsführern von Privatunternehmen zum Zwecke beidseitiger Gewinnsteigerung zeigen den Einfluss, der diesem Personenkreis zukommt. Hierzu gehört beispielsweise auch, dass man einheimischen Privatunternehmen oder ausländischen Firmen bei der Vermittlung diverser staatlicher Privilegien hilft (z. B. das Recht auf Land- und Gebäudenutzung, Handelsprivilegien und -lizenzen). Komplexere Beziehungen erlauben es Privatunternehmen, unter dem Deckmantel des Staates, bestimmte wirtschaftliche Aktivitäten auszuführen, in denen sie eine Produktionserlaubnis nur unter Schwierigkeiten bzw. überhaupt nicht bekommen würden. Als Gegenleistung für seine Kooperationsbereitschaft erhält der vermittelnde Direktor des Staatsbetriebes einen Anteil am Gewinn des Privatunternehmens (Kurths, 1997, S. 76).

Wer nun glaubt, diesen Direktoren sein Missfallen über die Abtretung von Gewinnanteilen ausdrücken zu müssen, indem er den hierbei involvierten Personen seine Geringschätzung spüren lässt bzw. versucht, sie zu übergehen, wird scheitern.

"If you don't show them respect, they will certainly not want to do business with you." (Engholm, 1995, p. 214)

Da im Gesetz ausdrücklich vorgeschrieben ist, in einer Joint-Venture-Verbindung auch einheimische Führungskräfte zu beschäftigen (Bock, 1997, S. 111), gehören diese Direktoren zum engsten Kreis möglicher Kandidaten. Ihr Verhalten a priori richtig einzuschätzen, wird von daher zu einer Bedingung für eine langfristig auf Erfolg ausgerichtete Partnerschaft. Gerade ihr über Jahre hinweg aufgebautes Beziehungsnetz zu unterschiedlichsten Institutionen und wichtigen Entscheidungsträgern sollte nicht unterschätzt werden und kann im konkreten Fall wichtige Hilfestellung leisten.

10.5.4   Zum Gruppenverhalten

Eine Redewendung in Vietnam bezieht sich auf das Verhalten der Japaner. Das Auftreten eines Japaners wird dabei mit einer Maus verglichen; trifft man allerdings auf drei Japaner, dann verwandelt sich die Maus in einen Tiger. Auf die Situation in Vietnam bezogen, kann man genau zum umgekehrten Schluss gelangen. Verhandelt man mit einer Person, kann man davon ausgehen, dass die entsprechende Arbeit vertrauensvoll ausgeführt wird. Hat man es aber mit einer Gruppe von Vietnamesen zu tun, dann wird das Ergebnis mehr als bescheiden ausfallen.

> *"But deal with a group of Vietnamese and you're dealing with socialism: they will sit around and nothing gets done. The rhythm of work moves at its own pace. Work is a group activity. Co-workers talk, they play, they enjoy one another. To wreak havoc on this family atmosphere in the workplace is to destroy morale."* (Engholm, 1995, p. 222)

Gruppenarbeit in Vietnam basiert immer noch auf den alten Vorstellungen des Sozialismus, wonach Lohn für Anwesenheit aber nicht für den erfolgreichen Beitrag zum Unternehmensergebnis bezahlt wird. Zwar verfügen die Vietnamesen über ein hohes Maß an Geschicklichkeit und solide Grundfertigkeiten, doch ihre Arbeitsdisziplin und ihr betriebliches Engagement fallen vor diesem Hintergrund eher bescheiden aus.

> *"Vietnamese workers have better skills than those from other countries, but their discipline and dynamism remain limited."* (An, 1998, p. 18)

Eine Übernahme von Verantwortung durch die Gruppe sowie deren Beteiligung an der Zielformulierung findet nicht statt. Hohe Absentismusquoten und ein allgemeines Desinteresse an Vorgängen, die das Unternehmen betreffen, sind vielerorts zu beobachten.

Hinzu kommt, dass der staatliche Durchschnittslohn von rund 180 US$ für einen ausgebildeten Ingenieur, der z.B. in Hanoi einer Beschäftigung nachgeht, nicht reicht, um die notwendigen Basisbedürfnisse für sich und seine Familie zu befriedigen, selbst dann, wenn, wie in den allermeisten Fällen, auch noch die Frau arbeitet. Die Folge: Ein zweiter Arbeitsmarkt hat sich herausgebildet, dem mehr Aufmerksamkeit geschenkt wird, denn er verspricht ein attraktives Zweiteinkommen. Mit inoffizieller Duldung werden nach Dienstschluss Zusatztätigkeiten wahrgenommen, die es einem erlauben, für ein Motorrad oder für einen bescheidenen Urlaub zu sparen. Für die Motivation am Arbeitsplatz ist eine derartige Einstellung allerdings Gift. Ausländische Unternehmen, wie z.B. Mercedes-Benz, versuchen durch eine höhere Grundvergütung und durch Zusatzprämien für das Erreichen bestimmter vorher festgelegter Ziele dieser Einstellung entgegenzuwirken.

10.5.5 Zum Umgang mit Kritik

Offen ausgesprochene Kritik, selbst dann, wenn sie im Ton moderat und eher defensiv vorgetragen wird, führt im Normalfall nicht zur gewünschten Verhaltensänderung. Im Gegenteil; Demotivation und Desinteresse werden weiter ansteigen. Unser westliches Kommunikationsverhalten muss sich immer wieder danach orientieren, dass in Asien der Grundsatz des „Gesicht wahrens" im Mittelpunkt jeglicher persönlicher Beziehungen steht. Da Harmonie und nicht Gegensatz das Beziehungsgeflecht der Vietnamesen untereinander kennzeichnet, vermeiden sie weitestgehend Konflikte und Konfrontation.

Der Mitarbeiter ist im genannten Kontext im Übrigen nur ein Produkt des „Systems". Ihn oder die Gruppe für ein Fehlverhalten bloßzustellen würde nichts anderes bedeuten, als die falsche Person bzw. Gruppe zum Schuldigen zu erheben. Wer einen Mitarbeiter direkt kritisiert, riskiert darüber hinaus, dass es zu einem sehr starken Imageverlust für den Mitarbeiter kommt; mit der Folge, dass er von seinen Kollegen nicht mehr als Respektsperson behandelt wird.

Um weitgehend eine derartige Kritiksituation für beide Seiten zu vermeiden, ist es notwendig, sehr ausführlich mit dem Einzelnen bzw. mit der Gruppe über die Aufgabenanforderungen zu sprechen. Dies wird im Übrigen nicht nur einmal zu erfolgen haben.

> *"You have to teach and train them. This won't mean telling them once, or showing them a picture in a book. You will have to spend some time in order to put what you teach into practice." (Engholm, 1995, p. 224)*

Schriftliche Anweisungen, mehr als man normalerweise im Stammlandunternehmen gewohnt ist, können hier eine weitere wichtige Hilfestellung leisten, um das Arbeitsverhalten und den Output positiv zu beeinflussen. Konfliktvorbeugung im Sinne von Konfliktvermeidung sollte deshalb von Anfang an angestrebt werden.

Wie schwer Kritik zu üben fällt, zeigt sich auch daran, dass im vietnamesischen Kontext eine Bejahung auch dann nicht als Lüge zu bewerten ist, wenn der Mitarbeiter etwas bejaht; obwohl er nicht voll zu dieser Meinung steht. Harmonie sieht Negation nicht vor. Hinzu kommt, dass in Vietnam ein latentes Misstrauen gegenüber Fremden besteht.

> *"The fact that Vietnam has been under different foreign domination's has affected the Vietnamese way of thinking." (Cat, 1997, p. 17)*

Diese Einschätzung führt dazu, dass man davon überzeugt ist, dass eines Tages ein Unternehmen mit ausländischer Beteiligung nicht mehr bestehen wird, die Beziehungen aber zu Vorgesetzten und älteren Mitarbeitern ein Leben lang anhalten werden.

> *"If we conduct work with someone that came from the same village or that went to the same school growing up, we can be more confident that they will look after our long term interests and will work to protect us if there is an outside change which could not be anticipated." (Phong/Christie, 1998, p. 48)*

Vor diesem Hintergrund sind Kritikfähigkeit und Kritikbereitschaft der Vietnamesen zu beurteilen und in den entsprechenden Kontext mit einzubauen.

Aus derartigen Verhaltensweisen die richtigen Schlussfolgerungen zu ziehen, ist sicherlich für eine ausländische Führungskraft nicht einfach. Nur ein allmählicher Anpassungsprozess, der viel Geduld erfordert, wird hier eine schrittweise Verhaltensänderung bewirken können. Geht es andererseits darum, Lob und Anerkennung auszusprechen, dann sollte man beachten, dass derartige positive Hervorhebungen immer nur einer Gruppe gebühren und nicht auf eine einzelne Person abzielen sollte, was diese nur verwirren würde.

10.5.6 Trainingsmaßnahmen

Ein Auslandsengagement wird nur dann erfolgreich verlaufen, wenn erwartete und tatsächliche Verhaltensweisen der Mitarbeiter sich allmählich annähern. Dafür muss das Unternehmen ausreichend Zeit und Geld in die Qualifikation seiner vietnamesischen Mitarbeiter investieren. Trainingsmaßnahmen, beginnend mit der Führungsspitze (Betriebsdirektoren) und durchgeführt im Stammlandunternehmen, können hier schrittweise eine neue Qualität der Unternehmensführung herbeiführen. Gleiches gilt für die Schulung der übrigen Mitarbeiter auf den nachfolgenden Ebenen. Vor Ort und regelmäßig durchgeführt, garantieren sie am ehesten, dass der Anpassungsprozess mit geringstmöglichen Reibungsverlusten verläuft. Interkulturell angelegte Workshops können darüber hinaus einen wesentlichen Beitrag liefern, um die kulturellen Besonderheiten der jeweils anderen Seite besser verstehen zu lernen. Vorurteile können so abgebaut und ein gegenseitiges Vertrauensverhältnis schrittweise aufgebaut werden.

"Trust is formed when individuals fully understand the agenda, explicit or otherwise, of their counterparts." (Phong/Christie, 1998, p. 49)

Was das Auftreten des ausländischen Managers angeht, so wird ihm eine gewisse Führungsrolle zugestanden und sicherlich auch ein unterschiedlicher Führungsstil respektiert. Worauf es aber vor allem ankommt, ist die Schlüssigkeit in seinem Führungsverhalten, was Akzeptanz der vietnamesischen Eigenheiten explizit mit einschließt. Erfolgreiche Aufgabenbewältigung in einer fremden Umwelt erfordert von daher hohes Einfühlungsvermögen und ein ausgeprägtes Fingerspitzengefühl. Ohne ein interkulturelles Vorbereitungstraining werden die zunehmend jünger werdenden Manager, die ins Ausland geschickt werden um sich vor Ort zu bewähren, ihrer Aufgabe und der damit verbundenen Verantwortung nicht gerecht.

Was die Arbeit der Auslandsmanager vor Ort betrifft, so sollte besonders darauf geachtet werden, dass die ausländischen Führungskräfte frühzeitig in ihrer fremdkulturell bestimmten Umgebung beginnen, eine soziale Beziehung zu ihren jeweiligen Ansprechpartnern aufzubauen. Regelmäßig private Einladungen auszusprechen, Gegeneinladungen zu akzeptieren sowie ein über die rein betriebliche Ebene hinausgehendes Engagement in Form eines Sponsorings (z.B. Stipendien für ein Auslandsstudium für Kinder von Betriebsangehörigen bereitstellen, materiell/immaterielle Unterstützung von Behindertenverbänden, etc.) werden als äußerst vertrauensbildende Maßnahmen seitens der betroffenen Einzelpersonen bzw. des Unternehmens in seiner Gesamtheit angesehen. Eine derartige kulturelle Öffnung des gesamten Unternehmensverbandes bedarf allerdings einer entsprechenden interkulturell ausgerichteten Geschäftspolitik und sollte von daher nicht Zufälligkeiten überlassen bleiben.

10.5.7 Das „Tinh-Cam-Prinzip"

Langfristig gesehen können Kooperationen, unabhängig auf welcher Ebene und in welchen Organisations- und Marktformen sie auch immer gebildet werden, nur dann Bestand haben, wenn aus einer Einbahnstraße des Verstehens ein gegenseitiges Verständnis für die Eigenheiten des jeweils anderen erwächst, wenn also aus der Offenheit der Wirtschaftsbeziehungen sich auch eine kulturelle Öffnung ergibt.

Probleme werden bei einem Auslandsengagement immer auftreten. Sie als Herausforderung zu begreifen und auf der Basis einer vernünftigen Problemanalyse adäquate Lösungsschritte einzuleiten und sie schrittweise dann auch umzusetzen, entspricht modernem Managementdenken. Wenn es auch für ein Engagement in Vietnam keinen Königsweg gibt, um den unterschiedlichen Problemen gerecht zu werden, so sollte man aber von Anfang an das vietnamesische Prinzip des „Tinh Cam" in seine unternehmerischen Aktivitäten mit einbeziehen und versuchen, es durch seine Person vor Ort glaubwürdig vorleben zu lassen. Weil dieser Ansatz viel zu wenig bekannt ist, soll der folgende Auszug helfen, die Philosophie des „Tinh Cam" besser verstehen zu lernen:

"When a Vietnamese asks another for a favour, he or she usually does it in the name of tinh cam. Even if you don't speak Vietnamese, it's a key concept. It means, literally, good feelings towards others. If you have it, you are sympathetic, generous and helpful, you do favours which you don't have to, and most importantly, you treat others with respect. A foreign boss of a joint-venture may be perceived as having tinh cam if, for example, he or she attends weddings of a junior employees. If he or she visits a Vietnamese joint-venture partner at home to discuss business and seek advice, and brings a small, appropriate gift, for the children or spouse, then that too can rate highly on the tinh cam scale. And a company which gives gifts to local residents on festival days, or which is seen to contribute to the local community, will also earn tinh cam. But, this being Vietnam, it's not so simple; striving too hard to demonstrate the appearance of tinh cam can be counter-productive. You have to mean it." (Cat, 1998, p. 17)

Die ausländischen Unternehmen sind sicher gut beraten, wenn sie die Grundüberlegungen des Tinh-Cam-Prinzip in ihre neu zu formulierenden Unternehmensleitsätze mit einbeziehen. Die Identifikation der vietnamesischen Mitarbeiter mit einem neu gebildeten Unternehmen, vor allem dann, wenn es sich um eine ausländische Mehrheitsbeteiligung handelt, beginnt mit dem Fokussieren auf die eigenen kulturellen Werte. Sie als Unternehmensgrundsätze vorzufinden, hilft den Beschäftigten sich in einer fremdbestimmten Umgebung leichter wieder zu finden und erleichtert zugleich das Handeln und Wirken eines Auslandsmanager in einer für ihn neuen und ungewohnten Situation. Allerdings muss er auch bereit sein, diesem Anspruch in der alltäglichen Unternehmenspraxis gerecht zu werden. Seine Vorbildfunktion beginnt mit dem konkreten Vorleben der in der Unternehmensphilosophie festgelegten Leitsätze.

10.6 Case Study: Nepotism in Vietnam

A German company had established very clear global purchasing guidelines: no more than 30 percent of any particular item could be supplied by one vendor, and quotes had to be obtained from at least three different suppliers; and contracts were to be awarded purely on the basis of price, delivery terms, reliability and quality.

Meier, the German regional manager for South-East Asia, was disturbed to note that, despite several reminders, the subsidiary in Vietnam did not appear to be following the guidelines. In fact, the range of suppliers they used seemed to be very limited, and most of them were Vietnamese.

The subsidiary's Vietnamese manager seemed very unconcerned when Meier raised this problem with him. "Well, of course most of our suppliers are Vietnamese", he said. "I only use vendors I am related to". Meier was shocked and remained silent for a moment. Then he calmly explained that this practice was against company guidelines. "But why?" asked the Vietnamese manager. "Because it is unethical and anti-competitive. We are not allowed to do it in Germany, and we cannot allow our subsidiaries to behave in this way". It was the Vietnamese manager's turn to be shocked: "But I cannot see what the problem is", he said. "My family is much more loyal and reliable than people I do not know. I can call them any time of day or night. They cannot escape me. And, of course, they give me much better discounts. Surely, you do not want me to use suppliers I do not trust." Meier raised and lowered his eyebrows, and remained silent.

Rothlauf, J., in: Seminarunterlagen, 2005, S. 14

Review and Discussion Questions:

1. What is the general problem between the German and the Vietnamese manager in this context?

2. How would you assess Meier's non-verbal behaviour?

3. Should Meier insist on the global purchasing guidelines of his company?

4. What would be your solution in this case? Give a comprehensive explanation.

10.7 Literaturverzeichnis

Altenburger, E., Vietnam, in: Ranft (Hrsg.), Marco Polo Reihe 1995.
An, Hong, Time of Difficulties, in: Saigon Times, No. 40, 3rd Oct., 1998.
ASIAWEEK, 15. Januar, 1999.
Auer, R., The Chinese Minority in Vietnam since 1975: Impact of Economic and Political Changes, in: Ilmu Masyarakat, The Malaysian Social Science Association, Kuala Lumpur (Hrsg.) Nr. 22 1992.
Barkemeier, T., Richtiges Verhalten, in: Vietnam, 1998.
Bock, P.J., Vietnam Guide for Residents and Business Travellers, Business Contact Service (Hrsg.), Hanoi 1997.
Bökemeier, R., Kampf um Vollendung, in: Vietnam-Laos-Kambodscha, Geo Special, Nr. 4/1998.
Bowermaster, J., Descending the Dragon, My Journey Down the Coast of Vietnam, Washington, 2008.
Brockob, S./ Brossmer, N.-L., Corso, in: Das Magazin in MERIAN, Nr.10., 1995.
Buchsteiner, J., Vietnam öffnet die Tore weit für den Handel, in: FAZ, 11.01.2007.
Bundeszentrale für Politische Bildung, http://www.bpb.de/
Cam, Nguyen Manh, Vietnam in APEC will benefit region, in: Viet Nam News, Nov. 17, 1998.
Cat, Dao Nguyen, You don't understand Vietnam, in: Vietnam Economic Times, Issue 43, Sept. 1997.
Cathay Pacific (Hrsg.), Kleiner Asien-Knigge, 2004.
Chee, Peng Lim, Potential and Problems of SMI, in: Kurths (Hrsg.), Private Kleinbetriebe in Vietnam, Saarbrücken 1997.
CIA World Factbook, Germany, Vietnam, 2012, in: https://www.cia.gov/library/publications/the-world-factbook/
Copper, J.C., Der Weg des Tao, Eine Einführung in die alte Lebenskunst der Chinesen, Bern 1972.
Deutsche Presseagentur, Führung in Vietnam ausgetauscht, in: Die Welt, 28.06.06, S. 6.
Dinh, James, More than taste and texture of food to a Vietname meal, in: Viet Nam News, 1. Nov. 1998.
Drobeck, A./ Rademacher, N., Vietnam, in: Vietnam Panorama, 2008.
Elston, B./ Nguyen Thi Hong Hoa, Vietnamese Sayings, in: Destination Vietnam, July/ August, San Francisico 1997.
Engholm, Ch., Doing business in the new Vietnam, Prentice-Hall, London 1995.
FitzGerald, F., Vietnam – Spirits of the Earth, New York 2001.
Flade, T., Einführung in die vietnamesische Geschichte, in: Butz, M. (Hrsg.), Vietnam, Köln 1998.
Florence, M., Storey, R., Essen und Trinken, in: Vietnam, 6. Aufl., 2001.
Gates, C., Microeconomic Adjustment and Institutional Change in Vietnam: Issues, Observations and Remarks, in: Vietnam's Socio-Economic Development, No 2, 1995a.
Gates, C., Enterprise Reform and Vietnam's Transformation to a Market-Oriented Economy, in: ASEAN Economic Bulletin, Vol. 12, No. 1, 1995b.
Geldsetzer –Hong, Chinesisch – deutsches Lexikon der chinesischen Philosophie, Aalen 1986.
Generaldirektion für Zoll, in: German Industry & Commerce Vietnam (Hrsg.), Vietnam Brief, Nr. 39/2005.
Gillin, M., Working with the Vietnames, in: Engholm (Hrsg.), Doing business in the new Vietnam, Prentice-Hall, London 1995.

Glassenapp, von, H., Die fünf Weltreligionen, Düsseldorf 1982.
Glassenapp, von, H., Der chinesische Universalismus, in: Die fünf Weltreligionen, Köln 1985.
Gransow, B., Chinesische Modernisierung und kultureller Eigensinn, in: Zeitschrift für Soziologie, 24, 1995.
Haller, C./ Reichenbach, H., Vietnam-Laos-Kambodscha, in: GEO Special, Nr. 4, Aug. 1998.
Hanoi International Women's Club (HIWC), Hanoi Guide 2nd. ed., Youth Publishing House, Hanoi 1998.
Hau, Nguyen, Tien, Dörfliche Kulte im traditionellen Vietnam, München 1990.
Heider, J., The Tao of Leadership, Aldershot 1985.
Hemmer, H.-R., Informeller Sektor und Armutsbekämpfung, Arbeitspapiere des Wissenschaftlichen Beirats beim BMZ, Bonn 1995.
Heyder, M., KulturSchock Vietnam, Bielefeld/Brackwede 1997.
Hilmer, A., in: Geo (Hrsg.), Erlösung aus eigener Kraft, 09.2005.
Hodgetts, R.M./ Luthans, F., International Management, 3. Aufl., McGraw-Hill 1997.
Höfer, H., Insight Sides: Vietnam, Singapore 1995.
Hoffmann, H., „Vietnam ein Plus", in: Aktuell ASIA, Heft 11/2005.
Hoyng, H./ Kremb, J., Viele Wege zum Erfolg, in: Der Spiegel, Nr. 21/2007.
Huard, P./ Durand, M., Vietnam, Civilization and Culture, 2nd ed., Hanoi 1994.
Huy, N.V./ Kendall, L., Vietnam: Journeys of Body, Mind, and Spirit, London 2003.
Huyen, Truong Thu, Tet Holiday in my eyes, in: New Vietnam, No. 55, Vol. 1, 1998.
Jahrmarkt, M., Das TAO Management, Erfolgsschritte zur ganzheitlichen Führungspraxis, Freiburg i. Br. 1991.
Kaltenmark, M., Lao-tse und der Taoismus, Frankfurt 1981.
Kaufmann, F., Religion und Modernität, Tübingen 1989.
Khuyen, N., Vietnam-Germany links boosted, in: Vietnam News, Nov. 16, 1998.
Kothmann H./ Bühler, W.-E., Vietnam-Handbuch, 3. Aufl., Bielefeld/ Brackwede 1996.
Kurths, K., Private Kleinbetriebe in Vietnam. Rahmenbedingungen und Hemmnisse ihrer Entwicklung, Saarbrücken 1997.
Liljestrom, R./ Tuong, L., Sociological Studies on the Vietnamese Family, Hanoi 1991.
Lisberg-Haag, I., Interview mit Oliver Massmann und Ton-Nu Thuc-Anh, in: DAADmagazin: Interkulturelle Kommunikation, 29.01.2007.
Luckmann, T., Die unsichtbare Religion, Frankfurt am Main 1991.
Mainzer, H., Vietnam: Das Volk fordert Reformen, in: Rheinischer Merkur Nr. 20/2002.
Meinardus, M., Kleine und Kleinste Betriebe auf den Philippinen. Eine Fallstudie zur Diskussion um die Rolle des Kleingewerbes im Entwicklungsprozeß, Berlin 1988.
Ministry of Industry and Planning, Foreign Investment by Country & Territory (as of 15. Dec. 1997), in: Vietnam Economic Times, Issue 47, Jan. 1998.
Nghia, Duy, Christmas celebrated nation-wide, in: Vietnam News, 26.12.1998.
Nguyen, Xuan Thu, Vietnamese Language-Conversation and Phrase Book, Hawthorn, Australia 1993.
Nöther, J., Chancen für deutsch-vietnamesische Wirtschaftskooperation, in: AHK, Nr. 3/2008.
Nöther, J., Vietnam – Potenzial auf Rädern, in: Asien Kurier, Nr. 7/2007.
o.V., Saigon Times, Nr.40/1998.
o.V., FAZ, 17.05.2006, S. 7
Peill-Schoeller, P., Interkulturelles Management - Synergien in Joint-Ventures zwischen China und deutschsprachigen Ländern, Berlin 1994.
Pfeifer, C., Konfuzius und Marx am Roten Fluß: Vietnamesische Reformkonzepte nach 1975, Bad Honnef 1991.

Pfeifer, C., Verhalten in Vietnam, Heft 38, Deutsche Stiftung für internationale Entwicklung (Hrsg.), Bad Honnef 1992.
Pham, A.X., Mond über den Reisfeldern, München, 2002.
Pham, L. Paintings and fairy tales, Hanoi, 2004.
Phong, Dinh/ Christie, B., Mutual Understanding, in: The Vietnamese Business Journal, Vol. VI, No. 6, Dec. 1998.
Phuong, T./ Vu, l.V., Feste und Feiern, in: Heyder, M.: KulturSchock Vietnam 1997.
Proschan, F., Vietnam's Ethnic Mosaic, in: Huy/Kendall(eds): Journeys of Body, Mind, and Spirit, London 2003.
Rothlauf, J., Deutsche und Vietnamesische Kultur im Vergleich, Goethe-Institut, Hanoi, 12.01.1998
Rothlauf, J., Interkulturelles Management, 2. Aufl., München 2006.
Rousseau, M., Vietnam, Köln, 1998.
Schluchter, W., Religion und Lebensführung (2 Bände), Frankfurt am Main, 1991.
Smith, D. E. Jr./ Cuong, Pham, „Doing Business in Vietnam: A Cultural Guide", In Business Horizons, Mai/ Juni 1996.
Stajkovic, A., Vietnam: An Emerging Market in the Global Economy, in: Hodgetts/Luthans (Hrsg.), International Management, 3. Aufl., McGraw-Hill 1997.
Storey, R./ Robinson, D., Lonely Planet, Hawthorn, Victoria/Australia 1997.
Szerelmy, B., in: Baedeker (Hrsg.), Taoismus, in: Vietnam, 1999.
Thao, Ngoc, Big Power - Small Package, in: Vietnam Economic News, No 28, July 1998.
Vien, Nguyen Khac/ Ngoc, Huu, Literature Vietnamienne, Historique et Textes, Hanoi 1979.
Willemsen, R., Die Deutschen sind immer die anderen, Berlin 2001.
Wolf, F., Chinesische Religionen in Südostasien, in: Südostasien Informationen, 2, 1986.

11 Interkulturelles Management in China

"Von Natur aus,
sind die Menschen gleich.
durch ihre Gewohnheiten
werden sie verschieden."

Konfuzius
chinesischer Philosoph, Lunyü 17.2
(551-471 v. Chr.)

"Am Rausch ist nicht der Wein schuld, sondern der Trinker."
(Chinesisches Sprichwort)

"Viel Höflichkeit beleidigt niemanden."
(Chinesisches Sprichwort)

11.1 Basisindikatoren im Vergleich

Indikatoren	China	Deutschland
Bruttoinlandsprodukt Wachstumsrate	9,5%	2,7%
Bruttoinlandsprodukt pro Kopf	8.400 $	37.900 $
Bevölkerung	1.343.239.923 (2012 est.)	81.305.856 (2012 est.)
Bevölkerungswachstum	0,481% (2012 est.)	-0,2% (2012 est.)
Inflation	5,4%	2,2%
Exporte	1,897 Bill. $	1,543 Bill. $
Lebenserwartung (Jahre)	74,84	80,19
Alphabetisierungsrate	92,2%	99%

Abb. 95 Ausgewählte Basisindikatoren im Vergleich China-Deutschland im Jahre 2011
Quelle: CIA World Factbook, 2012

11.2 Politisch-ökonomische Rahmenbedingungen

Erfolgreiches Handeln in einer fremdkulturell bestimmten Umwelt bedarf u. a. auch der Kenntnis der politisch-ökonomischen Rahmenbedingungen. In ganz besonderer Weise trifft dies für China zu. Das hier auf allen Ebenen anzutreffende Primat der Politik determiniert nicht nur den für investitionswillige Auslandsunternehmen so wichtigen Gesetzgebungsprozess, sondern beeinflusst über nachrangige Behörden und Institutionen z.B. durch die Erteilung oder Nichterteilung von Genehmigungen oder von Subventionen in nicht unerheblichem Maße die unternehmerische Entscheidung. In einem derartig politisch-ökonomisch geprägten Kontext, kommt der Einschätzung der politischen Grundstimmung sowie der wirtschaftpolitischen Fakten wie Absichtserklärungen, zumindest als flankierende Hilfestellung, für den weiteren Entscheidungsprozess eine wichtige Rolle zu.

11.2.1 Ambivalenz als Mittel der Politik

Mit dem Ende des Kalten Krieges rückt China, das auf eine 5000-jährige Geschichte zurückblicken kann, und neben Amerika die einzig verbliebene politische Supermacht darstellt, immer mehr in den Mittelpunkt der Weltpolitik. Nach dem Zusammenbruch der Sowjetunion ist der Rollenwandel Chinas auf der Weltbühne, von der das Land vor zwei Jahrhunderten abgetreten war, die wohl bedeutendste internationale Entwicklung der vergangenen zwei Jahrzehnte (Blume, 1998, S. 49). China, das noch unter Mao an eine Invasion sowjetischer Truppen geglaubt hatte, verwarf unter Deng das Mao-Motto „Krieg oder Frieden" und ersetzte es durch „Frieden und Entwicklung".

Seither beherrscht das wirtschaftliche Kalkül die Außenbeziehungen der Volksrepublik. Die bis dato meist bilateralen Beziehungen wurden durch ein Engagement in multilateralen Foren, wie z.B. der APEC, der asiatisch-amerikanischen Wirtschaftskooperation, ergänzt. Das Massaker auf dem Platz des Himmlischen Friedens im Juni 1989 erschwerte allerdings diesen Prozess der schrittweisen Öffnung. Was den Demokratisierungsprozess betrifft, so steckt China voller Widersprüche. Zum einen hat das Zugeständnis des chinesischen Generalsekretärs, dem amerikanischen Präsidenten Bill Clinton während seines Besuches im Juni 1998 die Möglichkeit zu geben, bei unterschiedlichen Gelegenheiten seine Gedanken - auch im Hinblick auf die Rolle der Menschenrechte - frei vorzutragen, weltweit positive Reaktionen ausgelöst. Die nachfolgende Aussage der amerikanischen Außenministerin M. Albright macht dies deutlich:

"Taboo subjects were discussed before an audience of hundreds of millions of Chinese. The issue of Tibet and the Dalai Lama was mentioned; so was Tiananmen, and the need for more freedom and openness." (Albright, 1998, p. 22)

Auf der anderen Seite wurde im November 1998 der Spiegel-Journalist Wei Jingsheng „aus medizinischen Gründen" in die USA abgeschoben. Er, der zur Gründergeneration der chinesischen Demokratiebewegung zählt, forderte bereits Ende der siebziger Jahre das Ende der kommunistischen Einparteienherrschaft und warnte 1979 vor dem „Diktator" Deng Xiaoping (Jingsheng, 1998, S. 149).

Geschäfte machen mit Chinesen – Insiderwissen für Manager
(Chen, Ming-Jer)

Die Volksrepublik China ist immer noch ein kommunistisches Land, was ausländische Geschäftsleute unklugerweise oft übersehen. Die zentralisierte Kommunistische Partei übt nach wie vor einen starken konservativen Einfluss aus, insbesondere auf nationaler Ebene, und häufig hat sie auch bei wirtschaftspolitischen Entscheidungen deutlich ihre Hand im Spiel. Hinzu kommt ein Netz von Parteivertretern, die – formell und informell – in staatlichen und wirtschaftlichen Organisationen aktiv sind.

In: Frankfurt/M, 2004, S. 190

Welche Schlussfolgerung aus dieser ambivalenten Haltung gezogen werden kann, beschreibt Orville Schell, ein langjähriger Chinabeobachter und Dean der Journalismusausbildung an der University of California, Berkeley, wobei er mit dem Hinweis auf die konfuzianische Vergangenheit auch interkulturelle Überlegungen in seine Ausführungen mit einbezieht:

"Only one thing is sure. Even in the most optimistic of scenarios, democracy is not about to spring forth in China like Athena out of the head of Zeus. The traditions of authoritarianism in both the Communist Party and China's Confucian past are too deep for that. But Jiang's new infatuation with playing the role of a more open and cosmopolitan leader may help breathe life into the notion of constructive engagement[...]." (Schell, 1998, p. 23)

11.2.2 Sozialistische Marktwirtschaft auf Wachstumskurs

Der historische Wandel vom traditionellen Agrar- zum modernen Industriestaat hat in den vergangenen 25 Jahren neue Kräfte freigesetzt. Chinas Volkswirtschaft rückte Ende 2005 im weltweiten Vergleich auf Platz Vier vor, nachdem die Statistiker einen neuen Wirtschaftszensus ausgewertet hatten. Kleinlaut bekannten sie, die boomende Privatindustrie jahrelang aus ideologischer Verbohrtheit zu gering geschätzt zu haben. Im Welthandel liegt China auf Rang Drei. Bei Devisen entthronte es das Land Japan. Mitte April 2006 verfügte Peking über 875 Milliarden Dollar Devisenreserven, ein Drittel davon in US-Schatzpapieren angelegt (Erling, 2006, S. 3).

> **Erstaunliche Rekorde**
> (Jonny Erling)
>
> China als Land der Bauern – von dieser Vorstellung muss man sich allmählich verabschieden. Die Urbanisierung nimmt so rasch zu, dass Ende 2005 bereits 42,76 Prozent der Bevölkerung in 661 Städten und Tausenden von Ortschaften leben. Genau waren es 559 Millionen Städter und nur noch 748 Millionen Bauern. 2025 werden es bereits mehr Städter als Bauern bei dann 1,5 Milliarden Menschen sein. Dank Pekings Ein-Kind-Politik wurden statistisch 1979 400 Millionen Menschen weniger geboren. Dennoch werden spätestens 2025 in Chinas Städten mindestens doppelt so viele Menschen leben wie in ganz Europa. Bereits heute gibt es im Reich der Mitte 103 Millionenstädte.
>
> Bei allen Rekorden bleibt China in vielen Teilen bitterarm. Das durchschnittlich verfügbare Einkommen in den Städten lag Ende 2005 bei 1294 US-Dollar, auf dem Lande bei 401 Dollar. Nach internationalem Maßstab gilt als Armutsgrenze ein Verdienst von einem Dollar am Tag. Danach leben derzeit in China mehr als 200 Millionen Menschen in Armut.
>
> In: Die Welt, 22.05.2006, S. 3

Noch ist China ein schnell aufstrebendes Schwellenland. Prognosen gehen allerdings davon aus, dass China Deutschland als Exportweltmeister ablösen wird (Michler, 2006, S. 2). Schon heute produziert China mehr Mountainbikes, Mobiltelefone und Mikrowellen als jede andere Volkswirtschaft. Im Schiffbau soll die Führung bald erreicht werden, in der Autoproduktion wird die 1,3 Milliarden-Nation bald zu Deutschland aufschließen (Blume/Heuser, 2003, S. 19).

"With a population of over 1.2 billion, China has exploded into a huge potential marketplace for the world's production of goods and services. [...] Paced by a rapid rate of investment and given the abundance of trained human capital, the Asian Rim, of which China is a leading nation, has become the fastest growing region of the world." (Barnes/Hill, 1997, p. 546)

Did you know?
(Ted C. Fishman)

- 220 billion text messages were sent over mobile phone last year.
- China has more speakers of English as a second language than America has native English speakers.
- China has more than 300 biotech firms that operate unhindered by animal rights lobbies, religious groups, or ethical standards boards.
- China has 320 million people under the age of fourteen, more than the entire population of the United States.
- Apparel workers in the United States make $ 9.56 an hour. In El Salvador, apparel workers make $1.65. In China they make between 68 and 88 cents.
- There are 186 MBA programs in China.
- China's sex industry alone needs 1 billion condoms a year.

In: China, Inc., 2005, p. 344

11.2.2.1 Die fünf Eckpfeiler der wirtschaftlichen Entwicklung

Was die gegenwärtige wirtschaftliche Entwicklung betrifft, so befindet sich China allerdings noch in einer Transformationsphase, die - nicht überraschend - mit schwierigen Anpassungsproblemen verbunden ist. Gerade staatliche Unternehmen stehen vor gravierenden Veränderungen, die sowohl interne Strukturen als auch externe Verhaltensweisen betreffen. Hinzu kommt, dass die Konkurrenz von inländischen Privatbetrieben und auslandsdominierten Joint-Venture-Unternehmen eine schnellere Umsetzung neuer Denk- und Handlungsmuster abverlangt als es bisher der Fall war.

Das Konzept des chinesischen Modells einer „sozialistischen Marktwirtschaft" beruht dabei auf den folgenden fünf Eckpfeilern (Healy, 1999, S. 26 ff.):

- Schaffung eines modernen Unternehmenssystems
- Reorganisation des staatlichen Sektors
- Stärkung des Privatsektors
- Förderung von Joint Ventures
- Ausbau genossenschaftlicher Unternehmen

Wie planwirtschaftliche Ideen mit neuen marktwirtschaftlichen Bekenntnissen zusammengebracht werden sollen, beschreibt der gegenwärtige Generalsekretär des Zentralkomitees Jiang Zemin:

"[...] the objective of the reform of the economic structure will be to establish a socialist market economy that will further liberate and expand the productive forces. By establishing such an economic structure we mean to let market forces, under the macroeconomic control of the state, serve as the basic means of regulating the allocation of resources, to subject economic activity to the law of value and to make it responsive to the changing relations between supply and demand. We should make use of pricing and competition to distribute resources to those enterprises that yield good economic returns. In this way, we shall provide an incentive for enterprises to improve their performance, so that the efficient ones will prosper and inefficient will be eliminated." (Zemin, 1992, p. 18)

Dass sich die wirtschaftlichen Veränderungen auch optisch bemerkbar machen und das Grau der Mao-Zeit durch eine neue Farbenvielfalt abgelöst worden ist, wird in folgender Beschreibung deutlich:

"[...] The most immediate is economic vibrancy. People talk about the Chinese entrepreneurial spirit. When I was in Shanghai in 1978, obviously everyone was in their Mao suits, all blue and grey. But when I went out in the morning walking, I looked around and saw all the colourful underwear hanging on the clotheslines. I realised that underneath the drab blue and grey there was imagination! Now the colourful underwear has been translated into colourful neon signs. The vibrancy shows." (Albright, 1998, p. 22)

11.2.2.2 Sonderwirtschaftszonen

Um für den Übergang von einer rigiden Planwirtschaft zu einer sich stetig öffnenden „sozialistischen Marktwirtschaft" vorbereitet zu sein, war westliches Know-how und Kapital gefragt. Eine derartig neu angelegte Wirtschaftspolitik machte aber eine Abstimmung mit den übrigen Politikfeldern notwendig, um den wirtschaftlichen Öffnungsprozess politisch nicht zu gefährden.

Mit der Errichtung von Sonderwirtschaftszonen (Special Economic Zones) im Jahre 1978, die u. a. steuerliche Vergünstigungen für ausländische Investoren und in der Folgezeit (1979) die Aufhebung bestehender Handelsrestriktionen vorsahen, wollte man Unternehmen anlocken und den Außenhandel beleben.

> *"Foreign trade in China is almost completely dominated by the state. In 1979, China relaxed certain trade restrictions, paving the way for increases in the relatively small foreign investment and trade activity." (Barnes/Hill, 1997, p. 546)*

Die Etablierung von Sonderwirtschaftszonen wurde zunächst nicht landesweit durchgeführt, sondern konzentrierte sich auf ganz bestimmte vorher ausgewählte Regionen. Die Strategie des geographisch begrenzten Engagements war politisch gewollt, um in einer ersten Phase herauszufinden, inwieweit neue makrowirtschaftliche Überlegungen mit den bisherigen politischen Instrumenten zu vereinbaren seien. Nach erfolgreicher Testphase sollten diese Special Economic Zones dann landesweit eingeführt werden. Im Hinblick auf die außenwirtschaftliche Öffnung Chinas diente diese Politik vor allem als „Türöffner", was Fukasaku/Wall (1994, S. 43) als einen Ansatz des „windows-and-bridges" umschrieben hat.

Aus Sicht der ausländischen Investoren eröffneten diese Sonderwirtschaftszonen u. a. auch die Möglichkeit, einen tieferen Einblick in die chinesische Wirtschaft zu bekommen. Wenn auch zu Beginn seitens der chinesischen Regierung kaum detaillierte Pläne zur Durchführung vorlagen und generelle Absichtserklärungen ohne rechtliche Verbindlichkeit den Rahmen abgaben, so zeigte sich in der Folgezeit jedoch, dass die chinesischen Behörden schrittweise die vorgefundenen Defizite beseitigten. So folgte die Gesetzgebung grundsätzlich der wirtschaftlichen Entwicklung im Land, um den wirtschaftlichen Aufschwung nicht zu gefährden.

Wenn China heute zu den größten Handelsnationen der Welt gehört und trotz der Asienkrise und SARS gewaltige wirtschaftliche Erfolge erzielt hat, dann stellte die damalige Entscheidung über die Einrichtung von Sonderwirtschaftszonen einen Schritt in die richtige Richtung dar.

> **It's stupid to be afraid**
> (Interview with Lee Kuan Yew – Singapore's founder and long-time prime minister)
>
> *Spiegel:* *The political and economic centre of gravity is moving from the West to the East. Is Asia becoming the dominant political and economic force in this century?*
>
> **Lee:** I wouldn't say it's the dominant force. What is gradually happening is the restoration of the world balance to what it was in the early 19th century or late 18th century, at a time when China and India together were responsible for more than 40 percent of the world GDP. With those two countries becoming part of the globalized trading world, they are going to return to the approximate GDP level they occupied then. But that doesn't make them superpowers.
>
> *Spiegel:* *You've been the leader of a very successful tiger state for a long time. Has China's success not become dangerous for Singapore?*
>
> **Lee:** We have watched this transformation and the speed at which it is happening. As many of my people tell me, it's scary. They learn so fast. Our people set up businesses in Shanghai or Suzhou and they employ Chinese at lower wages than Singapore Chinese. After three years, they say: "Look, I can do that work," and they can.
>
> *Spiegel:* *But how afraid should the West be?*
> **Lee:** It's stupid to be afraid. It's going to happen. I console myself this way: Suppose China had never gone communist in 1949, suppose the Nationalist government had worked with the Americans – then China would be the great power in Asia, not Japan, not Korea.
>
> In: Spiegel Special, International Edition, Nr. 7/2005 p. 21

11.2.3 China ein Markt für deutsche Auslandsinvestitionen

China hat sich aufgrund seines großen Marktpotentials zu einer wichtigen Zielregion für Unternehmen aus aller Welt entwickelt, wobei China gegenwärtig vom Wertevolumen her betrachtet mehr Waren und Dienstleistungen ex- als importiert. Die Struktur der wichtigsten Warenaustauschgüter macht deutlich, dass gerade in Bereichen wie Maschinenbau, Fahrzeugbau und Teilbereiche der chemischen Industrie, in denen der deutschen Wirtschaft besondere Stärken nachgesagt werden, nach wie vor eine große Importabhängigkeit seitens der chinesischen Wirtschaftspartner besteht.

> *"The principal Chinese exports include crude and refined petroleum, cotton fabric silk, clothing, rice, pork, frozen shrimp, and tea. Among the major imports are machinery, steel products, automobiles, other metals, synthetics, agricultural chemicals, rubber, and wheat." (Barnes/Hill, 1997, p. 546)*

Im Jahr 2005 führte China bereits Waren im Wert von 772 Milliarden Dollar aus. Im Vergleich zum Vorjahr war das ein Plus von 28 Prozent. Gestützt wird der Daueraufschwung von Direktinvestitionen aus dem Ausland. Nach chinesischen Medienberichten investierten ausländische Unternehmen im Jahr 2005 rund 60 Milliarden Dollar in die Volksrepublik. Mehr als 400 der 500 größten Firmen der Welt sind in China mit eigenen Produktionen, Joint Ventures oder Repräsentanzen vertreten (Michler, 2006, S. 2).

Was die wirtschaftliche Zusammenarbeit zwischen Deutschland und China betrifft, so hat sie sich in den zurückliegenden Jahren - sowohl was den Import als auch den Export betrifft – weiter positiv entwickelt, wenngleich die Schere zwischen Ein- und Ausfuhr immer größer zugunsten Chinas wird.

Mrd. Euro	2000	2001	2002	2003	2004	2005
Deutsche Ausfuhr	9,41	12,12	14,57	18,26	21,00	21,32
Deutsche Einfuhr	18,36	19,94	21,34	25,68	32,46	39,91
Saldo	-8,95	-7,82	-6,77	-7,42	-11,46	-18,59

Abb. 96 Deutsch – Chinesischer Außenhandel
Quelle: Statistisches Bundesamt Deutschland 2006

Der deutsche Export hat über die Jahre kontinuierlich zugenommen und weist mit rund 21,3 Milliarden Euro für das Jahr 2005 einen neuen Höchststand aus. Blickt man auf die Warenstruktur, so sind es vor allem deutsche Maschinen, maschinelle Anlagen und elektrische Geräte, die von den Chinesen importiert werden. Die deutschen Maschinenbauer nehmen dabei mit Ausfuhren von mehr als 7 Milliarden Euro den mit Abstand größten Posten in der bilateralen Handelsbilanz ein. Dazu gehören Transportmittel, erinnert sei hier nur an den Transrapid, aber auch chemische Erzeugnisse, Metallprodukte, optische Geräte und Kunststoffe zu den Produkten, die bei den chinesischen Einfuhren dominieren.

> **Deutsche in China**
> (Erling/Wenk)
>
> Carsten Lehn (35) kam als Bäcker vor acht Jahren im Januar 1998 nach China. Die ganze Familie des einstigen deutschen Traditionsunternehmens wagte damals den Sprung von Lübeck ins 8000 Kilometer entfernte Peking und baute „Der Backer Food (Beijing) Co. Ltd." auf. In der Brotfabrik des Mittelständlers, die versteckt in einer Gasse am dritten Pekinger Ring liegt, arbeiten 45 Mitarbeiter. Bis 2008 erwarten die Lehns, die nach ihrem ersten Café nun noch weitere planen, ein jährliches Umsatzwachstum von zehn Prozent.
>
> In: Die Welt, 22.06.2006, S. 3

> **Ikea will stärker in Asien expandieren**
> (ohne Verfasser)
>
> [...] In China soll die Zahl der Verkaufsstätten in den nächsten sechs bis acht Jahren von zwei auf zwölf steigen. Damit will Ikea vom wachsenden Wohlstand in den Städten profitieren. [...] Der China-Umsatz ist derzeit mit etwa 100 Mio. Euro verglichen mit dem Weltumsatz gering, er steigt aber weit überdurchschnittlich. [...]
>
> In: FAZ, 06.10.2004, S. 17

Aus China wiederum werden neben technischen Konsumgütern vor allem Textilien, Schuhe und Spielwaren sowie zunehmend auch Maschinen importiert. Mit 39,9 Milliarden Euro haben die Einfuhren im Jahre 2005 einen neuen Höchststand erreicht. Welche wichtige Rolle China im Importgeschäft für deutsche Unternehmen in Zukunft einnehmen wird, zeigt das Beispiel der Karstadt Quelle AG. Der Handelskonzern hat entschieden, sein Import-Geschäft an die Li & Fung Ltd. in Hongkong abzutreten. Künftig soll das chinesische Handelshaus für zwei Milliarden Euro jährlich Waren für den deutschen Handelskonzern einkaufen. Durch den Vertrag, der sich vor allem auf Textilien für die Marken Karstadt, Quelle und Neckermann bezieht, will das Essener Unternehmen seine Einkaufspreise um rund 10 Prozent senken und zukünftig mit weniger Kapitalaufwand arbeiten (Seidel, 2006, S. 13).

Um eine langfristige Markterschließung zu ermöglichen und den dringend benötigten Technologietransfer sicherzustellen, ist China auf lange Zeit auf die Zusammenarbeit mit ausländischen Unternehmen angewiesen (DIHT, 1997, S. 48 ff.). Ein riesiger Konsumentenmarkt sollte neben einer Reihe anderer Gründe, wie z.B. niedrigen Arbeitslöhnen und dem Vorhandensein zahlreicher Rohstoffe, für deutsche Investoren Anreiz genug sein, dem chinesischen Markt mehr Aufmerksamkeit als bisher zu schenken.

Das Jahr 2012 ist auch das Jahr des Interkulturellen Dialogs EU/China. Die EU-Mitgliedsstaaten und China werden in diesem Jahr Gastgeber zahlreicher Veranstaltungen und Projekte sein, durch die der interkulturelle Dialog intensiviert werden soll. Das Jahr soll die Gelegenheit bieten, auch langfristig eine strukturierte und nachhaltige Zusammenarbeit zwischen den Ländern aufzubauen. Mehr Informationen finden sich unter: http://ec.europa.eu/culture/eu-china/index_en.htm.

11.2.4 Produktpiraterie

„Langfristig gibt es wirtschaftlichen Erfolg nur in einem Rechtsstaat mit bürgerlichen Freiheitsrechten. Ohne unabhängige Gerichte und eine freie Presse bleiben Investitionen aus. Ohne sie gibt es keine effiziente Korruptionsbekämpfung, keinen ausreichenden Schutz des geistigen Eigentums", so Eckardt von Kladen (Die Welt, 22.05.2006, S. 2) im Hinblick auf den Besuch der Bundeskanzlerin Angela Merkel in China.

Allerdings sind Betrug und Korruption in China immer noch weit verbreitet und es ist den staatlichen Stellen bisher nicht in zufrieden stellender Weise gelungen, dieser Herausforderung gerecht zu werden (Fasion, 1999, S. 4).

"Those who want China to develop as a market-oriented, open and eventually democratic society have to recognise that curbing smuggling, corruption and officially sanctioned fraud are essential if the nation is to find a sustainable path between authoritarianism and booty capitalism." (Bowring, 1999, p. 6)

Dass man der Lösung dieses Problems auch an oberster Stelle hohe Priorität einräumt, zeigen Äußerungen des chinesischen Premierministers Zhu Rongji, der öffentlich die Korruption angeprangert hat. Mit einem Rückgriff auf die konfuzianische Ethik, in der vom Aufbau einer ehrlichen und sauberen Regierung die Rede ist, sollen zukünftig verschärft Anstrengungen unternommen werden, dieses Übel zu bekämpfen (Blume, 1999, S. 5).

> **70 Prozent der Plagiate kommen aus China**
> (Stefan Braun)
>
> Nach einer im April 2006 veröffentlichten Umfrage des Verbandes der Anlagenbauer sind zwei Drittel der deutschen Maschinenhersteller von Produktklau in aller Welt betroffen. 70 Prozent der Plagiate kommen aus China. Christian Harbulot, Direktor der Pariser Ecole de Guerre Economique, wirft den Flugzeugbauern von Airbus (EADS) deshalb den Ausverkauf europäischer Interessen vor, wenn sie ein Montagewerk in China errichten – als Gegenleistung für den Kauf von 150 Flugzeugen. China, das bis 2025 rund 2600 Flieger anschaffen will, freut sich über den Technologietransfer. In einigen Jahren, so fürchtet Harbulot, werden die Asiaten „die gleichen Flugzeuge wie wir bauen und keine Airbusse mehr kaufen".
>
> In: Stern, Nr. 21, 2006, S. 188

Zwar wird die Bundeskanzlerin in Peking ein Memorandum zum Schutz des geistigen Eigentums unterzeichnen, ob damit allerdings der Produktpiraterie Einhalt geboten werden kann, bleibt zu bezweifeln. Es sind vor allem die Verwaltungsgesetze, die den chinesischen Behörden bis dato freie Hand lassen und zu Willkürentscheidungen geführt haben (Wenk/Blome, 2006, S. 2). Wirtschaftsminister Fu Zhihuan, der als junger Mann in Deutschland gearbeitet hat, unterstreicht diese Einschätzung mit den Worten: *„Wir haben bisher 133 Wirtschaftsgesetze erlassen, aber ein unabhängiges Rechtssystem, wie es sich nicht nur Regimekritiker, sondern auch ausländische Investoren wünschen, kann ich mir nicht vorstellen."* (Blume/Heuser, 22.12.2006, S. 19)

Der Unternehmer Eginhard Vietz ist eines der prominentesten Opfer der rüden Geschäftsmethoden in der Volksrepublik China. Sein chinesischer Partner ließ zunächst Geld verschwinden, der Betriebsleiter verschwand wenig später mit einem Laptop voller Baupläne und entwendete kurz darauf den Hauptrechner und den Tresor. Der Chinese und seine Hintermänner treten nun mit ihren nachgebauten Schweißraupen bei Messen als Konkurrenten von Vietz auf, zuletzt in Teheran. Verluste in Millionenhöhe haben den deutschen Unternehmen veranlasst, die Chinaproduktion zurück ins deutsche Stammwerk zu legen (Braun, 2006, S. 188).

Die nachfolgend zusammengetragenen internationalen Beispiele von Ted C. Fishman belegen, welcher Milliardenschaden durch die laxe chinesische Handhabung für die Unternehmen verbunden ist, wenn der Schutz ihres geistigen Eigentums nicht gewährleistet ist. Die damit verbundene Gefahr, dass sich das ausländische Kapital anderweitig orientiert, könnte ein Grund sein, um China hier unter Druck zu setzen. Indien, mit einem funktionierenden Rechtssystem und Englisch als Verhandlungssprache ist bereits jetzt für viele international tätige Unternehmen zu einer ersten Adresse geworden, wenn es um zukünftige Investitionen geht.

Pirate Nation
(Ted C. Fishman)

- A brewery near the coastal city of Tianjin counterfeits Heineken and Budweiser beers. Its fake brews are sold in restaurants and "other entertainment establishments." Beer counterfeits in China tend to use shoddy glass bottles, and consumers have repeatedly been hurt by exploding bottles.

- Despite public announcement of national crackdown on makers of counterfeit eyewear in China, half of the eyewear and lenses sold on Renmin Road in Guangzhou, one of China's busiest eyewear marketplaces, are fake. Frames that mimic Gucci and Versace cost between $.80 and $ 2.50.

- Procter & Gamble shampoos Head & Shoulders are faked in Lanzhou in Gansu Province, south of Inner Mongolia.

- Hundreds of thousands of pirated copies of J.K. Rowling's Harry Potter books have been sold throughout China. Their success is so pronounced that Chinese counterfeiters have produced their own original volumes of Potter stories and sold them under Rowling's name.

- A Beijing court ruled against Toyota when the company brought suit against Geely, one of China's largest private automobile manufacturers. Toyota complained that Geely used Toyota's logo on one of its cars and the Toyota name to sell it. The court ruled that China did not recognize Toyota's logo, one of the best-known corporate marks in the world.

- Ninety percent of Microsoft products in China are pirated.

In: China, Inc., New York, 2005, p. 231

11.3 Soziokulturelle Rahmenbedingungen

Neben der Fähigkeit eine politisch-ökonomische Beurteilung des jeweiligen Gastlandes vornehmen zu können, gehört das Einbeziehen der soziokulturellen Rahmenbedingungen zu den Voraussetzungen, die die Basis für ein erfolgreiches Handeln in China schaffen.

Chinesen und Deutsche
(Ursula Eichler)

Was ist sauber, was ist schmutzig?
Für Deutsche wirkt es unsauber, wenn Chinesen Essen auf den Tisch spucken. Chinesen finden es dafür unhygienisch, sich bei Tisch die Finger abzulecken.

Was ist gesund, was ist krank?
Deutsche finden Sport in der Freizeit sehr gesund. Chinesen halten mehr vom Ausruhen.

In: Interkulturelles Training Südostasien, 1998, S. 5

11.3.1 Verschiedene Glaubensrichtungen und Lebensphilosophien

Nachdem im Kapitel 10.3 sehr ausführlich Bezug auf die einzelnen asiatischen Glaubensrichtungen und Lebensphilosophien genommen worden ist, soll an dieser Stelle nur noch kurz auf den religiösen Einfluss eingegangen werden, der heutzutage immer noch das Denken und Handeln der Menschen in China beeinflusst.

11.3.1.1 Zur Rolle des Aberglauben

Nach wie vor spielen religiös geprägte Wertvorstellungen und Philosophien eine große Rolle im Alltagsleben der Chinesen. Es ist ihnen wichtig, an irgendetwas zu glauben, was nicht unbedingt nur eine Religion oder eine Weltanschauung bedingt, sondern auch Animismus und Ahnenkult mit einschließt. Dies ist im Übrigen auch der Grund, warum man in China kaum Menschen begegnet, die sich zum Atheismus bekennen. Aus ihren Glaubensvorstellungen leiten sie für ihr alltägliches Handeln ethische und kulturelle Verhaltensrichtlinien ab.

Dazu gehört der Aberglaube ebenso wie der Ahnenaltar. Wer in China z.B. ein Haus bauen möchte, wird zunächst einen Astrologen befragen. Dieser muss nämlich vorher die Lage des Erddrachen bestimmen, da weder auf dem Kopf oder gar auf dem Augapfel, sondern nur auf dem Rücken des Erddrachen gebaut werden darf (Schell, 1995). Ähnliche Überlegungen werden angestellt, wenn Chinesen Orakelbücher studieren, um die günstigste Zeit für Hochzeiten, Begräbnisse oder Geschäftseröffnungen zu erfahren (Chu, Chin-Ning, 1996, S. 33). Auch bei Geschenken und der Auswahl der Farben, die man bei der Verpackung verwendet, wird darauf geachtet, dass sie sich in Übereinstimmung mit dem vorherrschenden Aberglauben befinden (s. auch Kap. 11.4.7).

11.3.1.2 Glaubensfreiheit für alle Religionen und ihre Verbreitung

Nach der Verfassung vom Dezember 1982 genießen die Bürger Chinas zwar Glaubensfreiheit, aber die Unterdrückung bestimmter Religionen, wie z.B. des Christentums, ist immer wieder zu beobachten. So wird immer noch das Feiern des christlichen Weihnachtsfestes in Anwesenheit anderer unter Strafe gestellt. Von den drei großen asiatischen Glaubensrichtungen Buddhismus, Taoismus und Konfuzianismus weist der Buddhismus in China die meisten Anhänger auf. Schätzungen gehen davon aus, dass es in China derzeit etwa 150 Mio. Buddhisten, 30 Mio. Taoisten, 48 Mio. Muslime und 9 Mio. Christen gibt, von denen etwa 4 Mio. der katholischen und 5 Mio. der protestantischen Richtung angehören. Ähnlich der Situation in Japan oder Vietnam kann man dabei Mitglied mehrerer Konfessionen sein (Rink, 1994, S. 72).

11.3.1.3 Taoismus

Die taoistische Philosophie, die ihren Ursprung in China hat, lehrt die Harmonie von Mikro- und Makrokosmos. Kein Groß ohne Klein, kein Hell ohne Dunkel, kein Männlich ohne Weiblich, kein Leben ohne Tod, kein Yin ohne Yang – dies ist die Dialektik des Taoismus (Weggel, 1994, S. 234). Das Wechselspiel zwischen Yin und Yang bildet dabei den Ausgangspunkt, der das Sein aller Dinge bestimmt.

Wichtig ist hierbei noch einmal zu betonen, dass es sich bei der Zuordnung nicht um eine „Entweder-oder-Beziehung" handelt, sondern auch eine „Sowohl-als-auch-Position" möglich ist. Das führt dazu, dass sich eindeutige Aussagen im chinesischen Denken nicht finden, was wiederum für westlich geprägte Ausländer einen schwierigen Lernprozess beinhaltet. Wir, die wir in unserem Denken sehr stark durch eine Industriegesellschaft geprägt sind, repräsentieren gegenüber Chinesen das männliche Prinzip Yang, das durch analytisches, rationales und kausales Denken gekennzeichnet ist. Deutsche werden als direkt, individualistisch und problemlösungsorientiert mit einem Hang zum Perfektionismus, Prinzipientreue und Starrheit dargestellt, deren Wahrheitsanspruch als absolut angesehen wird (Albrecht, 1997, S. 48).

Demgegenüber werden chinesische Verhaltensweisen, deren Ursprung auf eine auf Selbstversorgung basierende Agrargesellschaft zurückzuführen ist, dem weiblichen Prinzip Yin zugeordnet. Ganzheitliches, integrierendes und intuitives Denken in Netzwerken kennzeichnet diesen Ansatz aus. Daraus werden Verhaltensweisen abgeleitet, die als indirekt, kollektivistisch und harmonieorientiert beschrieben werden. Widersprüche werden passiv aufgenommen, Lösungen sind stets situationsangepasst und müssen in vorgegebene Strukturen passen. Der Wahrheitsbezug wird dabei als relativ betrachtet.

11.3.1.4 Konfuzianismus

Der Umgang mit traditionellen Wertvorstellungen, wie sie sich im chinesischen Wertekatalog wieder finden, spielt auch im konfuzianischen Denken eine wichtige Rolle (Hofstede/Bond, 1984, S. 417 ff.). Die konfuzianische Ethik umfasst hierbei das Spektrum aller menschlichen Tugenden und drückt sich in den folgenden acht Regeln der Zivilisation aus: kindliche Liebe, Höflichkeit, Anständigkeit, Rechtschaffenheit, Treue, Bruderpflichten, Ehrlichkeit und Schamgefühl (Glassenapp, 1985, S. 148 ff.).

Confucianism
(Scott D. Seligman)

China's bureaucracy probably owes as much to its Confucian heritage as it does to the Soviet Union, on whose government structure it was largely modeled. Far from the "classless" organization of communist mythology, it is in fact strictly hierarchical, with rank and its privileges defined extremely clearly. People relate to one another not purely as individuals, but rather according to their relative ranks. Personal loyalty is highly valued, and it is common for high-ranking cadres to install cronies in important positions under their control.

In: Chinese Business Etiquette, 1999, p. 51

Daraus lassen sich der Respekt vor den Eltern, den Vorfahren und dem Staat ableiten. Des Weiteren gilt es, Wert auf die Pflege von Beziehungen zu legen, aber auch das respektvolle Verhalten gegenüber Höhergestellten und die Beachtung von Vorschriften werden damit verbunden. *"Deference to people in authority and to elders is an obvious one."* (Seligman, 1999, p. 51) Ebenso gehören Tugenden wie die Sparsamkeit, das Gesicht wahren, Geschenke machen, Wohltaten erwidern und Respekt vor der Tradition zeigen, zu diesem Tugendenkatalog.

Konfuzianismus auf dem Lehrplan
(Günter Dometeit)

Auf kulturelle Traditionen besinnen sich die Chinesen auch im eigenen Land wieder – eine Folge des ideologischen Vakuums, das der rasante Wirtschaftserfolg hinterlässt. So erlebt der von den Kommunisten als Symbolfigur des Feudalismus verfemte Konfuzius eine Wiederauferstehung. Mehr als fünf Millionen Grundschüler pauken die Lehren des Staatsphilosophen, der streng hierarchische, aber auf moralischer Integrität beruhende Beziehungen in der Gesellschaft predigte. Philosophieseminare der Unis haben den Konfuzianismus auf den Lehrplan gehoben, private Konfuzius-Institute sprießen aus dem Boden. „Es geht darum, eine Synthese zu schaffen zwischen eigener Tradition und neuen Einflüssen aus dem Westen", erklärt Kong Jun, ein Nachfahre des Kong Zi, des großen Meisters, und Chefentwickler bei Siemens in Shanghai.

In: Focus, Nr. 21, 2006, S. 115

Der Konfuzianismus als solcher kann nicht als Religion angesehen werden. Er stellt vor allem eine Staats- und Moralphilosophie dar, die auf der religiösen Tradition aufbaut und ohne Ahnenverehrung nicht denkbar ist (Rink, 1994, S. 72). Er orientiert sich an der Beziehung zwischen Herrscher und Beherrschten. Das aktive Leben in der Öffentlichkeit, im Beruf und in der Familie spielt bei dieser Glaubensrichtung eine große Rolle. Höchstes Ziel des Konfuzianismus ist nicht die Einzelpersönlichkeit, sondern die Mitmenschlichkeit im Sinne der Gruppenbezogenheit. Der „Kategorische Imperativ" des Konfuzianismus könnte folgendermaßen formuliert werden:

„Man hat so zu handeln, dass die Gemeinschaftsnormen nicht gestört werden, sondern vielmehr noch bestätigt werden. Der Mensch wird nicht als Individuum im Sinne von unteilbar, sondern als 'Dividuum' mit situativ verschiedenen Verhaltensweisen verstanden. Glück im

Sinne des Konfuzianismus ist nicht das Glück des Einzelnen, sondern das Glück, das der Einzelne mit der Gemeinschaft teilt." (Schoeller-Peill, 1994, S. 138 ff.)

Die Faszination chinesischer Herrscherhäuser an Konfuzius hatte immer damit zu tun, dass er keine Religion stiftete. Jeder konnte sich seine Lehren zurechtbiegen. Bis ins hohe Alter wanderte er als Berater von Fürsten in den Kleinstaaten umher. Konfuzius enttäuschte alle Herrscher, die sich von ihm Problemlösungen erwarteten. Stattdessen riet er ihnen, einen Kodex sittlichen Verhaltens in ihren Staatswesen einzuführen, an den sich jeder auf seiner jeweiligen Position halten müsse (Erling, 2006, S. 19). Die nachfolgende Abbildung greift beispielhaft fünf konfuzianische Tugenden heraus und stellt sie den entsprechenden Ausprägungsformen im Unternehmensalltag gegenüber.

仁	rén	Menschlichkeit Nobler Charakter	Fairness, Verantwortung für Angestellte (Arbeitsbedingungen, soziale Sicherung)
义	yì	Rechtlichkeit Anständigkeit	Firmenidentität, corporate identity im Familienunternehmen, Worttreue, Gesichtsverlust bei Nichteinhalten
礼	li	Anstandsformen Etikette	Gesicht, Etikette, Machtdistanz wahren im Umgang mit Geschäftspartnern, Chef und Angestellten
智	zhì	Weisheit Klugheit Motto: „Weise ehren, Fähige beauftragen, Unfähige ausbilden"	Personalwahl, Delegieren von Aufgaben, Beurteilung von Personen, Fähigkeit, Situationen differenziert einzuschätzen und flexibel zu reagieren
信	xìn	Glaubwürdigkeit Treue zu Personen	Grundlage für Aufbau von Beziehungen zu Geschäftsfreunden, Kontinuität, Unterstützung auch in schwieriger Zeit

Abb. 97 Fünf konfuzianische Tugenden
Quelle: Eichler, 1998, S. 66

11.3.1.5 Konfuzianismus und Familienleben

Industrialisierung und die zunehmende Anonymität der Großstädte lassen auch in China einen Wertewandel erkennen, ähnlich wie dies in Europa zur Zeit der Industrialisierung und Verstädterung geschah. Allerdings wird der chinesische Alltag immer noch von Denk- und Handlungsweisen erfasst, die eine konfuzianische Prägung aufweisen (s. Abbildung 98).

- Erziehung und Schulbildung sind äußerst wichtig.
- Man glaubt, der Mensch ist Produkt seiner sozialen und schulischen Formung.
- Leistung/Fleiß werden positiv gesehen und stellen eine Grundlage für den Erfolg dar.
- Der Schutz des Individuums ist nachrangig hinter dem Schutz der Allgemeinheit.
- Man traut eher Autoritätspersonen als anonymen Institutionen oder Gesetzen.
- Alte Menschen genießen mehr Respekt als im Westen.
- "Gesicht" zu wahren ist wichtig.
- Wo immer jemand versucht, als anständig zu gelten, wird er besonderen Wert darauf legen, würdevoll, respektvoll, bescheiden, gelassen, geduldig, diszipliniert und höflich zu wirken.
- Bei moralischer Beurteilung einer Person ist deren akzeptables Benehmen genauso wichtig wie ihre innere Echtheit.
- Viel Geld zu besitzen wird als nicht unanständig angesehen.
- Man vermeidet, sich auf Extreme festzulegen, beschreitet einen "mittleren Pfad" und baut genügend Veränderungsmöglichkeiten ein.

Abb. 98 Konfuzianisch geprägte Verhaltensweisen im chinesischen Alltag
Quelle: Eichler, 1998, S. 3 ff.

11.3.2 Zur Rolle der „Danwei"

Die „Danwei" – ausgesprochen mit der Betonung auf der letzten Silbe – ist diejenige „Grundeinheit", in der jeder sein berufliches und zum Teil auch sein persönliches Leben führt. Dabei kann auf dem Land beispielsweise das Dorf (früher die „Produktionsgemeinschaft"), in der Stadt das Wohnviertel, die Fabrik oder aber die Universitätsfakultät diese Beziehungseinheit darstellen (Weggel, 1994, S. 52).

> *"Under orthodox communism, it was the work unit, or danwei, that wielded the most power over an individual's life. The work unit had a say in just about all major decisions in a worker's life, and in a great number of minor ones as well."* (Seligman, 1999, p. 49)

Am stärksten ausgeprägt findet sich die Danwei-Form immer noch auf den Dörfern, da dort Produktions- und Lebensraum weitgehend zusammenfallen, während beide Bereiche in den Städten immer häufiger auseinander brechen, mit der Folge, dass der Einzelne sowohl einer Wohn- als auch einer Arbeitsdanwei angehört. Doch gehen auch in Stadtgemeinden die Bemühungen dahin, solche derartigen Aufspaltungen auf ein Minimum zu reduzieren (Weggel, 1994, S. 52 ff.).

Die Danwei stellt eine Art soziale Absicherung dar. Als Lebens- und Arbeitseinheit bietet sie Schutz und Geborgenheit und wirkt über die Zurverfügungstellung von Arbeitsplatz, Wohnung, Krankenversorgung und Rente als ein stabilisierender Faktor der chinesischen Gesellschaft (Schienle, 1992, S. 15).

Die Danwei-Philosophie führt allerdings dazu, dass der Wert des Einzelnen als begrenzt angesehen und das Individuum nur in seiner Funktion als Teil eines sozialen Verbandes wertvoll betrachtet wird. Die Entwicklung eines eigenen Profils wird erschwert und ist zudem nicht erwünscht. Das Individuum ist in seiner persönlichen Entscheidungsfindung gehemmt, denn es hat Rücksicht auf Familienbindungen zu nehmen, wodurch die eigene Berufswahl und die individuelle Karriereplanung beeinflusst werden und sich ganz bestimmte Wünsche nicht immer realisieren lassen (Albrecht, 1997, S. 41 ff.).

Die Danwei greift darüber hinaus in eine Sphäre ein, die bei uns dem Privatbereich vorbehalten ist. Unter anderem erteilt sie beispielsweise de facto die Heiratserlaubnis, bestimmt im Rahmen von Vertragsverhältnissen die Geburtenzuweisung, schlichtet bei Ehekrächen und gibt, falls ausnahmsweise einmal nichts mehr zu schlichten sein sollte, den Weg für die Scheidung frei. Allerdings werden sich die Geschiedenen jeden Tag im Danweibereich wieder begegnen, so dass sie gut daran tun, sich zu fragen, ob eine Trennung überhaupt sinnvoll ist (Weggel, 1994, S. 52 ff.). Obwohl Chinesen harte Arbeiter sind und über ein ausgeprägtes Nützlichkeitsdenken verfügen, vor allem dann, wenn der persönliche oder familiäre Erfolg winkt, ist ihr Gemeinsinn außerhalb der eigenen Danwei, des Clans oder der Familie nicht sehr stark ausgeprägt. Hinzu kommt, dass Gesinnungsschnüffelei, starker gesellschaftlicher Konformitätsdruck, unkooperatives Verhalten, Rücksichtslosigkeit im Umgang, Neid auf Erfolg und Denunziation den chinesischen Alltag prägen. Viele Chinesen leben deshalb nach dem Motto: „Gut ist, was mir beim Überleben hilft."

In einer derartigen „Danwei-Gebundenheit" lässt sich auch nachvollziehen, warum Nepotismus und Korruption seit jeher in China einen guten Nährboden gefunden haben (Albrecht, 1997, S. 48 ff.).

Im Zeichen der neuen auf den Einzelhaushalt – und weniger auf die Danwei als solche – abstellenden Reformpolitik sowie bei weiter zunehmender Mobilität gerät die Danwei-Philosophie allerdings in Gefahr, an Bedeutung zu verlieren.

> *"[...] the control of the danwei diminishes with each passing year. Today there is a great deal of mobility; jobs are advertised and filled by applicants in a more or less supply-and-demand fashion." (Seligman, 1999, p. 49)*

11.3.3 „Guanxi"

Neben der Danwei spielen im chinesischen Alltagsleben die über die Familie hinausgehenden sozialen Beziehungen eine vorrangige Rolle. Im "Guanxi"-Verständnis kommt dieses Beziehungsgeflecht am besten zum Ausdruck.

> *"To the Chinese, guanxi is a sort of tit-for-tat, 'You scratch my back, I'll scratch yours' arrangement. Someone with whom you have guanxi can be counted on to do your favors, bend the rules, and even break them sometimes on your behalf. It is a cultural phenomenon to Chinese all over the world [...]." (Seligman, 1999, p. 56).*

„Guanxi" lässt sich mit „Beziehung" übersetzen und stellt eine informelle Norm in der Danwei dar, die sich primär auf das Verhalten in Interaktionen bezieht. In der Danwei wird Guanxi mit einem partikularen, diffusen als auch affektiven Charakter in Verbindung gebracht. Die nachfolgenden Ausführungen versuchen diese Haltungen zu beschreiben (Hanlin, 1991, S. 150 f.):

Guanxi ist partikularisch, weil der persönlichen Beziehung gegenüber offiziellen Normen ein Vorrang eingeräumt wird. So kann z.B. eine gute Beziehung zur Danwei-Führung zu erheblich geringeren Bestrafungen bei schweren Normverletzungen führen. Bei der Ressourcenverteilung werden Verwandte, Freunde sowie Kampfgefährten bevorzugt.

Guanxi ist diffus, weil Interaktionen in der Danwei oft keinen sachlichen Bezug aufweisen. Will man überhaupt etwas erreichen, sind viele nicht sachbezogene Faktoren zu berücksichtigen, denn fast alle sozialen Funktionen sind in die Danwei integriert.

Guanxi ist affektiv, weil die emotionale Zuneigung und das persönliche Gefühl bei der Interaktion eine wichtige Rolle spielt. Das Gesicht des Anderen zu wahren, die Würde und Ehre des Anderen nicht zu verletzen, gilt als oberstes Prinzip, selbst bei konfliktträchtigen Themen. Das Prinzip: „Zuerst die Freundschaft, dann die Sachlichkeit" ist eine grundlegende Umgangsform.

Daraus lässt sich die Schlussfolgerung ziehen, dass eine Zusammenarbeit – in welcher Form auch immer – sich nur langsam auf der Basis persönlicher, vertrauensvoller Beziehungen, der Guanxi, entwickeln kann. Die sich daraus ergebende Logik sieht das ausdrückliche Eingehen von Beziehungen vor, die sich dann allerdings wechselseitig bedingen müssen. Ihr Aufbau verlangt Einfühlungsvermögen und lässt sich mit alleiniger Zweckrationalität nicht erreichen.

> **Lässig gescheitert**
> (Angelika Kindt)
>
> Zu Hause in Offenbach habe ich Kärrnerarbeit geleistet, um mein Netz an chinesischen Kontakten auszudehnen. Doch trotz „Guanxi" – den vielen persönlichen Empfehlungen – und Konfuzius' Weisheit „Erst der Mensch, dann das Geschäft" unterläuft mir ein typisch westlicher Fauxpas: In einem Pekinger Business Club treffe ich zum ersten Mal den Kosmetikhersteller, um über den Export seiner Produkte nach Deutschland zu verhandeln. Doch die Begegnung läuft schief, das merke ich. Der obligatorische Tee zur Gesprächseröffnung wird zwar serviert. Aber zu den weiteren üblichen Verhandlungsstationen – gemeinsames Mittagessen, ausgiebiges Dinner, Einladung zu Karaoke-Bar – kommt es nicht. Stattdessen werden wir von den Chinesen hinauskomplimentiert. Der Fehler? Mein lässiges Outfit. Jeans und Bluse wirken in den Augen chinesischer Geschäftspartner schlicht unseriös.
>
> In: Karriere, Nr. 09/2006, S. 58

"The currency of guanxi is normally favors, not cash. Chinese generally expect foreigners to understand guanxi and behave according to its rules." (Seligman, 1999, p. 65)

11.4 Verbale und non-verbale Kommunikation

Wie in allen asiatischen Ländern kommt auch in China dem Kommunikationsverhalten eine außergewöhnlich hohe Bedeutung zu. An ausgewählten Beispielen, die sich auf unterschiedliche Anlässe beziehen, soll aufgezeigt werden, worauf man in seinem verbalen wie non-verbalen Verhalten zu achten hat.

„Ins Ohr geflüsterte Worte können tausend Meilen dröhnen."
(Chinesisches Sprichwort)

11.4.1 Begrüßung

Bei der Begrüßung anderer Personen nicken Chinesen leicht oder geben sich die Hand. Um hierbei Unsicherheiten zu vermeiden, sollte man warten bis der chinesische Geschäftspartner seine Hand ausstreckt, um ihn dann auf diese Art und Weise per leichten Händedruck zu begrüßen (Morrison, 1994, S. 59). Ein Handschlag zur Begrüßung war in China früher unüblich, hat aber jetzt durch die Kontakte zum Ausland immer weiter an Verbreitung gewonnen. Ungewohnt sind nach wie vor Umarmungen zur Begrüßung. Auch Schulterklopfen sollte man besser unterlassen. Wenn eine Begrüßung oder ein Abschied mit besonderem Gefühl verbunden sein soll, dann kann man die Hand des Gegenübers mit beiden Händen ergreifen.

Es ist im Übrigen immer von Vorteil, wenn man ein paar Begrüßungsworte in der Landessprache übermitteln kann. Darin drückt sich gleich zu Beginn einer Konversation die Achtung gegenüber der Kultur des Gesprächspartners aus. Eine beliebte Begrüßungsformel besteht darin, dass man seinen Partner mit einem „Nie hao!" (wörtlich: „Du gut!"), was in etwa unserem „Guten Tag!" entspricht, begrüßt.

"The Chinese are very sensitive to status and titles, so you should use official titles such as General, Committee Member, or Bureau Chief when possible." (Morrison, 1994, p. 60)

Hat man sein Gegenüber schon einmal getroffen und kennt seinen akademischen Titel bzw. weiß um seine hierarchische Stellung innerhalb der Unternehmung Bescheid, dann sollte man diesen Zusatz bei der Begrüßung verwenden (Mr. Chairman Chung). Was den Vornamen betrifft, so ist seine Benutzung in China nicht üblich. Er wird ausschließlich von Familienangehörigen und sehr guten Freunden verwendet. Die Anrede erfolgt (auch unter Bekannten) möglichst mit Titel und Nachnamen. Ist kein beruflicher oder sonstiger Titel bekannt, sollte man seinen Gegenüber mit Herrn XYZ (XYZ xiansheng) bzw. Frau XYZ (XYZ taitai) ansprechen.

Chinesen untereinander sagen zwar auch heute noch – je nach Situation – oft „Tongzhi" („Genosse") zueinander, aber von einem Ausländer wird diese Anrede als unpassend empfunden. Unter Chinesen ist je nach Alter auch die Anrede „Kleiner XYZ" bzw. „Alter XYZ" üblich. Bevor man sich hier aber nicht ganz sicher ist, ob man diese Verwendungsformen auch tatsächlich richtig beherrscht, sollte man sie lieber unterlassen.

> **Forms of Address: Chinese Names**
> (Scott D. Seligman)
>
> The first thing you need to remember about Chinese names is that the surname comes first, not last. More than 95 percent of all Chinese surnames are one syllable – that is to say, one character – in length; some of the most common examples are Wang, Chen, Zhang, Li, Zhao, and Lin.
> For business purposes it is traditionally acceptable to call a Chinese person by the surname, together with a title such as Mister or Miss or even Minister or Managing Director. Thus Mr. Wang, Managing Director Liu, or Ms. Zhao would all be acceptable forms of address, and there is no problem with mixing an English title and a Chinese surname in just that order.
>
> In: Chinese Business Etiquette, New York, 1999, p. 32

Mit einem „Zai jian!" („Auf Wiedersehen!") wiederum entspricht man einer Verhaltenserwartung, die sich auch schon bei der richtigen Anwendung der chinesischen Begrüßungsformel gezeigt hat (Schienle, 1992, S. 38 ff.).

Hat es noch keinen Austausch der Visitenkarten gegeben, was vor allem für die allererste Begegnung gilt, dann verhält sich der ausländische Manager richtig, wenn er sich mit seinem Titel bzw. mit der Position, die er gegenwärtig innerhalb seiner Unternehmung einnimmt, vorstellt. Dies erscheint auch deshalb geboten, weil die Chinesen immer versuchen, ausländische Geschäftspartner in vergleichbare chinesische Hierarchieebenen einzuordnen.

> **Colours in Asian Cultures**
> (Sheida Hodge)
>
> - **Blue** is a secondary Chinese mourning colour and is not recommended for use with white. Blue is often used with other colours, however. The Japanese especially favour blue.
> - **Black** and **red** are lucky in combination. By itself, black signifies death and dark times and should be avoided.
>
> In: Global Smarts: The art of communicating and deal making anywhere in the world, New York 2000, p. 107

11.4.2 Visitenkarten

Bevor mit dem Austausch der Visitenkarten begonnen wird, muss zuerst die Absicht erkennbar werden, jemanden kennen lernen zu wollen. Die Eröffnungsphase wird meist mit der Frage eingeleitet: „Darf ich nach Ihrem werten Namen fragen?" Die Vorstellung findet möglichst – auch zwischen Frauen oder Mann und Frau – im Stehen statt.

Nachdem beide Partner ihre Absicht bekundet haben, sich kennen lernen zu wollen, nennen sie ihre Namen und tauschen (im geschäftlichen Leben) ihre Visitenkarten aus, wobei die Überreichung mit beiden Händen und im Stehen vorgenommen wird. Anschließend folgt ein eingehendes Studium der Visitenkarte, da sich aus ihr neben der gesellschaftlichen Position des Gegenübers, seine Firma, sein Titel und sein Beruf erkennen lassen.

Das Schriftbild, die Qualität des Papiers und auch der Druck verraten viel über den Rang und die Bedeutung des Inhabers. Sogar seine Verbindungen mit dem Ausland lassen sich durch die Papierqualität erschließen; beispielsweise kann man bestimmte Papiersorten nur als Geschenk von ausländischen Freunden erhalten. Gerade weil diesen Kriterien in China große Bedeutung beigemessen wird, ist auf alle Fälle darauf zu achten, dass man die notwendige Sorgfalt beim Anfertigen der Visitenkarte aufbringt (Sung-Hee, 1997, S. 42).

Wer nach China reist, benötigt zweisprachige Visitenkarten, die auf der einen Seite in chinesischer, auf der anderen Seite in deutscher bzw. englischer Sprache bedruckt sind. Wenn es z.B. in Deutschland aufgrund zeitlicher Schwierigkeiten nicht mehr gelungen ist, eine derartig zweisprachig gedruckte Visitenkarte zu erhalten, dann kann man auch noch nach seiner Ankunft in China einen entsprechenden Auftrag erteilen. Dabei sollte man aber bedenken, dass zwar das Drucken von Visitenkarten in China sehr schnell und billig ist, die Druck- aber auch die Übersetzungsqualität oft zu wünschen übrig lassen. Von daher empfiehlt es sich, die Visitenkarten in Deutschland drucken zu lassen. Viele Übersetzungsbüros fertigen auf Wunsch eine Druckvorlage an, mit der man dann zu jeder Druckerei gehen kann (DIHT, 1997, S. 258).

Häufig wird auch unterschätzt, dass man sich mit einer ausreichenden Zahl von Visitenkarten eindeckt. Bei jeder Begegnung mit neuen Gesprächspartnern händigt man allen Teilnehmern seine Visitenkarte aus, beginnend jeweils mit dem Leiter der Delegation, wobei allerdings dies nur dann anfällt, wenn man sich mit seinem Gegenüber in einer direkten Kommunikation befindet. Die entsprechende Visitenkarte ist dabei immer griffbereit zu halten. Es ist peinlich, wenn man sie erst suchen muss.

Sollten die Teilnehmer auf chinesischer Seite während eines Gespräches ständig die Visitenkarten auf dem Tisch hin und her schieben, sollte man sich davon nicht irritieren lassen. Dieses Schieben erfüllt für sie zwei Funktionen. Der chinesische Partner versucht zum einen, die Namen auf den Visitenkarten mit den entsprechenden Personen zu identifizieren. Für die Chinesen ist es dabei genauso schwer wie für die europäischen Verhandlungspartner, sich die jeweils ungewohnten Namen einzuprägen. Zum anderen dient dieses Schieben auch dem Versuch, die Position des Gegenübers festzustellen. Die richtige Schlussfolgerung für ausländische Gesprächspartner lautet daher, das Schieben als ein Zeichen der Aufmerksamkeit und keinesfalls als ein Zeichen der Missachtung zu interpretieren (Tang/Reisch, 1995, S. 58).

11.4.3 Kleiderordnung

Asiaten legen im Allgemeinen großen Wert auf ein gepflegtes Äußeres, wozu auch die Kleidung gehört. Eine ähnliche Erwartungshaltung bestimmt auch ihr Bild gegenüber ausländischen Gesprächspartnern. Vom äußeren Erscheinungsbild eines europäischen Geschäftsmannes wird geschlussfolgert, ob dieser ein erfolgreicher und vertrauenswürdiger Geschäftsmann ist und dem sozialen bzw. geschäftlichen Status des asiatischen Partners entspricht. Besonders in den Großstädten, wo die Massenmedien großen Einfluss auf die Bevölkerung haben, kennt man sich mit weltweit bekannten Marken- bzw. Luxusartikeln bestens aus. Die Chinesen achten besonders auf Markenuhren, Maßanzüge, gute Schuhe, echten Schmuck (bei Frauen) usw. Ausländer sollten keinesfalls traditionelle chinesische Kleidung tragen. Dies würde von Chinesen als unangemessen angesehen (DIHT, 1997, S. 259).

Wichtig ist jedoch das gesamte Erscheinungsbild, wozu ein annehmbarer Haarschnitt, sauberes Hemd, tadelloser Anzug und glänzend geputzte Schuhe gehören. Die angemessene Anzugsfarbe für einen Besuch in China ist nach wie vor schwarz, marineblau oder dunkelgrau. Man trägt dazu in der Regel ein weißes Hemd, wobei aber auch hellblaue und cremefarbene Töne toleriert werden. Kniestrümpfe in konventionellen Farben wie blau, schwarz oder dunkelgrau werden Socken gegenüber bevorzugt (Sung-Lee, 1997, S. 73). Was das Ausziehen eines Jacketts betrifft, so zeigt das Verhalten ihres chinesischen Verhandlungspartners an, wann die Zeit gekommen ist, sich seiner Anzugsjacke zu entledigen.

Eine ähnlich dezente Kleiderordnung gilt auch für Frauen. Sie sollten darauf achten, nicht mit durchsichtigen Kleidern die Aufmerksamkeit auf sich zu ziehen und darüber hinaus es auch vermeiden, zu enge, zu kurze und zu freizügige Sachen zu tragen. Selbst im Sommer sollte man sich als Geschäftsmann oder -frau dieser Kleiderordnung unterwerfen, auch wenn die Hitze unerträglich scheint. Beliebt sind überall „fröhliche Farben" sowie reiche Applikationen und Stickereien auf Bluse oder Pulli. Künstliche Materialien sind in der Regel beliebter als natürliche, weil sie moderner und in gewisser Hinsicht „Hi-tech" sind.

11.4.4 Verhandlungsablauf und -führung

Verhandlungen mit Chinesen sind alles andere als einfach. Die chinesischen Verhandlungspartner gelten als zäh, hartnäckig, unberechenbar und nicht immer fair. Viele Europäer finden für die Verhaltensweisen der Chinesen keine plausiblen Erklärungen (Tang/Reisch, 1995, S. 72). Die Suche nach Gemeinsamkeiten, die Vermittlung der eigenen sozialen Position und die Bezeugung von Respekt vor dem Gesprächspartner sind zentrale Elemente, die indirekt auch den Verhandlungsablauf beeinflussen. Vertrauen bedeutet im chinesischen Kulturkontext, dass man bereit ist, dem Gegenüber Respekt zu bezeugen, sich mit seinen Interessen zu beschäftigen und sich auf eine geschäftliche Beziehung mit ihm einzulassen.

> **Fragen und Un-Fragen**
>
> Asiaten sind beim Austausch von persönlichen Angelegenheiten eher zurückhaltend. Neugierde ist aber erlaubt, wenn es um finanzielle Belange geht. Wenn Ihnen Fragen, etwa nach dem Einkommen, unangenehm sind, antworten Sie höflich-ausweichend, etwa: „Danke, ich kann nicht klagen."
>
> In: Cathay Pacific (Hrsg.), Kleiner Asien-Knigge, 2004, S. 51

11.4.4.1 „Warming-up"-Phase

Wie bei jeder ersten Begegnung, dient die erste Kontaktaufnahme dem gegenseitigen Kennen lernen und dem Austausch von Höflichkeiten.

> *"It's important, not to come in swinging, but to establish the foundation of a relationship and build slowly. There is no need to rush into a discussion of business; the topic will come up naturally in time. Most Chinese gatherings begin with small talk, especially when the host and guests do not know one another well." (Seligman, 1999, p. 95)*

> *"Business meetings typically start with pleasantries such as tea and general conversation about the guests' trip to the country, local accommodations, and family. In most cases, the host already has been briefed on the background of the visitor." (Harris/Moran, 1991, p. 410)*

11.4.4.2 Themenbereiche

Für den ausländischen Geschäftspartner ist es nicht immer einfach, die richtigen Themen bei der den Verhandlungen vorausgehenden Gesprächen anzusprechen. Sind politische Themen ein Tabu oder ist es die Familie, über die man besser nicht nachfragen sollte? In dieser Phase gilt es äußerst kultursensibel zu reagieren, um nicht durch unbedachte Äußerungen seinen Gesprächspartner zu verletzen.

Gesprächsthemen, die Chinesen beim ersten Kennen lernen gerne ansprechen, beziehen sich auf den beruflichen Werdegang, Auslandsaufenthalte, Essen und Trinken, internationale sportliche Ereignisse, das gesellschaftliche Beziehungsgeflecht, Geschichte, traditionelle Weisheiten und alle Themenfelder, die, wie z.B. eine Konversation über Musik oder Theater, unverfänglich sind und zu einer angenehmen und entspannten Situation beitragen (Sung-Hee, 1997, S. 68).

How to start a conversation
(Scott D. Seligman)

Initial encounters with the Chinese often follow strikingly similar patterns. The following "top ten" questions can help you to build up a conversation:

- Where are you from?
- How long have you been in China?
- Have you visited China before?
- Do you speak Chinese?
- What do you think of China?
- What kind of work do you do?
- Which places in China have you visited?
- Are you accustomed to Chinese food?
- Are you married?
- Do you have children?

In: Chinese Business Etiquette, 1999, p. 26

Alle angesprochenen Bereiche sind im Übrigen wechselseitig bedingt, so dass sie auch von deutscher Seite in Richtung chinesischer Gesprächspartner genutzt werden können. Allerdings sollte man gerade bei dieser Anfangskonversation nicht vergessen, die enormen Anstrengungen, die China in den letzten Jahren unternommen hat, um die Modernisierung seines Landes, vor allem die seiner Infrastruktur voranzubringen, lobend mit in sein Gespräch einfließen zu lassen.

Themenbereiche und Verhaltensweisen, auf die man beim ersten "warming up" verzichten sollte, beinhalten:

- Eigenlob, auch Lob der eigenen Frau oder Kinder
- Kritische oder gar abwertende Bemerkungen jeglicher Art
- Negative Ereignisse (z.B. Krankheiten, Unglück, Fehler ...)
- Konflikträchtige Themen (z.B. Menschenrechte)

Vor allem kritisch-herabwürdigende Äußerungen zu Autoritäten, einflussreichen Persönlichkeiten und zu gesellschaftspolitischen Missständen stoßen auf deutliche Ablehnung.

Wer darüber hinaus glaubt, sehr schnell Freundschaften schließen zu müssen, verkennt, dass die Chinesen sehr auf ihre Privatsphäre achten und sie es nur wenigen Menschen erlauben, in diese einzudringen. In China werden unbekannte Personen vor allem mit Respekt und Höflichkeit auf Distanz gehalten. Die Privatsphäre ist der Familie vorbehalten.

Entsprechend konventionell bleibt der Umgang mit ausländischen Geschäftspartnern aber auch mit Freunden. Dies drückt sich auch in der Wahl der sprachlichen Ausdrucksform aus, die sich gerade am Anfang auf einer äußerst höflichen und sehr formellen Sprachebene bewegt.

Colours in Asian Cultures
(Sheida Hodge)

- *White* is associated with purity. It is an important colour at funerals. Unbleached white muslin is worn by Chinese mourners and the funeral is decorated in yellow and white. White flowers or white and yellow combinations of flowers should not be given as gifts. Also, gifts should not be wrapped in white, or white and yellow wrapping paper.

In: Global Smarts: the art of communicating and deal making anywhere in the world, New York 2000, p. 107

11.4.4.3 Verhandlungsführung

Ist die Phase des gegenseitigen Austausches von Höflichkeiten abgeschlossen, beginnen die eigentlichen Verhandlungen.

> *"When a meeting is ready to begin, the Chinese host will give the appropriate indication. Similarly, when the meeting is over, the host will indicate that is time for the guest to leave." (Harris/Moran, 1991, p. 410)*

Was die Entscheidungsträger betrifft, so sollte man sich nicht wundern, wenn sie nicht direkt an den Verhandlungen beteiligt sind.

"Because negotiating can involve a loss of face, it is common to find Chinese carrying out the whole process through intermediaries. This allows them to convey their ideas without fear of embarrassment."
(Harris/Moran, 1991, p. 410)

Während der Verhandlungen gilt es immer wieder das bereits im Konsens erzielte Zwischenergebnis herauszustellen, selbst dann, wenn es noch so bescheiden ausgefallen sein sollte, bevor man schrittweise weitere Themen und Punkte aufgreift, von denen man glaubt, eine Einigung erzielen zu können. Schwierige Verhandlungsteile bleiben erst einmal ausgespart. Dadurch wird einer Entkrampfung entgegengewirkt und die Einbettung des Gesprächsverlaufes in eine harmonische Umgebung weiter gewährleistet. Das Ausüben von Druck sowie das Klären von Gegensätzen sollte tunlichst vermieden werden, weil es letztendlich das Gegenteil dessen erzeugt, was man erreichen wollte.

Chinesische Rohdiamanten
(Voelpel/Han)

Hinsichtlich der Softskills liegt das größte Defizit der Chinesen in der Kommunikation. Zwar haben sich die Englischkenntnisse junger Chinesen in den letzten Jahren stark verbessert und Englisch ist inzwischen eines der wichtigsten Fächer an den Schulen. Dennoch ist die Fähigkeit, sich in der englischen Sprache auszudrücken, relativ schwach ausgeprägt. Wie empirische Untersuchungen zeigen, haben chinesische Studenten sogar große Furcht davor, öffentlich reden oder auftreten zu müssen.

In: Personalwirtschaft, Heft 5, 2006, S. 28

Die Kunst einer klugen Verhandlungsführung besteht darin, dass man eine Position so entwickelt, dass es dem Gesprächspartner schwer fällt, sie abzulehnen. Die Argumentationskette muss dabei dem jeweiligen Kontext angepasst werden, d.h. sie muss zu einer positiven Grundstimmung beitragen.

Scheinbar nicht oder nur am Rande mit dem Thema in Verbindung stehende Fragestellungen derart in das Gespräch einzubinden, dass sie jeweils Zustimmung des Gesprächspartners auslösen, lassen eine Gesprächstechnik erkennen, die der „Ja-Philosophie" der Chinesen am ehesten entspricht (Chu, Chin-Ning,

1996, S. 104 f.). Auf diese Art und Weise nähert man sich schrittweise dem Hauptanliegen und stärkt zugleich seine Verhandlungsposition.

Auf dem Weg dorthin sollte man aber besonders auf die Punkte achten, die trotz wiederholter Ablehnung oder Verschiebung immer wieder auftauchen. Ihnen wird von chinesischer Seite eine besondere Wichtigkeit beigemessen. Man erwartet zumindest in dieser Phase der Verhandlung die Bereitschaft des Counterparts, darüber intensiver nachzudenken und nicht einfach mit einer erneuten Negierung zu reagieren.

> *"In negotiations, reciprocity is important. If the Chinese give concessions, they expect some in return. Additionally, it is common to find them slowing down negotiations to take advantage of Westerners desiring to conclude arrangements as quickly as possible. The objective of this tactic is to extract further concessions."(Harris/Moran, 1991, p. 411)*

Eine Verhandlungspause und/oder ein Ausklammern mit dem Hinweis auf eine Aufnahme zu einem späteren Zeitpunkt der Verhandlung, notfalls am Ende, entspricht eher der chinesischen Mentalität als eine brüske Zurückweisung. Gleichzeitig hätte man mit einer derartigen Verhaltensweise den so wichtigen Zeitfaktor einmal zu seinem eigenen Vorteil genutzt.

Handwerkerkultur versus Kaufleutekultur
(Viola Schenz)

Deutsche und Chinesen unterscheiden sich beim Geschäftemachen vor allem in einem Punkt: hier die Handwerkerkultur, dort die Kaufleutekultur. Für die Deutschen stehen das Produkt und seine Qualität im Vordergrund, für beides bürgt man gerne mit seinem guten Namen („Made in Germany!"). Die Chinesen handeln nach dem Motto: ein mittelmäßiges Produkt zum besten Preis verkaufen. Ein Kurbelwellenlager oder ein Drehzahlmesser erfüllen bereits alle Kriterien, sobald man sie benutzen kann. Qualität ist zunächst einmal unwichtig, wichtig ist der Geschäftspartner. Zu ihm gilt es eine gute Beziehung aufzubauen oder ihn auszutricksen. Wer das verinnerlicht, ist gut gerüstet, diverse Fettnäpfchen und Tretminen des chinesischen Geschäftsalltags zu überspringen. Merke: Stets mit übertriebener Werbung und überzogenen Preisen in die Verhandlungen gehen, denn die Gegenseite erwartet genau das.

In: Ingenieure, Beilage der Süddeutschen Zeitung, S V2/16, 27./28.01.2007

Die unterschiedlichen Schwerpunkte, die der jeweiligen Verhandlungsführung zugrunde liegen, zeigt die nachfolgende Abbildung 99. Während die deutschen Verhandlungspartner in erster Linie ergebnis- und zielorientiert ihre Gespräche führen, sieht die chinesische Seite darin eher einen Prozess, der schrittweise den Weg zum Konsens ebnet. Der Aufbau einer stabilen Beziehung ist ihnen dabei wichtiger als eine reine Sachorientierung.

Deutsche Seite	**Chinesische Seite**
Ergebnisorientiert	Prozessorientiert
Das Ziel ist entscheidend	Der Weg ist das Ziel
Zeit ist Geld	Gut Ding will Weile haben
Sachorientiert	Beziehungsorientiert
Effektivität	Konsensfindung

Abb. 99 Unterschiede in der Verhandlungsführung zwischen deutschen und chinesischen Geschäftspartnern
Quelle: Zinzius, 1996, S. 198

11.4.5 Zeitliche Vorstellungen

Im vorangegangenen Kapitel wurde schon auf die unterschiedlichen zeitlichen Vorstellungen hingewiesen, die das chinesische Denken prägen und die dem westlichen Denken diametral entgegenstehen.

> *"When dealing with the Chinese, one must keep in mind that patience is critically important."* (Harris/Morran, 1991, p. 411)

Generell lässt sich daraus der Schluss ziehen: Wer auf einen schnellen Verhandlungserfolg in China abzielt, wird frühzeitig scheitern. Das Aufbauen eines persönlichen Beziehungsnetzes, wozu unter Umständen auch eine Gegeneinladung nach Deutschland gehört oder ein oder mehrere nochmalige(r) Besuch(e) in China notwendig ist (sind), erfordert ausreichend Zeit.

Wer sich über den enormen Zeitaufwand beklagt, den die Verhandlungen in China in Anspruch nehmen und sie in keinem Verhältnis zum bis dato erreichten Ergebnis sieht, verkennt die asiatische Geschäftsmentalität im Allgemeinen und die chinesische im Besonderen. Wer erst, wie die chinesischen Partner, ein Beziehungsnetzwerk aufbauen möchte, benötigt dafür Zeit. Wer, wie der ausländische Partner, in China den Erfolg sucht, braucht zudem auch noch Geduld. Wer beide Eigenschaften nicht in Einklang mit seiner neuen Umgebung bringen kann, hat weder "Guanxi" verstanden noch den Versuch unternommen, die Eigenheiten seiner chinesischen Geschäftspartner überhaupt zur Kenntnis zu nehmen.

"The Chinese will make a decision in their own good time, and it is common for outside businesspeople to make several trips to China before a deal is finally concluded. Moreover, not only are there numerous meetings, sometimes these are unilaterally cancelled at the last minute and rescheduled. This often tries the patience of outsiders and is inconvenient in terms of rearranging travel plans and other problems." (Harris/Moran, 1991, p. 411)

Was die terminlichen Absprachen betrifft, so wird erwartet, dass der ausländische Verhandlungspartner sie einhält, was vor allem mit Respekt und der Wichtigkeit, die man der entsprechenden Person entgegenbringt, in Verbindung gebracht wird. Bei privaten Einladungen, wird eine 10- bis 15-minütige Verspätung eher als ein Zeichen der Bescheidenheit und Höflichkeit verstanden.

11.4.6 Geschäftsessen

Die Einladung seiner ausländischen Partner zu einem Geschäftsessen ist Bestandteil der chinesischen Geschäftskultur und wird, wegen des damit verbundenen Zeitaufwandes, in der Regel als Abendessen ausgesprochen. Dabei bedeutet Essen für die Chinesen weit mehr als die Einnahme von Nahrungsmitteln. Für sie ist damit ein zentrales soziales Ereignis verbunden. In einer lockeren und entspannten Atmosphäre sehen sie mit einem gemeinsamen Abendessen eine weitere Möglichkeit, ihre Verhandlungspartner persönlich kennen zu lernen (Morrison, 1994, S. 59 ff.).

11.4.6.1 Sitzordnung

Für die Sitzordnung sorgt der jeweilige Gastgeber und der Gast sollte warten, bis ihm der Gastgeber seinen Platz zuweist. Nach chinesischer Vorstellung ist der Platz gegenüber der Tür der Platz des Gastgebers. Der rechte Platz neben dem Gastgeber gebührt dem ranghöchsten Gast, der linke dem in der Hierarchie an zweiter Stelle stehenden, jeweils mit Blick zur Tür. Während früher dies der Sicherheit der Gäste diente, wird heutzutage dieses Verhalten damit begründet, Übersicht über das Lokal zu haben, Blickkontakt zur Bedienung aufnehmen und eventuell noch wichtigere eintretende Personen rechtzeitig wahrnehmen und begrüßen zu können. Auf Einhaltung derartig formaler Aspekte wird in China besonderer Wert gelegt (Schienle, 1992, S. 41 ff.).

"When the host announces that it is time to sit down, all members of the host party help the guests find their seats, a polite gesture. Cards at each place setting declare who is to sit where." (Seligman, 1999, p. 136)

11.4.6.2 Essen und Trinken

Die Auswahl der Speisen und Gerichte wird hierbei den chinesischen Gastgebern überlassen, wobei sie keine Mühe und Kosten scheuen, um ihren Gästen mit der Auswahl des Abendessen, das manchmal dem Charakter eines Festbanketts entspricht, ihre Wertschätzung auszudrücken.

Vor und während des Essens sollte man keine Witze oder abfällige Bemerkungen über die Zutaten zum Essen machen. Was für uns als ungewöhnlich erscheint, wird von unserem Gegenüber als ganz normal eingestuft. Das Essen eines Fisches von Kopf bis Schwanz in China stellt ein solches Beispiel dar. Essen ist für alle Chinesen von zentraler Bedeutung. Der Gastgeber erwartet, dass die von ihm aufgetischten Speisen enthusiastisch gelobt werden, auch wenn er gleichzeitig darum bemüht sein wird, sich so bescheiden wie möglich zu geben.

Leberkäs in Schanghai
(Frank Hollmann)

Die Wirtsstube sieht nicht anders aus als in Nürnberg oder Würzburg: holzgetäfelte Wände, schwere Tische mit gedrechselten Beinen, Kachelofen, Bierkrüge aus Steingut, auf der Speisekarte Leberkäs, Schweinsbraten und Bratwürste. Als Ludwig Fella vor 20 Jahren das erste Mal nach Schanghai kam gab es Lokale wie das „Max und Moritz" noch nicht. Heute können Fella und seine Stammtischbrüder unter rund einem Dutzend deutscher Lokale wählen. Der fränkische Stammtisch ist vielleicht das ungewöhnlichste Netzwerk, das Deutsche in der ostchinesischen Boomtown geschaffen haben. Einmal im Monat treffen sich Banker, Journalisten, Lehrer, Ingenieure, Rechtsanwälte und Steuerberater, die eines gemeinsam haben: Sie kommen aus Bamberg und Bayreuth, aus der Fränkischen Schweiz oder dem Frankenland, vom Main oder der Fränkischen Saale. Vor allem Neuankömmlingen erleichtert der Stammtisch das Einleben 9000 Kilometer östlich von Deutschland.

In: FAZ, 20./21.10.2007, S. C4

Die chinesischen Tischsitten unterscheiden sich im Übrigen deutlich von denen der Europäer. Sie achten sehr genau darauf, dass ihre Tischnachbarn immer genug Speisen auf dem Teller haben. Sobald der Teller leer zu werden droht, wird er von den Tischnachbarn nachgefüllt. Kommt eine Speise auf den Tisch, wird jeder dem anderen zuerst davon anbieten. Beim Einschenken der Getränke wird ebenfalls stets darauf geachtet, immer den Tischnachbarn zuerst einzuschenken (Tang/Reisch, 1995, S. 85). Hat man aus seinem Glas getrunken, wird automatisch wieder nachgeschenkt. Da auf diese Art und Weise keiner genau weiß, wie viel man tatsächlich getrunken hat, kann jedermann "sein Gesicht wahren". Ist Wein zum Essen vorgesehen, sollte man eher zu lieblichen Sorten greifen, da trockener Wein in China wenig geschätzt wird (Seligman, 1999, S. 152 ff.).

In China wird sehr gerne und sehr viel hochprozentiger Alkohol getrunken, wobei häufig der hochprozentige baiju angeboten wird. Chinesen haben die ungewöhnliche Trinksitte, das Glas von Runde zu Runde weiterzureichen. Nach Aufforderung des Gastgebers trinken beide Teams ihre Gläser auf einmal aus. Die beiden Verhandlungspartner wechseln sich mit der Ausgabe einer Runde ab. Dieses Wechselspiel dauert bis zum Abschluss des Geschäftsessens. Wer, aus welchen Gründen auch immer, sich diesem Trinkritual entziehen möchte, sollte gesundheitliche Gründe anführen, die es einem nicht erlauben, Alkohol zu sich zu nehmen. Das gilt im Übrigen auch für die „Verweigerung" bestimmter Speisen. Wichtig dabei ist, dass man sein großes Bedauern zum Ausdruck bringt, um die Gesetze der Höflichkeit nicht zu verletzen. Darüber hinaus sollte man beachten, dass auch dann, wenn die Nase vom scharfen Essen noch so läuft, man sich nur leise schnäuzt.

> **Fremde Länder, fremde Trinksitten**
>
> Die Teilnahme an regelmäßigen, exzessiven Umtrünken mit Kollegen ist eine fast nicht zu umgehende Pflicht. Dabei bitte nicht verwechseln: Wenn man Ihnen auf Chinesisch „Ganbei" zuruft, müssen Sie Ex und Hopp trinken und anschließend das Glas umgekehrt auf den Tisch stellen. „Kanpei" dagegen ist Japanisch und bedeutet lediglich „zum Wohl".
>
> In: Cathay Pacific (Hrsg.), Kleiner Asien-Knigge, 2004, S. 41

Während des Essens sollte man über bestimmte Verhaltensweisen der Chinesen nicht überrascht sein. Bei der Suppe, die das Essen beschließt, zu schlürfen, ist normal und deutet auf wohlschmeckendes Essen hin. Knochen und Gräten auszuspucken entsetzt niemanden. Wer zuerst sein Essen beendet, darf in China rauchen, auch wenn die übrigen noch am Essen sind. Auch eine Zigarette zwischendurch ist weder außergewöhnlich noch ungehörig. Als Verhandlungsführer sollte man darauf vorbereitet sein, den Toast des Gastgebers, der in einer Essenspause auf die Gäste ausgesprochen wird, zu erwidern und auf das Gelingen des Geschäftes anzustoßen. Ist das Abendessen beendet, wird, beginnend mit der ranghöchsten Person, die Verabschiedung eingeleitet, wobei man sich noch einmal ganz herzlich für die Einladung bedanken sollte (Schienle, 1992, S. 41 ff.; Seligman, 1999, S. 152 ff.).

11.4.6.3 Rückeinladung

Abhängig von der Verhandlungsdauer, erwartet der chinesische Partner, dass in den darauf folgenden Tagen eine Rückeinladung ausgesprochen wird. Fungiert man nun selbst als Gastgeber, sollte man darauf achten, welchen Stellenwert der Gast für uns besitzt. Je höher sein Rang innerhalb der Unternehmenshierarchie ist, desto teurer und aufwendiger wird die Auswahl des Essens ausfallen. Sollte man sich bei der Wahl des Essens für die europäische Küche oder zumindest für eine begrenzte Auswahl entscheiden, dann ist zu beachten, dass die meisten Chinesen Probleme damit haben. Leicht angebratenes Rinderfilet beispielsweise gilt unter Chinesen als blutig und ungenießbar. Auch auf Käse sollte z.B. verzichtet werden. Wer sich dagegen für ein chinesisches Essen entscheidet, liegt damit immer richtig.

Was die Sitzordnung betrifft, gelten die gleichen formalen Regeln, wie sie schon angesprochen worden sind. Während unter Europäern der Gastgeber bzw. die Gastgeberin mit dem Essen beginnt, sollte man als Gastgeber in China die chinesischen Gäste bitten, mit dem Essen anzufangen. Ein Älterer, Ranghöherer wird dann schließlich mit einem Dankeswort zu essen beginnen (Tang/Reisch, 1996, S. 83 ff.).

11.4.7 Gastgeschenke

Geschenke an chinesische Geschäftspartner mögen bedacht sein und sollten nicht einer ad hoc Entscheidung entspringen. Da dem Statusdenken in China eine große Bedeutung zukommt, sollte dieser Aspekt bei der Auswahl der Geschenke nicht außer Acht gelassen werden. Geht es also darum, durch Geschenke die Gunst einer angesehenen chinesischen Geschäftsperson zu gewinnen, sollte man deshalb auch vor größeren Geldausgaben nicht zurückschrecken. Besonders beliebt sind bei den chinesischen Geschäftspartnern Geschenke, die ihrem gewachsenen Markenbewusstsein entsprechen und sich durch ihre Hochwertigkeit auszeichnen. Dazu gehören z.B. hochwertige Schreibgeräte, teure Spirituosen, Zigaretten, aber auch die Durchführung aufwendiger Bankette.

Wichtig ist, dass der Wert des Geschenkes dem Wert der Geschäftsbeziehung angemessen ist und – falls es in der Vergangenheit bereits Geschenke gegeben hat – das ausgesuchte auf keinen Fall wesentlich unter dem Wert des vorherigen Geschenkes liegen sollte. Hier die richtige Auswahl zu treffen, ist nicht immer leicht. Ist der Wert des Geschenkes zu gering, fühlt sich der Empfänger beleidigt. Ist er jedoch zu hoch, könnte es nach Bestechung aussehen (Chu, Ning-Chin, 1996, S. 121).

> *"Because gift-giving is an area in which common practice departs from the rules, it's hard to be categorical in giving advice on how best to proceed. The most conservative approach remains the traditional one: a single large gift for the whole group, presented to the leader either during a meeting or a banquet. On the more reckless end of the spectrum would be a very valuable gift presented in private to a powerful individual; the chances of this being construed as bribery if discovered are great."* (Seligman, 1999, p. 169)

Da Chinesen sehr abergläubisch sind, sollten Verpackungen für Geschenke vermieden werden, die überwiegend weiße, schwarze, dunkelgrüne oder blaue Farben tragen. Mit ihnen werden in China Beerdigungen, Unheil und Schmerz in Verbindung gebracht. Besser ist es von daher, eine rote, rosa, orange oder goldene Farbe zu wählen, die als „Sonnenfarben" Glück und Freude signalisieren. Generell spielt die richtige Farbauswahl nicht nur bei der Geschenkverpackung eine wichtige Rolle, sondern sollte auch bei der Wahl des Briefpapiers, der Bedruckung der Einladungskarten und bei der entsprechenden Wahl der Damenkleidung bei formellen Anlässen berücksichtigt werden.

Wie man gesunde Beziehungen herstellt – Das chinesische Einmaleins

Der Kenner der chinesischen Tradition übergibt dem Gastgeber oder Geschäftsfreund exakt acht Orangen. Damit bringt er doppelt Glück und schafft gesunde Beziehungen. Denn die Zahl 8 ist in China eine Glückzahl, und das chinesische Wort für Orange ist mit dem Ausdruck „Glück wünschen" klangverwandt. Zahlen spielen in China eine große Rolle. Es gibt böse und gute Zahlen. Ungerade Zahlen gehören in die erste Kategorie. Ausnahme ist die 3. Sie symbolisiert ebenso wie die 8 Wohlstand und Erfolg. Die Kombination 33-88 verheißt höchstes Glück im Leben und ist begehrt als Telefon- und Autonummer.

In: Cathay Pacific (Hrsg.), Kleiner Asien-Knigge, 2004, S. 16/17

> **Andere Länder, andere Sitten**
> (Elke Uhl-Vetter)
>
> In China weist der Empfänger das Geschenk oft beim ersten, zweiten oder dritten Angebot zurück, um nicht als habgierig zu erscheinen. In buddhistischen Kulturen soll ein Geschenk nicht dem Empfänger, sondern dem Schenker nutzen. Daher ist ein einfacher Dank ohne viel Aufheben angemessen. Vermeiden Sie Geschenke, die aus vier Teilen bestehen, da dies dem Empfänger nach Landeskultur Unglück bringt.
>
> In: FAZ, 20.08.2005, S. 52

Ähnliche Überlegungen gilt es anzustellen, wenn es um die richtige Zahlenauswahl geht. Gerade Zahlen gelten als Glück verheißend, ungerade als traurig und unheilschwanger. Daher sollten Geschenke, Gerichte bei einem Essen, Gäste usw. nach Möglichkeit in gerader Anzahl vorbereitet bzw. eingeladen werden. Allerdings gilt die Vier unter Südchinesen als Unglückszahl. Geschenke z.B., die im Namen ähnlich wie „Acht" klingen, oder die eine Acht beinhalten bzw. sich im Geschenkpapier finden, erfreuen sich besonders hoher Zustimmung, stellt doch die Zahl Acht in China eine Glückszahl dar (Schell, 1995). Es darf auf keinen Fall eine Uhr geschenkt werden, denn das bedeutet: „Deine Zeit ist um!" Bei Blumen sollten Chrysanthemen, insbesondere in weiß, vermieden werden, denn weiß ist eine Trauerfarbe (DIHT, 1997, S. 257).

> **Olympia-Extra: Eröffnungsfeier**
> (Xiaoshan/Blume/Sieren)
>
> Die Feier findet am 8.8.2008 um 20.08 Uhr chinesischer Zeit statt. Woher die Begeisterung für die Zahl? Acht spricht man im Chinesischen ähnlich aus wie das Wort reich werden. Deshalb ist die Acht die chinesische Glückszahl. Vier dagegen ist Chinas Unglückszahl. Sie spricht sich ähnlich aus wie das Wort für Tod.
>
> In: Die Zeit, 07.08.2008, S.14

Bei der Übergabe des Geschenkes bzw. bei Entgegennahme sollten immer beide Hände verwendet werden. Der Chinese verneigt sich erst dreimal bevor er das Geschenk in Empfang nimmt. Damit will er zum Ausdruck bringen, dass er nicht gierig ist. Hat der Chinese das Geschenk genommen, gehört es sich, dem chinesischen Geschäftspartner mitzuteilen, dass man sich über die Annahme des Geschenkes freue. Geschenke werden im Übrigen nicht sofort in Gegenwart des Schenkenden geöffnet. Man möchte dadurch weder sich noch den Schenkenden in Verlegenheit bringen. Gesicht wahren findet auch hier seinen Niederschlag.

Darüber hinaus wirken aber auch andere Gefälligkeiten beziehungsfördernd. Veröffentlichte Glückwünsche zu einem Firmenereignis, Grußbotschaften zu Feierlichkeiten, Glückwünsche zum chinesischen neuen Jahr (nach dem Mondkalender), gezielte Informationen mit geschäftlicher Relevanz, Vermittlung von Kontakten und kleinere Geschenke zu bestimmten Anlässen können bei der Beziehungsaufnahme helfen bzw. bestehende weiter festigen.

11.4.8 Non-verbale Kommunikation

Ebenso wie mit einer vielschichtigen verbalen Aussage werden auch mit einer non-verbalen Aussage verhüllte Botschaften übermittelt. Dabei kommt es für den ausländischen Geschäftspartner darauf an, seine gesamten körperlichen Bewegungen einer bewussten Kontrolle zu unterziehen, um sein richtiges Verhalten zu demonstrieren.

Gestures
(Morrison/Conaway/Borden)

- Avoid making exaggerated gestures or using dramatic facial expressions. The Chinese do not use their hands when speaking, and become distracted by a speaker who does.
- The Chinese do not like to be touched by people they do not know. This is especially important to remember when dealing with older people or people in important positions.
- Use an open hand rather than one finger to point.
- To beckon, turn the palm down and wave the fingers toward the body.

In: Kiss, Bow, or Shake Hands: how to do business in sixty countries, Massachusetts, 1994, p. 61

11.4.8.1 Mimik

Non-verbales Verhalten lässt sich nicht immer strikt vom verbalen Verhalten abgrenzen, wie das Zusammenwirken beider Teile, z.B. bei der Beschreibung des Verhandlungsablaufs, gezeigt hat. Ein wichtiges non-verbales Medium stellt in China jedoch das Lächeln dar. Seine richtige Einschätzung wird vor allem deshalb für den Auslandsmanager zum Problem, weil eine adäquate Interpretation schwer fällt und dies auch nicht in einem Seminar gelernt werden kann.

Wenn man Chinesen trifft, so erfreuen sie einen immer mit einem netten Lächeln. Im Alltagsleben erfüllt es verschiedene kommunikative und soziale Funktionen. Es reicht z.B. vom Lächeln zur Begrüßung, über Zustimmung, zu einem Zeichen der Freude und Anerkennung; es wird für eine Ermahnung, als Zeichen der Verlegenheit oder für eine Bitte um einen Gefallen verwendet, kommt aber auch als indirekte Botschaft der Trauer zur Anwendung. Bei all diesen Anlässen zeigen die Chinesen ihre Emotionen und Absichten auf nuancierte Weise mit einem vielfältig abgestuften Lächeln.

Für westlich geprägte Ausländer ist dieses Lächeln sehr schwer zu entschlüsseln. Von daher kann das ständige Lächeln auch belastend wirken, weil es einem auch nach mehreren Begegnungen nicht ermöglicht, "hindurchzuschauen". Es wirkt wie eine Maske. Die Botschaft, die ein Lächeln vermittelt, kann man daher nur durch Erfahrung im Umgang mit Asiaten über Jahre hinweg verstehen lernen (Sung-Hee, 1997, S. 91).

Allerdings gilt das Lächeln in China auch als eine Art "Bindeglied". Darum ist westlichen Geschäftsleuten zunächst zu empfehlen, das Lächeln so häufig wie nur möglich zu praktizieren, selbst dann, wenn – aus welchen Gründen auch immer – es schwer fallen sollte. Psychologisch gesehen entspannt Lächeln und wirkt zudem nicht nur in Asien häufig als „Türöffner". Um den Geschäftsabschluss in China zu erleichtern, sollte man deshalb frühzeitig Zuhause beginnen, seine positive Grundstimmung auch in seinem Gesichtsausdruck häufiger widerspiegeln zu lassen.

Körpersprache und Signale
(Ursula Eichler)

Beim höflichen Sprechen machen Chinesen mehr und längere Pausen als Deutsche. Schnelles Reden kann in diesem Kontext als Zeichen mangelnder Selbstbeherrschung und damit als Unreife aufgefasst werden. Darüber hinaus sollte man auch bei minutenlangem Schweigen der Chinesen gefasst bleiben. Nur in den seltensten Fällen ist dies ein Zeichen von Ablehnung oder Ahnungslosigkeit. Meist bedeutet es einfach, dass der Partner die Sache ernst nimmt und nachdenkt.

In: Interkulturelles Training Südostasien, 2000, S. 69

11.4.8.2 Stimme

So wie es völlig unangebracht ist, auf Entscheidungen zu drängen, genauso falsch ist es, sich laut aufzuregen oder Verhandlungspartner zu beschimpfen.

Um die Harmonie innerhalb der Verhandlungsrunde aber auch bei gesellschaftlichen Anlässen nicht zu zerstören, sollte der Tonfall eher ruhig und gelassen ausfallen. Die Stimme sollte möglichst nicht verraten, ob man innerlich zornig, wütend oder aufgebracht ist, unabhängig, welche Gründe es auch geben mag. Der Chinese verwendet beim Sprechen im Gegensatz zum Deutschen kaum seine Hände. Deshalb ist es ratsam, extreme Gesten zu vermeiden und seine Gesprächspartner während der Konversation auch nicht zu berühren.

> *"It is equally important to avoid using self-centred conversation, such as excessive use of the word 'I', because it appears that the speaker is trying to single him- or herself out for special consideration." (Harris/Moran, 1991, p. 410)*

11.4.8.3 Gesicht und Kommunikation – Mianzi

> *"Another important cultural concept is that of minazi, which is Chinese for 'face'. Face is a fragile commodity in China, and there are many ways in which one can cause someone else to lose it." (Seligman, 1999, p. 53)*

Das „Gesicht wahren" ist eines der wichtigsten Grundprinzipien, auf die man im Umgang mit Asiaten achten sollte. Dabei gilt folgender Grundsatz: „Wer einem anderen das Gesicht nimmt, hat damit seines auch verloren". Verliert man sein Ansehen als Geschäftsmann, ist es in erster Linie der Imageverlust des Unternehmens und erst dann der Person. Beides ist meistens mit lang nachwirkenden negativen Folgen verbunden (Sung-Hee, 1997, S. 85).

Die nachfolgenden Beispiele zeigen beispielhaft Möglichkeiten auf, wie man in China Gesicht gewinnen bzw. verlieren kann.

Möglichkeiten, Gesicht zu gewinnen und zu geben:

- Stets Ruhe und Gelassenheit ausstrahlen
- Bescheidenheit und Höflichkeit im Auftreten
- Titelträger mit ganzem Titel ansprechen, wobei man den Namen eventuell weglassen kann

- Gäste mit einer relativ zu ihnen gleich oder höherrangigen Delegation am Flughafen abholen, sie lückenlos betreuen etc.
- Gästen eine Audienz bei jemanden mit Prestige und Einfluss verschaffen (Bürgermeister, Star)
- Geschenken eine hohe Bedeutung zuerkennen und bei der Auswahl darauf achten

---

Some Notes on Business Meetings
(Scott D. Seligman)

1. Chinese organizations typically request background information before they agree to formal discussion. Provide as much information as possible about the individuals who will present, the organization you are representing, and the topic you wish to discuss, and give the Chinese time to study the request.
2. In China, meetings are generally held in conference rooms rather than offices. Seating is not rigid, but there typically are designated places for the principals.
3. Punctuality is considered a virtue, so it is important to arrive at a meeting on time – not late and not early. Guests are greeted upon arrival by a representative and escorted to the meeting room.
4. Chinese generally expect foreign delegation leaders to enter a room first, and this prevents confusion. Important guests are escorted to the seats, which the principal guest placed in a seat of honour.
5. Chinese meetings begin with small talk.
6. Chinese meetings are structured dialogues between principals on both sides; others participate in the conversation only upon explicit invitation. The Chinese prefer to react to others' idea, and not to bear the onus of setting the scope of the discussion themselves.
7. Chinese often signal the speaker with nods or interjections that they understand what he or she is saying. Such ejaculations do not necessarily signal agreement.
8. Don't interrupt a speaker.
9. A good interpreter can help you immeasurably in China. When talking through an interpreter, pause frequently and avoid slang and colloquialisms. Always talk to the host, never directly to the translator.
10. Restate what was accomplished at the close of a meeting to guard against misunderstanding. Ask for a contact person for future dealings.

In: Chinese Business Etiquette, 1999, p. 107

Möglichkeiten, Gesicht zu verlieren und zu zerstören:

- Ungeduld zeigen
- Als Chef körperliche Arbeit verrichten (Maschinen bedienen)
- Getrennte Rechnungen im Lokal verlangen
- Eine Stehparty ohne warme Speisen organisieren
- Lautes Sprechen und demonstratives Gestikulieren
- Offen vorgetragene Kritik

11.5 Führungs- und Entscheidungsverhalten

11.5.1 Hierarchiegebundenheit

Die strikte Hierarchiegebundenheit, die in chinesischen Unternehmen zu beobachten ist, hat ihren Ursprung in den familiären Strukturen. Wie innerhalb einer Familie, so gibt es auch im Unternehmen Über- und Unterordnungsverhältnisse, die in der Gesamtheit ein straffes Hierarchiegeflecht ergeben. Feudalähnliche Familien- und Machtstrukturen mit autoritärer, zuweilen despotischer Strenge bestimmen das gesellschaftliche Leben und wirken in den Unternehmensalltag hinein (Albrecht, 1997, S. 49).

Hinzu kommt der Einfluss des konfuzianischen Denkens, das auf starke Autoritäten fokussiert ist und von daher ebenfalls den hierarchischen Aufbau einer Unternehmung beeinflusst hat. Da man eher Autoritätspersonen als anonymen Institutionen oder Gesetzen traut, wird das Hierarchieprinzip als selbstverständlich erachtet und auch akzeptiert.

> *"Confucianism is an inherently conservative belief system. It suffers innovation badly, and does nothing whatever to encourage it. On the contrary; a hierarchical, vertical system of government in which decisions of even minor import must be referred upward is no crucible for revolutionary change. No one is willing to stick his or her neck out, and so new ground is seldom broken, except by those at the very top. Characteristically, the Chinese bureaucracy is notorious for long delays and nearly imperceptible progress." (Seligman, 1999, p. 51)*

Gemäß der konfuzianischen Philosophie ist im betrieblichen Alltag der Untergeordnete dem Übergeordneten zum Gehorsam verpflichtet, während der Übergeordnete für seine Untergebenen bestimmte Sorgfaltspflichten zu übernehmen hat, was je nach Betrieb, das Ausweisen einer Wohnung oder die Übernahme von Arztkosten bedeuten kann. Dieses Verhalten entspricht im Übrigen der „Danwei"-Philosophie, die als Lebens- und Arbeitseinheit konzipiert, Schutz und Geborgenheit bietet.

Policies and Practices of Chinese human resource management – Evaluation and Training
(Wang Zhong)

The direct superior and his employees evaluate each other once or twice each year. The criteria are general and implicit. They are grouped as "political loyalty and morality" (e.g. honesty in performing one's duty, close links with employees etc.), "competence and ability" (e.g. the ability to cooperate, the ability to communicate etc.), "diligence and conscientiousness" (e.g. consciousness of responsibility, rate of attendance etc.) and "performance" (e.g. quality and quantity of worked performed, contribution to the organization etc.). Detailed and highly quantitative criteria have not been regarded as important, nor even developed.

Chinese enterprises established their own system of human resource development. The key concepts were off-the-job training, apprentice system, internal transfer and promotion. Some enterprises adhere to the principle: "Has not been trained, will not be given the job; has not been trained, will not be promoted."

In: Personalwirtschaft Nr. 2/2000, S. 74

In seiner Hierarchiegebundenheit fühlt sich der chinesische Mitarbeiter wohl, hat er doch die Möglichkeit, ein Höchstmaß an Bedürfnisbefriedigung zu erzielen. Übertragen auf die Maslowsche Bedürfnispyramide bedeutet eine derartige Verhaltensweise, dass der gewährte Lohn dem Mitarbeiter zunächst die Befriedigung seiner physiologischen Grundbedürfnisse gewährleistet während der Arbeitsplatz und die Übernahme von sozialen Leistungen durch den Betrieb das Bedürfnis nach Sicherheit und Berechenbarkeit des sozialen Umfeldes befriedigt. Die Zuordnung einer Stelle im hierarchischen Unternehmensaufbau entspricht dem Bedürfnis nach sozialer Einordnung. Der Familiencharakter der Unternehmung führt zur Erfüllung des Harmoniebedürfnisses und die Einbindung in Gruppenstrukturen ermöglicht die Akzeptanz in der betreffenden Gruppe. Der stufenförmige Organisationsaufbau lässt dann - ab einer bestimmten Position, die zudem mit einem entsprechenden Status ausgezeichnet ist, - auch noch die Befriedigung des höchstrangigen Bedürfnisses zu (Peill-Schoeller, 1994, S. 118).

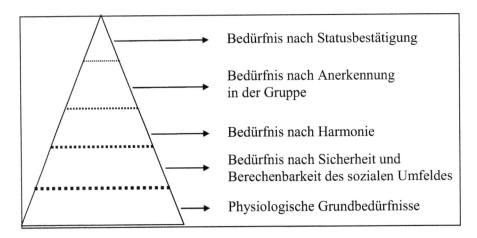

Abb. 100 Bedürfnispyramide nach Maslow übertragen auf chinesische Mitarbeiter
Quelle: Peill-Schoeller, 1994, S. 118

11.5.2 Top-Down-Prinzip

Die angesprochene Hierarchiegebundenheit führt dazu, dass der Untergebene auf Anweisungen von "oben" wartet und bei nicht ganz klarer Entscheidungsgrundlage von sich aus keinerlei Entscheidung herbeiführt. Entscheidungen werden von oben nach unten weitergegeben, wobei der jeweilige Vorgesetzte mit der unbedingten Loyalität seiner Untergebenen rechnen kann.

> *"Decision-making is strictly top-down, and nothing much is accomplished without support from the higher echelons. Personal loyalty is highly valued, and it is common for high-ranking cadres to install cronies in important positions under their control." (Seligman, 1999, p. 51)*

> **Personalmanagement deutscher Unternehmen in der chinesischen Provinz**
> (Holtbrügge/Kittler/Mohr/Puck)
>
> *Personalbeschaffung vor Ort*
>
> 1. Achten Sie darauf, dass Ihr Partner nicht die unproduktivsten Mitarbeiter in ein gemeinsames Projekt einbringt.
> 2. Nutzen Sie die informellen Beziehungsnetze Ihrer Mitarbeiter bei der Personalsuche.
> 3. Testen Sie die örtlichen Rekrutierungsquellen wie Jobbörsen, Tageszeitungen und Personalvermittler. Vor allem bei jungen Jobsuchenden hat das Internet ein hohes Image.
>
> *Entsendung von Stammhausmitarbeitern*
>
> 4. Widmen Sie der Entsendung Ihre volle Aufmerksamkeit. Schnell wachsende und schwierige Märkte erfordern die besten Mitarbeiter.
> 5. Achten Sie bei der Auswahl von Entsandten nicht nur auf die fachlichen Qualifikationen, sondern auch auf deren interkulturelle Kompetenz.
> 6. Geben Sie dem zukünftigen Entsandten und seiner Familie die Möglichkeit, bei einem Preliminary-Trip das zukünftige Arbeitsumfeld kennen zu lernen.
> 7. Beziehen Sie die Familie des Entsandten in die Vorbereitungsmaßnahmen mit ein.
>
> *Personalentwicklung und –durchführung*
>
> 8. Machen Sie die chinesischen Mitarbeiter frühzeitig mit der Kultur Ihrer Unternehmung vertraut.
> 9. Bieten Sie ihren chinesischen Mitarbeitern eine langfristige Karriereperspektive und nutzen Sie deren Lernwillen.
>
> In: Personalwirtschaft, Nr. 7/2003, S. 17

Da in einem derartigen Führungssystem Eigeninitiative nicht erwünscht und ein Delegieren von Aufgaben mit entsprechender Verantwortung unbekannt ist, kommen auch von den unteren Unternehmensebenen im Sinne von "bottom up" keine Vorschläge, die in Form z.B. von Verbesserungsvorschlägen zum Abbau von Schwachstellen oder zu mehr Transparenz im Entscheidungsprozess führen.

> *"Since Authority is not explicitly delegated to them, subordinates tend to be insecure about deciding anything. Even the most minor matters may be referred up the chain of command, and the highest-ranking officials may be inundated with minutiae."(Seligman, 1999, p. 230)*

Hinzu kommt, dass Entscheidungen immer auch mit der Frage verbunden sind, ob sie Vorteile für das Land, das Ministerium oder für einen selbst erbringen. Management by Delegation im Sinne westlicher Führungsphilosophien lässt sich vor diesem Hintergrund kaum praktizieren. Der Top-Down-Ansatz bedingt in chinesischen Unternehmen einen Führungsstil, der weitestgehend patriarchalischen Charakter hat.

Der steinige Weg nach China
(ohne Verfasser)

China ist ein Markt mit traumhaften Wachstumsraten. Dennoch ist der Erfolg dort für westliche Unternehmen alles andere als garantiert. [...]

Strategien, die zu wenig auf die lokalen Marktgegebenheiten ausgerichtet seien und maßgeblich von den Zentralen im Westen gesteuert würden, seien für den chinesischen Markt untauglich. Fehlende Sensibilisierung für die kulturellen Besonderheiten des Landes ist ein häufiger Grund für das Scheitern eines China-Engagements. [...]

„Chinesen legen großen Wert auf Innovationen", sagt Schick [Berater bei Booz Allen Hamilton]. [...] Zudem seien sie zwar markenbewusst aber nicht sonderlich markentreu. Der Preis spielt eine wichtige Rolle bei Kaufentscheidungen. Darauf haben viele internationale Konzerne noch nicht hinreichend reagiert – eine Untersuchung von McKinsey zeigt, dass die Produkte westlicher Unternehmen schlicht zu teuer angeboten werden.

Das Marktpotential ist in einigen Branchen in China sehr groß. Vor allem unter der Stadtbevölkerung entsteht eine kaufkräftige Mittelschicht, die weit mehr als 300 Millionen Menschen umfassen dürfte.

In: FAZ, 20.09.2004, S. 20

Merkmale von Arbeitsbesprechungen mit Chinesen
(Ursula Eichler)

- Arbeitsbesprechungen in China haben den Charakter eines tagenden Familienrates.
- Der Chef eröffnet die Sitzung indem er erklärt, welche Anweisungen oder Problemstellungen er seinerseits von oben bekommen hat. Danach führt er aus, welche Fragestellungen er selbst sieht.
- Lösungsansätze schlägt er keinesfalls zu Beginn schon vor, sonst könnten seine Mitarbeiter nichts Abweichendes mehr sagen. Er muss sich besonders zurückhalten, um niemanden unter Druck zu setzen.
- Zuerst kommen die Älteren zu Wort. Jüngeren bleibt oft die Rolle des Zuhörers.
- Nicht nur pures Alter, sondern auch Seniorität, Rang und Leistung spielen eine Rolle. Auch die fachliche Zuständigkeit wird berücksichtigt.
- Wenn sich Meinungsverschiedenheiten abzeichnen, wird dieses Thema vertagt. Ziel ist es, eine offene Konfrontation zu vermeiden und konsensfähige Punkte auszubauen. In vorsichtiger Form werden die strittigen Themen an den nachfolgenden Tagen immer wieder einmal angegangen bis sich eine Lösung abzeichnet. Selbst für den Geschmack junger chinesischer Mitarbeiter verzögert sich die Entscheidungsfindung auf diese Weise oftmals sehr.
- Was immer auf der Sitzung besprochen wurde – entschieden wird erst danach. Die Besprechung dient als Instrument, um Informationen auszutauschen, Ideen zu sammeln und Meinungsbilder zu erstellen. Der Chef oder die Chefs entscheiden schließlich, jedoch abgesichert durch die Meinung der Mitarbeiter.
- Was immer entschieden wurde – es lässt sich jederzeit wieder ändern. Wenn ein oder mehrere Mitarbeiter mit der Entscheidung nicht einverstanden sind – vor allem, was die Arbeitsverteilung angeht -, gehen sie einfach zum Chef und bitten um neue Entscheidungen.

In: Interkulturelles Training Südostasien, 2000, S. 78

11.5.3 Gruppenverhalten

Die chinesische Familientradition, die auf „Nestwärme" ausgerichtet ist, wirkt auch auf das betriebliche Gruppenverhalten ein. Was zählt ist das Kollektiv. In diesem Kontext Lob und Anerkennung für die einzelne Person auszusprechen, würde gegen die Gruppenloyalität verstoßen und dazu führen, dass man den Mitarbeiter eher in Verlegenheit bringt, als dass er darüber erfreut wäre.

> *"When dealing with the Chinese, one must realize they are a collective society in which people pride themselves on being members of a group. This is in sharp contrast to the situation in the United States and other Western countries, where individualism is highly prized. For this reason, one must never single out a Chinese and praise him or her for a particular quality, such as intelligence or kindness, because this may well embarrass the individual in the face of his or her peers." (Harris/Moran, 1991, p. 411)*

Das Fokussieren auf die Gruppe führt dazu, dass nicht die persönliche Leistung einer Einzelperson bewertet wird, sondern immer das Gruppenergebnis. Die dabei angestrebte Konsenssuche verhindert, dass Entscheidungen von einer Einzelperson weder gesucht noch getroffen werden.

> *"Group process in China is not based merely on the authority of the leaders; a real premium is placed on consensus. Matters are often debated at great length until agreement is reached on a course of action. Once a decision has been made, however, individual group members are expected to fall in line, embrace it, and act on it, and nobody presumes to question it, at least overtly." (Seligman, 1999, p. 45)*

Da der Erkenntnisfortschritt in chinesisch geführten Unternehmen durch Versuch und Irrtum gekennzeichnet ist und keine vorausschauende Planung dem zugrunde liegt, wird eine gewisse Orientierungslosigkeit und die Neigung zu chaotischem Verhalten erkennbar. Daraus leiten sich wiederum Arbeitsweisen ab, die wenig Sinn für Präzision, Qualitäts- und Fortschrittskontrolle erkennen lassen (Albrecht, 1997, S. 56). Hinzu kommt, dass Chinesen wenig Prinzipientreue zeigen, dafür aber einen ausgeprägten Hang aufweisen, Dinge schleifen zu lassen, was Schlamperei, in vielen Fällen Nacharbeit bzw. Ausschuss bedingt. Aufgrund ihres Pragmatismus sind sie aktionsorientiert, was bedeutet, dass nur zeitlich nahe liegende Dinge erledigt werden.

Aufgabenvollzug und zeitliche Überlegungen beeinflussen direkt das Gruppenergebnis. Während im Westen Zeit wie eine Schnur behandelt wird, auf welche

Ereignisse wie Perlen nacheinander aufgefädelt werden, wird Zeit in China wie eine Schale betrachtet, in welcher die Ereignisse wie Perlen gesammelt sind. Dies führt dazu, dass man bei einer monochronen Betrachtungsweise, wie sie im Westen anzutreffen ist, stets nur Zugriff auf die jeweils aktuelle Perle hat. Dagegen ist bei polychronen Verhalten jederzeit ein Zugriff auf praktisch jede Perle möglich.

Auf die Aufgabenstellung übertragen bedeutet das, dass im Westen die Aufgaben im Rahmen eines detaillierten Zeitplans Schritt für Schritt von der Gruppe abgearbeitet werden und jede Unterbrechung oder Veränderung als eine Gefährdung des Ergebnisses angesehen wird. Wer zu Jahresbeginn Zielvereinbarungen ausgehandelt hat, deren Erfüllung zusätzliche finanzielle Entlohnung für alle Gruppenmitglieder vorsieht, wird Verständnis für die monochrome Betrachtungsweise aufbringen. Demgegenüber werden Aufgaben in China nicht synchron, d.h. gleichzeitig abgearbeitet, sondern abwechselnd gemischt und Unterbrechungen nicht als störend empfunden. Die sich darin abzeichnenden unterschiedlichen Auffassungen bedürfen allerdings einer schrittweisen Anpassung an westlich geprägte Gruppenziele und deren Aufgabensetzung.

Auszug aus einem Interview, das „Die Welt-Redakteurin" Judith-Maria Gillies mit Sönke Bästlein, Leiter des Asia House und Director im Frankfurter Büro von McKinsey & Company führte:

J.-M. Gillies: Wie sollten sich deutsche Mitarbeiter in China verhalten, um erfolgreich mit ihren Kollegen zusammenzuarbeiten?

Sönke Bästlein: Der Stellenwert von persönlichen Beziehungen ist enorm wichtig. So ist es beispielsweise nicht unüblich, dass der Chef zu Geburtsfeiern oder Hochzeiten eingeladen wird. Er wird nicht nur als Vorgesetzter, sondern auch als väterlicher Freund gesehen. Im Gegensatz zu Europa wird vom Vorgesetzten ein mehr hierarchischer Führungsstil erwartet. Der Chef gibt die Richtung vor und prüft die Ergebnisse. Wichtig ist aber auch, dass man Kollegen und Mitarbeitern immer so begegnet, dass sie ihr Gesicht wahren können. Im Übrigen ist vieles eine Frage der Einstellung. Ich bin überzeugt, wenn man seine Kollegen mag, mögen sie einen auch. Da unterscheidet sich China nicht vom Rest der Welt.

In: Die Welt, 29.04.2006, S. B1

11.5.4 Kritik- und Konfliktverhalten

In Europa wird die kritische Auseinandersetzung und die konstruktive Kritik als ein wichtiger Bestandteil des gesellschaftspolitischen Umgangs betrachtet. Zwar gibt es auch in Asien eine ausgeprägte Kritikkultur, diese wird aber kommunikativ auf diskrete und indirekte Art sehr vorsichtig, unpersönlich, plastisch und meistens in einem Gleichnis vorgebracht. Die Vermeidung einer Disharmonie bereits im Ansatz und eines möglichen Gesichtsverlustes steht im Vordergrund allen Bemühens. Eine direkte Kritik, auch wenn sie noch so konstruktiv und belebend sein mag, wird daher stets vermieden (Sung-Hee, 1997, S. 31).

Offen vorgetragene Kritik führt damit unweigerlich zu Konflikten. Die unterschiedlichen soziokulturellen Rahmenbedingungen in Deutschland und China lassen divergierende Verhaltensweisen im Umgang mit Konflikten erkennen. In Deutschland wird nicht die Fähigkeit der Konfliktvermeidung oder der Konflikttoleranz als erstrebenswert angesehen, sondern die Fähigkeit zum konstruktiven Umgang mit Konflikten in den Mittelpunkt gestellt (Köck/Ott 1983, S. 285).

Chinese and Germans see time and quality in very different ways
(Robert Gibson interviewed Veronika Rolle, who is an intercultural development specialist)

Gibson: What are the main problems the Germans have when working with the Chinese?
Rolle: It depends on the kind of project. Project managers are confronted with different attitudes to project management. Chinese and Germans see quality and time in very different ways. German companies tend to be driven by quality, seeing it as an essential part of success. The Chinese are educated to believe that flexibility and meeting the needs of the consumer are paramount. They find it hard to understand why Germans spend so much time and money on producing 100 per cent quality. Why make a car with a perfect finish that will get scratched soon after it's on the road? The irony is that Chinese are attracted to German products precisely because of their reputation for high quality.

In: Business Spotlight, Nr. 4/2001, p. 35

In China hingegen gibt es eine ausgeprägte Konflikttoleranz, die darin besteht, der Realität eines existierenden und wahrgenommenen Konfliktes mit einer abwartenden Haltung zu begegnen. Übergeordnetes Ziel stellt hierbei das harmonische Gleichgewicht im Unternehmen dar. Dies wiederum bedeutet, nicht einfach repressiv zu reagieren, sondern Probleme abzumildern, um sie so dann einer gemeinsamen Lösung zuzuführen (Tang/Reisch, 1995, S. 209). Ein gemeinsames Essen oder ein Privatbesuch als symbolische Geste schaffen hierbei Rahmenbedingungen, um die unterschiedlichen Auffassungen zum Ausgleich zu führen.

Geht es vor allem um Sachkonflikte, dann gilt es darauf zu achten, dass die in Deutschland angewandten Konfliktmanagement- und Schlichtungstechniken nicht zum gewünschten Ergebnis führen. Vor allem erweist sich ein Insistieren auf das offene oder öffentliche Eingestehen von Fehlern und Problemen als geradezu kontraproduktiv, denn ein derartiges Vorgehen ist auch durch eine spätere Entschuldigung nicht mehr zu korrigieren. Problemlösungstechniken, die ohne Kritik, Vorwürfen und Schuldzuweisungen auskommen, sollten hier zur Anwendung gelangen.

Dies setzt allerdings – gerade in einer emotional gespannten Situation – Selbstkontrolle und Selbstbeherrschung voraus. Ist man dazu nicht oder nur hinreichend in der Lage, so kann man sich auch Dritter als Mediator bedienen, um über eine indirekte Vermittlung beiden Seiten das „Gesicht" wahren zu helfen. Eine chinesische Parabel macht dabei klar, worauf es beim Umgang mit Menschen in China ankommt: *„Der Baum hat eine Rinde – der Mensch hat ein Gesicht. Nimmt man dem Baum seine Rinde, so stirbt er."*

Die nachfolgende Abbildung 101 gibt einen Überblick über die Konfliktlösungsstrategien, die in Deutschland und in China zur Anwendung gelangen. Die Unterschiede machen zugleich auch deutlich, worauf es in China ankommt, wenn man als ausländische Führungskraft zum Erfolg kommen will.

„Wer kein freundliches Gesicht hat,
soll keinen Laden aufmachen."
(Chinesisches Sprichwort)

Deutschland	China
Überzeugungsversuche	symbolische Gesten
Kompromissversuche	Beziehung intensivieren, Aufmerksamkeit erhöhen, Interesse und Zuwendung
Klärungsversuche	Negatives ausklammern, Gemeinsamkeit betonen
Metakommunikation	Verhaltensänderung
Schlichter, Vermittler (neutrale Personen hinzuziehen)	Kommunikation über Dritte, indirekte Vermittlung
ZIEL: KLÄRUNG	**ZIEL: AUSGLEICH**

Abb. 101 Konfliktlösungsstrategien in deutsch-chinesischen Verhandlungen
Quelle: Tang/ Reisch, 1995, S. 216 f.

11.5.5 Probleme bei der Entscheidungsfindung in Joint-Venture-Unternehmen

Was den Entscheidungsprozess bei chinesisch-deutschen Joint-Venture-Unternehmen betrifft, so werden Probleme offenkundig, die auf unterschiedlichen interkulturellen Wahrnehmungsprozessen beruhen. Die Phasenabfolge, in der deutsche Unternehmen Probleme lösen, ist für die Chinesen unbekannt. Während aus deutscher Sicht nach der Problemdefinition die Suche nach Alternativen einsetzt, anschließend eine Bewertung erfolgt und mit einer Entscheidung zur Umsetzung endet, ist diese Sichtweise für die Chinesen schwer nachvollziehbar.

Die chinesische Entscheidungsfindung geht bei der Abgrenzung des Problems davon aus, dass es unterschiedliche Blickwinkel gibt und von daher eine Festlegung auf eine Situation sich nicht ergibt. Das Problem wird also nicht „definiert", sondern als eine Funktion von Beziehungen betrachtet. Hinzu kommt, dass bei der chinesischen Betrachtungsweise der zeitliche Kontext eine wichtige Rolle spielt. Da sich eine Situation im Zeitablauf ändern kann, werden Entscheidungen oft vertagt. Nicht die gerade Linie ist nach chinesischer Überzeugung der kürzeste Weg zum Ziel, sondern der scheinbare Umweg. Daraus folgt, dass Probleme anhand von Gegebenheiten und Erfahrungen gelöst werden (Peill-Schoeller, 1994, S. 85). Vereinfacht kann hier von einem Gegensatz zwischen „Lösungsorientiertheit" auf der einen und „Problemorientiertheit" auf der andere Seite gesprochen werden.

Da zumeist ältere Vorgesetzte an der Spitze chinesischer Unternehmen stehen und Alter mit Erfahrung gleichgesetzt wird, entsteht eine hohe Erwartungshaltung an den Chef. Chinesen sind es nicht gewohnt, eigenverantwortlich Entscheidungen zu treffen, was dazu führt, dass Aufgaben nur gemäß Anleitungen und Beschreibungen ausgeführt werden. Aussagen von chinesischen Mitarbeitern wie: „Ich bin nicht verantwortlich, die letzte Entscheidung wird immer vom Chef gefällt", beschreibt die Schwierigkeit für westliche Führungskräfte, wenn sie einen Führungsstil umsetzen wollen, der auf Eigenständigkeit und Verantwortungsübernahme durch die Mitarbeiter zielt (Guan, 2004, S. 31).

> **Zur Kommunikationsproblematik**
> (Patricia Peill-Schoeller)
>
> Die chinesische Denkart muss anders aufgebaut sein als die unsere. In ihrer Logik ist 1+1 zwischen 1,8 und 2,2.
>
> In: Interkulturelles Management, Berlin 1994, S. 73

Ein weiterer Unterschied bei der Entscheidungsfindung besteht darin, dass die Chinesen sehr stark auf interpersonelle Beziehungen achten, wozu das Aufbauen von Seilschaften und das Knüpfen von Beziehungsnetzen nach außen, vor allem zu Behörden gehört. Für deutsche Unternehmen zeichnet sich die Entscheidungsfindung eher durch ein formalisiertes Verfahren aus, das vor allem durch Sach- und Leistungsorientierung geprägt ist.

Die unterschiedlichen Wege, die bei der Entscheidungsfindung gesucht werden, betreffen auch die Art, wie man miteinander diskutiert, um letztendlich eine Entscheidung herbeizuführen. Für chinesische Firmen steht der konsensuelle und harmonische Ausgleich im Mittelpunkt. Ihm wird alles untergeordnet. Deutsche Unternehmen wiederum ziehen Direktheit und Gradlinigkeit vor. Einer ausführlichen Analyse folgt die Umsetzung. Demgegenüber wird von chinesischer Seite eine offene Auseinandersetzung um den richtigen Weg, versehen mit kritischen Begleitkommentaren, nicht als konstruktive Klärung betrachtet. Viel mehr wird darin der Versuch gesehen, dem Gegenüber das „Gesicht" zu nehmen.

Werden bei einer gemeinsamen Entscheidungsfindung derartige Unterschiede offenkundig, besteht die große Gefahr des Scheiterns. Derartige Friktionen im Verhältnis zwischen deutschen und chinesischen Partnern führen nicht selten dazu, dass beide Seiten nur noch ihre jeweils eigenen Ziele neben – und gegeneinander verfolgen und damit der gemeinsame Unternehmenserfolg mehr als gefährdet erscheint (Chung, 2000, S. 63).

11.5.6 Interkulturelle Trainingsmaßnahmen – Ein Seminarbeispiel

Aus der Vielzahl an Instituten, die in der Zwischenzeit interkulturelle Trainingsprogramme anbieten, soll das Angebot des Instituts für Interkulturelles Management (IFIM) mit Sitz in Königswinter herausgegriffen werden. Das 5-tägige China-Seminarprogramm bietet den Teilnehmern eine gute Einführung in das Grundverständnis des interkulturellen Management in China, wobei der Inhalt – je nach Art der Teilnehmer und nach individuellen Wünschen oder Handlungsbereichen – spezifisch ergänzt bzw. vertieft werden kann.

Das Seminarprogramm bezieht alle vier Gliederungspunkte, die als Grundstruktur für die jeweilige interkulturelle Länderbetrachtungsweise dieses Buches gewählt worden sind, explizit in die Trainingseinheiten mit ein.

So werden im Seminar die politisch-ökonomischen Rahmenbedingungen angesprochen, wenn es z.B. darum geht, die Rolle der Staatsbetriebe in einer Joint-Venture-Beziehung zu hinterfragen. Breiten Raum wird der Vermittlung des soziokulturellen Backgrounds eingeräumt und dem "Guanxi"-Verständnis in all seinen Facetten ein voller Tag gewidmet. Das richtige verbale als auch non-verbale Kommunikationsverhalten wird in unterschiedlichen Sequenzen versucht zu vermitteln. Während es in einem Übungsteil darum geht, die Wirkung von Kommunikationsstrukturen in der Praxis zu beobachten und zu trainieren, beschäftigt sich ein anderer Seminarpunkt mit der Rolle der indirekten Kommunikation während einer Verhandlung. Schließlich wird auch das Führungs- und Entscheidungsverhalten mit in das interkulturelle Trainingsprogramm einbezogen. Der Umgang mit Konflikten, die Frage der Personalführung in einer ungewohnten Umgebung aber auch der Aufbau von Mitarbeiterbeziehungen wird angesprochen und durch Rollen- und Fallbeispiele versucht, die zukünftigen Auslandsmanager auf ihre neue Aufgabe vorzubereiten.

Die Länge derartiger interkultureller Vorbereitungsprogramme hängt mit der Zeitplanung für den jeweiligen Auslandsaufenthalt zusammen. Je länger eine derartige Auslandsbeschäftigung geplant ist, desto umfangreicher müssen die Vorbereitungsmaßnahmen ausfallen. Wenn eine mehrjährige Auslandstätigkeit vorgesehen ist, dann müssen auch die Familienmitglieder in die Vorbereitung mit einbezogen werden, was dann auch das Erlernen von Grundkenntnissen in der entsprechenden Gastlandsprache mit einschließt. Entscheidend bleibt, dass die Unternehmen erkennen, dass nur eine interkulturell vorbereitete Führungskraft in der Lage ist, den unterschiedlichen Zielsetzungen, die mit einem derartigen Auslandseinsatz einhergehen, in vollem Umfang zu entsprechen. Investitionen in interkulturelle Vorbereitungsmaßnahmen dienen von daher der Risikominderung für beide Seiten bei gleichzeitig zu erwartendem höheren Effizienzgrad, was Zufriedenheit im beruflichen wie privaten Umfeld bedingt und letztendlich sich am Unternehmensergebnis ablesen lässt.

Chinesen für China gesucht am Beispiel der Siemens AG
(Freudl/Fischer)

Noch vor wenigen Jahren wägten Unternehmen, die sich in China engagieren, bei der Besetzung von Managementpositionen die Vor- und Nachteile von entsandten gegenüber lokalen Mitarbeitern ab. Heute hat sich diese Frage zugunsten lokaler Führungskräfte entschieden. Vor allem die kulturellen Anpassungsschwierigkeiten der Expatriates, die kaum oder nur sehr langsam in das lokale Netzwerk der chinesischen Mitarbeiter aufgenommen werden, sowie die Absicht, einheimischen Mitarbeitern Karriereperspektiven im Unternehmen zu bieten, waren für Siemens wichtige Gründe, sich vermehrt auf chinesische Nachwuchskräfte zu konzentrieren.

Nun stellt sich die Frage: Rekrutiert man Führungskräfte direkt vor Ort oder sucht man nach chinesischen Mitarbeitern, die bereits internationale Erfahrung und interkulturelle Kompetenz aufweisen können? Letztere Gruppe ist für ein interkulturell geprägtes und global agierendes Unternehmen besonders wichtig. Diese Mitarbeiter sind einerseits in der Kultur ihres Heimatlandes verwurzelt und zudem oft gut vernetzt. Andererseits haben sie internationale Erfahrungen und können die unternehmerischen Zusammenhänge richtig einschätzen und entsprechend handeln.

In: Personalwirtschaft, Nr. 12/2004, S. 43

Seminarprogamm
Interkulturelles Management in China

1. Tag: Einstieg in eine fremde Kultur
10:00 "Deutsche Kultur" - "Chinesische Kultur"
11:30 Kommunikationsunterschiede im Vergleich
14:00 Wirkung von Kommunikationsunterschieden (Praxisbeispiel mit Übung)
16:00 Beziehungen zu Kollegen und Mitarbeitern aufbauen (Übung)

2.Tag: Guanxi in allen Facetten
08:30 Aufbau von Geschäftsbeziehungen (Fallstudie)
10:30 Das Gespräch mit dem Joint-Venture-Partner
11:30 Strukturen chinesischer Staatsunternehmen
14:00 Einheimische Vorgesetzte und Mitarbeiter
16:30 Personalführung- und Entwicklung

3.Tag: Arbeiten und Leben im Einsatzland
08:30 Know-how-Transfer (Übung)
11:30 Das chinesische Verständnis und der Umgang damit
14:00 Wie man den Alltag im Gastland sinnvoll gestaltet
16:00 Praktische Hinweise zum Leben vor Ort (Essen, Geschenke, Anrede...)

4. Tag: Kommunikation und Konfliktmanagement
08:30 Indirekte Kommunikation in der Verhandlung
14:00 Konflikt und Konfliktverhalten
16:00 Interessenausgleich als Konfliktlösung

Abb. 102 Übersicht über Seminarprogramm: Interkulturelles Management in China
Quelle: IFIM- Institut für Interkulturelles Management, Seminarprogramm 1998

11.6 Case Study: Great Wall? Firm eyes great bridge

Boca Raton's Genesis Technology Group is in the businesses of helping other small U.S. businesses establish roots in China

Call the offices of Genesis Technology Group and you are pleasantly prompted by a voice mail menu in two languages: English and Chinese. Not many companies do enough business with the world's most populous nation to need an office telephone voice mail in Chinese. But Genesis is trying to change that by helping smaller American firms establish roots in China. After all, with 1,3 billion consumers and low-cost workers, China is emerging as a major economic power. Philip Guo, born and reared in China and now an attorney with Becker & Poliakoff in Fort Lauderdale, sees only an upside to planting the seeds of U.S. commerce on the business side of the Great Wall. "China has been a hot topic. It has had such economic growth," Guo said. "Labour there is unbelievably cheap. That's why toymakers, furniture makers, shoemakers are moving their facilities there", he said. The global business world has embraced China and doesn't appear to be letting go.

Still, with Beijing in the middle of modifying its laws to comply with WTO rules and to attract international business partners, it is difficult for a foreign company to set up there. Its language is hard to learn and its business practices are based as much on personal relationships as they are contractual arrangements. "In China, they want to be friends and then do business", Genesis Technology Chairman James Wang said recently. "With Americans, it is 'Can we sign a contract tomorrow?' For Americans friendship is a nice side benefit. In China, it is a prerequisite."

Genesis, looking to this burgeoning sector of the consulting business to reverse a string of losses, drums up business by holding roundtable discussions with small and medium-sized firms interested into the Chinese market. From those roundtables, companies eventually come forward with business proposals for China. It can take a while, though. Take Custom Biologicals, a Boca Raton firm that makes biological agents for environmental cleanup. Company officials went to China 18 months ago and had meetings that Genesis arranged with Chinese businessmen. Custom Biologicals is still waiting for a deal to materialize, but Chief Executive Clarence Baugh is not giving up. "Chinese business is quite different. It is slower paced," he said. Viragen, a Plantation-based biotechnology firm, began working with Genesis in January 2003 to find Chinese distributors for a disease-fighting drug called Multiferon. After a year of meetings with

Genesis and prospective Chinese partners and a slight interruption form the SARS outbreak, Viragen is close to forging distribution agreements, said Viragen Executive Vice President Mel Rothberg." They go through a certain protocol of consensus. They will retest their thinking to validate it," Rothberg said. "If you can identify the best person to champion your program, you'll get the fastest track. You have to be patient." In China, business mannerisms make a difference. A premium is placed on politeness and process, even down to the presentation of a business card. "If you don't have a business card in Chinese, you are immediately recognized as unknowledgable," Rothberg said.

Pounds, S., in: The Herald, Miami, March 1, 2004, p. 9

Review and Discussion Questions:

1. What are the reasons that make China such an interesting place for companies all around the globe, regardless of the country, the size or the branch in which they are currently doing business?

2. What problems do companies face if they think about an investment in China?

3. Why do you think an experienced Chinese consultancy or company should be your first partner before you continue with further steps in planning an engagement in China?

4. As far as the non-verbal communication attitude with the Chinese partner is concerned which prerequisites have to be fulfilled to avoid intercultural misunderstandings?

5. If one speaks about the time frame when dealing with a Chinese partner what are the essential elements one should keep in mind?

11.7 Literaturverzeichnis

ASIAWEEK, 15. Januar 1999.
Albrecht, D.A., Interkulturelles Management in der VR China- Herausforderungen und Perspektiven in: der Karriereberater, Nr. 6/ 1997.
Albright, M., Information is Power, in: Newsweek, 1998, July 13.
Barnes, H.H./ Hill C.B.(Hrsg.), Doing Business in China, in: Hodgetts/Luthans International Management, 3rd ed. New York 1997.
Bergemann, N., Sourisseaux, A.L.J., Interkulturelles Management, 2. Aufl., Heidelberg 1996.
Blume, G., Die Erlösung der Mandarine, in: Die Zeit, Nr. 49, 26. Nov. 1998.
Blume, G., Riskante Offenheit, in: Die Zeit, Nr. 11, 11. März 1999.
Blume, G./ Heuser, U.J., China hebt ab, in: Die Zeit, 22.12.2006.
Bowring, P., China's Progress, A Step Forward, a Step Sideways, in: International Herald Tribune, Jan 14, 1999.
Braun, S., 70 Prozent der Plagiate kommen aus China, in: Stern, Nr. 21/2006.
Bundeszentrale für Politische Bildung, 2005, in: Internet: http://www.bpb.de/.
Cathay Pacific (Hrsg.), Kleiner Asien-Knigge, 2004.
Chen, Ming-Jer, Geschäfte machen mit Chinesen – Insiderwissen für Manager, Frankfurt/M. 2004.
Chu, Chin-Ning, China-Knigge für Manager, 3. Aufl., Frankfurt/M 1996.
Chung, T.Z., Global Manager für das Land der Drachen, Frechen 2000.
CIA World Factbook, Germany, China, 2012, in: https://www.cia.gov/library/publications/the-world-factbook/
Deutscher Industrie- und Handelstag (DIHT), Direktinvestitionen in China, ein Handbuch für den Mittelstand, Shanghai 1997.
Deutsches Auswärtiges Amt, 2006, in: Internet: http://www.auswaertiges-amt.de.
Dometeit, G., u. a., China, Focus, Nr. 21, 2006.
Eichler, U., Interkulturelles Training Südostasien, Seminarunterlagen, Hirschberg, 1998.
Faison, S., China Goes After Corruption, Making a Political Point, in: International Herald Tribune, Jan 14, 1999.
Erling, J., Heiliger ohne Religion, in: Rheinischer Merkur, Nr. 20/2006.
Erling, J./ Wenk, K., Keine Angst vor China, in: Die Welt, 22.05.2006.
Erling, J., Erstaunliche Rekorde, in: Die Welt, 22.05.2006, S. 3.
Erling, J./ Wenk, K., Vom Bäcker bis zum EADS-Chef –Deutsche in China, in: Die Welt, 22.06.2006.
Fishman, T.C., Did you know, in: China, Inc., New York 2005.
Freudl, L., Fischer, S., Chinesen für China gesucht am Beispiel der Siemens AG in: Personalwirtschaft, Nr. 12/2004.
Fukasaku, K./ Wall, D./ Wu, M., China's long march to an open economy, Paris, OECD, 1994.
Gibson, R., Chinese and Germans see time and quality in very different ways, in: Business Spotlight, Nr. 4/2001.
Glassenapp, von, H., Der chinesische Universalismus, in: Die fünf Weltregionen, Köln 1985.
Gillies, J. M., Interview mit Sönke Bästlein, in: Die Welt, 29.04.2006.
Guan, H., Interkulturelles Management am Beispiel des deutsch-chinesischen Joint Ventures, Hamburg 2004.
Hanlin, L., Die Grundstruktur der chinesischen Gesellschaft , Vom traditionellen Klansystem zur modernen Danwei-Organisation, Darmstadt 1991.

Harris, P.R./ Moran, R.T., Managing Cultural Differences, 3rd ed., Houston Gulf Publishing 1991.
Healy, T., Reform's Trails, in: Asiaweek, Jan. 15, S. 26 ff.
Heberer, TH., Chinesen über ihr eigenes Land, Düsseldorf 1983.
Hofstede, G./ Bond, M.H., Hofstede's Culture Dimensions: An Independent Validation Using Rokeach's Value System. Journal of Cross-Cultural Psychology, Volume 4/1984.
Holtbrügge, D./ Kittler, M.G./ Mohr, T./ Puck J.F., Herausforderung chinesische Provinz, in: Personalwirtschaft, Nr. 7/2003.
Institut Für Interkulturelles Management; Das Angebot, Interkulturelles Know-how für international tätige Führungs- und Fachkräfte 1998.
Jingsheng, W., Die Lügen der Unterdrücker, in: Der Spiegel Nr. 51, 14. Dez. 1998.
Kindt, A., Lässig gescheitert, in: Karriere, Nr. 09/2006.
Köck, P./ Ott, H.(Hrsg.), Wörterbuch für Erziehung und Unterricht, Donauwörth 1983.
Michler, I., Sorgen des kommenden Weltmeisters, in: Die Welt, 22.05.2006.
Morrison, T., Conaway, Wayne A., Borden, Georg A., Kiss, Bow and Shake Hands - How to Do Business in Sixty Countries, Holbrook 1994.
o.V., Der steinige Weg nach China, in: FAZ, Nr. 219, 20.09.2004.
o. V., China trotzt den Fluten, in: Ostseezeitung, Nr. 175, 46. Jahrgang. 30.Juli 1998.
o.V., Ikea will stärker in Asien expandieren, in: FAZ, Nr. 233, 06.10.2004.
Peill-Schoeller, P., Interkulturelles Management - Synergien in Joint Ventures zwischen China und deutschsprachigen Ländern, Berlin 1994.
Pounds, S., Great Wall? Firm eyes great bridge, in: The Herald, Miami, March 1, 2004.
Rabe, C., In den Dörfern wird Pluralismus gefördert, in: Handelsblatt, Nr. 49, 11. März 1999.
Reuters, Agency, China's Trade Surplus Tops $ 43 Billion, in: International Herald Tribune, Jan. 12, 1999.
Rink, S., Stichwort China, Originalausgabe, München 1994.
Schell, O., A rare Meeting of Minds, in: Newsweek, 1998, July 13.
Schell, R., Einführung in den chinesischen Markt, In: Zusammenfassung des Vortrages vom 12.04.1995, (Hrsg.), Bayer AG, Leverkusen 1995.
Schenz,V., Gedünstete Schlange und endloses Plauschen, in: Ingenieure, Beilage der Süddeutschen Zeitung, S V2/16, 27./28.01.2007.
Schienle, W., Verhalten in der VR China, Heft 1, Deutsche Stiftung für internationale Entwicklung (Hrsg.), Bad Honnef 1992.
Seidel, H., Karstadt Quelle vergibt Importgeschäft an Chinesen, in: Die Welt, 22.05.2006.
Seligman, S.D., Chinese business etiquette: a guide to protocol, manners and culture in the People's Republic of China, New York 1999.
Spiegel (Hrsg.), It's stupid to be afraid, in: Spiegel Special, International Edition, Nr.7/2005
Sung-Hee L., Asiengeschäfte mit Erfolg. Leitfaden und Checklisten, Berlin 1997.
Statistisches Bundesamt Deutschland, 2006, in: Internet: www.destatis.de.
Tang, Z./ Reisch, B., Erfolg im China-Geschäft, Frankfurt, New York 1996.
Uhl-Vetter, E., Andere Länder, andere Sitten, in: FAZ, 20.08.2005.
Voelpel, S./ Han, Z., Chinesische Rohdiamanten, in: Personalwirtschaft, Heft 5, 2006.
Wang, Zhong, Policies and Practices of Chinese Human Resource Management – Evaluation and Training, in: Personalwirtschaft Nr. 2/2000.
Weggel, O., China, 4. Auflage, München 1994.
Xiaoshan, W./ Blume, G./ Sieren, F., Olympia-Extra: Eröffnungsfeier, in: Die Zeit, 07.08.2008.
Zemin, J., The Reform of the Economic Structure in China, in: Beijing Review, 1992, Vol. 35, No. 43.
Zinzius, B., Der Schlüssel zum chinesischen Markt, Wiesbaden 1996.

12 Interkulturelles Management in Japan

Geht mit den Menschen um wie mit Holz:
um eines wurmstichigen Stückchens willen,
würdest Du nie den ganzen Stamm wegwerfen.
(Japanisches Sprichwort)

12.1 Basisindikatoren im Vergleich

Indikatoren	Japan	Deutschland
Bruttoinlandsprodukt Wachstumsrate	-0,5%	2,7%
Bruttoinlandsprodukt pro Kopf	34.300 $	37.900 $
Bevölkerung	127.368.088 (2012 est.)	81.305.856 (2012 est.)
Bevölkerungswachstum	-0,077% (2012 est.)	-0,2% (2012 est.)
Inflation	0,4%	2,2%
Exporte	800,8 Mrd. $	1,543 Bill. $
Lebenserwartung (Jahre)	83,91	80,19
Alphabetisierungsrate	99 %	99%

Abb. 103 Ausgewählte Basisindikatoren im Vergleich Japan-Deutschland im Jahre 2011
Quelle: CIA World Factbook, 2012

12.2 Politisch-ökonomische Rahmenbedingungen

12.2.1 Japans wirtschaftlicher Aufstieg und der Einfluss des Westens

Japans wirtschaftlicher Aufstieg nach dem Krieg ist einzigartig. Innerhalb von 50 Jahren hat sich Japan zu einer bedeutenden und dynamischen Wirtschaftsmacht entwickelt, die heute in vielen Industriebereichen Markt- und Technologieführer ist.

> *"In recent decades, Japan has achieved a substantial competitive advantage in the international marketplace in numerous industries."*
> *(Begin 1997, p. 31)*

Die Besonderheiten des japanischen Marktes finden ihre Erklärung in der geschichtlichen Entwicklung. Durch das Erscheinen eines amerikanischen Flottengeschwaders wurde 1854 auf recht nachdrückliche Weise die Öffnung Japans herbeigeführt (Biehl, 1975, S. 12).

Nach 250jähriger Isolation begann das Land sich für den internationalen Warenhandel zu öffnen und das bis dato vorwiegend agrarisch ausgerichtete Land nutzte die damit verbundenen Chancen, seine Institutionen zu „verwestlichen". Rechtswesen, Verwaltung, Schul- und Ausbildungswesen sowie die Wirtschaftsordnung wurden nach westlichem Vorbild ausgerichtet und die bisherige Feudalordnung durch kaiserliches Dekret beseitigt (Eliseit, 1969, S. 233). Bald danach setzte der erste Industrialisierungsprozess ein, der, gepaart mit einer hohen Anpassungsfähigkeit, eine Erfolgsgeschichte in Gang setzte, die bis heute ohne Beispiel geblieben ist (Janocha, 1998, S. 96).

12.2.2 Zum japanischen Korporatismus und den aktuellen Schwierigkeiten

Selten hat sich das Image eines Landes in den Augen der Weltöffentlichkeit so dramatisch gewandelt wie das Japans. Jahrelang war Nippon das Musterland und sämtliche Eigenschaften des japanischen Wirtschaftsmodells wurden als Beweis für die Überlegenheit des Kapitalismus made in Japan angeführt. Der japanische Korporatismus mit seinen Zaibatsu-Verflechtungen der großen Konzerne setzte für die ganze Volkswirtschaft einen verlässlichen Rahmen. Beamtenähnliche Berufskarrieren und lebenslange Arbeitsplatzgarantien schufen Prosperität und Sicherheit.

Ausgelöst wurde der dramatische Stimmungswandel durch spektakuläre Bankzusammenbrüche und eine damit einhergehende gebremste Nachfrage.

> *"Japans present serious downward spiral of confidence was started by scared consumers, reacting to inept fiscal and welfare policies. In spite of those low yields, they started to save even more, not to spend. The crisis is not evidence of deep supply-side problems. A growth rate of over 3% in 1996, in spite of continuing debt-inflationary effects, showed that." (Dore, 1998, p. 6)*

Die traditionellen Instrumente wirtschaftspolitischer Steuerung wie Steuersenkung und niedrige Zinsen begannen plötzlich nicht mehr zu greifen. Seit dem Beginn der Rezession hat die japanische Regierung Billionen Yen an Steuergeldern in die Wirtschaft gesteckt, ohne dass es bisher zu einer nennenswerten Änderung gekommen wäre. Nachfragekapital ist allerdings genug vorhanden. Die Japaner haben immer noch rund zwölf Billionen US-Dollar auf ihren Konten (Fischermann, 1998, S. 30).

Der Abgesang ist womöglich ebenso übertrieben und voreilig wie die damaligen Lobgesänge: Immerhin war es der korporatistische Kapitalismus, der das Land zur ökonomischen Supermacht aufsteigen ließ und der als Vorbild auch den Aufschwung der ganzen Region befruchtete. Die Forderungen nach neuen Anreizen für Investoren, bankrotte Banken auch bankrott gehen zu lassen, die Märkte zu öffnen und endlich eine berechenbare Finanzpolitik zu machen werden immer lauter (Hauch-Fleck, 1998, S. 21). Wenn auch die gegenwärtigen Wirtschaftsdaten alles andere als zufrieden stellend sind, so sind erste zarte Boten eines Aufschwungs zu registrieren. Nach einem Bericht der OECD gibt es Anzeichen dafür, dass die japanische Konjunktur die Talsohle erreicht hat und für eine Erholung bereit ist. Die wachstumsfördernde Haushalts- und Geldpolitik hat bei der Verbesserung der Wirtschaftslage in Japan eine wichtige Rolle gespielt; im Vergleich zu vorangegangen Jahren gibt es hier eine deutliche Verbesserung.

> **Rahmenbedingungen für Unternehmensstrukturierungen in Japan**
> (Steffen Kroner)
>
> Nach einem Jahrzehnt Stagnation und Rezession fasst die japanische Volkswirtschaft wieder Tritt und überrascht im Fiskaljahr 2003 mit dem höchsten Wirtschaftswachstum (+3,2%) seit sieben Jahren. Hauptgründe für das Wachstum sind die gestiegene private Inlandsnachfrage nach Konsum- und Investitionsgütern sowie der große Importbedarf aus China. Die gestiegene Profitabilität der Unternehmen hat sich auch positiv auf die Beschäftigungssituation ausgewirkt.
>
> Der Aufschwung ist nicht zuletzt Ergebnis erfolgreicher Unternehmens-Restrukturierungen. Eine hohe Verschuldung, stagnierende Inlandsnachfrage, ein kriselndes Finanzsystem und ein verschärfter internationaler Wettbewerb hatten viele Unternehmen und Unternehmensgruppen in den 90er Jahren zu umfassenden Restrukturierungen gezwungen. Die Bemühungen wurden seit Mitte der 90er Jahre durch Reformen des Gesellschafts-, Steuer- und Insolvenzrechts unterstützt, die die Handlungsmöglichkeiten der Unternehmen erweitert haben.
>
> In: Deutsch-Japanischer Wirtschaftskreis (Hrsg.), Nr. 192, Aug. 2004, S. 11

12.2.3 Zur Zusammenarbeit von Staat und Wirtschaft

Charakteristisch für die japanische Wirtschaftsstruktur ist die enge Zusammenarbeit zwischen Staat und Wirtschaft bei der Planung und Durchsetzung ökonomischer Ziele, die sich in ihrer Intensität mit keinem anderen marktwirtschaftlich organisierten Land der Welt vergleichen lässt. Getragen von einem starken nationalen Identitätsgefühl, begründet durch die Insellage und die lange Zeit der Isolation, bestand bei allen Beteiligten ein grundlegender Konsens dahingehend, dass die nationalen Interessen zu fördern und der ökonomische Wohlstand zu sichern sind (Heidecker, 1968, S. 61). Dies führte dazu, dass sowohl Regierungsstellen und untergeordnete Institutionen als auch Vertreter der Industrie in einem komplexen System kontinuierlicher Interaktion und informeller Kommunikation eingebunden wurden.

Auf Regierungsseite sind vor allem das Ministerium für internationalen Handel und Industrie (MITI) und das Finanzministerium (MoF) für die Koordination politischer und wirtschaftlicher Interessen verantwortlich. Die Aufgabe des MITI mit allen seinen untergeordneten Behörden, Instituten und Abteilungen besteht schwerpunktmäßig in der Informationsbeschaffung und dem Aufspüren neuer Wirtschaftstrends, um Zukunftsfragen aufzuwerfen, Lösungen dafür zu finden und deren wirtschaftliche Implementierung sicherzustellen (Ruhland/Wilde, 1994, S. 92). So wichtig ihre Rolle bei der Umstrukturierung der Industriestruktur in den Nachkriegsjahrzehnten und beim Vorstoß in neue Schlüsseltechnologien war, so entscheidend ist auch heute noch ihr Einfluss auf die privaten Unternehmen; praktisch jede wichtige Entscheidung eines Unternehmens bedarf der Zustimmung des MITI (Krauss-Weysser, 1995, S. 47). Eines der wichtigsten Lenkungsinstrumente stellt der vom MITI und dem Finanzministerium unter Federführung der Economic Planning Agency (EPA) regelmäßig aufgestellten makroökonomische Orientierungsplan dar, mit dessen Hilfe die kurz- als auch langfristige Wirtschaftsentwicklung gesteuert werden soll (Reischauer, 1993, S. 305).

12.2.4 Zur Rolle der Keiretsus

Eine große Bedeutung innerhalb der japanischen Wirtschaft kommt den Unternehmenszusammenschlüssen (keiretsus) zu, deren Vorläufer die zaibatsus der Vorkriegsgeschichte waren und als Träger exzessiver Macht Japan mit in den Weltkrieg führten (Streib/Ellers, 1994, S. 253). Keiretsus, deren Rolle der von Finanzcliquen entspricht, entwickelten sich während der Meiji-Periode (1868-1912), als ein großer Bedarf an Know-how bestand. Eine ihrer Aufgaben bestand darin, Informationen über ausländische Märkte zu beschaffen sowie Spezialwissen über Außenhandelsfragen und über die Erschließung ausländischer Beschaffungsmärkte zu erhalten.

Die ehrgeizigen Wachstumsziele der Regierung konnten nur durch ihre finanzielle Mithilfe realisiert werden. Angeführt durch eine familieneigene Holdinggesellschaft hatten sie enorme Kontrolle über eine Reihe von Industrie- und Großhandelsunternehmen sowie Finanzinstituten und verfügten über großen Einfluss auf die Politik (Eli, 1988, S. 15).

Obwohl die heutigen keiretsus auf freiwilliger Basis operieren - eine Kontrolle durch eine Holding besteht nicht mehr, da sie verboten sind - und die früheren Strukturen durch gegenseitige Beteiligungen ersetzt wurden, ist ihre wirtschaftliche Macht weiterhin enorm; ca. 70% der in Japan emittierten Aktien befinden sich im Besitz von Aktiengesellschaften, die Mitglieder dieser rund 100 Verbundgruppen sind (Dodwell, 1992, S. 34). Die keiretsus umfassen Unternehmen aus nahezu allen Branchen, wobei stets eine Bank (ginko), ein großes Universalhandelshaus (sogo sosha) und eine Versicherungsgesellschaft mitwirken, womit diesen Institutionen eine zentrale Stellung zukommt. Neben wirtschaftspolitischen Aufgaben übernehmen die keiretsus auch die Rolle der Risikostreuung der Verbundaktivitäten sowie die des einzelnen Unternehmens (Ruhland/Wilde, 1994, S. 92).

Leben und arbeiten in Tokio
(Stephan Finsterbusch)

- Nützliche Hinweise rund um das Leben und Arbeiten in Japan gibt es auf der Homepage der Handelskammer www.dihkj.org.jp/de oder
- des Goethe-Instituts www.goethe.de/os/tok/deindex.html.

In: FAZ, 12.06.2004, S. 59

12.2.5 Die deutsch-japanischen Handelsbeziehungen

Die ersten zählbaren und wirtschaftlichen Kontakte zwischen Deutschland und Japan liegen bereits 130 Jahre zurück. Unter Führung von Graf Eulenberg entsandte die preußische Regierung 1859 eine Expedition nach Japan, mit dem Ziel, ein Handelsabkommen zu erreichen, das aber erst 1861 nach schwierigen Verhandlungen zustande kam (Pauer, 1985, S. 7). In den Folgejahren prägte hauptsächlich die technische und akademische Unterstützung die Beziehungen beider Länder. Der Wiederaufnahme deutsch-japanischer Handelsbeziehungen in den Nachkriegsjahren folgte dann ein kontinuierlicher Anstieg des deutschen Handelsüberschusses mit Japan, wobei vor allem Maschinen und Anlagen nach Japan geliefert wurden. Ende der 50er Jahre war Japan dann bestrebt, durch Verhandlungen den bilateralen Handel mit Deutschland auszugleichen. In der Zwischenzeit ist nicht nur ein Ausgleich erfolgt, sondern wie aus Abbildung 101 ersichtlich wird, haben sich die Handelsströme zugunsten Japans entwickelt.

Wirft man einen Blick auf das Jahr 2008 so fielen im Vergleich zum Vorjahr die Importe aus Japan um 6,6 Prozent auf 24,381 Mrd. Euro, während die deutschen Exporte nach Japan um 5,5 Prozent auf 13,022 Mrd. Euro zurückgegangen sind. Zwar bleibt Japan nach China der wichtigste Handelspartner in Asien, dennoch: gemessen am gesamten deutschen Außenhandel sind die Ex- und Importanteile eher gering und entsprechen bei weitem nicht dem Potenzial des Handels zwischen der zweit- und drittgrößten Volkswirtschaft der Welt (Auswärtiges Amt, April 2009, Berichtsjahr 2008, S.2).

	2003	2004	2005
Einfuhren aus Japan (absolut)	19,14 Mrd. Euro	21,093 Mrd. Euro	21,436 Mrd. Euro
Anteil an den Gesamtimporten D (prozentual)	3,6 %	Keine Angaben	3,4 %
Ausfuhren nach Japan (absolut)	11,84 Mrd. Euro	12,693 Mrd. Euro	21,435 Mrd. Euro
Anteil an den Gesamtexporten D (prozentual)	1,8 %	1,8 %	1,7 %
Stellenwert des Handels			
Deutschland gegenüber Japan	Import 9. Platz Export 16. Platz	Import 10. Platz Export 15. Platz	Import 11. Platz Export 16. Platz
Japan gegenüber Deutschland	Import 6. Platz Export 9. Platz	Import 7. Platz Export 8. Platz	Keine Angaben

Abb. 104 Außenhandel Deutschland – Japan 2003-2005
Quelle: Auswärtiges Amt Japan-Wirtschaftsdatenblatt, 2006

Vor allem bestimmen Kraftfahrzeuge, Maschinen, vor allem Werkzeugmaschinen, Metallwaren, medizinische Produkte und Chemikalien den Warenstrom von Deutschland nach Japan, während wiederum Maschinen, hier in besonderer Weise Büromaschinen und automatische Datenverarbeitungssysteme, Kraftfahrzeuge, Elektrowaren und Elektronik sowie von chemischen Vorerzeugnissen die wichtigsten Exportartikel japanischer Unternehmen nach Deutschland sind (JETRO, 2007, S. 1).

Japan wurde in den zurückliegenden Jahren von deutschen Unternehmen nicht immer die Aufmerksamkeit zuteil, die notwendig gewesen wäre, um auf diesem wichtigen Markt präsent zu sein. Das zeigt die späte Etablierung des Asien-Pazifik-Ausschusses der deutschen Wirtschaft, der erst im Jahre 1993 ins Leben gerufen wurde. 1995 wurde auf Anregung des BDI-Präsidiums eine „Japan-Initiative" der deutschen Industrie verabschiedet (http:/www.embjap.de). Dabei stellt das Land mit seinen 124 Millionen Einwohnern nicht nur einen kaufkräftigen Binnenmarkt dar, sondern erweist sich zunehmend auch als Ausgangsposition für ein über Japan hinausgehendes Asienengagement.

> **Tokio lebt heute schon im Morgen**
> (Stephan Finsterbusch)
>
> Wer in Tokio landet, hat das Unerwartbare zu erwarten; andernfalls bekommt er ein Problem. Die Stadt ist so riesig wie bunt, so verwirrend wie klar. In ihrem Mittelpunkt thront ruhig, groß und prachtvoll der grüne Kaisergarten. Drumherum liegen in einem Netz von Straßen die Wirtschafts-, Geld-, Konsum- und Verwaltungszentren der Stadt.
> Weiter draußen sind die Wohngebiete angesiedelt. Für den täglichen Weg zur Arbeit sind daher leicht mehr als eine Stunde einzuplanen. Vor allem in den späten Abendstunden wird das schnell zur Tortur. Jedes Viertel zählt mehr Einwohner als Frankfurt am Main samt Umgebung. Im Großraum leben derzeit knapp 30 Millionen Menschen. Damit gehört Tokio zu den am dichtesten bewohnten Gebieten der Welt.
> Bei der Suche nach einer passenden Wohnung können sich Ausländer auf einiges gefasst machen. Die Mietpreise können leicht das Doppelte und Dreifache deutscher Verhältnisse erreichen, alles erscheint kleiner und einfacher. Küche mit Kühlschrank, Waschmaschine, Schleuder und Wäschetrockner gehören zur Ausstattung. Wenn nicht, gilt es zu verhandeln. Das mag nicht sehr japanisch sein, aber es hilft.
> Wer als Entsandter ein Auto braucht, sollte sicher sein, einen Parkplatz zu haben. Viele besser gestellte deutsche Firmen lassen ihre nach Japan entsandten Mitarbeiter im ausländererprobten Tokioter Stadtteil Denen-Chofu oder nahe der deutschen Schule in Yokohama wohnen. Die Lehreinrichtung gilt als gut.
>
> In: FAZ, 12.06.2004, S. 59

12.3 Soziokulturelle Rahmenbedingungen

Das Erkennen und Verstehen der japanischen Gesellschaft sowie die Funktionsweise der japanischen Unternehmen ist nur dann zu verstehen, wenn die dem jeweiligen Handeln zugrunde liegenden soziokulturellen Rahmenbedingungen transparent und damit nachvollziehbar gemacht werden. Mit Hilfe der folgenden vier Determinanten, die sich wechselseitig bedingen, soll der Versuch unternommen werden, nicht nur die japanische Gesellschaft zu charakterisieren, sondern sie in Verbindung mit dem Entscheidungsverhalten in den Unternehmen zu bringen.

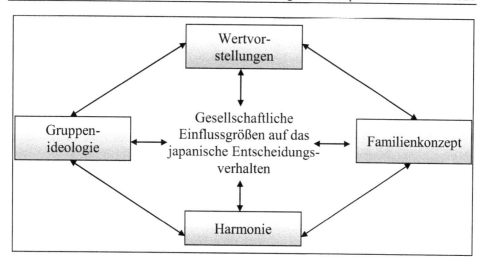

Abb. 105 Gesellschaftliche Einflussgrößen auf das Entscheidungsverhalten in japanischen Unternehmen
Quelle: Rothlauf, 1997, S. 125

12.3.1 Der normative Aspekt – die Wertvorstellungen

Bei allen Vorbehalten gegenüber Generalisierungen lässt sich nicht leugnen, dass das japanische Volk Verhaltensweisen praktiziert und sich an Wertvorstellungen orientiert, die sich vom Westen grundsätzlich unterscheiden. Individualisten sind in Japan nicht gefragt. Im sozialen Gewebe des Inselstaates finden sie kaum Halt (Dambmann, 1979, S. 72). Da Japan zu den klimatisch gemäßigten Zonen der Erde gehört, für die sich der Nassreisanbau als die geeignetste Form der Agrarwirtschaft erweist, stellte über Jahrhunderte die landwirtschaftliche Gemeinschaft die vorherrschende Lebensform dar. Trotz des günstigen Klimas sah und sieht sich Japan Erdbeben und Taifune ausgesetzt, die oft Zerstörung über das Land gebracht haben (Grawert, 1996, S. 11). Beide Erscheinungen führten dazu, dass das Volk Ehrfurcht vor der Natur gewann und in der Natur die Verkörperung von Göttern zu erkennen glaubte.

Das Festhalten an konkreten, erlebbaren Phänomenen der Umwelt als Göttlichkeiten ließ eine abstrakte dogmatische Ideologie des Glaubens im Sinne des abendländischen Verständnisses kaum aufkommen, vielmehr prägte es grundlegend den Charakter des Japaners als Empiriker, der aus der sinnlichen Wahrnehmung der Naturgegenstände eine emotionsgetragene Toleranz und sogar Verehrung gegenüber der ihn umgebenden Wirklichkeit entwickelte.

12.3.1.1 Zum Einfluss der Religionen

Aus dieser einfachen und auf Naturverehrung basierenden Vorstellung ist der Shintoismus zu einer der führenden Religionen Japans geworden. Als eine Nationalreligion trennt der Shintoismus Japan allerdings von der gesamten übrigen Welt, da man Shinto allein durch die Geburt als Japaner wird (Dambmann, 1979, S. 32). Die beiden Hauptmerkmale des Shinto, der weder ein Glaubensbekenntnis noch heilige Schriften oder eine entwickelte Metaphysik kennt, waren ein ziemlich naiver Glaube an die schützende oder verderbliche Wirkung übernatürlicher Mächte und eine enge Verbundenheit mit der Gesellschaft, sei es durch den Wohnort, die Gruppe oder die Familie. Die Natur zu verehren, heißt auch die Wirklichkeit zu achten, lautet einer der Glaubensgrundsätze des Shintoismus. Aus der sinnlichen Wahrnehmung der Naturgegenstände entwickelte sich eine Toleranz, die sich auf den japanischen Alltag und auf die japanische Unternehmung übertrug. Eine derartige Lebensauffassung beinhaltet die Ethik der innerweltlichen Askese, die Fleiß und Wirtschaftlichkeit betont und von daher die wirtschaftliche Rationalität begünstigt (Rothlauf, 1997, S. 126 ff.).

Ähnliche Schlussfolgerungen lassen sich, was den betrieblichen Alltag betrifft, auch aus der buddhistischen Lehre und dem Konfuzianismus ziehen. Natur- und Wirklichkeitsverehrung bilden auch hier den Ausgangspunkt. Während der konfuzianistische Ansatz davon ausgeht, dass die Urquelle des Daseins im Prinzip der Naturwelt zu suchen ist und daraus die Schlussfolgerung gezogen wird, dass die Moral des Menschen den Naturgesetzen entspricht, wird im Buddhismus vor allem Loyalität und selbstlose Hingabe gefordert und darauf hingewiesen, dass man die Wahrheit in dem Augenblick findet, in dem man sein Ego abwirft. Auf der Basis derart religiös geprägter Wertvorstellungen lassen sich die hohe Loyalität der Mitarbeiter gegenüber ihrem Betrieb, die klaglose Hinnahme unzähliger Überstunden oder die Akzeptanz bestehender Führungsstrukturen besser verstehen (Münch/ Eswein, 1992, S. 21; Eliseit, 1969, S. 243).

Alle drei religiösen Grundanschauungen stimmen im Übrigen darin überein, dass der Schlüssel zum Tor des Wesens im Menschen selbst verborgen liegt. Was die Verbreitung der religiösen Wertvorstellungen in Japan betrifft, so bekennen sich 89 Millionen zum Shintoismus und 86 Millionen zum Buddhismus, so dass rund ein Drittel der Bevölkerung sich beiden Glaubensrichtungen zugehörig fühlt. Die religiösen Wertvorstellungen der Japaner werden darüber hinaus noch durch die konfuzianische Ethik sowie durch eine wachsende Säkularisierung, wie sie im alltäglichen Leben zu beobachten ist, beeinflusst (Dülfer, 1995, S. 281).

"However, the Japanese are very tolerant of religious differences, and may even practice both Buddhism and Shinto concurrently. Many people are married in a Shinto ceremony but select a Buddhist funeral. The Japanese tend to adapt their religion to modern life; for example, they will have new businesses blessed." (Morrison/ Conaway/Borden, 1994, p. 203)

12.3.1.2   Der Samurai als Vorbild

Im japanischen Mittelalter, der Hochblüte des Feudalismus (etwa ab Anfang des 13. Jahrhunderts) mit seinen vielen Kriegen zwischen rivalisierenden Fürsten, gelangte die Klasse der Krieger (samurai) gegenüber den Bauern, Handwerkern und Händlern zu herausragender Bedeutung (Stucki, 1980, S.113).

Für das Verhalten der Samurai wurde die konfuzianische Ethik maßgebend: Gefolgschaftstreue gegenüber dem Herrn sowie väterliche Treue gegenüber den abhängigen Bauern und Pächtern. Die Übertragung des Sohn-Vater-Verhältnisses auf die Beziehung zwischen dem Samurai und seinem Herrn ergab den „Weg des Kriegers" (bushi-do). Er verlangte nicht nur Treue und Gehorsam, sondern die bedingungslose Einordnung des Individuums in die vom Fürsten geführte Gruppe. Verzicht auf jeden persönlichen Ruhm und Glanz sowie selbstloses Dienen zeichneten einen Samurai als Träger einer vorbildlichen Moral aus (Stucki, 1980, S. 147). Mit ihm verband man eine Art Leitfigur, wie man sich als Herrscher benehmen sollte.

Die einen Samurai auszeichnende Denk- und Handlungsweise wurde von fast allen Schichten in Japan als Lebensphilosophie angenommen, weil sie Ausdruck des über tausend Jahre alten überlieferten religiösen Gedankengutes der Japaner war. Aus diesem Denkansatz entwickelte sich die bei Japanern allgemein zu beobachtende Philosophie der „Selbstschmiedung", der Selbstformung durch Ego-Überwindung (Erlinghagen, 1976, S. 61). Danach sollen die für Menschen ungünstigen Bedingungen durch Selbstüberwindung aus dem Weg geräumt werden. Noch heute kann man diese Verhaltensweise beobachten, wenn während eines strengen Winters im kalten Wasser geschwommen oder an einem klaren Wintermorgen Judo betrieben wird.

12.3.2 Die Gruppenideologie

Die zweite Determinante für die Formung der japanischen Gesellschaft und damit auch der Betriebsgemeinschaft findet ihren Ausdruck in der Gruppenideologie. Gruppen gibt es überall in der Welt. Doch nirgendwo sonst spielen sie als natürlich gewachsene und vorbehaltlos akzeptierte soziale Organisation eine derart bedeutsame Rolle wie in Japan. Mit den Zwangszusammenschlüssen der Kollektive totalitärer Staaten hat diese japanische Lebensform nichts gemein, denn hier fühlt man sich geborgen und nicht unterdrückt.

Die Notwendigkeit und das Bedürfnis in Gruppen zu leben entwickelte sich entlang der Einführung der Reiskultur. Der Reisanbau erfordert das Zusammenwirken aller Mitglieder der Gemeinschaft, um diese Anbauart erfolgreich zu kultivieren (Erlinghagen, 1976, S. 58; Yoshino, 1980, S. 6). Schon das Anlegen der Reisterrassen an den steilen Hängen ist nicht nur mühsam und anstrengend, es erfordert auch die Mithilfe aller arbeitsfähigen Männer und Frauen, deren Tätigkeiten präzise aufeinander abzustimmen sind, um das Reisfeld bestellen zu können. Wird eine Reisterrasse nicht exakt waagerecht aus dem Berg geschnitten, hat sie auch nur einige Millimeter Gefälle, dann lässt sie sich nicht richtig bewässern. Hinzu kommt, dass die kontinuierliche Verteilung des Wassers, die Pflege der Kanäle und Schleusen die Fruchtbarkeit der Äcker sichert. Jede Verstopfung, jeder kleine Dammbruch würde nicht nur ein Feld trocken legen, sondern die gesamte Ernte gefährden.

Während der Reisanbau ein Dorf zur ununterbrochenen, gemeinsamen Anstrengung zwingt, belohnt dagegen etwa die Jagd der Germanen oder Indianer vorwiegend den Mut und das Geschick des Einzelnen. Reisdörfer bilden von daher engere Schicksalsgemeinschaften als die Siedlungen der Jäger (Dambmann, 1979, S. 74). Das sich daraus ergebende Zusammengehörigkeitsgefühl ist bis in die Neuzeit in Japan erhalten geblieben.

Die moderne Industriegesellschaft hat das Urbedürfnis der Japaner in Gruppen zusammenzuwirken nicht etwa zerstört, sondern baut darauf auf. Ebenso wie die Reisdörfer von einst, versteht sich auch das japanische Unternehmen als eine geschlossene Einheit im gemeinsamen Überlebenskampf, deren Ziele, langfristige Existenzsicherung vor kurzfristigem Gewinnstreben, sich nur im Einklang und durch Einsatz aller Beschäftigen verwirklichen lassen. Vor allem fühlt sich der Japaner unter Japanern niemals als gleichberechtigtes Ich unter lauter gleichberechtigten Individuen, sondern findet seine Selbstbestätigung als Glied einer Gruppe, die sich nach außen gegen Nachbargruppen abgegrenzt und intern streng hierarchisch von oben nach unten gegliedert ist (Biehl, 1975, S. 21).

What Japanese Value Most	
Traditional	**New Generation**
Group harmony	Freedom
Group achievement	Relationship
Group consensus	Family security
Relationship	Equality
Seniority	Self-reliance
Family security	Privacy
Cooperation	Group harmony

Abb. 106 Wertewandel im Vergleich der Generationen
Quelle: Elashmawi/Harris, 1993, S. 60

Ein japanisches Sprichwort, wonach ein hervorstehender Nagel eingehämmert werden muss bis er völlig im Holz verschwindet oder abbricht, unterstreicht die Tatsache, dass Individualisten in Japan nicht gefragt sind. Die Leistungen des einzelnen Mitarbeiters werden als ein Beitrag der Gruppe gesehen und nicht als isolierte Teilleistung betrachtet; individuelle Handlungsfreiheit stellt sicher, dass die Handlungen des Einzelnen die Souveränität der Gruppe nicht verletzen (Buruma, 1984, S. 157, Coulmas, 1993, S. 38).

Die Stärken der Gruppenideologie liegen in der Aktivierung auch schwacher Persönlichkeiten für das gemeinsame Wohl. Charakter, Offenheit, Anstrengung und Loyalität zählen mehr als Fähigkeiten und messbare Resultate. Eine Gefahr der Gruppenideologie liegt im Verlust der Fähigkeit ihrer Mitglieder, die Umwelt objektiv zu beurteilen. Dadurch können sie gegebenenfalls zu gefährlichen Trugschlüssen gelangen, die im Verkehr mit der Außenwelt Fehler und Verluste verursachen kann (Schneidewind, 1980, S. 12).

Die Leistungen eines Einzelnen müssen der ganzen Gruppe zukommen. Die Gruppenloyalität erlaubt dabei auch demjenigen, der wenig leistet, in der Gruppe zu bleiben, solange er der Gruppe gegenüber loyal ist und das Gruppenverhalten nicht stört. Umgekehrt steht die Gruppe für den Einzelnen ein. Wer allerdings gegen diese Gruppenphilosophie verstößt, beschädigt nicht nur sein Ansehen, sondern auch das der Gruppe. Ein japanisches Sprichwort gibt treffend diese Haltung wieder: *„Wenn ein Bauer sein Feld verlässt, um sein Handwerk auszuüben oder seine Dienste als Händler oder Arbeiter anzubieten, soll nicht nur er bestraft werden, sondern das ganze Dorf mit ihm"* (Coulmas, 1993, S. 38).

12.3.3 Harmonie

Die Gruppe kann nur effektiv funktionieren, wenn ein bestimmtes Maß an Harmonie gewährleistet ist. Ähnlich der japanischen Überzeugung, dass auch die Natur um die Herstellung und Erhaltung des Gleichgewichtes bemüht ist, wird an den Einzelnen die Forderung gestellt, zur Harmonie der Gruppe beizutragen, in der er sich bewegt (Schlieper, 1997, S. 67). Als Teil der Natur sollen auch die Menschen mit ihr und untereinander im Einklang leben. Das bedeutet Akzeptanz von Ungleichheiten und die Aufgabe des Versuches, künstliche Gleichheit und Symmetrie zu schaffen. Nach dieser Philosophie sind im Übrigen die wundervollen Gärten von Kyoto angelegt, die Symmetrie weitgehend vermeiden. Da es in der Natur keine zwei identischen Ereignisse und auch keine parallelen Linien gibt, wird deshalb Harmonie als die Kunst verstanden, nicht Gegensätze aufzulösen, sondern sie in würdevolle Kompromisse zu verwandeln (Schneidewind, 1980, S. 13).

Dieser Gedanke prägt das gesamte Dasein eines Gruppenmitgliedes und bedeutet auch, dass er nicht mehr als notwendig auffallen soll. Hier liegen die Gründe für die auffällige Bescheidenheit und Zurückhaltung der Japaner. Sogar die japanische Form der Kommunikation hat sich an die Unbedingtheit, die Harmonie der Gruppe zu erhalten, angepasst. Offene Kritik, die die Harmonie der Gruppe gefährden könnte, wird ebenso vermieden wie eindeutig negative oder ablehnende Ausdrücke. Darüber hinaus kennt die japanische Sprache eine Veränderung des Verbs und oft auch des Substantivs, je nachdem, ob der Sprecher sich an Personen gleichen Ranges, an höhergestellte Personen oder an Personen minderen Ranges wendet (Erlinghagen, 1976, S. 28). Ergebenheitspflichten der Unteren und Schutzpflichten der Oberen ergänzen sich zu einem harmonischen Miteinander.

Klassenkämpfe und Intoleranz wirken in Japan abstoßend. Dies ist auch ein Grund, warum es dort letztendlich nur wenige Marxisten und Christen gibt. Das Streben der Japaner nach Kompromissen und das "Nicht-Aggressiv-Sein" entspricht ihrer nach Harmonie strebenden Lebensauffassung (Münch/Eswein, 1992, S. 27). Die Unversöhnlichkeit von Gegensätzen ist der japanischen Lebensphilosophie unsympathisch und wesensfremd. Ähnlich wie bei der Schrift bedient sich der Japaner der Ganzheitsmethode. Eine harmonische Arbeitsatmosphäre und die optimale Integration der Mitarbeiter in das Unternehmen, gelten als ideale Arbeitsbedingungen, weit wichtiger als persönliches Einkommen und Erfolg (Schneidewind, 1980, S. 13; Gebert, 1995, S. 55). Die Identifikation mit der Gruppenharmonie und -wärme bildet geradezu einen Religionsersatz für die religiös nur schwach gebundenen Japaner; gemeinsame Feiern und Erlebnisse mit formalisierten Gepränge ersetzen hierbei Prunkgottesdienste.

12.3.4 Das Familienkonzept

Die Unbedingtheit der gegenseitigen Bindungen hat ihr Vorbild in der japanischen Familie. Seit der Meiji-Zeit haben fast alle Unternehmen das Konzept der Familie auf die Unternehmung übertragen, mit der Annahme, dass man damit eine Reihe von Erwartungshaltungen und Spielregeln anerkennt (Schneidewind, 1980, S. 12). Nach dem Wohlfahrtsprinzip steigert das vertrauensvolle Zusammenwirken von Arbeitgebern und Beschäftigten zugleich das Leistungsvermögen des Unternehmens und den Wohlstand seiner Betriebsangehörigen (Grawert, 1996, S. 11).

Das japanische Unternehmen (uchi no kaisha) präsentiert sich als soziale Einheit, in der beide Seiten ihren Part zu spielen haben. Der Familiencharakter des Unternehmens lässt sich auch aus sprach-etymologischer Sicht herleiten. Uchi steht dabei für Haus oder Familie während kaisha das Unternehmen bedeutet (Schneidewind, 1991, S. 12 ff.). Für den Arbeitnehmer ist es selbstverständlich, alles in seiner Macht stehende zu tun, um für das Wohl des Unternehmens seinen Beitrag zu leisten. Schließlich ist es das Unternehmen, das den Mittelpunkt seines Lebens symbolisiert und in dem er mehr Zeit als zu Hause verbringt. Das Unternehmen auf der anderen Seite ist darum bemüht, sich fürsorglich um das Wohl der gesamten Belegschaftsfamilie zu kümmern, sofern sie zur Stammbelegschaft gehören, wobei diese Aufnahme einer Adoption sehr nahe kommt. Japanische Firmen helfen ihren Mitarbeitern bei der Wohnungssuche, bei Eheschließungen, mitunter auch bei der Auswahl des Ehepartners, bei Geburten, im Falle von Krankheit und sogar bei Sterbefällen; selbst firmeneigene Skihütten und Strandhäuser werden zur Verfügung gestellt (Erlinghagen, 1976, S. 133).

12.3.5 Zum japanischen Denkansatz

Um die Handlungsweise von Japanern besser verstehen zu können, ist es notwendig, die ihrem Handeln zugrunde liegenden Denkansätze kennen zu lernen. Wer sich wundert, dass man in Verhandlungen nicht gleich zur Tagesordnung übergeht oder nach wenigen Verhandlungstagen noch nicht bereit ist, einen Vertrag zu unterzeichnen, wird feststellen müssen, dass dieses Verhalten durch ein Denken geprägt ist, das von anderen Annahmen ausgeht und sich dadurch wesentlich von unserem eigenen Denken unterscheidet.

Der Denkprozess des Abendländers ist ein „gerichtetes Denken", das sich auf den Zielpunkt konzentriert und jede irrationale Ablenkung nach besten Kräften auszuschalten versucht, was graphisch gesehen einem Pfeil vergleichbar ist. Die Schwächen dieses Denkens liegen darin begründet, dass die gerade Linie, welche durch die dem intellektuellen Denken immanenten Gesetze der Logik vorgeschrieben wird, entweder am Ziel vorbeischießen oder durch Hindernisse aufgehalten werden kann (Abegg, 1949, S. 47 ff.).

Im Gegensatz hierzu steht das zunächst sich allen Eindrücken nur öffnende „Umzingelungs- oder Umklammerungsdenken" des Japaners, graphisch darstellbar durch eine Vielheit kleiner Pfeile. Die Japaner machen zuerst lauter kleine Vorstöße in unbestimmte Richtung, wobei sich die Pfeile erst dann einer bestimmten Mitte – dem Denkziel oder dem Denkresultat – zuwenden, wenn sie diese Mitte wittern. Diese Vorstöße bestehen aus einem psychischen Gemisch, sie sind teils intellektueller und teils empfindungsmäßiger und teils willensmäßiger Art. Diese Denkart hat den Vorteil, dass man recht bald ungefähr, jedoch den Nachteil, dass man selten genau weiß, worum es sich handelt (Abegg, 1949, S. 47 ff.).

12.4 Verbale und non-verbale Kommunikation

In einem „high-context-culture"-Land wie Japan verlangt die Interaktion mit dem japanischen Geschäftspartner, unabhängig, ob es sich um private oder geschäftliche Kontakte handelt, dass man alle auftretenden Kommunikationsformen seines Gegenübers richtig einzuschätzen weiß, um sein eigenes Verhalten danach ausrichten zu können.

12.4.1 Besuchsankündigung

Für jeden ausländischen Geschäftspartner, der zum ersten Mal mit japanischen Geschäftsleuten in Kontakt treten will, bestehen hinsichtlich der Vorankündigung und des Zustandekommen seines Besuches ganz bestimmte Nuancen, die man kennen sollte. So kann es vorkommen, dass auf schriftliche Anfragen, die auf die Aufnahme einer Geschäftsbeziehung abzielen, es keinerlei Antwort gibt. Eine anonyme Kontaktaufnahme, z.B. durch Briefe, entspricht nicht japanischem Denken und führt kaum zum Erfolg (Rowland, 1996, S. 31). Das kann unterschiedliche Gründe haben, wozu u.a. auch gehören kann, dass der ausländische Partner keine genauen Angaben über die Art der beabsichtigten Geschäfte oder über seine Firma gemacht hat.

Generell gilt, dass aus einem Kontaktschreiben, wie es im Westen üblich ist, die Japaner häufig nicht erkennen können, ob der jeweilige Absender auch wirklich daran interessiert ist, in Geschäftsverbindung mit ihnen zu treten. Gerade mittelständische Unternehmen sind es im Allgemeinen nicht gewohnt, aufgrund schriftlicher Anfragen, Geschäftskontakte aufzunehmen, und sei es nur, weil man nicht in der Lage ist, englisch geschriebene Briefe zu beantworten (JETRO, 1975, S. 5).

Die Japaner bevorzugen von daher bei der ersten Kontaktaufnahme zu nichtjapanischen Firmen das direkte Gespräch. Die Erfahrung hat gezeigt, dass der erfolgreichste Weg Verbindungen (shokai) zu japanischen Firmen herzustellen, darin besteht, sich der Kontakte „Dritter" als Bindeglied zu bedienen (Scheer, 1990, S. 543). So wird zumindest der japanischen Angewohnheit Rechnung getragen, sich schon vorher genauestens über den potentiellen Gesprächspartner zu informieren (Meid, 1994, S. 58). Um den richtigen „Vermittler" zu finden, liegt es zunächst nahe, Unternehmen anzusprechen, zu denen man bereits Kontakte hat. Bestehende Export-Import-Beziehungen, Kooperationen in Drittländern oder die Zusammenarbeit im Heimatland deuten hier Möglichkeiten an, derer man sich bedienen kann.

Unternehmen, die über derartige Kontakte nicht verfügen, können gewerbliche sowie nicht-gewerbliche Institutionen in Deutschland und Japan kontaktieren. Die wichtigsten nicht-gewerblichen Institutionen sind die Japanese External Trade Organization (JETRO) und die Foreign Investment in Japan Development Corporation (FIND), die Deutsche Industrie- und Handelskammer Japan mit Sitz in Tokio, Industrieverbände, Konsulate sowie die Bundesstelle für Außenhandelsinformationen. Zu den gewerblichen Einrichtungen zählen in Japan ansässige Rechtsanwälte, Wirtschaftsprüfer und Unternehmensberater. Darüber hinaus sind auch Geschäftsbanken bei der Informationsbeschaffung behilflich. Ihnen allen ist gemeinsam, dass sie bei der ersten Kontaktanbahnung wichtige Hilfestellung leisten können, um über eine Vorabinformation einen guten Einstieg bei japanischen Unternehmen zu ermöglichen.

Tragbares und Untragbares

Es gilt eine allgemeine – allerdings bei 33 Grad und 99% Luftfeuchtigkeit unvernünftige – Regel: Kleidungsschichten nehmen proportional zur Wichtigkeit des Anlasses und zum gesellschaftlichen Rang zu. In Japan wie in China gilt deshalb bei Geschäftsterminen und Einladungen: besser over- als underdressed.

In: Cathay Pacific (Hrsg.), Kleiner Asien-Knigge, 2004, S. 7

12.4.2 Begrüßung

Da die japanischen Geschäftsleute die westlichen Gepflogenheiten kennen, ist man in Japan in vielen Fällen dazu übergegangen, seine ausländischen Gäste mit einem Handschlag zu begrüßen. Ein dabei vollzogener leichter Händedruck seitens des japanischen Gastgebers sollte kein Anlass sein, weitergehende Schlussfolgerungen zu ziehen, sondern entspricht der japanischen Mentalität. Wird man mit einer Verbeugung begrüßt, so sollte man sorgfältig darauf achten, wie tief die Verbeugung geht, um diese entsprechend zu erwidern. Die Tiefe der Verbeugung gibt im übrigen Aufschluss, welchen geschäftlichen Status man der Person beimisst. In Japan ist es üblich, höhergestellten Persönlichkeiten mit einer tiefer gehenden Verbeugung seinen Respekt zu bekunden. Bei der Verbeugung sollte man seine Augen gesenkt und die Arme nahe am Körper halten (Morrison/ Conaway/ Borden, 1994, S. 207).

12.4.2.1 Austausch von Visitenkarten

Nach dieser formellen Begrüßungszeremonie werden die Visitenkarten ausgetauscht, wobei man bei der Überreichung darauf achten sollte, dass sie für den Geschäftspartner nicht auf dem Kopf stehend übergeben wird, damit er sie sofort lesen kann. Es würde dem Gast als absolute Unhöflichkeit angelastet werden, wenn er nur einen kurzen Blick auf die Visitenkarte werfen und sie anschließend in seine Brieftasche wegstecken würde. Ein ausführliches Betrachten der Visitenkarte hätte nicht nur den Vorteil, sich in einer ungewohnten Umgebung richtig zu verhalten, sondern ermöglicht darüber hinaus auch aus der Visitenkarte Schlüsse im Hinblick auf Titel und Stellung seines Gegenübers zu ziehen. Ergeben sich Probleme hinsichtlich der Aussprache des Namens, so kann man seinen Gesprächspartner bitten, bei der richtigen Ansprache behilflich zu sein.

Visitenkarten sollten nicht nur in ausreichender Anzahl mitgenommen, sondern vor dem Drucken sollte darauf geachtet werden, dass sie neben einer beidseitigen Beschriftung – in Abhängigkeit von der jeweiligen Verhandlungssprache – (englisch/japanisch bzw. deutsch/japanisch), auch Auskunft gibt über den eigenen Status und Titel sowie den Namen der Firma. Hat man es mit einer ganzen Gruppe von japanischen Geschäftsleuten zu tun, sollte man seine Visitenkarten nicht wie beim Kartenspiel verteilen. Die Zeremonie des Austauschens von Visitenkarten wird in Japan mit einer bestimmten Bedeutung versehen, die nicht unterschätzt werden darf. Daher empfiehlt es sich immer nur mit dem Gesprächspartner die Karten zu tauschen, mit dem man gerade kommuniziert. Für die nachfolgenden Verhandlungen legt man dann seine Visitenkarten so auf den Tisch, dass man jeden Teilnehmer mit seinem Namen ansprechen kann (JETRO, 1975, S. 6 ff.).

12.4.2.2 Aisatsu

Visitenkarten stellen eine erste wichtige Hilfe dar, um den Titel und den Rang des Gegenübers einzuschätzen. Um allerdings die tatsächliche Stellung des Geschäftspartners innerhalb seines Unternehmens herauszufinden, bedarf es in vielen Fällen einer Art der Dekodierung, um eine adäquate Zuordnung vornehmen zu können. Die nachfolgende Abbildung zeigt in einer Gegenüberstellung, welche Bedeutung mit dem jeweiligen Titel verbunden ist und stellt sie den westlichen Begriffen gegenüber.

Japanischer Titel	Englische Übersetzung	Deutsche Übersetzung
Kaicho	Chairman	Ehrenvorstand
Shacho	President	Präsident
Fuku Shacho	Vice-President	Vizepräsident
Senmu Torishimariyaku	Senior Executive Managing Direktor	Geschäftsführender Direktor
Jomu Torishimariyaku	Executive Managing Director	Geschäftsführer
Torishimariyaku	Director	Direktor
Bucho	General Manager	Abteilungsdirektor
Bucho Dairi	Deputy General Manager	Stellv. Abteilungsdirektor
Kacho	Manager	Abteilungsleiter
Kacha Dairi	Assistant Manager	Stellv. Abteilungsleiter
Kakaricho	Chief	Gruppenleiter

Abb. 107 Titel und Rangfolge in japanischen Unternehmen
Quelle: JETRO, 1975, S. 9

Während man die späteren Einzelheiten der Verhandlungsführung einem Bevollmächtigten oder einer nachrangigen Person überlassen kann, empfiehlt es sich für die einleitenden Gespräche möglichst hochrangige Führungspersönlichkeiten zu entsenden. Ein asiatisches Sprichwort lautet: "Der Anfang ist die Hälfte". Das heißt, dass ein guter Auftakt für ein Geschäft oder ein Vorhaben bereits den möglichen Erfolg vorwegnimmt (Sung-Hee, 1997, S. 3). Wer in seiner Eigenschaft als Präsident, Vorstandsmitglied oder Geschäftsführer anreist, drückt damit seinem Gegenüber eine Wertschätzung aus, die diesen veranlasst, einen direkten Kontakt mit der gleichen Ebene herzustellen. Diese Art der Kontaktaufnahme bezeichnet man auf Japanisch „aisatsu", wobei die Bedeutung dieses Begriffes jedoch weit über die damit verbundene Übersetzung „Begrüßung" hinausreicht. Besonders im Falle umfangreicherer Projekte sollte auf derartige Kontakte auf höchster Ebene nicht verzichtet werden. Dabei sollte man beachten, dass es in Japan nicht üblich ist, bereits im ersten Gespräch „zur Sache" zu kommen. Die Form des „aisatsu" dient in erster Linie dazu, sich auf hochrangiger Ebene gegenseitig kennen zu lernen und sich mit der Firma des künftigen Gesprächspartners vertraut zu machen (JETRO, 1975, S. 12).

12.4.3 Sprache als behutsames Ausdrucksmittel

Das Grundbedürfnis aller Japaner zur Harmonie ihrer Gesellschaft beizutragen, beherrscht auch ihre Kommunikation. Keine andere Sprache der Welt lässt soviel Behutsamkeit im Umgang miteinander, soviel Rücksicht aufeinander erkennen, wie die japanische Sprache (Dambmann, 1979, S. 134). Für das Verb „sich aufhalten" z.B. kennt die japanische Sprache drei verschiedene Wörter, je nachdem ob man bescheiden von sich selbst redet (orimasu), ob ganz neutral von irgendjemand gesprochen wird (imasu), oder ob es sich um eine Respektsperson bzw. um einen Gleichrangigen handelt, dem aus der Situation heraus Höflichkeit entgegengebracht wird (irasshaimasu). Für jedes dieser Verben, wie im übrigen für alle japanischen Verben, existieren eine gewöhnliche und eine formelle Ausdrucksweise, wobei die letztgenannte Form als die am höflichsten gilt (Dambmann, 1979, S. 137).

Für den Fremden ist mit der Interpretation der Sprachsignale eine Reihe von Problemen verbunden. In der japanischen Sprache werden die Begriffe „Ja" und „Nein" anders verwendet als dies in westlichen Sprachen der Fall ist. Die Schwierigkeit seinen Partner richtig einschätzen zu können, drückt sich im „Ja" der Japaner aus. „Hai", der japanische Ausdruck für „Ja", bedeutet nicht unbedingt Zustimmung, sondern entspricht unterschiedlichsten Ausdrucksformen, wobei auch ein „Nein" durch ein „Ja" ausgedrückt werden kann (JETRO, 1975, S. 10). Die „Ja-Mentalität" der Japaner wird deutlich, wenn z.B. eine Sekretärin auf die Frage, ob Herr X im Büro sei, antwortet: „Ja, er ist heute leider nicht da". Eine derartige Verhaltensweise ist nichts weiter als eine Höflichkeitsfloskel, denn die Variante „Nein, er ist heute nicht da", klinge in japanischen Ohren zu hart und wäre wesentlich weniger höflich.

Ein klares „Nein" entspricht zudem nicht der auf Harmonie bedachten Mentalität der Japaner. Dieses Phänomen wird auch als tatemae-Antwort beschrieben (Rowland, 1996, S. 51). Ohne unterstützende und ergänzende Hinweise darf ein bloßes „Hai" daher nicht als bindende Festlegung betrachtet werden, sondern man sollte es vielmehr als verständnisvolle Ermunterung ansehen. Erst wenn zusätzliche, verstärkende Signale hinzutreten, wird echte Zustimmung bekundet.

12.4.4 Zeitliche Vorstellungen

Der japanische Denkansatz, der auch als eine gedankliche Annäherung in Form von konzentrischen Kreisen gesehen werden kann, die „Ja-Haltung", die eine schnelle Einschätzung des Gegenüber nicht zulässt sowie die erste Begegnung auf hochrangiger Geschäftsebene ohne vorrangige Bezugnahme zum Geschäftsgegenstand, haben offenkundig werden lassen, dass man Zeit braucht, wenn man zu Geschäftsverhandlungen nach Japan kommt. Hinzu kommt, dass viele japanische Geschäftsbräuche dem ausländischen Besucher zunächst ungewöhnlich oder sogar schwierig erscheinen. Auch die eigentliche Verhandlungsführung und der nachfolgende Entscheidungsprozess, der schwerpunktmäßig im Kapitel 12.5 behandelt wird, verlangen Geduld und lassen nicht mit einem schnellen Verhandlungserfolg rechnen. Deshalb sollte der ausländische Gast ausreichend Zeit für seine Japanvisite einplanen, zumal dann, wenn es sich um die erste Begegnung handelt. Selbst in wichtigen Fragen sollte man dabei nicht mit einer schnellen Entscheidung rechnen.

„So müssen ausländische Geschäftsleute, die auf einen raschen Abschluss ihrer Geschäftsverhandlungen gehofft haben, sich wohl oder übel damit befreunden, dass sie unter Umständen sogar monatelang auf eine definitive Entscheidung warten müssen." (JETRO, 1975, S. 10)

Auf eine Entscheidung zu warten, muss aber nicht heißen, dass damit die Chancen für einen Abschluss schlecht stehen. Häufig kommt es vor, dass japanische Unternehmen, bedingt durch ihre Nähe zu den Ministerien und deren nachgeordneten Behörden, noch Klärungsbedarf sehen, so dass es sich als äußerst unklug erweisen würde, den japanischen Partner in die Enge zu treiben.

Ob es sich lohnt, einen Japan-Aufenthalt länger auszudehnen, oder ob es besser ist, eine zweite Reise ins Auge zu fassen bzw. eine Gegeneinladung auszusprechen, muss dem Einzelfall überlassen bleiben. Auch die Frage, ob die Interessen durch eine in Japan etablierte deutsche Handelsfirma oder durch ein japanisches Handelshaus weiter verfolgt werden sollen, lässt sich nicht generell entscheiden (Dambmann, 1982, S. 36). Entscheidend für den Verhandlungserfolg bleibt, dass durch Ausdauer und Geduld, was ein hohes Zeitmaß voraussetzt, und unter Einbeziehung des interkulturellen Kontextes die Wahrscheinlichkeit am größten ist, zum gewünschten Ergebnis zu gelangen.

12.4.5 Gastgeschenke

Gastgeschenke spielen in Japan eine wichtige Rolle und sollten zu Beginn eines Treffens ausgetauscht werden. Ähnlich wie die Begrüßung unterliegt auch die Geschenküberreichung einem bestimmten Ritual. Um nicht gegen die Grundregeln der Höflichkeit zu verstoßen, sollten Sie ihrem japanischen Gastgeber zunächst die Gelegenheit geben, seine Geschenke zu überreichen, bevor man selbst sein Geschenk übergibt. Ob man sein Geschenk auspacken soll oder nicht, sollte man am Verhalten seines Gegenübers ausrichten. Normalerweise werden Geschenke in Japan nicht ausgepackt.

Die Frage, welche Art von Geschenken man mitbringen sollte, hängt u. a. auch von der Größe des Geschäftsvolumens ab. Gerne gesehen werden importierter Whiskey oder Cognac, elektronische Spielsachen für Kinder oder CDs mit klassischer Musik. Wichtig hierbei ist, dass es sich um Qualitätsprodukte von namhaften Firmen handelt. Besonderes Augenmerk sollte auf die Verpackung gelegt werden, weil in Japan die Verpackung als Teil des Geschenkes angesehen wird (Unger, 1997, S. 25). Japaner verstehen es meisterhaft, Geschenke aufwendig und meistens auch geschmackvoll einzuwickeln. Von daher sollte man auch die Verpackung nicht einfach aufreißen, falls man das Geschenk in Anwesenheit des Gebenden öffnen sollte.

Über Verpackungen und andere Verhüllungsversuche

Wenn Sie in Japan etwas verschenken möchten, sollten Sie der Verpackung besondere Aufmerksamkeit widmen. Japaner lieben aufwendig verpackte Präsente. Hübsche Geschenkkisten und –boxen mit viel Schleifen und Brimborium. Denn die Verpackung hat bei ihnen den gleichen Stellenwert wie der Inhalt selbst. Mitbringsel beispielsweise werden am liebsten in Rot-Weiß eingebunden. Hochzeitsgeschenke in Gold und Silber. Beides soll Glück bringen. Noch ein Tipp: Verwenden Sie kein schwarzes oder knallbuntes Geschenkpapier. Mit sanften Pastelltönen hingegen begeistern Sie sofort jeden Japaner.

In: Cathay Pacific (Hrsg.), Kleiner Asien-Knigge, 2004, S. 95

Sowohl was die Farbe als auch die Qualität des Papiers betrifft, gilt es japanische Besonderheiten zu berücksichtigen. Ähnlich wie in Vietnam, sollte man generell die Farben schwarz und weiß als alleinige Farben vermeiden, mit denen negative Ereignisse in Verbindung gebracht werden. Darüber hinaus sollte geprüft werden, ob man nicht erst in Japan sein Geschenk in japanisches Reispapier einwickeln lassen sollte, was der Gastgeber sicherlich zu schätzen weiß. Geht es darum, das richtige Geschenk für eine Privateinladung auszuwählen, so erfreuen sich Blumen und Süßigkeiten sowie Kinderspielzeug hoher Wertschätzung. Was die jeweilige Anzahl der ausgewählten Geschenke, insbesondere Blumen betrifft, so sollte man keine runden Zahlen auswählen und die Zahl 4 vermeiden (Morrison/Conaway/Borden, 1994, S. 206).

12.4.6 Einladung zum Essen

Während es in westlichen Ländern durchaus üblich ist, Geschäftsfreunde privat zu Partys oder zum Abendessen zu sich einzuladen, zieht man in Japan eine Einladung in ein Restaurant vor. Was die entsprechende Kleidung betrifft, so wird jede Art von gedeckter Kleidung akzeptiert, unabhängig, ob es sich dabei um eine private Einladung oder um ein Geschäftstreffen handelt. Was die Auswahl des Essens betrifft, so sollte man sie dem Gastgeber überlassen.

> *„Be enthusiastic while eating, and show great thanks afterwards."*
> *(Morrison/Conaway, Borden, 1994, p. 206)*

Während des Essens gilt es daran zu denken, dass es ganz bestimmte Verhaltensregeln gibt, wie man z.B. mit den Stäbchen umgeht oder eine Reisschale hält, wobei die entsprechenden Grundsätze denen in Vietnam entsprechen (s. Kap. 10.3). Ein Aufstoßen des Gastgebers sollte man im Übrigen nicht als unhöflich werten. In Japan zieht man daraus die Schlussfolgerung, dass das Essen geschmeckt hat. Es gilt im Übrigen als ein Zeichen der Reife, wenn man einen Teil des Essens stehen lässt (Erlinghagen, 1976, S. 275). Während des Essens sollte man nicht verwundert sein, wenn zunächst lange über das Wetter, die Lebenshaltungskosten und die Gesundheit gesprochen wird. Mit diesen unverfänglichen Themen lässt sich eine positive Grundstimmung erzeugen, so dass man auf dieser Basis später auch geschäftliche Dinge ansprechen wird (Dambmann, 1979, S. 135).

Im Gegensatz zu Vietnam, wo man nach dem Essen auseinander geht, kann es in Japan passieren, dass man anschließend noch zu einem Barbesuch eingeladen wird. Allerdings enden derartige Ausflüge spätestens gegen 23.00 Uhr, wenn sich die Gastgeber aufmachen müssen, um die letzte U-Bahn zu erreichen.

Spricht man eine Gegeneinladung für ein Geschäftsessen aus, sollte man sein Vorhaben an der vorangegangenen Einladung seines japanischen Partners orientieren. Dabei gilt es darauf zu achten, dass der Aufwand dafür mindestens genauso groß sein sollte, im Zweifelsfalle eher noch größer ausfallen sollte (Sung-Hee, 1997, S. 118). Wenn es um die Begleichung dieser Rechnung geht, sollte man, trotz eines nachhaltigen Insistierens von japanischer Seite, darauf bestehen, dass die Bezahlung durch die einladende Seite erfolgt.

Ähnlich wie z.B. in Saudi-Arabien kann man es sich als große Ehre anrechnen, wenn eine private Einladung ausgesprochen wird. Bevor man das Haus seines Gastgebers betritt, gibt es, was das Ausziehen der eigenen Schuhe und das Hineinschlüpfen in bereitgestellte Slippers angeht, ein bestimmtes Procedere, das man einhalten sollte.

> *"When entering a Japanese home, take off your shoes at the door. You will wear one pair of slippers from the door to the living room, where you will remove them. You will put them on again to make your way to the bathroom, where you will exchange them for 'toilet slippers'."*
> *(Morrison/Conaway/Borden, 1994, p. 206)*

Hat man das richtige Paar gefunden, wird man anschließend in das Wohnzimmer geführt, wo man am Boden, die Beine gekreuzt, Platz nimmt. Nach dem Anbieten von Tee, werden Bier oder Whisky zum Trinken angeboten. Der japanische Gastgeber wird dabei sehr darauf bedacht sein, nach jedem Schluck dem Gast immer wieder nachzuschenken. Das hat den Vorteil, dass keiner genau weiß, wie viel man getrunken hat und lässt auf diese Weise alle das „Gesicht wahren". Schenkt der Gastgeber nicht mehr nach, ist das Zeichen zum Aufbruch gekommen.

12.4.7 Non-verbale Kommunikation

Je besser sich Menschen gegenseitig kennen, je näher sie einander verstehen, desto weniger sind sie auf die Sprache als Mittel der Verständigung angewiesen. „Vielsagende" Blicke, Gesten, Andeutungen ersetzen das Wort. Ebenso wie eine verbale Aussage vielschichtige Signale aussendet, sind in Japan mit dem Einsatz des non-verbalen Mediums Botschaften verbunden, deren Entschlüsselung für den ausländischen Gast nicht immer einfach ist. Das richtige Erkennen der non-verbalen Kommunikation beginnt mit der bewussten Wahrnehmung der gesamten körperlichen Bewegungen.

12.4.7.1 Lächeln

Lächeln drückt in Japan nicht nur Freude aus, sondern wird auch mit Trauer, Verlegenheit, Verwirrung oder Ärger in Verbindung gebracht. Damit verbundene Gefühle werden nicht in der Öffentlichkeit gezeigt. Mit einer derartigen Verhaltensweise möchte man vermeiden, andere mit den eigenen Problemen zu belasten oder Mitleid von ihnen zu empfangen. Wie schwierig es ist, aus dem Lächeln die entsprechenden Schlussfolgerungen zu ziehen, zeigt sich alleine schon darin, dass ein Japaner selbst bei einer Entschuldigung lächelt. Der Fremde könnte das leicht missverstehen und denken, dass die Entschuldigung nicht ernst gemeint ist. Ein Lächeln aus Verlegenheit darf von daher nicht gleichgesetzt werden mit der Deutung, dass der Gegenüber die Angelegenheit als lächerlich empfindet (Rowland, 1996, S. 59).

Wer es versteht, selbst in schwierigsten Situationen noch ein Lächeln zu bewahren, bewegt sich im japanischen Kontext und lässt eine nachhaltige Wirkung bei seinen Gesprächspartnern entstehen. Generell sollte man nicht vergessen, dass sich die meisten Türen in Asien mit einem Lächeln öffnen lassen, unabhängig, ob es sich dabei um private oder geschäftliche Dinge handelt.

Die Botschaft, die ein Lächeln vermittelt, kann man allerdings nur durch Erfahrung im Umgang mit Japanern über Jahre hinweg verstehen. In der ersten Phase der Begegnung sollte man von daher seinen Wahrnehmungssinn schärfen und aufmerksam beobachten, wann, wie und bei welchen Aussagen bzw. Anlässen der Verhandlungspartner lächelt (Sung-Hee, 1997, S. 92).

Karaoke ist gut fürs Geschäft

„Kara" heißt leer, „oke" heißt Orchester. Karaoke ist eine japanische Erfindung und wie es geht, weiß jeder. Aber was hier eine freiwillige Angelegenheit ist, ist dort gesellschaftliche Verpflichtung. Wenn Sie also im Kreise von Geschäftspartnern zum Auftritt aufgefordert werden, gibt es nur eins: mitmachen, mitmachen, mitmachen. Denn wer abends singender Weise Selbstbewusstsein demonstriert, auf dessen Stimme hört man auch andertags bei Geschäftsverhandlungen.

In: Cathay Pacific (Hrsg.), Kleiner Asien-Knigge, 2004, S. 29

12.4.7.2 Gesten

"Japan is a high-context culture; even the smallest gesture carries great meaning. Therefore, avoid expansive arm and hand movements, unusual facial expressions, or dramatic gestures of any kind." (Morrison/Conaway/Borden, 1994, p. 207)

Die in Europa üblichen „Handgesten" wie sie z.B. bei Erklärungen, Gesprächen oder bei einer Präsentation beobachtet werden können, sind dem Japaner fremd. Wiederholtes Kopfnicken wiederum schreibt die Etikette vor und bedeutet zunächst nur Aufmerksamkeit (Rupsch, 1995, S. 270). Welche Signale von der Körpersprache ausgehen und was sie im entsprechenden Kontext bedeuten, wird nicht ohne weiteres zu erkennen sein und kann Anlass zu Fehlinterpretationen geben. Rowland (1996, S. 62) hat dazu eine Reihe von Beispielen zusammengetragen, die zeigen, wie die Körperbewegungen zu interpretieren sind:

- "Zustimmung erfolgt durch Kopfnicken, Verneinung durch Wedeln mit der rechten Hand vor dem Gesicht.
- Wiederholtes Kopfnicken bedeutet: man hört dem Sprechenden zu und versteht das Gesagte.
- Zeigefinger auf die Nase bedeutet „Ich".
- Verschränkte Arme: scharfes Nachdenken.
- Luft durch die Zähne ziehen: Nachdenken bzw. mit einer Antwort zögern.
- Kreuzen beider Zeigefinger: ein Streit wird ausgefochten.
- Daumen hoch = Mann; kleiner Finger hoch = Frau.
- Hand in den Nacken bedeutet: Unbehagen.
- Zeigefinger lecken oder streichen über die Augenbraue: Lügen.
- Geld wird durch einen mit Zeigefinger und Daumen gebildeten Kreis „dargestellt".

Warum eine Tür keine Tür ist

Da nicht alle Bürotüren durchsichtig sind, sollten Sie Ihre immer offen oder zumindest angelehnt halten. Denn Japanern sind geschlossene Türen verdächtig – dahinter muss etwas faul sein. Oder schlimmer noch: Hier wird signalisiert, dass sich jemand aus der Gruppe ausschließen will.

In: Cathay Pacific (Hrsg.), Kleiner Asien-Knigge, 2004, S. 14

12.4.7.3 Schweigen

Reden ist Silber, Schweigen ist Gold" lautet auch ein in Asien weit verbreitetes Sprichwort. Während westliche Geschäftsleute glauben, durch viel reden und weniger zuhören dem Gegenüber zu imponieren, vermeiden Japaner diese Direktheit, und bedienen sich unterschiedlicher Verhaltensweisen, wozu auch das Schweigen gehört (Hall/Hall, 1985, S. 3). Japaner können minutenlang dasitzen, ohne ein Wort zu sagen. Schweigen innerhalb eines japanischen Personenkreises erzeugt daher keineswegs jene peinliche Leere, die man im Westen fürchtet, denn auch das Nichtreden ist hier mit Inhalt gefüllt (Dambmann, 1979, S.133).

> **Silence**
> (Hayashi Shujl)
>
> A Japanese company and a German firm were considering a tie-up. Preliminary discussions were promising, and negotiating teams from each corporation met to hammer out a basic agreement. Throughout the meeting the senior Japanese Representative sat straight in his seat, said nothing and often closed his eyes. Angered by his apparent aloof indifference, the German team finally broke off the talks." [...] If they had understood local customs better, the negotiations would not have collapsed.
>
> In: Culture and Management in Japan, Tokyo, 1991, p. 113

„Schweigen können" ist im Asiengeschäft eine wichtige Voraussetzung für Erfolg. Europäischen Geschäftsleuten erscheint das „asiatische Schweigen" häufig so unverständlich und frustrierend, dass sie überaus häufig die Nerven verlieren. Auf keinen Fall sollte man das Schweigen brechen, wenn man sich unbehaglich oder unsicher fühlt. Unterschiedliche Gründe können für ein Schweigen verantwortlich sein: Man will einfach nur in sich gehen oder aber auch die Vertrauenswürdigkeit und Aufrichtigkeit des Gegenübers testen oder zu einem internen Konsens finden (Sung-Hee, 1997, S. 38). Durch die Demonstration eigener „Schweigekunst" kann man der Verhandlung eine Wende geben und zusätzlich neue Wertschätzung erfahren. Manchmal hilft es auch, nur für einen kurzen Augenblick die Augen zu schließen, um die eigene Gelassenheit demonstrativ seinem Gegenüber zu zeigen.

Ein Schweigen zu brechen könnte bedeuten, dass man etwas zu verbergen hat. Damit könnte eine bevorstehende Konsensbildung behindert werden, denn Mitteilungen innerhalb von Gruppen werden häufig ohne Worte, selbst durch Schweigen, durch wortlosen Gleichklang (haragei) ausgetauscht (Dambmann, 1979, S. 126). Wer die japanische Art des Schweigens falsch interpretiert und sein Verhalten nicht darauf ausrichten kann, verzögert nicht nur den weiteren Verhandlungslauf, sondern beschädigt durch seine Ungeduld auch sein eigenes Ansehen (Rowland, 1996, S. 58).

Zusammenfassend lässt sich sagen, dass das verbale wie non-verbale Kommunikationsverhalten der Japaner durch eine sehr zurückhaltende Art gekennzeichnet ist, mit der das Aussenden indirekter Botschaften verbunden ist. Eine eher passive denn aggressive Verhaltensweise entspricht hierbei dem japanischen Grundverständnis nach einem auf Ausgleich zielenden Konsens.

"The person who is self-confident but very humble in attitudes is rather respected in Japan. We do not use direct expressions, but a listener should read and understand between the lines to get a message. As a result, I think that Japanese are passive in their general attitude whereas Westerners are aggressive based on individual mind." (Kaminura, 1995, p. 670)

12.4.7.4 Proxemik – paraverbale Kommunikation

Jeder Mensch hat sein persönliches Territorium. Wenn dieses nicht eingehalten wird, dann löst das Unbehagen aus. Bedingt durch die hohe Bevölkerungsdichte und den damit verbundenen beengten Wohnverhältnissen, haben Japaner ein anderes Gefühl für Raum entwickelt als das z.B. bei den Deutschen der Fall ist (Rupsch, 1995, S. 271). Der Körperabstand zwischen den Menschen in Japan ist weitaus größer als bei westlichen Menschen und auch Berührungen in Form von Schulterklopfen als Anerkennung einer Leistung oder Umarmungen sind nicht üblich (Rowland, 1996, S. 60).

Bezogen auf den Arbeitsplatz findet man in Japan normalerweise ein Großraumbüro vor, wo Kontakte mit anderen leicht möglich sind und dadurch ein regelmäßiger Kommunikationsfluss untereinander aufrechterhalten werden kann. Wer, wie ein deutscher Manager, der eine Werbeveranstaltung durchführen wollte, um eine tragbare Wand bittet, um den Ort des Geschehens vom übrigen Raum abzutrennen, stößt mit seinem Verhalten in Japan auf völliges Unverständnis und zeigt damit wenig Fingerspitzengefühl für die spezifischen Besonderheiten seiner Geschäftspartner (Unger, 1997, S. 20).

Sehr interessant zu beobachten ist auch, wie ruhig und reserviert die Japaner einen Raum betreten. Die unverhüllte Botschaft, die sich dahinter verbirgt, lautet, dass man sich reibungslos einfügen möchte. Das zeugt von Beherrschtheit und Kontrolle des Ichs und zeigt ein hohes Maß an Sensibilität. In westlichen Ländern dagegen möchte man eher durch dynamisches Auftreten und Elan die Aufmerksamkeit auf sich ziehen.

Was die Lautstärke der Stimme betrifft, sollte man versuchen, sie zu dämpfen, um nicht ein ungutes Gefühl auslösen zu wollen. Ebenso ist lautes Lachen in Japan verpönt. Generell sollte man darauf achten, dass die Stimme beim Sprechen als auch beim Lachen leise ausfällt (Rowland, 1996, S. 63; Sung-Hee, 1997, S. 35).

12.5 Führungs- und Entscheidungsverhalten

Das Führungs- und Entscheidungsverhalten in japanischen Betrieben trifft auf Rahmenbedingungen, die typisch für das japanische Unternehmen sind. In Kapitel 12.2 wurden die vier Kernvariablen angesprochen, die sich nicht nur untereinander beeinflussen, sondern auch in wechselseitiger Beziehung zum Unternehmen stehen und den Entscheidungsprozess nachhaltig tangieren. Darüber hinaus gibt es Elemente im japanischen Management, ohne deren Kenntnis Managemententscheidungen nicht nachvollzogen werden können. Dazu gehören u.a. das System der Langzeitbeschäftigung (*shushin koyo*), das Senioritätsprinzip (*nenko joretsu*) und die gemeinsame Entscheidungsfindung. Sie sollen im Mittelpunkt der nachfolgenden Betrachtung stehen.

12.5.1 Langzeitbeschäftigung

Unter lebenslanger Beschäftigung versteht man in Japan ein Beschäftigungsverhältnis, wonach der Mitarbeiter sein gesamtes Berufsleben in einem einzigen Großunternehmen verbringt: vom Ende der Schul- oder Universitätsausbildung bis zur Pensionierung (Rudolph, 1996, S. 59). Von den Mitarbeitern wird erwartet, dass sie ihr Unternehmen nicht mehr verlassen wie umgekehrt die Unternehmen ihren fest angestellten Beschäftigten auch dann nicht mehr kündigen sollen, wenn wirtschaftliche schwere Zeiten anstehen. Allerdings ist das in Japan praktizierte System der Langzeitbeschäftigung (*shushin koyo*) weder durch Arbeitsverträge noch durch das japanische Arbeitsrecht vorgeschrieben. „Es ist eine gängige Sitte, und diese Sitte ist stärker als ein Gesetz" (Giesler, 1971, S. 19). Lebenslange Beschäftigung ist kein individuell einklagbares Recht. Von daher lässt sich auch keine gesetzliche oder vertragliche, sondern lediglich eine faktische Beschäftigungsgarantie ableiten, die vor allem in Großunternehmen anzutreffen ist (Münch/Eswein, 1992, S. 129).

Geht man den historischen Gründen für das Prinzip einer lebenslangen Beschäftigung nach, so wird die Arbeitsmarktsituation nach dem 1. Weltkrieg als ein Grund für ihre Einführung genannt, als ein Mangel an hochqualifizierten Arbeitskräften die Großunternehmen veranlasste, Facharbeiter dauerhaft an sich zu binden (Odagiri, 1992, S. 51; Scheer, 1994, S.191).

Für beide Seiten ergeben sich aus diesem Beschäftigungsmodell Vorteile. Wer zur privilegierten Stammbelegschaft gehört, zeichnet sich durch ein Höchstmaß an Loyalität zum Unternehmen aus während das vorherrschende Familienprinzip allen ein Optimum an Unternehmensidentität bietet. Die Unternehmen wiederum können mit hochmotivierten Mitarbeitern rechnen, deren Arbeitsmoral, gemessen an Fehlzeiten und dem Einbringen von Verbesserungsvorschlägen, als die beste der Welt gilt. Damit sind enorme Kostenvorteile verbunden, die es ermöglichen, sich im internationalen Wettbewerb, trotz hoher Löhne, zu behaupten.

Allerdings ist zu bemerken, dass die praktische Sicherheit des Arbeitsplatzes in kleinen und mittleren Unternehmen in Japan weit weniger selbstverständlich ist, als dies in größeren Unternehmen der Fall ist. Der horizontalen Differenzierung folgt die vertikale bzw. betriebsinterne; nur etwa ein Drittel gehören zur quasi unkündbaren Stammbelegschaft. Weibliche Arbeitskräfte wiederum haben in vielen Fällen ebenso wenig Sicherheit wie die Mitarbeiter in kleineren und mittelgroßen Betrieben (Rudolph, 1996, S. 62).

Dass die aktuellen Schwierigkeiten, verursacht durch eine Reihe von Konkursen und Bankenzusammenbrüchen, das japanische Beschäftigungsmodell nicht unbeschädigt lassen, wird auch daran erkennbar, dass bei einer Reihe von Großunternehmen, darunter so namhaften Firmen wie Mazda und Toyota, Werksentlassungen generell nicht mehr ausgeschlossen werden (Rudolph, 1996, S. 61). Allerdings gilt auch heute noch die vorzeitige Entlassung als letzte Möglichkeit, sich von einem Mitarbeiter zu trennen. Eine Entlassung, wie beispielsweise in wirtschaftlichen Krisenzeiten, wird gegenwärtig noch durch die Reduzierung von Neueinstellungen, die Versetzung des Personals in affiliierte Unternehmen *(shukko)* oder durch eine zwangsweise Frühpensionierung realisiert (Schmidt,

1996, S. 70 ff.). Allerdings nimmt der Druck auf die Unternehmen zu, so dass abzuwarten bleibt, ob die Langzeitbeschäftigungsgarantie in der bisherigen Form weiter aufrechterhalten werden kann.

12.5.2 Senioritätsprinzip (nenko joretsu)

Ein weiteres Charakteristikum japanischer Unternehmen stellt das Senioritätsprinzip dar. Das Management japanischer Unternehmen rekrutiert sich fast ausschließlich aus den Reihen der eigenen Beschäftigten. Der Aufstieg auf der innerbetrieblichen Karriereleiter erfolgt ebenso wie die Entlohnung nach dem Senioritätsprinzip (*nenko joretsu*), das sich nach Lebensalter und Dauer der Betriebszugehörigkeit richtet (Dambmann, 1979, S. 256). Dieses Prinzip ermöglicht dem Mitarbeiter von der Stabilität seiner Anstellung zu profitieren.

> **Über die Sitten des Sitzens**
>
> Bei geschäftlichen Konferenzen in Japan sollten Sie sich streng an die hierarchische Sitzordnung halten. Dort ist es nämlich üblich, dass der „Ranghöchste" am weitesten von der Tür entfernt sitzt. Sollten Sie eine ganze Delegation empfangen, setzen Sie Gäste auf die gegenüberliegende Seite der Tür, als Gastgeber sitzen Sie mit dem Rücken zur Tür. Sie achten darauf, dass die Führungsebene möglichst in der Mitte sitzt.
>
> In: Cathay Pacific (Hrsg.), Kleiner Asien-Knigge, 2004, S. 70

Das Jahresgehalt eines japanischen Mitarbeiters setzt sich dabei aus drei unterschiedlichen Komponenten zusammen: Grundgehalt, Zulagen verschiedener Art und Bonus. Der Bonus wird zweimal jährlich gezahlt und beträgt im Durchschnitt insgesamt vier bis sieben Gehälter (Koyama, 1998, S. 391). Das Bonussystem ist geknüpft an das altersorientierte Entlohnungssystem. Je länger ein Mitarbeiter im gleichen Unternehmen arbeitet, desto größer sind seine gesamten Vergütungen.

Das traditionelle japanische Gehaltssystem unterscheidet sich von anderen Gehaltsformen, da es vom Leistungsprinzip abstrahiert und sich eher am Gleichheitsprinzip orientiert, wonach in der Regel nach dem Dienstalter bezahlt wird (Watanabe, 1987, S. 11). Ein Arbeitsplatzwechsel zahlt sich demnach für den Arbeitnehmer nicht aus, da er seinen angesammelten Zugehörigkeitsbonus verliert und im neuen Unternehmen auf einer niedrigeren Hierarchiestufe einsteigen würde (Baum, 1995, S. 82).

Obwohl das Senioritätsprinzip zwar noch vorherrschend ist, belegen neuere Studien den Trend und die Notwendigkeit, individuelle Leistung stärker zu bewerten (Adenauer, 1992, S. 27ff; JETRO, 1992a, S. 2). Unternehmen gehen immer mehr über, auch nach Leistung zu bezahlen. Das Leistungsprinzip gilt heute besonders für das Gehaltssystem der Führungselite und des Führungs-Nachwuchses (Watanabe, 1987, S. 92). Trotzdem bleibt das Gehaltssystem nach dem Dienstalter wichtig für das Lebenseinkommen der Arbeitnehmer, nicht zuletzt deshalb, weil sich die Pensionszahlungen aus der Multiplikation der Jahre der Betriebszugehörigkeit mit dem letzten monatlichen Grundgehalt errechnen (Koyama, 1998, S. 392). Das ist im Übrigen auch ein Grund, warum man in Japan bis zur Altersgrenze arbeitet.

Möglicherweise zeigt das nachfolgende Beispiel, dass das Prinzip der lebenslangen Beschäftigung und das Senioritätsprinzip nicht mehr durchgängig wird beibehalten werden können. Vor allem jüngere Mitarbeiter entscheiden sich immer mehr für einen Unternehmenswechsel oder für den Weg in die Selbständigkeit.

Der ehemalige Bankangestellte Kondo steht dabei nur beispielhaft für eine Generation, die sich entschieden hat, beiden Säulen des japanischen Beschäftigungssystem den Rücken zu kehren, um mit einer eigenen Firma einen völligen Neuanfang zu beginnen:

> *"Of course, my colleagues and my family were against my quitting, says Kondo, now 33. But I wanted an intellectual challenge and real spiritual satisfaction instead of social status and money. Now, I have no regrets." (Kattoulas, 1998, p. 16)*

12.5.3 Zum Umgang mit Lob und Kritik

Lob und Kritik sind Bestandteile eines Katalogs an Führungstechniken, deren Einsatz generell und im Besonderen im Ausland sehr bedacht sein muss. Der interkulturelle Kontext spielt hierbei eine ganz entscheidende Rolle, denn ein einfacher Transfer, ohne die entsprechenden Implikationen zu bedenken, würde katastrophale Folgen nach sich ziehen.

> *„Der Geizige verbrennt seine Fingernägel,*
> *um Leuchtöl zu sparen."*
> (Japanisches Sprichwort)

Offene Kritik zu äußern zeigt, dass man sein Führungsinstrumentarium nicht beherrscht. Diese Einschätzung gilt im Übrigen generell und ist unabhängig vom Land und dem Unternehmen, in dem man gegenwärtig tätig ist. Auf Japan bezogen, würde eine derartige Verhaltensweise bedeuten, dass man seinem Gegenüber sein Gesicht nehmen würde und hätte damit einen der schwerwiegendsten Fehler begangen, der in Japan möglich ist. Dabei ist es völlig uninteressant, ob man sich im Recht befindet oder nicht. Das Pochen auf sein Recht bringt nichts und lautstarke Auseinandersetzungen zeigen nur, dass man nicht bereit ist, auf die Gefühle anderer Rücksicht zu nehmen. Japaner reagieren in dieser Hinsicht äußerst empfindlich.

> **Was Sie vermeiden sollten**
>
> Asiaten sind wahre Meister im Verhüllen von Botschaften. Sie meiden es, unangenehme Dinge offen auszusprechen. Wenn Sie also einen Asiaten nicht vor den Kopf stoßen möchten, dann sagen Sie niemals nie. In seinen Ohren klingt dies wie eine rüde Beleidigung. Sagen Sie eher, Sie würden eine Sache prüfen und ihn anrufen. Er wird Ihren Wink sofort verstehen. Übrigens, diese Taktik funktioniert auch im umgekehrten Fall.
>
> In: Cathay Pacific (Hrsg.), Kleiner Asien-Knigge, 2004, S. 64

Zwar gibt es auch in Asien eine ausgeprägte Kritikkultur, diese wird aber kommunikativ auf diskrete und indirekte Art, sehr vorsichtig, unpersönlich, plastisch und am meisten in einem Gleichnis vorgebracht. Die Vermeidung einer Disharmonie bereits im Ansatz und des möglichen Gesichtsverlustes und somit die Verletzung der persönlichen Ehre steht im Vordergrund (Sung-Hee, 1997, S. 31). Will man trotzdem kritische Anmerkungen machen, dann finden sich durchaus Wege, diese vorzutragen.

Die nachfolgenden Beispiele zeigen, wie man im Umgang mit Kritik sich verhalten sollte (Rowland, 1996, S. 57):

➢ Lassen Sie Ihre Kritik von einem Dritten auf sanfte Weise übermitteln.

➢ Zeigen Sie Ihre Unzufriedenheit ohne Worte, eventuell durch Schweigen.

> Zeigen Sie Dankbarkeit und Anerkennung, machen Sie aber Einschränkungen, wie z.B. „aber...". Der Rest wird sich von selbst ergeben.

> Laden Sie den Betreffenden zum Essen ein und bringen Sie die Angelegenheit dann nach einer Weile auf den Tisch.

> Betonen Sie das erwünschte Resultat besonders.

> Kritisieren Sie allgemein, ohne im Einzelnen deutlich zu werden oder eine bestimmte Person anzusprechen.

Wenn Lob und Anerkennung in Verbindung mit einer einzelnen Person gebracht werden, so beinhalten die damit verbundenen Komplimente einen Vergleich mit anderen und können zu einer Statusabwertung für den Einzelnen führen; außerdem kann eine derartige Anerkennung auch als unehrlich aufgefasst werden.

Will man sich als Führungspersönlichkeit positiv äußern, dann sollte man zur gesamten Gruppe sprechen und ihr gegenüber das Lob ausdrücken. Von klein auf lernen Japaner, dass Bescheidenheit eine Tugend ist und so ist es nicht verwunderlich, dass Japaner mit einer Verbeugung oder gar Zurückweisung des Lobes reagieren. Eine indirekte und zurückhaltende Äußerung ist hier die beste Möglichkeit, um eine Anerkennung nach außen zu vermitteln und auf breite Akzeptanz zu stoßen (Rowland, 1996, S. 55).

12.5.4 Formen der Entscheidungsfindung

In Kapitel 12.3 wurden die Determinanten vorgestellt, die als soziokulturelle Rahmenfaktoren für den Entscheidungsfindungsprozess in japanischen Unternehmen von Bedeutung sind. Innerhalb des Spektrums von Werten und Verhaltensweisen und einer auf Harmonie bedachten Gruppen-Organisation werden Entscheidungen vorbereitet, die wiederum vom Konsens-Denken der Japaner geprägt sind. Von daher können Entscheidungen auf den entsprechenden Unternehmensebenen nicht vom jeweiligen Manager allein getroffen werden, sondern bedingen zuvor einen langen Prozess der Konsultation und Einigung (Grawert, 1996, S. 11).

> **Leadership and Decision Making in Japan**
> (Richard Mead)
>
> The following conversation between two Japanese women managers took place during a lunch break of an international conference:
>
> *Fukuyama:*   *Some Japanese people don't like job rotation. But we have to do it. Normally we don't change companies. If you join a Japanese company, and then leave, that looks like disloyalty.*
>
> **Imai:**   And nobody else wants to employ you. You might never find another job. It is very difficult, if you hope to move to a respected Japanese company.
>
> *Fukuyama:*   *A western company might employ you, if you have the skills they need.*
>
> **Imai:**   Sometimes, yes.
>
> *Fukuyama:*   *So most Japanese hope to stay with their company for all their working life.*
>
> **Imai:**   Loyalty to the company is an issue when it comes to accepting job rotation, because you accept the company's plan to train you.
>
> *Fukuyama:*   *Of course, many managers welcome the opportunity. Those who don't, well, they have to go along with it. The company expects its managers to learn all aspects of business. They have to learn all the functions of the company.*
>
> **Imai:**   So they rotate their managers around the departments. Most Japanese managers are generalists, not specialists. And still very few go to business schools. We learn within the company, and only the skills that the company requires.
>
> In: Cases and Projects in International Management – Cross-Cultural Dimensions, 2000, p.71

12.5.4.1 Kyodotai

Die bedächtige Art, Beschlüsse in japanischen Unternehmen herbeizuführen, entspricht einem Denken, das sich im Begriff *Kyodotai* wieder findet. Unter *Kyodotai* versteht man dabei eine „harmonische, organische Zusammenarbeit einer Gemeinschaft bei gegenseitiger verständnisvoller und freundschaftlicher Unterstützung" (Schneidewind, 1980, S. 20). Alle Entscheidungsprozesse in Japan reifen idealer Weise im sublimen Bereich des *Kyodotai* heran. Dazu gehört auch der Grundsatz des „Gebens und Nehmens" *(Kashi-Kari)*, der dem Konsens verpflichtet ist (Bergemann/Sourisseaux, 1996, S. 119). Im warmen „Stallgeruch" enger persönlicher Beziehungen wächst das emotionelle Gemeinschaftsgefühl, das nach langen Sitzungen eine Entscheidung hervorbringt, die dann einstimmig gefasst und mit großer Solidarität nach außen getragen wird.

Der dabei offenkundig werdende, sich über einen längeren Zeitraum erstreckende, Entscheidungsprozess entspricht der japanischen Mentalität, frei nach dem Motto, dass eine Entscheidung ohne lange Beratung einer Suppe ohne Salz gleichen würde. Endlose Sitzungen und flankierende Besprechungen werden von daher zwar als anstrengend aber nicht als Last empfunden. Es sind gerade die im Konsens endenden Besprechungen, die dem Japaner die Firmengemeinschaft und das *Kyodotai* lieb und wert machen (Schneidewind, 1980, S. 20).

Der besondere Stellenwert des *Kyodotai* drückt sich auch darin aus, dass bereits zu den geringsten Fragen und bei jeder sich bietenden Gelegenheit der japanische Manager versucht, eine Beratung durchzuführen, um letztlich im *Kyodotai* zu enden, was alle zufrieden stellt und mit gemeinsamer Kraft dann auch umgesetzt wird.

12.5.4.2 Ringi Seido

Während in westlichen Unternehmen normalerweise das Top-Management die Entscheidungen trifft, kommt in Japan lediglich der Anstoß von oben, d.h. die oberen Managementebenen entscheiden nicht einfach, sondern lassen sich von unten einen Vorgang entscheidungsreif aufbereiten. Hierbei kommt dem Prinzip des *Ringi Seido*, das einem Umlaufverfahren entspricht, eine große Bedeutung zu.

Die Entscheidungsfindung in japanischen Unternehmen ist streng mitarbeiterorientiert und verfolgt das Ziel der übergeordneten Konsensbildung. Dieses als *Ringi Seido* bezeichnete Verfahren charakterisiert den japanischen Entscheidungsfindungsprozess. Es strebt im Prinzip nach der Einbindung möglichst vieler Kompetenzen. Im Ringi-System wird im Wesentlichen von den unteren Ebenen (bottom up) Entwurf, Diskussion und Beschlussfassung bestimmt. Bei einem derartigen Verfahren ist genau regelt, ob, inwieweit und in welcher Form eine Genehmigung oder Entscheidung auf welcher Ebene erforderlich ist. Obwohl die Geschäftsführung wichtige Entscheidungen an sich ziehen kann, initiiert im Normalfall das untere Management durch ein Vorschlagsformular (*Ringisho*) den Entscheidungsprozess (Schneidewind, 1980, S. 21).

Bevor das Konzept allerdings in Umlauf gebracht wird, bedarf es eines weiteren Abstimmungsprozesses (*Nema Washi*), der auf die grundsätzliche Zustimmung der Adressaten zu dem entsprechenden Vorhaben zielt (Bergemann/Sourisseaux, 1996, S. 119; Grawert, 1996, S. 12). Es handelt sich dabei um ein äußerst vorsichtiges Abtasten von Meinungen zu einem eventuellen Vorschlag, bevor der Vorschlag selbst formuliert wird.

Das Formular, das dann durch die betreffenden Abteilungen zirkuliert und jeweils diskutiert, mit Verbesserungsvorschlägen versehen und weitergereicht oder zurückgewiesen wird, findet schließlich seinen Weg zu den jeweiligen Entscheidungsträgern, die ohne eine echte Alternative zu haben, dieses Papier nur ablehnen oder unter Berufung auf den Sachverstand aller vorgeschalteten Stellen abzeichnen und endgültig zur Firmenentscheidung erheben können (Schneidewind 1980, S. 20-21; JETRO 1992b, S. 22; Ernst/Hild/Hilper/Martsch, 1993, S. 61; Grawert, 1996, S. 12).

Der große Vorteil des Ringi-Systems liegt in der Durchsetzbarkeit der gefassten Beschlüsse. Da alle an der Entscheidungsfindung beteiligt waren, können sich die Mitarbeiter mit der getroffenen Entscheidung identifizieren. Aber auch die Risikobereitschaft der Beschäftigten wird gefördert, weil die Gruppe als ganzes Verantwortung trägt. Darüber hinaus wird ein Klima geschaffen, das es erlaubt, kreative und innovative Vorschläge einzubringen, ohne dass bei Nicht-Realisierung oder im Falle eines Misserfolges ein Gesichtsverlust befürchtet oder um die berufliche Position gebangt werden muss (Grawert, 1996, S. 12). Partizipation an der Entscheidungsfindung erhöht zudem die Motivation und minimiert, durch Einbindung aller Betroffenen in den Entscheidungsprozess, Reibungsverluste bei der anschließenden Durchführung (Kubota-Müller, 1989, S. 7).

Als Nachteil lässt sich zunächst der hohe Zeitaufwand nennen. Aber bereits die Automobiluntersuchung (Womack/Jones/Roos, 1990) hat gezeigt, dass durch eine längere Einarbeitungszeit der Mitarbeiter eine höhere Erfolgsquote erreicht werden kann. Während man sich bei japanischen Firmen 380 Stunden Zeit für die Einarbeitung gelassen hat, lagen die entsprechenden Vergleichswerte für europäische bzw. amerikanische Produzenten bei 173 respektive bei 46 Stunden. Schaut man sich auf der anderen Seite dann die Zeit an, die bis zum Erreichen des normalen Qualitätslevels nach Modellwechsel gebraucht wurde, dann werden die Vorteile eines auf Langfristigkeit setzenden Ansatzes offenkundig: Während die Japaner dafür 1,4 Monate benötigten, brauchten die amerikanischen Unternehmen 11 und die europäischen Automobilproduzenten 12 Monate (Womack/Jones/Roos, 1990, S. 165 ff.).

Daraus lässt sich die Schlussfolgerung ableiten, dass nicht nur die Entscheidungsprozesse und die ihnen vorgelagerten Abstimmungen in Japan längere Zeit benötigen, sondern auch die entsprechenden Vorbereitungsmaßnahmen zur Qualifizierung der Mitarbeiter mehr Zeit in Anspruch nehmen als das bei westlichen Unternehmen der Fall ist. Was allerdings die Umsetzung betrifft, so erfolgt sie in Japan schneller und effektiver und zeigt damit, dass das japanische Modell den westlichen Methoden überlegen ist (Thiede, 1994, S. 52; Odrich, 1993, S. 81 f.).

Feiern nach Feierabend

Anders als bei uns gibt es in Asien keine strikte Trennung zwischen Berufs- und Privatleben. Das gesellige Beisammensein der Kollegen nach Feierabend ist ein Muss, denn es wird als wichtiger Bestandteil der Arbeit gesehen. Wer sich ausklinkt, muss mit Nachteilen rechnen. Wenn Sie mit Ihrer Familie aus beruflichen Gründen länger in Asien leben, sollten Sie sich darauf einstellen – und vor allem die Angehörigen vorbereiten.

In: Cathay Pacific (Hrsg.), Kleiner Asien-Knigge, 2004, S. 33

12.5.4.3   Berater

Neben *Kyodotai* und *Ringi Seido* spielen Berater bei der Entscheidungsfindung eine wichtige Rolle. Grawert (1996), auf dessen Untersuchung zum Entscheidungsverhalten im nachfolgenden Kapitel noch näher eingegangen wird, hat die Rolle und Bedeutung von Beratern in japanisch geführten Unternehmen auch in seiner Studie unterstrichen. Unterschiedliche Gründe veranlassen die japanische Firma, sich mit Beratern zu umgeben.

Unabhängiger Sachverstand, hohes Expertenwissen und sehr gute Vergleichsmöglichkeiten mit anderen Unternehmen werden als Argumente dabei angeführt. Zwar sind die Berater nicht entscheidungsbefugt, dennoch fließen die Vorstellungen dieser externen „Think Tanks" mit in den Entscheidungsprozess ein. Daneben werden die Meinungen von Banken, Politikern, Beamten, der ökonomischen Elite (*zaikai*) und vor allem auch von ausländischen Institutionen oder Personen gesucht (Schneidewind, 1980, S. 23).

12.5.4.4 Gruppenorientierung im Entscheidungsverhalten: Ein Vergleich zwischen japanischen und deutschen Managern

Empirische Untersuchungen haben gezeigt, dass eine Entscheidungsfindung in japanischen Unternehmen basierend auf dem Ringi-System immer noch – wenn auch in abnehmender Form – eine hohe Bedeutung zukommt (JCED, 1980). Allerdings zeigen Untersuchungen auch, dass keineswegs mehr regelmäßig auf der Basis dieses Systems Entscheidungen herbeigeführt werden (Shimizu/ Miyake/Nakazaki/Shinohara, 1978; Müller 1991).

Bei einer von Grawert (1996, S. 12 ff.) durchgeführten Untersuchung, die 12 japanische und 12 deutsche Manager in einem mehrheitlich in japanischen Besitz befindlichen Unternehmen in der Kosmetik-Industrie in Deutschland befragte, wurden allerdings Verhaltensweisen beobachtet, die zumindest den Schluss zulassen, dass ein Rekurrieren auf die Kernelemente des Ringi-Systems weiterhin Bestandteil eines von japanischen Managern beeinflussten Entscheidungsprozesses ist (Abb. 108).

Bei der Betrachtung der Einzelergebnisse wird ganz deutlich, dass japanische Manager auch in Europa einer gruppenorientierten Entscheidungsfindung einer individuellen Lösung den Vorzug geben. Eine systematische Analyse eines Problems unter Benutzung unterschiedlichster Quellen wird von ihnen präferiert, wozu auch gehört, dass man sich des Sachverstandes von Personen bedient, die aus anderen internen oder externen Funktionsbereichen kommen.

Auch die Einbeziehung von Beratern und Lieferanten lässt einen Unterschied im Vergleich zu den deutschen Managern erkennen. Was den Entscheidungszeitraum betrifft, so werden die in den vorangegangenen Kapiteln beschriebenen Annahmen bestätigt. Während die deutschen Manager einer schnellen Entscheidung den Vorrang geben und innerhalb einer Woche zu entsprechenden Beschlüssen gelangen, benötigen die japanischen Kollegen für eine derartige Umsetzung vier Wochen (Abb. 109).

Zwar wird aus der Untersuchung auch deutlich, dass es bei den Fragen nach dem richtigen Wettbewerbsverhalten eine weitgehende Annäherung der beiden Sichtweisen gibt, doch bleibt festzuhalten, dass die japanische Konsens-Kultur nicht ohne weiteres auf deutsche Unternehmen übertragen werden kann. Der japanischen Gruppenorientierung steht eine auf den Einzelnen ausgerichtete Ich-Kultur des Westens gegenüber.

Wenn auch beide Managementkonzepte in ihren Gegensätzen als nicht kompatibel erscheinen, so zeigt sich aber auch, dass ein Lernprozess auf beiden Seiten eingesetzt hat. Gruppenelemente in Form von Teamarbeit und stärkerer Beteiligung der Gruppenmitglieder am Entscheidungsprozess finden mittlerweile auch große Beachtung in deutschen Unternehmen. Auf der anderen Seite wird das Senioritätsprinzip der Japaner in Zukunft einer stärkeren Belastung ausgesetzt sein, wenn zunehmend mehr jüngere Führungskräfte das Stamm-Unternehmen verlassen. Mit ihrem Wechsel wollen sie zum Ausdruck bringen, dass sie nicht länger gewillt sind, jahrzehntelang zu warten, um in eine Führungsposition zu gelangen. Die Orientierung am westlichen Leistungsprinzip ist dabei der Ausgangspunkt ihrer Entscheidung.

Are there Shinto hierarchical structures?
(John Renard)

Like so many other religious traditions, Shinto community structures often reflect the belief that human life mirrors divine life. Just as there is at least an implicit hierarchy among divine beings, human society needs a certain degree of structure. Longstanding Japanese tradition much influenced and reinforced by Confucian teaching over the centuries, lay great emphasis on knowing one's place in society. Each individual stands in a relationship of higher-to-lower, or vice-versa, with his or her fellow human beings, and basic etiquette requires that one beware of social subordination in every context. Everyday Japanese speech, with its various levels of polite address, reflects that awareness. Although contemporary Japan is a democratic society, with all the political institutions needed to support a democracy, hierarchy runs deep in the culture and so too in Shinto belief and practice.

In: The Handy Religion Answer Book, 2002, p. 510

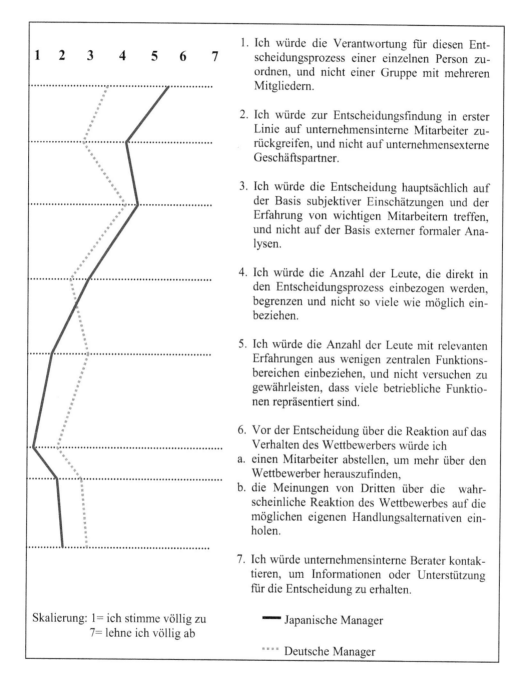

Abb. 108 Gruppenorientierung im Entscheidungsverhalten. Japanische und deutsche Manager im Vergleich
Quelle: Grawert, 1996, S. 12

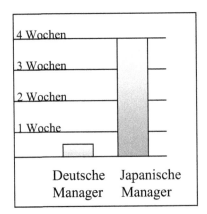

Abb. 109 Entscheidungszeitraum. Japanische und deutsche Manager im Vergleich
Quelle: Grawert, 1996, S. 13

12.5.5 Führungsstile im Vergleich

Die Unterschiede im Hinblick auf den jeweils praktizierten Führungsstil zwischen japanischen und westlichen Managern liegen in den divergierenden Vorstellungen über Personalführung begründet. In Japan wird eine unternehmerische Entscheidung mehr als ein kollektiver Prozess betrachtet, an dem möglichst viele beteiligt werden und der Manager einen Führungsstil zeigt, der als kooperativ-partnerschaftlich beschrieben werden kann. Der Vorgesetzte berät sich hierbei mit seinen Mitarbeitern, bevor er seine Entscheidung trifft. Dazu gehört, dass er sich Ratschläge anhört, über sie nachdenkt, bevor eine Entscheidung verkündet wird. Grawert (1996, S. 14) hat mit seiner Untersuchung, die auch das Führungsverhalten mit einbezogen hat, diese Einschätzung bestätigt.

Demgegenüber dominiert in westlichen Unternehmen ein Führungsstil, bei der die Entscheidungsfindung eine unzureichende Abstimmung mit den Untergebenen erkennen lässt und als eine Individualentscheidung charakterisiert werden kann.

Zwar wird auch in westlichen Firmen immer häufiger von einem kooperativen Führungsstil gesprochen, doch was die Partizipation der Mitarbeiter am Entscheidungsprozess betrifft, werden unterschiedliche Gewichtungen erkennbar. Nachdem deutsche Manager eine Entscheidung getroffen haben, versuchen sie, bevor eine Umsetzung erfolgt, sie ihren Mitarbeitern zu erklären und beantworten Fragen, die sich in diesem Kontext ergeben (Grawert, 1996, S. 14).

Vergleicht man die amerikanische mit der japanischen Unternehmensführung, so werden die Unterschiede noch offenkundiger. Im Hinblick auf sechs ausgewählte Parameter zeigt die nachfolgende Abbildung, dass der japanische Lösungsansatz sich in allen Punkten vom amerikanischen unterscheidet. Von der Langzeitbeschäftigung über den Entscheidungsfindungsprozess bis hin zur beruflichen Entwicklung und dem Aus- und Weiterbildungssystem werden Steuerungsmechanismen erkennbar, die von unterschiedlichen Verantwortlichkeiten geprägt sind und in einem divergierenden Führungsverhalten ihren Ausdruck finden.

Philosophical dimensions	Japanese approach	U.S. approach
Employment	Often for life; layoffs are rare	Usually short-term; layoffs are common
Evaluation and promotion	Very slow; big promotions may not come for the first 10 years	Very fast; those not quickly promoted often seek employment elsewhere
Career paths	Very general; people rotate from one area to another and become familiar with all areas of operations	Very specialized; people tend to stay in one areas (accounting sales, etc.) for their entire careers
Decision making	Carried out via group decision making	Carried out by the individual manager
Responsibility	Shared collectively	Assigned to individuals
Concern for employees	Management's concern extends to the whole life, business and social, of the worker	Management concerned basically with the individual's work life only

Abb. 110 Japanische und amerikanische Unternehmensführung im Vergleich
Quelle: Ouchi, 1981, S. 71 ff.

12.5.6 Das 7-S-Modell am Beispiel des Elektrokonzerns Matsushita

Will man eine ganzheitliche Betrachtung der japanischen Unternehmensführung durchführen, so wird die Führungskonzeption von Matsushita als beispielhaft für die japanische Führung von Großunternehmen angesehen (Macharzina, 1993, S. 740). Am Beispiel des von Pascale/Athos entwickelten 7-S-Modells sollen die Grundmerkmale dieser Konzeption im nachfolgenden deutlich gemacht werden (Abb. 111).

Die sogenannten „harten" Faktoren wie Strategie, Struktur und Systeme beschreiben die Aktionsplanung, die Organisationsform und das Informationsmanagementsystem bei Matsushita. Was diese drei Variablen betrifft, so finden sich kaum Unterschiede in der Ausprägung zu amerikanischen oder anderen westlichen Unternehmen, da es sich hierbei um strukturell-technokratische Führungsmechanismen handelt und das Top-Management hohen Einfluss auf die Ausgestaltung nimmt (Macharzina, 1993, S. 740).

Die übrigen vier Variablen, die zu den sogenannten „weichen" Faktoren gezählt werden, zeigen, dass der japanische Ansatz sich von anderen Modellen der Unternehmensführung unterscheidet. Der Erfolg des Unternehmens wird vorwiegend durch die Anstrengungen der Mitarbeiter erklärt. In der Personalentwicklung hat der Leistungsgedanke oberste Priorität. Aus- und Weiterbildung wird großgeschrieben und Job Rotation regelmäßig durchgeführt (Pascale/Athos, 1981, S. 52). Fertigkeiten und Fähigkeiten werden so angepasst, wie Teile der Organisation zusammenarbeiten. Mitarbeiter sind Generalisten und Spezialisten zugleich.

Der Führungsstil wird von der Person des Firmengründers Konosuke Matsushita geprägt, wobei die Besonderheit des praktizierten Führungsstils in der Offenlegung und Diskussion bestehender Konflikte besteht und eine bewusste Integration gegensätzlicher Elemente wie zentraler und dezentraler Entscheidungsfindung vorsieht (Pascale/Athos, 1981, S. 46). Die Unternehmensphilosophie betont die Verantwortung des Unternehmens für die Gesellschaft und durch die Formulierung von Wertvorstellungen soll die Identifikation der Mitarbeiter mit dem Unternehmen erhöht werden.

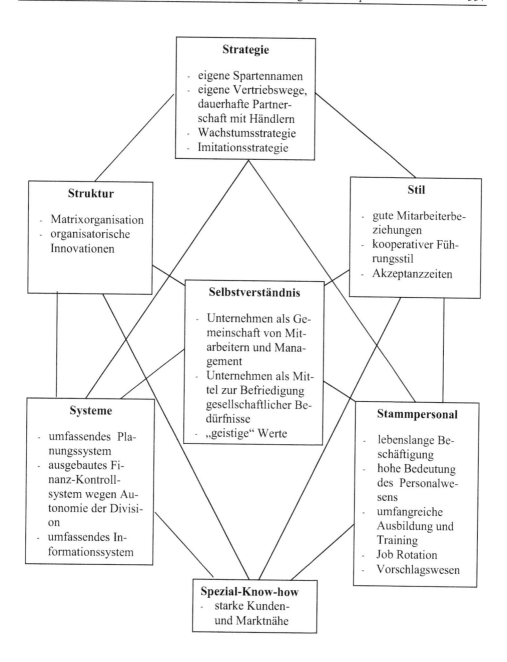

Abb. 111 Das 7-S-Modell von Matsushita
Quelle: Macharzina, 1993, S. 743

Die Abstimmung sämtlicher Elemente der 7-S-Konzeption aufeinander und das Unternehmen insgesamt wird bei Matsushita als bedeutsam für den langfristigen Unternehmenserfolg gesehen. Die höhere Produktivität japanischer Firmen gegenüber amerikanischen Unternehmen wurde auf die besonderen Kenntnisse und Fähigkeiten japanischer Top-Manager zurückgeführt, deren Führungsverhalten sich markant von dem ihrer amerikanischen Kollegen unterscheidet (Pascale/Athos, 1981, S. 21). Wenn auch das 7-S-Konzept nur einen Bezugsrahmen und kein inhaltlich konkretisiertes und abgestimmtes Unternehmensführungsmodell darstellt, so zeigt es westlichen Unternehmen doch, dass durch eine explizite Einbeziehung der „weichen" Faktoren Mitarbeiter motiviert und gleichzeitig eine höhere Identifikation mit dem Unternehmen erzielt werden kann.

12.5.7 Personalmanagementsysteme im internationalen Bereich: Japan – USA – Deutschland

Die Humanressourcen sind für die Wettbewerbsfähigkeit eines Landes von ausschlaggebender Bedeutung. Vor dem Hintergrund fortschreitender Globalisierung bei gleichzeitiger Zunahme grenzüberschreitender Unternehmensaktivitäten bedürfen die eigenen personalen Handlungsweisen der Ergänzung um das Wissen, wie der gleiche Sachverhalt in einem anderen fremdkulturell bestimmten Umfeld gesehen und entschieden wird.

In diesem Zusammenhang hat Markus Pudelko (Köln, 2000) im Rahmen einer Dissertation eine empirische Studie durchgeführt, bei der er die Personalleiter der jeweils 500 größten Unternehmen aus Deutschland, den USA und Japan zu Fragen des Personalmanagements interviewte.

Aus seiner Untersuchung sollen die folgenden drei Personalmanagement-Bereiche

- Innerbetriebliches Kommunikationsverhalten
- Innerbetriebliches Entscheidungsverhalten und
- Vorgesetzten-Untergebenen-Verhältnis

herausgegriffen und im Hinblick auf kulturübergreifende Gemeinsamkeiten und Unterschiede einer kurzen Bewertung unterzogen werden.

12.5.7.1 Innerbetriebliches Kommunikationsverhalten

Was das innerbetriebliche Kommunikationsverhalten betrifft, so zeigen die Untersuchungsergebnisse, dass in japanischen Unternehmen nicht nur intensiver über alle Unternehmensebenen hinweg miteinander kommuniziert wird, sondern auch der Informationsaustausch in der eigenen Abteilung oder Gruppe einen hohen Stellenwert besitzt. Die Förderung eines harmonischen Betriebsklimas steht im Mittelpunkt des japanischen Unternehmens. Der damit verbundene Zeitaufwand wird bewusst in Kauf genommen. Man will damit zum Ausdruck bringen, dass alle wichtigen Informationen sowohl informeller als auch formaler Art weitergegeben werden, um sie dann ausführlich kommunizieren zu können. Eine „Feedback"-Information durch die Mitarbeiter wiederum signalisiert, dass die mehrdimensionalen Kommunikationskanäle sowohl „top-down" als auch „bottom-up" funktionieren. Erkenntnisleitend ist hier der Grundsatz: nur ein Mitarbeiter der umfassend informiert ist, kann auch unternehmerisch handeln.

„Indirekte Kommunikation"
(Sylvia Schroll-Machl)

Entscheidend zur Gesichtswahrung ist eine „indirekte Kommunikation". Vor allem in potentiell konfliktbehafteten, Harmonie gefährdenden Situationen sind implizite Hinweise wie Anspielungen, Herantasten, Redundanz, das Einschalten von Vermittlern, symbolische oder bedeutungsträchtige Handlungen oder das Agieren auf verschlungenen Pfaden die Norm. „Deutsch reden" oder zum Punkt kommen markiert nicht selten den extrem unhöflichen Gegenpol.

Regeln, auch Verträge gelten – außerhalb Japans – oft nicht absolut, sondern werden im Kontext der jeweiligen Situation interpretiert und flexibel gehandhabt (Regelrelativismus). Wie, das hängt wesentlich von der Beziehung der Beteiligten, insbesondere von der empfundenen Nähe ab.

In: Was ist im Kontakt mit Geschäftsleuten aus Asien zu beachten? in: FAZ, 30.10.2004, S. 55

Ein derartiges Verhalten wiederum steht im völligen Kontrast zum Kommunikationsauftrag, wie ihn amerikanische Unternehmen verstehen. Die Weitergabe von Informationen an die Mitarbeiter wird vorwiegend unter dem Aspekt der absoluten Notwendigkeit geprüft und vor allem als top-down Angelegenheit gesehen. Die Einzelinformation ist wichtig. Auf einen umfassenden Informationsaustausch wird ebenso verzichtet wie auf ein „feed-back" seitens der Mitarbeiter. Nicht die Förderung eines harmonischen Betriebsklimas steht bei amerikanischen Unternehmen im Vordergrund, sondern dem Zeitaspekt haben sich alle betrieblichen Vorgänge unterzuordnen.

	U/D	J	
keine ausgeprägte Bedeutung des Kommunikationsziels 'Informationsweitergabe'	U/D	J	hohe Bedeutung des Kommunikationsziels 'Informationsweitergabe'
keine ausgeprägte Bedeutung des Kommunikationsziels 'Feed-Back-Informationen erhalten'	U	D / J	hohe Bedeutung des Kommunikationsziels 'Feed-Back-Informationen erhalten'
geringe Bedeutung des Kommunikationsziels 'Förderung eines harmonischen Betriebsklimas	U D	J	hohe Bedeutung des Kommunikationsziels 'Förderung eines harmonischen Betriebsklimas
keine ausgeprägte Bedeutung des formalen, abwärts gerichteten Informationsflusses	D U	J	hohe Bedeutung des formalen, abwärts gerichteten Informationsflusses
keine ausgeprägte Bedeutung des formalen, aufwärts gerichteten Informationsflusses	U D	J	hohe Bedeutung des formalen, aufwärts gerichteten Informationsflusses
keine ausgeprägte Bedeutung des formalen, seitwärts gerichteten Informationsflusses	U	D J	hohe Bedeutung des formalen, seitwärts gerichteten Informationsflusses
keine ausgeprägte Bedeutung des informellen, Informationsflusses	U/D	J	hohe Bedeutung des informellen, Informationsflusses
möglichst effizientes, präzises und gut strukturiertes Kommunikationsverhalten (geringes Kommunikationsvolumen)	U D	J	möglichst ausführliches Kommunikationsverhalten um alle möglichen Sichtweisen zu berücksichtigen (hohes Kommunikationsvolumen)
Koordination erfolgt primär durch Weitergabe von ex-ante-Planungen an untergeordnete Stellen (vertikale Koordination)	U D	J	Koordination erfolgt primär durch den gegenseitigen, ständigen Austausch von ex-post-Informationen zwischen gleichgeordneten Stellen (horizontale Koordination)
Informationsweitergabe erfolgt formalisiert und streng nach dem Dienstweg	U/D	J	Informationsweitergabe erfolgt wenig formalisiert und ohne große Beachtung des Dienstweges
Kritik wird offen geäußert	U D	J	Kritik wird versteckt geäußert
zur Kommunikation bedarf es keiner besonderen Vertrautheit und keiner Homogenität der Kommunikationspartner	U D	J	zur Kommunikation bedarf es einer besonderen Vertrautheit und einer Homogenität der Kommunikationspartner
Großraumbüros finden keinen Einsatz	D U	J	Großraumbüros dienen als Katalysator des Informationsaustausches
geringe Bedeutung der face-to-face-Kommunikation	D U	J	hohe Bedeutung der face-to-face-Kommunikation
hohe Bedeutung der telefonischen Kommunikation	U D	J	geringe Bedeutung der telefonischen Kommunikation
hohe Bedeutung der schriftlichen Kommunikation	D U	J	geringe Bedeutung der schriftlichen Kommunikation

Abb. 112 Innerbetriebliches Kommunikationsverhalten
Quelle: Pudelko, H., 2000, Bd. 2, S. 208

Zwischen diese beiden Polen lässt sich die Position der deutschen Unternehmen einordnen. Während auf der einen Seite beim Informationsaustausch zwar zunehmend mehr Wert auf ein „feed-back" durch die Mitarbeiter gelegt wird, bestehen weiterhin erhebliche Defizite bei der umfassenden Unterrichtung der Mitarbeiter über alle wichtigen betrieblichen Vorgänge. Vor allem wird immer noch der formalisierten Informationsweitergabe große Aufmerksamkeit geschenkt und dazu der Dienstweg favorisiert. Zwischenmenschliche Aspekte im Sinne eines harmonischen Miteinanders erfahren zwar in der Summe eine höhere Beachtung als dies bei amerikanischen Unternehmen der Fall ist, doch eine kaum vorhandene face-to-face Kommunikation und die hohe Betonung, die immer noch der eher unpersönliche Schriftverkehr erfährt, machen deutlich, wo die Unterschiede im Vergleich zu japanischen Unternehmen liegen.

12.5.7.2 Innerbetriebliches Entscheidungsverhalten

Ähnlich wie beim Informationsaustausch und dem Kommunikationsverhalten, zeigt sich auch bei der innerbetrieblichen Entscheidungsfindung, dass die Unternehmen in Japan, Deutschland und den USA von unterschiedlichen Vorstellungen und Handlungsweisen geprägt sind (s. Abb. 113).

Während in japanischen Unternehmen Entscheidungen in einem zeitlich sehr aufwendigen Verfahren von „top-down" über „bottom-up" kommuniziert werden und mit der Zielstellung verbunden sind, alle Mitarbeiter in den Entscheidungsprozess einzubinden, wird dieses Verfahren von amerikanischen Unternehmen völlig abgelehnt. Hier wird zentralistisch verfügt, das Top-Management trifft ohne Absprache mit den Mitarbeitern die Entscheidung. Den hard facts wird hierbei die größte Aufmerksamkeit geschenkt und klar zwischen Entscheidungsträgern und Ausführenden unterschieden.

Auch hier kann die Stellung, die von deutschen Unternehmen eingenommen wird, als eine mittlere Position zwischen der japanischen und der amerikanischen Auffassung gesehen werden. Allerdings muss hinzugefügt werden, dass bei ganz bestimmten Parametern eher eine Nähe zu japanischen als zu den amerikanischen Unternehmen zu beobachten ist. Umschrieben als „management by delegation" wird in deutschen Unternehmen zunehmend mehr Wert darauf gelegt, dass auch untere Ebenen in die Entscheidungsfindung mit einbezogen werden. So ist z.B. der Betriebsrat ein wichtiges Gremium, wenn es um personalpolitische Fragestellungen geht. Arbeitnehmervertreter, die in den Aufsichtsrä-

Top-down Entscheidungsrichtung	U	D		J	Bottom-up Entscheidungsrichtung
autoritär - auf Bewahrung der individuellen Entscheidungsautonomie bedacht	U	D		J	partizipativ - kollektiv ausgerichtet
beim Vorgesetzten zentralisierte Entscheidungskompetenzen	U	D		J	dezentrale Entscheidungsstrukturen durch Delegation von Entscheidungskompetenzen an Untergebene
Schwerpunkt der Entscheidungsfindung beim Top-Management	U	D		J	Schwerpunkt der Entscheidungsfindung beim mittleren Management
äußerst geringe Entscheidungskompetenzen bei Nicht-Managern	U		D	J	eigenständige Entscheidungskompetenzen auch bei Nicht-Managern
deutliche Trennung zwischen Entscheidungsträgern und Ausführenden	U		D	J	keine deutliche Trennung zwischen Entscheidungsträgern und Ausführenden
geringe Toleranz der Vorgesetzten gegenüber Entscheidungsfehlern ihrer Untergebenen	U		D	J	hohe Toleranz der Vorgesetzten gegenüber Entscheidungsfehlern ihrer Untergebenen
Zurechnung von Entscheidungs(miß)erfolgen möglich und wichtig	U		D	J	Zurechnung von Entscheidungs(miß)erfolgen häufig nicht möglich und auch nicht besonders wichtig
Ziel von Gruppenentscheidungen: Wettstreit um die beste Entscheidungsalternative (konfliktorientiert)	U	D		J	Ziel von Gruppenentscheidungen: Finden einer allgemeinen Übereinstimmung (konsensorientiert)
Abstimmung als demokratisches Mittel bei Gruppenentscheidungen	U	D		J	Vermeidung von harmonieabträglichen Abstimmungen, statt dessen Bemühen um Konsens
Identifikation aller Beteiligten mit der Entscheidung wird nicht für notwendig erachtet und nicht gewährleistet	U	D		J	Identifikation aller Beteiligten mit der Entscheidung wird für notwendig erachtet und gewährleistet
weniger umfassende, langwierige Informationsgewinnung und Entscheidungsverfahren	U		D	J	umfassende, langwierige Informationsgewinnung und Entscheidungsverfahren
im Vordergrund stehen quantitative Entscheidungsvariablen ('hard facts')	U	D		J	im Vordergrund stehen qualitative Entscheidungsvariablen ('soft facts')
Entscheidungsfindungsverfahren stark formalisiert	U	D		J	Kombination aus formalem und informellem Entscheidungsfindungsverfahren

Abb. 113 Innerbetriebliches Entscheidungsverhalten
Quelle: Pudelko, H., 2000, Bd. 2, S. 210

ten von Aktiengesellschaften sitzen, werden in strategische Entscheidungen mit eingebunden. Da darüber hinaus zunehmend mehr Unternehmen dazu übergehen, Arbeitsziele mit ihren Mitarbeitern zu vereinbaren, wird auch eine größere Partizipation am Arbeitsplatz erkennbar und somit ein nicht unbeträchtlicher Beitrag zur verbesserten innerbetrieblichen Entscheidungsfindung erkennbar.

12.5.7.3 Vorgesetzten-Untergebenen-Verhältnis

Harmonie und Gruppenzugehörigkeit
(Sylvia Schroll-Machl)

Soziale Harmonie gilt nach wie vor als höchstes Prinzip der zwischenmenschlichen Beziehungen. Sie meint ein der sozialen Rolle entsprechendes, je nach Alter, Status, Wissen, Gruppenzugehörigkeit differenziertes Verhalten, das jeden an seinem Platz formal in das gesellschaftliche Gefüge einbindet. Konfliktvermeidung, Etikette und Gemessenheit des Verhaltens sind zur Aufrechterhaltung der Harmonie angesagt.

Harmonie wird mit einem ausgeprägten Sinn für Hierarchien innerhalb der jeweiligen Bezugsgruppen sichergestellt. Angemessene Kommunikation berücksichtigt die Position der Beteiligten entsprechend unterschiedlich. Fürsorgepflicht und Vorbildfunktion nach unten sowie Loyalität nach oben charakterisieren eine adäquate Interaktion. So wird effektiv gearbeitet.

Der jeweilige Gruppenzusammenhalt, zum Beispiel in der Familie und in der Firma, nach innen ist eng und langlebig. Dadurch wird auch die Unterscheidung gegenüber einem Außen sehr bedeutsam: Es ist elementar, durch „Beziehungsarbeit" wie Einladungen, Geschenke, Hilfeleistungen „Außenseiter" zu „Innenseitern" zu machen und untereinander auf diese Weise zu verpflichten. Das Prinzip der Gegenseitigkeit stabilisiert das entstandene Netzwerk. Dabei gilt: Vermittler sind nicht nur hilfreich, sondern oft nötig. Geschäftspartner sind am besten Geschäftsfreunde. Physische Präsenz ist durch nichts zu ersetzen.

Was ist im Kontakt mit Geschäftsleuten aus Asien zu beachten? In: FAZ, 30.10.2004

U/D (links)			J (rechts)
legalistisch - durch Regeln und Prozeduren geprägt	U/D		emotional - durch gemeinsame Werte geprägt
fakten-, argument- und entscheidungsorientiert	U	D	personenorientiert
'emotionale Schranken' zwischen Vorgesetzten und Untergebenen	U/D		familiäres Verhältnis von Vorgesetzten und Untergebenen
Gruppengefühl von Vorgesetzten und Untergebenen wird keine besondere Bedeutung beigemessen	U	D	Gruppengefühl von Vorgesetzten und Untergebenen wird eine besondere Bedeutung beigemessen
Rolle des Vorgesetzten besteht darin, exakte Anweisungen zu erteilen ('Befehlsgeber')	U	D	Rolle des Vorgesetzten besteht darin, Lenkung, Unterstützung, Erfahrungsvermittlung und Ansporn zu bieten ('Coach')
Vorgesetzter setzt Ziele, steht seinen Untergebenen vor, *zieht* sie mit sich und beaufsichtigt sie dabei (Pull-Leadership)	U	D	Vorgesetzter befindet sich inmitten seiner Untergebenen, *schiebt* sie auf das gemeinsame Ziel zu und koordiniert dabei deren Aktivitäten (Push-Leadership)
(partikularistische) Sorge des Vorgesetzten gilt der Leistungsfähigkeit des Untergebenen	U	D	(ganzheitliche) Sorge des Vorgesetzten gilt nicht nur der Leistungsfähigkeit sondern auch den persönlichen Belangen des Untergebenen
einseitige Abhängigkeit der Untergebenen von ihren Vorgesetzten	U	D	gegenseitige Abhängigkeit von Untergebenen und Vorgesetzten
Konflikte zwischen Vorgesetzten und Untergebenen werden direkt und offen am Arbeitsplatz ausgetragen	U	D	Konflikte zwischen Vorgesetzten und Untergebenen werden auf informelle Weise evtl. außerhalb des Arbeitsplatzes ausgetragen
die Sprache ebnet hierarchische Unterschiede ein ('Kumpelhaftigkeit')	U		D / die Sprache betont hierarchische Unterschiede ('Ehrbezeugungen')
hohes Maß an Vertraulichkeit, geringes Maß an Vertrautheit	U		D / geringes Maß an Vertraulichkeit, hohes Maß an Vertrautheit
aufgrund einer grundsätzlich egalitären Gesellschaft ist es notwendig, Hierarchieunterschiede in Unternehmen zu betonen, um sich dadurch Autorität zu verschaffen (man muß sich behaupten)	U	D	aufgrund einer grundsätzlich vertikal strukturierten Gesellschaft ist es möglich, daß der Vorgesetzte einen symbolischen Verzicht auf sich aus der Hierarchiezuordnung ergebende Unterschiede leistet (man kann gewähren)
aufgrund einer möglichen Konkurrenz von Vorgesetzten und Untergebenen fällt es Vorgesetzten schwer, auf die Bedürfnisse von Mitarbeitern einzugehen, sie weiterzubilden, zu fördern, mit Informationen zu versorgen und Entscheidungen treffen zu lassen	U	D	aufgrund der abgesicherten Stellung der Vorgesetzten (Seniorität) gegenüber ihren Untergebenen, fällt es ihnen leicht, auf die Bedürfnisse von Mitarbeitern einzugehen, sie weiterzubilden, zu fördern, mit Informationen zu versorgen und Entscheidungen treffen zu lassen

Abb. 114 Vorgesetzten-Untergebenen-Verhältnis
Quelle: Pudelko, H., 2000, Bd. 2, S. 212

Auch bei der dritten ausgewählten Variante „Vorgesetzten-Untergebenen-Verhältnis" bleibt die Dichotomie im Betriebsalltag zwischen den japanischen Unternehmen auf der einen und den amerikanischen und deutschen Betrieben auf der anderen Seite weiter bestehen (s. Abb. 114). Der Schwerpunkt der japanischen Unternehmensphilosophie besteht darin, das Unternehmen wie eine Familie zu führen. Emotionalität, Personenfokussierung, eine unterstützende Rolle des Vorgesetzten bei der Entwicklung des Mitarbeiters sind nur einige Beispiele, die diesen Ansatz kennzeichnen. Demgegenüber orientieren sich die deutschen wie die amerikanischen Unternehmen mehr an Regeln und Fakten und lassen die Emotion, vor allem dann, wenn es um die persönlichen Belange des Mitarbeiters geht, weitestgehend außen vor. Zwar gibt es auch hier graduelle Unterschiede in der Unternehmenspraxis zwischen Deutschland und Amerika, doch im Vergleich zu japanischen Unternehmen ist eine Kompatibilität nicht gegeben.

12.5.7.4 Schlussfolgerungen

Die Ergebnisse der Studie machen deutlich, dass Unternehmenskulturen als Ausdruck der in einem Unternehmen vorherrschenden Grundsätze nicht ohne weiteres von einem auf das andere Unternehmen übertragen werden können. Ist ein derartiges Vorhaben schon schwierig, wenn es sich bei einem Unternehmenszusammenschluss oder bei einer Kooperation um weitgehend gleichartige Unternehmenskulturen im Land A handelt, so nehmen die Schwierigkeiten signifikant zu, wenn aus Unternehmen, die in unterschiedlichen Ländern bisher operiert haben, ein neues transnationales Unternehmensgebilde geschaffen werden soll.

Die vielen gescheiterten Unternehmenszusammenschlüsse, erwähnt sei hier nur das fehlgeschlagene Engagement der Daimler/Chrysler Unternehmensgruppe mit der Mitsubishi Autosparte, belegen, dass die Anpassung unterschiedlicher Kulturen an ein neues Konstrukt nur dann erfolgreich bewältigt werden kann, wenn den Kulturunterschieden von Anfang an hohe Bedeutung beigemessen wird. Das wiederum bedeutet, den interkulturellen Dialog von Anfang an so zu führen, dass der Zeitrahmen sehr weit gesteckt ist. Verständnis unterschiedlicher Unternehmenskulturen ist nicht das Ergebnis einer Managementanordnung von ganz oben, sondern ein Prozess, der sich über viele Jahre erstreckt. Der erste Schritt beginnt mit einer umfassenden interkulturellen Vorbereitung auf allen beteiligten Seiten und über alle Unternehmensebenen hinweg. Ist ein neues Grundverständnis für die jeweils andere Unternehmenskultur geschaffen, sind eine Vielzahl weiterer Schritte einzuleiten, wozu in den vorangegangenen Kapiteln umfangreiche Handlungsanweisungen gegeben worden sind.

Dass eine erfolgreiche Kooperation zwischen zwei sehr unterschiedlichen Unternehmenskulturen auf dieser Basis möglich ist, zeigt das Beispiel Nissan/Renault. Sowohl das japanische Unternehmen Nissan als auch der französische Konzern Renault haben im Automobilbereich bewiesen, dass sie sehr erfolgreich miteinander kooperieren können.

12.6 Anforderungen und Erwartungen an zukünftige Manager im Ostasiengeschäft

12.6.1 Anspruchsprofil und Auslandsvorbereitung

Wer sich auf eine internationale Tätigkeit vorbereiten möchte, wird sich fragen, wie das Anforderungsprofil seitens der Unternehmen für derartige Bewerber aussieht. Auf der anderen Seite ist an die Unternehmen u. a. die Frage zu richten, wie sie ihre Mitarbeiter auf einen Auslandseinsatz vorbereiten. Zu diesen beiden Themenkomplexen hat das Ostasieninstitut in Düsseldorf Ende des Jahres 1993 eine Umfrage durchgeführt. 311 Unternehmen, davon 39 mit Sitz in Japan, hatten sich daran beteiligt. Der Schwerpunkt der Studie konzentrierte sich dabei auf die folgenden vier Fragenkomplexe:

- Welche schulische Qualifikation wird von einem Bewerber erwartet?
- Welche Inhalte sollten während eines Hochschulstudiums vermittelt werden?
- Welchen Kenntnissen wird im Ostasiengeschäft eine hohe Bedeutung beigemessen?
- Welche Art der Weiterbildungsmaßnahme wird von Seiten der Unternehmen ergriffen und über welchen Zeitraum bereiten Unternehmen ihre Mitarbeiter auf eine Tätigkeit im ostasiatischen Raum vor?

Aus der nachfolgenden Auswertung lassen sich für alle beteiligten Seiten, seien es Berufstätige, Studenten, Hochschulen oder Unternehmen, wichtige Rückschlüsse mit Blickrichtung auf das Ostasiengeschäft ziehen.

12.6.2 Ergebnisse einer Studie des Ostasien-Instituts

Die Auswertung hat zu folgenden Ergebnissen geführt, die im nachfolgenden kurz vorgestellt werden sollen:

1. Fast 80 % der Unternehmen suchen für ihre Ostasiengeschäfte Mitarbeiter mit einem abgeschlossenen Hochschulstudium. Gut 20 % würden ihre Geschäfte aber auch einem Berufspraktiker ohne jedes Studium bzw. Abitur anvertrauen.

2. Was den Inhalt eines Hochschulstudiums betrifft, gehen die Meinungen jedoch weit auseinander:

   - Die Mehrheit (34,7%) kann sich einen Hochschulabgänger in den klassischen Disziplinen (Betriebswirt, Volkswirt, Ingenieur etc.) vorstellen, der auf jeden Zusatzstudiengang verzichtet hat, und erwartet, dass die Ostasien-Erfahrung in der Praxis erworben wird.

   - Deutlich kleiner (23,1%) der Nennungen ist die Gruppe, die parallel zum Hauptstudiengang Spezialkurse oder ein Zusatzstudium erwartet. Der damit verbundene zeitliche Aufwand soll nach Meinung der Unternehmen möglichst kurz gehalten werden.

   - Ein Vollstudium der Ostasienwissenschaften findet in der Wirtschaft bisher weniger Anklang (17,7%). Philologen (Japanologie oder Sinologie) haben dabei praktisch keine Chance (0,2%).

   - Ein regionalwissenschaftliches Vollstudium ist auch nicht sehr gefragt (1,9%). Noch am größten ist die Akzeptanz für Ostasienwissenschaften mit einem kombinierten Studiengang Sprache/ Kultur bzw. Wirtschaft/ Recht (10,9%).

3. Im Hinblick auf die Vermittlung praxisbezogenen Wissens wird sehr großer Wert auf folgende Kenntnisse gelegt:

Geschäftskultur, Wirtschaftsmentalität und Umgangsformen	99%
Verhaltens- und Denkstrukturen	99%
Kenntnisse der ostasiatischen Wirtschaft	98%
Kulturelle Besonderheiten	90%
Mündliche Sprache	71%
Politische Struktur	67%
Geographie	62%

Dagegen werden andere Kenntnisse deutlich geringer bewertet:

Schriftsprache	32%
Jurisprudenz	28%

4. Die Bereitschaft, Mitarbeiter zu schulen, um ihnen die Gelegenheit zu geben, sich erste Asienkenntnisse anzueignen oder die vorhandene Ausbildung zu verbessern, ist in der Wirtschaft eher gering.

   - Die weitaus meisten Firmen vertrauen auf eine Ausbildung "on the job" in Ostasien (39,9%).

   - Eine weitere starke Gruppe setzt auf Ausbildung "on the job" in Deutschland (26,6%).

   - An dritter Stelle (21%) werden externe Fortbildungsmaßnahmen genannt. Die Unternehmen wollen Sie aber nur auf wenige Wochen oder Monate begrenzt wissen.

5. Soweit die Unternehmen Mitarbeiter für Weiterbildungsmaßnahmen freistellen, haben sie klare Vorstellungen von dem dort zu vermittelnden Inhalten. Als "wichtig" oder "sehr wichtig" wurden bezeichnet:

Verhaltenstraining (Interkulturelle Kompetenz)	97%
Verhandlungstraining	95%
Wirtschaft	89%
Kultur	77%
Sprache	65%
Politik/ Soziales	54%

Was die Länge und die Art der Fortbildung betrifft, so zeigt die nachfolgende Übersicht, wie die Unternehmen ihre Mitarbeiter auf eine Tätigkeit im ostasiatischen Raum vorbereiten.

	Unternehmens-interne Fortbildungskurse	Entsenden zu externen Fortbildungskursen	Dienstfreistellung zum Selbststudium	Ausbildung *on the job* in Deutschland	Ausbildung *on the job* im ostasiatischen Raum	Andere Formen
Einige Tage	2	14	1	0	0	-
1-4 Wochen	9	22	0	2	5	-
Bis 2 Monate	4	21	0	3	13	-
Bis 3 Monate	5	13	1	8	17	-
Bis 6 Monate	4	4	0	17	24	-
Bis 12 Monate	6	3	0	15	24	-
Bis 18 Monate	0	0	0	1	2	-
Bis 24 Monate	0	0	0	8	13	-
Mehr als 2 Jahre	0	0	0	8	7	-
Keine Angaben	17	42	7	91	103	-
Gesamtzahl	41	119	9	151	226	21
% der beteiligten Unternehmen	14,4	41,6	3,1	52,8	79	7,3
% der Nennungen	7,2	21	1,6	26,6	39,9	3,7

Abb. 115 Art und Länge der Vorbereitungsmaßnahmen für einen Ostasieneinsatz
Quelle: Ostasien-Institut, 1994, S. 6

12.7 Case Study and Role Play

12.7.1 Case Study: Getting people to play ball

An international company appointed two high potentials – Peter Mason from America and Takeo Tanaka from Japan – to run a project together. They seemed to get on well and, after much discussion, worked out a modus operandi and detailed schedule that they and their teams could agree to. Tanaka went back to Japan and submitted a written report, outlining what they had agreed, to his boss. A few days later, Peter had a brilliant idea. There was a much more efficient way of handling the project. Peter discussed that with his American team and, before long, everyone concluded that it would work perfectly. A delighted Peter submitted a revised schedule to the American steering committee. Then he called Tanaka:

Mason: I've got some good news. We have managed to streamline the schedule. I'll mail you the details in a minute. But, basically, it means we'll be able to complete the project a couple of months earlier than we thought.

Tanaka: *You've changed the schedule?*

Mason: Yes. I suddenly realized that if we split the teams into eight work groups rather than six, we could overlap phases two and three, and run phases five and six concurrently.

Tanaka: *You've changed the work groups?*

Mason: Yes. It's so simple, I don't know why we didn't think of it before.

Tanaka: *I see... But I told my boss that the schedule had been finalized. I've already submitted my report.*

Mason: Well, just tell him we've had a better idea.

Tanaka: *It will be very difficult for me to explain the changes to him.*

Mason: I don't see why. I mean, changing the schedule is going to save a lot of time and money. I'm sure he'll be very pleased.

The project went ahead, but the relationship between the Japanese and the American team deteriorated fast. Tanaka and his colleagues were not openly obstructive, but Peter got the impression that they were somehow "working to rule". Before long, the project had fallen seriously behind schedule.

Rothlauf, J., in: Seminarunterlagen, 2005, S. 20

Review and Discussion Questions:

1. What went wrong in the relationship between Mason and Tanaka?

2. What was the decisive mistake Peter made?

3. Structure the episode in a way that Tanaka can save his face!

12.7.2   Role Play: Time for a coffee break

There is a conference at the Tokyo Convention Centre involving business executives from all over the world. Mr. Schmidt from Berlin is one of the attendees, and he is interested in meeting many people from different countries during the coffee break in the conference.

While walking around looking for someone to talk to, he spots two men – one Japanese and one Arab – who are talking together on the other side of the room; Mr. Schmidt approaches them.

Schmidt: Good morning gentlemen, I'm Peter Schmidt. *(He extends his hand to the Arab man first and then to the Japanese).* Do you mind if I join you?

Mohamed: *(As he shakes Schmidt's hand with both of his.)* Welcome, please join us.

Suzuki: *(He steps backward and bows slightly. He shakes Mr. Schmidt's hand without saying anything, ready to exchange business cards.)*

Mohamed: Are you enjoying yourself in this wonderful country, Mr. Schmidt?

Schmidt: Oh, sure, it's very nice here. What do you do Mr....?

Mohamed:	Mohamed Binager. I'm from Egypt and the president of my import company. We are here to look at some of the available products and meet our Japanese friends.
Schmidt:	*(Turning to Suzuki)*. And your name, sir?
Suzuki:	*(He silently hands Schmidt his business card.)*
Schmidt:	*(After looking at it quickly.)* Oh, you're Mr. Suzuki.
Suzuki:	Yes, Sany Corporation.
Schmidt:	I see *(Puts Suzuki's card quickly in his pocket and turns back to Mohamed. Afterwards he hands boih of them his business card.)* Do you have a business card, Mohamed?
Mohamed:	*(Smiling.)* No, I don't carry them with me. Everybody knows me. *(Moving closer to Mr. Schmidt to show him his hospitality.)* I'm the president.
Schmidt:	*(Stepping back from Mohamed.)* Oh, I understand.
Suzuki:	Mr. Schmidt, you are from the Siemens Company, aren't you?
Schmidt:	Yes, I'm the marketing director in charge of the European Division.
Mohamed:	Well, should we all go have some coffee and enjoy our break time together?
Schmidt:	I'm sorry, but I have to go to talk to some other people. Maybe we'll get together later on. It was very nice to meet you. Goodbye.

Peter Schmidt walks away in search of more people to make contact with, as Mohamed and Suzuki look at each other, smiling. They overhear him: „Good morning, gentlemen, I'm Peter Schmidt. Do you mind if I join you?"

Review and Discussion Questions:

1. There are many culture clashes present in this scenario. What would you think went wrong with Mr. Schmidt's presentation?

2. In order to avoid such a bad performance what should generally be done by companies preparing managers for intercultural meetings?

12.8　Literaturverzeichnis

Abegg, L., Ostasien denkt anders, Zürich 1949.
Adenauer, S., Besonderheiten der japanischen Arbeitswelt, in: Angewandte Arbeitswissenschaft, Nr. 131/1992.
ASIAWEEK, 15. Januar 1999.
Auswärtiges Amt (Hrsg.), Wirtschaftsdatenblatt Japan, 19.06.2006.
Auswärtiges Amt (Hrsg.), Wirtschaftsdatenblatt Japan, Berichtsjahr 2008, Stand April 2009.
Baum, H., Marktzugang und Unternehmenserwerb in Japan, Heidelberg 1995.
Begin, J. P., Dynamic Human Resource Systems- Cross-National Comparisons, New York 1997.
Bergemann, N./ Sourisseaux, A.L.J., Interkulturelles Management, 2. Aufl., Heidelberg 1996.
Biehl, M., Dynamisches Japan, Frankfurt/M 1975.
Buruma, J., Japan hinter dem Lächeln: Götter, Gangster, Geishas, London 1984.
Cathay Pacific (Hrsg.), Kleiner Asien-Knigge, Weise Reisen, 2004.
CIA World Factbook, Germany, Japan, 2012, in: https://www.cia.gov/library/publications/the-world-factbook/.
Coulmas, F., Das Land der rituellen Harmonie, Japan: Gesellschaft mit beschränkter Haftung, Frankfurt/M 1993.
Dambmann, G., 25mal Japan. Weltmacht als Einzelgänger, München 1979.
Dambmann, G., Acht Tips zum guten Anfang, in: Die Zeit (Hrsg.) ZEIT Magazin, Japan Special, Nr.5/1982.
Deutsche Bundesbank (Hrsg.), Zahlungsbilanzen nach Regionen, Statistische Sonderveröffentlichung, Nr.11, Frankfurt/M. 1997.
DIHKJ (Deutsche Industrie- und Handelskammer in Japan) (Hrsg.), Deutsche Präsens in Japan 1993, Tokyo 1994.
DIHKJ (Deutsche Industrie- und Handelskammer in Japan) (Hrsg.), Japan 2002 – Überblick.
Dodwell Consultants (Hrsg.), Industrial Groupings in Japan, Tokyo 1992.
Dore, R., Good Investment, in: The Economist, May 9th, 1998.
Dülfer, E., Internationales Management in unterschiedlichen Kulturkreise, 3. Aufl., München 1995.
Elashmawi, F./ Harris, P.R., Multicultural Management. New Skills for Global Success, Houston 1993.
Eli, M., Japans Wirtschaft im Griff der Konglomerate, Frankfurt/M 1988.
Eliseit, H., Japan - eine Herausforderung, Berlin 1969.
Erlinghagen, H., Japan. Ein deutscher Japaner über die Japaner, München 1976.
Ernst, A./ Hild, R./ Hilpert, H. G./ Martsch, S., Technologieschutz in Japan - Strategien für Unternehmenskooperationen, München 1993.
Finsterbusch, S., Tokio lebt heute schon im Morgen, in: FAZ, 12.06.2004.
Finsterbusch, S., Leben und arbeiten in Tokio, in: FAZ, 12.06.2004.
Fischermann, T., Modell mit vielen Gesichtern, in: Die Zeit, Nr. 48, 1998.
Gebert, D., Die Besonderheiten der japanischen Sozialstruktur - Anregungen für den Betrieb?, in: Management Zeitschrift, Nr. 3/1995.
Giesler, H.-B., Die Wirtschaft Japans, Düsseldorf 1971.
Grawert, A., Entscheiden auf japanisch, in: Personalwirtschaft, Nr.7/1996.
Hall, E.T./ Hall, M.R., Verborgene Signale. Über den Umgang mit Japanern, Hamburg 1985.
Hauch-Fleck, M.-L., Das asiatische Rätsel. Die Wirtschaftswissenschaftler sind unschlüssig darüber, ob die Krise in Japan Auswirkungen auf die ganze Welt haben wird, in: Die Zeit, Nr. 27/1998.

Heidecker, T., Rahmenbedingungen und Erfolgsfaktoren der Erschließung und Bearbeitung des japanischen Absatzmarktes durch ausländische Unternehmen, Hamburg 1986.

Janocha, P., Asiens Märkte erfolgreich erschließen. Ein Leitfaden für die mittelständische Wirtschaft, Berlin 1998.

Japan Committee for Economic Development: Das Management der achtziger Jahre, Tokyo 1980, in: Bergemann/Sourisseaux (Hrsg.), Interkulturelles Management, Heidelberg 1996.

JETRO (Japanese External Trade Organization) (Hrsg.), Der deutsche Handel mit Japan, Düsseldorf, 09/2007.

JETRO (Hrsg.), Geschäftsverkehr mit Japan Aufnahme und Pflege von Geschäftsbeziehungen zu japanischen Partnern, JETRO Marketing Series 8, Hamburg 1975.

JETRO (Hrsg.), Japanese Corporate Personnel Management, JETRO Business Information Series, Tokyo 1992a.

JETRO (Hrsg.), Japanese Corporate Decision Making, JETRO Business Information Series, Tokyo, 1992b.

Kaminura, K., Kulturelle Unterschiede und Chancengleichheit, in: Personalführung, Nr. 8/1995.

Kattoulas, V., Stepping out, in: Newsweek, July 27/1998.

Koyama, H., Personalmanagement in Japan, in: Kumar/Wagner (Hrsg.),Handbuch des Internationalen Personalmanagements, München 1998.

Krauss-Weysser, F., Die Japanische Provokation, Berlin 1995.

Kroner, S., Rahmenbedingungen für Unternehmensstrukturierungen in Japan, in: Deutsch-Japanischer Wirtschaftskreis (Hrsg.), Nr. 192, Aug. 2004.

Kubota-Müller, B., Freundliches Kopfnicken bedeutet keine Zustimmung. Entscheidungsfindung im japanischen Wirtschaftsleben. Blick durch die Wirtschaft, Nr. 32/1989.

Macharzina, K., Unternehmensführung: das internationale Managementwissen; Konzepte – Methoden - Praxis, Wiesbaden 1993.

Mead, R., Leadership and Decision Making in Japan, in: Cases and Projects in International Management – Cross-Cultural Dimensions, 2000.

Meid, K.-H., Das japanische Wirtschaftssystem, in: Deutsch-Japanischer Wirtschaftskreis (Hrsg.), Erfolgreich im Japangeschäft - Den Geschäftspartner besser verstehen, Düsseldorf 1994.

Morrison, T./ Conaway, W.A./ Borden, G.A., How to Do Business in Sixty Countries, Holbrook 1994.

Müller, S., Management und Entscheidungsfindung in japanischen Unternehmen. Arbeitspapier, Nr. 21, Institut für Marketing, Universität Mannheim 1990.

Münch, J./ Eswein, M., Bildung, Qualifikation und Arbeit in Japan - Mythos und Wirklichkeit, Berlin 1992.

Odagiri, H., Growth Through Competition, Competition Through Growth, Oxford 1992.

Odrich, P., Japanischer Unternehmensalltag aus europäischer Sicht: Die Realität sieht ganz anders aus, Frankfurt/M 1993.

Ostasien-Institut, Ostasien-Manager, Welches Ausbildungsprofil erwartet die Deutsche Wirtschaft? In: DJW (Deutsch-Japanischer Wirtschaftskreis (Hrsg.), Düsseldorf 1994.

Ouchi, W.G./ Theory Z., How American Business Can Meet the Japanese Challenge, Reading 1981.

Pascale, R.T./ Athos, A.G., The Art of Japanese Management, New York 1981.

Pauer, E., Japan-Deutschland Wirtschaft und Wirtschaftsbeziehungen im Wandel, in: Deutsch-Japanisches Wirtschaftsförderungsbüro (Hrsg.), Reihe Japanwirtschaft, Heft 18/1985.

Pudelko, M., Das Personalmanagement in Deutschland, den USA und Japan, Band 2, Köln 2000.
Renard, J., The Handy Religion Answer Book, New York 2002.
Reischauer, E., The Japanese Today - Change and Continuity, Tokyo 1993.
Rothlauf, J., Die Determinanten der japanischen Unternehmung, in: Einführung in die Managementlehre, 3. Aufl., Stralsund 1997.
Rowland, D., Japan-Knigge für Manager, Frankfurt/M 1996.
Rudolph, H., Erfolgsfaktoren japanischer Großunternehmen. Die Bedeutung von Wettbewerb und individuellen Leistungsanreizen, Frankfurt/M 1996.
Ruhland, J./ Wilde, K., Wirtschaftsmacht Japan: Erfolg durch Targeting, in: Schuster,L.(Hrsg.), Die Unternehmung im internationalen Wettbewerb 1994.
Rupsch, H., Global Localization - Sonys Ansatz zur weltweiten Koordination des Unternehmens, in: Scholz, J.M. (Hrsg.), Internationales Change-Management, Stuttgart 1995.
Scheer, M., Das Joint Venture in Japan, in: Langefeld-Wirth, K. (Hrsg.), Joint Ventures im internationalen Wettbewerb, Heidelberg 1990.
Scheer, M., Arbeitsrecht, in: Baum/Drobnig (Hrsg.), Japanisches Handels- und Wirtschaftsrecht, Berlin 1994.
Schlieper, A., Die Nähe fremder Kulturen. Parallelen zwischen Japan und Deutschland, Frankfurt 1997.
Schmidt, R., Japanese Management, Recession Style, in: Business Horizons, Nr. 3/1996.
Schneidewind, D., Entscheidungsprozesse in japanischen Unternehmen, Deutsch-Japanisches Wirtschaftsförderungsbüro (Hrsg.), Reihe Japanwirtschaft, Heft 8, Düsseldorf 1980.
Schneidewind, D., Das japanische Unternehmen - uchi no kaisha, Berlin 1991.
Schroll-Machl, S., Was ist im Kontakt mit Geschäftsleuten aus Asien zu beachten? In: FAZ, 30.10.2004.
Shimizu, R./ Miyake, A./ Nakazaki, S./ Shinohara, F., Entscheidungsaktivitäten mittelständischer Unternehmen, in: Bergemann/Sourisseaux (Hrsg.), Interkulturelles Management, 2. Aufl., Heidelberg 1996.
Shujl, H., Silence, in: Culture and Management in Japan, Tokyo, 1991, S. 113
Streib, F./ Ellers, M., Der Taifun: Japan und die Zukunft der deutschen Industrie, Hamburg 1994.
Stucki, L., Japans Herzen denken anders, Bergisch-Gladbach 1980.
Sung-Hee, L., Asiengeschäfte mit Erfolg. Leitfaden und Checklisten, Berlin 1997.
Thiede, U., Beispiele für Konsensbildung in japanischen Firmen, in: Deutsch-Japanischer Wirtschaftskreis (Hrsg.), Erfolgreich im Japangeschäft -Den Geschäftspartner besser verstehen-, Düsseldorf 1994.
Unger, K. R., Erfolgreich im internationalen Geschäft. Fallstricke und Fehler vermeiden – Kompetenz auf Auslandsmärkten, Wien 1997.
Watanabe, T., Demystifying Japanes Management, Tokio 1987.
Womack, J.P./ Jones, D.T./ Roos, D., The Machine that changed the World, New York 1990.
Yoshino, B., Politische und moralische Wertvorstellungen im heutigen Japan, Informationsmaterial der Japanischen Botschaft, Bonn 1980.

13 Interkulturelles Management in Russland

*Wir lieben Menschen nicht so sehr wegen des Guten,
das sie für uns getan haben, als für das Gute,
das wir ihnen getan haben.*

(Lew N. Graf Tolstoi)

13.1 Basisindikatoren im Vergleich

Indikatoren	Russland	Deutschland
Bruttoinlandsprodukt Wachstumsrate	4,3%	2,7%
Bruttoinlandsprodukt pro Kopf	16.700 $	37.900 $
Bevölkerung	138.082.178 (2012 est.)	81.305.856 (2012 est.)
Bevölkerungswachstum	-0,48% (2012 est.)	-0,2% (2012 est.)
Inflation	8,9%	2,2%
Exporte	498,6 Mrd. $	1,543 Bill. $
Lebenserwartung (Jahre)	66,46	80,19
Alphabetisierungsrate	99,4%	99%

Abb. 116 Ausgewählte Basisindikatoren im Vergleich Russland-Deutschland im Jahre 2011
Quelle: CIA World Factbook, 2012

13.2 Politisch-ökonomische Rahmenbedingungen

13.2.1 Russland nach dem Zerfall des sowjetischen Imperiums

Russland befindet sich gegenwärtig in einem historisch präzedenzlosen Prozess der Reorganisation. Nach dem Zerfall des sowjetischen Imperiums und dem Ende des Ost-West-Antagonismus, sind alte, zum Teil erzwungene Verbindungen zerrissen - und neue geknüpft worden (Braun, 1995, S.1). Auch nach inzwischen mehr als achtzehn Jahren ökonomischen Wandels steht Russland immer noch vor der doppelten Aufgabe, das Erbe der sozialistischen Vergangenheit zu bewältigen, das aus einer Industriestruktur besteht, die teils überdimensioniert, teils defizitär ist und eine zentral verwaltete Kommandoökonomie in eine Marktwirtschaft umzuformen. Dies geschieht vor dem Hintergrund nur geringer Erfahrung mit den Funktionsmechanismen von Märkten wie in der Bildung und Reorganisation von Strukturen und Institutionen (Rothlauf, 1998, S. 284).

Zu diesen Problemen des ökonomischen und damit verbundenen innergesellschaftlichen Wandels kommt noch ein drittes hinzu: die Integration dieser Volkswirtschaft in ein größeres Europa, dessen Märkte bereits hoch integriert sind und sichtlich Probleme hat, neue „Partner und Konkurrenten" aufzunehmen (Blasum, 1995, S. 537).

In Russland sind im Wesentlichen zwei Akteure mit der Lösung dieser Probleme konfrontiert: die Regierung und die Unternehmen. Die primäre Aufgabe der Regierung besteht darin, einen politischen und sozialen Konsens herzustellen und den Rahmen für eine Marktwirtschaft zu schaffen; die Industrie steht vor der Aufgabe, ihre Strukturen so umzuorganisieren, dass sie in einem von Wettbewerb bestimmten Umfeld bestehen und überleben kann (Potratz/Widmaier 1995, S. 1).

„Wer immerzu lacht, ist ein Dummkopf,
wer aber niemals lacht, ist ein Unglücklicher."
(Russisches Sprichwort)

> **EU plant Freihandelszone mit Russland**
> (Markus Wehner)
>
> Die Europäische Union will die Beziehungen zu Russland langfristig auf eine verbesserte institutionelle Grundlage stellen und strebt deshalb eine Freihandelszone mit Moskau an. Das haben EU-Kommissionspräsident Barroso und der finnische Ministerpräsident Vanhanen in Helsinki anlässlich der Übernahme der EU-Ratspräsidentschaft durch Finnland angekündigt. Sie vermieden aber jede Festlegung auf Zeitpläne oder Inhalte eines möglichen Freihandelsabkommen. Russland müsse zuerst der Welthandelsorganisation WTO beitreten, bevor weitere Details besprochen werden könnten. Der Abschluss der Beitrittsverhandlungen Russlands mit der WTO wird für frühestens Anfang 2007 erwartet.
>
> In: FAZ, 04.07.2006, S. 5

13.2.2 Spezifische Merkmale der russischen Wirtschaft

13.2.2.1 Drei historisch wichtige Wirtschaftsepochen

Um die spezifischen Merkmale der gegenwärtigen russischen Wirtschaft zu verstehen und das Handeln der am Wirtschaftsprozess Beteiligten besser einschätzen zu können, ist ein kurzer Rückblick auf die historische Entwicklung notwendig.

Die folgende Abbildung 117 greift exemplarisch drei wichtige Phasen heraus, die erkennen lassen, welche Veränderungen sich im Führungsverhalten und in der Unternehmensführung ergeben haben. Zum einen wird die Situation vor 1917 (Traditional Russian society), dann die Zeit zwischen 1917 und 1987 (Red executive managers) und schließlich die Entwicklung ab 1987 (Market-oriented) aufgezeigt.

Aus der Gegenüberstellung wird erkennbar, wie sich die Machtstrukturen geändert, die Verantwortung von Staatsbetrieben zu schrittweise privat geführten Unternehmen verschoben sowie die Beziehungen zwischen Vorgesetzten und Mitarbeitern gewandelt haben.

> **Moskau liegt am Fudschijama**
> (Viktor Jerofejew)
>
> Die japanische Botschaft ist derzeit wohl der schickste Ort in Moskau. Bei Empfängen kann man dort die gesamte Moskauer Elite treffen: Politiker, Intellektuelle, Rockstars, Banker. Alle haben gelernt, mit Stäbchen zu essen. In den letzten zwei Jahren sind in Moskau an die hundert japanische Restaurants und Sushi-Bars entstanden (zu Sowjetzeiten gab es nur ein einziges japanisches Restaurant), und heutzutage gehen alle Verliebten Sushi essen, denn was wäre das sonst für eine Liebe?
>
> Auch unsere russische Seele haben wir bei den Japanern abgegeben. Die japanische Literatur steht hoch im Kurs und der Inbegriff von Ehre für russische Männer wie Frauen ist der Samurai. Den köstlichsten Tee gibt es bei japanischen Teezeremonien. Als ich kürzlich in der Moskauer Universität bei den mir vom Studium her wohlvertrauten Philologen vorbeischaute, wurde ich sofort genötigt, die Schuhe auszuziehen und nach allen Regeln der besagten Zeremonie einen Tee zu mir zu nehmen.
> Die Stadt ist übersät mit japanischen Hieroglyphen, als wäre sie von einem Ausschlag befallen: Werbung für japanische Restaurants, Ikebana-Ausstellungen, No-Theater-Gastspiele und japanische Technik, wohin man blickt.
>
> In: Die Zeit, 30.08.2001, S. 43

Über den Zeitablauf betrachtet wird darüber hinaus auch deutlich, dass die informellen Informationskanäle von früher auch noch heute Geltung besitzen. Spricht man über Schutzgeldzahlungen oder Korruption in Russland, so zeigt sich, dass diesem Verhalten eine lange Tradition zugrunde liegt. Vor allem überrascht der dabei vorherrschende ethische Grundsatz, wonach man zwar im privaten Bereich sich in dieser Hinsicht ehrenhaft verhält, wenn es allerdings um geschäftliche Dinge geht, eine völlig andere Verhaltensweise an den Tag legt.

Traditional Russian society (pre–1917)

- Centralization of authority and responsibility
- Collective action
- Dual ethical standards (honesty in personal relationships, deception in business relationships)
- Feelings ranging from helplessness (only a religious saviour will deliver people from their plight) to bravado (belief in one's ability to outsmart others)

Red executive managers (1917–1987)

- Centralized leadership
- Communist domination
- Party service
- Rise of collective enterprises
- Dual ethical standards (honesty in personal conduct with employees, dishonesty in business dealings)
- Use of informal influence to obtain favours
- Feelings of helplessness due to producing inferior products and bravado in operating some of the world's largest organizations

Market-oriented (1987–present)

- Sharing of power with numerous stakeholders in state enterprises
- Responsibility for private enterprise success
- Effective delegation of responsibility to employees
- Use of informal influence to obtain favours
- Bipolar extremes of cynicism in problem-solving
- Use of overpromising to both clients and business partners
- A high degree of achievement motivation regarding quality service and products but social contempt for success

Abb. 117 The Three Eras of the Soviet Union
Quelle: Puffer, 1994, S. 41-51

13.2.2.2 Russlands Wirtschaft im Transformationsprozess

Russland befindet sich in einer schwierigen Transformationsphase. Die defizitäre Situation der volkswirtschaftlichen Produktionsleistung, der Mangel an Devisen sowie ungenügende Kenntnisse moderner Managementmethoden sind derzeit spezifische Merkmale der russischen Wirtschaft. Der politische und wirtschaftliche Reformprozess, in dem den Wirtschaftssubjekten weitgehende Handlungsfreiheiten im Hinblick auf die Art und den Umfang der Produktion einschließlich der Preisfestsetzung eingeräumt wurden, kann nicht darüber hinwegtäuschen, dass in der russischen Wirtschaft nach wie vor Instrumente planwirtschaftlicher Koordination existieren.

Aus diesen Gründen verfolgte bereits die Verordnung Nr. 49 vom 13. Jan. 1987 das Ziel, die internationale Wettbewerbsfähigkeit russischer Produkte zu steigern, Exporte auf Devisenbasis auszubauen und den Transfer von westlichen Management- und Technologie-Know-how zu ermöglichen (Thiel, 1995, S.34). Der noch zu Zeiten des Bestehens der Sowjetunion eingeführte und inzwischen im russischen Unternehmensrecht institutionalisierte Grundsatz der vollen wirtschaftlichen Rechnungsführung sowie das Prinzip der Selbstfinanzierung – um langfristig auf internationalen Wettbewerbsmärkten bestehen zu können – bedingen das Kooperieren mit westlichen Partnern.

Eine Reihe von Reformprojekten wurden deshalb in Angriff genommen, darunter 1992 die Preisfreigabe, bis 1994 die Massenprivatisierung und seit 1995 der Versuch einer geldpolitischen Stabilisierung. Allerdings wurden die Rahmenbedingungen für privatwirtschaftliche Initiative und Wettbewerb weitgehend vernachlässigt. Es gibt weder eine Steuerreform noch ist der rechtliche Schutz des Eigentums ausreichend gesichert. Überregulierung durch Lizenzen und Zertifikate und ein blühendes Schutzgeldgeschäft kommen erschwerend hinzu (Fischermann, 1998, S. 31).

„Ein einziges Wort, gesprochen mit Überzeugung, in voller Aufrichtigkeit und ohne zu schwanken während man Auge um Auge einander gegenübersteht, sagt bei weitem mehr, als einige Dutzend Bogen beschriebenen Papiers."
(Fidor M. Dostojewski)

Mit einer Liberalisierung des Außenhandels und einer damit verbundenen Öffnung der Wirtschaft gegenüber dem Weltmarkt versprach man sich vor allem:

- Schnelle Übernahme einer rationalen Preisstruktur durch den Einfluss der Weltmarktpreise auf die Binnenwirtschaft.
- Erhöhung der Wettbewerbsintensität auf dem Binnenmarkt durch ausländische Konkurrenz. Dies ist deshalb besonders wichtig, um die stark monopolisierten Strukturen der ehemaligen Planwirtschaft dem Wettbewerbsdruck auszusetzen.
- Stärkung der Auslandsnachfrage als expansive Nachfragekomponente angesichts einer notwendigen restriktiven Geldpolitik und einer geringen Binnennachfrage (Vincentz, 1996, S. 1).

Was nun die Entwicklung der Verbraucherpreise betrifft, so hat sich in Russland die Lage stetig verbessert und es sind enorme Anstrengungen unternommen worden, um die Schwindel erregend hohe Inflation in den Griff zu bekommen.

Lag im Jahre 1992 dieser Index noch bei unvorstellbaren 1460 Prozent, so wird für das Jahr 2006 ein Wert von 10,4 Prozent prognostiziert (Abb. 115).

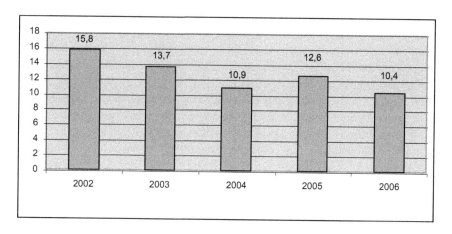

Abb. 118 Entwicklung der Inflationsrate im Jahresdurchschnitt in Prozent, 2002-2006
Quelle: FAZ, 10.07.2006, S. 14

Im Jahre 2000, dem ersten Jahr der Ära Putin, wuchs die russische Wirtschaft um 12 Prozent, im darauf folgenden Jahr um 8 Prozent. Die seit Mitte 2005 exorbitant gestiegenen Erdölpreise sind ein wesentlicher Grund dafür, dass auch für die Zukunft mit einem überdurchschnittlichen Wachstum zu rechnen ist.

Das erfreuliche Wachstum auf der einen Seite macht aber auch deutlich, dass Russland von den Öl- und Gaseinkommen abhängiger denn je ist. Ein Drittel der Haushaltseinnahmen und der Industrieproduktion hängt allein von den Einnahmen aus diesen beiden Rohstoffen ab. Wirtschaftsminister Gref will von daher die Steuern auf Energieexporte erhöhen, um diese Abhängigkeit zu mindern (Wehner, 2003, S. 14).

Im Zuge der internationalen Arbeitsteilung wird Russland allerdings noch lange von seinen Rohstoffen – Öl, Gas, Aluminium, Stahl, Kupfer, Nickel, Holz, Gold und Diamanten – gut leben können. In einer Lage, in der die westliche Welt ihre Abhängigkeit von den Golfstaaten vermindern will, hat Russland als Land der Energien seine große Chance.

Rund 90 Milliarden Kubikmeter Erdgas aus Russland bis Ende 2030 (russlandintern.de)

Die Verbundnetz Gas AG hat bedeutende Erdgaslieferungen bis zum Ende des Jahres 2030 gesichert: ein entsprechender Liefervertrag wurde am 5. Juli 2006 in Moskau mit dem deutsch-russischen Vertragspartner Wintershall Erdgas Handelshaus GmbH (WIEH) vereinbart. „Die Dimensionen dieses Abkommens und die Langfristigkeit zeigen, dass Russland nach wie vor als zuverlässiger Partner für die Erdgasversorgung Deutschlands bereit steht", betonte A.I. Medwedew Stellvertreter des Vorstandsvorsitzenden von Gazprom und Gastgeber der Vertragsunterzeichnung. WIEH-Geschäftsführer Dr. R. Seele ergänzte: „Der Vertrag umschließt ein Handelsvolumen in der Größenordnung von 20 Milliarden Euro. Damit haben wir unsere Handelsbeziehungen bis weit in die Zukunft auf eine solide Basis gestellt."

In: russlandintern.de, Wirtschaft aus Russland, 06.07.2006

Was den Außenhandel Russlands mit Deutschland betrifft, so profitiert momentan insbesondere der deutsche Maschinenbau von der guten russischen Konjunktur. Daneben sind es elektrotechnische und chemische Produkte sowie Kraftfahrzeuge, die stark von russischer Seite nachgefragt werden. Was die russischen Ausfuhren angeht, so sind es vor allem die Energieträger Öl und Gas, die nach Deutschland importiert werden und die für den Großteil der Ausfuhren verantwortlich sind (mvkmessen.de).

> **Die Mittelschicht im Zentrum des Aufschwungs**
> (Markus Wehner)
>
> Gut 37 Millionen Russen, ein Viertel der Bevölkerung, lebt, wenn man der staatlichen Statistik glauben will, unter dem Existenzminimum von knapp 70 Dollar im Monat. Doch zugleich wächst in den Wirtschaftszentren wie Moskau, St. Petersburg, Nischnij Nowgorod oder Kasan seit Jahren eine Mittelschicht, die von der Finanzkrise des Jahres 1998 nicht aufgerieben worden ist. Allein in Moskau verdienen wohl 2,5 Millionen Einwohner mehr als 500, oft mehr als tausend Dollar im Monat. Der Wohlstand dieser Mittelschicht bestimmt das Bild der Hauptstadt.
>
> In: FAZ, 16.05.2003, S. 14

Gesamtwirtschaftlich gesehen steht Russland vor der schwierigen Aufgabe, sich als Produzent von Gütern mit mittlerem und hohem Technologiegehalt zu etablieren und seine vorhandenen Rohstoffe optimal zu nutzen. Dies wird nur in enger Zusammenarbeit mit den Industrienationen möglich sein, wozu die Rahmenbedingungen sich weiter verbessern müssen.

Hinzu kommt, dass die Attraktivität Russlands für ausländisches Kapital durch die weiterhin hohe Unsicherheit über die zukünftige Entwicklung stark geschmälert ist. Rechnet man eine Risikoprämie in die Kapitalverzinsung ein, so kann das Zins-Lohn-Niveau sogar niedriger sein als in der EU, was zur Folge hätte, dass das Kapital von Ost nach West wandert. Die Kapitalflucht aus Russland zeigt, dass dies nicht nur eine theoretische Möglichkeit ist (Schewzowa, 2006, S. 6).

Auf der anderen Seite bestehen aber auch vielfältige Chancen, die mit einem Engagement in Russland in Verbindung gebracht werden können: Weitgehend ungenutzte oder unzureichend abgebaute natürliche Ressourcen, ein mit rund 150 Millionen Menschen interessanter Binnenmarkt, niedrige Lohnstückkosten sowie ein gut ausgebildetes Arbeitskräftereservoir stellen Rahmenbedingungen dar, die eigentlich genügend Anreiz bieten sollten, um ein unternehmerisches Engagement in Russland zumindest einer intensiven Prüfung zu unterziehen.

> **Vom Boom profitieren**
> (Carsten Dierig)
>
> Die Russische Föderation ist mittlerweile eine der dynamischsten Regionen der Welt. Seit 1999 hat sich das Bruttoinlandsprodukt allein in Russland auf knapp 500 Milliarden Euro mehr als verdoppelt. Die Beratungsgesellschaft A.T. Kearney stuft das riesige Land im Ranking der attraktivsten Investitionsstandorte weltweit auf Rang sechs ein. Schließlich steigt die Kaufkraft der Bevölkerung ebenso stetig wie der Modernisierungsbedarf der russischen Produktionsbetriebe. Kaum verwunderlich also, dass es immer mehr deutsche Unternehmen gen Osten ziehen.
>
> In: Die Welt, 07.06.2006, S. 14

Eine Untersuchung von Experten der Unternehmensgruppe Ernst & Young kam zu dem Ergebnis, dass Russland zu den attraktivsten Investitionsmärkten Europas gehört. Die Autoren des Berichts sind dabei der Ansicht, dass das Investitionsimage Russlands seine realen Leistungen bei der Mobilisierung ausländischer Investitionen sogar übertrifft. Immerhin wurden im Jahre 2005 in Russland 111 Investitionsprojekte umgesetzt, was Platz neun auf der Top-15-Liste bedeutet, gemessen am Volumen der ausländischen Investitionen nimmt Russland sogar Platz sieben ein (russland.ru-russlandintern).

Fortschreitende Wirtschaftsreformen, höhere Transparenz und Planungssicherheit tragen Schritt für Schritt bei, dass immer mehr ausländische Unternehmen mittlerweile eigene Produktionsstandorte in Russland einrichten. So produzieren beispielsweise deutsche Unternehmen neben Telekommunikationsgeräten und Landmaschinen vor allem Gebrauchsgüter und Möbel in Russland. Dabei erzielten Nahrungsmittelmaschinen, Verpackungs-, Bau- und Baustoffmaschinen die höchsten Absatzzahlen (MVK Messen, 2006, S. 1).

Eine gute Einschätzung über das Verhältnis zwischen Deutschland und Russland liefert die Einschätzung des gegenwärtigen Botschafters der Russischen Föderation Wladimir Kotenew (2009, S. 6):

> *„Deutschland ist seit Jahrzehnten unser Wirtschaftspartner Nummer eins. Die stabile Wirtschaftssituation in Russland in den letzten acht Jahren, die Novellierung der Gesetzgebung, die Schaffung der transparenten Bedingungen für ausländische Unternehmen haben zur Steigerung der Investitionsanreize beigetragen. Seit 2001 hat sich die Zahl der in Russland tätigen deutschen Unternehmen verdoppelt und beträgt zurzeit mehr als 4600, zwei Drittel davon gehören dem Mittelstand an. Die meisten haben sich als zuverlässige Partner erwiesen.*

Die räumliche Ausdehnung der deutschen Unternehmen hat sich ebenfalls erweitert. Es sind heute zwei Drittel der 83 russischen Regionen in die Wirtschaftskooperation mit den deutschen Partnern involviert.

Zu den wichtigsten Herausforderungen im wirtschaftlichen Bereich gehört die steigende Nachfrage nach Energieträgern. Dementsprechend bleibt der traditionell strategisch bedeutsame Energiebereich eines der wichtigsten Segmente der deutsch-russischen Zusammenarbeit. Neue Perspektiven für die Kooperation im Energiesektor eröffnen hier die jüngsten Abkommen von Siemens und RWE mit dem russischen staatlichen Unternehmen Rosatom."

13.2.2.3 Privatisierung

In den kommunistischen Zentralwirtschaftsländern gab es fast nur Staatsbetriebe. Preise für Konsumgüter, für Vorprodukte und für Rohstoffe wurden zentral festgelegt – und hatten mit den Herstellungskosten nur wenig zu tun. Der Staat glaubte, es besser zu wissen. Weil dieses System mehr den Mangel verwaltete, als Wohlstand zu schaffen, setzten die Reformländer jetzt auf Markt und Privatwirtschaft. Die Umstellung ist jedoch nicht einfach. Allerdings ist diese Entwicklung irreversibel (Rothlauf, 1998, S. 288).

Dabei stößt die Privatisierung nicht immer auf offene Ohren, teilweise sogar auf Ablehnung. Wenn es um die Frage geht, in welchem Umfang Grund und Boden, Wohnraum sowie Groß- und Kleinbetriebe in privates Eigentum überführt werden bzw. überführbar sind, gibt es unterschiedlichste Regelungen, die für den privaten westlichen Investor nicht unerheblich sein können, wenn er eine Auslandsinvestition ins Auge fasst.

Die russische Privatisierungsrechtsakte unterscheidet z.B. zwischen Objekten, die nur mit Erlaubnis der Regierung privatisiert werden können, und solchen Bereichen, in denen jede Privatisierung verboten ist (Rödl, 1995, S. 26).

Privatisierungszwang herrscht:

- im Großhandel
- bei Baufirmen
- bei Transportunternehmen und
- in der Lebensmittelindustrie

Unternehmen, die nur mit Erlaubnis der Regierung privatisiert werden können:

- Großindustrie
- Rüstungs- und Atomindustrie

Privatisierungsverbot herrscht für:

- Bodenschätze
- Gewässer
- Forstwirtschaft
- Notenbank
- Energiesektor

Von den 28 000 zur Privatisierung freigegebenen mittleren und großen Unternehmen sind inzwischen 20 000 privatisiert. Das größte Grundkapital je Betrieb ist in den Bereichen Öl- und Gasförderung, Ölverarbeitung und in der Gas- und Stromversorgung angesiedelt. Interessant hierbei ist die große Anziehungskraft der Regionen Westsibiriens, des Nordwestens um St. Petersburg, der Uralregion und des Nordens mit Murmansk und Archangelsk. In diesen Regionen liegen nach Einschätzung vieler Anleger die Betriebe, die gewinnbringend arbeiten können (Rödl, 1995, S. 26).

Russlands beunruhigende Normalität
(Gerald Hosp)

Es ist festzustellen, dass bei – weit definierten – „strategisch" wichtigen Unternehmen die Privatisierungen zurückgenommen werden, der Staatseinfluss allgemein zunimmt und die Korruption eher steigt – auch im Vergleich zu anderen Ländern. So ist es auch nicht verwunderlich, dass in der jüngsten Studie der Weltbank zur Qualität der Staatsführung Russland in fünf Kategorien (politische Mitspracherechte, politische Stabilität und Abwesenheit von Gewalt, Effektivität der Regierung, Regulierungskompetenz und Kontrolle der Korruption) einen negativen Trend aufweist und in der sechsten und letzten Kategorie (Rechtsstaatlichkeit) keine Besserung des niedrigen Niveaus festzustellen ist.

In: FAZ, 30.07.2007, S. 9

13.2.2.4 Korruption als Tradition

Der Blick auf die zuvor angesprochenen russischen Wirtschaftsepochen hat bereits die unterschiedliche Gewichtung erkennen lassen, die das private und das geschäftliche Verhalten der Russen betrifft. Zunächst ist die gewichtige Rolle des Beamtentums in einer verstaatlichten Wirtschaft nicht überraschend und Bestechungen sind dort an der Tagesordnung. Doch Korruption ist überall in Russland anzutreffen. Dabei weist die Korruption der Bürokratie in Russland eine besondere Tradition auf. Ein geschichtlicher Rückblick lässt erkennen, worauf ein derartiges Verhalten der Russen zurückzuführen ist.

Die Korruption entstand im Zarenreich in Form von kormlenie ot del (Speisung mittels Amtes). Der Zar, der aus Geldmangel nach einer Minimierung der Verwaltungsausgaben trachtete, gab den Beamten freie Hand hinsichtlich der privaten Bereicherung in den ihnen vertrauten Gebieten. Die einzige Grenze, die dabei gezogen wurde, war das strenge Verbot, das Amt zu Lasten der Krone zu missbrauchen. Die Handlungsmaxime lautete dabei, dass der Beamte, solange er auf Kosten der Gesellschaft und der Wirtschaft, nicht aber zu Lasten des Staates reich wurde, er keine strafbare Handlung beging (Saizew, 1998, S.65).

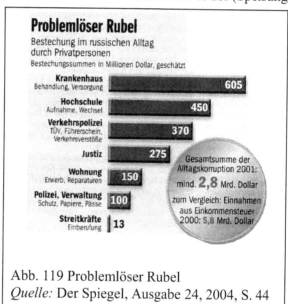

Abb. 119 Problemlöser Rubel
Quelle: Der Spiegel, Ausgabe 24, 2004, S. 44

Eine Unterscheidung zwischen privatem und staatlichem Eigentum war dem Beamten fremd; er sorgte für sich, seine Familie und Verwandtschaft, dann für den Zaren. Im Laufe der Jahrhunderte entwickelte sich eine Bestechungs-Etikette, die zwischen den „unschuldigen" und „sündhaften" Einkünften der Beamten unterschied. So entstand eine subtile Kunst der Bestechung mit dem Ergebnis, dass das kormlenie-System zu einer Form der „Bestechung als Lebensweise" mutierte (Saizew, 1998, S. 66).

Bis heute kann man diese Verhaltensweise beobachten, wenn von einem blühenden Schutzgeldgeschäft gesprochen wird. Alle Schichten des Landes, in besonderer Weise aber die russische Elite ist hierbei involviert, wobei die Formen variieren. Direktoren von Staatsunternehmen und ihre Mittelsmänner halten die Hand auf, wenn es um Vergabe von Aufträgen geht, beteiligen sich an Firmen oder Kooperativen und schustern diesen dann Maschinen oder lukrative Aufträge zu (Fischermann, 1998, S. 31). Welche Ausmaße das annehmen kann, beschreibt ein Beispiel aus der Lebensmittelindustrie:

> *„Fast alle Supermärkte und Märkte Moskaus importieren mittlerweile bis zu 90 Prozent ihres Angebots aus Deutschland, Frankreich oder den USA, weil sie dann nur einmal an den Zoll zahlen müssen - und ein zweites Mal an die örtliche Mafia. Wer russische Lebensmittel aus den Regionen anbieten will, zahlt sechs- oder gar achtmal Steuern, bevor er das Produkt endlich im Regal hat: erst an den Kolchosenchef, dann an die Mafia auf dem Land, dann folgen lokale Abgaben, Einfuhrgebühren nach Moskau, wieder die Mafia und so weiter."* (Hassel, 1996, S. 16)

Bestechung erfasst alle Sektoren des öffentlichen Lebens. Wer, in welchem Bereich Geld genommen hat, zeigt die vorangegangene Abbildung.

13.2.3 Das unzureichend ausgeschöpfte Erfahrungspotential ehemaliger Fach- und Führungskräfte der DDR

Die Schwierigkeit jeder Auslandsinvestition beginnt mit der Einschätzung der Marktgegebenheiten und der Frage, wie sich die durch den andersartigen kulturellen Kontext ergebenden unterschiedlichen Arbeitseinstellungen der Mitarbeiter zu einem optimalen Unternehmensganzen verbinden lassen. Derartige Vorüberlegungen sind nicht nur zeitaufwendig und verursachen enorme Anfangskosten, sondern bedingen auch einen längeren Anpassungsprozess, um die gewünschten Ergebnisse zu erzielen. Langjähriger Auslandserfahrung von Fach- und Führungskräften in der betreffenden Zielregion kommt von daher eine entscheidende Schlüsselstellung zu.

Die Wiedervereinigung Deutschlands versetzt die Bundesrepublik in die glückliche Lage, auf einen intensiven Erfahrungsschatz in der Zusammenarbeit zwischen Deutschland und Russland zurückgreifen zu können. Jahrzehntelang wurde zwischen den ehemaligen Mitgliedsstaaten des Rats für gegenseitige Wirtschaftshilfe (RGW) und des Warschauer Paktes, der früheren Sowjetunion und der ehemaligen DDR, auf allen Ebenen, darunter auch auf wirtschaftlichen und wissenschaftlichen Gebieten, ein Erfahrungswissen aufgebaut, um das uns andere Staaten in der gegenwärtigen Transformationsphase beneiden würden.

Wenn das fehlende kulturelle Verständnis für viele Unternehmen eine ganz entscheidende Markteintrittsbarriere für ein Auslandsengagement darstellt, dann verfügen die Mitbürger(innen) in den neuen Bundesländern über einen Erfahrungsschatz, der sowohl von Unternehmen in den alten als auch in den neuen Bundesländern noch nicht hinreichend genug genutzt worden ist.

„Außerdem ist es unerlässlich, dass der in das Ausland Entsandte die Landessprache beherrscht, über viel kulturelles Einfühlungsvermögen verfügt und schon Erfahrungen im Gastland gesammelt hat. Es bietet sich an, Mitarbeiter aus ehemaligen DDR-Betrieben für Tätigkeiten in Osteuropa einzusetzen. Sie verfügen vielleicht eher über die entsprechenden Fähigkeiten in Bezug auf Sprache und Kultur. Außerdem verstehen sie die Probleme besser, die durch solch grundsätzliche gesellschaftliche Veränderungen entstehen können." (Zander/Schindelhauer, 1997, S. 220)

Diese Einschätzung wird noch unterstrichen, wenn man den Rat von Stanislav Shekshina, Direktor der Personalabteilung von Otis Elevator International, berücksichtigt, der im Hinblick auf die Auswahl von nach Osteuropa zu entsendenden Expatriates Folgendes postuliert hat:

"Select thoroughly your expatriates and make sure you are not concentrating only on their professional expertise, but choose people with good communications skills, ability to teach and to learn from others."(Shekshina, 1994, S. 305)

Was die Investitionsbereitschaft der Unternehmen in den neuen Ländern angeht, so fehlen ihnen möglicherweise die entsprechenden finanziellen Mittel und die notwendige unternehmerische Risikobereitschaft, um diesem Markt die gebührende Aufmerksamkeit zu widmen. Die Unternehmen in den alten Bundesländern wiederum verfügen eher über die notwendige finanzielle Basis und signalisieren in ihrer breiten Mehrheit auch erhöhte Bereitschaft, unternehmerische Risiken zu übernehmen. Ihnen wiederum fehlt es jedoch an ausreichenden Marktkenntnissen, Einfühlungsvermögen für eine fremdkulturell bestimmte Umgebung wie Russland und an Erfahrungen im Umgang mit russischen Mitarbeitern.

Es fällt einem schwer sich vorzustellen, dass im wiedervereinigten Deutschland das vorhandene Expertenwissen von Fach- und Führungskräften der alten sowie der neuen Bundesländer nicht in Unternehmen gebündelt werden kann, um so auf einem Markt der Zukunft – trotz der momentan dort anzutreffenden Schwierigkeiten – präsent zu sein. Jedenfalls ist kaum nachvollziehbar, warum gerade die amerikanischen oder die japanischen Unternehmen besser für diesen Markt gerüstet sein sollten als die geographisch näher gelegenen bundesdeutschen Unternehmen, die zudem über Mitarbeiter verfügen bzw. verfügen könnten, die nicht nur die Mentalität der russischen Mitarbeiter besser beurteilen, sondern mit ihnen auch in russischer Sprache kommunizieren könnten.

Fortschritte auf allen Ebenen
A. Schneider im Gespräch mit P. Träger, Leiter der Russland-Vertretung von Beiersdorf

Schneider: *In der russischen Politik gibt es Entwicklungen, die aus deutscher Sicht eher rückschrittlich anmuten. Wie schätzen Sie vor diesem Hintergrund die Rahmenbedingungen für ausländische Unternehmen in Russland ein?*

Träger: Trotz eines durchaus unterschiedlichen Demokratieverständnisses, um es einmal vorsichtig auszudrücken, stabilisieren sich die wirtschaftlichen und rechtlichen Rahmenbedingungen zusehends. Zumindest in dem wirtschaftlichen Bereich, den ich überschauen kann, waren die Rahmenbedingungen nie besser als heute. Dass es natürlich noch viel zu tun gibt, ist nicht zu leugnen.

Schneider: *Was treibt Ihrer Meinung nach die positiven Veränderungen an?*

Träger: Nicht nur die Wirtschaft, auch die Regierungskreise und einflussreiche Parteien haben schon lange begriffen, dass es für Russland keinen anderen Weg als den einer marktwirtschaftlichen Entwicklung gibt. Nach außen ist man zunehmend bereit, internationale Spielregeln positiv aufzunehmen, allerdings unter starker Wahrung der eigenen Interessen. Innerhalb Russlands scheint mir diese Entwicklung weit komplizierter, wobei auch hier die Kräfte aus allen Gesellschaftsschichten und Wirtschaftsebenen, die an verlässlichen Regeln interessiert sind, deutlich überwiegen.

Schneider: *Auch wenn Wirtschaft und Politik den Weg der Marktöffnung gehen wollen, handelt es sich dabei doch um einen kleinen Ausschnitt aus der Gesellschaft. Was aber hält die Mehrheit der Bevölkerung von den Veränderungen der vergangenen 15 Jahre, von denen sie nicht in jeder Hinsicht profitiert hat?*

Träger: Es ist eine dramatisch schnelle Differenzierung der Gesellschaft eingetreten. Um 1990 hatten wir es mit einer relativ gleichartigen Gesellschaftsstruktur in Russland zu tun. In den folgenden Jahren kam es zu einem starken Wohlstandsgefälle: Milliardäre auf der einen, Bettelarme auf der anderen Seite. Ein immenses Problem, auch wenn der Staat versucht, dem entgegenzuwirken, beispielsweise, indem man bestimmte Grundnahrungsmittel im Preis niedrig hält. Meines Erachtens trauert eine große Schicht der Bevölkerung, besonders in den ländlichen Regionen, den alten Zeiten nach, aber das ist nicht mehr die dominierende Schicht. Die jüngere, städtische Bevölkerung ist mit dem jetzigen System zufrieden.

Schneider: *Wie erreichen Sie die russischen Verbraucher, auf welche lokalen Besonderheiten nehmen Sie Rücksicht?*

Träger: Die Ansprüche an Werbung und Produktqualität sind hier mindestens ebenso hoch wie in Westeuropa. In Russland wird zum Beispiel auf Produktinnovationen sehr viel Wert gelegt, gerade bei Gesichtspflegeprodukten. Anfangs gab es bei Kosmetika noch einen Nachholbedarf aus kommunistischen Zeiten, doch das hat sich mittlerweile gelegt. Eine weitere Besonderheit: Die russischen Verbraucher sind für Marketingkampagnen noch stärker als westliche Käufer zugänglich – die höchst populäre Fernsehwerbung schlägt sich sofort in den Verkaufszahlen nieder. Bemerkenswert ist außerdem, dass alle Anbieter das große Interesse der Männer an Körperpflegeprodukten unterschätzt haben.

Schneider: *Was entscheidet über den Geschäftserfolg in Russland?*

Träger: Russland ist ein Markt, auf dem man sehr gute Ergebnisse erzielen kann. Aber Geduld ist wichtig, denn man stößt auf viele administrative Hindernisse. Was mir aus geschäftlicher Sicht besonders gefällt: Hier lässt sich noch mehr gestalten als in den gesättigten westlichen Märkten. Das motiviert ungemein.

In: FAZ, 31.03.2004, S. B3

13.3 Soziokulturelle Rahmenbedingungen

In den untersuchten Ländern Asiens aber auch auf der arabischen Halbinsel haben die jeweiligen Religionen bzw. religiös geprägten Wertvorstellungen die gesellschaftlichen Strukturen und deren Aufbau sowie das betreffende Wirtschaftsverhalten nachhaltig beeinflusst. Die soziokulturellen Rahmenbedingungen Russlands wiederum werden von Kulturstandards geprägt, die weitgehend noch von der Dominanz der traditionell sowjet-russischen Ordnung und der dabei als geistigen Oberbau dienenden kommunistischen Ideologie bestimmt sind. Allerdings ist der Einfluss, der von der russisch-orthodoxen Kirche auf das geistig-spirituelle als auch auf das wirtschaftliche Verhalten ausgeht, nicht ohne Folgen für die russische Gesellschaft geblieben.

13.3.1 Zum Einfluss der russisch-orthodoxen Kirche

Als Orientierungssystem des menschlichen Handelns ist die Religion ein wesentlicher Teil der Kultur. Die russische Orthodoxie ist wie jede Religion handlungsleitend, indem sie Gläubigen eine Grundorientierung bietet. Obwohl der Glaube das konkrete wirtschaftliche Verhalten nicht normieren kann, beeinflusst er das ökonomische Denken und Handeln des Menschen durch die Übermittlung von ethischen Werten.

Wenn auch unter den Kommunisten die russisch-orthodoxe Kirche jahrzehntelang eingeengt und behindert wurde und erst unter Gorbatschow wieder volle Religionsfreiheit erlangte, ist ihr Einfluss auf die Menschen, vor allem im Hinblick auf ihre spirituelle Bedürfnisbefriedigung – trotz gelegentlicher Schwankungen – ungebrochen.

*„Wie tief der Mensch auch gesunken sein mag –
nie wird er auf den Genuß verzichten,
sich für stärker, klüger oder auch nur satter
zu halten, als seinen Nächsten."*
(Maksim Gorki)

13.3.1.1 Mystik und Leidensfähigkeit

Nach dem Zusammenbruch der bisherigen Weltanschauung ist ein Vakuum entstanden, das dazu geführt hat, dass wieder eine verstärkte Hinwendung zur Kirche zu beobachten ist. In der für die russisch-orthodoxe Kirche typischen Mystik sehen viele Russen einen geistigen Zufluchtsort, der ihnen Trost und Aufmunterung zugleich spendet.

Wie kein anderer Zweig des Christentums spielt im russisch-orthodoxen Glauben der geistig-spirituelle Bereich eine herausragende Rolle. Es wird viel Wert auf Ritual, Mystik und Meditation gelegt. Blendender Reichtum, mystische Verzauberung und die Verheißung, nach einem demutsvollen, gottgefälligen Erdenleben dieses Reichtums teilhaftig werden zu dürfen, werden als Jenseitshoffnung offeriert. Die darin zum Ausdruck kommende passive Verhaltensweise liefert auch eine Erklärung für die ausgeprägte Leidensfähigkeit und Leidensbereitschaft, die immer noch große Teile des russischen Volkes auszeichnet (Baumgart/Jänecke, 1997, S. 45).

13.3.1.2 Glaubensverständnis und Wirtschaftsverhalten

Als Orientierungssystem des menschlichen Handelns kann die Religion einen wesentlichen Beitrag zum Kulturverständnis leisten. Zwar ist der Glaube nicht in der Lage, konkretes wirtschaftliches Verhalten zu normieren, aber es ist unbestreitbar, dass das ökonomische Denken und Handeln des Menschen durch die Übermittlung von ethischen Werten beeinflusst wird. Oft geschieht dies indirekt und unbemerkt, dennoch ist dieser Einfluss latent vorhanden.

Was das innerweltliche Handeln betrifft, so wird erwartet, dass der Gläubige das Vorhandene, sei es in der Politik oder in der Wirtschaft, demütig hinnehmen und erdulden soll. Auf diese Weise erzeugt die russisch-orthodoxe Kirche keine sittliche Motivation zur Arbeit. Im Gegenteil. Sie missachtet erfolgreiches Verhalten und baut somit Hürden auch für die weitere Entwicklung der Wirtschaft auf (Saizew, 1998, S. 42).

In diesem Zusammenhang ist auch ihre Haltung zu sehen, den wirtschaftlichen Erfolg nicht als Zeichen der Güte Gottes auszulegen. Die russisch-orthodoxe Kirche lehnt von daher die Gewinnmaximierung als eines der Grundprinzipien der Wirtschaftsordnung ab (Saizew, 1998, S. 47). *„Wenn das Streben nach Gewinn und materiellen Gütern zum wichtigsten und bestimmenden Zweck der menschlichen Tätigkeit wird und den Platz des obersten Zieles – der Seelenrettung – einnimmt, dann wird der Mensch durch seinen Besitz versklavt und um den wahren Sinn des Lebens gebracht. Der Mensch wird zum Sklaven der Dinge."* (Garadza/ Petrunin, 1993, S.24)

Bei der religiösen Bewertung der Arbeit betont die russisch-orthodoxe Kirche das Primat des geistlich-spirituellen gegenüber dem materiellen Bereich. Arbeit wird als materielle Quelle betrachtet, die dazu dient, Pflichten gegenüber der Obrigkeit zu erfüllen und sich selbst zu versorgen. Mehrarbeit wie Überproduktion werden jedoch abgelehnt, weil sie als störend für den seelischen Frieden angesehen werden (Saizew, 1998, S. 44).

Eine ebenso negative Bewertung erfährt im russisch-orthodoxen Glaubensverständnis der Faktor Kapital. Nach dieser Auffassung wird Kapital als ein Überschuss über die vernünftigen Konsumgrenzen eines Individuums oder einer Gesellschaft angesehen und daher negativ bewertet (Platonov, 1994, S. 138).

Grund und Boden wiederum, betrachtet als Teil der göttlichen Natur, werden aus dem Kreis der Produktionsfaktoren ausgeschlossen. Eigentümer an Grund und Boden konnte nur Gott bzw. der Zar als sein Vertreter sein. Weil sich nur aus der Arbeit Besitzansprüche ableiten lassen, durfte Grund und Boden, die beide kein Produkt der menschlichen Arbeit darstellen, nicht in Privateigentum sondern nur in zeitlich begrenzter Nutzung übergehen (Saizew, 1998, S. 47).

Was die Überlegung betrifft, wonach der Mensch vom Eigentum unabhängig sei und seine Würde höher als sein Besitz eingestuft werden müsse, stimmen russisch-orthodoxe und kommunistische Auffassung überein. Dies überrascht insofern nicht, weil auch schon bei der Kritik am Gewinnstreben und dem Stellenwert des materiellen Besitzes Parallelen zwischen den beiden Haltungen offenkundig geworden sind. Während allerdings die Kirche Gott als obersten Souverän betrachtet, ist dies für die Kommunisten immer noch die Partei.

„Es ist leicht, für gestern klug zu sein."
(Russisches Sprichwort)

13.3.2 „Sobornost'" – der russische Kollektivgeist

Die Ursprünge des russischen Kollektivgeistes gehen auf den bäuerlichen Kollektivismus zurück. Ähnlich der asiatischen Reisbauerngesellschaft, entsprach der russische bäuerliche Haushalt (dvor) einer kollektivistischen Institution, in der jedes Individuum in der Gruppe seinen Platz hatte und der Wille des Familienoberhauptes für alle Mitglieder bindend war. Die damit verbundene autoritäre Grundstruktur verhinderte allerdings jegliche individuelle Entwicklung (Saizew, 1998, S.48).

„Sobornost'" bedeutet dabei nicht nur Gemeinschaft oder Vereinigung von Individuen, sondern darüber hinaus auch das Aufgehen des Individuums im Kollektiv. Innerhalb dieser Vereinigung sind die Menschen durch den gemeinsamen Glauben, ein gemeinsames Ziel oder eine gemeinsame Aufgabe verbunden. Um dieses Ziel zu erreichen, wird auf freie Selbstentwicklung des Einzelnen verzichtet. Nicht die Verfolgung des Eigeninteresses, sondern der Gemeinschaftsgedanke im Allgemeinen sowie bei russisch-orthodox geprägten Christen die mystische Nächstenliebe im Besonderen ist hierbei von zentraler Bedeutung.

Was die Arbeit als solche betrifft, waren die Bauern aufgrund der sehr kurzen Vegetationszeit in der klimatisch benachteiligten Waldzone gezwungen, ihre Parzellen in dieser Zeit so intensiv wie möglich zu bearbeiten. Dies konnte nur durch die Bündelung aller Arbeitskräfte, zum Beispiel durch das Einbeziehen aller Familienmitglieder und durch die Bildung von Dorfgemeinschaften mit dem Ziel der gegenseitigen Hilfe realisiert werden (Bater, 1996, S. 180).

„Sobornost'" wurde jahrhundertelang in Form der Dorfgemeinde praktiziert. Während die Dorfgemeinde eine „Sommergemeinde" war, bildete das so genannte „Artel" eine „Wintergemeinde" für die Zeit der nichtlandwirtschaftlichen Beschäftigung. Beide Formen der bäuerlichen Lebens- und Arbeitsweise, deren gemeinsamer Charakter sich in der konkreten gegenseitigen Nachbarschaftshilfe ausdrückt, sind zu einem Wesensmerkmal der russischen Gesellschaft geworden.

Die Ausbeutung eines Mitgliedes durch ein anderes Mitglied war ausgeschlossen. Seinem Charakter nach glich der „Artel" einer Großfamilie, wobei jeder sein Bestes tun sollte und nicht nur bloß seine Arbeitspflicht zu erfüllen hatte (Saizew, 1998, S. 49). Der demokratische Charakter des „Artels" lag nicht in einer primitiven Gleichmacherei, sondern im gleichen Recht für alle, die eigenen Fähigkeiten zur Entfaltung kommen zu lassen (Platonov, 1994, S. 141).

Wie tief dieses Solidaritätsdenken Eingang in die russische Mentalität gefunden hat, zeigt sich auch daran, dass die damit verbundenen gegenseitigen Verpflichtungen als Ausgangspunkt für die spätere Bildung von Arbeitskollektiven dienten. Die in diesen Gruppen vereinigten Menschen fühlten sich nicht nur während der Arbeitszeit verbunden, sondern auch darüber hinaus. Auch heute noch ist bei der Gründung von kleinen und mittleren Privatbetrieben nicht der Pragmatismus eines mehr oder weniger kapitalistisch geprägten Unternehmens entscheidend für den Erfolg, sondern es kommt in aller erster Linie darauf an, ob die soziale Verantwortung aktiv wahrgenommen wird (Saizew, 1998, S. 49).

13.3.3 Zum Spannungsverhältnis von unterschiedlichen Wertmustern

Die lange Dominanz des Kommunismus in den Ländern Osteuropas im Allgemeinen sowie in Russland im Besonderen hat zu Kulturstandards geführt, die auch heute noch ihre Geltung besitzen und erst allmählich mit neuen, vorwiegend westlich geprägten Werten konfrontiert werden. Das sich daraus ergebende Spannungsverhältnis von unterschiedlichen Wertmustern, denen sich die russische Bevölkerung momentan gegenübersieht, macht nachfolgende Abbildung deutlich.

Traditionelle sowjet-russische Ordnung	**Versus**	**Neue westliche Ordnung**
Konservativismus	↔	Progressivität
Nationalismus	↔	Weltoffenheit
Selbstbeschränkung/ Bescheidenheit	↔	Selbstbewusstsein
Kollektivismus	↔	Individualismus

Abb. 120 Spannungsverhältnis von unterschiedlichen Wertmustern in der russischen Bevölkerung
Quelle: Wadenpohl, 1998, S. 58

Die russische Gesellschaft lässt sich auch heute noch in ihrer Mehrheit als konservativ und nationalistisch einstufen, was u. a. dazu geführt hat, dass viele Russen es immer noch nicht wahrhaben wollen, dass ihr Land seinen Supermachtstatus verloren hat.

> "Still another psychological problem is that most older Russians grew up believing their country was a superpower, the equal of the United States. Now they see that Russia has lost its world leadership and is sliding into an economic abyss, and the feel embarrassed and humiliated." (Hodgetts/Luthans, 1997, p. 39)

Hinzu kommt, dass durch den Globalisierungsprozess Progressivität und Weltoffenheit immer stärker eingefordert werden. In einer sich ständig ändernden Welt ist flexibles Verhalten eine notwendige Bedingung, um die entsprechenden Anpassungsprozesse vornehmen zu können. Tradiertes russisches Denken entspricht weder diesem neuen Weltbild noch erleichtert es eine schrittweise Transformation in einen neu zu findenden Kontext.

Russische Bescheidenheit und Selbstbeschränkung bei weltweit operierenden Märkten und einer den ganzen Globus erfassenden Informationstechnologie verlangen darüber hinaus ein verändertes Handlungsmuster und ein darauf abgestimmtes Werteverhalten. Die Übernahme von Verantwortung wird dabei zunehmend von individuell handelnden Personen verlangt. Das Verstecken im „Kollektiv" sowie das Abwarten bzw. „Verschieben" von Entscheidungen auf nächsthöhere Ebenen, wird im westlichen Denken als nicht kompatibel mit den gegenwärtigen Erfordernissen gesehen.

Sich diesen neuen Herausforderungen zu stellen und sie mit den bisher gelebten Kulturstandards in Einklang zu bringen, ist eine der großen Aufgaben, denen sich Russland im Laufe der nächsten Jahre stellen muss, um den Anschluss an die internationale Entwicklung nicht zu verpassen.

Ikea sets big Russia presence
(Sam Greene)

"It's a very humbling experience coming into Russia", said Johannes Stenberg, Ikea's deputy retail manager for Russia. In recent weeks, Ikea has plastered the city with advertisement, primarily recruiting applicants for some 500 slots at the new store in Moscow. All of those hired will be sales staff. Ikea already has 30 Russian managers, who have been training with the company in Sweden and the United Kingdom over the last six to eight months. Another 70, including 25 expatriates have been working in Russia for the past dozen or so years.

In: The Russian Journal, 12.10.2000, p. 12

> **Billy in Moskau**
> (Sigrid Schmid)
>
> Russisch essen, italienisch aussehen und europäisch wohnen – das sind die drei großen Trends, die Marktforschungsstudien zum Konsumverhalten in Russland identifiziert haben. Materieller Reichtum zählt heute wieder und diese Tatsache hat auf das Konsumverhalten entscheidenden Einfluss. Weite Kreise der Gesellschaft sind bemüht, in der Öffentlichkeit so erfolgreich wie möglich zu erscheinen. Zu diesem Zweck geben sie einen Löwenteil ihres frei verfügbaren Einkommens für Kleidung, Accessoires und Schmuck aus. Wichtig sind hier jene Luxusmarken, die durch weltbekannte Logos und Schriftzüge ihre Exklusivität verraten, wie z.B. Gucci, Prada und Versace. In den Zentren zeichnet sich daneben auch ein Trend zum Massenkonsum im Bereich Mode ab – die billigeren europäischen Handelsketten wie Zara oder Mango treffen die Bedürfnisse der jungen Mittelschicht. Im Wohnbereich ist seit Jahren die Umorientierung vom amerikanischen Traum zur europäischen Realität zu beobachten, ohne die etwa der derzeitige Erfolg von Ikea nicht denkbar wäre. Wer sich Möbel kauft, möchte für das Geld sein Wohnumfeld verbessern. Da der Wohnraum russischer Familien begrenzt ist, ist dies einerseits das ideale Terrain für Baumärkte, aber auch für Möbelhersteller wie Ikea, das nun auch russische Haushalte mit seinen Billy-Regalen ausstattet.

In: FAZ, 31.03.2004, S. B3

13.3.4 Ausgewählte Kulturstandards

Die aufgezeigten Wertemuster haben einen ersten Eindruck vermittelt, welche grundlegenden Kulturstandards die russische Gesellschaft prägen. Um einen tieferen Einblick in die kulturelle Wertewelt der Russen zu ermöglichen, sollen nun eine Reihe weiterer Kulturstandards näher betrachtet werden. Nicht immer lässt sich dabei eine strikte Trennung zwischen dem Privat- und dem Arbeitsbereich vornehmen, da an vielen Stellen sich beide Sphären gegenseitig bedingen. Weil ganz bestimmte Kulturausprägungen das Managerverhalten beeinflussen, sollen die entsprechenden Implikationen bereits in diesem Kapitel behandelt werden.

13.3.4.1 Gemeinsinn

Vom Sobornost'-Prinzip stammen der Kollektivgeist und die Idee der Gleichheit ab. Das Eingebundensein in eine Gruppe („Kollektiv") ist für Russen sehr wichtig, wobei ihnen effektives Handeln nur in oder mit einer Gruppe möglich erscheint. Die Gruppe bietet Schutz und lässt ein großes Solidaritätsgefühl unter den Gruppenmitgliedern entstehen. In Gruppen zu leben, lehrt, für andere Menschen Verständnis zu haben und mit unterschiedlichen Menschentypen auszukommen.

13.3.4.2 Interaktionsstil

Formalisierte Höflichkeit, Überangepasstheit, das Vermeiden direkter Aussagen, eine starke Kritikempfindlichkeit und ein hohes Maß an Selbstkontrolle kennzeichnen den Interaktionsstil. Im Einzelnen lassen sich folgende Verhaltensweisen beobachten:

- Emotionen werden kontrolliert und das Zeigen von Gefühlsregungen wird vermieden.

- Man benutzt viele Umschreibungen oder abgeschwächte Formulierungen, versucht „zwischen den Zeilen zu lesen" und bemüht sich, den Interaktionspartner nicht mit direkten Äußerungen zu verunsichern oder zu verletzen.

- Das Interaktionsverhalten wirkt unverbindlich und gleich bleibend freundlich. Es wird großer Wert auf angemessene Umgangsformen gelegt.

- Es herrscht ein starkes Misstrauen gegenüber mündlichen Zusagen, denen keine schriftliche Festlegung folgt. Sie werden als Beschwichtigung und „Hinhalten" empfunden.

„Fürchte nicht das Gesetz, sondern den Richter."
(Russisches Sprichwort)

> **Und wenn der Fluss voll Wodka wäre**
> (Markus Wehner)
>
> Die Liebe der Russen zum Wodka ist eines der wenigen Klischees, das zutrifft. Nicht nur das Trinken selbst, auch Anekdoten, Redewendungen und Witze zum Thema Wodka zeugen vom innigen Verhältnis zwischen dem Getränk und den Bewohnern des Landes. Das Wodkatrinken paart sich aufs schönste mit der berühmten russischen Maßlosigkeit, die wiederum zwangsläufig zum Rausch, zum Selbstvergessen führt. „Trink am Morgen, und du hast den ganzen Tag frei" ist ein klassischer Sinnspruch. Beliebt ist auch die scherzhafte Antwort, wenn man eine weitere Tasse Tee ablehnt: „Tee ist kein Wodka – viel kann man davon nicht trinken." Oder die gespielte Empörung: „Warmen Wodka bei dieser Hitze?" – der sogleich die Ergänzung folgt: „Mit Vergnügen!"
>
> In: Frankfurter Allgemeine Sonntagszeitung, 16.09.2004, S. 5

13.3.4.3 Hohe Wertschätzung der Arbeit

Im Gegensatz zur Geringschätzung der Arbeit durch die russisch-orthodoxe Kirche wird die Einstellung der Russen zur körperlichen Arbeit als positiv gesehen. In ihrer Untersuchung über die vorherrschenden Wertehaltungen in osteuropäischen Ländern kamen Schlese/Schramm (1996, S. 171) im Hinblick auf Russland zu dem Ergebnis, dass der Stellenwert der Arbeit nach der Familie den zweiten Platz im Wertekatalog der Russen einnimmt. Damit wird gleichzeitig zum Ausdruck gebracht, dass die Befriedigung der Existenz- und Sicherheitsbedürfnisse in Form von Lohn und Arbeitsplatzsicherheit für Russen eine zentrale Rolle einnimmt (Lang, 1998, S. 328).

In russischen Betrieben führt das dazu, dass man den Arbeitnehmern gewisse Freiräume und zusätzliche Leistungen zugesteht wie z.B. Zuschüsse zu Fahrten zwischen Arbeitsplatz und Wohnung oder ein kostenloses Essen (Holtbrügge, 1996, S. 337). Geistige Arbeit erfährt nicht diesen hohen Stellenwert. Insgesamt stellt Arbeit aber einen absolut zentralen Wert im Leben dar und der Anspruch auf ein Recht auf Arbeit erscheint unabdingbar. Das russische Sprichwort: „Ohne Anstrengung holst Du nicht einmal einen Fisch aus dem Wasser" unterstreicht die hohe Wertschätzung, die man mit der Arbeit verbindet (Harss/Maier, 1996, S. 47).

13.3.4.4 Privatismus

Familie und private Aktivitäten ergänzen sich und genießen eine hohe Priorität. Eine Reihe von Untersuchungen (Elashmawi/Harris, 1993, S. 57, Schlese/Schramm, 1996, S. 171) belegt die dominierende Stellung der Familie im Werte-Katalog der Russen. Aber auch der Privatbereich und der Arbeitsbereich werden hierbei nicht streng voneinander unterschieden. Am Arbeitsplatz zeigt sich ein gewisses „familiäres" Verhalten, indem dort private Angelegenheiten besprochen werden und man sich um gute, fast familiär anmutende Beziehungen bemüht. Eine ähnliche Erwartungshaltung betrifft auch das Verhältnis zum Vorgesetzten, den man als eine Art „Kumpel" ansieht.

Leben und Arbeiten in Moskau/Russland
(Markus Wehner)

Wichtige Lebenshilfen vom Arztbesuch bis zu Visafragen, von Kinderbetreuung bis zum Restauranttipp gibt die englischsprachige Seite www.expat.ru. Sehr hilfreich ist die deutschsprachige Internetseite der Agentur Rufo mit einem Stadtjournal für Moskau: www.russland-aktuell.ru. Verband der Deutschen Wirtschaft in der Russischen Föderation (mit Jobbörse): www.vdw.ru. Über Politik, Wirtschaft, Kultur und das Stadtleben berichtet „The Moscow Times", die führende englischsprachige Tageszeitung in Russland auf www.moscowtimes.ru. Die Deutsche Schule Moskau findet man unter www.deutscheschule-moskau.de, die Deutsche Botschaft (mit nützlichen Links) unter www.deutschebotschaft-moskau.ru. Zweiwöchentlich erscheint die „Moskauer Deutsche Zeitung" www.mdz-moskau.de

In: FAZ, 13.03.2004, S. 62

13.3.4.5 System-Konformismus

Das Handeln orientiert sich an den vom System, der Partei, der Obrigkeit und ihren Repräsentanten vorgegebenen Normen. Folgende Schlussfolgerungen lassen sich daraus für die Übernahme westlicher Denkmuster ziehen:

- Man kann sich an die Gegebenheiten anpassen und sich mit dem System arrangieren.

- Man fällt als Individuum nicht auf.

- Eine eigene Meinung und eigene Vorstellungen werden, wenn sie nicht den allgemeinen Richtlinien oder der (vermutlich) erwarteten konformen Meinung entsprechen, vermieden bzw. nur bei ausdrücklichem Nachfragen geäußert.

- Im Alltag versuchen die Menschen, sich in allen Bereichen des Lebens anzugleichen und Unauffälligkeit an den Tag zu legen.

- Der geforderte Transformationsprozess stellt allerdings für die Menschen nicht zu leugnende erhebliche Belastungen dar, die jedoch in Einklang mit diesem Kulturstandard untereinander konform kommuniziert werden (müssen): Keiner darf (im Moment) zufrieden sein, es ist allgemeiner Missmut angesagt.

13.3.4.6 Rigide Dialektik

Es wird so gehandelt, als gebe es nur falsche oder richtige Handlungen, Einstellungen und Urteile. Zwischentöne in der Form eines „oder" bzw. eines „sowohl als auch" finden sich nicht. Hinzu kommt, dass das Erkennen mehrerer Sicht- und Handlungsweisen dieser rigiden Dialektik fremd ist und in den Handlungen auch seinen entsprechenden Niederschlag findet (Rothlauf, 1998, S. 36).

13.3.4.7 Kulturdimensionen und Managerverhalten

Wenn auch die vorangegangenen Kapitel gezeigt haben, dass die traditionellen Verhaltensweisen in Russland sich nur ganz langsam zu verändern beginnen und eine Vielzahl an Wertvorstellungen sicherlich noch länger bestehen bleiben wird, so zeigt die Untersuchung von Veiga/Yanouszas/Buchholtz (1995, S. 21 ff.), dass die russischen Manager den neuen globalen Herausforderungen mit einem veränderten Denk- und Handlungsmuster begegnen wollen.

In Anlehnung an Hofstede's 5-D-Modell wurden 170 russische Manager nach ihrer Einschätzung im Hinblick auf die folgenden 6 Dimensionen befragt:

- Power Distance (Machtdistanz)
- Uncertainty Avoidance (Unsicherheitsvermeidung)
- Individualism (Individualismus)
- Long-term Orientation (Langzeitorientierung)
- Entrepreneurialism (Unternehmertum)
- Concern for People (Mitarbeiterorientierung)

Culture Value	Pre-Perestroika (pp) Level of Emphasis	General Trend Since Perestroika (p)
Power Distance	High*	A sharp and continuing decline from pp into the future
Uncertainty	High*	A sharp decline immediately from pp into today, levelling off in the future
Individualism	Moderate*	A small but gradual increase from pp into the future
Long-term	Low*	A sharp and continuing increase orientation from pp into future
Entrepreneurialism	Low	A sharp increase from pp into today, then levelling off into the future
Concern for people	Low	A moderate increase immediately after p, then levelling off into the future

*Our findings for power distance, uncertainty, individualism, and long-term orientation are consistent with Hofstede's estimates.

Abb. 121 The Emerging Picture: Past to Future
Quelle: Veiga/Yanouzas/Buchholtz, 1995, S. 22

Die Ergebnisse werden in der oben stehenden Abbildung wiedergegeben. Die Forschergruppe stellte fest, dass ihre Studienergebnisse, soweit sie das 5-D-Modell von Hofstede betreffen, mit seinen Beobachtungen übereinstimmen. Zu ähnlichen Schlussfolgerungen gelangten auch die Untersuchungen von Schlese/Schremm 1996, Lang 1996 und Hentze/Lindert 1992.

Was die Interpretation der Untersuchungsergebnisse betrifft, so zeigen sie im Hinblick auf die ausgewählten Indikatoren einen Trend auf, der, wenn auch in abgestufter Form, sich als durchgehend in Richtung stärkere Übernahme westlichen Managementdenkens zeigt.

> *"Expecting Russian managers to adhere to the large power distance of the past is a mistake. The trend in our data shows a sharp decline in power distance. Power sharing seems to be replacing the 'centralized democracy' by czarist and communist Russia alike."* (Veiga/Yanouzas/Buchholtz, 1995, p. 22)

Auch was die Unsicherheitsvermeidung betrifft, glauben die Wissenschaftler den Schluss ziehen zu dürfen, wonach die russischen Manager zunehmend mehr Bereitschaft erkennen lassen, Risiken zu übernehmen. Lediglich dem Individualismusfaktor wird immer noch zugunsten einer kollektivistischen Wertehaltung nicht die Bedeutung beigemessen, die er in einer Vielzahl westlicher Länder besitzt.

> *"Individualism as opposed to collectivism appears to be the only cultural value Russian managers do not believe has changed, although there has been a small upward movement since perestroika."* (Veiga/Yanouzas/Buchholtz, 1995, p. 22)

Eine Zunahme der Bereitschaft, sich selbständig zu machen, wurde in der Untersuchung ebenso bestätigt wie eine pragmatische Anpassung der Manager in Bezug auf eine langfristige Geschäftsorientierung. Auch eine stärkere Fokussierung der Manager auf ihre Mitarbeiter zeigt, dass nach der Perestroika eine Reihe von Verhaltensveränderungen eingesetzt haben, die sich auch positiv auf das Mitarbeiterverhältnis auszuwirken beginnen.

Diese allgemeinen Befunde lassen sich aber noch weiter differenzieren, wenn man eine Unterscheidung nach Alterskategorien vornimmt. Bezogen auf die vier Dimensionen Machtdistanz, Unsicherheitsvermeidung, Langzeitorientierung und Mitarbeiterorientierung haben die Forscher die Manager nach zwei Altersgruppen, unter und über 40 Jahre eingeteilt, und sind dabei zu folgenden Ergebnissen gekommen (Abb. 122).

>„Gewohnheit ist ein Hemd,
>das wir bis zum Tode tragen."
>(Russisches Sprichwort)

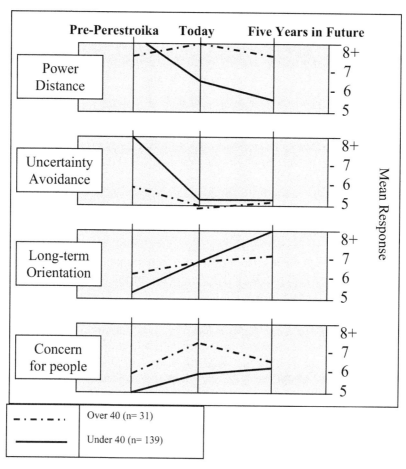

Abb. 122 Generational Differences Among Russian Managers
Quelle: Veiga/Yanouzas/Buchholtz, 1995, S. 23

"We found that younger managers perceived higher levels of power distance before the breakup of the USSR and now seek a major decline in this orientation for the present and into the future. Generally, older managers display higher levels of vested interest in the status quo and thus feel a stronger sense of the past.

Younger managers apparently perceive much higher levels of uncertainty avoidance in perestroika days than their older counterparts. [...] Clearly, the business climate under communism made uncertainty avoidance a cornerstone of living in general and particularly in managing Soviet enterprises.

Even though five-year plans were used to manage a centralized command economy, younger managers tended to see less of a long-term orientation before perestroika. The edicts of planning of the past seem to have had a greater and more lasting impact on the more senior managers charged with implementing them.

Concern for people seems to be less important to younger managers. Perhaps the proletariat buy in of the older managers is still in effect, while second and third generations of the socialist experiment are not as committed to the ideology of its founders." (Veiga/Yanouzas/Buchholtz, 1995, p. 23)

Fasst man beide Untersuchungsergebnisse zusammen, so wird das Bild eines russischen Managers erkennbar, der seine Verhaltensweisen stärker als bisher am westlichen Managementverhalten ausrichtet, wobei die jüngere Generation – nicht überraschend – mehr Öffnungsbereitschaft signalisiert als dies bei der älteren Generation der Fall ist. Generell lässt sich ein Profil erkennen, das sich mit folgenden Worten umschreiben lässt:

"The overall picture of today's Russian manager would suggest a person who is more willing to question any power distance in the management hierarchy, less ideologically oriented, more comfortable with less structure, willing to take risks and adapt to the demands of a free market, able to be a team player, and even more disposed to taking the long view." (Veiga/Yanouzas/Buchholtz, 1995, S. 23)

Russian proverbs
(Robert Gibson)

An old friend is better than two new ones. You are likely to be happiest at home. This illustrates a strong feeling of attachment to the place you come from. Business people from abroad should remember to respect Russian patriotism.
Every seed knows its time. Everything will be OK in the end. So, don't be impatient. Some foreign business people get frustrated by the apparent resignation of their Russian partners.
Beware of a quiet dog and of still water. Don't be afraid of people who are loud; it is the quiet ones who are dangerous.

In: Business Spotlight, Nr.3/2005, S.40

13.4 Verbale und non-verbale Kommunikation

Die Schwierigkeiten einer interkulturellen Kommunikation liegen – wie bei jeder Begegnung von Personen aus unterschiedlichen Kulturkreisen – darin, dass die ausgesendeten direkten oder indirekten Botschaften richtig decodiert werden müssen. Anhand einer Reihe von Beispielen sollen nun kulturspezifische Eigenarten der Russen in ihrem Kommunikationsverhalten dargestellt werden.

> **Andere Länder, andere Sitten**
> (Elke Uhl-Vetter)
>
> In Russland ist es völlig tabu, als Herr einer Dame die Hand zuerst zu reichen. Ein Russe wartet ab, ob die Frau ihm überhaupt die Hand gibt. Fast immer grüßt ein Russe eine Frau nur mit einem Kopfnicken. Bei der Begrüßung ist darauf zu achten, dass die Visitenkarte nicht mit der linken „unreinen" Hand übergeben wird. Entgegen der landläufigen Auffassung spielt die Trinkfestigkeit von ausländischen Geschäftspartnern keine große Rolle mehr. Es gehört aber zum guten Ton, den einen oder anderen Becher Wodka mitzutrinken. Ein Ablehnen kann als ernsthafter Verstoß gegen die Etikette ausgelegt werden. Als Ausreden werden nur Religion, Gesundheit, Autofahren und Medikamenteneinnahme zugelassen. Russen können außerdem sehr abergläubisch sein. Die Zahl 13 ist zum Beispiel eine Unglückszahl. Und wenn sich Gastgeber und Gast über der Türschwelle die Hand zur Begrüßung geben, bringt das Unglück. Zudem sollte man keine Messer und Taschentücher verschenken.
>
> In: FAZ, 08.01.2005, S. 50

13.4.1 Begrüßung

Das Händeschütteln ist in Russland weniger verbreitet als in Deutschland. Reicht der Russe seinem ausländischen Gegenüber die Hand, sollte dieser es ihm gleich tun. Sonst gilt auch leichtes Nicken mit dem Kopf als höfliche aber etwas distanziertere Begrüßungsform. Das Umarmen und einander auf die Schulter Klopfen wird als Zeichen des inneren Einvernehmens und der Integration des Ausländers in das russische Kollektiv verstanden, was aber nur dann der

Fall sein wird, wenn man den oder die russischen Gesprächspartner schon länger kennt. Der Austausch von Küssen bei der Begrüßung und Verabschiedung von Freunden ist etwas absolut Normales – findet im Geschäftsleben jedoch keinen Platz (Baumgart/Jänecke, 1997, S. 154). Nach der Begrüßung durch den Gastgeber folgt die Vorstellung all derjenigen Anwesenden, die man persönlich bisher noch nicht kennen gelernt hat.

Was die Anrede betrifft, so spricht man seinen Gesprächspartner am besten mit Vor- und Nachnamen an. Finden sich z. B. drei Namen auf einer Visitenkarte, so entfällt bei der Anrede die mittlere Anredeform.

> *"Russian names are listed in the same order as in the West, but the Russian middle name is a patronymic (a name derived from the first name of one's father). Thus, Fyodor Nikolaievich Medvedev's first name is Fyodor (a Russian version of Theodore), his last name is Medvedev, and his middle name means 'son of Nikolai'." (Morrison/Conaway/Borden, 1994, p. 320)*

Da eine derartige Anrede für den, der russischen Sprache nicht mächtigen, ausländischen Gast nicht immer ganz leicht ist, wird auch die Anrede mit Frau oder Herr + Namen akzeptiert. Bei der Verwendung akademischer Grade und Dienststellungen ist es üblich, einen Minister als „Herr Minister" bzw. einen Generaldirektor mit „Herr Generaldirektor" anzusprechen. Für den akademischen Bereich gilt, dass nur Professoren mit ihrem Titel ohne den Zusatz „Frau/Herr" angesprochen werden.

Nach der Begrüßung werden die Visitenkarten ausgetauscht. Wie bei der Begegnung mit Vertretern aus anderen Ländern, sollte die Visitenkarte zweisprachig bedruckt sein, wobei die Rückseite, je nach Verhandlungssprache, in englischer oder deutscher Sprache abgefasst sein sollte.

13.4.2 Verhandlungsablauf

Bevor man zum eigentlichen Verhandlungsthema kommt, beschäftigen sich die ersten Fragen mit der Anreise und ob es sich um den ersten Besuch in Russland handelt. Zur „warming-up-Phase" gehört auch, dass man sich anschließend nach dem Befinden erkundigt, wobei man erwartet, dass der Gast ausführlicher darauf eingeht. Es gilt gemeinhin als unpassend und unhöflich, diese Frage nur kurz zu streifen. In Russland werden die körperlichen Leiden im Gespräch sehr genau analysiert. Der Gesprächspartner antwortet darauf wohlwollend mit guten Ratschlägen zu Ärzten und Medikamenten. Weitere unverfängliche Themen können sich mit dem Wetter, dem Urlaub oder mit bevorstehenden Feiertagen beschäftigen (Baumgart/Jänecke, 1997, S. 139). Übergeordnetes Ziel des ersten Kontaktaustausches ist es, ein entspanntes Verhandlungsklima herzustellen.

Conversation
(Ann Marie Sabath)

In conversations, it can be permissible to discuss your feelings and hopes for the future. Sometimes, your Russian companion will be far more interested in the personal side of your character than your business agenda. Talking about art can be complicated for you if you do not have at least some background information on world famous Russians such as Tchaikovski, Prokofiev, Tolstoy, Chekov, Puskin. If you become involved in such a conversation, don't be surprised how easily the discussion on Chekov's novels can be changed to Picasso's paintings or Mozart's music. Russians like to make parallels, find clues and make leads.

In: International Business Etiquette Europe, 1999, S. 243

Was die eigentlichen Verhandlungen und deren Ablauf betrifft, so lassen sich eine Reihe von Parallelen erkennen, wie sie bei Gesprächen mit saudiarabischen Geschäftspartnern zu beobachten sind. Verhandlungen in Russland laufen selten „störungsfrei" ab. Dazu gehört, dass die Verhandlungen immer wieder vom russischen Geschäftspartner unterbrochen werden. So bittet er um Nachsicht, wenn er glaubt, dass nun die Zeit gekommen sei, ein ganz wichtiges Telefongespräch führen zu müssen. Während der Verhandlungen erteilt er gleichzeitig Anweisungen an seine Mitarbeiter oder unterschreibt Dokumente oder andere Papiere. Dies nicht als einen Verstoß gegen die Höflichkeit zu werten und hier Geduld walten zu lassen, erfordert für die Verhandlungen ein hohes Maß an Einfühlungsvermögen.

Während der Verhandlungen sollte darauf geachtet werden, dass der russische Verhandlungspartner sein Gesicht nicht verliert. Ähnlich wie in asiatischen Gesellschaften, bedeutet ein Gesichtsverlust einen kaum mehr wettzumachenden Schaden. Bei allen Äußerungen sollte man deshalb vorher bedenken, wie man seine Botschaft formuliert. Es ist immer gut, mit einem Lob für den russischen Vorschlag zu beginnen, um anschließend seinen Einwand hinzuzufügen. Bei allen Verhandlungsetappen sollte man darüber hinaus bedenken, dass nur eine Win-Win-Situation letztendlich zum Erfolg führt (Salacuse, 1992, S. 74).

„Menschen, die auf ihre Emsigkeit stolz sind,
pflegen oft grausam zu sein."
(Lew N. Graf Tolstoi)

Will man sein Verhandlungsergebnis beurteilen, ist es nicht immer einfach, zu einer abschließenden Bewertung zu kommen. Die Ergebnisse eines österreichischen Forscherteams (Kappel/ Rathinger/ Diehl-Zelonika, 1994, S. 210 ff.), das sich mit dem Verhalten von russischen Verhandlungspartnern beschäftigt hat, kommt im Hinblick auf die Einschätzung des Verhandlungsergebnisses zu dem Schluss, dass diese Ergebnisse häufig nicht eindeutig zu beurteilen sind, da Entscheidungen erst nach den Verhandlungen getroffen werden und es dem ausländischen Verhandlungspartner so verborgen bleibt, von wem letztendlich die Entscheidung getroffen worden ist.

> **Verhandeln weltweit: Russland**
> (Sergey Frank)
>
> Die Art des Geschäftes in Russland, insbesondere die Intensität der Verhandlungen und die Mentalität der Menschen, erfordern einen extrem hohen Aufwand an Managementressourcen. Mit einer laschen Einstellung ist in Russland nichts zu holen. Beim ersten Zusammentreffen mit russischen Geschäftsleuten geht es eher ruhig und formell zu. Später kann es lebendiger werden, Gefühlsausbrüche und Gereiztheit inklusive. Wer versucht mit Humor und einer eher oberflächlichen, lockeren Art die Sache anzugehen, kommt nicht weit. Das Verhandeln ist in Russland eher personen- als geschäftsorientiert. Deshalb ist es nötig, eine angenehme Beziehung aufzubauen.
>
> In: Financial Times Deutschland, 27.12.2000, S. 5

13.4.3 Einladung zum Essen

Wird in Russland eine Einladung ausgesprochen, so klingt sie für unser Verständnis sehr vage, weil ihr der direkte Charakter fehlt. Die Aufforderung: „Kommen Sie uns doch irgendwann einmal besuchen, wir würden uns freuen." würden wir sicherlich nicht als eine ausdrückliche private Einladung interpretieren. Eine angemessene Verhaltensweise wäre, wenn man einfach mit der Gegenfrage: „Wann passt es Ihnen?" reagiert, wodurch man zum Ausdruck gebracht hat, dass man diese Einladung annehmen möchte. Neben einer spontanen Reaktion ist es auch möglich, zu einem späteren Zeitpunkt auf die Einladung zurückzukommen. Unterbleibt allerdings eine Erwiderung, weil man aus falschem Kulturverständnis heraus reagiert, dann würde der russische Gastgeber ein derartiges Unterlassen auf seine Person beziehen und daraus eine persönliche Ablehnung schlussfolgern.

Das gleiche Ritual gilt auch für geschäftliche Einladungen. Sie werden direkt und offen ausgesprochen, wobei man eine ebenso direkte Annahme oder Ablehnung der Einladung erwartet.

Russische Gastfreundschaft
(Baumgart/Jänecke)

Die russische Gastfreundschaft ist sprichwörtlich. Selbst in wirtschaftlich schwierigsten Zeiten waren und sind Gäste stets gern gesehen. Die Russen verfügen über unglaubliche Kreativität und Improvisationstalent, um selbst zu Zeiten, als in Geschäften und Kühlschränken üblicherweise gähnende Leere herrschte, den Tisch so einzudecken, dass er sich „bog", wenn Gäste erwartet wurden. Dabei ist es durchaus üblich, dass jeder Gast irgendetwas – sei es einen Kuchen, einen Salat, Obst oder eine Flasche Wodka – beisteuert. Ein Essen mit Gästen ist stets sehr ausgedehnt und umfasst unbedingt das gesamte Menü (also kalte und warme Vorspeise, Suppe, das Hauptgericht und einen Nachtisch). Der russischen Tischsitte entsprechend ist es üblich, dass zu jedem Essen (auch für den Hauptgang) obligatorisch Brot gereicht wird. Ist man zu einer russischen Tafel eingeladen, so bedeutet es für den Eingeladenen eine echte Leistung, bis zum Ende „durchzuhalten". Da das Auslassen eines Ganges als Zeichen von Unhöflichkeit und Nichtachtung gegenüber der Hausfrau gewertet wird, empfiehlt es sich, „wirklich hungrig" bei seinem Gastgeber zu erscheinen.

In: Russlandknigge, 1997, S. 68

Was den Zeitpunkt des Abendessens betrifft, so ist davon auszugehen, dass in Russland relativ früh – gegen 18.00 Uhr – mit dem Essen begonnen wird. Nach einer kurzen Begrüßungsrunde sollte der Gast warten, bis ihm ein Stuhl am Tisch zugewiesen wird. Während eines Banketts oder Abendessens sollte man seinen Platz nicht ohne zwingenden Grund verlassen. Mit Tellern und Gläsern herumzulaufen, entspricht nicht der russischen Etikette.

Zu einer russischen Einladung sollte man auf keinen Fall satt oder appetitlos kommen. Man sollte sich darauf einstellen, von allem was angeboten wird, mindestens einmal kosten zu müssen, um die russische Gastfreundschaft nicht zu enttäuschen. Formalen Ritualen wie das Halten von Tischreden, das häufige Aussprechen eines Toastes sowie das Trinken auf die wichtigen Dinge des Lebens kommen bei derartigen Anlässen einer großen Bedeutung zu. Allerdings ist es nicht üblich, sich bei einem derartigen Essen mit geschäftlichen Dingen zu befassen (Baumgart/Jänecke, 1998, S. 163 ff.).

Nicht immer einfach wird es sein, den Trinkgewohnheiten zu folgen. Normalerweise stehen mindestens zwei Flaschen auf jedem Tisch: eine Flasche Mineralwasser und eine Flasche Wodka.

"Be aware that once you open a bottle of vodka, the concept is to drink it all at one sitting! Many vodka bottles do not have resembled caps." (Morrison/Conaway/Borden, 1994, p. 319)

Wird eine Rückeinladung ausgesprochen, dann gebietet es die Achtung gegenüber seinem Geschäftspartner, ihm dies rechtzeitig mitzuteilen. Die Frage, welcher Termin seinen Vorstellungen am besten entspricht, gilt als höfliche und unaufdringliche Form und bezieht den russischen Partner in die Absprache mit ein.

13.4.4 Gastgeschenke

Gastgeschenke werden als persönlicher Ausdruck der Beziehung des Gastes zu den Gastgebern betrachtet und gerne gesehen. Allerdings sollte man bei der Geschenkauswahl darauf achten, dass der Dank (z.B. für eine Einladung) nicht „materiell" vergütet werden sollte. Gerade wenn man privat eingeladen wird, sollte ein der Situation angemessenes Geschenk ausgewählt werden.

Weihnachtsessen in Russland
(Jens Schneider)

Traditionell wird Weihnachten in Russland in Anlehnung an den alten Kalender begangen: das orthodoxe Weihnachtsfest fällt von daher auf den 7. Januar. Am 6. Januar, dem Heiligen Abend, muss streng gefastet werden. Erst, wenn der erste Stern am Abendhimmel zu sehen ist, wird das Fasten gebrochen. Dann gibt es Kutja, eine Speise aus Weizenkörnern, Nüssen und Honig. Was folgt, ist ein Menü aus zwölf Gängen. Jeder Gang steht für einen der zwölf Apostel; unter der Tischdecke stecken ein paar Halme Heu und Stroh als Erinnerung an den Stall in Bethlehem. Fleisch ist tabu an Heiligabend: Es gibt Borscht-Suppe ohne Fleisch, Kartoffel-Pfannkuchen und mit Reis gefüllte Piroggen. Der zwölfte Gang ist Uzwar: Ein Kompott-Getränk, das aus getrocknetem Obst gekocht wird. Fleisch gibt es erst am eigentlichen Weihnachtstag – oftmals Truthahn.

In: Süddeutsche Zeitung, 19.12.2000, S. V2/5

Anlass	Datum	Beschreibung des Geschenkverhaltens
Neujahrsfest	01.01.	teure Geschenke, hochwertige Nahrungs- und Genussmittel, Kosmetika (Hauptgeschenkanlass)
Neujahrsfest (nach altem Kalender)	14.01.	z.T. noch doppelt gefeiert, von einer kleineren Anzahl von Menschen wird dieser Tag wie der 01.01. behandelt
Männertag (ehemals Tag der sowjetischen Armee)	23.02.	Geschenke für Männer: Spirituosen, Körperpflege etc.
Frauentag	08.03.	Geschenke für Frauen: Kosmetika, hochwertige Süßigkeiten
Weihnachten	24.12., 07.01. nach altem Kalender	eher religiös geprägt, nur Nebengeschenkanlass
Ostern	Wechselnd	noch kleinerer Nebengeschenkanlass als Weihnachten, es gibt Besuche und Einladungen, wobei nur Süßigkeiten, Alkoholika oder Kaffee verschenkt werden

Abb. 123 Geschenkverhalten bei unterschiedlichen Anlässen
Quelle: Wadenpohl, 1998, S. 57

Geschenke, die durch ihren hohen Preis als unangenehm empfunden werden, können indirekt als Anzweiflung der echten Selbstlosigkeit des russischen Gastgebers verstanden werden, wodurch selbst eine gute Beziehung nachhaltig negativ beeinflusst werden kann. Gastgeschenke, mit denen man bei einer privaten Einladung immer richtig liegt, stellen Blumen für die Gastgeberin und eine Flasche Wodka o. ä. für den Gastgeber dar (Bel'anko/Truschina, 1996, S. 52).

Unterschiedliche Anlässe in Russland verlangen ein unterschiedliches Geschenkverhalten. Abbildung 123 gibt einen Überblick, welche Geschenke sich zu welchen Anlässen anbieten, wobei das Neujahrsfest eine herausgehobene Stellung einnimmt.

Moskau ist kein Lieblingsplatz für Entsandte
(Markus Wehner)

Das Wichtigste in Moskau ist Zeit. Sie braucht man wegen der langen Wege für alles – und hat sie deshalb nie. Einkaufen wie im Westen ist dank der großen Hyper- und Supermärkte kein Problem mehr; allein auch das kostet Zeit. Manches lässt sich in der Zwischenzeit übers Internet regeln, etwa die Lieferung von Koch- und Trinkwasser, da das stark gechlorte Moskauer Leitungswasser der Gesundheit abträglich ist. Ein funktionierendes Bankensystem mit Kundenservice gibt es nicht, allerdings Bankautomaten, die auf EC- und Kreditkarten Rubel und gelegentlich Dollars herausgeben. Probleme mit der Arbeitserlaubnis gibt es nicht. Wer in Moskau arbeitet, kann heute in ein russisches Unternehmen wechseln. Vor allem russische Spitzenfirmen suchen erfahrene ausländische Manager. Deutsche Unternehmen sind indes daran interessiert, die Zahl der „Expatrianten" zu verringern und russische Angestellte für Führungspositionen zu schulen. Auf das Geschick einheimischer Mitarbeiter ist man ohnehin angewiesen, nicht zuletzt wenn es um den Umgang mit den Behörden geht, von denen man Visa, Akkreditierungen, Registrierungen, Autoanmeldungen und Steuerbescheide braucht. Für die erfolgreiche Arbeit ausländischer Entsandter ist es entscheidend, dass sie verstehen, dass in Russland vieles anders geregelt wird als im Westen. Der geöffnete Geldbeutel entscheidet längst nicht alles. Wer glaubt, alles müsse nach westlichen Spielregeln funktionieren, scheitert. Mehr als im Westen läuft vieles über die persönliche Beziehung, das Vertrauen, das man gewinnen muss. Hat man jemanden überzeugt, dann gehen auch scheinbar unmögliche Dinge.

In: FAZ, 13.03.2004, S. 55

13.4.5 Zeitliche Vorstellungen

Ein russisches Sprichwort sagt: „Wer eilt, macht sich zum Gespött der Leute." Nach dieser Philosophie werden Verhandlungen durchgeführt, wobei der Zeitfaktor nicht selten auch als Element russischer Verhandlungstaktik eingesetzt wird. Generell lässt sich sagen, dass die zeitlichen Vorstellungen der Russen sehr flexibel ausfallen und Pünktlichkeit am Arbeitsplatz und im Alltag ihnen weniger wichtig erscheint, als dies bei westlichen Partnern der Fall ist.

> *"It is not unusual for Russians to be one or two hours late to an appointment." (Morrsion/Conaway/Borden, 1994, S. 317)*

Handlungen werden ruhig, und ohne dass ein Zeitdruck wahrgenommen wird, erledigt. Der Arbeitsstil ist gelassen und wirkt gleichgültig. Die Folge davon ist, dass Zeitvorgaben nicht eingehalten und Zeitverluste nicht aufgeholt werden. Das Entstehen längerer Pausen im Arbeitsfluss wird dabei toleriert (Rothlauf, 1998, S. 35).

> *"It is very common to leave a telephone message for someone and not have the call returned for three or four days – if at all. In the West this situation would simply be unacceptable." (Fey, 1995, S. 52)*

Aus dieser zeitlichen Ungebundenheit leitet sich die angesprochene russische Unpünktlichkeit ab.

> *"Punctuality was not considered essential under the Soviet system, since employment was guaranteed and no one could be fired for tardiness."(Morrison/Conaway/Borden, 1994, S. 317)*

In der Zusammenarbeit mit den westlichen Partnern führt gerade diese Einstellung häufig zu Konflikten (s. Kap. 12.5.3.1.). Allerdings muss auch hier zunächst mit Nachsicht reagiert werden, wenn man die gute Beziehung aufrechterhalten möchte. *"Patience, not punctuality, is considered a virtue in Russia."* Dazu gehört vor allem, dass es bei Zeitangaben auf den Wortlaut zu achten gilt. Es gibt nur eine Möglichkeit, einen Zeitpunkt im Russischen auszudrücken, aber fünf andere Varianten, Zeiträume festzulegen (Bel'anko/Truschina, 1996, S. 53).

> **Zeit ist Zeit und Geld ist Geld**
> (Baumgart/Jänicke)
>
> In Russland sind Begriffe wie „Zeit" und „Pünktlichkeit" recht dehnbar. Verzögerungen und Verspätungen sind an der Tagesordnung. Kaum eine Theatervorstellung, kaum ein Meeting im Betrieb beginnen pünktlich. Selbst im Geschäftsleben ist die Maxime „Zeit ist Geld" nicht als unumstößliche Wahrheit anerkannt. Nicht selten gilt vielmehr „Geld ist Geld und Zeit ist Zeit". Zeit wird nicht selten als „ein künstlicher Rahmen" aufgefasst, der dazu gedacht ist, Leute mehr oder weniger an denselben Ort zu bekommen. Nicht ganz zu unrecht wird den Russen oftmals, und zwar nicht nur von den Deutschen, ein „polychrones" Zeitverständnis nachgesagt.
>
> In: Russlandknigge, 1997, S. 112

13.4.6 Paraverbale Kommunikation

Das Wissen um die sprachlichen Schlüsselreize, den so genannten "cues", kann zum Gelingen einer interkulturellen Kommunikation einen nicht unwesentlichen Beitrag leisten. Durch prospektives und retrospektives Erschließen der "cues", wird der Bedeutungsgehalt der jeweiligen sprachlichen Interaktion erkennbar. Im Russischen wird durch die Intonation von Sätzen wesentlich deutlicher als im Deutschen über Ausdruck und Inhalt einer Botschaft entschieden. Die Intonation tangiert die jeweilige Meta-Message stärker, weil das Russische bruchstückhaftere, phraseologische Wendungen kennt (Bel'anko/Truschina, 1996, S. 55 ff.).

Generell wird in der russischen Kommunikation entschiedener und charakteristischer intoniert als im Deutschen. Dem Russisch lernenden Deutschen erscheint dies oft als übertrieben, da die russische Intonation aus der deutschen Normalerwartung heraus eine andere Meta-Message codiert. Zum Beispiel kann die falsche bzw. aus dem Deutschen übertragene Frageintonation leicht als abfällige Bemerkung oder Beleidigung decodiert werden.

Unvermitteltes Schweigen, das in Deutschland als Denkpause verstanden werden kann, ist in Russland eher negativ belegt und wird von daher als unangenehm empfunden. Weiterhin unterscheiden sich die Lautstärken des Sprechens in Russland und Deutschland. Die in Russland übliche Lautstärke kann von Deutschen als Zeichen eines lautstarken Streits verstanden werden. Bei einer Entcodifizierung sind Missverständnisse und Verunsicherungen auf beiden Seiten vorprogrammiert. Stereotypenbildung und Vorurteile können so die Folge sein.

Sharing
(Wilson/Donaldson)

Four Russian friends meet. One has a chocolate bar. He pulls out his pocket knife and carefully cuts the chocolate into four minuscule but equal pieces and divides it among the four. In other countries, four friends would not typically think of equally distributing such a small portion. "If I want one, I will buy my own" would perhaps be the attitude. In Russia, the sharing of food or consumables is of primary importance.

In: Russian Etiquette & Ethics in Business, Chicago, 1996, p. 71

13.4.7 Non-verbale Kommunikation

Das Verständnis der Kommunikation als von Individuen bestimmte Gruppensituation, wie es in Westeuropa verbreitet ist, führt in Russland zu starken Disharmonien und Antipathien. An das westeuropäische Selbstverständnis werden gerade mit Bezug auf Gesprächssituationen hohe Integrationsanforderungen gestellt. Dazu gehört u. a. auch, dass man seinen Geschäftspartner ausreden lässt, denn das Unterbrechen wird als taktlos empfunden.

Reaktionen auf ein russisches Kompliment sollten von äußerster Bescheidenheit durchdrungen sein. Es ist nicht angebracht – selbst über den jeweiligen Anlass, der zu dem Kompliment geführt hat – zu berichten oder näher darauf einzugehen. Das Kompliment beinhaltet in Russland nicht die Meta-Message einer Aufforderung zum Gespräch über eigene Erfolge wie es im westlichen Ausland oft der Fall ist (Bel'anko/Truschina, 1996, S. 34 ff.).

Die Gestik der Russen in der sprachlichen Interaktion ist stärker von der jeweiligen Meta-Message geprägt. Allgemein wird die Kommunikation ausdrucksstärker und häufiger von körpersprachlichen Aktionen begleitet und unterstrichen. Der extensive Einsatz der Körpersprache in Russland würde in Deutschland schnell als extrovertiert gelten. Umgekehrt kann die im Vergleich dazu spärliche deutsche Kommunikation auf der non-verbalen Ebene in Russland leicht als Unbeteiligtsein interpretiert werden.

Am deutlichsten unterscheidet sich die non-verbale Kommunikation zwischen Russen und Deutschen im Abstand-Verhalten. Der Raum, den eine Person umgibt, wird in vier Zonen unterteilt: die Intimzone, die persönliche, die soziale und die öffentliche Zone. Bei Deutschen beginnt die Intimzone etwa eine halbe Armlänge vom Körper entfernt. Tritt jemand unerlaubt in diese Zone ein, fühlt sich der Deutsche unwohl und schaltet innerlich auf Abwehr. In Russland hingegen kann man beobachten, dass die Menschen viel näher beieinander stehen ohne sich gestört zu fühlen (Baumgart/Jänicke, 1997, S. 152).

Unterschiede gibt es auch in der Art, Zahlen mit Hilfe von Fingern zu verdeutlichen. So wird man z.B. im Geschäft auf das Anzeigen der Zahl drei mit Hilfe von Daumen, Zeigefinger und Mittelfinger nur zwei Stücke der gewünschten Ware bekommen, da die Russen erst mit dem Zeigefinger zu zählen beginnen; bei der Zahl fünf wird der Daumen hinzugenommen (Baumgart/ Jänicke, 1997, S. 152).

Auf weitere Körpersignale, die hier eine Rolle spielen können, weisen Morrsion/Conaway/Borden (1994, S. 321) hin:

- *"Both the American "O.K." sign (thumb and forefinger touching in a circle) and any shaken-fist gesture will be interpreted as vulgar. The "thumbs up" gesture indicates approval among Russians."*
- *"Whistling is not taken as a sign of approval in a concert hall; it means you did not like the performance."*

> **Cultural Note**
> (Morrsion/Conaway/Borden)
>
> The Russian word *nyekulturny* (literally, "uncultured" or "bad mannered") signifies the wrong way to do something. Foreigners are often judged by the same standards Russians apply to themselves. Some *nyekulturny* behaviours are:
>
> Standing with your hands in your pockets, or generally lounging around. This is especially true in public buildings. Wearing your coat (and heavy boots) when you enter a public building – particularly the theater. You are expected to leave your coat in the *garderob* (cloakroom). One does not sit on one's coat at a concert, restaurant, and so forth. Many office building also have a *garderob*.
>
> In: How to Do Business in Sixty Countries, 1994, p. 320

13.5 Führungs- und Entscheidungsverhalten

Das Führungs- und Entscheidungsverhalten der Russen reflektiert die zuvor angesprochenen traditionellen Wertehaltungen und Kulturstandards. In der Kooperation mit ausländischen Unternehmen sind daher vielfältige Abstimmungsprozesse notwendig, um traditionelle Denk- und Verhaltensmuster mit westlichem Managementdenken zum Ausgleich zu bringen.

Some notes for doing business in Russia
(Roman Hummelt)

- Be punctual even if your business partners sometimes aren't and be ready for long negotiations.
- For important things, use an interpreter. Be careful with interpreter provided by your partners, as they may not always represent your interests. Ideally, learn Russian to know what is going on at meetings.
- Make sure that the results of meetings are clearly documented (in Russian, English and/or German).
- Do not speak in a loud voice in public.
- Make sure that you contact the highest-ranking person a soon as you can arrange a face-to-face meeting.
- In negotiations, Russian business partner often show more emotions than usual representatives from Western European countries. Also, it is essential for foreigners not to appear arrogant.
- You may be asked to sign a *Protokol* after each meeting. This is a joint statement that delineates what was discussed. It is not a formal agreement.
- "Final offers" are never final during initial negotiations. Be prepared to wait; the offer will be made more attractive if you can hold on.
- Do not schedule your trip to Russia near the end of July or during the month of August, because this is the time of the year many people go on holiday.

In: Business Spotlight, Nr. 3/2005, p. 39

13.5.1 Autoritätsfixierung und Führungsstil

Die russische Autoritätsfixierung hat eine lange Tradition und war bereits in ihrer Grundstruktur in der Dorfgemeinschaft des „Sobornost'" zu finden. Sie hat sich bis heute fortgesetzt und dokumentiert sich z.B. in der großen Machtbefugnis des russischen Präsidenten oder in der Machtfülle, über die die Führungsverantwortlichen in den Staatsbetrieben verfügen. Ihr damit verbundener rigider Führungsstil steht dem im Westen häufig anzutreffenden kooperativ-partnerschaftlichen Führungsstil diametral entgegen. Während diese westliche Art der Führung im russischen Denken eher mit den Attributen Schwäche und Inkompetenz verbunden wird, muss sich die russische Seite den Vorwurf gefallen lassen, dass sie mit ihrer absoluten Autoritätsfixierung keinerlei Öffnung für andere Strömungen oder Meinungen zeigt. Damit ist auch ein Mangel an strategischem Denken verbunden, das wiederum als Konfliktquelle im interkulturellen Dialog angesehen wird.

13.5.1.1 Merkmale des Autoritäts-Konformismus

Unter Autoritäts-Konformismus versteht man eine Anpassung an und die Unterwerfung gegenüber Autoritäten. Im Einzelnen drückt sich das wie folgt aus (Rothlauf, 1997, S. 147):

- Autoritäten werden respektiert und ihre Anweisungen werden befolgt.
- Verantwortung wird abgelehnt und nach oben geschoben. Autoritäten werden gebraucht, damit sie Verantwortung übernehmen.
- Es herrscht eine Scheu vor Entscheidungen. Entscheidungsprozesse laufen sehr langsam ab und werden oftmals nur unter Hinzuziehen von Autoritätspersonen gefällt.
- Der Autoritäts-Konformismus macht sich auch im tendenziell autoritären Führungsstil von russischen Managern bemerkbar und in den spiegelbildlichen Erwartungen der Mitarbeiter, autoritär geführt zu werden.

Positiv assoziiert werden mit einem derartigen Führungsansatz Eigenschaften wie Großzügigkeit, die gegenseitige Bereitschaft zum Helfen aber auch ein vielfältig abgestimmtes Beziehungsgeflecht, von dem man sich in bestimmten Situationen Vorteile verspricht. Demgegenüber werden u. a. die autoritäre Ausrichtung, die internationale Unerfahrenheit und die Abgeschlossenheit als eher negativer Ausdruck des russischen Führungsstils interpretiert (Abb. 124).

POSITIV	NEGATIV
Wer Vertrauen gewinnt, hat langfristige Vorteile	Autoritär
Wer hilft, dem wird geholfen	Nicht offen
Pflege von guten Verbindungen zu Politik und Gesellschaft	Jeden Insider-Vorteil nutzend
Sicherheitsbewusstsein	International unerfahren
Großzügigkeit	"Underdog"-Mentalität

Abb. 124 Der russische Führungsstil
Quelle: Stein, 1997, S. 8

13.5.1.2 Folgen des Autoritäts-Konformismus

Unterschiedliche Folgen sind mit der Autoritätsfixierung und einem sich daraus ergebenden Führungsstil verbunden. Dazu gehören, dass

- Ungleichheit zwischen den Menschen erwartet wird und erwünscht ist (große Relevanz für den Führungsstil),
- die jeweils weniger Mächtigen sich zwischen den beiden Extremen Abhängigkeit und Kontradependenz befinden (Praxisbeispiel: Bestechungsgelder müssen in Projektfinanzierungen eingerechnet werden, um Vorgänge zu ermöglichen bzw. zu beschleunigen),
- sowohl Menschen mit mehr als auch mit weniger Bildung die gleiche Einstellung zur Autorität haben,
- hierarchische Strukturen in Organisationen ein Spiegelbild einer natürlich gegebenen Ungleichheit sind (Transformationsprozesse diesbezüglich sind unmöglich),
- große Unterschiede im Gehalt notwendig sind (Relevanz für Personal- und Lohnpolitik),
- Mitarbeiter es erwarten, Anweisungen zu erhalten,
- Privilegien und Statussymbole für Manager erwartet werden und populär sind (Hofstede, Wiesbaden, 1993, S. 52).

13.5.2 Entscheidungsfindung

Trotz der Autoritätsfixierung bevorzugen Russen traditionell den kollektiven Weg der Entscheidungsfindung über Konsenssuche und Ausgleich. So kommt es äußerst selten vor, dass ein russischer Partner allein eine sofortige Entscheidung trifft, ohne sich vorher mit einem Stab von Kollegen beraten zu haben.

Der Versuch einer offenen Entscheidungsfindung dürfte – zumindest in mittleren und großen Organisationen – weitgehend illusorisch sein. Auch Entscheidungen, die in formellen Meetings getroffen, protokollarisch festgehalten und zur Umsetzung mit einem Zeitplan versehen werden, bleiben nicht selten auf dem Papier stehen, weil die Akzeptanz der getroffenen Entscheidung auf den unteren Hierarchieebenen nicht vorhanden ist (Baumgart/Jänecke, 1997, S. 218).

Der langwierige Entscheidungsfindungsprozess, mit der Einbindung vor- und nachgelagerter Ebenen, wird noch durch den vertikalen Informationsaustausch verzögert, da zunächst auf der gleichen Entscheidungsebene alle betreffenden Abteilungen mit einbezogen werden müssen.

> *"Traditionally, Russian companies have been very good with vertical information flow, yet the horizontal flow of information from one department to a parallel department without first going through a common manager has traditionally been difficult." (Fey, 1995, p. 50)*

Werden russische Mitarbeiter mit Entscheidungssituationen konfrontiert, die sie zu einer eigenen Lösung auffordern, werden Verhaltensmuster erkennbar, die nicht ihrer Mentalität entsprechen. Gerade bei internationalen Joint Ventures sind damit eine Reihe von Problemen verbunden.

> *"Accustomed to receive and execute orders from the boss, Russian employees, including senior managers are often reluctant to make decisions, take initiative and assume responsibility. They are looking for instructions even in the simplest situations, such as which color telephones they should order." (Shekshina, 1994, S. 303)*

Selbst Mitglieder der Geschäftsführung warten auf genaue Vorgaben seitens des ausländischen Counterpart, bevor sie eine Entscheidung umsetzen. Damit sind zeitliche Abstimmungsprozesse verbunden, die dem westlichen Managementdenken nicht entsprechen und einem ausländischen Manager sehr viel Geduld und Fingerspitzengefühl abverlangen.

13.5.3 Zum Gruppenverhalten

Die russische Gesellschaft ist eine traditionell egalitär geprägte Gemeinschaft. Der tief verwurzelte Gedanke von der Gleichheit aller, hat dazu geführt, dass eine natürliche Abneigung gegen „Aus-der-Reihe-Tanzende" und gegen das Ausbrechen aus der vorgeschriebenen Rolle besteht. Im Mittelpunkt des Interesses steht nicht das Individuum bzw. der Bürger, sondern eine bestimmte Gemeinschaft – das Kollektiv (Baumgart/Jänecke, 1997, S. 101).

Am Arbeitsplatz erwartet man von den Kollegen und Vorgesetzten ein kameradschaftliches Verhalten und gegenseitige Unterstützung. Dies führt häufig zu einem fehlenden Bewusstsein von Konkurrenz und Wettbewerb, wobei eine Profilierung als nicht notwendig erachtet wird. Man ist vielmehr bescheiden und stellt häufig sein Licht unter den Scheffel. Da kein aktives Handeln von der Gruppe ausgeht, muss für die Gruppe mitgedacht werden (Hofstede, 1993, S. 84).

Geht man den Gründen für dieses restriktive Gruppenverhalten nach, dann sind sie zum größten Teil systemimmanent angelegt. Sowohl eine gewisse Handlungsblockade als auch ein überstrapazierter Formalismus mit Plan- und Detailorientierung lassen keine Gruppendynamik im westlichen Sinne aufkommen (Rothlauf, 1997, S. 147).

13.5.3.1 Handlungsblockade

Der kognitiven Problemanalyse folgt kein aktives Handeln, sondern lediglich das Lösen des Problems oder der Aufgabe auf rein verbaler Ebene, d.h.:

- Handlungsspielräume werden entweder nicht erkannt oder nicht genutzt. Das zeigt sich vor allem in fehlender Handlungsbereitschaft der Gruppe.
- Schwierigkeiten werden ignoriert, weil kein Weg gesehen wird, sie zu bewältigen.
- Erkannte Lösungswege werden nicht genutzt, wenn ein zu großer Aufwand vermutet wird.
- Es fehlt an Eigeninitiative innerhalb der Gruppe. Gehandelt wird nur, wenn eine konkrete Anweisung dazu erfolgt ist.
- Fatalistisches Denken, wie es wird schon werden, man kann sowieso nichts ändern, verbunden mit der Hoffnung, dass der Staat, der Betrieb

oder eine Institution die Probleme aus dem Weg räumt, bestimmt das Gruppenverhalten (Rothlauf, 1997, S. 147).

13.5.3.2 Formalismus, Plan- und Detailorientierung

Bezeichnet wird damit ein Gruppenhandeln, das sich streng an Regeln und Vorschriften hält, die der Plan repräsentiert. Im Arbeitsleben dominiert ein genaues Erfüllen der Vorgaben. Dies führt zu Inflexibilität und Rigidität im Denken und Handeln. Aufgaben werden von den Gruppen plangerecht und detailliert bearbeitet, ohne Prioritäten zu setzen.

> *„Formal departmental meetings follow a strict agenda and are mainly concerned with establishing the authority of the management, giving instructions and coordinating work processes. The main role of such meetings is the implementation of decisions and checking of progress rather than decision making and planning. Especially in the former state-run companies, the information flow is restricted. Minutes often report on the progress of meetings rather than the results. To foreigners, the minutes can seem to be vague, repetitive and far too detailed."* (Minakova-Boblest, 2005, S. 38).

Die Arbeitsleistung der jeweiligen Gruppe richtet sich nach vorgegebenen Durchschnittszahlen. Während der quantitativen Zielerfüllung hierbei eine große Bedeutung beigemessen wird, spielen qualitative Ziele mit Verbesserung der Ausschuss- bzw. Fehlerquote und die aktive Einbeziehung von Verbesserungsvorschlägen auch als Mittel einer zusätzlichen Einkommensquelle keine Rolle (Rothlauf, 1997, S. 147).

13.5.4 Zum Umgang mit Lob und Kritik

Lob und Komplimente spielen am Arbeitsplatz, der wichtigsten Form des außerfamiliären Umgangs unter Russen, eine große Rolle. Sie sind zugleich Ausdruck einer guten Beziehung. Die Nüchternheit einer deutschen Führungskraft würde die Beziehung zum russischen Kollektiv langhaltig negativ tangieren. In einem russischen Kollektiv machen sich nicht nur die Kollegen untereinander Komplimente, sondern auch der Chef macht sie seinen Untergebenen. Dabei muss das Kompliment nicht besonders schwerwiegend sein. Komplimente werden oft mit einem Lächeln und wie im Scherz ausgesprochen (Bel'anko/Truschina, 1997, S. 34 ff.).

Kritik am Arbeitsplatz wiederum wird in Russland eher als Ärgernis denn als Chance zur Aufarbeitung von Defiziten gesehen. Harss/Maier (1996, S. 45 ff.) haben das Kritikverhalten deutscher als auch russischer Mitarbeiter am Arbeitsplatz untersucht und sind zu folgenden Ergebnissen gekommen (Abb. 125):

Sie werden am Arbeitsplatz kritisiert – wie verhalten sie sich?		
	Russen	**Deutsche**
aktiv nachfragen, analysieren, sich wehren, sein Verhalten ändern	55 Prozent	87 Prozent
passiv nicht beachten sich grämen, ärgern nichts tun	33 Prozent	13 Prozent

Abb. 125 Kritikverhalten am Arbeitsplatz: Russen und Deutsche im Vergleich
Quelle: Harss/ Maier, 1996, S. 45

Während die Deutschen in ihrer übergroßen Mehrheit (87%) bei Kritik am Arbeitsplatz durch eine aktive Aufarbeitung im Sinne von Nachfrage und Analyse ihr Verhalten zu ändern suchen, liegt dieser Prozentsatz bei den Russen lediglich bei 55%. Von da aus überrascht es auch nicht, dass die passive Haltung gegenüber Kritik bei ihnen wesentlich höher ausfällt (33%) als das bei den Deutschen der Fall ist (13%).

Auf die Frage, wie ein Mitarbeiter sich verhalten würde, wenn er sich am Arbeitsplatz geärgert hat, fallen die Unterschiede noch deutlicher aus. Der russische Mitarbeiter ist kaum bereit, mit Kollegen oder Vorgesetzten über das zu sprechen, was ihn bedrückt oder am Arbeitsplatz stört. Der Prozentsatz derjenigen, die das aktiv ansprechen wollen, liegt bei 35%. Die deutschen Mitarbeiter, die es gewohnt sind, ihren Ärger direkt anzusprechen, zeigen mit 100% Zustimmung, dass sie grundsätzlich nicht bereit sind, bei derartigen Fragen in Passivität zu verharren.

Sie haben sich am Arbeitsplatz geärgert – wie verhalten Sie sich?		
	Russen	Deutsche
aktiv sich wehren, ansprechen, kritisieren, petzen	35 Prozent	100 Prozent
passiv sich grämen, ärgern, leiden nichts tun	65 Prozent	0 Prozent

Abb. 126 Ärger am Arbeitsplatz: Russen und Deutsche im Vergleich
Quelle: Harss/Maier, 1996, S. 45

Fasst man das Ergebnis dieser beiden Befragungen zusammen, dann zeigt sich, dass das aktive Kritikverhalten sowie das direkte Ansprechen von Unzufriedenheit am Arbeitsplatz nicht der russischen Mentalität entspricht. Die kollektivistische Prägung Russlands, in der Harmonie bewahrt und Auseinandersetzungen auch in Form von Kritik weitgehend vermieden werden, hängt zugleich auch mit der großen Machtdistanz zusammen, die noch heute das Verhalten der Mitarbeiter prägt (Hofstede, Wiesbaden, 1993, S. 84). Für die Auslandsführungskraft ergeben sich daraus bestimmte Schlussfolgerungen, die sich so zusammenfassen lassen:

> *"Listening, understanding, and not judging, but helping as a role model will gain respect and create an atmosphere for open dialogue."(Puffer/McCarthy, 1995, p. 43)*

13.6 Zur Zusammenarbeit zwischen Russen und Deutschen

Eine Reihe von Untersuchungen ist der Frage nachgegangen, wie es um die Zusammenarbeit von Russen und Deutschen bestellt ist. Im nachfolgenden sollen einige dieser Ergebnisse vorgestellt und interpretiert werden.

13.6.1 Konkrete Erfahrungen und allgemeine Einschätzungen

Harss/Maier (1995, S. 22 ff.) haben jeweils 50 deutsche und 50 russische Führungskräfte im Hinblick auf ihre konkreten Erfahrungen, die sie in der betrieblichen Zusammenarbeit gemacht haben, befragt und sind dabei zu folgenden Ergebnissen gekommen (s. Abb. 127).

34 Prozent der befragten russischen Führungskräfte sowie 44 Prozent der deutschen Führungskräfte berichten positiv über ihre Erfahrungen bei der Zusammenarbeit, rund 40 Prozent äußern gemischte Gefühle während lediglich 10 Prozent sie als negativ beurteilen.

> **The Importance of Wasting Time**
> (Wilson/Donaldson)
>
> Wasting time with a friend is central to the Russian notion of friendship. Time-conscious foreigners will feel anxious doing nothing. But the importance of wasting time should not be ignored. Time is wasted (in small amounts, of course) on the job as a fifteen-minute coffee break and chat regularly extends to half an hour.
>
> In: Russian Etiquette & Ethics in Business, Chicago, 1996, p. 70

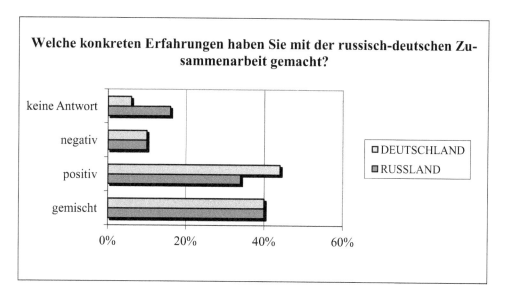

Abb. 127 Managererfahrungen im Hinblick auf die russisch-deutsche Zusammenarbeit
Quelle: Harss/ Maier, 1995, S. 32

Daraus lässt sich zunächst der Schluss ziehen, dass die Erfahrungen, die man auf beiden Seiten im Hinblick auf die gemeinsame Zusammenarbeit gemacht hat, als insgesamt gut beschrieben werden kann. Allerdings darf nicht übersehen werden, dass diejenigen, die sich nicht ausdrücklich positiv geäußert haben, mit 66 Prozent (Russen) bzw. 56 Prozent (Deutsche) einen Wert darstellen, der zeigt, dass es noch eine Reihe von Problemen abzuarbeiten gilt, um die weitere Zusammenarbeit zu optimieren.

Dass allerdings durchaus Optimismus angebracht ist, zeigt die Auswertung (Abb. 128) der Frage, ob man es sich vorstellen könne, dass russische und deutsche Manager gut zusammenarbeiten könnten. 73 Prozent der russischen und 68 Prozent der deutschen Führungskräfte antworten hier mit einem „Ja" und nur 15 Prozent der deutschen und lediglich 2 Prozent der russischen Manager vertreten hierbei eine eher negative Sichtweise (Harss/ Maier, K., 1995, S. 32).

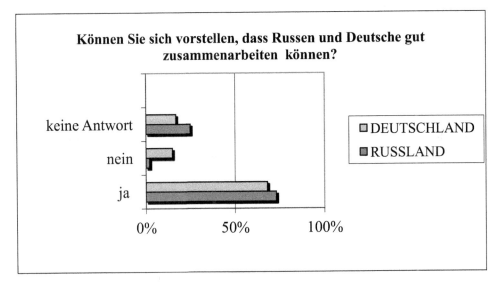

Abb. 128 Einschätzung der Zusammenarbeit zwischen russischen und deutschen Managern
Quelle: Harss/ Maier, 1995, S. 32

*„Wer dir schmeichelt, hat dich entweder
betrogen, oder er hofft es zu tun."*
(Russisches Sprichwort)

13.6.2 Mentalitätsprobleme zwischen Russen und Deutschen

Unterschiedliche Beurteilungen sind häufig das Ergebnis divergierender Vorstellungen. Dabei spielt in der internationalen Zusammenarbeit der kulturspezifische Hintergrund eine entscheidende Rolle, der die jeweiligen Verhandlungspartner geprägt hat. Worin die entsprechenden Mentalitätsprobleme begründet sind, macht die nachfolgende Abbildung deutlich, die eine Charakterisierung der russischen und der deutschen Seite vornimmt.

Russen	Deutsche
• Emotionaler und gastfreundlich	• Kühler und berechnender
• Erfahrung im Empfang von Delegationen	• Sachlicher
• Zwang zur Akkumulation von Kapital	• Halten sich für schlauer und erfahrener im Geschäft
• Haben gut funktionierende „Seilschaften"	• Arbeiten individuell
• Haben mehr Erfahrung sich zu bereichern	• Haben ungenügende Sprach- und Marktkenntnisse

Abb. 129 Mentalitätsprobleme zwischen Russen und Deutschen
Quelle: Stein, 1997, S. 8

13.6.2.1 Typisch russisch aus deutscher Sicht

Was die beidseitige Einschätzung betrifft, so lässt sich noch ein genaueres Bild der Unterschiede vermitteln, wenn man die betreffenden Partner fragt, was sie als typische Merkmale der jeweils anderen Seite betrachten. Harss/Maier (1995, S. 34) haben hierzu eine Befragung durchgeführt.

Typisch russisch (aus deutscher Sicht)	
1. Offenheit, Wärme, Freundlichkeit	100%
2. Passivität, Duldungsbereitschaft, Resignation	44%
3. Maßlosigkeit	26%
4. Arroganz, Stolz	22%

Abb. 130 Typisch russisch (aus deutscher Sicht)
Quelle: Harss/ Maier, 1995, S. 34

Aus deutscher Sicht werden die Russen in allererster Linie mit Werten wie Offenheit, menschliche Wärme, Herzlichkeit und Freundlichkeit in Verbindung gebracht (100%), die allesamt positive Charaktereigenschaften repräsentieren. Demgegenüber wird mit der russischen Passivität (44%) eine Verhaltensweise angesprochen, die aus deutscher Sicht negativ besetzt ist und dazu führt, dass man damit den Russen eher Oberflächlichkeit und einen zu großzügigen Zeitbegriff unterstellt. Nicht ganz so negativ fällt die Einschätzung aus, wenn man die Russen mit Maßlosigkeit (22%) oder Arroganz (18%) in Verbindung bringt (Harss/Maier, 1995 S. 32).

13.6.2.2 Typisch deutsch aus russischer Sicht

Wer anderen mitteilen will, worin er spezifische, positive wie negative Merkmale seines Gegenübers zu erkennen glaubt, muss aber auch selbst bereit sein, sich den Spiegel vorhalten zu lassen. Was die russische Sichtweise im Hinblick auf die Einschätzung der Deutschen betrifft, so wird die deutsche Gründlichkeit und Genauigkeit als ein typisches Wesensmerkmal gesehen (100%). Wenn den Deutschen darüber hinaus Geschäftstüchtigkeit unterstellt wird (44%), so darf dabei der Zusatz „Geiz" nicht übersehen werden. Egoistische Gründe und weniger Rücksichtnahme auf das allgemeine Wohl werden damit in Verbindung gebracht. Die fehlende zwischenmenschliche Wärme (18%), die für die russische Mentalität einen so wichtigen Stellenwert einnimmt, wird als ein Manko empfunden (Harss/ Maier, 1995, S. 34).

Typisch deutsch (aus russischer Sicht)	
1. Genauigkeit bis Pedanterie	100%
2. Geschäftstüchtigkeit bis Geiz	44%
3. Zuverlässigkeit, Ehrlichkeit	28%
4. Tüchtigkeit, Fähigkeit zu arbeiten	20%
5. Verschlossenheit im zwischenmenschlichen Kontakt	18%

Abb. 131 Typisch deutsch (aus russischer Sicht)
Quelle: Harss/ Maier, 1995, S.34

> **The German View**
> (Roman Hummelt)
>
> *What advice do you have for anyone going on a business trip to Russia?*
>
> Be prepared for the worst in business - and enjoy the warmth of Russian hospitality. Last but not least, I would have one piece of advice to give to the top management: send your best people to Russia, as it is one of the most difficult markets in the world. Train and pay them well.
>
> In: Business Spotlight, Nr.3/2005, S. 41

13.6.3 Schwierigkeiten in der russisch-deutschen Zusammenarbeit

Die Zusammenführung von divergierenden Unternehmenskulturen zu einer neuen Unternehmenseinheit bedingt, dass gerade zu Beginn der Zusammenarbeit Schwierigkeiten unterschiedlichster Art auftreten können. Gelingt es nicht, sie zu beheben, dann kann es zu Reibungsverlusten auf beiden Seiten kommen.

13.6.3.1 Konfliktursachen

Die häufigsten Konfliktfelder, die in der Zusammenarbeit auf der Führungsebene zwischen russischen und deutschen Managern beobachtet werden konnten, haben Harss/Maier (1995, S. 34) zusammengestellt:

- Unterschiedliche Arbeitsstile und Einstellungen
- Unterschiedliche Spielregeln im zwischenmenschlichen Kontakt
- Unterschiedliche moralische und ethische Vorstellungen
- Unterschiedliche Vorstellungen in Macht und Unterwerfung
- Unterschiedlicher Zeitbegriff

Die vorangegangenen Kapitel haben versucht, Erklärungen für diese Konfliktursachen zu geben. Die divergierenden Auffassungen, die mit dem jeweiligen Arbeitsstil verbunden sind, stellen sich dabei als eine der größten Herausforderung für das Gelingen der Zusammenarbeit dar. Sie sind aber zugleich auch das Produkt unterschiedlicher moralischer und ethischer Vorstellungen. Über die unterschiedlichen Auffassungen, die sich aus der Machtdistanz oder dem Verhältnis zurzeit ergeben, wurde bereits an anderer Stelle eingegangen. Ebenso wurde auf die große Bedeutung der Solidarität als Säule zwischenmenschlicher Beziehungen hingewiesen sowie auf die unterschiedlichen Geschäftspraktiken, umschrieben mit dem Stichwort Schutzgelder, aufmerksam gemacht.

13.6.3.2 Konfliktfelder aus Sicht der jeweiligen Führungskräfte

Geht man nun einen Schritt weiter und sucht nach den konkreten Ursachen für die jeweiligen Konflikte mit Blick auf die Zusammenarbeit der Führungskräfte, dann werden die zuvor aufgezählten allgemeinen Konfliktursachen weiter spezifiziert und ermöglichen einen tieferen Einblick in die unterschiedlichen Problemfelder (Holtbrügge, 1997, S. 13). Schuldzuweisungen lassen sich auf beiden Seiten feststellen. Nach Meinung der Deutschen werden in deutsch-russischen Joint-Ventures dringende Probleme häufig viel zu spät angesprochen, wobei die russischen Führungskräfte nur sehr selten offen Stellung beziehen. Sich daraus ergebende Konflikte werden oftmals vollkommen verdrängt bzw. wichtige Entscheidungen ständig hinausgezögert. Die Russen wiederum bemängeln an der deutschen Seite, dass unter Zeitdruck verhandelt und entschieden werden muss und die Deutschen sich zu wenig kultursensibel zeigen (Harss/Maier, 1996, S. 44).

Während also von deutscher Seite vor allem Kritik an der zeit- und damit kostenaufwendigen Suche nach Entscheidungen geäußert und die Kompromissbereitschaft der Russen als gering eingeschätzt wird, bemängeln die russischen Führungskräfte, dass die deutschen Kollegen durch ihre rationale Vorgehensweise zu wenig den Gastlandbedingungen ihre Aufmerksamkeit schenken sowie die sozialen Belange des Unternehmens weitgehend unberücksichtigt lassen. Dies führt in der konkreten Situation dazu, dass die Russen aus sozialen Überlegungen für einen hohen Personalbedarf plädieren während die Deutschen nach Prüfung aller ökonomischen Gesichtspunkte für einen möglichst geringen Personalbestand optieren.

Hinzu kommt, dass in vielen Fällen ein extrem hohes Lohngefälle zwischen den deutschen und den russischen Führungskräften besteht sowie im Hinblick auf die Wohnverhältnisse, die Versorgung mit Konsumgütern aber auch was die Urlaubsbedingungen betrifft, erhebliche Privilegien für die deutschen Führungskräfte gesehen werden.

Damit verbunden können die Russen die Unzufriedenheit der Deutschen, die über die schwierigen Lebensbedingungen in Russland klagen, nicht verstehen. Außerdem bemängeln sie die geringe Bereitschaft der deutschen Manager, sich den russischen Bedingungen anzupassen, wie beispielsweise die Sprache zu erlernen oder die früher praktizierten Managementtechniken zumindest partiell zu berücksichtigen. Bezugnehmend auf die letztere Bemerkung werten die Russen es negativ, dass die Deutschen sie nicht als gleichberechtigte Partner sehen und daraus resultierend die russischen Qualifikationen unterschätzen und nicht ausreichend nutzen (Holtbrügge, 1996, S. 13). Nimmt man derartige Konfliktsituationen als gegeben hin, verbunden mit der Hoffnung, dass sich die Konflikte im Laufe der Zeit von selbst lösen werden, dann besteht nicht nur die Gefahr, dass das Unternehmensergebnis gefährdet wird, sondern dass am Ende die gesamte Unternehmenskooperation scheitert.

Den unterschiedlichen Problemebenen mit einer vernünftigen Informationspolitik zu begegnen, ist eine der wichtigen Aufgaben, die das deutsche Management betrifft und die von Anfang an in Angriff genommen werden muss. Gleichzeit gilt es eine Personalpolitik zu betreiben, die sehr darauf achtet, keine Neidkomplexe aufkommen zu lassen, die zu emotionalen Spannungen führt. Schließlich müssen deutsche Führungskräfte in Russland über ein hohes Maß an Empathie verfügen, um den vielfältigen Herausforderungen ein kultursensibles Verständnis entgegenbringen zu können. Die Vorzeichen für eine partnerschaftliche Zusammenarbeit sind zumindest durch die aufgeführten Umfragen als positiv einzuschätzen. Sie in die Tat umzusetzen, ist Aufgabe der Verantwortlichen vor Ort. Dass gewisse Befürchtungen westlicher Geschäftsleute in der Zusammenarbeit mit ihren russischen Partnern nicht immer ganz unbegründet erscheinen, mag der folgende russische Witz illustrieren:

Ein Huhn und ein Schwein
(Baumgart/Jänicke)

Treffen sich ein Huhn und ein Schwein. Sie fragen einander, wie denn die Geschäfte so laufen. Nachdem beide eine Weile geklagt haben, wie schlecht alles laufe, schlägt das Huhn vor: „Lass uns doch ein Joint-Venture gründen!". Das Schwein ist zunächst nicht sehr überzeugt von dieser Idee. „Was willst du denn mit einem Joint-venture, was wollen wir denn machen?" Das Huhn überlegt eine Weile und antwortet: „Ich hab's! Wir eröffnen eine Ham-and-Eggs-Produktion. Du lieferst den Schinken und ich die Eier …."

In: Russlandknigge, 1997, S. 212

Konflikte aus Sicht deutscher Führungskräfte	*Konflikte aus Sicht russischer Führungskräfte*
* Die Argumentation russischer Führungskräfte ist vielfach an relativ unwichtigen Details orientiert, während dringende Probleme oft viel zu spät ausgesprochen werden. * Besprechungen und Verhandlungen haben häufig keine klare Struktur bzw. einen roten Faden, sondern nehmen den Charakter eines vermeintlich philosophischen Erkenntnissen geschickten "Palavers" an. * Alternativen werden selten systematisch entwickelt und kontrovers diskutiert. * Russische Führungskräfte äußern nur selten offen ihre jeweilige Positionen, sondern argumentieren zumeist sehr vage auf der Grundlage allgemeiner moralischer Werte. * Mögliche Folgewirkungen und langfristige Konsequenzen unterschiedlicher Alternativen werden häufig nicht bedacht. * Wichtige Entscheidungen werden immer wieder verschoben, "ausgesessen" oder nach "oben" weitergegeben. * Der Zeitbedarf für die Entscheidungsfindung ist häufig ausgesprochen hoch. * Kosten- und Effizienzgesichtspunkte von Entscheidungen werden kaum berücksichtigt. * Entscheidungen bleiben oft sehr theoretisch, vage und abstrakt und werden nicht als verbindlich angesehen. * Konflikte werden häufig nicht thematisiert und ausgetragen, sondern verdrängt. * Die Kompromißbereitschaft russischer Führungskräfte ist häufig sehr gering.	* Die Unzufriedenheit deutscher Führungskräfte über die vergleichsweise schwierigen Lebens-Bedingungen wirkt sich häufig negativ auf deren Umgang mit ihren russischen Kollegen und Mitarbeiter aus. * Deutsche Führungskräfte haben oft nur eine geringe Bereitschaft, sich an die Bedingungen in Rußland anzupassen und z.B. deren Verbundenheit zum Gastland und zum Joint Venture häufig sehr gering ist. * Die spezifischen Bedingungen des Gastlandes werden häufig nur sehr oberflächlich wahrgenommen und bei Entscheidungen nur unzureichend berücksichtigt. * Russische Führungskräfte werden häufig nicht als gleichberechtigte Partner, sondern nur als geduldete "Zuarbeiter" behandelt. * Die Qualifikationen und Problemlösefähigkeit russischer Führungskräfte werden häufig unterschätzt und nicht ausreichend genutzt. * Deutsche Führungskräfte haben häufig eine materialistische und stark profitorientierte Einstellung und vernachlässigen soziale Ziele. * Deutsche Führungskräfte gehen häufig von der grundsätzlichen Überlegung westlicher Managementtechniken aus und präferieren eine rationale Vorgehensweise, die den dynamischen und tiefgreifenden Veränderungen in Rußland nicht gerecht wird.

Abb. 132 Konfliktursachen bei der Zusammenarbeit zwischen deutschen und russischen Führungskräften
Quelle: Holtbrügge, 1997, S. 13

Russische Business-Elite: Geänderte Gewohnheiten
(Stefan Voß)

Ausgerechnet im Wodka-Reich Russland saß der Fußball-Bundesligist Schalke 04 bei seiner Kennenlernreise auf dem Trockenen. Der spendable Gastgeber Gazprom, seit kurzem Hauptsponsor des Ruhrgebietsvereins, fuhr bei dem Treffen in der Konzernzentrale in Moskau zwar Spezereien vom Feinsten auf. Es gab Kaviar, gebratenen Stör und französischen Wein. Doch das hochprozentige Nationalgetränk fehlte. Dass in Russland bei jedem Geschäftsabschluss oder wichtigem Wirtschaftstreffen der Schnaps aus Wassergläsern hinuntergekippt wird, zählt zu den scheinbar ewigen Klischees. Die Realität ändert sich jedoch – zumindest auf der Top-Ebene im Wirtschaftsleben. „Es wird bei Geschäftsessen immer weniger Hochprozentiges getrunken", berichtet ein Unternehmensberater in Moskau. Allenfalls ein Glas Wein zum Mittag oder abends auch mal ein frisch gezapftes Bier gönnt sich die neue Generation russischer Spitzenmanager.

In der russischen Bevölkerung ist der exzessive Wodka-Konsum dagegen weiterhin verbreitet. Alkoholmissbrauch gilt als die häufigste Todesursache unter Männern im Alter zwischen 25 und 54 Jahren. Jährlich sterben in Russland zehntausende Menschen an akuter Alkoholvergiftung.

Wer in Russland zur rasant wachsenden Schicht der Wohlhabenden zählt, achtet verstärkt auf die eigene Gesundheit. „Wir brauchen nüchterne Kräfte, um als Konzern voranzukommen", erklärt ein Mitarbeiter aus der PR-Abteilung von Gazprom.

Russlands Manager orientieren sich längst an amerikanischen Gepflogenheiten. Ein Heer von jugendlichen Geschäftsleuten – auf neurussisch „Bisnessmeni" – trägt teure Anzüge aus dem Westen, geht regelmäßig ins Fitness-Studio, und unternimmt auch sonst alles, um so smart und dynamisch wie nur möglich aufzutreten.

In: dpa, 30.07.2007, S. 1

13.7 Case Study: From foundering consumer goods factory to cookware leader: A recipe for growth

When I. Smirnova arrived at the Demidovsky plant in Russia's Sverdlovsk region fresh with a management degree in 1999, her boss challenged her to use her newly acquired skills to come up with a last-ditch plan to save the business from closure.

The factory had made scarce consumer goods during the Soviet period since 1947, and even produced a non-stick Teflon range of saucepans from 1982. But the work of its 650 staff – almost entirely low-paid women – was an afterthought to the aluminium plant next door to which it belonged, and it made losses year after year. "I brought all the employees together, and felt as though I had the whole weight of Russia on my shoulders," she recalls. They were afraid that they would lose their social benefits, such as holiday camps for their children. I told them that to survive under capitalism, we need to be interesting for our shareholders and to the market." With support from the owner, which since 2000 has been Sual, she has increased wages 2.5 times for a slightly smaller number of staff, and turned the factory into a profitable venture, which now sells cookware throughout the country.

The secret was to give her autonomy. "When 99 per cent of management time was focused on the aluminium factory, we may have had a good product but we were losing more than $ 100.000 a month," she says. We started to calculate our production costs." Most savings came through more efficient techniques, sharply lessening waste. She is no longer required to use supplies form the aluminium plant next door, and has bought from Sual's competitors at home and abroad.

She has also instituted tough quality control. With staff paid by results, she docks up to 20 per cent for rejected saucepans. Late last year, she won the right to use Teflon's platinum coatings, allowing her to launch a new luxury range of pans.

Ms. Smirnova has retained some Soviet-era practices, including quarterly employee awards, mixed with profit-sharing and management training for a dozen senior executives in her team. She has recently opened a chain of shops to market the products.

One challenge has been overcoming Russian suspicion of domestically produced goods. So she launched the English-language brand, Scovo. She has adapted to local's habits, including a preference for the colours red and yellow; detachable handles because Russians like to use saucepans in the oven; and the importance of longevity.

Jack, A., in: Financial Times, 11.02.04, S. 8

Review and Discussion Questions:

1. Which were the challenges Ms. Smirnova had to master in the beginning and during her work?

2. What is her philosophy concerning the salary policy of the company?

3. How did she succeed in combining old traditional structures with highly new management principles?

4. Which key qualifications are necessary doing such a good job and what do you think about her academic background?

Wodka-Verbot im Namen der Schönheit
(Dagmar Deckstein)

Reinhold Schlensok kann eine Menge erzählen aus der Welt der deutsch-russischen Beziehungen – und er kann Vorurteile ausräumen. Die Frage, ob er schon „wodkafest" sei, beantwortet er nüchtern: „Bei Kalina herrscht strengstes Alkoholverbot, selbst beim Abendessen mit Geschäftsfreunden wird grundsätzlich nur Wasser getrunken", berichtet der Chef der deutschen Kosmetik-Firma Dr. Scheller Cosmetics, die seit 2005 zu dem russischen Unternehmen Kalina gehört. Wenn in einem der Papierkörbe in der Fabrik eine Wodkaflasche gefunden wird, fliege gleich die ganze Schicht. Ein weiteres Beispiel zeigt, wie rigoros bei Kalina durchgegriffen wird. Da war die Sache mit den sanitären Anlagen im neuen Werk. Nach wenigen Tagen waren die Waschbecken und Kloschüsseln abmontiert und häuslicher Verwendung zugeführt. Da habe der Chef von Kalina teure Becken von Villeroy und Boch montieren lassen und gedroht, bei wiederholtem Verschwinden, die Kosten der ganzen Belegschaft vom Lohn abzuziehen. Seither sei Ruhe.

In: Süddeutsche Zeitung, 04.02.2008, S. 20

13.8 Literaturverzeichnis

Auswärtiges Amt, in: Internet: http://www.auswaertiges-amt.de
Bater, J.H., Russia and the Post-Soviet Scene, London 1996.
Baumgart,A./ Jänecke, B., Rußlandknigge, München 1997.
Bel'anko, O.E./ Truschina, L.B. (Hrsg.), Russki's' pervovo w'sgl'ada""Die Russen auf den ersten Blick", Moskau 1996.
Bergemann, N./ Sourisseaux, A.L.J. (Hrsg.), Interkulturelles Management, Heidelberg 1996.
Blasum, E., Volkswirtschaften im Aufbruch, in: Arbeitgeber, Nr. 15/16, Köln 1995.
Braun, G., Deutsch-Polnische Wirtschaftsbeziehungen zwischen Transformation, Stagnation und Perspektive, in: Rostocker Arbeitspapiere zur Wirtschaftsentwicklung und Human Resource Development, Rostock 1995.
Bundeszentrale für Politische Bildung, 2005, in: Internet: http://www.bpb.de.
CIA World Factbook, Germany, Russia, 2012, in: https://www.cia.gov/library/publications/the-world-factbook/.
Deckstein, D., Wodka-Verbot im Namen der Schönheit, in: Süddeutsche Zeitung, 04.02.2008.
Der Spiegel (Hrsg.), Graphik „Problemlöser Rubel", Ausgabe 24, 2004.
Dierig, C., Vom Boom profitieren, in: Die Welt, 07.06.2006
Elashmawi, R./ Harris, P.R., Multicultural Management. New Skills for Global Success, Houston 1993.
Embassy of the Russian Federation, Die wichtigsten Investitionsländer in Rußland, Moskau 1998.
FAZ (Hrsg.), Graphik Inflationsrate Jahresdurchschnitt in Prozent, 10.07.2006.
FAZ-Institut (Hrsg.), Graphik „Russland in Zahlen Außenhandel mit Deutschland", 16.05.2003.
Fehr, B., Putins Schachzug, in: FAZ, 05.07.06.
Fey, C.F., Success Strategies for Russian-Foreign Joint Ventures, in: Business Horizons, Nr. 6/1995.
Fiedler, R., BWM investiert 50 Mio. in Kaliningrad, in: Ostseezeitung, 19.03.1999.
Fischermann, T., Modell mit vielen Gesichtern, in: Die Zeit, Nr.48/1998.
Frank, S., Verhandeln weltweit, in: Financial Times Deutschland, 27.12. 2000.
Garazda, M./ Petrunin, J., Trudno li bogatomu vojti v carstvie nebesnoe, ili pravoslavie i rynok", in: Nauka i religija, 2/1993.
Gibson, R., Russian proverbs, in: Business Spotlight, Nr.3/2005.
Gordon, M.R./ Bohlen, C., Disenchanted With Reform, Russians See Nowhere to Turn in the New Year, in: International Herald Tribune, Jan. 4, 1999.
Gürtler, M., "Standortführer Rußland", FAZ GmbH, Frankfurt/M. 1994.
Harss, C./ Maier, K., Rußland Knigge in: Personalwirtschaft 2/95.
Harss, C./ Maier, K., Erst die Arbeit, dann die Liebe, in: Personalwirtschaft 10/96.
Hassel, F., Eintreiben, was des Staates ist, in: Rheinischer Merkur, Nr. 40/1996.
Heiden, von, C. Dr., "Standortführer Rußland", FAZ GmbH, Frankfurt/M. 1994.
Hentze, J./ Lindert, K., Manager im Vergleich, Stuttgart 1992.
Hodgetts, R.M./ Luthans,.F., International Management, 3 rd. ed., McGraw-Hill 1997.
Hofstede, G., Interkulturelle Zusammenarbeit,. Kulturen – Organisationen – Management, Wiesbaden 1993.
Holtbrügge, D., Personalmanagement, in: Welge/Holtbrügge (Hrsg.), Wirtschaft Rußland, Wiesbaden 1996.

Holtbrügge, D., Unternehmenskulturelle Anpassungsprobleme in deutsch-russischen Joint-Ventures, Journal for East European Management Studies, JEEMS, 1996.
Hosp, G., Russlands beunruhigende Normalität, in: FAZ, 30.07.2007.
Hummelt, R., Some notes for business meetings in Russia, in: Business Spotlight, Nr.3/2005.
imoe, in: Internet: http://www.imoe.de
Jack, A., Russian giant looks westward for leadership, in: Financial Times, 11.02.2004.
Jerofejew, V., Moskau liegt am Fudschijama, in: Die Zeit, 30.08.2001.
Kappel G./ Rathmayer, R./ Diehl-Zelonika, N., Verhandeln mit Russen: Gesprächs- und Verhaltensstrategien für die interkulturelle Geschäftspraxis, Wien 1994.
Kotenew, W., Abwrackprämie für Klischees, in: Rheinischer Merkur, Nr. 15, 10.04.2009.
Lang, R., Personalmanagement in Osteuropa, in: Kumar/Wagner (Hrsg.), Handbuch des Internationalen Personalmanagement, München 1998.
May/ Bormann/ Young/ Ledgerwood, Lessons from Russian Human Resource Management Experience, in: European Management Journal, Vol. 16, No. 4 1998.
Minakova-Boblest, E., The Russian View, in: Business Spotlight, Nr. 3/2005.
Möllering, J., Deutsche Direktinvestitionen in der Tschechischen Republik: Motive, Erfahrungen, Perspektiven, in: Deutsch-Tschechische Industrie- und Handelskammer (Hrsg.), Bielefeld 1994.
Morrison, T./ Conaway, W.A./ Borden, A. G., How to Do Business in Sixty Countries. Kiss, Bow, or Shake Hands, Holbrook 1994.
Mrozek, G./ Dometeit, G., Rußland: Ein einziger Basar, in: Focus Nr.38, 14. 09.1998.
Müller, S./ Kornmeier, M., Motive und Unternehmensziele als Einflußfaktoren der einzelwirtschaftlichen Internationalisierung, in: Macharzina/Oesterle (Hrsg.), Handbuch Internationales Management, Wiesbaden 1997.
mvkmessen.de, 06.07.2006, in: Internet: http://www.mvkmessen.de/
Necker, T., Der Osten braucht den Unternehmer – Chancen und Risiken für die mittelständische Industrie, in: Bildungszentrum am Müggelsee (Hrsg.), Der Osten – Aufbruch und Chancen für die Wirtschaft Europas, Berlin 1994.
o.V., Bottom Line, in: Asiaweek, Vol. 25, Nr. 2, Jan. 15, 1999.
Platonov, D., Pravoslavie v ego chozjajstvennych vozomoznoctjach, in: Voprosy ekonomiki, Nr. 8/1993.
Potratz, W./ Widmaier, B., Industrielle Perspektiven in Mittel- und Osteuropa: Industrieentwicklung nicht durch den Markt, in: Friedrich Ebert Stiftung (Hrsg.), Bonn 1995.
Puffer, S., Understanding the Bear: A Potrait of Russian Business Leaders, in: Academy of Management Executive, Nr. 2/1994.
Puffer, S.M./ McCarthy, D.J., America Business Ethics. Finding the Common Ground in Russia and America, in: California Management Review, Vol 37, No, 2/1995.
Rödl, B. & Partner, Rußland, in: FAZ Informationsdienste (Hrsg.), Investitionsführer Mittel- und Osteuropa - Band 2, Frankfurt 1995.
Rothlauf, J., Chancen der Europäischen Union im Rahmen der Osterweiterung - Eine politische und wirtschaftliche Perspektive, in: HTW Dresden, Stadtsparkasse Dresden (Hrsg.), Eurochallenge ,'96, Dresden 1996.
Rothlauf, J., Mittel- und Osteuropa als Handels- und Investitionsraum für internationale Joint Ventures, in: Klaipedos Universitetas (Hrsg.), International Conference Economic Reform in Eastern and Central Europe, Klaipeda 1998.
Rothlauf, J., Osteuropa: Interkulturelle Kompetenz - der Schlüssel zum Erfolg, in: Karriereberater Nr. 6/1997.
russlandintern.de, Wirtschaft aus Russland, 06.07.2006, in: Internet: http://www.russlandintern.de/.
Sabath, A.M., International Business Etiquette Europe, New York, 1999.
Saizew, S., Über die russische Wirtschaftskultur; in: Osteuropa-Wirtschaft, 43. Jhg., 1/1998.

Salacuse, J.W., International erfolgreich verhandeln: mit den wichtigsten kulturellen, praktischen und rechtlichen Aspekten – München 1992.

Schewzowa, L., Putins Ohnmacht, in: Rheinischer Merkur, Nr. 27/2006.

Schlese, M./ Schramm, F., Arbeitseinstellungen im Osten Europas – kulturell oder situativ bedingt?, in: Steinle/Bruch/Lawa, Management in Mittel- und Osteuropa, Fankfurt/M. 1996.

Schmid, S., Billy in Moskau, in: FAZ, 31.03.2004.

Schneider, J., Stille Nacht, gebratene Nacht, in: Süddeutsche Zeitung, 19.12.2000.

Schneider, A., Fortschritte auf allen Ebenen, in: FAZ, 31.03.2004

Shekshnia, S., "Western Multinationals Human Resource Practices in Russia", in: European Management Journal Vol. 16, No.4, 1998.

Shekshina, S., Managing People in Russia: Challenges for Foreign Investors, in: European Management Journal, Vol 12, No 3/1994.

Shekshnia, S., "Western Multinationals Human Resource Practices in Russia", European Management Journal Vol. 16, No.4, 1998.

Stein, S., Wirtschaftliche Kooperation mit Rußland, Gegenseitige Lernprozesse nach einer Phase der Euphorie und der Enttäuschungen, in: FH Stralsund (Hrsg.), Tagungsbericht Internationales Regionalsymposium, Rußland – Wirtschaftspartner Mecklenburg-Vorpommerns, Nr. 1/1997.

Thiel, M., Joint Ventures in der Rußländischen Konföderation, Berlin 1995.

Tradearabia 2006, in: Internet: http://www.tradearabia.com.

Uhl-Vetter, E., Andere Länder, andere Sitten, in: FAZ, 08.01.2005.

Vincentz, V., Zur außenwirtschaftlichen Entwicklung Rußlands und der Ukraine, in: (Hrsg.) Osteuropa-Institut München, Nr. 197/1966.

Wadenpohl, M., Konsumgütermarketing in Rußland, Ost-Ausschuß Studien zur Geschäftspraxis, Köln 1998.

Wehner, M., Die Mittelschicht im Zentrum des Aufschwungs, in: FAZ, 16.05.2003.

Wehner, M., Moskau ist kein Lieblingsplatz, in: FAZ, 13.03.2004.

Wehner, M., Leben und arbeiten in Moskau/Russland, in FAZ, 13.03.2004.

Wehner, M., Und wenn der Fluss voll Wodka wäre, in: FAZ, 16.09.2004.

Wehner, M., EU plant Freihandelszone mit Russland, in: FAZ, 04.07.2006.

Wilson, D./ Donaldson, L., Russian Etiquette & Business Ethics in Business, (Lincolwood) Chicago 1996.

Veiga, J.,F./ Ynouzas, J.N./ Buchholtz, K., Emerging Cultural Values Among Russian Managers: What Will Tomorrow Bring?, in: Business Horizons, July-August 1995.

Voß, S., Russische Business-Elite: Geänderte Gewohnheiten, in: dpa, 30.07.2007.

Zander, E./ Schindelhauer, A., Auslandsentsendung nach Osteuropa, in: Krystek/Zur (Hrsg.), Internationalisierung. Eine Herausforderung für die Unternehmensführung, Berlin 1997.

14 Interkulturelles Management in den Golfstaaten

"Those who spend their wealth night and day, both privately and publicly, will receive their earnings from their Lord. No fear will lie upon them nor need ever feel saddened."

The Qur'ran
(Al-Baquara, Verse 2)

Abb. 133 Die Golfstaaten Bahrain, Katar, Kuwait, Oman, Saudi-Arabien und Vereinigte Arabische Emirate
Quelle: Williams, J., Don't they know it's Friday? S. 5

14.1 Basisindikatoren im Vergleich

Indikatoren	Bahrain	Katar	Kuwait
Bruttoinlandsprodukt Wachstumsrate	1,5%	18,7%	5,7%
Bruttoinlandsprodukt pro Kopf	27.300 $	102.700 $	40.700 $
Bevölkerung	1.248.348 (2012 est.)	1.951.591 (2012 est.)	2.646.314 (2012 est.)
Bevölkerungswachstum	2,652% (2012 est.)	4,93% (2012 est.)	1,883% (2012 est.)
Inflation	0,3%	2,8%	5,6%
Exporte	20,23 Mrd. $	104,3 Mrd. $	94,47 Mrd. $
Lebenserwartung (Jahre)	78,29	78,09	77,28
Alphabetisierungsrate	86,5%	89%	93,3%
Indikatoren	Oman	Saudi-Arabien	Vereinigte Arabische Emirate
Bruttoinlandsprodukt Wachstumsrate	4,4%	6,5%	3,3%
Bruttoinlandsprodukt pro Kopf	26.200 $	24.000 $	48.500 $
Bevölkerung	3.090.150 (2012 est.)	26.534.504 (2012 est.)	5.314.317 (2012 est.)
Bevölkerungswachstum	2,043% (2012 est.)	1,523% (2012 est.)	3,055% (2012 est.)
Inflation	4%	5%	2.5%
Exporte	43,53 Mrd. $	350,7 Mrd. $	265,3 Mrd. $
Lebenserwartung (Jahre)	74,47	74,35	76,71
Alphabetisierungsrate	81,4%	78,8%	77,9%

Abb. 134 Ausgewählte Basisindikatoren der Golfstaaten im Vergleich im Jahre 2011
Quelle: CIA World Factbook, 2012

14.2 Politisch-ökonomische Rahmenbedingungen

Die Golfstaaten gehören zu den wenigen Ländern auf der Welt, bei denen die Religion entscheidenden Einfluss auf die politisch-ökonomischen Rahmenbedingungen nimmt. Immer noch werden keine Verträge mit ausländischen Unternehmen geschlossen, wenn beispielsweise auch nur ein Teil einer zu exportierenden Maschine aus Israel kommt. Aber auch die Einfuhr von alkoholischen Getränken oder Schweinefleisch ist strengstens untersagt. Wenn auch politische und privatwirtschaftliche Entscheidungsprozesse noch keine demokratische Legitimierung erfahren, so zeichnen sich doch Veränderungen ab, die eine stärkere Beteiligung der Bürger bzw. der Mitarbeiter am gesellschaftlichen Willensbildungsprozess vorsehen.

14.2.1 Zum geschichtlichen Hintergrund

Die arabische Halbinsel hatte bereits seit dem 4. Jahrtausend v. Chr. für die Hochkulturen in Sumer und Babylon eine sehr große Bedeutung, vor allem weil sie als Zentrum des Handels diente. Weltgeschichtliche Bedeutung erlangte Zentralarabien aber erst mit dem Auftreten des Propheten Muhammad im 7. Jahrhundert. Mit der Begründung des Islams gelang diesem die Vereinigung der Stämme Arabiens. Kriege, Besetzungen, unterschiedliche Bündnisse und Grenzstreitigkeiten hinterließen in den nachfolgenden Jahrhunderten ihre Spuren, so dass ein einheitlicher Staat auf der arabischen Halbinsel nicht entstehen konnte.

Eine entscheidende Wende für die Entwicklung hin zur eigenen Staatssouveränität war für viele Golfstaaten mit der Beendigung des Protektoratsverhältnisses gegenüber Großbritannien gegeben. Am 19. Juni 1961 beendete Kuwait dieses Verhältnis, am 01. September 1971 proklamierte Katar seine Unabhängigkeit, dem am 14. September 1971 Bahrain folgte. Gleichzeitig erklärten Katar wie Bahrain, dass sie einen Anschluss an die Vereinigten Arabischen Emirate ablehnen würden, mit der Folge, dass am 02. Dezember 1971 auch die Vereinigten Arabischen Emirate ihre Unabhängigkeit von Großbritannien erklärten. Die nachfolgenden sechs Emirate hatten sich für diesen Zusammenschluss entschieden: Abu Dhabi, Adschman, Fudschaira, Schardscha, Dubai und Umm al-Qainwain. Erst 1972 trat Ras al-Chaima als siebtes und letztes Emirat dem Bundesstaat bei (Elger/Stolleis, 2006, S. 336).

Großbritannien spielte auch bei der Entstehung des heutigen Omans eine nicht ganz unwichtige Rolle. 1861 wurde eine Teilung des damaligen Gebietes in das Sultanat Oman und das Sultanat Sansibar betrieben. Da nun die Zolleinnahmen aus den afrikanischen Häfen ausblieben, gleichzeitig die omanische Handelsflotte mit den neuen europäischen Dampfschiffen nicht konkurrieren konnte, war der wirtschaftliche Niedergang besiegelt. Darüber hinaus sicherte sich Großbritannien in einem Vertrag aus dem Jahre 1891 Exklusivrechte, was mit weiteren finanziellen Einbußen für das Sultanat verbunden war. Erst mit der vollständigen Aufhebung dieses Vertrages im Jahre 1958 war der Weg frei, sich als eigenständiger Staat zu entwickeln. Allerdings konnte die Zeit der Isolation und Stagnation erst im Jahre 1970 mit dem Sturz von Said ibn Taimur durch seinen Sohn Qabus ibn Said überwunden werden (Elger/Stolleis, 2006, S. 241f.).

Das heutige Königreich von Saudi-Arabien wurde 1932 von dem inzwischen verstorbenen König Abdul Aziz Ibn Abdul Rahman Al-Saud gegründet. Saudi-Arabien bezeichnet seine Staatsform selbst als islamische arabische Monarchie, wobei der Islam als offizielle Staatsform angesehen wird (Shanneik, 1980, S. 306). Im Gegensatz zu anderen muslimischen Staaten gibt es in Saudi-Arabien keinen Unterschied mehr zwischen geistlichem und weltlichem Bereich; die Einheit von Religion und Staat ist hergestellt. Der König ist daher nicht nur weltlicher Herrscher, sondern als Hüter der beiden Heiligen Stätten zugleich auch religiöses Oberhaupt (van Ess, 1974, S. 70).

> *"The religious pre-eminence of Saudi Arabia in the Muslim world is vouch-saved by the fact that it contains the two cities of Makkah and al-Madinah, where Islam was revealed and where it matured under the Prophet Muhammed himself. Makkah also has the Ka'bah, Islam's central shrine, while the tomb of the Prophet and his mosque are in al-Madinah. The Saudi regime earned the gratitude of all Muslims by ensuring the safety of pilgrims under the strong hand of King Abdul Aziz, who enforced the strict Shari'ah rules of law and order."* (Anderson, 1990, p. 94)

Die überragende Stellung des Königs drückt sich auch darin aus, dass die gesamte Gesetzgebung, die Vertragsschließung mit ausländischen Staaten sowie Konzessionen für Erdöl und anderer Bodenschätze der ausdrücklichen Zustimmung des Königs bedürfen und erst durch königliche Verordnung wirksam werden (Rothlauf, 1993, S. 23).

Die herausgehobene Funktion des Herrschers gilt auch für alle anderen Golfstaaten. Während z.B. in Bahrain seit dem Jahr 2000 unter dem neuen Scheich Hamad bin Isa, der seit 1999 im Amt ist, erste demokratische Reformen in Gang gesetzt wurden, in deren Folge 2002 die konstitutionelle Monarchie begründet wurde, stimmten am 30. April 2003 die Einwohner Katars unter der Führung des Scheich Hamad bin Chaifa Al Tahani der ersten Verfassung seit der Unabhängigkeit von Großbritannien zu.

Wenn auch in unterschiedlicher Ausprägung erste demokratische Ansätze in den sechs Golfstaaten zu beobachten sind, repräsentieren diese Staaten noch keine Demokratie im westlichen Verständnis. Wer allerdings einen Blick auf die Entscheidungsfindung in diesen Ländern wirft, wird erkennen, worin der Unterschied besteht. Während die Demokratien des Abendlandes auf einer Streitkultur basieren, sind die Mechanismen der Entscheidungsfindung auf der Arabischen Halbinsel auf Beratung und Konsultation ausgerichtet. Die Städter des Westens haben eine Kultur des Dissenses entwickelt, die Beduinen der Wüste eine Kultur des Konsenses. Nirgends hat sich die so gut gehalten, wie in den Golfländern. Es gibt Herrscher und Bürger, Reiche und Arme. Ein Neidgefühl ist dennoch nie entstanden.

Dieses Prinzip von „Schura", der Konsenssuche in einer Gesellschaft, in der jeder jeden kennt, hat sich über die Zeit im Prinzip nicht verändert. Es ist allerdings nicht mehr so stark personalisiert, sondern zunehmend institutionalisiert. Früher sprachen der Emir und sein Kronprinz persönlich mit den Bürgern, heute läuft der Kontakt über Institutionen wie die Stadtverwaltung und die Ministerien. Immer mehr Informationen gelangen über sie nach oben, immer häufiger, wie in Dubai, weist die Herrscherfamilie diese Institutionen direkt an (Hermann, 2004, S. 15).

Holidays and regular observances
(John Renard)

Muslims follow a lunar calendar whose twelve months add up to 354 days. The Islamic lunar year rotates backwards, eleven days each year in relation to the Gregorian solar year. If Ramadan, for example, begins on January 12 this year, next year it will begin on January 1, and so on.

In: The Handy Religion Answer Book, 2002, p. 231

14.2.2 Wirtschaftsentwicklung

14.2.2.1 Der Golf-Kooperationsrat

Die weitere wirtschaftliche Entwicklung in der Golfregion ist nicht nur abhängig von den Einzelentscheidungen des jeweils betroffenen Staates, der Ausbeutung seiner Bodenschätze und den damit verbundenen Investitionsmöglichkeiten, sondern wird in Zukunft noch viel stärker davon abhängen, in wie weit es dieser Region gelingt, gemeinsame Anstrengungen zu bündeln, um auch langfristig im weltweiten Wettbewerb bestehen zu können. Mit der Gründung des Golf-Kooperationsrates am 25. Mai 1981, dem die Staaten Kuwait, Bahrain, Saudi-Arabien, Katar, Vereinigte Arabische Emirate und Oman als Gründungsmitglieder angehören und das Land Jemen eine Mitgliedschaft beantragt hat, ist ein Gremium ins Leben gerufen, das neue Akzente setzen soll (Williams, 2004, S. 122).

Ziel der Organisation ist es, die Zusammenarbeit in der Außen- und Sicherheitspolitik sowie die wirtschaftlichen und gesellschaftlichen Beziehungen zwischen den Mitgliedern zu fördern, wozu u. a. im Jahre 1982 der Warenverkehr liberalisiert wurde. Für 2005 wurde eine Zollunion beschlossen, die schließlich auf das Jahr 2003 vorgezogen wurde. Bis 2010 ist eine gemeinsame Währung geplant, wobei man sich auf folgendes Vorgehen geeinigt hat (Auswärtiges Amt, 2009):

1. Bis Ende 2002 sollen alle nationalen Währungen an den Dollar gekoppelt sein.
2. Zwischen 2005 und 2010 sollen die Kriterien von den beitrittswilligen Staaten erfüllt werden.
3. Zum Jahreswechsel 2009/2010 soll die neue Währung eingeführt werden.

14.2.2.2 Saudi-Arabien

Saudi-Arabien verfügt mit rund 260 Mrd. Barrel (1 Barrel/rd. 159 Liter) über die größten Erdölreserven der Welt. Sie entsprechen rund einem Viertel der bekannten Vorkommen. Neuentdeckungen führten in den letzten Jahren dazu, dass sich diese Reserven nicht verringert haben. Darüber hinaus steht Saudi-Arabien mit seinen Erdgasvorräten (234,5 Mrd. Kubikfuß) an vierter Stelle in der Welt. Die durch den Ölboom ausgelösten Zusatzgewinne führten dazu, dass eine Vielzahl an Großprojekten in Angriff genommen werden konnten bzw. geplant sind,

Weg vom Öl
(Sebastian Matthes)

König Abdullah will reformieren und ist dazu bereit, mit vielen Tabus zu brechen. Er, der auch den Titel „Hüter der beiden heiligen Stätten" des Islams in Mekka und Medina trägt und dessen wahhabitische Tradition zu den konservativsten im Islam gehört, traf sich am 6. November des vergangenen Jahres sogar mit Papst Benedikt in Rom, um aus der religiösen Frontstellung seines Landes mit dem Westen herauszukommen. Wenige Monate zuvor hatte König Abdullah in einem Kreis saudischer und japanischer Intellektueller vor einer „Krise der Vernunft, der Ethik und der Menschlichkeit" gewarnt, die die Menschheit erfasst habe.

Das sprengt das Bild eines Landes, dessen alleinige Verfassung bis 1991 der Koran war und in dem die öffentliche Ausübung des Christentums unter Strafe steht. Dessen grüne Flagge das Glaubensbekenntnis des Islams trägt. Dessen Gesetze sich aus der Scharia ableiten und jegliche nicht-islamischen Gotteshäuser und Symbole untersagen. Zwar bleibt der Islam auch heute zentrales Fundament staatlichen Handelns, aber Abdullah, seit August 2005 an der Staatsspitze, setzt sich systematisch vom radikalen Flügel der wahhabitischen Geistlichkeit ab.

Dabei geht Abdullah geschickt vor. Er sucht selten die offene Konfrontation, sondern schafft einfach andere Strukturen, in denen das heutige Saudi-Arabien gelebt wird. Beispielhaft sind dafür die „Economic Cities": Insgesamt sechs neue Großstädte werden ins bisherige Nichts der Wüste oder der Küsten gesetzt – das Gesamtvolumen der Anschubfinanzierung aus dem Staatshaushalt beträgt über 60 Milliarden Dollar. Bis 2020 sollen in diesen Städten 1,3 Millionen neue Arbeitsplätze entstehen, und zusammen sollen die neuen Ballungszentren 150 Milliarden Euro zum Bruttosozialprodukt des Landes beisteuern.

Entscheidend sei, so heißt es von westlichen Diplomaten in Riad, dass der König mit diesem Mega-Projekt Gesellschaftsstrukturen schaffe, in denen der Einfluss der Geistlichkeit und der Religionspolizei zurückgedrängt werde.

In: Wirtschaftswoche, Nr. 30, 21.07.2008, S. 20

wozu u. a. der Ausbau der Petrochemie gehört. Mit der Grundsteinlegung für Jubail 2 wird eine Industrieagglomeration auf 63 qkm angestrebt, die den Komplex Jubail 1, der mit 100 qkm die größte Industrieagglomeration der Welt darstellt, ergänzen soll. Der Flughafen Medina soll zu einem internationalen Großflughafen ausgebaut werden, der den wachsenden Pilgerstrom bewältigen kann. Dem gleichen Zweck dient auch der Ausbau des internationalen Flughafens in Jeddah (Auswärtiges Amt, 2006, S. 7 ff.).

Aus der Vielzahl an Beispielen soll noch der Bereich Hotellerie und Tourismus herausgegriffen werden, der weitgehend auf drei Zielgruppen ausgerichtet ist: Geschäftsleute, Pilger und Touristen. Von der steigenden Nachfrage profitieren auch ausländische Hotelketten: 2004 haben zehn neue Luxushotels eröffnet, und für die nächsten drei Jahre sind weitere vierzig neue Hotels geplant. Die Hilton-Hotelgruppe hat gerade ihr fünftes Hotel eröffnet, Intercontinental wird bis zum Jahr 2009 zwölf neue Hotels in Betrieb nehmen; Accor verwaltet sieben Hotels; fünf weitere – darunter der 500 Mio. Euro teuere Zamzam-Komplex, der gegenüber der Kaa'ba in Mekka errichtet wird, soll Ende des Jahres bezugsfertig sein (bfai, 2005, S. 6 ff.).

Das steigende Interesse ausländischer Investoren an wirtschaftlichen Beziehungen zu Saudi-Arabien ist vor allem auf die in den letzten Jahren durchgeführten Privatisierungsprogramme und die liberalen Regelungen für Auslandsinvestoren zurückzuführen. Zur Schaffung eines verbesserten Investitionsklima wurde dazu im Jahre 2000 ein neues Investitionsgesetz mit dem Ziel erlassen, ausländische Direktinvestitionen zu fördern. Eine entscheidende Veränderung für ausländische Direktinvestitionen ergibt sich zudem aus der neu geschaffenen Möglichkeit, künftig auch ohne Kapitalbeteiligung eines saudischen Partners Investitionsprojekte durchführen zu können. Zuvor war eine saudische Kapitalbeteiligung von mindestens 50 Prozent erforderlich gewesen (Bahadir, 2001, S. 61).

Mit der neuen Initiative sind weitere Vergünstigungen und Investitionsanreize verbunden, die nicht mehr nur für saudische Unternehmen gelten sollen. Ansonsten sind die Maßnahmen weiter fortgeschrieben worden, die im 5. Fünfjahresplan bereits angesprochen worden sind, wozu u.a. für ausländische Investoren folgende Initiativen gehören:

- Zollfreistellung für alle eingeführten und für die Produktion benötigten Maschinen sowie Ersatzteile und Rohstoffe, soweit diese nicht mit adäquater Qualität aus inländischer Produktion bezogen werden können.

- Anerkennung von technischem Know-how (Patente, Handelsmarken) als Investition im Sinne des Gesetzes.
- Die Gewährung zinsloser langfristiger Darlehen in Höhe von bis zu 50% der Investitionskosten.
- Befreiung von der Einkommens- bzw. Körperschaftssteuer für 10 Jahre bei Industrieunternehmen sowie 5 Jahre bei Bau- und Dienstleistungsunternehmen. Voraussetzung ist, dass während dieser Zeiträume sich mindestens 25% des Kapitals in saudischem Eigentum befindet.
- Bereitstellung von gut erschlossenen Industriezonen mit sehr günstigen Pachtsätzen und niedrigen Tarifen für Energie und Wasser.

König sucht Partner
(Christian Koch)

Aber das Saudi-Arabien des Jahres 2007 ist nicht mehr dasselbe Königreich, das es vor zehn oder 20 Jahren war. Das Land befindet sich in einem Umbauprozess, dessen genaue Auswirkungen zwar noch nicht abzuschätzen sind. Auf jeden Fall aber wird der Umbau das Land verändern und auch weltoffener machen. König Abdullah hat die Notwendigkeit von Reformen erkannt. Noch als Kronprinz initiierte er einen „Nationalen Dialog", der sich seitdem mit heiklen Fragen unter anderem der Frauenrechte, den gesellschaftlichen Ursprüngen des Extremismus, der Beziehung zwischen Saudis und Nicht-Muslimen sowie dem Dialog mit der schiitischen Minderheit im Königreich beschäftigte. Dadurch ist der politische Diskurs innerhalb des Landes geschürt worden. Auch gab es im Frühjahr 2005 erste Wahlen auf kommunaler Ebene. Und erst im vergangenen Monat wurden Reformen im Justizsystem angekündigt, die die Macht der religiös dominierten Gerichtsbarkeit einschränken sollen.
Auch wenn die Aussicht auf eine sofortige grundlegende Veränderung gering bleibt - die Bedeutung solcher Schritte in einem für den Islam so zentralen Land wie Saudi-Arabien sollte nicht unterschätzt werden.

In: Süddeutsche Zeitung, 08.11.2007, S. 2

Der saudische Binnenmarkt ist mit rund 27 Millionen Einwohnern der größte auf der Arabischen Halbinsel. Steigende Petrodollars, eine sehr gut ausgebaute Infrastruktur sowie der große Qualifizierungsbedarf des saudischen Nachwuchses sollten für ausländische Investoren genügend Anreiz bilden, trotz schwieriger Rahmenbedingungen, über ein Engagement nachzudenken.

Metro for Millions
(Marco Fois)

The journey to Mecca is long and difficult. It was and will always be a passage from the desert through the desert and in the desert. The holiest city in Islam is located nearly 100 kilometers from the Red Sea in western Saudi Arabia, surrounded by two mountain chains that form a valley into which the pilgrims pour: In 2010, more that 2.7 million believers officially made their way into the city where the prophet Muhammad was born. They come from all parts of the world to arrive in a place that every devout Muslim is supposed to visit at least once in his or her life. When Mecca is packed with people, then it is the time of the Hajj in the Arab world, the annual season for pilgrimage.

It is also an arduous time for the believers. The multi-day ritual begins in Miqat, moves to the Kaaba in the center of Mecca and then proceeds to Mina and Mount Arafat before the pilgrims begin the return journey on the same route. A pilgrimage that involves both the symbolic stoning of the devil and the circling of the Kaaba. The trip to Mecca is always a complex ritual: Certain prayers must be said at particular places. The speed of the walk must be adjusted at defined places. For believers who make a mistake, the Hajj is invalid and the must repeat the ritual.

Mecca has always been a magnet for Muslims. In early Islamic times, when the great pilgrimage routes began in Cairo or Damascus and the journey took up tp 40 days, caravans of 30,000 or 40,000 people ventured across the Sinai or today's country of Jordan to on their way to Saudi Arabia and the holy sited located there. Today, very few pilgrims make the journey on camelback. Rather, they travel in the bellies of planes, in air-conditioned buses or in kilometer-long convoys of cars. The pilgrimage season is an annual challenge for Saudi Arabia's logisticians. The fundamental problem of the pilgrimage is that nearly three million believers, people who come from all parts of the world and have the widest variety of social and political backgrounds, meet one another within a relatively short span of time. This can become an explosive situation.

A mitigating role – at least in terms of the transport of pilgrims – could be played by the "Mecca Metro" that went into operation during last year's Hajj. The authority that commissioned the project, the Saudi Railways Organization, expects the new means of transport officially called Al Masheer Al Mugaddassah Metro to replace more than 50,000 buses each year, ease the continuous bottlenecks between the pilgrimage stations and make the ritual more safe and comfortable: More than 2,000 pilgrims have been killed in accidents in the past 20 years.

In: TÜV SÜD Journal, 2nd quarter 2011, S. 27 (extract)

14.2.2.3 Vereinigte Arabische Emirate

Da sich die Öl- und Gasvorräte in den Vereinigten Arabischen Emiraten weiter verringern werden, sind enorme Investitionen in Milliardenhöhe in den Ausbau vor allem touristischer Einrichtungen gesteckt worden. Arabiens Investoren, die bisher überall in der Welt Hotels gebaut haben, um ihre Ölmillionen anzulegen, konzentrieren sich jetzt verstärkt auf den Tourismus in der eigenen Region, als zweites Standbein neben dem Schwarzen Gold. Das moderne Dubai ist zum Schrittmacher der arabischen Welt geworden. In weniger als einem halben Jahrhundert hat sich Dubai aus einen Zentrum für Perlentaucher zum wichtigsten Handelszentrum der arabischen Welt entwickelt.

Seine Erfolgsgeschichte begann mit dem größten künstlichen Hafen, der je gebaut wurde. Eine Freizone folgte, ein Flughafen, dann die Fluggesellschaft „Emirates". Heute ist Dubai eine Tourismusdestination, und immer mehr internationale Unternehmen lassen sich in seinen neuen Stadtteilen nieder – in der „Media City", der „Internet City" oder dem „International Financial Centre". (Hermann, 2004, S. 15). Hotelneubauten wie das „Beach Rotana Hotel", das „Ritz-Carlton Dubai" oder das gewaltige „Burj Al Arab", das mit sieben Sternen die höchste Hotelauszeichnung erhielt, geben die Richtung vor, die für alle sieben Scheichtümer in den Vereinigten Arabischen Emiraten gilt (Buck, 2004, S. 74).

> **Traumhotels am Golf**
> (Heinz Horrmann)
>
> Das „Burj Al Arab" in Dubai, der Turm Arabiens, ist ein unglaublich aufwendiges Hotel mit dem höchsten Zimmer- und Ausstattungsstand, den man sich vorstellen kann. Es ist höher als der Eiffelturm und nur geringfügig niedriger als das Empire State Building. Sein Innenleben ist unvergleichbar, alles was wie Gold aussieht, ist echtes Gold. Es gibt nur Suiten, 202 sind es im Ganzen, jede geht über 2 Etagen, schon die „einfacheren" mit 170 Quadratmeter Fläche sind eingerichtet wie Träume aus arabischen Nächten. Der Wohnbereich unten hat eine Arbeitsnische mit Laptop, Fax, Kopiergerät, eine Bar, einen Essbereich und eine üppige Polsterlandschaft und - wie der Schlafbereich im Obergeschoss – ein Panoramafenster, das vom Boden bis zur Decke einen wunderbaren Blick auf das Meer und die Küste von Dubai bietet.
>
> In: Welt am Sonntag, 20.06.2004, S. 63

Die geplanten oder schon im Bau befindlichen Großprojekte im Wert von zehn Milliarden Dollar füllen Bände: Eine komplette „Altstadt", der Wiederaufbau historischer Häuser, der Welt erstes Unterwasserhotel und schließlich Dubailand, das ehrgeizigste und teuerste aller Vorhaben, das fünf Milliarden Dollar verschlingen wird. Der touristische Megakomplex samt Autorennbahn, der bis zu zweihunderttausend Besucher täglich aufnehmen kann, soll auf keinen Fall die vergrößerte Neuauflage vom Disneyland darstellen, sondern sich zum lebendigen Platz für Bevölkerung und Besucher entwickeln (Scherer, 2005, S. R1).

Das enorme Wirtschaftswachstum mit Zuwachsraten in den letzten Jahren von durchschnittlich rund 8% hat mittlerweile dazu geführt, dass mit einem Bruttoinlandsprodukt von rund 80 Milliarden Dollar die Volkswirtschaft der Vereinigten Arabischen Emirate die von Singapur eingeholt hat (Hermann, 2004, S. 10). Wenn auch der Zuwachs immer noch sehr stark vom hohen Ölpreis getragen wird, Öl und Gas kommen zusammen auf einen Anteil von 32 Prozent des Bruttoinlandsprodukts, werden aber Handel und Dienstleistungen in Zukunft immer wichtiger. Mit insgesamt 43 Prozent tragen sie schon heute stärker zum Bruttoinlandsprodukt bei als die Einnahmen, die sich aus den Primärenergieträgern speisen.

Business Law in Dubai
(Teresa Beste)

Schlüter Graf & Partner Legal Consultants is a German medium sized law company with 40 employees from Dortmund. 1996, Peter Schlüter jr. went to Dubai first and established the first and still only German lawyer's office in Dubai. Currently, the office works with five lawyers. They help companies from the German speaking countries in all inquiries related to the legal environment in Dubai and the other Emirates. They offer the services of commercial law, mercantile and civil law, company and labour law, protection of industrial property, tax law as well as legal proceedings and arbitration.

In: Baltic Management Studies Stralsund, Excursion to Dubai, 2005

14.2.2.4 Katar

Die wichtigsten Erwerbsquellen des Landes sind Erdöl, Erdgas, Düngemittel sowie die bezahlte Bereitstellung von Truppenlagerplätzen und Ruhezonen für die US-Army. Durch die Übernahme der Ölgesellschaften durch den Staat wurde Katar 1972 das erste kleine Erdölförderland, das über hundert Prozent seiner Vorkommen selbst verfügte. Der Reichtum Katars liegt aber vorwiegend im

Erdgassektor. Unter dem Meeresgrund liegt das North Gas Field, das mit 380 000 Milliarden Kubikfußreserven das größte Naturgasfeld der Erde ist. Wegen ständiger Nachfrage exportiert Katar daher immer mehr Erdgas. Bis 2012 sind Investitionen in Höhe von rund 50 Milliarden Dollar geplant, um dann täglich die weltweit höchste Erdgas-Förderquote zu erbringen.

Daneben spielt aber der weitere Ausbau des Tourismus eine wichtige Rolle. Zurzeit entstehen mehrere spektakuläre Bauprojekte, wozu u.a. eine 400 Hektar große künstliche Insel mit dem Namen „The Pearl" gehört, auf der sich die Touristen aller Annehmlichkeiten bedienen können, die man sich vorstellen kann. Um stärker in den Blickpunkt der weltweiten Öffentlichkeit zu gelangen, hat man frühzeitig begonnen, internationale sportliche Großveranstaltungen ins Land zu holen. Umfangreiche Investitionen wurden zu Beginn der 90er Jahre getätigt, um dann im Jahr 1992 erstmals auf der arabischen Halbinsel, ein ATP-Tennisturnier abhalten zu können, wozu man u. a. Tennisgrößen wie Stefan Edberg oder Boris Becker eingeladen hatte. Im Jahre 2005 fanden die West Asian Games statt, wozu man viele neue Sportstätten errichtete und damit zugleich die Voraussetzung schuf, um im Jahre 2006 erstmals die Asian Games durchzuführen. Motorrad-Weltmeisterschaften wiederum finden jährlich im neu gebauten Motodrom nördlich der Hauptstadt Doha statt. Im Radsport bildet die Tour of Katar, mit dem Auftaktrennen Doha International GP Ende Januar eine wichtige Station beim Aufgalopp der Rad-Profis, wozu große Stars, wie z. B. der amtierende Weltmeister Tom Boonen oder Erik Zabel schon ihre Zusage gegeben haben (Elger/Stolleis, 2006, S. 263 f.).

14.2.2.5 Kuwait

Der Reichtum des Landes basiert wie fast bei allen Golfstaaten auf Erdöl, das seit 1946 gefördert wird. Kuwait besitzt knapp 10 Prozent aller Erdölvorkommen der Welt. Die herausgehobene Rolle, die mit dem Erdöl für dieses Land verbunden ist, kann man daran erkennen, dass rund 94 Prozent der Einnahmen durch den Verkauf von Erdöl generiert werden, von denen täglich etwa 2,6 Millionen Barrel gefördert werden, wovon etwa eine Mio. Barrel in den drei eigenen Raffinerien des Landes zur Verarbeitung gelangen.

Kuwait, die drittgrößte Volkswirtschaft im Golfkooperationsrat, ist endgültig aufgewacht und lässt sich den Boom am Golf nicht entgehen. Hohe Ölpreise sorgen für volle Kassen. Mit den milliardenschweren Einnahmen aus dem Ölsektor und ermutigt durch den Sturz Saddam Husseins hat das Land eine Diversifizierung der Wirtschaft in Angriff genommen. Bis 2003 zogen es sowohl der Staat als auch seine wohlhabenden Bürger vor, ihr Geld im Ausland zu investieren. Nun locken attraktive Verzinsungen das Kapital zurück in die Heimat. Wachstumsbranchen sind derzeit: Bausektor, Öl und Gas, Petrochemie, Infrastruktur, Meerwasserentsalzung, Abwasserentsorgung, Telekommunikation und Tourismus (IHK Bielefeld, 2006, S. 1).

In Kuwait erstmals Frauen gewählt
(Rainer Hermann)

Aus der Parlamentswahl in Kuwait sind die sunnitischen Islamisten deutlich geschwächt hervorgegangen. Die Zahl ihrer Abgeordneten in der aus 50 Sitzen bestehenden Nationalversammlung ging von 21 auf elf zurück. Trotz der Warnungen der Islamisten wurden erstmals vier Frauen in das Parlament gewählt. Im Wahlkampf hatte eine islamistische Partei behauptet, es sei eine Sünde, für eine Frau zu stimmen.

In: FAZ, 18.05.2009, S.6

Durch den Ausbau der Ölfelder im Norden des Landes zur irakischen Grenze soll die Produktion im Erdölsektor weiter ausgebaut werden. Ein moderner Containerhafen soll errichtet und eine Insel in einen Touristenkomplex umgewandelt werden. Zwischen 2005 und 2007 sind mehr als ein Dutzend Hotels in Bau oder Planung. Bauliche Großvorhaben sind die Subiya Causeway, eine Brücke, die den Golf von Kuwait überspannt, der Seehafen Bubiyan und der Ausbau der Insel Failaka zum Ferienparadies.

Betrachtet man die Größenordnung, um die es bei den geplanten Vorhaben auf der Arabischen Halbinsel geht, dann kann man dem deutschen Außenminister Walter Steinmeier nur beipflichten, als er bei seiner letzten Reise in die Golfstaaten die deutsche Wirtschaft aufgefordert hat, stärker als bisher in Kuwait und den anderen Län-

---

Abu Dhabi steigt bei Daimler ein
(ohne Verfasser)

Der Autohersteller Daimler hat sich das Emirat Abu Dhabi als Großaktionär ins Haus geholt. Über eine Kapitalerhöhung steigt die staatlich kontrollierte Investmentgesellschaft Aabar mit 9,1 Prozent bei Daimler ein. Das teilte der Stuttgarter Konzern am Sonntagabend mit. Dazu erhöht Daimler das Grundkapital um 10 Prozent, die neu ausgegebenen Aktien gehen zum Preis von 20,27 Euro an Aabar. Dieser Preis liegt nahe am letzten Börsenkurs von 21,34 Euro. Insgesamt kostet der Einstieg das Emirat knapp 2 Milliarden Euro.

In: FAZ, 23.03.2009, S. 11

dern auf der Arabischen Halbinsel zu investieren (Ross, 2006, S. 4). Diese Aussage wird von Tarisch al Qubaisi, stellvertretender Generaldirektor in der Industrie- und Handelskammer in Abu Dhabi, mit den folgenden Worten nachhaltig unterstrichen: *„Wir glauben an die deutsche Wirtschaft. Wir werden den deutschen Unternehmen, die kommen, vor allem Kapital bereitstellen. Daran haben wir keinen Mangel, nur an Technologie und Marktzugang"* (Hermann, 2004, S. 10).

14.2.2.6 Bahrain

War Bahrain, ähnlich wie die Vereinigten Arabischen Emirate, in den vergangenen Jahrhunderten wegen seines Perlenreichtums wohlhabend und berühmt, so basierte die Entwicklung der vergangenen Jahrzehnte auf der Entdeckung, Förderung und Verarbeitung von Erdöl. Da aber die 1932 entdeckten Vorkommen in wenigen Jahren erschöpft sein werden, versucht das Emirat gegenwärtig verstärkt mit Dienstleistungsangeboten die geringer werdenden Öleinnahmen auszugleichen. Durch den Ausbau eines modernen Dienstleistungssektors und die Errichtung petrochemischer und Metall erzeugender Betriebe hat sich Bahrain jedoch auf sein „Nachölzeitalter" vorbereitet. Das Land verfügt heute über die größte und modernste Aluminiumindustrie der Region (Elger/Stolleis, 2006, S.187 f.).

Mit der Errichtung eines 25 km langen Damms im Jahre 1986, der Saudi-Arabien und Bahrain nun direkt miteinander verbindet, konnte sowohl der Gütertransport ausgebaut als auch der Tourismus angekurbelt werden. Die Bahrainis nutzen diese neue und schnelle Verbindungsmöglichkeit, um im Nachbarstaat Saudi-Arabien preiswert einzukaufen, während in der Gegenrichtung, vor allem an den Wochenenden, viele Saudis die Hotels und Restaurants der Hauptstadt Al Manamah besuchen, um sich am Alkohol, der im eigenen Land verboten ist, und am Auftritt von Bauchtänzerinnen zu erfreuen. Dass der Tourismus weiter ausge-

---

Ungewohnte Siegerehrung

Am 4. April 2004 feierte die Formel 1 ihr Debüt auf der arabischen Halbinsel. Im Wüstenstaat Bahrain fand der erste Grand Prix im Mittleren Osten statt. Um sich an die Gepflogenheiten des Islams zu halten, verzichtete die Formel 1 in Bahrain bei der Siegerehrung auf die obligatorische Champagner-Dusche. Die Fahrer versprühten stattdessen „Warrd", ein extra für das Formel-1-Rennen entwickelte Getränk. Es wird aus verschiedenen, in Bahrain heimischen Früchten gemixt, darunter Granatäpfel, bittere Orangen und Rosenwasser.

In: F1 Total.com – Porträt: Großer Preis von Bahrain

baut werden soll und dafür intensiv geworben wird, zeigt der 150 Millionen Dollar teuere Bau einer Formel 1 Rennstrecke, der ersten im Nahen Osten überhaupt, wo im Jahre 2004 zum ersten Mal der Grand Prix ausgetragen wurde (Haas, 2006, S. 1).

Analog zu Dubais „The Palm" und Katars „The Pearl" wird mit „Durrat al-Bahrain" ebenfalls eine künstliche Inselwelt mit 2000 Villen, 3000 Apartments, Golfplatz, Einkaufskomplexen, Freizeitanlagen sowie Yachthäfen für 30000 Bewohner errichtet. 2007 sollen die ersten Bewohner einziehen, zwei Jahre später wird das Projekt abgeschlossen sein, wobei dieses Mammutprojekt „Tourismus in Bahrain" nur eine Zwischenetappe sein dürfte, denn die nächsten Pläne für einen geplanten Freizeitpark ungeahnter Größe liegen schon in der Schublade (Haas, 2006, S. 1).

Darüber hinaus dient Bahrain internationalen Großbanken heute als Sprungbrett für Geschäfte in den Ölstaaten auf der Arabischen Halbinsel, und Fluggesellschaften nutzen das Land als Zwischenstation auf ihren Fernflügen zwischen Europa und dem Fernen Osten.

14.2.2.7 Oman

Oman setzt auf eine größere ökonomische Öffnung und will damit eine geringere Abhängigkeit vom Erdöl erreichen, da auch hier, wie in den anderen Golfstaaten, die Erdölproduktion rückläufig ist. Dieser Sektor, einschließlich der Förderung von Erdgas, hat in den vergangenen Jahren immerhin 40 Prozent zum Bruttoinlandsprodukt und rund 70 Prozent zum Staatshaushalt beigetragen. Um sich Investoren zu öffnen, wird eine marktwirtschaftliche Politik verfolgt. Ausländer können Mehrheitsbeteiligungen an omanischen Unternehmen erwerben, Zweigniederlassungen gründen und Gewinne frei transferieren. Die steuerliche Ungleichbehandlung von Ausländern wurde mit Rückwirkung vom 01.01.2003 aufgehoben (Auswärtiges Amt, 2006, S. 1).

Weitere geplante Schritte sind der Aufbau eines Industriesektors, die Verlagerung der Förderung auf Erdgas und der Ausbau der Transportinfrastruktur. In der Stadt Sohar sollen u. a. bis 2010 eine Aluminiumschmelzanlage und mehrere petrochemische Werke errichtet werden. Damit erhofft sich Oman einen Anstieg seines Anteils am industriellen Sektor, der 2003 bei rund 8,3 Prozent lag. Ein umfangreiches Privatisierungsprogramm schließt auch Kraftwerke, Telekommunikation, Wasser und Stromversorgung ein (IHK Bielefeld, 2006, S. 1).

Der Ausbau des Tourismus ist ein wichtiges Ziel der omanischen Entwicklungsplanung geworden, da es besonders geeignet ist, wie übrigens in allen Golfstaaten, Arbeitsplätze für die eigene Jugend zu schaffen. Als geplante Großprojekte werden die Resorts „The Wave", „Bar al-Jissah" und „Blue City" genannt, die verstärkt Touristen ins Land locken sollen. Darüber wird der Ausbau der internationalen Flughäfen in Seeb und Salalah betrieben. Im 7. Fünfjahresplan, der sich auf den Zeitraum von 2006 bis 2010 bezieht, sind folgende Ziele zusammengefasst (Auswärtiges Amt, 2006, S. 1):

- Diversifizierung, u. a. durch Entwicklung von Großindustrien auf der Basis von Erdgas sowie Ausbau des Tourismus
- Entwicklung aller Regionen des Landes, weiterer Ausbau der Infrastruktur und Mobilisierung von Wasserressourcen
- Förderung von privaten einheimischen und ausländischen Investitionen
- Förderung der menschlichen Ressourcen (Bildung, Hochschule, berufliche Bildung) und Omanisierung (Schaffung von mehr Arbeitsplätzen für Omanis)
- Förderung der Privatwirtschaft und Verbesserung der Effizienz der öffentlichen Verwaltung
- Verbesserung des Lebensstandards, Preisstabilität
- Schutz der Umwelt und Wahrung des nationalen Erbes

Letter concerning an Islamic Holiday
(Intercontinental Muscat)

Dear guest,

Once again a warm welcome to the Intercontinental Muscat!
Please be advised that on the occasion of Isra and Ma'araj Day falls on Wednesday 30 of July 2008, in keeping with the religious tradition, the Al Ghazal Pub will remain closed from 6pm Tuesday 29th July until 12.00 midnight on Wednesday 30th July 2008. Al Ghazal Pub will resume operation at 12.00 midnight on Wednesday 30th.

During this period, all other Restaurants will operate normal without serving alcohol and without live entertainment.
We hope you will enjoy your stay with us and for any further assistance or information, please do not hesitate to contact us.

Your Intercontinental Muscat Team.

In: Intercontinental Muscat, Sultanate of Oman, 28.07.2008

> **"Make friends, do business"**
>
> Extract from an interview conducted by the TÜV SÜD Journal with Abdulaziz Al-Mikhlafi, General Secretary of the Ghorfa - Arab-German Chamber of Industry and Commerce since 2000
>
> *TÜV SÜD:* To what extent are German-Arab business relationships characterized by the different cultures?
> **Al-Mikhlafi:** German-Arab business relationships are fundamentally very good. Of course, there are cultural aspects that must be taken into consideration when you develop new business. But you can learn about such practices in such places as seminars on intercultural communication.
>
> *TÜV SÜD:* Can you describe the most important difference?
> **Al-Mikhlafi:** One special feature is that you do not just sit down with Arab business people and talk about business. That is almost doomed to fail. The Arab culture is based on personal relationships. This means that a personal relationship has to be established first. Business only comes afterward.
>
> *TÜV SÜD:* Is etiquette more important than hard facts?
> **Al-Mikhlafi:** Of course not. But business is also done at dinner or through recommendations. But this does not mean that business is not conducted in a professional manner. In the end, it is just like everywhere else in the world: personal contacts and local presence are the critical factors behind success. In the Arab world, maybe even a little more.
>
> *TÜV SÜD:* What is the biggest mistake a foreign investor can make?
> **Al-Mikhlafi**: That would be to give up too quickly. At Ghorfa, our advice is: If you have selected this region as a target market, you should have patience. Invest in personal contacts. A mid-sized German company generally wants to see results after the second or third on-site meeting. But patience and long-range thinking pay off in the Arab world: For instance, a business partner from Saudi Arabia views his company not simply as an import-export operation. He views his business partner as a friend with whom he also does business.
>
> In: TÜV SÜD Journal, 2nd quarter 2011, S. 29

Lernen im hohen Alter – das ist in den Sand geschrieben,
Lernen in früher Jugend – das ist in den Stein gemeißelt.
(Arabisches Sprichwort)

14.3 Soziokulturelle Rahmenbedingungen

In kaum einem anderen Kulturkreis spielen Familie und Familienehre, die Rolle der Stammesfürsten und ihre Legitimation sowie der Islam als Glaubensgrundlage aber auch als die bestimmende Größe im alltäglichen Handeln eine derart herausragende Rolle wie auf der Arabischen Halbinsel.

14.3.1 Familie als wichtigste Sozialisationsinstanz

Ähnlich wie in Asien spielt auch im arabischen Raum die Familie eine ganz entscheidende Rolle im gesellschaftlichen Leben. Die bis zum heutigen Tag zu beobachtende starke Stellung des Familienverbundes hat ihren Ursprung zum großen Teil in der tribal-nomadischen Gesellschaftsstruktur, die Jahrhunderte lang auf der Arabischen Halbinsel das ökonomische und soziale Leben bestimmte. Die überaus schwierigen Existenzbedingungen der nomadischen Lebensweise in der Wüste bedingten einen starken Zusammenhalt der Familienmitglieder. Aber auch im Islam wird soziale Verantwortung eingefordert, wenn vom Individuum gesprochen wird, das verantwortlich ist für das Wohlergehen seines Nachbars und der sozialen Gruppe, der er angehört (Rothlauf, 1995, S. 40). Familie und Religion bilden so eine Einheit und geben zugleich die Eckpfeiler der nachfolgenden soziokulturellen Betrachtung ab.

Die Ökonomie war in der Zeit vor der Erdölförderung von Nomaden und Farmern sowie in geringem Maße von Händlern und Handwerkern in den Städten geprägt. Der Haushalt bildete die Basiseinheit für Produktion und Konsum, und alle erwachsenen Familienmitglieder waren an der Sicherung des Lebensunterhaltes beteiligt (Barakat, 1985, S. 28). Die Familie war die dominante Institution, wodurch das Individuum und die Gruppe ihre religiöse, kulturelle und soziale Identität erhielt. Zugleich war sie die wichtigste Sozialisationsinstanz, da es kein entwickeltes Schulwesen gab (Baadi, 1982, S. 35).

Eine geschlechtsspezifische Erziehung bereitete Jungen bereits frühzeitig auf männliche Tätigkeiten und Mädchen auf die Übernahme einer traditionellen Frauenrolle vor. Die Familie gab Sicherheit, gewährte Unterstützung in allen Notlagen und übernahm Verantwortung für den Einzelnen, wie umgekehrt dieser seinen Beitrag zum Wohle der Familie zu leisten hatte. Die Familie war streng hierarchisch organisiert, mit dem Patriarchen an der Spitze, dem alle Familienmitglieder Gehorsam zu leisten hatten. Darüber hinaus gab es eine asymmetrische, aber komplementäre Rollenverteilung zwischen Männern und Frauen

(Altorki, 1977, S. 277). Dem Mann oblag die Regelung der finanziellen und aller anderen offiziellen Angelegenheiten, während die Frau für die Haushaltsführung und die Betreuung der Kinder verantwortlich war.

> **Saudis dürfen Braut via Web-Cam begutachten**
> (ohne Verfasser)
>
> Riad - Damit sich Verlobte trotz der strengen Geschlechtertrennung in Saudi-Arabien vor der Eheschließung etwas besser kennen lernen können, dürfen sie sich per Internet-Chat verabreden. Ein Mädchen verstoße nicht gegen das islamische Recht, wenn es sich mit seinem Verlobten zum Chat mit einer Web-Cam verabrede. Wenn sie nur ihr Gesicht und die Hände zeige, sei diese Verabredung sogar der „traditionellen Brautbesichtigung" im Haus der Eltern vorzuziehen.
>
> In: Fränkischer Tag, 19.09.2008, S. 8

14.3.1.1 Familienehre und die Rolle der Frau

Die Verhaltensweise der einzelnen Familienmitglieder prägte zugleich auch den Ruf der gesamten Familie, wie er im Begriff der Familienehre zum Ausdruck kommt.

> **Das saudische Dilemma**
> (Madeleine K. Albright)
>
> Während der Konferenz in Jeddah erhob sich ein Saudi, um mir zu versichern, dass die Politik seines Landes gegenüber Frauen von dem Wunsch getragen sei, sie zu respektieren, nicht zu unterdrücken. „Wir wollen nichts anderes, als unsere Frauen ehren und sie respektieren." Ich erwiderte, dass ich das verstünde und nicht glaube, dass der Westen alle Antworten besitze. Doch dann fügte ich hinzu: „Ich glaube jedoch, dass jeder Mensch das Recht hat, grundlegende Entscheidungen selbst zu treffen. Wenn die Frauen die Alternative hätten, würden sich vielleicht viele für ein Leben entscheiden, wie sie es jetzt führen. Aber Frauen, sollten ebenso wie Männer, die Chancen haben, für sich selbst zu entscheiden. Es sind Erwachsene, keine Kinder, und sollten dementsprechend behandelt werden."
>
> In: Der Mächtige und der Allmächtige. Gott, Amerika und die Weltpolitik, 2006, S. 243

Familienverantwortung bestand nicht nur darin, ein Netzwerk sozialer und ökonomischer Absicherung aufzubauen, sondern sie übte in starkem Umfang auch eine soziale Kontrolle über ihre Mitglieder aus (Rothlauf/ Meininger, 1994, S. 20).

Sozialer Status und Ansehen in der Gemeinschaft sind in besonderer Weise mit dem Verhalten der Frau verbunden, von der keusches und untadeliges Verhalten verlangt wird. Verschleierung und Segregation sind aus Sicht der Männer geeignete Maßnahmen, die Keuschheit der Frau und damit die Ehre und die ihrer Familie zu erhalten. Die noch heute anzutreffende Verschleierung der saudischen Frauen muss deshalb mit Blick auf diese jahrhundertelang geübte Praxis gesehen werden.

Die Stellung und das Selbstverständnis der Frauen werden vor allem in Saudi-Arabien auch heute noch wesentlich von diesen Traditionen beeinflusst. Ihre Haupttätigkeiten bleiben auf den Haushalt und die Kindererziehung beschränkt. Unter dem Aspekt der Geschlechtertrennung ist ihnen nur eine begrenzte Anzahl an Berufen zugänglich, wozu eine Tätigkeit als Kindergärtnerin, Lehrerin oder eine Beschäftigung im Gesundheitsbereich gehört. Wenn auch im Islam das grundsätzliche Recht der Frau auf Berufstätigkeit gewährt ist, so zeigt die Realität, dass es vor allem in Saudi-Arabien eine berufliche Chancengleichheit immer noch nicht gibt (Al-Abidin, 1982, S. 10).

Traditionelle Rollenbilder und Verhaltensweisen beginnen sich aber langsam zu ändern. Immer mehr weibliche College- und Hochschulabsolventen dringen auf den Arbeitsmarkt. Eigens eingerichtete Frauenschalter in bestimmten Banken sowie eine zunehmende Anzahl an Frauen, die den Versuch unternehmen, sich selbständig zu machen, selbst dann, wenn der Arbeitsplatz sich zu Hause befindet, mögen als erste Belege dafür dienen, dass der Arbeitsmarkt sich auch für Frauen schrittweise zu öffnen beginnt (Rothlauf/Meininger, 1994, S. 21). Dazu gehört auch, dass man in Saudi-Arabien mittlerweile in den großen Shoppingzentren Boutiquen eingerichtet hat, wo Frauen sich ausschließlich von Frauen bedienen lassen können und Männer keinen Zutritt haben.

Aber auch die Teilnahme von Frauen an der politischen Willensbildung nimmt auf der Arabischen Halbinsel immer mehr zu. So war das Emirat Katar der erste arabische Golfstaat, der im Jahre 1999 den Frauen zunächst das passive Wahlrecht und zwei Jahre später auch das aktive Wahlrecht gewährte (Hermann, 2002, S. 3).

Saudi Arabia and Its Women
(Authorless)

King Abdullah of Saudi Arabia deserves credit for his long overdue decision to give women the right to vote, to run in municipal elections and to be appointed as full voting members of the Majlis-Al-Shura, a government advisory group. It is a first step toward moving his country into the modern world but not nearly enough.

The list of fundamental rights still denied to Saudi women is long and shameful. Men – their fathers or husbands – control whether they can travel, work, receive health care, attend school or start a business. Women are banned from driving.

Even after the announcement, women will not be able to vote and run for municipal elections until 2015 and they will need the approval of a male family member to exercise either right. The king is trying to head off a push for more forceful changes inspired by prodemocracy movements in Tunisia, Egypt and Libya. In March, when Saudi activists called for protests, he responded by barring demonstrations and announcing nearly $ 130 billion in public spending. But the king also considers himself a reformer. He is going to have to stop pandering to ultraconservative members of the royal family and extremist Wahhabi clerics who are determined to keep Saudi women in shackles.

Laws must be changed to provide greater protections for women who are raped or suffer domestic abuse. The archaic ban on driving by women also must be lifted. In June, some Saudi women held a high-profile right-to-drive campaign that resulted in dozens of arrests. Those cases should be dropped.

One area where Saudi women are making strides is in education. But while they are 58 percent of the college graduates, they are only 14 percent of the work force. What possible future can Saudi Arabia have when half the population is not allowed to participate fully in the economy or civic life?

In: New York Times, Sept. 26, 2011, p.2

Ähnliche Beobachtungen lassen sich in den Vereinigten Arabischen Emiraten machen, wo zum ersten Mal in der Geschichte des Landes Frauen in einem Konsultativrat vertreten sind. Wie die arabische Zeitung „AL Hayat" berichtete, nahmen die fünf neu ernannten Mitglieder erstmals ihre Sitze im Konsultativrat des Emirates EL Schariqa ein, wo sie nun neben ihren 35 männlichen Kollegen sitzen. Damit hat das Emirat eine Entwicklung nachvollzogen, die zuvor im Sultanat Oman bereits zum Einzug von Frau in den Konsultativrat geführt hat (dpa, Kairo, 2001).

Das Parlament in Kuwait beschloss am 16. Mai 2005 mit 35:23 Stimmen bei einer Enthaltung, dass Frauen ab 2006 das aktive und passive Wahlrecht erhalten. „Ich will, dass unsere Frauen uns beim Bau unseres Landes und unserer Zukunft helfen", sagte Ministerpräsident Scheich Sabah al-Ahmad as-Sabah. Obwohl der Ausgang der Wahl am 02.07.2006 noch nicht dazu geführt hat, dass erstmals eine Frau in das kuwaitische Parlament einzieht, ist Kuwait das am besten entwickelte demokratische Gemeinwesen am Golf (Hermann, 04.07.2006, S. 7).

14.3.1.2 Zur Legitimation der Stammesfürsten

Die übergeordnete Organisationsform war die des Stammes, der aus mehreren solcher Großfamilien bestand. Dieser hatte ebenso wie die Familie eine Schutz- und eine identitätsbildende Funktion. Der Stammesfürst wurde als uneingeschränkte Autorität angesehen. Den meisten Stammesformen haftet dabei ein konstantes Merkmal islamischer Geschichte an: die Personifizierung, Herrschaft und Führung werden an eine Person gebunden - und an einen Kult um die Person (Tibi, 1998, S. 184).

Dennoch ist diese Autorität nicht unumschränkt zu gebrauchen. Die umara, wie die Inhaber von Machtpositionen genannt werden, haben die Pflicht, die unterschiedlichen sozialen Gruppen zu konsultieren und sich um eine Konsensbildung zu bemühen. Dabei sind die Führer generell an das islamische Recht gebunden, das im Koran und in der Sunna niedergelegt ist. Da Interpretationen von den religiösen Führern, den so genannten Ulama, vorgenommen werden, wird ihnen ein großes Maß an Einfluss und Kontrolle garantiert (Goldrup, 1971, S. 203). Darüber hinaus wird der Herrscher, wer immer er auch sein mag, durch den berühmten Vers 42,38 gebremst, in dem geschrieben steht: *wa amruhum schura bainahum* – *„und regelt eure Angelegenheiten unter euch durch Beratung"* (Simon, 1988, S. 196).

Die Idee der madschlis as shura, einer Art Parlament, das als Beratergremium für den König fungiert und in dem unterschiedliche gesellschaftliche Gruppen repräsentiert sind, hat es in islamischen Staaten fast immer gegeben und ist Ausdruck der sozialen Einbindung der verschiedenen Kräfte (Zahrani/Hassan, 1993, S. 2). Auch die Stammesfürsten, heutzutage ergänzt durch die Vorsitzenden der großen Familienunternehmen, versuchen durch Einberufung von Versammlungen einen Meinungsaustausch mit ihren Untergebenen herbeizuführen. Derartige Begegnungen haben aber eher informellen Charakter. Entscheidungsvorbereitung als auch die endgültige Entscheidung liegen in der Realität ausschließlich in den Händen der jeweiligen Stammesfürsten bzw. Familienoberhäupter.

> **Suche nach dem Konsens**
> (Rainer Hermann)
>
> Die Suche nach dem Konsens ist nicht an formale Institutionen delegiert. Sie findet im „Madschlis" statt, dem öffentlichen Raum privater Wohnhäuser. Angesehene Bürger laden an bestimmten Wochentagen zu ihrem Madschlis ein, und auch Mitglieder der herrschenden Familien öffnen zum Madschlis ihre Paläste. Dann kann jeder Bürger beim Herrscher oder einem Minister seine Meinung vortragen, eine Beschwerde, einen Wunsch. Keiner wird zurückgewiesen, denn noch immer empfinden sich alle als Gleiche. Nirgends ist das mehr zu spüren als in jedem Herbst, wenn im Oman Sultan Qabus durch sein Land reist und auf derselben Augenhöhe, von Angesicht zu Angesicht, mit seinen Bürgern spricht.
>
> In: FAZ, 08.07.2002, S. 8

Die Modernisierung und der wirtschaftliche Wandel haben die Stellung des Stammes und seiner Führer geschwächt, weil sich die politische Herrschaft - nicht mehr wie früher - direkt auf die Stämme stützt und der Staat aufgrund seiner Öleinnahmen ökonomisch unabhängig agieren kann. Die zunehmende Urbanisierung hat darüber hinaus dazu beigetragen, den traditionellen Familientyp der Großfamilie durch die Kernfamilie abzulösen und damit die Bedeutung des Stammes für das Individuum reduziert (Rothlauf/Meininger, 1994, S. 20). Gleichwohl wurde das in der tribal-nomadischen Gesellschaftsstruktur vorherrschende soziale und moralische Wertsystem durch den Prozess des sozialen Wandels nicht aufgelöst. Der Gemeinschaftsgedanke, verkörpert in der Familiensolidarität, ist immer noch einer der stärksten traditionellen Werte in der saudischen Gesellschaft. Viele Unternehmen verstehen sich von daher in erster Linie als ein großes Familienunternehmen, das nicht nur Arbeit und Einkommen einer breiten Verwandtschaft sichern hilft, sondern seine Beschäftigten als Teil einer Großfamilie betrachtet (Field, 1991, S. 10).

"In the past Saudi owners treated employees almost as if they were a part of their families, giving them long periods of compassionate leave when necessary and even occasional presents." (Haider, 1993, p. 2)

14.3.2 Der Islam

> **WELT**: *Ist es legitim, von „dem Islam" zu sprechen und damit ein geschlossenes System vorauszusetzen?*
>
> **Schimmel**: Der Islam hat sich durch so viele Jahrhunderte und unter so vielen Völkern verbreitet, dass es erstaunlich wäre, wenn es nicht eine große Anzahl von lokalen Ausprägungen gäbe. Darüber hinaus gibt es viele verschiedene Auslegungen des Korans durch die einzelnen theologischen Schulen. Auf der einen Seite existiert eine ganz strenge „Orthodoxie" während auf der anderen Seite eine Mystik entstanden ist, die sich wiederum in zahlreichen Formen ausdrückt. Von daher gesehen scheint es wirklich schwierig, im Islam ein einheitliches Gebilde zu erkennen. Wenn man jedoch auf den eigentlichen Grund zurückgreift, die Anerkennung der Einheit Gottes und des Propheten Muhammad als des letzten und abschließenden Gesandten Gottes, dann existiert nur „ein" Islam.
>
> Interview mit Prof. Annemarie Schimmel in: Die Welt, 23. Januar 1995, S. 7

Es gibt drei große geistige Kräfte in der Welt von heute: den Marxismus, den Islam und die Weltanschauung des Westens, die eine Mischung ist aus christlicher Religion, kapitalistischer Wirtschaftsphilosophie, Rationalismus in Philosophie und Wissenschaft, Liberalismus und Demokratie in der Politik. Von diesen drei großen Ideologien bildet nur der Islam auf der Basis der Religion ein System, in dem sich Gott, Staat und Wirtschaft zu einer Einheit verbinden (Simon, 1988, S. 68). Die Bezeichnung „Islam" leitet sich von dem arabischen Wort „aslama" ab, was soviel bedeutet wie „sich unterwerfen" (Dülfer, 1995, S. 289). Der Name enthält aber auch den Stamm des Wortes „Frieden". „As-salamu alaikum" ist die bekannteste Grußformel unter Muslimen und lässt sich mit „Der Friede sei mit Euch" übersetzen. Damit wird zugleich deutlich, dass die Botschaft des Islam darin liegt, Frieden durch unbedingte Ergebung in den Willen des Gottes Allah zu erlangen. Einer der tiefsinnigsten Sätze im ganzen Islam lautet: „Allahu akbar" – „Gott ist größer." Damit soll zum Ausdruck gebracht werden, dass Allah, Gott, größer ist als alle menschlichen Worte und alle menschlichen Phantasien (Simon, 1988, S. 68).

Der Religionsgründer Mohammed wurde um 570 n. Chr. in Mekka geboren. Im Jahre 610 berichtete er über eine Begegnung mit dem Erzengel Gabriel, der ihm „im Namen Allahs, des Allbarmherzigen" bestimmte Gebete und religiöse Rituale auferlegte. In weiteren Visionen empfing Mohammed die detaillierten Wertungen und Verhaltensvorschriften, die zunächst im Ursprungstext niedergelegt, später zum Koran in seiner noch heute gültigen Form zusammengefügt wurden (Paret, 1980, S. 18).

14.3.2.1 Zur Verbreitung des Islams

Der Islam erstreckt sich heute von Indonesien in Südostasien bis nach Nigeria. Nach dem Christentum ist der Islam die zweitgrößte Religion der Welt. Bezogen auf die Weltbevölkerung des Jahres 1970, mit ausgewiesenen 3,6 Milliarden Menschen, fanden sich 0,65 Milliarden Muslime, was einem Prozentsatz von 18% entsprach. Vergleicht man diese Zahlen mit einem Blick auf den Stand der Weltbevölkerung des Jahres 2004, dann bekennen sich von den 6,5 Milliarden Menschen, die gegenwärtig den Globus bevölkern, rund 1,2 Milliarden Menschen zum moslemischen Glauben (Stern, Nr. 50, 2004, S. 65 ff.).

> **Why is the Koran important for Muslims?**
> (John Renard)
>
> Muslims believe the beautiful prose of the Koran to be the words of God Himself who spoke through Muhammad. Further, it is believed to be only a copy of an eternal book, which is kept by Allah. The Koran is also held up by Muslims as proof that Muhammad was indeed a prophet since no human is capable of composing such a text. Among the most widely read texts today, the Koran is also taught orally so that even Muslims who are not illiterate and do not speak Arabic might learn to recite the most important verses in Arabic.
>
> In: The Handy Religion Answer Book, 2002, p. 192

Prognosen über die weitere Entwicklung der Muslime gehen davon aus, dass sich im Jahre 2020 rund 2,8 Milliarden Menschen dem Islam zugehörig fühlen. Manche, wie z.B. der Scheich der ägyptischen Muslimbrüder, Jusuf el-Qaradawi, nehmen diese Zahlen bereits heute zum Anlass, von einer „Weltmacht Islam" zu sprechen (Tibi, 1998, S. 171).

Aus Abbildung 135 wird erkenntlich, dass die starke Verbreitung des Islams in den geburtenstarken Ländern Asiens, vor allem in Indonesien, Pakistan, Bangladesch und Indien, diese überdurchschnittliche Zunahme als nicht unbegründet erscheinen lässt. Als weitere Länder mit islamischer Staatsreligion und ebenfalls hohen Geburtenraten sind Brunei, Jemen, Katar, Kuwait, Libyen, Malaysia, Malediven, Mauretanien, Oman, Somalia und Tunesien zu erwähnen.

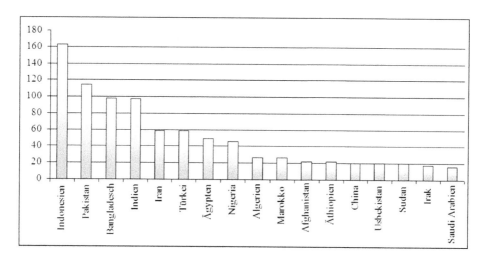

Abb. 135 Anzahl der Muslime in dem entsprechenden Land (in Mio.)
Quelle: Internet: www.prayer.dec

Aber auch in Europa nimmt die Zahl und damit der Einfluss der Muslime zu (Abb. 136). Rund 3,5 Mio. Menschen muslimischen Glaubens finden sich allein in der Bundesrepublik. Neben Berlin, das als das Zentrum der Muslime gilt und über 33 Moscheen verfügt, finden sich islamische Zentren u. a. in München und Aachen (Simon, 1988, S. 342).

"The best deeds are those done promptly."
(Arab proverb)

> **Why do Muslims bury their dead so quickly?**
> (John Renard)
>
> Although there's no limit, Muslims are buried within 24 hours of their death. The tradition originated out of the practical need to keep bodies from deteriorating in the Middle Eastern heat. Although many Muslims now live in countries where technology allows bodies to be preserved, moist avoid embalming, because they believe it violates the dignity of the deceased. For the very same reason, Muslims don't believe in displaying a body as is common at many Christian funerals.
>
> In: The Handy Religion Answer Book, 2002, p. 237

WESTEUROPA		SÜDOSTEUROPA	
Belgien	350.000	Albanien	2.100.000
Deutschland	3.500.000	Bosnien-Herzegowina	1.300.000
Frankreich	5.000.000	Bulgarien	1.000.000
Großbritannien	2.000.000	Griechenland	120.000
Irland	2.000	Kroatien	50.000
Luxemburg	9.000	Mazedonien	750.000
Niederlande	700.000	Malta	45.000
Österreich	350.000	Rumänien	120.000
Schweiz	200.000	Slowenien	20.000
NORDEUROPA		Serbien	1.500.000
Dänemark	40.000	Tschechien	2.000
Finnland	60.000	Europ. Türkei	5.700.000
Island	40	Ungarn	3.000
Norwegen	22.000	Zypern	190.000
Schweden	30.000		
SÜDEUROPA		**OSTEUROPA**	
Italien	1.000.000	Polen	4.000
Portugal	4.000	Russland	25.000.000
Spanien	400.000		

Abb. 136 Muslime in Europa
Quelle: Zentralinstitut Islam-Archiv Deutschland Stiftung e.V. Mai 2002

14.3.2.2 Islamische Wirtschafts- und Gesellschaftsordnung

Ein islamisches Wirtschaftskonzept, das auf sozioökonomische Gerechtigkeit zielt, geht von der Annahme aus, dass die knappen Ressourcen, die der Gesellschaft zur Verfügung stehen, in einer sozial ausgewogenen Weise genutzt werden. Die Anforderungen, die dabei das Makrosystem zu erfüllen hat, lauten:

- Sicherung der Existenzbedürfnisse eines jeden Individuums,
- gleiche Verteilung von Einkommen und Reichtum,
- Vollbeschäftigung,
- wirtschaftliche Stabilität.

Um sich von anderen bestehenden Wirtschaftssystemen abzugrenzen, wurde ein eigenständiges islamisches Wirtschaftsmodell entwickelt. Von welchen volkswirtschaftlichen Überlegungen es getragen wird und von welchen Basisannahmen man ausgeht, versucht das folgende Kapitel zu beschreiben.

14.3.2.3 Islamische Volkswirtschaft versus moderne Volkswirtschaft

Volkswirtschaften spielen bei der Befriedigung der Bedürfnisse der Bürger eine wichtige Rolle. Was die Bedürfnisbefriedigung betrifft, so grenzt sich die islamische Volkswirtschaft ganz deutlich von den westlichen Volkswirtschaften ab. Abbildung 137 versucht den unterschiedlichen Ansatz, wie er sich aus islamischer Sicht darstellt, zu verdeutlichen.

Islamic economics	Modern economics
Man – social but religious	Man – social
Unlimited wants versus scarity of means	
Economic problems	
Choice	
Guided by economic values of Islam	Guided by whims of the individual

Abb. 137 Islamische versus westliche Volkswirtschaft
Quelle: Mannan, 1997, S. 4

Während bei westlichen Volkswirtschaften die Befriedigung säkularer Bedürfnisse im Mittelpunkt steht – den Zusammenhang zwischen biologischer Bedürfnisbefriedigung und psychisch-emotionaler Entfaltung haben Maslow, Herzberg u.a. beschrieben – versteht sich eine am Koran ausgerichtete Volkswirtschaft als ein ganzheitlicher Ansatz, bei der die Befriedigung weltlicher mit spirituellen Bedürfnissen sich zu einer Einheit fügt. Der entscheidende Unterschied der beiden Volkswirtschaften hängt, nach islamischer Auffassung, mit der Beantwortung der Frage zusammen, wie die jeweilige Volkswirtschaft reagiert, wenn der Mensch mit seinen unbegrenzten Wünschen auf Ressourcen trifft, die nicht unbegrenzt zur Verfügung stehen.

> *„The Islamic economic ethic leads rather to a rejection of concern for materialist accumulation, of striving for material fulfillment and excessive profit, all of which are seen as incompatible with the ethical norms put forward by Islam."* (Ghaussy, 1985, p. 74)

In den modernen Volkswirtschaften, so die Schlussfolgerung, wird der einzelne Konsument seine Wünsche selbst gewichten und sie hinsichtlich ihrer Erreichung hierarchisieren, wobei der Gesellschaft hierbei vorwiegend eine Mittel-Zweck-Beziehung zukommt. In einer islamischen Volkswirtschaft, die auf dem Koran und der Sunna basiert, gibt es jedoch moralische Beschränkungen, die auf eine islamische Arbeitsethik fokussieren, die eine Bedürfnisbefriedigung der Gemeinschaft über die Bedürfnisbefriedigung der einzelnen Person stellt, wobei der Einzelne wiederum sein Verhalten permanent an den religiösen Grundsätzen auszurichten hat.

> "*The purpose of the study of Economics is to promote welfare of masses and not of individuals.*"(Mannan, 1991, p. 8)

In der islamischen Volkswirtschaft gibt es deshalb keinen Unterschied mehr zwischen geistlichem und weltlichem Bereich, die Einheit von Religion und Staat ist hergestellt (Khoury, 1990, S. 3). Dieser ganzheitliche Ansatz zeigt sich darin, dass in einer islamischen Wirtschaftsordnung nicht nur Aussagen zu wirtschaftlichen Fragestellungen getroffen werden, sondern auch Stellung zu nicht ökonomischen Fragen bezogen wird, seien sie nun politischer, sozialer, ethischer oder moralischer Art (Taymiya, 1982, S. 6).

Die Interdependenz alles Existierenden, das Universum und das Leben auf der Erde, das Leben jetzt und danach, kann letztendlich nur dadurch realisiert werden, wenn der Mensch sich vorbehaltlos Allah anvertraut. Dieser Denkansatz, der für Ganzheitlichkeit, Geschlossenheit und Einheit steht, wird als die zeitlose vertikale Dimension des Islams angesehen und als eine von vier Basisannahmen eines islamischen Wirtschaftskonzepts beschrieben.

Das Gleichgewicht wiederum repräsentiert die horizontale Dimension. Was sich im Universum als Streben nach einem Gleichgewichtszustand abspielt, ist auch auf das Leben übertragbar. Es geht in diesem Axiom vor allem um eine emotionale Bindung, um Harmonie mit der natürlichen Umwelt sowie um soziale Gerechtigkeit.

Das dritte Axiom spricht den freien Willen an, womit dem Menschen die Möglichkeit gegeben wird, zwischen Gut und Böse zu wählen. Da diese freie Wahl in totalitären Staaten nicht gegeben ist, dient dieses Axiom gleichzeitig auch als Abgrenzung einer islamischen Wirtschaftsordnung gegenüber derartigen Systemen.

Das letzte Axiom beschäftigt sich mit der Verantwortung. Freiheit hat ihre Entsprechung in der wahrgenommenen Verantwortung. Das Gleichgewicht wie es in der Natur erkennbar wird, weist auf die Notwendigkeit einer ethischen Limitierung des sozialen Verhaltens hin. Dabei ist jeder verantwortlich für die Ausführung seines Tuns. Uneingeschränkter Kapitalismus, vor allem im westlichen Kapitalismus anzutreffender Individualismus, ist hierbei ebenso wenig zu akzeptieren, wie ein totalitärer Sozialismus, der menschliche Freiheiten unterdrückt (Rothlauf, 1995, S. 40).

14.3.2.4 Quellen des islamischen Rechtssystems

Law-breaking
(Jeremy Williams)

Penalties for breaking the law in most Middle Eastern countries can be severe. Serious miscreants may find themselves facing the death penalty. Drug-related activities (consumption or distribution) are treated very, very seriously indeed.

In: Don't they know it's Friday?, 2004, S. 93

Eine islamische Wirtschafts- und Gesellschaftsordnung kann nicht ohne Rekurrieren auf die originären Quellen des Islams verstanden werden. Im Gegensatz zu anderen Kulturkreisen besteht in arabischen Ländern eine enge Verbindung zwischen Religion und Rechtsprechung. Die Hauptquelle des islamischen Rechtssystems, das auch die Grundlage für das Wirtschaftsdenken bildet, ist das Scharia-Recht. Scharia, übersetzt als Weg des Gläubigen, setzt sich aus zwei Pfaden zusammen:

aus aqida, dem Glauben, sowie fiqh, der praktischen Anwendung des Glaubens im Leben, wozu auch Gesetz und Recht gehören (Simon, 1988, S. 74).

Für aqida existiert nur der Satz: „Es gibt keinen Gott außer dem Einen Gott, und Muhammed ist sein Gesandter." Die Quellen des fiqh lassen sich in die folgenden vier Bereiche unterteilen: Koran, Sunna, Idjma und Qiyas (Simon, 1988, S. 74). Der Koran („das geoffenbarte Gotteswort") hat eine fundamentale Bedeutung für die Rechtsauffassung. Das Heilige Buch, das von Anfang an existierte, wurde durch Muhammad den Menschen verkündet. Es stellt keine sachlich oder chronologisch geordnete systematische Abhandlung dar. Die rechtlichen und wirtschaftlichen Aussagen des Korans müssen aus den in 114 Suren niedergelegten Versen abgeleitet werden. In einigen Einzelfragen sind jedoch eindeutige Interpretationen angesichts ihres äußerst knappen Inhaltes kaum möglich. Deshalb hat sich sowohl in der islamischen Welt als auch bei den Islamforschern im Ausland die „Koranexegese" entwickelt, um die besonderen Umstände der „Offenbarung" und eine einheitliche Auswertung der Koranverse zu ermöglichen (Ghaussy, 1986, S. 36).

Why is Mecca a holy city for Muslims?
(John Renard)

Mecca (Western Saudi-Arabia) is the birthplace of the prophet Muhammad (c. 570) and was his home until year 622, when those who opposed him forced him to flee to Medina (about 200 miles north of Mecca). Muhammad later returned to Mecca and died there in 632. Mecca is the site of the Great Mosque in the heart of the city. The outside of the mosque is an arcade, made up of a series of arches enclosing a courtyard. In that courtyard is the most sacred shrine of Islam, the Ka'ba, a small stone building that contains the Black Stone, which Muslims believe was sent from heaven by Allah. When Muslims pray, they face the Ka'ba. It is also the destination of the hajj, or pilgrimage.

In: The Handy Religion Answer Book, 2002, p. 212

Der Koran beinhaltet als „Buch der religiösen Rechtsleitung" nur wenige Vorschriften und Anweisungen zu allgemeinen Rechtsfragen. Es ist daher kaum möglich, für die vielfältigen Erscheinungen des Rechtslebens und der Wirtschaft auf die Vorschriften des Korans zurückzugreifen. Deshalb hat sich als originäre Rechtsquelle neben dem Koran die Sunna entwickelt. Die Sunna wird aus allen Handlungen, Billigungen, Aussagen und Aussprüchen des Propheten abgeleitet.

Scharia/Allahs Gesetzbuch
(Avenarius/ Weiss)

Scharia bedeutet übersetzt in etwa „der Weg zur Quelle" und bezeichnet die Summe aller Regeln für das Leben des Gläubigen. Sie ist nicht festgeschrieben, sondern wird aus dem Koran und den Hadithen abgeleitet, den überlieferten Aussagen und Handlungen des Propheten. Damit ist die Scharia Gesetz, juristischer Leitfaden, moralischer Kompass und Alltagsvorschrift zugleich. Wer nach der Scharia lebt, ernährt sich „halal" – isst also etwa kein Schweinefleisch – und sollte fünfmal am Tag beten. Darüber hinaus regelt die Scharia vor allem das Zivilrecht; das Strafrecht ist weniger entwickelt, weil es schon Jahrhunderte nach Mohammeds Tod weitgehend von islamischen Gerichten in staatliche Hände überging.

Kern des alten Scharia-Strafrechts sind die fünf „Hadd-Verbrechen: Unzucht – etwa Geschlechtsverkehr außerhalb der Ehe –, fälschliche Bezichtigung der Unzucht, Alkoholkonsum, Diebstahl und Straßenraub. Dafür sind Strafen vorgesehen wie Peitschenhiebe, Amputation von Gliedmaßen, Exil, Enthauptung und Steinigung. In Saudi-Arabien sind die Hadd-Vergehen samt Strafen Teil des Gesetzes. In Pakistan stehen sie zwar im Gesetz, wurden jedoch 2006 modernisiert, und die Strafen werden selten angewandt. Bei anderen Verbrechen bis hin zu Mord erlaubt die Scharia auch Kompensation, etwa Blutgeld für die Angehörigen des Opfers, oder Genugtuung nach dem Auge-um-Auge-Prinzip, die aber selbst in Ländern, in denen die Scharia direkt angewandt wird, kaum je vollstreckt wird.

Der schiitische Islam – in Iran, Teilen Iraks, des Libanon und anderen Staaten vorherrschend – hat trotz Relevanz der Scharia in der „Islamischen Republik" eine eigene Rechtstradition. Ende des 19. Jahrhunderts und zu Beginn des 20. Jahrhunderts hatten von der europäischen Moderne begeisterte Herrscher versucht, Europas Rechtssysteme zu übernehmen. Die Scharia als Gesamtgesetz wurde auf das Familien- und Erbrecht zurückgedrängt wie in Ägypten oder im Iran des Schahs. Kemal Atatürk, Gründer der Türkei, schaffte das islamische Recht einfach ab. In den fünfziger und sechziger Jahren drängten sozialistische Ideen in der islamischen Welt die Scharia weiter zurück. Deswegen finden sich heute in den Gesetzbüchern der meisten Muslim-Staaten Mischformen aus europäischen und islamischen Recht. In der Praxis heißt dies, dass säkulares Recht dem religiösen nicht widersprechen darf: die ewige Gratwanderung zwischen Moderne und Tradition in einer im Kern nicht aufgeklärten Gesellschaft.

In: Süddeutsche Zeitung, 01.10.2011, S. 2

Die authentischen Überlieferungen finden sich in Hadithe geordnet, einer Textsammlung aus dem 9. Jahrhundert, die Aufzeichnungen über Denken, Handeln und Leben Mohammeds beinhaltet. Da aber auch diese Überlieferungen nicht alle Fragen des Rechts und Wirtschaftslebens erfassen, wurde in der Rechtsprechung des Islams als eine weitere Hauptquelle der Idjma entwickelt (Ghaussy, 1986, S. 37). Die dritte Quelle entspringt dem menschlichen idschtihad, dem Bemühen um ein eigenes Urteil (Simon, 1988, S. 75). Unter Idjma versteht man dabei den Konsens der Gelehrten in der Anwendung einer Rechtsauslegung. Er beruht auf einem Ausspruch des Propheten, der geäußert haben soll, dass seine „Gemeinde [...] in einem Irrtum nicht übereinstimmen (wird)" (Watt/Welch, 1980, S. 245). Es wurde somit davon ausgegangen, dass die Gemeinde als Ganzes in der Auslegung des Korans und der Sunna keine Fehler machen würde, was im Prinzip Einigkeit voraussetzt, wenn es auch im einzelnen Meinungsverschiedenheiten gegeben haben mag (Watt/Welch, 1980, S. 246).

Der Analogieschluss (Qiyas) stellt eine weitere Rechtsquelle des islamischen Rechts dar. Das Urteil aufgrund eines Analogieschlusses bezieht sich auf die Fälle, die eine Ähnlichkeit mit einem vorliegenden Fall aufweisen und dadurch ihre Anwendbarkeit im vorliegenden Fall rechtfertigt (Khoury, 1980, S. 18). Seine Bedeutung liegt vor allem darin begründet, dass die alte Lehre auch auf moderne Verhältnisse übertragen werden kann. Das im Islam geforderte Zinsverbot lässt sich hier als Beispiel aufführen, wozu der Analogieschluss als Rechtfertigung dient.

Geldanlage streng nach dem Koran
(Cornell Uebel)

Das islamische Zinsverbot vom Propheten Mohammed ist im Koran verankert und hat soziale Gründe. Der Religionsstifter wollte verhindern, dass Geldverleiher ihre Schuldner völlig ausnahmen. Sein wirtschaftliches Ideal war das einer solidarischen Gemeinschaft der Gläubigen, in der den Armen gegeben wird, damit sie sich aus der Armut befreiten. Um muslimische Geschäftsleute mit islamisch korrekten Investitionsmitteln zu versorgen, ist viel Kreativität entwickelt worden. Will ein Unternehmer Investitionsgüter kaufen oder ein Privatmann ein Auto, wird eine Vereinbarung mit einer islamischen Bank getroffen. Die Bank kauft die Investitionsgüter und der Geschäftsmann erwirbt sie von ihr in Ratenzahlungen mit einem Preisaufschlag. Die andere Möglichkeit ist die Aufnahme von Gesellschaftern ins Unternehmen. Kapitalgeber und -nehmer bilden eine Interessengemeinschaft und Gewinnchancen und Verlustrisiko werden geteilt.

In: Die Zeit, 10.04.2003, S. 33

14.3.3 Die fünf Säulen des Islam

Im Islam gibt es fünf Glaubensgrundsätze, die für jeden Moslem bindend sind. Auf diese so genannten „fünf Säulen" stützt sich der Glaube des Moslems in der täglichen Praxis. Sie bilden, neben dem Koran, ein Band, welches die Moslems immer und überall verbindet.

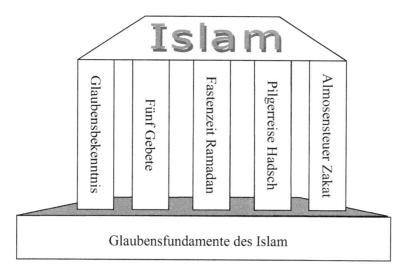

Abb. 138 Die fünf Säulen des Islam
Quelle: Rothlauf, J., 2003, S. 5

14.3.3.1 Das Glaubensbekenntnis (Shahada)

Die erste Pflicht des Muslim ist es, die Shahada zu sprechen: „Ich bezeuge, es gibt keine Gottheit außer Gott; ich bezeuge, Mohammed ist der Gesandte Gottes" (Antes, 1991, S. 35). Die in der Übersetzung verwendete Formulierung „Gott" statt des bekannten Wortes „Allah" soll deutlich machen, dass „Allah" kein Eigenname ist, sondern von Arabisch sprechenden Juden und Christen gleichermaßen für „Gott" gebraucht wird (Antes, 1991, S. 35). Diese kurze und einprägsame Formel ist die erste Grundforderung des Islam. Neben der Shahada existieren keine weiteren islamischen Glaubensbekenntnisse.

14.3.3.2 Das Gebet (Salat)

Das fünfmalige tägliche Gebet bildet die zweite Säule des Islam. Es handelt sich um ein rituelles Gebet, das in festgelegten Formeln zu bestimmten Zeiten gebetet werden muss. Vor dem Sonnenaufgang, am Mittag, am Nachmittag, zur Zeit des Sonnenuntergangs und vor dem Schlafengehen soll jeder Moslem sein Gebet verrichten. Vor dem Gebet reinigt sich der Moslem. Dann richtet er sich in seiner Gebetshaltung nach Mekka, dem Ort der zentralen Anbetung, aus. Das eigentliche Gebet umfasst das Niederwerfen vor Allah und das Rezitieren von Koran-Versen. Ein freies Gebet, wie es uns bekannt ist, ist nicht vorgeschrieben, da der Schwerpunkt in der alleinigen Anbetung Allahs in festen Formen liegt.

14.3.3.3 Die Fastenzeit (Ramadan)

Als dritte Säule des Islam wird das Fasten im Monat Ramadan gesehen. Im neunten Monat des islamischen Jahres (Ramadan) wird von Sonnenaufgang bis Sonnenuntergang gefastet. Wie alle Monate des islamischen Jahres wandert auch der neunte Monat Ramadan durch alle Jahreszeiten. Der Grund liegt im islamischen Kalender begründet, der sich am Mondzyklus und nicht am Sonnenjahr orientiert, mit der Folge, dass das Mondjahr im Vergleich zum Sonnenjahr um 11 Tage kürzer ausfällt.

Kranke, Alte, kleine Kinder, Schwangere und Reisende sind vom Fastengebot ausgenommen. Allen anderen ist in der vorgegebenen Zeit der Verzehr von Speisen, Getränken und Genussmitteln ebenso nicht gestattet wie der Beischlaf. Ramadan selbst soll den Gläubigen zu Geduld, Versöhnung und Barmherzigkeit befähigen. Fasten ist in diesem Sinne:

Ramadan im Iran
(Maziar Zadeh)

Bei meinem letzten Iran-Besuch war gerade Ramadan. Ich war im Bus unterwegs, bekam Hunger und aß ein Stück Schokolade. Plötzlich hielt der Fahrer: Straßenkontrolle. Ich kaute noch gedankenverloren, als mich ein Milizionär aus dem Bus zerrte und mir alle möglichen Strafen androhte. 20 Minuten dauerte es, bis man mich wieder einsteigen ließ und der Bus weiterfahren konnte. Ich weiß natürlich, dass man während des Ramadan tagsüber nichts essen und trinken darf, aber ich hatte es in dem Moment einfach vergessen. Diese Vergesslichkeit hätte mich ein paar Stunden oder Tage auf einer Polizeiwache kosten können.

In: DIE ZEIT, 06.04.2000, S. 85

„Ausdruck der Freiheit, es legt Zeugnis ab von der Vorherrschaft der freien Willensentscheidung gegenüber den Trieben und Bedürfnissen der Natur, es ist ein Zeichen der Beherrschung der Körpers, eben Selbstbeherrschung." (Antes, 1978, S. 65)

Heiliger Ramadan?
(Mona Naggar)

Amir Jihad kann die Welt im Fastenmonat Ramadan nicht mehr verstehen. Nicht etwa bewusstes religiöses Leben steht im Mittelpunkt dieses heiligsten aller islamischen Monate, sondern Zeitvertreib und Konsum: „Stellen Sie sich vor, viele Menschen in arabischen Ländern besuchen nach dem Fastenbrechen sogenannte Ramadan-Zelte. Dort werden Musik- und Gesangsveranstaltungen gegeben." Jihad ist empört: „Was hat das mit Ramadan zu tun, mit Gottesfurcht, Enthaltsamkeit und Selbstdisziplin, die wir in diesem Monat üben sollten?" Das skurrilste, was ihm in den vergangenen Jahren begegnet ist, seien Werbeaktionen von Nachtclubs gewesen. „Zum Zuckerfest wurden Aufführungen von Tänzerinnen präsentiert."

Amir Jihad trägt einen langen grauen Kaftan und einen Turban. Er ist Direktor der „Welle heiliger Koran", eines religiösen Radiosenders in Beirut. Die Räume des Senders befinden sich im Keller der „Dar al-Fatwa", dem Sitz des Mufti, der höchsten sunnitischen Autorität im Libanon. Jihad versucht eine Erklärung für das aus seiner Sicht verwerfliche Verhalten vieler Muslime zu finden: „Der Alltag der Menschen wird während des Fastenmonats auf den Kopf gestellt. Die Arbeitszeit ist kürzer als sonst. Alle gönnen sich mehr Ruhe." Das Problem sei, dass die Leute die Ruhe und die längere Freizeit, die sie haben, falsch nutzten: „Die Menschen beschäftigen sich vor allem mit dem Geldausgeben, mit Essensvorbereitungen am Abend, mit dem Besuch von Einkaufszentren und Shoppen."

In: Süddeutsche Zeitung, 20./21.09.2008, S. 18

> **Kein Mittagessen für Christen im Ramadan?**
> (ohne Verfasser)
>
> Die Mehrheit der Muslime in den arabischen Ländern möchte Christen und anderen Andersgläubigen während des islamischen Fastenmonats Ramadan verbieten, vor den Augen der Fastenden zu Mittag zu essen. Das ist das Ergebnis einer Umfrage des Meinungsforschungsinstitutes Maktoob-Research in Dubai. 62 Prozent der 6000 Befragten hatten erklärt, Nicht-Muslime sollten während des Ramadans in der Öffentlichkeit tagsüber nicht essen oder trinken. Nur vier Prozent der befragten Muslime gaben an, dass sie selbst nicht fasten.
>
> In: Fränkischer Tag, 17.09.08, S. 7

14.3.3.4 Die Pilgerreise (Hadsch)

Jeder volljährige Moslem hat die Verpflichtung, einmal in seinem Leben an der Pilgerfahrt nach Mekka teilzunehmen. Dort soll er am zentralen Heiligtum, der Ka'aba, zu Allah beten. Der Hadsch ist von großer religiöser Bedeutung für die Moslems, denn sie macht ihnen bewusst, dass sie zur weltweiten islamischen Gemeinschaft, der umma, gehören, welche die Muslime über alle Standes- und Volkszugehörigkeiten hinweg miteinander verbindet.

Die Pilgerfahrt beginnt in der Regel in Djidda, wo die Hadschis das traditionelle Pilgergewand Ihram anlegen. In Mekka suchen die Pilger zunächst die Große Moschee auf, umrunden siebenmal die Ka'aba und versuchen, den heiligen Stein zu berühren. An den folgenden Tagen muss jeder Pilger 49 Steine auf drei Steinsäulen in Mina werfen, den so genannten großen, mittleren und kleinen Teufel. Symbolisch bekämpft und besiegt der Hadschi damit das Böse. Anschließend erbringt er in Mina sein Schlachtopfer. Den Abschluss bildet die erneute siebenmalige Umrundung der Ka'aba (Harenberg, 1990, S. 1489).

Erfolgreich hat man allerdings den Hadsch erst dann absolviert, wenn man auch ein Opfer dargebracht hat. Normalerweise wird hierfür ein Hammel geschlachtet. Reicht das persönliche Einkommen nicht aus, so können sich auch mehrere Pilger den Preis für einen Hammel teilen. Das Hammelopfer wiederum soll be-

Aufbruch zur Pilgerfahrt
(Azza Ahmed)

Wenn der Neumond des *schawwal,* des zehnten Monats unseres Kalenders, sichtbar wird, sehnen wir Muslime uns voll Inbrunst danach, dem Ruf Gottes zu folgen und den hadsch, die große Pilgerfahrt, anzutreten. Gott hat sie nur denjenigen zur Pflicht gemacht, die dazu materiell und körperlich in der Lage sind. Nachdem ich mich nun entschlossen habe, die Pilgerfahrt anzutreten, verlasse ich das Haus. Familie und Freunde versammeln sich. Alle freuen sich, ihre Herzen sind voller guter Wünsche für meine bevorstehende Reise. Bittgebete werden zum Himmel gesandt, dass Gott in seiner Barmherzigkeit alle schützen möge. Indem ich, wie alle Pilger, zu Beginn der Reise den ganzen Körper wasche und einfache weiße Kleidung anlege, löse ich mich von den äußeren, materiellen Erscheinungen der Welt. Damit trete ich in einen besonderen Weihezustand ein. Rund um die Heiligen Stätten gibt es dafür festgelegte Orte.

Als Frau trage ich ein langes weites Kleid und bedecke mein Haar mit einem Tuch. Die Kleidung des Mannes besteht aus zwei weißen Tüchern, von denen er sich eins um die Taille, das andere um die Brust und die rechte Schulter bindet. Diese in Form und Farbe gleiche Bekleidung drückt aus, dass alle Menschen vor Gott gleich sind. Was für ein großartiger Anblick ist es, Reiche und Hochstehende auf gleicher Stufe mit armen und einfachen Menschen zu sehen! Die Seelen der Armen werden aufgerichtet, indem ihnen Stolz und Würde gegeben werden. Innere Ruhe und Vertrauen in die Gerechtigkeit des Himmels werden gefestigt. In Mekka angekommen, begeben wir uns zur Kaaba und umrunden sie siebenmal - das gilt als »Begrüßung der Kaaba«. Am neunten Tag des Monats dhu al-hidscha, nachdem wir andere festgelegte Riten ausgeführt haben, gehen wir zum Berg Arafat außerhalb von Mekka. Dort versammeln sich dann alle Pilger, denn »die Pilgerfahrt bedeutet *Arafat*«. Wer an diesem Tag nicht dort ist, hat keine gültige Pilgerfahrt vollzogen. So sind wir alle auch im Herzen vereint, unsere Orientierung ist dieselbe: Während unsere Bittgebete zum Himmel emporsteigen, sind wir allein Gott zugewandt. »Hier bin ich, Gott, Dir zu Diensten!«, so ruft jeder von uns immer wieder, »Dir allein gebühren Lob und Ehre. Es gibt keinen Gott außer Dir!«

In: SympathieMagazin 2006/Nr. 26, Islam verstehen, S. 30

dürftigen Menschen in aller Welt zu Gute kommen, wobei die Distributionskanäle ausschließlich muslimische Länder vorsehen. Bei rund einer Million geschlachteter Tiere, wird auch vom Volumen her ein enormer Beitrag für bedürftige Menschen in unterentwickelten Ländern geleistet (Rothlauf, J., 2003, S. 5).

> **Die Menschheit auf der Töpferscheibe Allahs**
> (Ilijas Trojanow)
>
> Die islamische Pilgerfahrt nach Mekka und Medina begleitet den Gläubigen ein Leben lang – als Idee, als Sehnsucht, als Verpflichtung. Vielen gilt sie als Höhepunkt des spirituellen Lebens, ein Höhepunkt, für den man – manchmal jahrzehntelang – sparen und spezielle Gebete und Rituale erlernen muss. Das göttliche Gesetz verlangt, dass man seine familiären und geschäftlichen Verhältnisse geordnet zurücklässt; der Hadschi, wie der Pilger heißt, sollte mit keinerlei Schulden belastet aufbrechen. Auch sollte er sich vorab von Lastern und Schwächen befreien, denn die Hadsch reinigt ihn zwar von allen Sünden, aber sie macht keinen besseren Menschen aus ihm. Wer sich als Lügner auf den Weg macht, wird als Lügner oder Heuchler heimkehren.
>
> In: FAZ, 07.04.2003

14.3.3.5 Die Almosensteuer (Zakat)

Die fünfte religiöse Grundpflicht, die der Islam vorsieht, ist die Almosensteuer Zakat, die die karitativen Verpflichtungen des Moslem regelt. Die Zahlung von Zakat ist im Koran in den Suren 9, 13 und 25 erwähnt. Ursprünglich als eine freiwillige Abgabe von wohlhabenden Moslems gegenüber ärmeren Mitgliedern der Gemeinschaft gedacht, wurde sie später in eine Art Vermögenssteuer umgewandelt, die an den islamischen Staat zu entrichten war. Alle islamischen Rechtsschulen sind sich im Grundsatz einig, dass 1/40 des Vermögens als Berechnungsgrundlage dienen soll, wobei die Entrichtung sowohl in Form von Naturalien als auch von Wertabgaben erfolgen kann (Rothlauf, 1995, S. 41).

Der übergreifende Ansatz der Zakatbesteuerung ist vor allem darin zu sehen, dass es jedem wohlhabenden Muslim zur bindenden Pflicht gemacht wird, seinen schlechter gestellten Brüdern und Schwestern zu helfen. Sein Vermögen soll nicht einzig und allein für das eigene Wohlergehen und die persönliche Bequemlichkeit ausgegeben werden, sondern Witwen und Waisen, Armen und Kranken und all jenen zur Verfügung gestellt werden, die die Fähigkeiten, nicht aber die Mittel haben, sich ein größeres Wissen anzueignen.

Wirft man einen Blick auf die Praxis, dann wird der Zakat nur in Saudi-Arabien obligatorisch eingefordert, während er in anderen muslimischen Ländern den unterschiedlichsten Regelungen unterliegt. Die Diskussion um diese Steuer z.B. in Pakistan hat offenkundig werden lassen, dass die einzelnen Zakatbestimmungen nur in den allgemeinen Darstellungen der islamischen Wirtschaftslehre klar und eindeutig sind (Rothlauf, 1995, S. 41). In Wirklichkeit hat Zakat im Laufe der Zeit an Bedeutung verloren und ist schrittweise durch säkulare Steuern ersetzt worden (Ghaussy, 1986, S. 55). Auf diese Weise ist man wieder zum Prinzip der Freiwilligkeit zurückgekehrt.

14.3.4 Der Islam im europäischen Denken

Zeit seines Bestehens war der Islam ein Problem für das christliche Europa und unzählige Kriege und Eroberungen bestimmten die jeweilige Gemengenlage (Hourani, 1994, S. 17). In Europa wird häufig vergessen, dass der Islam bis vor 500 Jahren westliches Denken maßgeblich geprägt hat (Gsteiger, 1994, S. 30). Heutzutage werden vielfach islamische Fundamentalisten mit islamischen Orthodoxen gleichgesetzt, ohne sich des Unterschiedes bewusst zu sein. Während die erstgenannten einen Gottesstaat auf Erden wollen, bestehen die letztgenannten nur auf einer lockeren Bindung der Politik an die Religion (Tibi, 1998, S. 184).

Der saudische Wahhabismus – die Legitimität der Ölmonarchie – ist ein Beispiel für die vergleichsweise unagressive Kombination von orthodoxem Islam und Politik (Tibi, 1988, S. 184). Orthodoxe Muslime hängen einem islamischen Universalismus an, der aber nicht identisch ist mit der Illusion von einer islamischen Weltherrschaft. Ein wichtiger Unterschied besteht zwischen Islamismus und Terrorismus. Gerade für den Westen ist es wichtig zu begreifen, dass nicht jeder muslimische Fundamentalist ein Terrorist ist. Es gibt viele islamische Bewegungen, die die Arbeit in politischen Institutionen anstelle der Gewaltanwendung befürworten. Die im Westen jahrhundertelang gepflegten Feindbilder und Vorurteile können nur dann erfolgreich beendet werden, wenn zwischen dem Islam als Religion und Gottesglauben einerseits und dem Islamismus als politischer Ideologie andererseits unterschieden wird.

> **Eine fremde, bedrohliche Welt**
> (Noelle/Petersen)
>
> Die Vorstellungen der Deutschen über den Islam waren bereits in den vergangenen Jahren negativ, doch sie haben sich in jüngster Zeit noch einmal spürbar verdüstert. 91 Prozent der Befragten sagten im Mai 2006, sie dächten bei dem Stichwort Islam an die Benachteiligung von Frauen; im Jahr 2004 hatten 85 Prozent so geurteilt. Die Aussage, der Islam sei von Fanatismus geprägt, teilten vor zwei Jahren 75 Prozent, jetzt 83 Prozent. Der Islam sei rückwärtsgewandt, sagen heute 62 Prozent, im Vergleich zu 49 Prozent, er sei intolerant, meinen 71 gegenüber 66 Prozent zwei Jahre zuvor. Die Ansicht, der Islam sei undemokratisch, hat in den vergangenen zwei Jahren von 52 auf 60 Prozent zugenommen. Die Eigenschaft Friedfertigkeit bescheinigen dem Islam gerade 8 Prozent der Deutschen.
>
> In: FAZ, 17.05.2006, S. 5

Die Zukunft des Islams liegt nach Tibi (1998, S. 184) *„in der politischen und kulturellen Vielfalt und in der Abkoppelung der Religion von der Politik."* Wir im Westen müssen stärker als bisher darauf achten, den Islam von seinen Wurzeln her verstehen zu lernen. Der ehemalige Bundeskanzler Helmut Schmidt hat anlässlich eines ZEIT-Forums in diesem Zusammenhang einmal formuliert: *„Wir müssen lernen, Gespräche mit Muslimen zu führen, die über das Wetter oder über die Lieferung von Maschinen, Waffen oder über Erdöl hinausgehen"* (Schmidt, 1993, S. 15).

Prinz Charles (1993, S. 9) hat zur Eröffnung des Oxford Center of Islamic Studies im Jahre 1993 seinen Redebeitrag dem Thema „Islam and the West" gewidmet. U. a. führt er dazu aus:

> *"The depressing fact is that, despite the advances in technology and mass communications of the second half of the 20th century, despite mass travel, the intermingling of races, the ever-growing reduction - or so we believe - of the mysteries of our world, misunderstandings between Islam and the West continue.*
>
> *...We need to be careful of that emotive label "fundamentalism", and distinguish, as Muslims do, between revivalist, who choose to take the practice of their religion most devoutly, and fanatics or extremists who use this devotion for political ends.*

...Islam can teach us today a way of understanding and living in the world which Christianity itself is poorer for having lost. At the heart of Islam is its preservation of an integral view of the universe. Islam refuses to separate man and nature, religion and science, mind and matter, and has preserved a metaphysical and unified view of ourselves and the world around us.

...we have to learn to understand each other, and to educate our children - a new generation, whose attitudes and cultural outlook may be different from ours - so that they understand too. We have to show trust, mutual respect and tolerance, if we are to find the common ground between us and work together to find solutions. We cannot afford to revive the territorial and political confrontations of the past. We have to share experiences to explain ourselves to each other, to understand and tolerate, and build on those positive principles which our two cultures have in common."

14.4 Verbale und non-verbale Kommunikation

Saudi-Arabien wie die übrigen Golfstaaten gehören zu den Ländern, bei denen sowohl die verbale als auch die non-verbale Kommunikation eine ganz entscheidende Rolle im geschäftlichen wie im privaten Leben spielt. Besondere Aufmerksamkeit muss dabei auf den religiösen Kontext gelegt werden, der bei Unterlassung mit nachhaltigen, negativen Konsequenzen für den ausländischen Geschäftspartner verbunden sein kann.

Greetings
(Morrison/Conaway/Borden)

- As there are several styles of greeting currently in use in Saudi Arabia, it is safest to wait for your Saudi counterpart to initiate the greeting, especially at first meeting.
- Westernized Saudi men shake hands with other men.

In: How to Do Business in Sixty Countries, 1994, p. 327

14.4.1 Begrüßung

14.4.1.1 Begrüßungsformel

Wie in allen arabischen Ländern wird der saudi-arabische Gastgeber seine Gäste mit großer Herzlichkeit begrüßen. Möchte man diese Geste erwidern, indem man zu einer arabischen Grußformel greift, dann wäre „As-salamu alaikum" genau die verkehrte Anrede. Sie gilt nur für die Begegnung zwischen Muslimen. Möchte man trotzdem mit einer arabischen Floskel beginnen, dann wäre „Marhaba", was so viel heißt wie „Guten Tag", die richtige Begrüßungsform. Was die richtige Ansprache betrifft, so sollte man seinen Gesprächspartner mit Vornamen und Titel, z.B. Prince Halim oder Dr. Mahmoud, ansprechen. Bei Mitgliedern des Königshauses verwendet man als Anrede „Your Excellency".

Wer wen zuerst grüßt, lässt sich am besten so umschreiben:

> *"It is the safest way for your Saudi counterpart to initiate the greeting, especially at a first meeting." (Morrison/Conaway/Borden, 1994, p. 327)*

Allerdings sollte man sich nicht verleiten lassen, bei der ersten Begegnung sein Gegenüber durch Umarmung zu begrüßen. Diese Zeremonie gilt für die Begrüßung zwischen Arabern und ist Teil eines eingespielten Rituals. Je höher das Alter oder der soziale Status, umso herzlicher das Willkommen, wobei fast jede Wendung mit Bezug zu Gott beginnt. Gott erhalte dein Leben, deine Gesundheit, deine Familie, der Friede sei mit euch oder Gott schenkt Gnade, sind einige der am meisten verwendeten Anredeformen (Lüders, 1995, S. 8).

14.4.1.2 Austausch von Visitenkarten

Der Austausch von Visitenkarten spielt auf der arabischen Halbinsel nicht die Rolle wie man sie bei asiatischen Geschäftspartnern antrifft. Trotzdem sollte darauf geachtet werden, dass man für einen Austausch vorbereitet ist und eine ausreichende Anzahl bei sich trägt. Zudem ermöglicht ein Blick auf die Visitenkarte, mit welchem Namen und mit welchem Titel man seinen Gegenüber anzusprechen hat und zeigt zugleich an, welche Stellung der Gesprächspartner in seinem Unternehmen einnimmt.

Visitenkarten werden nicht mit der „unreinen" linken, sondern mit der rechten Hand überreicht. Außerdem sollte man beachten, dass die Visitenkarten beidseitig bedruckt sind, am besten in englischer und arabischer Sprache. Was die Qualität sowohl der Übersetzung als auch die des verwendeten Druckpapiers betrifft, so sollte vor der Abreise darauf geachtet werden, dass beides den hohen Ansprüchen entspricht, die man in Saudi-Arabien mit der Qualität von Visitenkarten in Verbindung bringt.

14.4.1.3 Gesprächsthemen

Nachdem der formale Austausch der Visitenkarten erfolgt ist, beginnt die anschließende Konversation in der Regel mit Fragen nach Anreise, Gesundheit und Familie des ausländischen Gesprächspartners. Auf diese Weise wird versucht, persönlichen Kontakt aufzunehmen, um so seinen Counterpart näher kennen zu lernen. Als Gast sollte man sich politischer oder religiöser Themen enthalten und auch Fragen nach dem Wohlbefinden der Familie, ganz besonders nach dem der Frau, unterlassen. Da der Grundsatz des „Gesicht wahren" auch im arabischen Raum gilt, würde man sonst seinen Gegenüber in unnötige Schwierigkeiten bringen. Was soll er auf eine derartige Frage antworten, wenn dieser, was nach dem islamischen Recht möglich ist, mit vier Frauen gleichzeitig verheiratet ist.

Viel besser erscheint es hier eine Kommunikation zu beginnen, die auf arabische Sprichwörter zielt und seinem Counterpart zugleich zeigt, dass man sich auf dieses Gespräch gut vorbereitet hat. Da der Gemeinschaftsgedanke einer der tragenden Säulen in Saudi-Arabien ist, können Redewendungen wie „A tent cannot be put up with one peg" oder „Two water melons cannot be carried in one hand" wichtige Hilfestellungen beim Small talk aber manchmal auch bei Geschäftsverhandlungen leisten (Arnander/Skipwith, 1985, S. 12 ff.).

> **Beckstein zwischen Scheichs und Weißbier**
> (Christoph Trost)
>
> Es hätte nicht viel gefehlt, und Günther Beckstein hätte bei König Abdullah von Saudi-Arabien die Rolle der Frau in dem streng islamischen Land angesprochen. Er habe es dann aber doch sein lassen, erzählt der bayerische Ministerpräsident später. Es sei klar geworden, dass der König auf gesellschaftspolitische Themen wie das Frauenbild nicht eingehen wollte.
>
> In: Fränkischer Tag, 20.03.2008, S. 4

Sehr gerne greift man in den Golfstaaten sportliche Themen auf, wozu Pferde- und Kamelrennen ebenso gehören wie der Austausch über die neuesten Nachrichten aus dem Bereich des Fußballs. Nachdem sich die saudi-arabische Mannschaft für die letzten beiden Endrunden der Fußballweltmeisterschaft qualifiziert hat, zudem eine Reihe von deutschen Trainern großen Erfolg mit Vereinsmannschaften erzielt haben, ergibt sich gerade hier ein großes Feld von Gemeinsamkeiten.

14.4.1.4 Kaffeezeremonie

Bei der Begegnung mit arabischen Geschäftspartnern wird während des ersten höflichen Gedankenaustausches sicherlich die Frage nach einem Getränk angesprochen bzw. ein erstes Getränk gereicht. Als besonders hohe Wertschätzung gilt es hierbei, ein kleines Tässchen Kaffee in einem Gefäß, das etwas kleiner ist als eine Mokkatasse, gereicht zu bekommen. Dieses leicht bitter schmeckende Getränk, das nicht dem Geschmack unseres Kaffees entspricht, gilt als sehr magenfreundlich und wird von den Bediensteten aus einer großen Kaffeekanne eingeschenkt. Dieses Ritual wiederholt sich mehrmals. Spätestens nach der dritten Tasse sollte man jedoch, durch leichtes Schütteln der Tasse, seinem Gegenüber anzeigen, dass man die Regeln der Höflichkeit gelernt hat und kein weiteres Einschenken mehr wünscht.

> **Coffee in the office**
> (Jeremy Williams)
>
> Coffee will inevitably be offered. It is impossible for this to be refused regardless of how much coffee has already been drunk in other offices in other places. The coffee will be served, usually a dash of a somewhat bitter liquid, in a small handleless cup. Hold the cup in the right hand and do not put it down between sips. Learn beforehand how to decline further cups (by twiddling the cup) as the servant will continue to proffer coffee until the signal for "no more" (the twiddle) is observed.
>
> In: Don't they know it's Friday?, 2004, p. 62

14.4.2 Zeitliche Vorstellungen

Was die zeitlichen Vorstellungen der arabischen Geschäftsleute betrifft, so gilt der gleiche Grundsatz wie im Umgang mit asiatischen Gesprächspartnern. Wer nicht ausreichend Zeit für seine Gespräche mitbringt, wird sicherlich nicht erfolgreich auf der arabischen Halbinsel verhandeln können.

The working week
(Jeremy Williams)

The traditional Gulf working week is from Saturday morning to Thursday lunchtime. A five-and-a-half-day week is normal. There are increasing variations to this working pattern, e.g. the week starts on Sunday for some Western or international organisations (such an embassy or a major company), thereby creating the two-day weekend of Friday and Saturday. Working hours can vary considerably: 8.00 am to 1.00 pm. Saturday to Thursday, with no work later in the day, may be normal for some government and armed forces departments. […] For many commercial organisations the Western 9.00 am to 5.00 pm arrangement is the norm. It is wise to check the arrangements in each country and in each company.

In: Don't they know it's Friday?, 2004, p. 48

Das Verhältnis der Araber zur Zeit verdeutlicht am augenscheinlichsten ihre religiöse Annahme, dass Allah die Zeit kontrolliert. Kommt ein Araber zu spät – was nicht unbedingt selten geschieht – zeigt er keinerlei Schuldbewusstsein, da er keine Kontrolle über seine Zeit hat. Die arabische Kultur glaubt an eine höhere Macht, die alle Ereignisse und Ergebnisse diktiert, wodurch die Handlung des Einzelnen wenig Konsequenzen nach sich zieht. Ein arabisches Sprichwort verdeutlicht diese Haltung, wonach „die Eile vom Satan, die Weile hingegen vom Barmherzigen" ist (Rothlauf, 1996, S. 42).

Bei Kontakten mit Arabern sollte deshalb immer bedacht werden, dass deren Zeitrahmen wesentlich langfristiger ausgerichtet ist. Dies trifft sowohl für Terminabsprachen zu, lässt sich aber auch auf die Länge von Verhandlungen übertragen. Eröffnungsgespräche dienen in aller erster Linie dem Kennen lernen und gegenseitigen Abtasten. Wer hier bereits eine drängende Haltung einnimmt, verkennt die arabische Mentalität, die nicht auf kurzfristige Entscheidungen ausgerichtet ist.

Besonders Verabredungen, ob privat oder geschäftlich, die mit dem Zusatz „insh allah" („So Gott will") getroffen werden, lassen zeitliche Verzögerungen als sehr wahrscheinlich erscheinen. Daraus als ausländischer Gast allerdings den Schluss zu ziehen, künftige Terminabsprachen flexibler zu handhaben, könnte sich als großer Fehler erweisen. Die arabischen Verhandlungspartner wissen sehr wohl um unsere „Zeitkultur", wonach Pünktlichkeit bei uns sehr geschätzt und als Teil unserer Geschäftskultur betrachtet wird.

> **A three-day week**
> (Jeremy Williams)
>
> On the assumption that a period of one week has been generally agreed for the visit, Sunday will probably be the most convenient day for the delegation's arrival; it will give them the opportunity to be ready for work on the Monday after a night's rest. The most convenient time for departure is probably the latter part of Thursday.
>
> In: Don't they know it's Friday?, 2004, S. 98

Was die Reisepläne für ein Treffen mit Geschäftsleuten auf der Arabischen Halbinsel betrifft, so sollte man darauf achten, dass die Woche normalerweise mit dem Samstag beginnt und Verwaltungen und Behörden am Mittwochnachmittag schließen. Private Geschäftstermine können auch noch für den Donnerstagvormittag vereinbart werden. Von daher empfiehlt es sich, am Samstag oder Sonntag anzureisen und die Abreise für Donnerstagnachmittag oder für den Freitag zu planen. Da die Schnittmenge mit der übrigen Welt bis dato nur die Tage Montag, Dienstag und Mittwoch umfasste, und der Donnerstag und Freitag als das Wochenende betrachtet wurde, hat Dubai nun entschieden, den Donnerstag als vollwertigen Arbeitstag einzuplanen und dafür den Beschäftigten neben dem Freitag den Samstag noch als Kompensation anzubieten.

> **Culture and Religion**
> (Teresa Beste)
>
> Short after the arrival at our hotel we came across the first question: What is the arrow on our table meant to show us? The way out? So, after some consideration it was clear to us that it showed the direction to Kaaba for Muslim guests to know where to direct the prayers.
>
> In: Baltic Management Studies Stralsund, Excursion 2005, S. 3

> **Time-keeping – the biggest frustration?**
> (Jeremy Williams)
>
> Probably all Westerners in the Gulf will quickly agree that the frequent inability of their Gulf colleagues to keep to time is the most significant of all cross-cultural aspects affecting their work in the Gulf. But many Gulf Arabs will comment that they are always available at any time and that access to them is simple. They may claim that it is only the unavoidable and unforeseen accident of other duties – such as those involving the family or friends – or unexpected duties placed necessarily on them by members of ruling families that draw them away from agreed meetings with Westerners. Westerners normally have no concept of the absolute duty that Gulf Arabs have towards family situations which are, in general, far greater than those undertaken, or expected, in Western society. "My brother telephoned and asked to see me, so I had to go to him; I am sorry I had to miss our meeting" is typical of a remark a Gulf Arab might make to a Westerner after a failed meeting i.e. genuinely believing that the explanation – because it involved a family member – would be understood, and failing to comprehend that for the Westerner such a reason would not be good enough. The Westerner would have been far less bothered if a phone call rearranging the meeting had been received, but the experience of almost all Westerners is that most Gulf Arabs do not reschedule meetings beforehand – they simply fail to appear when expected. "Time" is therefore a major area of culture clash.
>
> In: Don't they know it's Friday?, 2004, p. 39

14.4.3 Einladung zum Abendessen

Während eines Besuches ist davon auszugehen, dass eine Einladung zu einem Abendessen ausgesprochen wird, wobei das Essen üblicherweise in einem Restaurant oder in einem Hotel stattfindet. Wer mit seiner Ehefrau anreist, wird in vielen Fällen feststellen müssen, dass sich die Einladung nur auf den Ehemann bezieht. Sollte es zu einer gemeinsamen Einladung kommen, dann findet entweder eine räumliche Trennung zwischen den Geschlechtern statt bzw. sorgt ein unterschiedlicher Zeitplan dafür, dass es nicht zu einer „Vermischung" kommt. Auf Gastgeschenke wird kein Wert gelegt. "You are not expected to bring any gift" (Morrison/Conaway/Borden, 1994, S. 328). Allerdings wird eine Gegeneinladung zu einem Essen erwartet, welches während der nächsten Verhandlungstage stattfinden sollte.

Auf besonders hohe Wertschätzung lässt sich schließen, wenn eine private Einladung, häufig zum traditionellen Kapsaessen, ausgesprochen wird. Selten wird ein solches Treffen vor 20.00 Uhr beginnen, schließlich fällt zuvor noch das letzte Gebet an. Wer mit hungrigem Magen dieser Einladung gefolgt ist, wird sich gedulden müssen. Bevor man in das Haus seines Gastgebers eintritt, ist es obligatorisch, sich die Schuhe auszuziehen. Anschließend wird man in ein Zimmer geführt und ein Platz zum Sitzen angeboten. Nach dem üblichen Herumreichen von Tee, Kaffee und Mineralwasser, wobei man normalerweise mit dem Kaffee beginnt, ist die Möglichkeit gegeben, Kekse und Datteln zu sich zu nehmen, bevor der Gastgeber gegen 22.00 Uhr - oder auch etwas später - die Gäste bittet, in ein anderes Zimmer zu wechseln.

Vor dem Essen werden noch die Hände gewaschen, bevor man am Boden Platz nimmt, wobei die Fußsohlen nicht auf den Gastgeber gerichtet werden sollten. Auf einer Folienunterlage ausgebreitet, findet sich ein frisch geschlachteter Hammel, der auf Reis gebettet ist und von Frischgemüse umrahmt wird. Nach Besteck wird man vergebens suchen. Lediglich für Servietten ist in ausreichender Zahl gesorgt. Nun gilt es mit der „reinen" rechten Hand sich die entsprechenden Bissen einzuverleiben, wobei man den Reis als Bällchen geformt zu sich nimmt. Mit dem Auftragen von Obst wird gleichzeitig das Ende des Kapsaessens signalisiert.

Friendship and instinct
(Jeremy Williams)

Many Arabs have (or believe they have) special intuition or a "sixth sense" that guides them towards the correct decision in any matter. This can lead to sudden judgements and instructions that are difficult to dislodge, even in the face of new facts relating to the topic. Many Arabs will often trust their instinct rather than plough through a mass of boring detail. This special Arab sense may or may not exist (and there are many examples when Western "experts" were, in long term, proved quite wrong in their advice to their Arab principals).What is certain, in terms of judging people, is that almost all Arabs can quickly notice, and see through, false or shallow "friendship" sought or maintained simply to advance commercial or other activity. Be "genuine" in your friendship or relationship: don't "pretend" with Arabs.

In: Don't they know it's Friday?, 2004, p. 66

14.4.4 Non-verbale Kommunikation

Um die vom Sender ausgehenden unterschiedlichen Botschaften auch als Empfänger richtig dekodieren zu können, müssen neben verbalen auch non-verbale Kommunikationsformen in das eigene Verhalten mit einbezogen werden.

Über die „unreine" linke Hand wurde schon im Zusammenhang mit dem Kapsaessen gesprochen. Lässt sich der Einsatz der linken Hand aber dennoch nicht vermeiden, kommentiere man den Gebrauch mit der Redensart: „Shimaalin ma tishsnaak", was soviel heißt wie: „Die Linke tut kein Unrecht" (Morrison/ Conaway/ Douress, 1997, S. 335). Was die Daumenhaltung angeht, so gilt: "The 'thumbs up' gesture is offensive throughout the Arab world" (Morrison/ Conaway/ Broden, 1994, S. 328).

Neben den Händen spielen auch die Fußsohlen als ein weiteres vom Körper ausgehendes Signal eine nicht zu unterschätzende Rolle im arabischen Raum. Wer seinem Gesprächspartner gegenübersitzt und ihm die Schuhsohlen zuwendet, beleidigt seinen Gegenüber. Im übertragenen Sinne wird damit ausgedrückt, dass man ihm das Gefühl vermittelt, er sei unter meiner Sohle. Welche Auswirkungen damit verbunden sein können, macht das Beispiel eines englischen Professors deutlich, der an der Ain Shams Universität in Kairo eine Gastvorlesung hielt. Während seines Referats zeigte er den Zuhörern unbewusst seine Fußsohlen, womit er die Verärgerung der ägyptischen Studierenden auf sich zog. Dieses kleine Missgeschick verursachte schließlich Studentenproteste und Zeitungsschlagzeilen, die die Arroganz des Briten anklagten (Morrsion/ Conaway/ Douress, 1997, S. 131).

Bei Gesprächen mit Arabern wird auffallen, dass diese meistens die persönliche Distanz verletzen, indem sie z.B. bei Geschäftskonversationen sehr dicht an ihre Gesprächspartner herantreten. Dieser wird darin möglicherweise ein Eindringen in seinen Privatbereich sehen und einen Schritt zurücktreten. Der Araber versteht wiederum nicht, warum sein Gegenüber sich so reserviert verhält und wird versuchen, in seiner unmittelbaren Nähe zu bleiben. Der Grund für diese körperliche Nähe hängt damit zusammen, dass die meisten Araber in sehr großen Familien aufwachsen und das Alleinsein kaum gewöhnt sind. Folglich ist es die Macht der Gewohnheit, wenn sich ein Araber direkt neben einem Fremden befindet, wobei nicht zwingend davon auszugehen ist, dass er deswegen ein Gespräch sucht.

> **„For Valentine Violators, ban is a heartless law"**
> (Donna Abu-Nasr)
>
> The religious police have been looking to find and confiscate the gifts of the Valentine's day, a holiday banned in Saudi Arabia. But love is sometimes more powerful than law. In gift and flower shops across Saudi Arabia, the flush of red has started to fade. Each year shortly before Feb.14, the muttawa, the country's religious police, mobilizes, heading out to hunt for – and confiscate red roses, red teddy bears and signs of a heart. In a country where Valentine's day is banned, ordinary Saudis find they must skirt the law to spoil their sweetheart because religious authorities call it a Christian celebration true Muslims should shun.
>
> In: The Herald, February 14, 2005

14.4.4.1 Geduld als Verhandlungstaktik

"Patience is critical to the success of business transactions. This time consideration should be built into all negotiations, thus preventing one from giving away too much in an effort to reach a quick settlement." (Harris/Moran, 1991, p. 503)

Jede Verhandlung beginnt mit einer „Warming-up-Phase". Allgemeine Fragen, die meist der Gesundheit und dem Wohlbefinden des Counterparts gelten, leiten das Gespräch ein. Da dem Zeitfaktor nicht die Aufmerksamkeit geschenkt wird, die westliche Partner aus Unwissenheit oft unterstellen, werden auch die nachfolgenden Verhandlungen nicht unter Zeitdruck geführt. Im Gegenteil. Neben den Gesprächen wird eine Reihe von anderen Tätigkeiten erledigt. Man sollte es deshalb nicht als Unhöflichkeit auslegen, wenn der saudische Manager während des Gespräches seine Tür offen stehen lässt, mehrere Unterschriften leistet, Bekannte und Mitarbeiter, die gerade vorbeischauen begrüßt und sich mit ihnen unterhält und parallel dazu auch noch Telefongespräche führt. Die Politik der „offenen Tür" ist im Übrigen symptomatisch für die Gesprächspartner in der Golfregion. Sie wollen ihrem Umfeld damit zeigen, dass sie für jeden ihrer Mitarbeiter da sind, unabhängig davon, ob es sich bei derartigen Konsultationen um private oder geschäftliche Dinge handelt.

> **Loss of temper**
> (Jeremy Williams)
>
> Never use mannerism (such as pointing a finger or raising the voice) which force a direct confrontation or demand an immediate answer or decision, regardless of pressure applied from head office. Above all, avoid a public loss of temper, which will probably end all further discussion or association.
>
> In: Don't they know, it's Friday?, 2004, p.

Geduld ist aber auch angesagt, wenn der Gegenüber plötzlich signalisiert, dass er noch einen wichtigen Termin, z.B. in einer anderen Stadt wahrzunehmen habe und um Fortsetzung des Gespräches am Abend oder am nächsten Tag bittet. Es kann aber auch sein, dass der Gastgeber aufgrund dringender Familienangelegenheiten um Verständnis für eine Terminverschiebung sucht. Eine weitere Variante, die ebenfalls sehr viel Geduld und Fingerspitzengefühl verlangt, hängt mit der gegenwärtigen Verhandlungsperson zusammen. Da der erste Gesprächspartner nicht immer derjenige ist, der auch für Entscheidungen zuständig ist, kann es passieren, dass man „weitergereicht" wird. So kann es geraume Zeit dauern, bis man letztlich mit dem richtigen Entscheidungsträger zusammentrifft.

"In Saudi Arabia, it is difficult to reach the decision-makers in senior positions in business organizations because they are either too busy with day-to-day business affairs or are on a business trip inside or outside the Kingdom. Even if an appointment with the targeted decision-maker is fixed, the latter frequently does not turn up or postpones the appointment." (o.V. 1990, p. 37)

Bei allen Verhandlungen sollte man nie ein Gefühl der Überlegenheit aufkommen lassen. Bescheidenheit im Auftreten, eine sachorientierte Gesprächsführung sowie Respekt gegenüber dem jeweiligen Verhandlungspartner sind Verhaltensweisen, die zählen, wenn man zum Erfolg kommen will.

"It is important never to display feelings of superiority, because this makes the other party feel inferior. No matter how well someone does something, the individual should let the action speak for itself and not brag or put on show of self-importance." (Harris/Moran, 1991, p. 503)

Geht die jeweilige Verhandlungsrunde ihrem Ende zu, so wird dies durch Anbieten von Kaffee oder Tee signalisiert. Gleichzeitig ist damit der Zeitpunkt gekommen, sich über das weitere Procedere zu verständigen und, wenn möglich, die nächsten Termine zu vereinbaren.

14.4.4.2 Schweigen – eine ungewohnte Übung

Wer erfolgreich Verhandlungen in den Golfstaaten führen will, muss wissen, wie man sich richtig verhält, wenn der arabische Partner mit Schweigen reagiert. Mit Geduld und Zuwarten zeigt man, wie man sich hierbei richtig verhält.

> "Most Westerners find silence embarrassing and will seek to fill a gap in conversation. Many Arabs are wholly unembarrassed by silence and are content, usually, simply to be 'together with friends', savouring companionship by being in another's company. Speech is not always essential on such occasions, and there can be long periods of silence, intermingled with periods of good gossips and storytelling. Many Arabs are aware of, and are perhaps amused by, the stress which silence can cause in Westerners, and it is not unknown for an Arab deliberately to create an embarrassing period of silence when bargaining, perhaps to encourage a concession from the other side." (Williams, 2004, p. 71)

14.5 Führungs- und Entscheidungsverhalten

In Kapitel 14.3. und 14.4. wurden bereits einige Aspekte des Führungs- und Entscheidungsverhaltens deutlich. Sowohl die angesprochenen Familienstrukturen als auch der Einfluss, der vom Islam auf die Unternehmensführung ausgeht, sind Bestimmungsgrößen, die das unternehmerische Handeln in Saudi-Arabien ebenso tangieren wie die unterschiedlichen Kommunikationsformen, die bei einer derartigen Betrachtung nicht außer Acht gelassen werden dürfen.

14.5.1 Top-Down-Haltung und Hierarchiegebundenheit

Sowohl was die Ad-hoc-Planung, den Entscheidungsfindungsprozess, aber auch die hierarchischen Organisationsstrukturen angeht, findet sich in allen arabischen Ländern das ausschließliche Entscheidungszentrum an der Spitze eines Unternehmens.

> "Decision making: Ad hoc planning, decisions made at the highest level of management.
> Organizational structures: Highly bureaucratic, over centralized, with power and authority at the top." (Badawy, 1980, p. 57)

Die Beharrungskraft bürokratischer Organisationsformen lässt sich dadurch erklären, dass arabische Manager die Entscheidungsfindung als ihre exklusive Aufgabe ansehen. Von den nachgeordneten Einheiten wird erwartet, dass die entsprechenden Beschlüsse befolgt und ausgeführt werden.

> "Additionally, while there may be many people who provide input on the final decision, the ultimate power rests with the person at the top,

and this individual will rely heavily on personal impressions, trust, and rapport." (Harris/Moran, 1991, 503)

In der arabischen Unternehmensführung dominiert daher auch heute noch ein sehr stark ausgeprägtes Top-Down-Bewusstsein. Dadurch eventuell verursachte Motivationsprobleme sind aufgrund der konservativen Wertehaltungen der Araber kaum zu befürchten (Macharzina, 1993, S. 766). Auch hier gilt, was an anderer Stelle schon einmal ausgeführt worden ist, wonach Personifizierung, Herrschaft und Führung an eine Person gebunden werden - und an einen Kult um die Person (Tibi, 1998, S. 184). Wie der Stammesfürst früher, so wird heutzutage der Führungsverantwortliche als uneingeschränkte Autorität angesehen und mit all den Weisungs- und Kontrollbefugnissen ausgestattet, die ihm diese Aufgabe erleichtern helfen.

Von daher überrascht es nicht, wenn eine Reihe von Studien (Ajami/Khambata 1986; Cunningham, 1989) zu dem Ergebnis kommen, dass der arabischen Unternehmensführung ein hohes Maß an Ineffektivität, Starrheit sowie Unfähigkeit und Unwilligkeit zu Delegation und Partizipation bescheinigt wird.

Hinzu kommt, dass die Unternehmensführung sehr stark vom religiösen Einfluss des Islams geprägt ist. Grundprinzipien wie die der Solidarität und der sozialen Gerechtigkeit lassen ein Abhängigkeitsverhältnis entstehen, in denen die Rollen sehr ungleich verteilt sind. Am Grundsatz, dass der Untergebene den Herrscher anzuerkennen hat, solange dieser nicht gegen die Sharia-Gesetzgebung verstößt, hat sich bis heute nichts geändert (Al Saud, 1983, S. 32). Management by Delegation sowie Einbeziehen der Mitarbeiter in den Entscheidungsprozess entspricht von daher nicht dieser Führungsphilosophie und wird auch vom einzelnen Mitarbeiter nicht erwartet.

Do Muslims practice polygamy?
(John Renard)

According to a text of the Koran, polygamy in the early Muslim community was to be limited. A man could marry up to four women, provided he could treat all of his wives with complete equity, both materially and emotionally. In modern times a number of national governments in the Middle East have outlawed the practice, arguing that modern social and economic conditions have made perfectly fair treatment all but impossible. Even where local laws allow polygamy, relatively few men marry more than one woman, and those who marry four are a small minority.

In: The Handy Religion Answer Book, 2002, p. 241

14.5.2 Patriarchalischer Führungsstil

Die aus der Hierarchiegebundenheit resultierende Autoritätshörigkeit findet ihren Ausdruck in einem stringenten Führer-Untergebenen-Verhältnis. Damit verbunden ist ein Führungsstil, der als autoritär-patriarchalisch charakterisiert werden kann. Mit welchen Ausdrucksformen er in Verbindung gebracht werden kann, macht zum einen Badawy (1980, S. 57) deutlich, wenn er folgende Attribute für Führung nennt:

> *Leadership: "Highly authoritarian tone, rigid instructions. Too many management directives."*

Daneben zeichnet sich dieser traditionelle Führungsstil dadurch aus, dass Informationen kaum ausgetauscht sowie Führung durch Zielvorgaben nicht praktiziert wird und interne Kontrollvorgänge eine Überbetonung erfahren.

Der patriarchalische Führungsstil gilt dann als besonders erfolgreich, wenn sich Alter, Ansehen und Autorität in einer Person bündeln. Was die jungen Manager betrifft, so können sie am effektivsten diese Aufgabe übernehmen, wenn sie frühzeitig Führungsverantwortung in einem Familienunternehmen übertragen bekommen. Dies ist im übrigen erklärte Politik der großen Familienclans, wie sie von Muhammad Abdullah Al-Babtain, Präsident der gleichnamigen Unternehmung, verfolgt wird.

> *"Asked if it was a good idea to let the children of business families work elsewhere before they gravitate to their own establishments, Babtain said he would not share that perception. His own sons, Nasser, Khaled, Abdullah and Hamad are either in business or are studying and leaving them to their own resources would bring out the best in them." (Hassan, 1994, p. 8)*

Gerade was den Führungsnachwuchs betrifft, zeichnen sich langsam Veränderungen ab. Da viele junge Saudis vorwiegend in Amerika studiert haben, sind sie zumindest theoretisch mit westlichen Führungs- und Verhaltensstrukturen vertraut. Darüber hinaus stehen westliche Managementseminare und ihre Adaption in Saudi-Arabien groß im Kurs.

> *"What are the qualities of an effective manager? Should he be people-oriented or task-oriented? How should he budget his time so as to deliver the expected results? These and other aspects of management skills are the theme of a three-day seminar organized by Whinney Murray & Co in Riyadh." (Hassan, 1994, p. 4)*

Allerdings wird die Vermittlung derartiger Qualifikationen nur als einer von mehreren wichtigen Bausteinen gesehen, um die Voraussetzungen für eine erfolgreiche Übernahme von Führungsverantwortung zu erfüllen. Zunehmend mehr Wert wird in den Seminaren auf Qualifizierungsmaßnahmen gesetzt, um die Führungskräfte in die Lage zu versetzen, erfolgreiche Managementtechniken zum Einsatz zu bringen. Auch die Familienunternehmen in Saudi-Arabien verfolgen immer mehr eine Politik, die Abschied nimmt von ad hoc Entscheidungen. Strategisches Denken, das langfristig das Überleben des eigenen Familienverbundes sichert, gewinnt zunehmend an Bedeutung. Die saudi-arabische Fluggesellschaft Saudia hat diese Thematik aufgegriffen und ein Programm ins Leben gerufen, das die veränderte Schwerpunktsetzung erkennen lässt:

> "Saudia has launched a program to transform its staff from managerial level and above into leaders. The leaders have a vision, they set their own policies and procedures, whereas managers follow book, rules or regulations." (Shaikh, 1994, p .3)

Darüber hinaus hat die große Dichte an internationalen Joint-Venture-Unternehmen in Saudi-Arabien dazu geführt, dass die dort anzutreffenden westlichen Managementmethoden zunehmend Einfluss auf das arabische Managerverhalten gewinnen.

14.5.3 Zum Umgang mit Lob und Kritik

Lob und Kritik richtig einzusetzen, wird vor allem in einem fremdbestimmten Umfeld zu einer entscheidenden Führungsaufgabe, die nicht nur der Führungskraft sehr viel Fingerspitzengefühl abverlangt, sondern im Hinblick auf den interkulturellen Kontext eine zusätzliche Aufgabenerweiterung erfährt. Araber haben es besonders schwer mit Kritik umzugehen, denn in der arabischen Sprache fehlen Worte wie „Kritik" oder „Vernunft" wie wir sie verstehen (Gsteiger, 1994, S. 30). Daraus kann zumindest der Schluss gezogen werden, dass wir Europäer im Gespräch mit Arabern keine Erfahrung mit kritischem Denken voraussetzen dürfen und von daher uns mit Kritik aus unterschiedlichsten Gründen zurückhalten sollten.

Vor allem der Gesichtsverlust, der mit jeder kritischen Äußerung verbunden ist, würde eine weitere Zusammenarbeit erschweren, wenn nicht gar unmöglich machen.

> *"It also is important never to criticize or berate anyone publicly. This causes the individual to lose face, and the same is true for the person who makes these comments. Mutual respect is required at all times."* (Hodgetts/Luthans, 1997, p. 147)

Auch hier gilt das arabische Sprichwort "Patience is the key of relief." Geduld und nochmals Geduld, Vorbild an Einsatzfreude und das Beachten interkultureller Spielregeln mit spezifischer Berücksichtigung des saudi-arabischen Kontextes lassen hier am ehesten eine schrittweise Verhaltensänderung erwarten.

Aber auch den oder die richtigen Adressaten zu finden, dem oder denen man für seine Arbeit ein Lob aussprechen möchte, lässt Unterschiede erkennen, die unserem westlichen Denken wesensfremd sind. Ähnlich wie im asiatischen Raum wird im arabischen Raum niemals einer einzelnen Person Anerkennung ausgesprochen. Was zählt, ist die Leistung der Gruppe.

> *"A great deal of what is accomplished is a result of group work, and to indicate that one accomplished something alone is a mistake."* (Harris/Moran, 1991, p. 504)

Wer vor allem die Motivation seiner Mitarbeiter ansprechen möchte, um sie zu zusätzlicher Leistung zu stimulieren, kann dies auf zweierlei Weise erreichen. Zum einen kann ein emotionaler Appell an Religionsbewusstsein und Nationalstolz des Mitarbeiters zur gewünschten Motivationssteigerung führen. Dieses Mittel sollte allerdings nicht von westlichen Managern eingesetzt werden, sondern ist arabischen Führungskräften vorbehalten. Andererseits bilden materielle Anreize eine gute Basis für die Erhöhung der Tatkraft innerhalb des Unternehmens. Kleine Geschenke für den Mitarbeiter oder seine Familie, Prämien und/oder Gehaltserhöhungen können sich positiv auf die Motivation und die Leistung der Mitarbeiter auswirken. Diese Anreizformen wären – aus westlicher Sicht betrachtet – ein adäquates Mittel der Mitarbeitermotivation und hätten zudem den Vorteil, als kulturkompatibel angesehen zu werden. Lob würde so in seiner indirekten Form die richtigen Adressaten erreichen und hätte für alle beteiligten Seiten eine „gesichtswahrende Funktion".

> *„Der Weise braucht nicht krank gewesen zu sein, um den Wert der Gesundheit zu erkennen."*
> (Arabische Weisheit)

14.5.4 Verhandlungen

14.5.4.1 Elemente der Verhandlungsführung im interkulturellen Vergleich

Element	United States	Japanese	Arabians
Group composition	Marketing oriented	Function oriented	Committee of specialists
Number involved	2-3	4-7	4-6
Space orientation	Confrontational competitive	Display harmonious relationship	Status
Establishing rapport	short period; direct to task	Longer period; until harmony	Long period; until trusted
Use of language	Open, direct, sense of urgency	Indirect, appreciative, cooperative	Flattery, emotional, religious
First offer	Fair +/- 5 to 10%	+/-10 to 20%	+/-20 to 50%
Second offer	Ad to package; sweeten the deal	-5%	-10%
Final offer package	Total package	Makes no further concessions	-25%
Decision-making process	Top management team	Collective	Team makes recommendation
Decision maker	Top management team	Middle line with team consensus	Senior manager
Risk taking	Calculated personal responsibility	Low group responsibility	Religion based

Abb. 139 Ausgewählte Verhandlungselemente im Vergleich zwischen Amerikanern, Japanern und Arabern
Quelle: Zusammengestellt nach Chaney/Martin, 1995, S. 183

Jede Verhandlungsführung muss den gegebenen interkulturellen Kontext berücksichtigen. In Abbildung 139 sind eine Reihe von ausgewählten Elementen zusammengetragen, zu denen u.a. die Gruppenzusammensetzung, die Anzahl der beteiligten Personen, der Entscheidungsprozess, aber auch verbale wie nonverbale Verhaltensformen gehören. Vergleicht man die Verhaltensweisen der Amerikaner, Japaner und Araber miteinander, so werden vor allem die Unterschiede zwischen der westlich geprägten Welt und der arabischen Region deutlich.

14.5.4.2 Verhandlungen während des Fastenmonats Ramadan

Was die Einhaltung des Ramadangebotes angeht, so findet man keinen Unterschied zwischen dem eher fundamentalistisch ausgerichteten Saudi-Arabien und den übrigen Golfstaaten, und es gibt auch keinen Unterschied, ob es sich um den normalen Mann auf der Straße oder um Führungspersönlichkeiten handelt. Gerade die Patriarchen können im Fastenmonat Ramadan ihrer Leitbildfunktion für das Unternehmen sowie für ihre gesamte Familie gerecht werden. Würde man nämlich das Fastengebot unterlaufen, könnte das als persönliche Schwäche ausgelegt und die eigene Autorität dadurch in Frage gestellt werden (Rothlauf, 1997, S. 31). Auf die für einen Geschäftsreisenden damit verbundenen Reglementierungen sollte man ganz besonders achten, unabhängig, ob man sich zu dieser Zeit in einem arabischen Land aufhält oder ob man Besucher aus dieser Region in Deutschland erwartet.

Wer z.B. während des Fastenmonats Ramadan einen Termin mit einem arabischen Geschäftsmann vereinbart, sollte daran denken, dass der Tagesablauf sich in diesem Monat völlig von den übrigen Monaten unterscheidet. Dies bedeutet nicht nur, dass in dieser Zeit Termine häufig auf den Abend verlegt und Sitzungen weit nach Mitternacht anhalten können, sondern auch, dass es bei Gesprächen während des Tages als ausgesprochen unhöflich angesehen wird, wenn man nach einem Getränk fragt oder die Bitte äußern sollte, eine Zigarette rauchen zu dürfen. Sollte jemand hier einwenden, dass man auf seine Bitte um ein Getränk ihm selbstverständlich etwas zum Trinken angeboten habe, ja sogar bereit war, das Rauchen zu gestatten, dann allerdings, ohne ihm offen zu zeigen, wie arrogant man sein Verhalten empfindet.

Wer Wochen nach seiner Rückkehr sich dann fragen lassen muss, warum keine Rückmeldung erfolgt ist, dem könnte sein damaliges Verhalten vielleicht als ein Grund für die Absage angelastet werden. Um wie viel besser ein Mitkonkurrent dasteht, der weiß, dass das Fasten für den Muslim mit dem Sonnenaufgang beginnt und mit dem Sonnenuntergang endet und darüber hinaus richtig einzuschätzen weiß, was es für den Gastgeber bedeutet, während dieser Zeit auf Essen, Trinken und Rauchen verzichten zu müssen, wird sein eigenes Verhalten problemlos anzupassen verstehen und Verständnis zeigen, wenn die Gesprächsrunden am Tage nach kurzer Zeit beendet werden.

Sollte der Gast während der Unterredung, am besten zu Beginn, seine Begrüßung mit den Worten „kull am wa antum bichair" oder „karim mubarak" einleiten, dann hätte er, der sonst der arabischen Sprache nicht mächtig ist, seinem

Gesprächspartner zu verstehen gegeben, dass er über das von ihm erwartete Maß an Höflichkeit sich einer Redewendung bedient hat, die gleichzusetzen ist mit dem, was man sich bei uns mit den Worten „Ein frohes Fest" zu Weihnachten wünscht (Rothlauf, 1997, S. 2).

14.5.5 Familienunternehmen und Unternehmenskultur

> *"Nowhere in the world has family business dominated the financial scene the way it has in Saudi Arabia. From trading and contracting to industrial manufacturing it has always been the big family business which have dictated market trends. To name a few among them are the Olayans, Zamils, Kanoons, Binladens and Binzagers."* (Haider, 1993, p. 2)

Familienunternehmen spielen auf der arabischen Halbinsel eine herausragende Rolle. Seit Jahrhunderten werden die Regeln für das Zusammenleben von Generation zu Generation weitergegeben und die uneingeschränkte Autorität der Stammesfürsten bzw. die der Familienoberhäupter wird bis in die heutige Zeit von allen übrigen Familienmitgliedern vorbehaltlos respektiert. Das darin zum Ausdruck kommende Autoritätsprinzip wird als die tragende Säule der arabischen Unternehmensführung angesehen. Mit viel Geduld und Einfühlungsvermögen sorgen sich die Patriarchen um ihren eigenen Führungsnachwuchs. Muhammad Ismail Al-Banawi, 34 Jahre alt, und seit mehreren Jahren im gleichnamigen Familienunternehmen seines Vaters tätig, ist voll des Lobes über die Unterstützung, die er von den älteren Familienmitgliedern erhalten hat:

> *"I benefited very much from their experiences. My father was my first teacher with regard to trade. Those who do not respect the old or give due regard to the experiences of older people are definitely wrong."* (Al-Banawi, 1993, p. 2)

Mit Blick auf das 7-S-Modell werden Familienunternehmen auf der arabischen Halbinsel häufig mit japanischen Unternehmen verglichen. Neben einer Reihe von Parallelen lassen sich aber auch Unterschiede feststellen.

Da in arabischen Ländern die Familie und weniger das arbeitgebende Unternehmen im Vordergrund der Interessen der Mitarbeiter steht, findet sich in arabischen Unternehmen nicht das clanartige Gruppendenken, wie es bei japanischen Unternehmen anzutreffen ist (Macharzina, 1993, S. 767). Ein Sicheinordnen und Sichaufgeben in einer Gruppe bis hin zur völligen Anonymität ist den arabischen Arbeitnehmern weitestgehend fremd.

> **Dubai bietet die moderne Version von Tausendundeiner Nacht**
> (Rainer Hermann)
>
> Anders als in vielen Wirtschaftszentren wohnen ausländische Entsandte nicht abgeschirmt von den Einheimischen in geschlossenen Wohnsiedlungen. In Dubai sind die Ausländer nahezu unter sich. Alle Entsandten wohnen großzügig, in vielen Monaten des Jahres kann man sich nur in den luftgekühlten eigenen vier Wänden aufhalten. Die obere Mittelklasse zieht in der Regel einen Bungalow in den Stadtvierteln entlang der Küste vor. Andere wollen in einer Luxuswohnung eines vornehmen Apartmenthauses wohnen. Nahezu immer ist der Swimmingpool dabei. Als Jahresmiete für eine Wohnung muss man 100.000 Dirham, also 27.500 Dollar und mehr, für eine Dreizimmerwohnung ansetzen. Neue besonders vornehme Wohngegenden entstehen, etwa die „Jumeirah Islands", wo Wasser in die Wüste geleitet wird und für die Villen Inseln entstehen, oder die „Emirates Hills", wo Ausländer erstmals Boden erwerben können, ab 250.000 Euro für eine Villa.
>
> Schwierig ist es, Freundschaften mit den Staatsbürgern der Emirate zu schließen. Denn die meisten westlichen Entsandten bleiben nur zwei bis drei Jahre. Erst danach fasst man aber in der Regel Fuß und lernt Einheimische kennen. Wenn man Glück hat, dringt man in den Madschlis vor, das Treffen, zu dem einflussreiche Araber einmal in der Woche zu sich nach Hause einladen. Dort legen sie das lange weiße Gewand, die Dischdascha, an.
>
> In: FAZ, 19.06.2004

Daraus erklärt sich auch, warum man bei den Unternehmen in den Golfstaaten keine homogene Unternehmenskultur vorfindet. Das in der arabischen Welt bis heute noch stark vorherrschende fatalistische Weltbild, wonach die Zukunft als weitgehend unvorhersehbar angenommen wird, bedeutet auf die Strategieüberlegungen übertragen, dass viele arabische Unternehmen kaum zukunftsorientierte Züge aufweisen, sondern auf eine Bewahrung des Status quo ausgerichtet sind.

Bei der Einstellung von Mitarbeitern achten die Familienunternehmen vor allem auf die Persönlichkeit des Bewerbers, wobei dem Ruf seiner Familie eine herausragende Rolle zukommt. Auch bei der Gehaltsfindung und der Laufbahnplanung werden persönliche Faktoren wie die Loyalität des Mitarbeiters und wiederum der Ruf seiner Familie, Faktoren, die sich im Übrigen nur subjektiv bewerten lassen, nach wie vor höher eingeschätzt als die faktisch erbrachte Sachleistung (Luthans/ Hodgetts, 1997, S. 146).

Ähnlich wie im asiatischen Raum ist die Beschäftigungsdauer der Mitarbeiter vergleichsweise hoch, was auf die Treue der Mitarbeiter gegenüber ihrem Unternehmen zurückzuführen ist. Ähnlich wie in japanischen Unternehmen verdanken die erfolgreichen Unternehmen in islamischen Ländern ihre

Wettbewerbsvorteile der Loyalität ihrer Mitarbeiter. Der jeweilige religiöse Hintergrund trägt dazu bei, dass die vom Top-Management gesetzten Vorgaben von den Arbeitnehmern akzeptiert werden.

Auszug aus einem Interview, das der Redakteur des Bayerischen Rundfunks Rüdiger Baumann mit Prof. Dr. Jürgen Rothlauf führte:

Baumann: *Sie haben rund 4 Jahre in Saudi Arabien gearbeitet. Sind Ihnen bei Ihrer Arbeit auch Fehler unterlaufen?*

Rothlauf: Ich will Ihnen ein Beispiel geben. Wir hatten damals jemanden eingestellt, der für die medizinische Geräteausstattung in den saudischen Krankenhäusern zuständig sein sollte. Auf diesem Gebiet wollten wir später bei Siemens Geräte im Wert von rund 20 Mio. DM einkaufen. Eine seiner ersten Aufgaben war es, eine Delegationsreise nach Deutschland vorzubereiten und durchzuführen. Aus der Vielzahl an Fehlern, die er dabei in Deutschland machte, möchte ich nur einige nennen. Die Wochenendbetreuung, obwohl zu seinen Pflichten gehörend, überließ er den Saudis, denn er wollte unbedingt zu seiner Freundin fahren. Den Termin bei der Siemens-Zentrale in München hat er nicht bestätigt mit der Folge, dass der entsprechende Hauptabteilungsleiter zu diesem Zeitpunkt nicht anwesend war. Was das Hotel in Düsseldorf betraf, wollten die Saudis eine etwas günstigere Variante auswählen, die er brüsk mit den Worten zurückwies, dass sie doch genügend Geld hätten. Zwar bekamen die Saudis damals 1000 DM Tagegeld, doch sie wollten davon einen Teil sparen. 4 Tage vor dem Ende der Delegationsreise waren die saudischen Partner wieder in Riad eingetroffen. Unser Mann kam wie ursprünglich geplant an. Der Termin beim zuständigen Minister dauerte weniger als eine Minute. Kurz und knapp seine Anweisung: „Sie haben innerhalb der nächsten fünf Stunden das Land zu verlassen." Für den Vertrauensverlust, der dadurch bei unseren Gesprächspartnern eingetreten ist, fühlte ich mich verantwortlich, denn ich hatte ihn mit ausgewählt.

Allerdings unterscheidet sich die arabische Unternehmensführung durch ihre wirtschaftsethisch begründete Handlungsweise von allen anderen Unternehmensführungsmodellen. Die in arabischen Ländern zu beobachtende Praxis, wonach das Unternehmen wie eine Großfamilie betrachtet wird, dessen spirituelle Basis die religiöse Gemeinschaft bildet, lässt eine wesentlich stärker ethisch ausgerichtete Unternehmenskultur erkennen, die zwar in der Praxis noch keine einheitliche Entsprechung gefunden hat, aber als Zielvorgabe eine der wichtigsten religiösen Elemente im islamisch geprägten Wirtschaftsmodell darstellt (Rothlauf, 1995, S. 43).

14.6 Role play: German manager meets Saudi Arabian chairman

Dr. Bauer, managing director of the construction machinery factory "Tiefhoch GmbH", and the chairman of the Saudi-Arabian construction company "Marsala", Mr. Muhammed Mubruk, have arranged to meet for a first exchange of information in Riad. The meeting has been preceded by some correspondence dealing with Tiefhoch's product range in general. Moreover, Marsala's wish to receive more information about specific building cranes for a major project in Saudi-Arabia has become obvious. Finally, both sides have agreed upon a visit of Dr. Bauer in Saudi Arabia from 3rd to 5th March.

Today is the first encounter of both managers in Mr. Mubruk's office. The first meeting has been scheduled at 10 o'clock. Dr. Bauer arrives shortly before the appointed time. The door to the office of Mr. Mubruk is open and Mr. Bauer has already spotted him as he is waiting for the meeting. After about 15 minutes he is now asked by the secretary to follow him to Mr. Mubruk's office.

Instructions for the Role Play

1. In brackets, you will find instructions for the adequate use of body language.

2. The following characters are to be casted (all men):
    - Dr. Bauer
    - Mr. Mubruk
    - Two friends of Mr. Mubruk
    - Mr. Mubruk's secretary

3. Initially, the role play is supposed to show the wrong behavior of Dr. Bauer. After an intensive discussion, a second role play should take place, which shows how to behave interculturally correct.

Secretary:	*(Ushers Dr. Bauer into the conference room)*
Mubruk:	Welcome to Riad, Dr. Bauer. *(Offers him his right hand)*
Dr. Bauer:	As-salamu alaikum, Mr. Mubruk *(Dr. Bauer acknowledges the salutation with both hands.)*
Mubruk:	How was your journey, Dr. Bauer?
Dr. Bauer:	Basically, without any problems. Only the hot temperatures here in Saudi-Arabia are very discomforting for me.
Mubruk:	Fortunately, we have chosen March for our first meeting. In the following months, the temperatures rise up to 40°C. However, I think it should be bearable here in my office, thanks to the air conditioning.
Dr. Bauer:	May I give you my business card? *(printed on both sides in German respectively English, handing it over with his left hand)*
Mubruk:	*(Takes the business card with his right hand and turns it to read it first; afterwards he hands his own business card over to Dr. Bauer, who quickly accepts it and immediately puts it into his jacket pocket)*
	Shall we sit down? *(Subsequently, Mr. Mubruk asks Dr. Bauer to take a seat in an armchair opposite to his desk)*
Mubruk:	May I offer you a cup of coffee?
Dr. Bauer:	I would prefer a glass of mineral water.
Mubruk:	Most certainly.
Secretary:	*(Shortly afterwards, his secretary comes in with the requested refreshments for Dr. Bauer and pours a cup of coffee for Mr. Mubruk.)*
	(The telephone is ringing and the call takes quite a long time. After hanging up Mr. Mubruk continues his conversation with Dr. Bauer.)
Mubruk:	How do you like our capital Riad?
Dr. Bauer:	Unfortunately, I haven't seen much of it yet. Immediately after my arrival yesterday afternoon, I was tired, took a rest and then went to the hotel restaurant for dinner.
Sekretär:	*(Mr. Mubruk's secretary enters and presents a signature folder to Mr. Mubruk. Both shortly converse in Arabian.)*
Mubruk:	Are you interested in horse racing?
Dr. Bauer:	No. My favorite sport is golf. By the way, how is your family?
Mubruk:	*(After some hesitation)* In Saudi-Arabia, we really appreciate family businesses, which we also run like a family.

	(Visitors appear in the outer office. Two friends of Mr. Mubruk enter the room. After a cordial greeting with kisses on the respective cheek, they start talking and drinking coffee which is brought in by the secretary. After approximately 10 minutes, the conversation comes to an end.)
Mubruk:	Dr. Bauer, may I now offer you a cup of Arabian coffee?
Dr. Bauer:	Well, let's try it.
Secretary:	*(The secretary enters and pours coffee from a typically Saudi-Arabian coffee pot into a small mocha-like cup.)*
Mubruk:	How do you like our Arabian coffee?
Dr. Bauer:	My imagination of your Arabian coffee was a little bit different. It has a slightly bitter taste. So, may I have some sugar, please? *(The telephone rings. A five-minute-long conversation follows.)*
Secretary:	*(The secretary comes in and asks Dr. Bauer:)* Would you like to have some more coffee, Dr. Bauer?
Dr. Bauer:	*(Refuses with an abrupt gesture.)*
Secretary:	Would you like to have some more coffee, Mr. Mubruk? *(Mr. Mubruk twiddles his cup three times with his right hand.)*
Mubruk:	In Saudi-Arabia, we're very keen on football and we really want to qualify for the World Cup again. Our big role model here is Germany and we'd be very proud to have a football player like Franz Beckenbauer!
Dr. Bauer:	Unfortunately, I'm not very interested in football, but maybe I could briefly present you our range of product.
Mubruk:	*(After glancing at his watch)* Maybe we should continue our conversation in the evening. I've chosen a special restaurant for that. My driver will pick you up at around 8 pm. Shortly, the muezzin will call to prayer. By the way, we pray five times a day in Saudi-Arabia. I assume that my driver may pick you up at the time mentioned. *(Mubruk rises; Dr. Bauer is still obviously consternated)* See you tonight! Good bye, Dr. Bauer!
Dr. Bauer:	Good bye, Mr. Mubruk! *(Dr. Bauer bids good bye to Mr. Mubruk with a handshake and a deeply bowed head.)*

Rothlauf, J., in: Seminarunterlagen, 2005, S. 28

Review and Discussion Questions:

1. Which verbal und non-verbal mistakes of Dr. Bauer became obvious during his meeting with Mr. Mubruk? List them all and then describe how a solution should look like! You should find at least five mistakes.

2. How would you assess the intercultural preparation of Dr. Bauer and what do you think is absolutely necessary to deal effectively and interculturally correct with Arab partners?

3. Dr. Bauer arrived in Riad on Monday afternoon and has booked his return flight for Thursday. Do you think that his time schedule will meet the expected requirements of both sides? Give a profound answer!

4. During the time of Ramadan you are expecting a delegation of Kuwaiti managers, who will be arriving in Hamburg on Sunday. How should you develop the schedule for Monday with a specific focus on time tables and infrastructural needs (presents for the guests, drinks on the table, lunch, dinner, etc.)? How would you welcome your guests before the dinner starts?

14.7 Literaturverzeichnis

Abdullah, M.S., Islam - kurzgefaßt für Entwicklungshelfer, Reihe dü-scriptum, Dienste in Übersee (Hrsg.), 1982.
Abu-Nasr, D., (Associated Press) For Valentine Violators, "Ban is a heartless law", in: The Herald (Hrsg.), February 14, 2005.
Adler, N.J., Re-entry: Managing cross-cultural transitions, in: Group & Organizations Studies, Nr. 6/1981.
Ahmed, A., Aufbruch zur Pilgerfahrt, in: Studienkreis für Tourismus und Entwicklung e.V. (Hrsg.), SympathieMagazin 2006/Nr. 26 Islam verstehen.
Ajami, R./ Khambata, D., Middle Eastern and Japanese Management, Ohio State University, 1986, in: Macharzina, K.: Unternehmensführung, Wiesbaden 1993.
Al-Abidin, S.Z., Masirat al-marà as-saudiya ila aina (Die Reise der saudischen Frau. Wohin geht sie?), in: Vagt, H. (Hrsg.), Die Frau in Saudi-Arabien, Berlin 1992.
Al-Banawi, M., I., Opportunities wide open for young businessmen, in: arab news, Jan. 29 1993.
Albright, M.K., Der Mächtige und der Allmächtige. Gott, Amerika und die Weltpolitik, 2006.
Al-Saud, A.T., Permanence and Chance: An analysis of the islamic culture of Saudi Arabia with special reference to the royal family, Claremont 1983.
Al-Torki, S., Family Organization and Women's Power in Urban Saudi Arabian Society, in: Journal of Anthropological Research, vol. 33, 1977.
Al-Ulayan, J., Saudization as "national duty", in: Riyadh Daily, 15. Jan. 1992.
Anderson, N., The Kingdom of Saudi Arabia, 8th ed., London 1990.
Antes, P., Der Islam als politischer Faktor, Niedersächsische Landeszentrale für politische Bildung (Hrsg.), 2. Aufl., Hannover 1991.
Antes, P., Religionen - Heilmittel gegen Streß?, in: Sein und Sendung, 10/1978.
Arnander, P., Skipwith, A., The Son of a Duck is a Floater, London 1985.
ASIAWEEK, Jan. 15, 1999.
Auswärtige Amt (Hrsg.), Saudi-Arabien: Wirtschaft, 02.06.2006.
Avenarius, T., Allahs Gesetzbuch, in: Süddeutsche Zeitung, 01.10.2011
Baadi, H.M., Social Change, Education and the Roles of Women in Arabia, Stanford University 1982.
Badawy, M.K., Styles of Mid-Eastern Managers, in: California Management Revue, Spring 1980.
Bahadir, S.A., Stand und Perspektiven der wirtschaftlichen Zusammenarbeit zwischen der Bundesrepublik Deutschland und dem Königreich Saudi-Arabien, in: Shanneik, G./Schliephake, K. (Hrsg.), Die Beziehungen zwischen der Bundesrepublik Deutschland und dem Königreich Saudi-Arabien, Berlin 2001.
Barakat, H., The Arab Family and the Challenge of Social Transformation, in: Fernea, E.W. (Hrsg.), Women and the Family in Middle East, Austin/Texas 1985.
Beste, T., Business Law in Dubai, in: Excursion to Dubai 2005, Baltic Management Studies/Fachhochschule Stralsund (Hrsg.), wissenschaftliche Leitung Prof. Dr. P. Moore, 2005.
Bittner, A./ Reisch, B., Interkulturelles Personalmangement. Internationale Personalentwicklung, Auslandsentsendungen, interkulturelles Training, Wiesbaden 1994.
Brandenburger, M., Interkulturelles Management. Ein Konzept zur Entsendung von Führungskräften unter besonderer Berücksichtigung von Auswahl und Vorbereitung, Bd 24, Köln 1995.

Bundesagentur für Außenwirtschaft (Hrsg.), Saudi-Arabien – Wirtschaftsentwicklung 2004, Köln 2005.
Buck, C., Die Emirate lüften den Schleier, in: Welt am Sonntag, 20.06.2004.
Chaney, L.H./ Martin, J.S., Intercultural Business Communication, New Jersey 1995.
Charles, Prince of Wales, Islam and the West, in: arab news, Riyadh, 01.11.1993.
CIA World Factbook, Bahrain, Qatar, Kuwait, Oman, Saudi Arabia, United Arab Emirates, 2012, in: https://www.cia.gov/library/publications/the-world-factbook/.
Cunningham, R. B., Arab Management, University of Tennessee, 1989.
Deutsche Presse Agentur (dpa), Kairo, 04.10.2001.
Dülfer, E., Internationales Management in unterschiedlichen Kulturbereichen, 3. Aufl., München/Wien 1995.
Elashmawi, F./ Harris, P. R., Multicultural Management; New skills for global success, Gulf Publishing Company Houston, 1993.
Elger, R./ Stolleis, F., Kleines Islam-Lexikon. Geschichte - Alltag – Kultur, in: Bundeszentrale für politische Bildung (Hrsg.), Bonn 2006.
Ess, van, J., Islam, in: Die fünf großen Weltreligionen, Freiburg 1974.
Field, M., Saudi Arabian management A shift towards fulfilling potential, in: Financial Times, 18. Feb. 1991.
Fois, M., "Metro for Millions"; TÜV SÜD Journal, 2nd quarter 2011.
Gaugler, E., Repatriierung von Stammhausdelegierten, in: Macharzina/Welge (Hrsg.), Handwörterbuch Export und internationale Unternehmung, Stuttgart 1989.
Ghaussy, A.G., The Islamic Economic Ethic and Economics, in: Economics, vol. 31 Tübingen 1985.
Goldrup, L.P., Saudi Arabia: 1902 -1932. The development of a Wahhabi Society, California, 1971.
Gsteiger, F., Der Koran ist keine Waffe, in: Die Zeit, Nr. 52/1994.
Gupta, P.L., Der neue Run auf die Golfstaaten- Präsenz vor Ort ist wichtig, in: WDR.de Wirtschaft, 12.05.2005.
Haas, Ch., Auf den Formel –1- Parcours, in: onlineFocus, 02.06.2006.
Haider, S., Time out, in: arab news, 30. Nov. 1993.
Halim, B., The Arab Family and the Challenge of Social Transformation, in: Fernea, E.W. (Hrsg.), Women and the Family in the Middle East, New Voices of Change, Austin/Texas 1985.
Harenbergs Weltreport; "Länder, Städte, Reiseziele", in: Harenbergs Lexikon- Verlag, Dortmund 1990.
Harris, P.R./ Moran, R. T., Managing Cultural Differences, 3rd ed., Houston 1991.
Harvey, M.G., Repatriation of corporate executives: An empirical study, in: Journal of International Business Studies, Nr. 20/1989.
Hassan, J., Top-heavy management could spell ruin for a firm, in: arab news, June 13, 1994.
Hassan, J., Seminar on management skills, in: arab news, Aug. 31., 1994.
Hermann, R., Das Enfant terrible der arabischen Welt, in: FAZ, 29.08.2002.
Hermann, R., Denn keiner wächst schneller als wir, in: FAZ, 31.12.2004.
Hermann, R., Dubai bietet die moderne Version von Tausendundeiner Nacht, in: FAZ, 19.06.2004.
Hermann, R., In Kuweit erstmals Frauen gewählt, in: FAZ, 18.05.2009.
Hermann, R., Orange Proteste, in: FAZ, 04.07.2006
Hermann, R., Schnellere Industrialisierung mit deutschen Unternehmen, 05.07.2004.
Hermann, R., Suche nach dem Konsens, in: FAZ, 08.07.2002.
Hodgetts, R. M./ Luthans, F., International Management, 3rd ed., The McGraw-Hill Companies, Inc. 1997.
Horrmann, H., Traumhotels am Golf, in: Welt am Sonntag, 20.06.2004.

Hourany, A., Der Islam im europäischen Denken, Frankfurt/M 1994.
Intercontinental Muscat (Hrsg.), Letter concerning Holiday, Sultanate of Oman, 28.07.2008.
Jamjoum, J., Citizens urged to take up private sector jobs, in: Riyadh Daily, 15. Jan. 1992.
Kenter, M.E./ Welge M.K., Die Reintegration von Stammhausdelegierten. Ergebnisse einer explorativen empirischen Untersuchung, in: Dülfer (Hrsg.), Personelle Aspekte im internationalen Management, Berlin 1983.
Khoury, A.T., Das islamische Rechtswesen, CIBEDO-Texte, Nr. 8, Köln 1980.
Khoury, A.T., Religion und Politik im Islam in: Beilage zur Wochenzeitung Das Parlament, Heft B 22/90.
Koch, C., König sucht Partner, in: Süddeutsche Zeitung, 08.11.2007.
Kühlmann, T.M./ Stahl, G.K., Die Wiedereingliederung von Mitarbeitern nach einem Auslandseinsatz: Wissenschaftliche Grundlagen, in: Kühlmann (Hrsg.), Mitarbeiterentsendung ins Ausland, Göttingen 1995.
Ladwig, D.H./ Loose, K., Bestimmungsfaktoren und Lösungsansätze der Reintegrationsproblematik von Mitarbeitern nach einem Aufenthalt im arabischen Ausland, Institut für Personalwesen und Internationales Management (Hrsg.), Forschungsbericht der Universität der Bundeswehr Hamburg, Nr. 21/1998.
Lüders, M., Die Macht der Diwaniyas, in: Die Zeit, Nr. 15/1995.
Macharzina, K., Unternehmensführung. Das internationale Managementwissen, Konzepte - Methoden und Praxis, Wiesbaden 1993.
Mannan, M.A., Islamic Economics, Theory and Practice, A comparative study, Lahore 1997.
Matthes, S., Weg vom Öl, in: Wirtschaftswoche Nr. 30, 21.07.2008.
Morrison, T./ Conaway, W.A./ Borden, A. G., How to Do Business in Sixty Countries.Kiss, Bow, or Shake Hands, Holbrook 1994.
Morrison, T./ Conaway, W.A./ Douress, J. J., "Dun & Bradstreet's Guide to doing business around the world", Prentice-Hall, Inc., 1997.
Naggar, M., Heiliger Ramadan?, in: Süddeutsche Zeitung, 20./21.09.2008.
Noelle, E./ Petersen, T., Eine fremde, bedrohliche Welt, in: FAZ, 17.05.2006.
o. V., Marketing in Saudi Arabia. Developing Strategies for Business Success, Special Report No 2052, prepared and published by Business International Ltd., London 1990.
o. V., Abu Dhabi steigt bei Daimler ein, in: FAZ, 23.03.2009.
o. V., Kein Mittagessen für Christen im Ramadan?, in: Fränkischer Tag, 17.09.2008.
o. V., Saudi Arabia and Its Women, in: New York Times, 26.08.2011
o. V., Saudis dürfen Braut via Web-Cam begutachten, in: Fränkischer Tag, 19.09.2008.
Paret, R., Der Koran, Übersetzung, Kommentar mit Konkordanz, 2.Aufl., Stuttgart 1980.
Renard, J., The Handy Religion Answer Book, New York 2002.
Ross, J., Brummtöne aus Arabien, in: Die Zeit, 26.05.2006.
Rothlauf, J., "Allah sieht alles", in: Personalwirtschaft Nr. 5/95.
Rothlauf, J., Basisdaten über das Königreich Saudi-Arabien, in. Saudi Consulting House (Hrsg.), Handbuch für Industrie-Investitionen, 8. Aufl., Riyadh 1993.
Rothlauf, J., Geschäftsfreunde auf der arabischen Halbinsel: Wie man sie gewinnt und behält, in: Karriereberater 6/1997.
Rothlauf, J., "Two water melons cannot be carried in one hand", in: Personalwirtschaft Nr. 7/96.
Rothlauf, J., Vortrag bei der ITB, Berlin 2003.
Rothlauf, J./ Meininger, K.D., Betriebspraktika als Einstieg in kooperative Ausbildungsformen in Entwicklungs- und Schwellenländer - dargestellt am Beispiel der Collegeausbildung in Saudi-Arabien, Eschborn 1994.
Scherer, B., Sieben Wunder für die Ewigkeit, in: FAZ, 10.03.2005.

Schimmel, Prof. Annemarie, „Der islamische Luther dürfte Utopisch bleiben", in: Die Welt (Hrsg.), 23.01.1995, S. 7, (Interview).

Schmidt, H., Die drei Weltreligionen, in: ZEIT-Punkte, Nr.1/1993.

Shaikh, H., Saudia launches leadership training, in: arab news, Riyadh, 26. June 1994.

Shanneik, G., Die Modernisierung des traditionellen politischen Systems in Saudi-Arabien, in: Orient, Opladen 21/1980.

Simon, K.G., Islam. Und alles in Allahs Namen, GEO-Verlag Hamburg 1988.

Sommer, T., Gräben und Brücken, in: Die Zeit (Hrsg.), „ZEIT-Punkte", Nr.1/1993.

Steinmann, H./ Kumar, B.N., Personalpolitische Aspekte von im Ausland tätigen Unternehmen, in Dicht/Issing (Hrsg.), Exporte als Herausforderung für die deutsche Wirtschaft, Köln 1984.

Stern (Hrsg.), Die sechs Weltreligionen, Nr. 50, 2004.

Taymiya, I., Public Duties in Islam, The Institution of the Hisba, Islamic Foundation (Hrsg.), London 1982.

Tibi, B., Räumt unser heiliges Land, in: Der Spiegel, Nr. 48/1998.

Tomeh, A.K., The Traditional and Modern Arab Family, in: Journal of South Asian and Middle Eastern Studies, vol. 7, 1983.

Tradearabia, http://www.tradearabia.com.

Trojanow, I., Die Menschheit auf der Töpferscheibe Allahs, in: FAZ, 07.04.2003.

Trompenaars, F., Handbuch Globales Managen, Düsseldorf 1993.

Trompenaars, F., Hampten-Turner, Ch., Riding the waves of culture; Understanding cultural diversity in global business, 2nd edition, McGraw-Hill, 1998.

Trost, C., Beckstein zwischen Scheichs und Weißbier, in: Fränkischer Tag, 20.03.2008.

TÜV SÜD, "Make friends, do business"; TÜV SÜD Journal, 2nd quarter 2011

Uebel, C., Geldanlage streng nach dem Koran, in: Die Zeit, 10.04.2003.

Vagt, H., Die Frau in Saudi-Arabien zwischen Tradition und Moderne, in: Islamische Untersuchungen, Bd. 163, Berlin 1992.

Watt, W.M./ Welch, A.T., Der Islam, Bd. 1, Stuttgart 1980.

Wickel-Kirsch, S., Auslandsentsendungen – Mängel bei der Reintegration, in: Personalwirtschaft Nr.2/2004.

Williams, J., Don't they know it's Friday, Cross-Cultural Considerations for Business and Life in the Gulf, Ajman, UAE, 2004.

Zadeh, Maziar, Ohne Titel in: DIE ZEIT, 06.04.2004.

Zahrani, S./ Hassan, J., Traditions returns with Shoura, in: arab news, Riyadh, 29. Dez.1993.

Zentralinstitut Islam-Archiv Deutschland Stiftung e.V., Graphik Muslime in Europa, Mai 2002.

15 Two Global Intercultural Tests

15.1 Siemens AG – Globality Check

15.1.1 Presentation

You have been asked by the Headquarters to give a presentation about a new product to sales representatives from the Siemens region. You know that there will be colleagues from the USA, China, Middle East, South Africa and a number of European countries in your audience. What cultural factors do you think are important for the success of your presentation?

15.1.2 Feedback

You are working in Thailand and some of your staff arrive regularly late to work. You feel you need to talk to them about the issue – how do you approach the problem?

15.1.3 Meetings

In your work at Siemens you spend a lot of time taking part in meetings – many of them include people from a wide range of different countries. What cultural factors should you take into account to make sure that the meetings are effective?

15.1.4 Negotiating

You are involved in a negotiation for Siemens with partners from Japan, North and South America. What cultural factors do you think you need to consider when doing the negotiations?

15.1.5   Socializing

An important part of doing business is getting to know your business partners. In your culture how do people combine business and socializing? What cultural differences are you aware of concerning socializing with business partners?

15.1.6   International Projects

You are part of a team with French, Germans and Indians working on a major IT project. The market is highly competitive and it is essential that everything runs according to schedule.

Communication is mostly virtual as you are based in different countries. What cultural factors do you think will be important in working together?

15.1.7   Delegation

You have been sent by Siemens on a delegation to another country. You expect to stay in your new position for at least three years. How will you make sure that the delegation is a success?

15.1.8   Debriefing

You have now worked through some typical situations that you can expect to experience at the "global network of innovation". What did you learn from the assignment?

Record your ideas and afterwards compare them with our suggested solutions, which can be found later in this chapter!

15.2   A Test of Global Management Skills

A) Companies may fail in their globalization efforts because of...
   1. A lack of financial resources.
   2. Government regulations.
   3. Consumer demand for low-cost products.
   4. A lack of multicultural management expertise.

B) During a break for a meeting between you and a group of Omanis, you walk into the men's room to find a few of them washing their feet in the sink. You think:
   1. They must have had smelly feet.
   2. They are simply freshening themselves up.
   3. They are preparing for their prayers.

C) You are making a presentation to a group of American managers on your project. One of them disagrees with the data you are presenting. Will you...
   1. Ignore his remarks and proceed?
   2. Ask him why and then justify your point?
   3. Tell him you can discuss the point with him after the meeting?
   4. Remind him that you do not accept questions during presentations?

D) At the end of your telephone discussion with your Indian friend, you ask him if the price is acceptable. He answers, "Yes, yes," meaning...
   1. He is confirming his acceptance of your price.
   2. He has heard and understood your offer.
   3. You should give a deeper discount.
   4. He is politely saying no.

E) Lucy Chen, in Taiwan, is new on the assembly line and she is still having difficulties putting the units together properly. You want to train her. You should...
   1. Say, "Lucy, you should pay closer attention to what you are doing"
   2. Shout across the room, "Lucy, do you need help?"
   3. Tell her, "Lucy Chen, you are learning very fast", and then show her exactly how the units are put together.
   4. Move her aside and show her how to put the units together.

F) Which three words best sum up Japanese society?
   1. Individualism, Respect and Hinduism.
   2. Altruism, Hierarchy and Confucianism.
   3. Materialism, Work and Honor.
   4. Directness, Confrontation, Success.

G) Your company has just received confirmation that a high-level delegation from China will visit your office. Since the Chinese have already received a sample of your products, the purpose of their visits is probably to …
   1. Sign an agreement to act as your local distributor in China.
   2. Establish a firm relationship with the company's management.
   3. Visit your country as a reward for their hard work at home.
   4. Getting to know some technological advancements.

H) You are conducting a performance appraisal with a Vietnamese member of your group. You ask, "Where would you like to be in two years?" He looks at you in surprise. The reason may be…
   1. He expects you, as the manager, to know the answer to that question.
   2. He thinks you are suggesting that he will leave the company.
   3. He thinks you want him to change the jobs within the company.
   4. He thinks you are not giving him a good evaluation.

I) You are the new manager in an Indian office. You ask one of your supervisors to move a desk and place it in another corner of the office. The next day you notice it has not yet been done. Why?
   1. The supervisor was offended you asked him/her and refused to do anything about it.
   2. The supervisor could not find a laborer to move it and would not do so him/herself.
   3. Because things get done slowly in India.

J) Upon being met at the office of a potential Indonesian client you are met with very personal questions about your job, education and salary. Why?
   1. These questions are just being part of getting to know you.
   2. These questions are meant to establish your rank.
   3. These questions are thought to be of importance in your own country, so are being asked out of politeness.

K) In Latin America, managers …
   1. Are most likely to hire members of their own family.
   2. Consider hiring members of their own families to be inappropriate.
   3. Stress the importance of hiring members of minority groups.
   4. Usually hire more people than are actually needed to do a job.

L) When eating in India, it is appropriate to
   1. Take food with your right hand and eat with your left.
   2. Take food with your left hand and eat with your right.
   3. Take food and eat it with your left hand.
   4. Take food and eat it with your right hand.

M) In China, the status of every business negotiation is…
　　1. Reported daily in the press.
　　2. Private and details are not discussed publicly.
　　3. Subjected to scrutiny by a public tribunal on a regular basis.
　　4. Directed by the elders of every commune.

N) You are making a presentation to American company executives who are considering appointing you to lead their negotiating team. To impress them, you should emphasize your
　　1. Harvard Ph.D. and Stanford MBA.
　　2. Managerial style as a motivating leader.
　　3. Past accomplishments.
　　4. Family background.

O) You have a business discussion with Japanese managers. During a period of silence in that meeting you should
　　1. Ask what is wrong.
　　2. Break the silence immediately.
　　3. Stay silent too.

P) After finishing your visit to an Arab company, the president offers to escort you to your car. He is offering this gesture in order to
　　1. Discuss privately the final commissions.
　　2. Further express his hospitality.
　　3. Show his competitors next door that he has a contract with you.
　　4. Give you a last chance to offer that discount he has been seeking.

Q) Your Japanese team achieved its production quota last month. How should you acknowledge their achievement?
　　1. Treat them to a sushi dinner where you give a special recognition to the group leader.
　　2. Do not mention it, because meeting quotas is their job.
　　3. Call the oldest person aside and thank him.
　　4. Thank the group at your next meeting and ask them to increase production even more.

R) An Arab businessman offers you a cup of Arabian coffee at his office. You don't drink coffee. You should say
　　1. "No, thank you."
　　2. "Thank you, but, I don't drink coffee."
　　3. "Thank you," and accept the cup of coffee.
　　4. "No, thank you. Coffee makes me nervous."

S) True or false?

1. Japanese and Chinese can read each other's newspapers.
2. Germans like deadlines.
3. Arabs expect gifts to be opened in front of the giver.
4. Japanese, unlike Chinese, do not mind "losing face".
5. When training Thais, use local examples and case studies.
6. Indian society is family-oriented and collectivistic, and emphasis is on harmony and conformity.
7. In China you should avoid giving clocks as a gift.
8. American businessmen dislike written contracts.
9. In the Malaysian culture, group achievement is not as important as individual achievement.
10. The Chinese prefer white and black wrapping paper colors.
11. Gender dynamics are changing fast in India as young, educated women lead the workforce in certain industries and become in some cases the primary financial support for the entire family.
12. The senior Thai always greets the junior Thai first.
13. Indonesians regard your personal references more than your technical skills.
14. For the Chinese a contract is a complete and binding set of specifications.
15. When giving or receiving gifts in Japan, you should use both hands.
16. Business with Muslims should normally not be done on Friday.
17. Asking a Chinese counterpart about his income is taboo.
18. Eating with the left hand in Egypt is normal.
19. Interruptions in Brazil are considered as rude.
20. Handshakes are the accepted form of greeting in China, even among Chinese.
21. Koreans prefer a well-documented training manual for post-training study.
22. You must remind your Malaysian business partner three times to respond to your proposal.
23. In order to work with your Singaporean team, you must first exhibit your technical capability, and then gain their trust.
24. If you plan a sit-down meal with your Chinese guests, mark seats with place cards and follow protocol order in seating.
25. If you are invited to an Argentinian's home or office, wait for an invitation to be seated.
26. To motivate Malaysian workers you must allow them independence.
27. Chinese may make as many as three refusal gestures when they are offered gifts.

15.3 Solutions

15.3.1 Globality Check

The following solutions – a mixture of comments by the Siemens company and my own opinion – should only serve as a platform for further discussions!

15.3.1.1 Presentations

- Consider the cultures in your audience when preparing your presentation. Avoid taboo topics and restrict your use of humor.
- Think about what the audience expects from your presentation. How much information do they want? How active do they expect you to be? Do they expect to be able to ask questions during the presentation? What sort of structure are they used to? For instance, presentations in Germany often focus on information whereas in the UK and the USA the big picture is commonly presented with more focus on getting the audience interested in the topic.
- Check that the audience understands the language you are using. Do they all speak English? Is some translation necessary? If you use English then keep your language concrete and as simple as possible – avoid complicated sentences or unusual vocabulary.
- Use visual material when possible to emphasize the main points. Make sure the visuals mean the same thing for the different cultures. For instance if you want to show before and after effects remember that in some cultures people read from the left to the right in others it is the other way around.
- During the presentation look at the body language of the audience: Are there signs that people are uninterested or confused? Remember that different cultures have different ways of showing that they do not understand or are not interested. In USA and Europe interest is often shown by asking questions whereas in some Asian countries it is considered polite to listen.
- Provide written summaries of what you have said – if possible in the language of the audience.

15.3.1.2 Feedback

- In order to keep others from losing face, communication is often non-verbal, so you must closely watch the facial expression and the body language of the other person, when you ask him/her, e.g. for the reasons for regularly coming late to work.
- Reinforce the importance of the agreed-upon deadlines as far as the time management of the whole company is concerned and how their behavior may negatively affect the rest of the organization.
- Keep to agendas, schedules and deadlines. If you do not stick to the point, you will be regarded as devious and at the same time you lose the respect of others.
- If things will not change to the better, the next step is to ask one of your (e.g. Thai) colleagues more or less in the same rank you are working, to play the role of a mediator.
- The result of such an intervention should be that clear goals now have been jointly defined and everybody is fully aware of the consequences if they are not met.

15.3.1.3 Meetings

- If you like to make jokes, watch out for those that do not fly so well across cultures.
- Face-to-face relationships are a prerequisite for developing trust across cultures. Do not only rely on e-mails.
- Listen, observe and try to understand before judging and evaluating.
- Be patient. Accept the fact that it may take a much longer time to get results.
- Whenever possible, check your assumptions and expectations with your partner.

15.3.1.4 Negotiating

- Right at the beginning the team should jointly define team rules and regulations that everybody has to obey and to follow.
- Keep in mind that multicultural teams need more time to come to a final result. Therefore allow plenty of time for meetings and interruptions. Especially the team members from Japan need more time to come to a conclusion because they have to get in contact with the headquarter in Tokyo to reassure their position.

- Even if problems occur remain calm and constructive at all times.
- Working with members from a different cultural background demands a comprehensive understanding of verbal, non-verbal, and paraverbal communication. The right interpretation of the body language, or a situation where silence is part of the negotiating process, requires that you behave interculturally correct.
- If the team appears confused, irritated or offended, ask open questions with "who, what, why, where, how" and try to clear up misunderstandings.
- In order to get a better intercultural understanding of each other and to prevent tensions right from the beginning within the team, you should think about some joint sport activities (basketball, hiking, volleyball, walking) or to persuade them that each other should invite the team members to a dinner prepared by him- or herself.

15.3.1.5 Socializing

- In some cultures it is important not to mix business with socializing - in others it is vital to do this.
- Where does the socializing take place? In some Scandinavian countries business can take place in the sauna. In UK and USA negotiations can take place on the golf course.
- Do you invite business people to your home?
- Who pays for the meal when you go out to a restaurant with business partners?
- Do you have to be careful that an invitation is not seen to be a bribe to get a deal done?
- What do you talk about? In some cultures it is appropriate to talk business while socializing, in others this is a taboo topic.

15.3.1.6 International Projects

- Be aware of the time zones and working hours in different countries.
- Allow time for team building in the early stages of the project.
- Check common understanding of project goals.
- Clarify roles.
- Establish clear rules for communication.
- In this specific case, bear in mind that the team members may have different styles of working together. In the real situation, this case was based upon on the Indians did not express their ideas during video conferences: they preferred face-to-face communication. For the French team members it was vi-

15.3.1.7 Delegation

- Learn the language of the host country, at least some phrases.
- Before you go, prepare yourself and your family for the delegation, e.g. by talking to previous delegates and their family members, informing yourself about the country you are going to and taking part in intercultural training.
- Build up as many relationships with local people and colleagues as you can.
- Get involved in local activities.
- Get support from people in a similar position
- Keep in contact with family and colleagues in your home country.

15.3.1.8 Debriefing

- Take every opportunity you can to experience and find out more about cultures other than your own.
- Reflect on your own cultural roots.
- Observe behavior carefully before you interpret what it might mean.
- See differences as an opportunity rather than a problem.
- Enjoy exploring cultures.
- Whenever challenged by cultural differences, think about how boring the world would be with a global, uniform culture.

15.3.2 Further solutions

Page 219/a   Page 220/d   Page 222/c   Page 225/c

Chapter 15 - A Test of Global Management Skills:
A/4; B/3; C/2; D/2; E/3; F/2; G/2, H/1; I/2; J/2; K/1; L/4; M/2; N/3; O/3; P/2; Q/4; R/3

S (true/false):
1/f; 2/t; 3/f; 4/f; 5/t; 6/t; 7/t; 8/f; 9/f; 10/f; 11/t; 12/f; 13/t; 14/f; 15/t; 16/t; 17/t; 18/f; 19/f; 20/t; 21/t; 22/t; 23/f; 24/t; 25/t; 26/f; 27/t

15.3.3 Intercultural Exercise (p.84-85): Instructions for the "Ulemans"

You are member of a group of Ulemans, to which **a** team of German experts wants to teach the techniques of bridge construction. The culture of Ulemans is in some points significantly different to the German one.

The following **rules** apply:

Ulemans briefly touch when talking to each other. Not touching each other means: I do not like you. If an expert does not touch an Uleman during a conversation, the latter one covers his/her ears. When working the Ulemans also touch each other just like during conversations, though they take care not to disturb the other person's work.

The traditional greeting of Ulemans is a deep bow. Other forms of greeting are seen as an offence. Holding out one's hand towards an Uleman is also regarded as a sign of humiliation and is answered with a loud "Why don't you greet me?"

Ulemans are extremely friendly people and never use the word "no". They also say yes, if they mean no. When Ulemans say "yes"and simultaneously shake their head, they actually mean no.

Ulemans know how to use pencils, scissors, ruler, paper and glue. However, in opposite to the experts, Uleman craftsmen are specialist with a high division of labour. No Uleman is therefore able to use more than one tool during the project, meaning that every Uleman has to commit oneself to one specific tool. Paper does not count as a tool and can be unrestrictedly used by all Ulemans.
Ulemans speak the experts' language but since their own behaviour is natural to them, they are not able to explain it to foreigners. They answer questions concerning their behaviour with "Why?" or "I don't understand that".

During the construction phase the experts will try to teach you how to build bridges. Remember that even though you are familiar with the usage of the tools, the construction techniques are unfamiliar and you have to learn them first.

Literaturverzeichnis

Abdullah, M.S., Islam - kurzgefaßt für Entwicklungshelfer, Reihe dü-scriptum, Dienste in Übersee (Hrsg.), 1982.
Abegg, L., Ostasien denkt anders, Zürich 1949.
Abu-Nasr, Donna, (Associated Press) For Valentine Violators, "Ban is a heartless law", in: The Herald (Hrsg.), February 14, 2005.
Adenauer, S., Besonderheiten der japanischen Arbeitswelt, in: Angewandte Arbeitswissenschaft, Nr. 131/1992.
Adler, N.J., A Typology of Management Studies Involving Culture, in: Journal of International Business Studies, Nr. 6/1983.
Adler, N. J., International Dimensions of Organizational Behaviour, 2nd ed., Boston 1991.
Adler, N.J., Re-entry: Managing cross-cultural transitions, in: Group & Organizations Studies, Nr. 6/1981.
Ahmed, A., Aufbruch zur Pilgerfahrt, in: Studienkreis für Tourismus und Entwicklung e.V. (Hrsg.), SympathieMagazin Nr. 26 Islam verstehen.
Ajami, R./ Khambata, D., Middle Eastern and Japanese Management, Ohio State University, 1986, in: Macharzina, K., Unternehmensführung, Wiesbaden 1993.
Al-Abidin, S.Z., Masirat al-marà as-saudiya ila aina (Die Reise der saudischen Frau. Wohin geht sie?), in: Vagt, H. (Hrsg.), Die Frau in Saudi-Arabien, Berlin 1992.
Al-Banawi, M., I., Opportunities wide open for young businessmen, in: arab news, 29.01.1993.
Albrecht, D.A., Interkulturelles Management in der VR China- Herausforderungen und Perspektiven in: der Karriereberater, Nr. 6/ 1997.
Albright, M., Information is Power, in: Newsweek, 13.07.1998.
Al-Saud, A.T., Permanence and Chance: An analysis of the Islamic culture of Saudi Arabia with special reference to the royal family, Claremont 1983.
Altenburger, E., Vietnam, in: Ranft (Hrsg.), Marco Polo Reihe 1995.
Althauser, U., Internationales Personal-Management in den Kinderschuhen?, in: Personalwirtschaft, Nr. 7/1996.
Al-Torki, S., Family Organization and Women`s Power in Urban Saudi Arabian Society, in: Journal of Anthropological Research, vol. 33, 1977.
Al-Ulayan, J., Saudization as "national duty", in: Riyadh Daily, 15.01.1992.
An, Hong, Time of Difficulties, in: Saigon Times, No. 40, 03.10.1998.
Anderson, N., The Kingdom of Saudi Arabia, 8th ed., London 1990.
Antes, P., Der Islam als politischer Faktor, Niedersächsische Landeszentrale für politische Bildung (Hrsg.), 2. Aufl., Hannover 1991.
Antes, P., Religionen - Heilmittel gegen Streß?, in: Sein und Sendung, 10/1978.
Arnander, P./ Skipwith, A., The Son of a Duck is a Floater, London 1985.
Asendorpf, D., Der gefeierte Verräter, in: Die Zeit, Nr. 18, 2004
Asheghian, P./ Ebrahimi, B., International Business: Economcis, Environment and Strategies, New York 1990.
ASIAWEEK, 15.01.1999.
Auer, R., The Chinese Minority in Vietnam since 1975: Impact of Economic and Political Changes, in: Ilmu Masyarakat, The Malaysian Social Science Association, Kuala Lumpur (Hrsg.), Nr. 22 1992.
Auswärtiges Amt (Hrsg.), Saudi-Arabien: Wirtschaft, 02.06.2006.
Auswärtiges Amt (Hrsg.), in: Internet: http://www.auswaertiges-amt.de.
Auswärtiges Amt (Hrsg.), Wirtschaftsdatenblatt Japan, 19.06.2006.

Auswärtiges Amt (Hrsg.), Wirtschaftsdatenblatt Japan, Berichtsjahr 2008, Stand April 2009.

Baadi, H.M., Social Change, Education and the Roles of Women in Arabia, Stanford University 1982.

Badawy, M.K., Styles of Mid-Eastern Managers, in: California Management Revue, Spring 1980.

Bagozzi, R./ Rosa, J./ Celly, K./ Coronel, F., Marketing-Management, München/Wien 2000.

Bahadir, S.A., Stand und Perspektiven der wirtschaftlichen Zusammenarbeit zwischen der Bundesrepublik Deutschland und dem Königreich Saudi-Arabien, in: Shanneik, G./Schliephake, K. (Hrsg.), Die Beziehungen zwischen der Bundesrepublik Deutschland und dem Königreich Saudi-Arabien, Berlin 2001.

Baldev, R.N., National Communication and Language Policy in India, New York 1990.

Bantel, K./ Jackson, S., Top management and innovations in banking: does the competition of the top team make a difference?, in: Strategic Management Journal, Nr. 10, 1989.

Barakat, H., The Arab Family and the Challenge of Social Transformation, in: Fernea, E.W. (Hrsg.), Women and the Family in Middle East, Austin/Texas 1985.

Barkemeier, T., Richtiges Verhalten, in: Vietnam, 1998.

Barlett, C.A., Building and Managing the Transnational: The New Organizational Challenge, in: Porter, M.E. (Hrsg.), Competition in Global Industries, Boston 1986.

Barmeyer, C., Interkulturelles Management und Lernstile – Studierende und Führungskräfte in Frankreich, Deuschland and Quebec, Campus 2000.

Barmeyer, C.I./ Bolten, J., Interkulturelle Personalorganisation, in: Schriftenreihe Interkulturelle Wirtschaftskommunikation, Bd. 4, Berlin 1998.

Barnes, H.H./ Hill C.B. (Hrsg.), Doing Business in China, in: Hodgetts/Luthans International Management, 3rd ed. New York 1997.

Bartley, R.L., The Case for Optimism - The West Should Believe in Itself, in: Foreign Affairs, Nr. 5/1993.

Bater, J.H., Russia and the Post-Soviet Scene, London 1996.

Baum, H., Marktzugang und Unternehmenserwerb in Japan, Heidelberg, 1995.

Baumgart, A./ Jänecke, B., Rußlandknigge, München 1997.

Beerman, L./ Stengel, M., Werte im interkulturellen Vergleich, in: Bergemann/ Sourisseaux (Hrsg.), Interkulturelles Management, 2. Aufl. Heidelberg 1996.

Begin, J. P., Dynamic Human Resource Systems- Cross-National Comparisons, New York 1997.

Bel'anko, O.E./ Truschina, L.B. (Hrsg.), Russki's' pervovo w'sgl'ada" "Die Russen auf den ersten Blick", Moskau 1996.

Bergemann, N., Sourisseaux, A. (Hrsg.), Interkulturelles Management, Heidelberg 1992.

Bergemann, N./ Sourisseaux, A. (Hrsg.), Interkulturelles Management, 2. Aufl., Heidelberg 1996.

Bergemann, N./ Sourisseaux, A. (Hrsg.), Interkulturelles Management, 3. Aufl., Heidelberg 2003.

Bertels, U./ de Vries, S., Kulturenwechsel – ein ethnologischer Ansatz zur Vermittlung von Interkultureller Kompetenz, in: http://bpb/de/veranstaltungen/PGT7TG,0,0.

Beste, T., Business Law in Dubai, in: Excursion to Dubai 2005, Baltic Management Studies/Fachhochschule Stralsund (Hrsg.), wissenschaftliche Leitung Prof. Dr. P. Moore, 2005.

Biehl, M., Dynamisches Japan, Frankfurt/M 1975.

Birchall, D., The new Flexi-Manager, London 1996.

Bittner, A., Interkulturelle Trainingsmethoden, Königswinter 2006.

Bittner, A., Rückkehr aus Penang, in: Institut für Interkulturelles Management (Hrsg.), Presse-Service 2/2002.

Bittner, A./ Reisch, B., Interkulturelles Personalmangement. Internationale Personalentwicklung, Auslandsentsendungen, interkulturelles Training, Wiesbaden 1994.

Black, J.S./ Mendenhall, A., Cross-cultural Training Effectiveness: A Review and a Theoretical Framework for Future Research, in: Academy of Management Review, Nr. 15, 1990.

Blasum, E., Volkswirtschaften im Aufbruch, in: Arbeitgeber, Nr. 15/16, Köln 1995.

Blazejewski, S./ Dorow, W., Sieben Ansatzpunkte zur kulturellen Integration, in: Bertelmann Stiftung (Hrsg.), Unternehmenskultur in globaler Interaktion, Ein Leitfaden für die Praxis, Gütersloh 2005.

Bleicher, K., Unternehmenskultur und strategische Unternehmensführung, in: Hahn, D., Taylor, B. (Hrsg.), Strategische Unternehmensplanung - strategische Unternehmensführung, 6. Aufl., 1992.

Blom, H./ Meier, H., Interkulturelles Management: interkulturelle Kommunikation, Internationales Personalmanagement, Diversity- Ansätze im Unternehmen, in: Meier, H. (Hrsg.), Internationales Management, Berlin 2002.

Blume, G., Die Erlösung der Mandarine, in: Die Zeit, Nr. 49, 26.11.1998.

Blume, G., Riskante Offenheit, in: Die Zeit, Nr. 11, 11.03.1999.

Blume, G./ Heuser, U.J., China hebt ab, in: Die Zeit, 22.12.2006.

Bock, P.J., Vietnam Guide for Residents and Business Travellers, Business Contact Service (Hrsg.), Hanoi 1997.

Blume, G., Der mörderische Makel Frau, in: Die Zeit, 15.03.2012.

Boden, C./Guth, E./Heinze, N./Lang, S., Results of a study on Intercultural Aspects of M&A, Stralsund 2011 (unveröffentlicht).

Böhme, B., Ohne Englisch geht es nicht, in: FAZ, 16./17.Oktober 2011.

Bökemeier, R., Kampf um Vollendung, in: Vietnam-Laos-Kambodscha, Geo Special, Nr. 4/1998.

Bolman, L.G./ Deal, T.E., Modern Approaches to Understanding and Managing Organizations, San Francisco 1984.

Bolton, J., Aktuelle Beiträge zur interkulturen Kompetenzforschung, in: Intercultural journal, Ausgabe, 12/2010

Bolten, J., Intercultural Training via E-Learning, in: Poznan School of Banking (Hrsg.), International Conference: Opportunities and Threats for Management and Education in the Multicultural Europe, Poznan 2008.

Bolten, J., Interkulturelle Kompetenz im E-Learning, in: Straub, J./ Wiedemann, D., (Hrsg.), Handbuch Interkulturelle Kompetenz, Stuttgart 2007.

Bond, M.H., The Psychology of the Chinese People, Oxford 1986.

Böning, U./ Fritschle, B., Herausforderung Fusion – die Integration entscheidet, Frankfurt/M 2001.

Borning, A., Vom Spezialisten zum Generalisten, in: Personalführung, 1996, Nr. 4, S.308.

Bosch GmbH Bamberg (Hrsg.), Interkulturelles Managementhandbuch, 2006.

Bowermaster, J., Descending the Dragon, My Journey Down the Coast of Vietnam, Washington 2008.

Bowring, P., China's Progress, A Step Forward, a Step Sideways, in: International Herald Tribune, 14.01.1999.

Brandenburger, M., Interkulturelles Management. Ein Konzept zur Entsendung von Führungskräften unter besonderer Berücksichtigung von Auswahl und Vorbereitung, Bd 24, Köln 1995.

Braun, G., Deutsch-Polnische Wirtschaftsbeziehungen zwischen Transformation, Stagnation und Perspektive, in: Rostocker Arbeitspapiere zur Wirtschaftsentwicklung und Human Resource Development, Rostock 1995.

Braun, S., 70 Prozent der Plagiate kommen aus China, in: Stern, Nr. 21/2006.

Brockob, S./ Brossmer, N.-L., Corso, in: Das Magazin in MERIAN, Nr.10., 1995.
Bromann, P./ Piwinger, M., Gestaltung der Unternehmenskultur, Stuttgart 1992.
Buchanan, D./ Boddy, D., The Expertise of the Change Agent, Hemel Hempstead, 1992.
Buchsteiner, J., Vietnam öffnet die Tore weit für den Handel, in: FAZ, 11.01.2007.
Buck, C., Die Emirate lüften den Schleier, in: Welt am Sonntag, 20.06.2004.
Bundesagentur für Arbeit, in: Internet: www.ba-auslandsvermittlung.de.
Bundesagentur für Außenwirtschaft (Hrsg.), Saudi-Arabien – Wirtschaftsentwicklung 2004, Köln 2005.
Bundeszentrale für Politische Bildung, 2005, in: Internet: http://www.bpb.de/.
Burggraaf, W., Intercultural Management, in: Nyenrode University (ed.), June, 1998
Buruma, J., Japan hinter dem Lächeln: Götter, Gangster, Geishas, London 1984.
Buschermöhle, U., Ein neuer Expatriate – Typus entsteht, in: Personalwirtschaft, 05/00.
Büschges, G./ Abraham, M./ Funk, W., Grundzüge der Soziologie, 2. Aufl., München 1996.
Business Spotlight: Intercultural Communication, Interview mit Robert Gibson, Nr. 1/2004.
Butscher, S., „Bist Du in Rom – verhalte Dich wie ein Römer!", in: Der Karriereberater, Nr. 6/1997.
Buttermann, W., „Manager Gehalt", in Hamburger Abendblatt, 05/2005.
Cam, Nguyen Manh, Vietnam in APEC will benefit region, in: Viet Nam News, Nov. 17, 1998.
Carte, P./ Fox, C., Bridging the culture gap: a practical guide to international business communication, London 2004.
Cat, Dao Nguyen, You don't understand Vietnam, in: Vietnam Economic Times, Issue 43, Sept. 1997.
Cathay Pacific (Hrsg.), Kleiner Asien-Knigge, Weise Reisen, 2004.
Chaney, L. H./ Martin, J. S., Intercultural Business Communication, 1995, New Jersey, S. 102, in: Hodgetts/ Luthans (Hrsg.), International Management, 3. Auflage, New York 1997.
Chaney, L.H./ Martin, J.S., Intercultural Business Communication, New Jersey 1995.
Charles, Prince of Wales, Islam and the West, in: arab news, Riyadh, 01.11.1993.
Chee, Peng Lim, Potential and Problems of SMI, in: Kurths (Hrsg.), Private Kleinbetriebe in Vietnam, Saarbrücken 1997.
Chen, Ming-Jer, Geschäfte machen mit Chinesen – Insiderwissen für Manager, Frankfurt/M. 2004.
Chhokar, J.S., India: Diversity and Complexity in Action, New Jersey, 2007.
Chouhan, K., Managing Diversity, big business, the UN and Global markets, in: Managing Diversity – Can it offer anything to the delivery of race equality or is it a disctration? London, 2002.
Chu, Chin-Ning, China-Knigge für Manager, 3. Aufl., Frankfurt/M. 1996.
Chung, T.Z., Global Manager für das Land der Drachen, Frechen 2000
CIA World Factbook, Bahrain, 2012, in: https://www.cia.gov/library/publications/the-world-factbook/.
CIA World Factbook, China, 2012, in: https://www.cia.gov/library/publications/the-world-factbook/.
CIA World Factbook, Germany, 2012, in: https://www.cia.gov/library/publications/the-world-factbook/.
CIA World Factbook, Japan, 2012, in: https://www.cia.gov/library/publications/the-world-factbook/.
CIA World Factbook, Kuwait, 2012, in: https://www.cia.gov/library/publications/the-world-factbook/.
CIA World Factbook, Oman, 2012, in: https://www.cia.gov/library/publications/the-world-factbook/.

CIA World Factbook, Qatar, 2012, in: https://www.cia.gov/library/publications/the-world-factbook/.
CIA World Factbook, Russia, 2012, in: https://www.cia.gov/library/publications/the-world-factbook/.
CIA World Factbook, Saudi Arabia, 2012, in: https://www.cia.gov/library/publications/the-world-factbook/.
CIA World Factbook, United Arab Emirates, 2012, in: https://www.cia.gov/library/publications/the-world-factbook/.
CIA World Factbook, Vietnam, 2012, in: https://www.cia.gov/library/publications/the-world-factbook/.
Cifa Crossculture (Hrsg.), Infoletter, 2. Quartal 2004.
Clemens, S., Interkulturelles Management, in: Wirtschaft und Weiterbildung, Ausgabe 05/98.
Clement, U., Was ist interkulturelle Kompetenz, in: ww.uteclement.de, 08.07.2002.
Cohen, R., The Rise of Generation Global, In: New York Times, 22nd February 2010.
Colombo, L./Engel, V./Knopf, L./Torregrossa, G., Interview with Prof. Dr. Geert Hofstede, Velp, 2011.
Copper, J.C., Der Weg des Tao, Eine Einführung in die alte Lebenskunst der Chinesen, Bern 1972.
Cooper, J.C., Der Weg des Tao, 4. Aufl., München 1985.
Coulmas, F., Das Land der rituellen Harmonie, Japan: Gesellschaft mit beschränkter Haftung, Frankfurt/M. 1993.
Cunningham, R. B., Arab Management, University of Tennessee, 1989.
Czajor, J., Rekrutierung japanischer Toptalente, in: Personalwirtschaft Nr.1/2004.
DAAD, Living in Germany – Do's and Don't's, www.daad.de.
Dalton, M., Success for the New Global Manager: How to work across distances, Countries, and Cultures, New York 2002.
Dambmann, G., 25mal Japan. Weltmacht als Einzelgänger, München 1979.
Dambmann, G., Acht Tips zum guten Anfang, in: Die Zeit (Hrsg.), ZEIT Magazin, Japan Special, Nr.5/1982.
Danckwortt, D., Anmerkungen zur theoretischen Fundierung der Analyse interkultureller Begegnungen, in: Thomas, A. (Hrsg.), Interkultureller Austausch als interkulturelles Handeln, Saarbrücken 1985.
Daniels, J.D./ Radebaugh, L. H., International Business. Environments and Operations, 6. Aufl., Reading MA 1992.
Dannenberg, L., Taskforce für interkulturelle Mediation - Konfliktlösung in komplexen Zusammenhängen, in: mitteconsult (Hrsg.), Berlin 2004.
Davidson, W.H., Global Strategic Management, New York 1982.
Darlington, G., Culture: a theoretical review, in: Joynt, P./Warner, M., Managing Across Cultures, Issues and Perspectives, International Thomson Business Press, London, Boston 1996.
Der Spiegel (Hrsg.), Graphik "Problemlöser Rubel", Ausgabe 24, 2004.
Der Tagesspiegel (Hrsg.), Ausbildung zum Trainer und Coach für Interkulturelle Kompetenzen 02.04.2006.
Deresky, H., International Management, 3rd ed., New Jersey 2000.
Deresky, H., International management: managing across borders and cultures, London 2000.
Deresky, H., Managing Diversity at Luxury Island Report, in: Managing across borders and cultures, 3rd ed., New Jersey 2000.
Deutsche Bundesbank (Hrsg.), Zahlungsbilanzen nach Regionen, Statistische Sonderveröffentlichung, Nr.11, Frankfurt/M. 1997.

Deutsche Gesellschaft für Personalführung e.V., Der internationale Einsatz von Fach- und Führungskräften, 2. Aufl., Köln 1995.
Deutsche Presseagentur (dpa), Kairo, 04.10.2001.
Deutsche Presseagentur, Führung in Vietnam ausgetauscht, in: Die Welt, 28.06.06.
Deutscher Industrie- und Handelstag (DIHT), Direktinvestitionen in China, ein Handbuch für den Mittelstand, Shanghai 1997.
Deutsches Auswärtiges Amt, 2006, in: Internet: http://www.auswaertiges-amt.de.
Diebel, P., Rollenspiele im Training: Alles andere als Theater, in: managerSeminare, Nr. 74/2004.
Dielmann, K., Fusionen aus personwirtschaftlicher Sicht, in: Personal Nr. 9/2000.
Dierig, C., Vom Boom profitieren, in: Die Welt, 07.06.2006.
Dignen, B., Germans are often more direct, Interview with Peter Wollmann, in: Business Spotlight, Nr.4/2001.
DIHKJ (Deutsche Industrie- und Handelskammer in Japan) (Hrsg.), Deutsche Präsens in Japan 1993, Tokyo 1994.
DIHKJ (Deutsche Industrie- und Handelskammer in Japan) (Hrsg.), Japan 2002 – Überblick.
Dill, P./ Hügler, G., Unternehmenskultur und Führung betriebswirtschaftlicher Organisationen - Ansatzpunkte für ein kulturbewußtes Management, in: Heinen, E., Fank, M. (Hrsg.), Unternehmenskultur, 2. Aufl., 1997.
Dinh, James, More than taste and texture of food to a Vietnam meal, in: Viet Nam News, 1. Nov. 1998.
Dinslaken, M., CampusAnzeiger Berlin, Vol. 14, April/Mai 2006.
Dodwell Consultants (Hrsg.), Industrial Groupings in Japan, Tokyo 1992.
Dometeit, G., Fernsehkonsum nach westlichem Muster, in: Focus, Nr. 21/2006.
Dometeit, G., u. a., China, in: Focus, Nr. 21, 2006.
Dönhoff, M., Gier nach Beute, Das Streben nach Gewinnmaximierung zerstört die Solidarität, in: Die Zeit, Nr.48/1995.
Dore, R., Good Investment, in: The Economist, May 9th, 1998.
Dormann, J., Wertemanagement, in: Wieland, J. (Hrsg.), Handbuch Wertemanagement, Hamburg 2004.
Drobeck, A./ Rademacher, N., Vietnam, in: Vietnam Panorama, 2008.
Drozdova, A./ Fritzsche, A./ Neubert, J./ Korkach, T./ Steinfeldt, M., Projektarbeit „Intercultural Training", Stralsund 2007 (unveröffentlicht).
Dülfer, E., Die spezifischen Personal- und Kommunikationsprobleme international tätiger Unternehmen - eine Einführung, Berlin 1983.
Dülfer, E., Internationales Management in unterschiedlichen Kulturbereichen, München 1991.
Dülfer, E., Internationales Management in unterschiedlichen Kulturbereichen, 2. Aufl., München 1992.
Dülfer, E., Internationales Management in unterschiedlichen Kulturbereichen, 3. Aufl., Stuttgart 1996.
Dülfer, E., Zum Problem der Umweltberücksichtigung im „Internationalen Management, in: Pausenberger (Hrsg.), Internationales Management, Stuttgart 1981.
Duneka,D., Ein frohes Jahr 2554!, in: DIE ZEIT, 30.12.2010
Eckert, D., Zschäpitz, H., M&A-Welle erfasst Deutschland, in: Die Welt, 30.03.2004.
Dünnebier, A./ Hoffmann, M., Written Assignment, Stralsund, 2012 (unpublished)
Eichler, U., Interkulturelles Training Süd-Ostasien, Seminarunterlagen, Hirschberg, 1998.
Eisenhardt, K./ Schoonhoven, C., Organizational growth: linking founding team, strategy, environment, and growth among U.S. semiconductor ventures, 1978-1988, in: Administrative Science Quarterly, Nr. 35, 1990.

El Kahal, S., Introduction to International Business, Berkshire 1994.
Elashmawi F./ Harris, P.R., Multicultural Management, New Skills for Global Success, Houston 1993.
Elashmawi, F./ Harris, P. R., Multicultural Management 2000. Essential Cultural Insights for Global Business Success, Houston 1998.
Elger, R./ Stolleis, F., Kleines Islam-Lexikon. Geschichte - Alltag – Kultur, in: Bundeszentrale für politische Bildung (Hrsg.), Bonn 2006.
Eli, M., Japans Wirtschaft im Griff der Konglomerate, Frankfurt/M. 1988.
Eliseit, H., Japan - eine Herausforderung, Berlin 1969.
El-Hidaoui, A/ Fehrenbacher, M./ Kempf, Y./Koegler, M., International Teams - Practical application regarding to the teamwork of OCCAR, Mulhouse, 2008, (unpublished).
El Mansouri,A./Prestel, L./Samouh, N./Wang, Y., Results of a study on Intercultural Mangement in the Framework of Mergers and Acquisitions, Mulhouse, 2011 (unveröffentlicht).
Elston, B./ Nguyen Thi Hong Hoa, Vietnamese Sayings, in: Destination Vietnam, July/ August, San Francisico 1997.
Embassy of the Russian Federation, Die wichtigsten Investitionsländer in Rußland, Moskau 1998.
Engelmeyer, E., Identitätsorientierte interkulturelle Personalführung aus gesellschaftstheoretischer Sicht, in: Schoppe, S.G. (Hrsg.), Kompendium der Internationalen Betriebswirtschaftslehre, München 1991.
Engholm, Ch., Doing business in the new Vietnam, Prentice-Hall, London 1995.
England, G.W./ Lee, R., The Relationship between Managerial Values and Managerial Success in the United States, Japan, India, and Australia, in: Journal of Applied Psychology, Sommer 1978.
Erling, J., Erstaunliche Rekorde, in: Die Welt, 22.05.2006, S. 3.
Erling, J., Heiliger ohne Religion, in: Rheinischer Merkur, Nr. 20/2006.
Erling, J./ Wenk, K., Keine Angst vor China, in: Die Welt, 22.05.2006.
Erling, J./ Wenk, K., Vom Bäcker bis zum EADS-Chef –Deutsche in China, in: Die Welt, 22.06.2006.
Erlinghagen, H., Japan. Ein deutscher Japaner über die Japaner, München 1976.
Ernst, A./ Hild, R./ Hilpert, H. G./ Martsch, S., Technologieschutz in Japan - Strategien für Unternehmenskooperationen, München 1993.
Ess, van, J., Islam, in: Die fünf großen Weltreligionen, Freiburg 1974.
Eubel-Kasper, K., Interkulturelle Kompetenz als strategischer Erfolgsfaktor: Erläutert am Beispiel des Förderkreises, in: Kopper/Kiechl (Hrsg.), Globalisierung - Von der Vision zur Praxis, Zürich 1997.
European Communities (Hrsg.), Decision No 1983/2006/EC, in: Official Journal oft he European Junion, 30.12.2006.
European Communities (Hrsg.), http://www.interculturaldialogue2008.eu/406.0.html.
Faison, S., China Goes After Corruption, Making a Political Point, in: International Herald Tribune, 14.01.1999.
Falk, H./ Weiß, J., Die Zukunft der Akademiker, Institut der deutschen Wirtschaft (Hrsg.), Köln 1993.
Fank, M., Ansatzpunkte für eine Abgrenzung des Begriffs Unternehmenskultur anhand der Betrachtung verschiedener Kulturebenen und Konzepte der Organisationstheorie, in: Heinen, E., Fank, M. (Hrsg.), Unternehmenskultur, 2. Aufl., 1997.
Fank, M. (Hrsg.), Unternehmenskultur, 2. Aufl., München 1997.
Fay, C., Interkulturelle Kompetenz und Auslandserfahrung, in: Stiftung der Deutschen Wirtschaft (Hrsg.), Jahresbericht 2006.

Fayerweather, J., Begriff der Internationalen Unternehmung, in: Macharzina/Welge (Hrsg.), Handwörterbuch Export und Internationale Unternehmung, Stuttgart 1989.
FAZ (Hrsg.), Graphik Inflationsrate Jahresdurchschnitt in Prozent, 10.07.2006.
FAZ-Institut (Hrsg.), Graphik „Russland in Zahlen Außenhandel mit Deutschland", 16.05.2003.
Fehr, B., Putins Schachzug, in: FAZ, 05.07.06
Ferrieux, E., Hidden Messages, in: World Press Review, Juli 1989.
Festing, M., Strategisches internationales Personalmanagement - Vision oder Realität?, in: Personalwirtschaft, Nr. 2/1997.
Fey, C.F., Success Strategies for Russian-Foreign Joint Ventures, in: Business Horizons, Nr. 6/1995.
Fiedler, R., BWM investiert 50 Mio. in Kaliningrad, in: Ostseezeitung, 19.03.1999.
Field, M., Saudi Arabian management: A shift towards fulfilling potential, in: Financial Times, 18.02.1991.
Finsterbusch, S., Leben und arbeiten in Tokio, in: FAZ, 12.06.2004.
Finsterbusch, S., Tokio lebt heute schon im Morgen, in: FAZ, 12.06.2004.
Fischer, H., Steffens-Duch, S., Wegbereiter einer gelungenen Fusion, in: Personalwirtschaft Nr. 9/2001.
Fischer, M., Es gibt keinen globalen Lifestyle, in: Welt am Sonntag, 2003.
Fischer, M., Ghosn und Nissan: Ein internationales Schulbeispiel, in: Welt am Sonntag, 14.12.2003.
Fischermann, T., Modell mit vielen Gesichtern, in: Die Zeit, Nr. 48, 1998.
Fishman, J.A., The Spread of English as a New Perspective for the Study of Language Maintenance and Language Shift, in: Fishman/Cooper/Conrad: The Spread of English: The Sociolgy of English as an Additional Language, Rowley 1977.
Fishman, T.C., Did you know, in: China, Inc., New York 2005.
Fitschen, A./ Liesching, F., Projektarbeit „The Role and Importance of Expatriates", Stralsund 2004 (unveröffentlicht).
FitzGerald, F., Vietnam – Spirits of the Earth, New York 2001.
Flade, T., Einführung in die vietnamesische Geschichte, in: Butz, M. (Hrsg.), Vietnam, Köln 1998.
Flechsig, Interkulturelles und kulturelles Lernen, http://www.gwdg.de/~kflechs/iikdiaps1-97.htm, 11/2001.
Florence, M., Storey, R., Essen und Trinken, in: Vietnam, 6. Aufl., 2001.
Föhlisch, K./ Vieweger, C., Projektarbeit „Intercultural Training", Stralsund 2007 (unveröffentlicht).
Fois, M., "Metro for Millions"; TÜV SÜD Journal, 2nd quarter 2011.
Follath, E., „Tigerstaaten": Modell oder Menetekel, in Spiegel „special", Nr. 4/1998.
Frank, S., Verhandeln weltweit, in: Financial Times Deutschland, 27.12. 2000.
Freudl, L./ Fischer, S., Chinesen für China gesucht am Beispiel der Siemens AG in: Personalwirtschaft, Nr. 12/2004.
Friedman, M., Kaddisch vor dem Morgengrauen, Aufbau Verlagsgruppe, Berlin 2007.
Friedrich, R., Managementgrundsätze und das Problem der Kulturenverschiedenheit, in: Der Karriereberater, Nr. 6/1997.
Fukasaku, K./ Wall, D./ Wu, M., China's long march to an open economy, Paris, OECD, 1994.
Gabler, Wirtschaftslexikon, Wiesbaden 1993.
Gancel, C./ Rodgers, I./ Raynaud, M., Successful Mergers, Acquisitions and Strategic Alliances: How to bridge corporate cultures, New York 2002.
Garazda, M./ Petrunin, J., Trudno li bogatomu vojti v carstvie nebesnoe, ili pravoslavie i rynok", in: Nauka i religija, 2/1993.

Gasser, T.P., Nutzung interner Stärken im Wettbewerb, in: Management Zeitschrift in, 61 Jg., Heft 2, 1992.

Gates, C., Enterprise Reform and Vietnam's Transformation to a Market-Oriented Economy, in: ASEAN Economic Bulletin, Vol. 12, No. 1, 1995b.

Gates, C., Microeconomic Adjustment and Institutional Change in Vietnam: Issues, Observations and Remarks, in: Vietnam's Socio-Economic Development, No 2, 1995a.

Gaugler, E., Repatriierung von Stammhausdelegierten, in: Macharzina/Welge (Hrsg.), Handwörterbuch Export und internationale Unternehmung, Stuttgart 1989.

Gebert, D., Die Besonderheiten der japanischen Sozialstruktur - Anregungen für den Betrieb?, in: Management Zeitschrift, Nr. 3/1995.

Geldsetzer –Hong, Chinesisch – deutsches Lexikon der chinesischen Philosophie, Aalen 1986.

Generaldirektion für Zoll, in: German Industry & Commerce Vietnam (Hrsg.), Vietnam Brief, Nr. 39/2005.

Geringer, J.-M., Partner selection criteria for developed country joint venture, in: Business Quarterly, Nr. 53/2.

Gerlitz, P., Die Ethik des Buddha, in: Ratschow, C.H. (Hrsg.), Ethik der Religionen, Stuttgart 1980.

Gertsen, M.C., Intercultural Competence and expatriates, in: International Journal of Human Resource Management, 3/1990.

Ghaussy, A.G., The Islamic Economic Ethic and Economics, in: Economics, vol. 31 Tübingen 1985.

Gibson, R., Tang, Z., Aufbau interkultureller Geschäftskompetenz, in: Rosenstiel, L.., Pieler, D., Glas, P. (Hrsg.), Strategisches Kompetenzmanagement: Von der Strategie zur Kompetenzentwicklung in der Praxis, Wiesbaden 2004.

Gibson, R., Chinese and Germans see time and quality in very different ways, in: Business Spotlight, Nr. 4/2001

Gibson, R., Russian proverbs, in: Business Spotlight, Nr.3/2005.

Giesler, H.-B., Die Wirtschaft Japans, Düsseldorf 1971.

Gillies, J. M., Lektionen in Demut, Business Manager, Lufthansa Exclusive, Nr. 11/2006.

Gillies, J. M., Interview mit Sönke Bästlein, in: Die Welt, 209.04.2006

Gillin, M., Working with the Vietnames, in: Engholm (Hrsg.), Doing business in the new Vietnam, Prentice-Hall, London 1995.

Glassenapp von, H., Die fünf Weltreligionen, München 1996.

Glassenapp, von, H., Der chinesische Universalismus, in: Die fünf Weltregionen, Köln 1985.

Glassenapp,von, H., Die fünf Weltreligionen, Düsseldorf 1982.

Glover, K., Dos and taboos. Cultural aspects of international business, in: Business America, 13.08.1990.

Goldrup, L.P., Saudi Arabia: 1902 -1932. The development of a Wahhabi Society, California 1971.

Gordon, M.R./ Bohlen, C., Disenchanted With Reform, Russians See Nowhere to Turn in the New Year, in: International Herald Tribune, 04.01.1999.

Graham, J.L./ Cambell, N.A./ Jobbert, A./ Meissner, H., Marketing negotiations in France, Germany, the United Kingdom and the United States, in: Journal of Marketing, April 1988.

Gransow, B., Chinesische Modernisierung und kultureller Eigensinn, in: Zeitschrift für Soziologie, 24, 1995.

Grawert, A., Entscheiden auf japanisch, in: Personalwirtschaft, Nr.7/1996.

Greene, S., Ikea sets big Russia presence, in: The Russian Journal, 12.10.2000.

Greipel, P., Strategie und Kultur - Grundlagen und mögliche Handlungsfelder kulturbewußten strategischen Managements, Bern 1988.

Grovewell (Hrsg.), Worldwide Differences in Business Values and Practices: Overview of GLOBE Research Findings, http://www.grovewell.com/pub-GLOBE-dimensions.html, 2005.

Gsteiger, F., Der Koran ist keine Waffe, in: Die Zeit, Nr. 52/1994.

Guan, H., Interkulturelles Management am Beispiel des deutsch-chinesischen Joint-Ventures, Hamburg 2004

Gudykunst, W., Bridging differences: Effectice intergroup communication, Newbary Park, CA. 1991.

Gumperz, J., Discourse Processes, in: Bergemann, N. (Hrsg.), Interkulturelles Management, Heidelberg 1992.

Gupta, P.L., Der neue Run auf die Golfstaaten- Präsenz vor Ort ist wichtig, in: WDR.de Wirtschaft, 12.05.2005.

Günther, D./Kerber, A./Laudahn, F./ Wiese, J., Written Assignment, Stralsund, 2010 (unpublished)

ürtler, M., Standortführer Rußland, FAZ GmbH, Frankfurt/M. 1994.

Gussmann, B./ Breit, C., Ansatzpunkte für eine Theorie der Unternehmenskultur, in: Heinen, E, Fank, M. (Hrsg.), Unternehmenskultur, 2. Aufl., München 1997.

Haas, Ch., Auf den Formel –1- Parcours, in: onlineFocus, 02.06.2006.

Haider, S., Time out, in: arab news, 30.11.1993.

Halim, B., The Arab Family and the Challenge of Social Transformation, in: Fernea, E.W. (Hrsg.), Women and the Family in the Middle East, New Voices of Change, Austin/Texas 1985.

Hall, E.T., Beyond Culture, Anchor Books, New York, 1976.

Hall, E.T./ Hall, M.R., Understanding Cultural Differences, Intercultural Press, Yarmouth 1990.

Hall, E.T./ Hall, M.R., Verborgene Signale. Über den Umgang mit Japanern, Hamburg 1985.

Hall, E.T., The silent language in overseas business, in: Harvard Business Review, May-June 1960.

Hall, E.T., The Silent Language, Westport/Conn., 1959.

Haller, C./ Reichenbach, H., Vietnam-Laos-Kambodscha, in: GEO Special, Nr. 4, Aug. 1998.

Hambrick, D./ Davidson, S./ Snell, S./ Snow, Ch., When Groups Consist of Multiple Nationalities: Towards a New Understanding of the Implications, in: Organization Studies, Issue 2/19, 1998.

Hambrick, D.C./ Snow, C.C., Strategic Reward Systems, in: Snow (Hrsg.), Strategy, Organization Design and Human Resource Management, Greenwich 1989.

Hammer, K./ Hinterhuber, H., Strategisches Management global, Wiesbaden 1993.

Hanisch, A./ Warnke, C., Projektarbeit „Intercultural Training", Stralsund 2008 (unveröffentlicht).

Hanlin, L., Die Grundstruktur der chinesischen Gesellschaft, Vom traditionellen Klansystem zur modernen Danwei-Organisation, Darmstadt 1991.

Hann, U., Asienkompetenz - Türöffner für den wachstumsstärksten Markt der Welt, in: Scholz, J. (Hrsg.), Internationales Chance-Management, Stuttgart 1995.

Hanoi International Women's Club (HIWC), Hanoi Guide 2nd. ed., Youth Publishing House, Hanoi, 1998.

Harenbergs Weltreport, Länder, Städte, Reiseziele, in: Harenbergs Lexikon-Verlag, Dortmund 1990.

Haritz, J./ Breuer, K., Computersimulierte und dynamische Entscheidungssituationen als Element der multikulturellen Personalentwicklung, in: Scholz, J. (Hrsg.), Internationales Chance-Management, Stuttgart 1995.

Harris, P.R./ Moran, R.T., Managing Cultural Differences, 3rd ed., Houston Gulf Publishing 1991.
Harss, C./ Maier, K., Erst die Arbeit, dann die Liebe, in: Personalwirtschaft 10/96.
Harss, C./ Maier, K., Rußland Knigge in: Personalwirtschaft 2/95.
Hart, W. B., Three Levels of Cultural Studies, in: The E-Journal of Intercultural Relations, Nr. 6, 1998, S. 1
Harvey, M.G., Repatriation of corporate executives: An empirical study, in: Journal of International Business Studies, Nr. 20/1989.
Hassan, J., Seminar on management skills, in: arab news, 31.08.1994.
Hassan, J., Top-heavy management could spell ruin for a firm, in: arab news, 13.01.1994.
Hassel, F., Eintreiben, was des Staates ist, in: Rheinischer Merkur, Nr. 40/1996.
Hau, Nguyen, Tien, Dörfliche Kulte im traditionellen Vietnam, München, 1990.
Hauch-Fleck, M.-L., Das asiatische Rätsel. Die Wirtschaftswissenschaftler sind unschlüssig darüber, ob die Krise in Japan Auswirkungen auf die ganze Welt haben wird, in: Die Zeit, Nr. 27/1998.
Healy, T., Reform's Trails, in: Asiaweek, 15.01., S. 26 ff.
Heberer, TH., Chinesen über ihr eigenes Land, Düsseldorf 1983.
Heidecker, T., Rahmenbedingungen und Erfolgsfaktoren der Erschließung und Bearbeitung des japanischen Absatzmarktes durch ausländische Unternehmen, Hamburg 1986.
Heidemann, K./ Steckhan, H./ Rietz, C., Erfolgsfaktor Expatriates, in: Personalwirtschaft, Nr. 1/2004.
Heiden, von, C. Dr., "Standortführer Rußland", FAZ GmbH, Frankfurt/M. 1994.
Heider, J., The Tao of Leadership, Aldershot 1985.
Heinen, E., Unternehmenskultur als Gegenstand der Betriebswirtschaftslehre, in: Heinen/Fank (Hrsg.), Unternehmenskultur, 2. Aufl., München 1997.
Hemmer, H.-R., Informeller Sektor und Armutsbekämpfung, Arbeitspapiere des Wissenschaftlichen Beirats beim BMZ, Bonn 1995.
Hentze, J./ Lindert, K., Manager im Vergleich, Stuttgart 1992.
Herbig, P.A./ Kramer, H. E., Cross-cultural negotiations: success through understanding, in: Management Decisions, Nr. 29/1991.
Hermann, N., BMW mit Riesenschritten zum „Global Player ", in: Scholz, J. (Hrsg.), Internationales Chance Management, Stuttgart 1995.
Hermann, R., Denn keiner wächst schneller als wir, in: FAZ, 31.12.2004.
Hermann, R., Das Enfant terrible der arabischen Welt, in: FAZ, 29.08.2002.
Hermann, R., Dubai bietet die moderne Version von Tausendundeiner Nacht, in: FAZ, 19.06.2004.
Hermann, R., In Kuweit erstmals Frauen gewählt, in: FAZ, 18.05.2009.
Hermann, R., Orange Proteste, in: FAZ, 04.07.2006.
Hermann, R., Schnellere Industrialisierung mit deutschen Unternehmen, 05.07.2004.
Hermann, R., Suche nach dem Konsens, in: FAZ, 08.07.2002.
Hermes, L., Individuelle Verschiedenheit, in: karriereführer, Nr. 1, 2006.
Hersey, P./ Blanchard, K.H., Management of organizational behaviour, 3rd ed., New York 1977.
Heyder, M., KulturSchock Vietnam, Bielefeld/Brackwede 1997.
Hilb, M., Der Weg zum Globalpreneur, in: Personalwirtschaft, Nr. 2/1998.
Hilmer, A., in: Geo (Hrsg.), Erlösung aus eigener Kraft, 09.2005.
Hodge, S., Global Smarts: The art of communicating and deal making anywhere in the world, New York 2000.
Hodge, S., The difference between heaven and hell, in: Global Smarts: The art of communicating and deal making anywhere in the world, 2000.

Hodgetts, R.M./ Luthans, F., International Management – Culture, Strategy, and Behavior, 3rd ed., New York 1997.
Hodgetts, R.M./ Luthans, F., International Management – Culture, Strategy, and Behavior, 5th ed., New York 2003.
Hodgetts, R.M./ Luthans, F., International Management – Culture, Strategy, and Behavior, 6th ed., New York 2006.
Hoecklin, L., Managing Cultural Differences: Strategies for Competitive Advantage, Wokingham 1998.
Höfer, H., Insight Sides: Vietnam, Singapore 1995.
Hoffmann, H., „Vietnam ein Plus", in: Aktuell ASIA, Heft 11/2005.
Hoffmann, L.R./ Maier, N., Quality and acceptance of problem solutions by members of homogeneous and heterogeneous groups, in: Journal of Abnormaland Social Psycholgy, Nr. 62, 1961.
Hofstede, G./ Bond, M.H., Hofstede's Culture Dimensions: An Independent Validation Using Rokeach's Value System. Journal of Cross-Cultural Psychology, Volume 4/1984.
Hofstede, G., Culture's Consequences – International Differences in Work-Related Values, Beverly Hills 1980.
Hofstede, G., Cultures and Organizations: Software of the Mind, London 1991.
Hofstede, G., Cultures and Organizations, Software of the mind, Intercultural Cooperation and its Importance for Survival, IRIC Institute for Research on Intercultural Cooperation, University of Limburg at Maastricht, NL, McGraw-Hill Companies, New York, London et al., 1997.
Hofstede, G., Dimensions of national cultures in fifty countries and three regions, in Deregowski/Dziurawiec/Anis (Hrsg.), Expiscations in Cross-Culture Psychology, Lisse Netherlands 1983.
Hofstede, G., Geert Hofstede's Cultural Dimensions, in: http://www.geert-hofstede.com/hofstede_dimensions.php?culture1=34&culture2=18#compare, 22.07.2006
Hofstede, G., Interkulturelle Zusammenarbeit - Kulturen, Organisationen, Management, Wiesbaden 1993.
Hofstede, G., Riding the waves of commerce: A test of Trompenaars "Model of national culture differences, in: International Journal of intercultural relations, Vol. 20, No 2., 1996.
Holtbrügge, D./ Kittler, M.G./ Mohr, T./ Puck J.F., Herausforderung chinesische Provinz, in: Personalwirtschaft, Nr. 7/2003.
Holtbrügge, D., Personalmanagement, in: Welge/Holtbrügge (Hrsg.), Wirtschaft Rußland, Wiesbaden 1996.
Holtbrügge, D., Unternehmenskulturelle Anpassungsprobleme in deutsch-russischen Joint-Ventures, Journal for East European Management Studies, JEEMS, 1996.
Holzmüller, H.H., Bedeutung und Instrumente zur Handhabung der kulturellen Heterogenität im internationalen Unternehmensverbund, in: Macharzina/Oesterle (Hrsg.), Handbuch Internationales Management, Wiesbaden 1997.
Holzmüller, H.H., Interkulturelle Konsumentenforschung, in: Macharzina/Welge (Hrsg,.): Handwörterbuch Export und Internationale Unternehmung, Stuttgart 1989.
Hoppe, R., The Global Toothbrush, in: Spiegel Special– International Edition, Nr. 7/2005
Horrmann, H., Traumhotels am Golf, in: Welt am Sonntag, 20.06.2004.
Horsch, J., Reif fürs Ausland?, in: Personalwirtschaft, Nr. 7/1996.
Hosp, G., Russlands beunruhigende Normalität, in: FAZ, 30.07.2007.
Hourany, A., Der Islam im europäischen Denken, Frankfurt/M 1994.
House, R.J./ Hanges, P.J./ Javidan, M./ Dorfman, P.W./ Gupt, V. (Hrsg.), Culture, Leadership, and Organizations: The GLOBE Study of 62 Societies, SAGE Publications 2004.

Hoyng, H./ Kremb, J., Viele Wege zum Erfolg, in: Der Spiegel, Nr. 21/2007.
Huard, P./ Durand, M., Vietnam, Civilization and Culture, 2nd ed., Hanoi 1994.
Hummel, T. R./Jochmann, W., Beurteilungs- und Erfolgskriterien des Personaleinsatzes im internationalen Personalmanagement, in: Kumar, B. N./Wagner, D., Handbuch des Internationalen Personalmanagements, Verlag C.H. Beck, München 1998.
Hummelt, R., Some notes for business meetings in Russia, in: business spotlight, Nr.3/2005
Huntington, S. P., Kampf der Kulturen. Die Neugestaltung der Weltpolitik im 21. Jahrhundert, Wien 1996.
Hunziker, R., Die Entwicklung eines integralen und globalen Human Resource Ansatzes in einem neu geschaffenen multikulturellen Konzern (Ascom AG), in: Scholz, J.M. (Hrsg.), Internationales Change-Management, Stuttgart 1995.
Huy, N.V./ Kendall, L., Vietnam: Journeys of Body, Mind, and Spirit, London 2003.
Huyen, Truong Thu, Tet Holiday in my eyes, in: New Vietnam, No. 55, Vol. 1, 1998.
imoe, in: Internet: http://www.imoe.de
Institut für Interkulturelles Management, www.ifim.de.
Institut für Interkulturelles Management, Presseberichte Nr. 2/2002.
Institut für Interkulturelles Management; Das Angebot, Interkulturelles Know-how für international tätige Führungs- und Fachkräfte 1998.
Institut für Personalmanagement, Mit Bachelor und Master nach Europa, Berlin, 2004.
Intercontinental Muscat (Hrsg.), Letter concerning Holiday, Sultanate of Oman, 28.07.2008.
Intercultural Management Institute – 5th Annual Conference 2004, in: American University, Washington, DC (ed.), Conference Brochure, March 11&12, 2004
Irrgang, M., Manager-Erfahrungen in einem fremden Kulturkreis, in: FAZ, 12.10.2004.
Irving, T. B./ Ahmad, K./ Ahsan, M.M., The Qur'an. Basic Teachings, Leicester 1979.
Jack, A., Russian giant looks westward for leadership, in: Financial Times, 11.02.2004.
Jahns, C., Arbeitsbuch Mergers & Acquisitions, Verlag Wissenschaft und Praxis, 2003.
Jahrmarkt, M., Das TAO Management, Erfolgsschritte zur ganzheitlichen Führungspraxis, Freiburg i. Br. 1991.
Jahrmarkt, M., Das TAO Management, Freiburg 1991.
Jamjoum, J., Citizens urged to take up private sector jobs, in: Riyadh Daily, 15. Jan. 1992.
Janocha, P., Asiens Märkte erfolgreich erschließen. Ein Leitfaden für die mittelständische Wirtschaft, Berlin 1998.
Japan Committee for Economic Development: Das Management der achtziger Jahre, Tokyo 1980, in: Bergemann/Sourisseaux (Hrsg.), Interkulturelles Management, Heidelberg 1996.
Jerofejew, V., Moskau liegt am Fudschijama, in: Die Zeit, 30.08.2001.
JETRO (Japanese External Trade Organization) (Hrsg.), Der deutsche Handel mit Japan, Düsseldorf, 09/2007.
JETRO (Hrsg.), Japanese Corporate Decision Making, JETRO Business Information Series, Tokyo, 1992b.
JETRO (Hrsg.), Japanese Corporate Personnel Management, JETRO Business Information Series, Tokyo 1992a.
JETRO (Hrsg.), Geschäftsverkehr mit Japan Aufnahme und Pflege von Geschäftsbeziehungen zu japanischen Partnern, JETRO Marketing Series 8, Hamburg 1975.
Jingsheng, W., Die Lügen der Unterdrücker, in: Der Spiegel Nr. 51, 14.12.1998.
Jochmann, W., Unternehmenskultur und Internationalität, in: Scholz, J.M. (Hrsg.), Internationales Change-Management, Stuttgart 1995.
Kakar, S., et al.: Leadership in Indian Organizations from a Comparative Perspective,in: International Journal of Cross Cultural Management, Vol. 2, 2002.
Kals, U., Besuch-Anordnung-Entsendung, in: FAZ, 11.11.2002.

Kals, U., Schnuppertage minimieren das Risiko, in: FAZ, 11.11.2002.
Kaltenmark, M., Lao-tse und der Taoismus, Frankfurt 1981.
Kaminura, K., Kulturelle Unterschiede und Chancengleichheit, in: Personalführung, Nr. 8/1995.
Kandola, R./ Fullerton, J./ Diversity in Action: Managing the Mosaic, London, 2. Aufl., 1998.
Kappel G./ Rathmayer, R./ Diehl-Zelonika, N., Verhandeln mit Russen: Gesprächs- und Verhaltensstrategien für die interkulturelle Geschäftspraxis, Wien 1994.
Kasper, H., Organisationskultur: über den Stand der Forschung, Wien 1997.
Kattoulas, V., Stepping out, in: Newsweek, July 27/1998.
Kaufmann, F., Religion und Modernität, Tübingen, 1989.
Kealey, D.J./ Ruben, B.D., Cross-cultural personnel selection: Criteria, issues and methods, in: Landis/Brislin (Hrsg.), Handbook of intercultural training, New York 1983.
Keller, E., Management in fremden Kulturen - Ziele Ergebnisse und methodische Probleme der kulturvergleichenden Managementforschung, Bern 1982.
Kelly, J., Merger & Acquisition Integration – A KPMG Business Guide, London 2003.
Kelly, J., Mergers & Acquisitions: Global Research Report, London 1999.
Kenter, M.E./ Welge M.K., Die Reintegration von Stammhausdelegierten. Ergebnisse einer explorativen empirischen Untersuchung, in: Dülfer (Hrsg.), Personelle Aspekte im internationalen Management, Berlin 1983.
Khoury, A.T., Das islamische Rechtswesen, CIBEDO-Texte, Nr. 8, Köln 1980.
Khoury, A.T., Religion und Politik im Islam in: Beilage zur Wochenzeitung Das Parlament, Heft B 22/90.
Khuyen, N., Vietnam-Germany links boosted, in: Vietnam News, 16.11.1998.
Kiechl, R., Ethnokultur und Unternehmenskultur, in: Lattmann, Ch. (Hrsg.), Die Unternehmenskultur: ihre Grundlagen und ihre Bedeutung für die Führung der Unternehmung, Heidelberg, 1990.
Kiechl, R., Interkulturelle Kompetenz, in: Kopper/Kiechl (Hrsg.), Globalisierung: Von der Vision zur Praxis, Zürich, 1997.
Kindt, A., Lässig gescheitert, in: Karriere, Nr. 09/2006.
Kluckhohn, C., The study of culture, in: Lerner/Larswell (Hrsg.), The Policy Studies, Stanford, 1951.
Kluckhohn, F./ Strodtbeck, F.L., Variations in Value Orientations, Evanston/IL. 1961.
Kluth, S./ Linke, J./ Walter, H., Survey on Intercultural Preparation: Results of an international study 2009, Stralsund 2009 (unveröffentlicht).
Koch, C., König sucht Partner, in: Süddeutsche Zeitung, 08.11.2007.
Köck, P./ Ott, H. (Hrsg.), Wörterbuch für Erziehung und Unterricht, Donauwörth 1983.
Koester, J./Wiseman, R.C./ Sanders, J.A., Multiple Perspectives of Intracultural Communication Competence, in: Wiseman/Koester (Hrsg.), International Communication Competence, Newburg Park, C.A. 1993.
Koh, J., Diversity in our Workforce, in: Siemens AG – Corporate Values, 2006 Kommunikation und Teamfähigkeit, in: Personalwirtschaft, Nr. 2/1998.
Kolbin, C., Wormsbächer, J., Written Assignment – Role Play, Stralsund, 2006 (unpublished).
Kopper, E., Hilfe zur Selbsthilfe: Interkulturelles Lernen im Alleingang, in: Kopper/Kiechl (Hrsg.), Globalisierung: Von der Vision zur Praxis, Zürich 1997.
Kopper, E., Multicultural Workgroups and Project Teams, in: Bergeman, N. (Hrsg.), Interkulturelles Management, Heidelberg 1992.
Kotenew, W., Abwrackprämie für Klischees, in: Rheinischer Merkur, Nr. 15, 10.04.2009.

Kothari, V./ Helling, A., Internationales Management Training der Henkel-Gruppe – Geschichte, Erfahrungen und Visionen, in: Scholz, J.M. (Hrsg.), Internationales Change-Management, Stuttgart 1995.

Kothmann H./ Bühler, W.-E., Vietnam-Handbuch, 3. Aufl., Bielefeld/ Brackwede, 1996.

Kotler, P., Globalization - Realities and Strategies, in: Die Unternehmung, 44 Jg., Nr. 2, Bern 1990.

Kovacova, M., Komparative Evaluation kulturspezifischer didaktischer und erfahrungsorientierter interkulturellen Trainings, Europäische Hochschulschriften (Hrsg.), Frankfurt/M 2010

Koyama, H., Personalmanagement in Japan, in: Kumar/Wagner (Hrsg.),Handbuch des Internationalen Personalmanagements, München 1998.

Krauss-Weysser, F., Die Japanische Provokation, Berlin 1995.

Kroeber, A. L./ Kluckhohn, L., Culture. A Critical Review of Concepts and Definitions, Cambridge, Mass. 1952.

Kroeber-Riehl, W., Konsumentenverhalten, München 1996.

Kroner, S., Rahmenbedingungen für Unternehmensstrukturierungen in Japan, in: Deutsch-Japanischer Wirtschaftskreis (Hrsg.), Nr. 192, Aug. 2004.

Krulis-Randa, J., Globalisierung, in: Die Unternehmung, 44 Jg., Nr. 2, Bern 1990.

Krystek , U., Unternehmenskultur und Akquisition, in: Zeitschrift für Betriebswirtschaft, Heft 5/1992.

Krystek, U./ Zur, E., Unternehmenskultur, Strategie und Akquisition, in: Krystek/Zur (Hrsg.), Internationalisierung. Eine Herausforderung für die Unternehmung, Heidelberg 1997.

Kubota-Müller, B., Freundliches Kopfnicken bedeutet keine Zustimmung. Entscheidungsfindung im japanischen Wirtschaftsleben. Blick durch die Wirtschaft, Nr. 32/1989.

Kühlmann, T.M/ Stahl, G.K., Diagnose interkultureller Kompetenz und Examinierung eines Assessment Centers, in: Barmeyer/Bolten (Hrsg.), Interkulturelle Personalorganisation, Berlin 1998.

Kühlmann, T.M./ Stahl, G.K., Die Wiedereingliederung von Mitarbeitern nach einem Auslandseinsatz: Wissenschaftliche Grundlagen, in: Kühlmann (Hrsg.), Mitarbeiterentsendung ins Ausland, Göttingen 1995.

Kumar, B.N., Interkulturelle Managementforschung. Ein Überblick über Ansätze und Probleme, in: Wirtschaftswissenschaftliches Studium, Nr. 17, 1988.

Kumar, B. N., Konzeptioneller Rahmen, in: Kumar, B. N./Wagner, D., Handbuch des Internationalen Personalmanagements, Verlag C.H. Beck, München 1998.

Kumbruck,C./ Derboven,W., Interkulturelles Training, Heidelberg 2005.

Kurths, K., Private Kleinbetriebe in Vietnam. Rahmenbedingungen und Hemmnisse ihrer Entwicklung, Saarbrücken 1997.

Kutschker, M./ Schmid, S., Internationales Management, München 2002.

Kutschker, M./ Schmid, S., Internationales Management, 6. Aufl., München 2008.

Kutschker, M., Internationalisierung der Unternehmensentwicklung, in: Macharzina/Oesterle (Hrsg.), Handbuch Internationales Management Wiesbaden 1997.

Kwintessential, www.kwintessential.co.uk.

Ladwig, D.H./ Loose, K., Bestimmungsfaktoren und Lösungsansätze der Reintegrationsproblematik von Mitarbeitern nach einem Aufenthalt im arabischen Ausland, Institut für Personalwesen und Internationales Management (Hrsg.), Forschungsbericht der Universität der Bundeswehr Hamburg, Nr. 21/1998.

Lane, H.W./ DiStefano, J.J., International Behavior. From Policy to Practice, Scarborough/Ontario 1988.

Lang, R., Personalmanagement in Osteuropa, in: Kumar/Wagner (Hrsg.), Handbuch des Internationalen Personalmanagement, München 1998.

Laurent, A., The cultural diversity of western conceptions of management, in: International Studies of Management and Organization, 13/1-2, 1983.
Lee Chang-sup, Konfucian Management at Hyundai, in: Korea Times, 28.03.2001.
Lehmann, R., Verschieden sind wir stark, in: Handelsblatt, 05.11.2006.
Lenz, F., Finnische Wirtschaftskommunikation, in: Bergemann/Sourisseaux (Hrsg.), Interkulturelles Management, 2. Aufl. Heidelberg 1996.
Levitt, T., The globalization of markets, in: Harvard Business Review, 61 Bd., May/June, Boston 1983.
Lewis, R., When cultures collide: Leading across cultures, London/Boston 2006.
Liang, Y., Höflichkeit: Fremdheitserfahrung und interkulturelle Handlungskompetenz, in: Wierlacher/Stötzel (Hrsg.), Blickwinkel. Kulturelle Optik und interkulturelle Gegenstandskonstitution, München 1996.
Liljestrom, R./ Tuong, L., Sociological Studies on the Vietnamese Family, Hanoi 1991.
Linzer, U., Stimmt so!, in: Die Zeit, 17.12.2008.
Lippisch, S./ Köppel, P., Key to Company`s competitiveness: The Ability to Innovate and Cooperate on a Global Level, in: Bertelsmann Stiftung (Hrsg.), Globalization and Change, Gütersloh 2007.
Lippisch, S./ Spilker, M., Globalisierung, in: Bertelsmann Stiftung (Hrsg.), Unternehmenskultur in globaler Interaktion, Ein Leitfaden für die Praxis, Gütersloh 2005.
Lisberg-Haag, I., Interview mit Oliver Massmann und Ton-Nu Thuc-Anh, in: DAAD-magazin: Interkulturelle Kommunikation, 29.01.2007.
Luckmann, T., Die unsichtbare Religion, Frankfurt am Main 1991.
Lüders, M., Die Macht der Diwaniyas, in: Die Zeit, Nr. 15/1995.
Luthans, F., Value Differences and Similarities across Cultures, in: Luthans/Hodgetts (Hrsg.), International Management, 3. Aufl., New York, 1997.
Macharzina, K., Internationalisierung und Organisation, in: Zeitschrift für Organisation und Führung 1992.
Macharzina, K./ Oesterle, M.-J., Das Konzept der Internationalisierung im Spannungsfeld zwischen praktischer Relevanz und theoretischer Unschärfe, in: Macharzina/Oesterle (Hrsg.), Handbuch Internationales Management, Wiesbaden 1997.
Macharzina, K., Unternehmensführung. Das internationale Managementwissen, Konzepte - Methoden und Praxis, Wiesbaden 1993.
Mainzer, H., Vietnam: Das Volk fordert Reformen, in: Rheinischer Merkur Nr. 20/2002.
Maisch, M., Lloyds TSB übernimmt HBOS, in: http://www.handelsblatt.com/unternehmen/banken-versicherungen/lloyds-tsb-uebernimmt-hbos;2041788, 18.09.2008.
managerSeminare.de, Petersberger Trainerstage 2012: Life Achievement Award, unter: http://www.managerseminare.de/Petersberger_Trainertage/Programm?subKatID=12083&kat=12078, 2012.
Mannan, M.A., Islamic Economics, Theory and Practice, A comparative study, Lahore 1997.
Matthes, S., Weg vom Öl, in: Wirtschaftswoche Nr. 30, 21.07.2008.
Matthews, S., Trends in Managing Mobility, in: Personalwirtschaft, 07/2007.
Maucher, H.O., Anforderungen an eine Führungskraft, in: Rothlauf, J., Total Quality Management, 2. Aufl., 2004.
Mauritz, H., Interkulturelle Geschäftsbeziehungen: Eine interkulturelle Perspektive für das Marketing, Wiesbaden 1996.
May/ Bormann/ Young/ Ledgerwood, Lessons from Russian Human Resource Management Experience, in: European Management Journal, Vol. 16, No. 4 1998.
Mayer, B. Innovation und Unternehmenskultur. Die Hilti AG fördert weltweit Kommunikation und Teamfähigkeit, in: Personalwirtschaft, Nr. 2/1998.
Mayer, B., Innovation und Unternehmenskultur. Die Hilti AG fördert weltweit.
McGrath, J.E./ Altman, I., Small Group Research, New York 1966.

McGregor, D., The Human Side of Enterprise, New York 1960.
Mead, R., Leadership and Decision Making in Japan, in: Cases and Projects in International Management – Cross-Cultural Dimensions, 2000.
Meffert, K., Implementierungsprobleme globaler Strategien, in: Welge, M.K.: Globales Management, Stuttgart, 1990.
Meid, K.-H., Das japanische Wirtschaftssystem, in: Deutsch-Japanischer Wirtschaftskreis (Hrsg.), Erfolgreich im Japangeschäft - Den Geschäftspartner besser verstehen, Düsseldorf, 1994.
Meier, H./ Roehr, S., Einführung in das internationale Management, Herne/Berlin 2004.
Meinardus, M., Kleine und Kleinste Betriebe auf den Philippinen. Eine Fallstudie zur Diskussion um die Rolle des Kleingewerbes im Entwicklungsprozeß, Berlin 1988.
Merkens, H., Branchentypische und firmentypische Wertvorstellungen in Unternehmenskulturen, in: Dürr, W. (Hrsg.), Stuttgart 1989.
Merrill Lynch, Bank of America Buys Merrill Lynch, Creating Unique Financial Services Firm, in: Press Release, 15.09.2008, http://www.ml.com/index.asp?id=7695_7696_8149_88278_106886_108117&WT.ac=US_bankofamerica_ml_200809
Messmer, W., Working with India, Heidelberg, 2009.
Metro Group, METRO Group verkauft Extra, in: Pressemitteilung, 17.01.2008, http://www.metrogroup.de/servlet/PB/menu/1150610_l1/index.htm.
Michahelles, R., So sollten Führungs- und Nachwuchsführungskräfte, Unternehmer und Chefs auf den Auslandseinsatz vorbereitet werden, in: Der Karriereberater, Nr. 6/1997.
Michel, L., Digitales Lernen. Forschung – Praxis –Märkte, Berlin 2006.
Michler, I., Sorgen des kommenden Weltmeisters, in: Die Welt, 22.05.2006.
Minakova-Boblest, E., The Russian View, in: Business Spotlight, Nr. 3/2005.
Ministry of Industry and Planning, Foreign Investment by Country & Territory (as of 15. Dec. 1997), in: Vietnam Economic Times, Issue 47, Jan. 1998.
Mirow, M., Entwicklung internationaler Führungsstrukturen, in: Macharzina/Oesterle (Hrsg.), Handbuch Internationales Management, Wiesbaden 1997.
Mobley, W.H./ Wang, L./ Fang, K., Organizational Culture. Measuring and developing it and your organization, in: Harvard Business Review, Nr. 3/2005.
Mohn, L., Globalisierung und Interkulturelle Kompetenz, In: Bertelsmann Stiftung (Hrsg.), Unternehmenskulturen in globaler Interaktion, 2005.
Mohn, L., Internationalisierung, in: Bertelsmann Stiftung (Hrsg.), Unternehmenskultur in globaler Interaktion, Ein Leitfaden für die Praxis, Gütersloh 2005.
Mohn, R., Werte, in: Bertelsmann Stiftung (Hrsg.), Change, 3/2008.
Möllering, J., Deutsche Direktinvestitionen in der Tschechischen Republik: Motive, Erfahrungen, Perspektiven, in: Deutsch-Tschechische Industrie- und Handelskammer (Hrsg.), Bielefeld 1994.
Moran, R.T./ Harris Ph. R., Managing Cultural Synergy, 2. Aufl., Houston 1981.
Morrison, T./ Conaway, W.A./ Borden, A. G., How to Do Business in Sixty Countries. Kiss, Bow, or Shake Hands, Holbrook 1994.
Morrison, T./ Conaway, W.A./ Douress, J. J., Dun & Bradstreet´s Guide to doing business around the world, Prentice-Hall, Inc., 1997.
Mrozek, G./ Dometeit, G., Rußland: Ein einziger Basar, in: Focus Nr.38, 14. 09.1998.
Mühlbauer, M., Style of Presentation, in: Forbes, 22.03.1999.
Müller, S./ Kornmeier, M., Motive und Unternehmensziele als Einflußfaktoren der einzelwirtschaftlichen Internationalisierung, in: Macharzina/Oesterle (Hrsg.), Handbuch Internationales Management, Wiesbaden 1997.
Müller, S., Management und Entscheidungsfindung in japanischen Unternehmen. Arbeitspapier, Nr. 21, Institut für Marketing, Universität Mannheim 1990.

Münch, J./ Eswein, M., Bildung, Qualifikation und Arbeit in Japan - Mythos und Wirklichkeit, Berlin 1992.
Munro, D./ Schumaker, J. F./ Carr, S. C., Motivation and Culture, Routledge 1997.
mvkmessen.de, 06.07.2006, in: Internet: http://www.mvkmessen.de/.
Naggar, M., Heiliger Ramadan?, in: Süddeutsche Zeitung, 20./21.09.2008.
Nardon, L./Sanchez-Runde, C.J./Steers, R.M., Management Across Cultures, New York, 2010.
Necker, T., Der Osten braucht den Unternehmer – Chancen und Risiken für die mittelständische Industrie, in: Bildungszentrum am Müggelsee (Hrsg.), Der Osten – Aufbruch und Chancen für die Wirtschaft Europas, Berlin 1994.
Netscape News, www.netscape.de.
Nghia, Duy, Christmas celebrated nation-wide, in: Vietnam News, 26.12.1998.
Nguyen, Xuan Thu, Vietnamese Language-Conversation and Phrase Book, Hawthorn, Australia 1993.
Noelle, E./ Petersen, T., Eine fremde, bedrohliche Welt, in: FAZ, 17.05.2006.
Nöther, J., Chancen für deutsch-vietnamesische Wirtschaftskooperation, in: AHK, Nr. 3/2008.
Nöther, J., Vietnam – Potenzial auf Rädern, in: Asien Kurier, Nr. 7/2007.
Obama, B., Values, in: The Audacity of Hope, New York, 2006.
o. V., Abu Dhabi steigt bei Daimler ein, in: FAZ, 23.03.2009.
o. V., Auszug aus einem Interview mit G. Cromme, dem Aufsichtsratsvorsitzenden von Siemens, in: FAZ, 27.05.2007.
o. V., China trotzt den Fluten, in: Ostseezeitung, Nr. 175, 46. Jahrgang. 30.07.1998.
o. V., Bottom Line, in: Asiaweek, Vol. 25, Nr. 2, 15.01.1999.
o. V., Der Buchstabe "L", in: Die Welt, 15.05.2006.
o. V., Der steinige Weg nach China, in: FAZ, Nr. 219, 20.09.2004.
o. V., FAZ, 17.05.2006.
o. V., Fremde Fahrräder, in: Die Welt, 18.07.2007.
o. V., Ikea will stärker in Asien expandieren, in: FAZ, Nr. 233, 06.10.2004.
o. V., Karriere ist Hauptmotiv für Umzug ins Ausland, in: Beruf und Karriere, Süddeutsche Zeitung, 26./27.07.2008.
o. V., Kein Mittagessen für Christen im Ramadan?, in: Fränkischer Tag, 17.09.2008.
o. V., Marketing in Saudi Arabia. Developing Strategies for Business Success, Special Report No 2052, prepared and published by Business International Ltd., London 1990.
o. V., Mehrsprachigkeit kann Erfolg von Betrieben steigern, in: FAZ, 26.08.2008.
o. V., Saigon Times, Nr.40/1998.
o. V., Saudi Arabia and Its Women, in: New York Times, 26.08.2011
o. V., Saudis dürfen Braut via Web-Cam begutachten, in: Fränkischer Tag, 19.09.2008.
o. V., The Economist, „Love is in the air", February 5th – 11th, 2005.
o. V., Vorbereitungsmaßnahmen im Hinblick auf einen Auslandseinsatz, in: Personalwirtschaft 7/2002.
Odagiri, H., Growth Through Competition, Competition Through Growth, Oxford 1992.
Odrich, P., Japanischer Unternehmensalltag aus europäischer Sicht: Die Realität sieht ganz anders aus, Frankfurt/M 1993.
Ostasien-Institut, Ostasien-Manager, Welches Ausbildungsprofil erwartet die Deutsche Wirtschaft? In: DJW (Deutsch-Japanischer Wirtschaftskreis (Hrsg.), Düsseldorf 1994.
Ouchi, W.G./ Theory, Z., How American Business Can Meet the Japanese Challenge, Reading 1981.
Owens, M., In: Bloomberg Businessweek, October 4 – October 10, 2010.
Paret, R., Der Koran, Übersetzung, Kommentar mit Konkordanz, 2.Aufl., Stuttgart 1980.

Pascale, R.T./ Athos, A.G., The art of Japanes Management, Harmondsworth 1981.
Pascale, R.T./ Athos, A.G., The Art of Japanese Management, New York 1981.
Pauer, E., Japan-Deutschland Wirtschaft und Wirtschaftsbeziehungen im Wandel, in: Deutsch-Japanisches Wirtschaftsförderungsbüro (Hrsg.), Reihe Japanwirtschaft, Heft 18/1985.
Pausenberger, E., Unternehmensakquisitionen und strategische Allianzen, in: Fischer, G. (Hrsg.), Marketing, Loseblatt-Ausgabe, Nr. 6; Landsberg 1992.
Peill-Schoeller, P., Interkulturelles Management - Synergien in Joint-Ventures zwischen China und deutschsprachigen Ländern, Berlin 1994.
Perlitz, M., Internationales Management, 2. Aufl., Stuttgart 1995.
Perlmutter, H., L`Enterprise International. Trois Conceptions, in: Revue Economique Sociale, 23 Jg., Nr. 2/1965.
Personalwirtschaft (Hrsg.), Neues Tool prüft die interkulturelle Kompetenz, Heft 8, 2003.
Peters, T.J./ Waterman, R.H., In search of excellence, New York 1982.
Pfeifer, C., Konfuzius und Marx am Roten Fluß: Vietnamesische Reformkonzepte nach 1975, Bad Honnef 1991.
Pfeifer, C., Verhalten in Vietnam, Heft 38, Deutsche Stiftung für internationale Entwicklung (Hrsg.), Bad Honnef 1992.
Pham, A.X., Mond über den Reisfeldern, München 2002.
Pham, L., Paintings and fairy tales, Hanoi, 2004.
Phatak, A., International Management. Concepts and Cases, Cincinnati, Ohio 1997.
Phong, Dinh/ Christie, B., Mutual Understanding, in: The Vietnamese Business Journal, Vol. VI, No. 6, Dec. 1998.
Phuong, T./ Vu, l.V., Feste und Feiern, in: Heyder, M., KulturSchock Vietnam 1997.
Pinzler, P., Moral statt Markt, in: Die Zeit, Nr. 49/1994.
Platonov, D., Pravoslavie v ego chozjajstvennych vozomoznoctjach, in: Voprosy ekonomiki, Nr. 8/1993.
Plett, A., Einbeziehung von Kindern in die interkulturelle Vorbereitung, in: Rothlauf, J. (Hrsg.), 14th International Baltic Sea Forum: A Global View on Intercultural Management, Stralsund 2009.
Plett, A./ Franz, L., Cross-Cultural Team-Building Scale, in: mitte consult, Berlin 2004.
Pollack, A., Roche Agrees to Buy Genentech for $46.8 Billion, in: http://www.nytimes.com/2009/03/13/business/worldbusiness/13drugs.html?em, 12.03.2009.
Porter, M.E., Wettbewerbsstrategie, Frankfurt/M. 1992.
Posth, M., 1000 Tage in Shanghai, München 2006.
Potratz, W./ Widmaier, B., Industrielle Perspektiven in Mittel- und Osteuropa: Industrieentwicklung nicht durch den Markt, in: Friedrich Ebert Stiftung (Hrsg.), Bonn 1995.
Pounds, S., Great Wall? Firm eyes great bridge, in: The Herald, Miami, 01.03.2004.
Proschan, F., Vietnam's Ethnic Mosaic, in: Huy/Kendall(eds): Journeys of Body, Mind, and Spirit, London 2003.
Preuss, S., Der Geradlinige – Bosch-Geschäftsführer Bernd Bohr ist einharter, aber zuverlässiger Verhandlungspartner, in: FAZ, 21.07.2006.
Pride, W.M./ Hughes, R.J., Kapoor, J.R., Business, 7th ed., Boston 2002.
PROFIO-Forschungsteam (Hrsg.), Kompetenzen, die bei internationalen Organisationen notwendig sind, in: Professionelle Ausbildung für internationale Organisationen – Abschlusskonferenz im Auswärtigen Amt Berlin, 22/23.06.2006.
Pudelko, M., Das Personalmanagement in Deutschland, den USA und Japan, Band 2, Köln 2000.
Puffer, S., Understanding the Bear: A Potrait of Russian Business Leaders, in: Academy of Management Executive, Nr. 2/1994.

Puffer, S.M./ McCarthy, D.J., America Business Ethics. Finding the Common Ground in Russia and America, in: California Management Review, Vol 37, No, 2/1995.
Pugh, D. S./ Hickson, D.J., Writers on Organizations, 4th ed. Nembury Park, CA, 1989.
Rabe, C., In den Dörfern wird Pluralismus gefördert, in: Handelsblatt, Nr. 49, 11. März 1999.
Rapaille, C., Der Kultur Code, München 2006.
Reardon, M., Verizon completes Alltel purchase, in: http://news.cnet.com/verizon-completes-alltel-purchase/, 09.01.2009.
Reineke, R.-D., Akkulturation von Auslandsakquisitionen. Eine Untersuchung zur unternehmenskulturellen Anpassung, Wiesbaden 1989.
Reischauer, E., The Japanese Today - Change and Continuity, Tokyo 1993.
Renard, J., The Handy Religion Answer Book, New York 2002.
Reuters, Agency, China's Trade Surplus Tops $ 43 Billion, in: International Herald Tribune, 12.01.1999.
Reuters, Jung, Frau, Asiatin, in: FAZ, 08./09.11.2008.
Ricks, D.A., Big Business Blunder Mistakes in Multinational Marketing, Homewood IL, 1983.
Rink, S., Stichwort China, Originalausgabe, München 1994.
Robert Bosch India Limited, Behaviour, Intercultural, CIP and Leadership Programs & Offerings – Enhancing Competencies, 2006.
Rocher, G., Introduction à la sociologie générale, Montreal, 1969.
Rödl, B. & Partner, Rußland, in: FAZ Informationsdienste (Hrsg.), Investitionsführer Mittel- und Osteuropa - Band 2, Frankfurt 1995.
Roetzel, B., Stil zeigen bis ins Detail, in: Capital, Nr. 20/2003.
Ronen, S./ Kraut, E., Similarities among Countries, New York 1977.
Ross, J., Brummtöne aus Arabien, in: Die Zeit, 26.05.2006.
Rossatto, A., Doing business in Brazil, in: Global Smarts: the art of communicating and deal making anywhere in the world, New York 2000.
Rothlauf, J., Allah sieht alles, in: Personalwirtschaft Nr. 5/95.
Rothlauf, J., Basisdaten über das Königreich Saudi-Arabien, in. Saudi Consulting House (Hrsg.), Handbuch für Industrie-Investitionen, 8. Aufl., Riyadh 1993.
Rothlauf, J., Chancen der Europäischen Union im Rahmen der Osterweiterung - Eine politische und wirtschaftliche Perspektive, in: HTW Dresden, Stadtsparkasse Dresden (Hrsg.), Eurochallenge ,'96, Dresden 1996.
Rothlauf, J., Das Wettrudern, in: Seminarunterlagen, Stralsund 2005.
Rothlauf, J., Deutsche und Vietnamesische Kultur im Vergleich, Goethe-Institut, Hanoi, 12.01.1998.
Rothlauf, J., Die Determinanten der japanischen Unternehmung, in: Einführung in die Managementlehre, 3. Aufl., Stralsund 1997.
Rothlauf, J., Erfolgreich verhandeln in Vietnam, in: Personalwirtschaft Nr. 2/1998.
Rothlauf, J., Es reicht nicht, nur andere Sprachen zu verstehen, Interview mit Dr. Loimeier, in: Mannheimer Morgen, 03.08.2006.
Rothlauf, J., Intercultural Management at German Universities, Stralsund, 2007.
Rothlauf, J., Intercultural Management handouts, Stralsund 2004.
Rothlauf, J., Interkulturelles Management, 1. Aufl., München 1999.
Rothlauf, J., Interkulturelles Management, 2. Aufl., München 2006.
Rothlauf, J., Interkulturelle Personalführung im religiösen Kontext: Eine Herausforderung für den Auslandsmanager, in: Fachhochschule Mainz (Hrsg.), Update 7 WS 08/09, Mainz, 2008.
Rothlauf, J., Interview am 11.04.2008 mit Rüdiger Baumann von BR-alpha zu Fragen des Interkulturellen Managements, in: www.br-online.de/br-alpha/alpha-forum.

Rothlauf, J., Mittel- und Osteuropa als Handels- und Investitionsraum für internationale Joint Ventures, in: Klaipedos Universitetas (Hrsg.), International Conference Economic Reform in Eastern and Central Europe, Klaipeda 1998.

Rothlauf, J., Multicultural Management Insights, in: Kloss, I. (Hrsg.), More Advertising Worldwide, Berlin 2002.

Rothlauf, J., Multicultural Management Insights with a specific focus on Multicultural Teams, Pau 2009.

Rothlauf, J., Osteuropa: Interkulturelle Kompetenz - der Schlüssel zum Erfolg, in: Karriereberater Nr. 6/1997.

Rothlauf, J., Projektunterlagen, Stralsund 2007.

Rothlauf, J., Qualifizierte Nachwuchskräfte für das Auslandsgeschäft, in: WIR, hrsg. v. der IHK Rostock, Nr. 6/1996.

Rothlauf, J., Seminarunterlagen, Stralsund 2011/12.

Rothlauf, J., Total Quality Management, 2. Aufl. 2004.

Rothlauf, J., Two water melons cannot be carried in one hand, in: Personalwirtschaft Nr. 7/96.

Rothlauf, J., Vortrag bei der ITB, Berlin 2003.

Rothlauf, J./ Meininger, K.D., Betriebspraktika als Einstieg in kooperative Ausbildungsformen in Entwicklungs- und Schwellenländer - dargestellt am Beispiel der Collegeausbildung in Saudi-Arabien, Eschborn 1994.

Rousseau, M., Vietnam, Köln 1998.

Rowland, D., Japan-Knigge für Manager, Frankfurt/M. 1996.

Rudolph, H., Erfolgsfaktoren japanischer Großunternehmen. Die Bedeutung von Wettbewerb und individuellen Leistungsanreizen, Frankfurt/M. 1996.

Rühl, I., Ein Benimm-Guide für die wichtigsten Handelspartner Deutschlands, in: Der Karriereberater, Nr. 6/1997.

Ruhland, J/ Wilde, K., Wirtschaftsmacht Japan: Erfolg durch Targeting, in: Schuster,L.(Hrsg.), Die Unternehmung im internationalen Wettbewerb 1994.

Rummelhagen, M., Schüttauf, K., Hausarbeit zum Thema „Intercultural Leadership", Stralsund, 2007 (nicht veröffentlicht).

Rupsch, H., Global Localization - Sonys Ansatz zur weltweiten Koordination des Unternehmens, in: Scholz, J.M. (Hrsg.), Internationales Change-Management, Stuttgart 1995.

russlandintern.de, Wirtschaft aus Russland, 06.07.2006, in: http://www.russlandintern.de/.

Sabath, A.M., International Business Etiquette Europe, New York, 1999.

Sackmann, S., Toyota's guiding Principles, in: Bertelsmann Stiftung (Hrsg.), Toyota Motor Corporation: Eine Fallstudie aus unternehmenskultureller Perspektive, 2007.

Saizew, S., Über die russische Wirtschaftskultur; in: Osteuropa-Wirtschaft, 43. Jhg., 1/1998.

Salacuse, J.W., Intercultural Negotiation in International Business, in: Group Decision and Negotiation, Vol. 8, No.3, 1999.

Salacuse, J.W., International erfolgreich verhandeln: mit den wichtigsten kulturellen, praktischen und rechtlichen Aspekten – München 1992.

Saunders, M., Working Together in a Multinational Organization: Erfahrungen mit einem interkulturellem Seminar, in: Kopper/Kiechl (Hrsg.), Globalisierung: Von der Vision zur Praxis, Zürich 1997.

Sautter, H., Japan im Aufbruch - Wandel der Zeit, in: Spiegel „special", Nr. 4/1998.

Scheer, M., Arbeitsrecht, in: Baum/Drobnig (Hrsg.), Japanisches Handels- und Wirtschaftsrecht, Berlin 1994.

Scheer, M., Das Joint Venture in Japan, in: Langefeld-Wirth, K. (Hrsg.), Joint Ventures im internationalen Wettbewerb, Heidelberg 1990.

Schein, E.H., Coming to a new awareness of organizational culture, in: Sloan Management Review 25, Nr. 2, 1984.

Schell, O., A rare Meeting of Minds, in: Newsweek, 1998, July 13.
Schell, R., Aufbau eines Joint-Ventures in China (am Beispiel der Bayer AG, Leverkusen), in: Zusammenfassung des Vortrages vom 12.04.1995 an der John-F.-Kennedy Schule in Esslingen.
Schell, R., Einführung in den chinesischen Markt, In: Zusammenfassung des Vortrages vom 12.04.1995, (Hrsg.), Bayer AG, Leverkusen 1995.
Schenz, V., Gedünstete Schlange und endloses Plauschen, in: Ingenieure, Beilage der Süddeutschen Zeitung, 27./28.01.2007.
Scherer, B., Sieben Wunder für die Ewigkeit, in: FAZ, 10.03.2005.
Scherm, E., Internationales Personalmanagement, Oldenbourg Verlag, München/ Wien, 1995.
Schewzowa, L., Putins Ohnmacht, in: Rheinischer Merkur, Nr. 27/2006.
Schienle, W., Verhalten in der VR China, Heft 1, Deutsche Stiftung für internationale Entwicklung (Hrsg.), Bad Honnef 1992.
Schimmel, Prof. A., Der islamische Luther dürfte Utopisch bleiben, in: Die Welt (Hrsg.), 23.01.1995.
Schlese, M./ Schramm, F., Arbeitseinstellungen im Osten Europas – kulturell oder situativ bedingt?, in: Steinle/Bruch/Lawa, Management in Mittel- und Osteuropa, Fankfurt/M. 1996.
Schlieper, A., Die Nähe fremder Kulturen. Parallelen zwischen Japan und Deutschland, Frankfurt 1997.
Schluchter, W., Religion und Lebensführung (2 Bände), Frankfurt am Main, 1991.
Schmid, S., Billy in Moskau, in: FAZ, 31.03.2004.
Schmid, S./ Daniel, A., Die Internationalität der Vorstände und Aufsichtsräte in Deutschland, in: Bertelsmann Stiftung (Hrsg.), Gütersloh 2007.
Schmidt, H., Die drei Weltreligionen, in: ZEIT-Punkte, Nr.1/1993.
Schmidt, R., Japanese Management, Recession Style, in: Business Horizons, Nr. 3/1996.
Schmusch, M., Unternehmensakquisitionen und Shareholder Value, Wiesbaden 1998.
Schneider, A., Fortschritte auf allen Ebenen, in: FAZ, 31.03.2004.
Schneider, J., Stille Nacht, gebratene Nacht, in: Süddeutsche Zeitung, 19.12.2000.
Schneider, P., Sieg der Sterne, in: Die Zeit, 30.08.2001.
Schneidewind, D., Das japanische Unternehmen - uchi no kaisha, Berlin 1991.
Schneidewind, D., Entscheidungsprozesse in japanischen Unternehmen, Deutsch-Japanisches Wirtschaftsförderungsbüro (Hrsg.), Reihe Japanwirtschaft, Heft 8, Düsseldorf 1980.
Scholl, R.F., Internationalisierungsstrategien, in: Macharzina/Welge (Hrsg.), Handwörterbuch Export und Internationale Unternehmung, Stuttgart 1989.
Scholz, J.M., Internationales und interkulturelles Change-Management - Deutungen und Bedeutungen einer Begriffswelt in Gesellschaft, Management und Unternehmerpraxis, in: Scholz, J.M. (Hrsg.), Internationales Change-Management, Stuttgart 1995.
Schrempp, J., DaimlerChrysler bleibt auch eine Mensch AG, in: Die Welt, 19.09.1998.
Schroll-Machl, S., Die Zusammenarbeit in internationalen Teams – Eine interkulturelle Herausforderung dargestellt am Beispiel USA - Deutschland, in: Scholz, J.M.(Hrsg.), Internationales Change-Management, Stuttgart 1995.
Schroll-Machl, S., Was ist im Kontakt mit Geschäftsleuten aus Asien zu beachten? In: FAZ, 30.10.2004.
Schroll, S., „Kulturschock", in: FAZ, 22.07.2006.
Schwartz, S. H., Mapping and interpreting cultural differences around the world, in: Vinken, H., Soeters, J., Ester, P. (Hrsg.), Comparing cultures, Dimensions of culture in a comparative perspective, 2004.

Schwartz, S. H., Beyond individualism/collectivism. New cultural dimensions of values, in: Kim, U., Triandis, H.C., Kagitcibasi, C., Choi, S., Yoon, G. (Hrsg.), Individualism and collectivism, theory, method and applications, Thousand Oaks 1994.
Schwarz, G., Unternehmenskultur als Element des Strategischen Managements, Berlin 1989.
Schwendter, R., Zur Theorie der Subkultur, in: Gessner/Hassemer (Hrsg.), Frankfurt 1985.
Segler, K., Basisstrategien im internationalen Marketing, Frankfurt/M. 1986.
Seidel, H., Karstadt Quelle vergibt Importgeschäft an Chinesen, in: Die Welt, 22.05.2006.
Seligman, S. D., Chinese Business Etiquette. A Guide to Protocol, Manners, and Culture in the People's Republic of China, New York 1999.
Sess van, J., Bruner-Traut (Hrsg.), Islam, in: Die fünf großen Weltreligionen, Freiburg 1974.
Shaikh, H., Saudia launches leadership training, in: arab news, Riyadh, 26.06.1994.
Shanneik, G., Die Modernisierung des traditionellen politischen Systems in Saudi-Arabien, in: Orient, Opladen 21/1980.
Sharma, A., Innenansichten der großen Religionen, Frankfurt/M 1997.
Shekshina, S., Managing People in Russia: Challenges for Foreign Investors, in: European Management Journal, Vol 12, No 3/1994.
Shekshnia, S., Western Multinationals Human Resource Practices in Russia, in: European Management Journal Vol. 16, No.4, 1998.
Shimizu, R./ Miyake, A./ Nakazaki, S./ Shinohara, F., Entscheidungsaktivitäten mittelständischer Unternehmen, in: Bergemann/Sourisseaux (Hrsg.), Interkulturelles Management, 2. Aufl., Heidelberg 1996.
Shujl, H., Silence, in: Culture and Management in Japan, Tokyo, 1991, S. 113
Siedenbiedel, G., Internationales Management. Elemente der Führung grenzüberschreitend agierender Unternehmen, Köln 1997.
SIETAR (Hrsg.), Keynote-Speech, Kongress 2000, Ludwigshafen
Simon, H., Die rigorose Globalisierung ist der einzige Weg, in: Welt am Sonntag, Nr. 29, 27.07.1996.
Simon, H., Unternehmenskultur - Modeerscheinung oder mehr?, in: Simon, H. (Hrsg.), Herausforderung Unternehmenskultur. USW Schriften für Führungskräfte, Bd. 17, Stuttgart 1990.
Simon, K.G., Islam. Und alles in Allahs Namen, GEO-Verlag Hamburg 1988.
Slackman, M., A vision of a modern Arab world, in: International Herald Tribune, 23.09.2008.
Smith, D. E.Jr./ Cuong, Pham, Doing Business in Vietnam: A Cultural Guide, In: Business Horizons, Mai/ Juni 1996.
Smith, J.M.H., Teamentwicklung eines multikulturellen und interdisziplinären Projektteams, in: Kopper/Kiechl (Hrsg.), Globalisierung: Von der Vision zur Praxis, Zürich 1997.
Smith, K./ Berg, D., Cross-cultural Groups at Work, in: European Management Journal, Vol. 15, No. 1, Febr. 1997.
Sommer, T., Die asiatische Krankheit, in: Die Zeit, Nr. 28/1998.
Sommer, T., Gräben und Brücken, in: Die Zeit (Hrsg.), „ZEIT-Punkte", Nr.1/1993.
Spiegel (Hrsg.), It's stupid to be afraid, in: Spiegel Special, International Edition, Nr.7/2005
Spitzberg, B.H., Issues in the development of a theory of interpersonal competence in the intercultural context, in: International Journal of Intercultural Relations, 13/1989.
Staehle, W., Management, München 1991.
Staffelbach, B., Moral Leadership, Daimler-Benz Forum: Verantwortung in Management, Stuttgart 1995.
Stahl, G.K., Die Auswahl von Mitarbeitern für den Auslandseinsatz: Wissenschaftliche Grundlagen, in: Kühlmann, T.M (Hrsg.), Mitarbeiterentsendung ins Ausland: Auswahl, Vorbereitung, Betreuung und Wiedereingliederung, Göttingen 1995.

Stahl, G., Internationaler Einsatz von Führungskräften, Oldenbourg Verlag, München/ Wien 1998.
Stajkovic, A., Vietnam: An Emerging Market in the Global Economy, in: Hodgetts/Luthans (Hrsg.), International Management, 3. Aufl., McGraw-Hill, 1997.
Statistisches Bundesamt Deutschland, 2006, in: Internet: www.destatis.de
Steger, U., Globalisierung der Wirtschaft. Konsequenzen für Arbeit, Technik und Umwelt, Berlin 1996.
Steger, U., Globalisierung verstehen und gestalten, in: Globalisierung der Wirtschaft Konsequenzen für Arbeit, Technik und Umwelt, Berlin 1996.
Stein, S., Wirtschaftliche Kooperation mit Rußland, Gegenseitige Lernprozesse nach einer Phase der Euphorie und der Enttäuschungen, in: FH Stralsund (Hrsg.), Tagungsbericht Internationales Regionalsymposium, Rußland – Wirtschaftspartner Mecklenburg-Vorpommerns, Nr. 1/1997.
Steinmann, H./ Kumar, B.N., Personalpolitische Aspekte von im Ausland tätigen Unternehmen, in Dicht/Issing (Hrsg.), Exporte als Herausforderung für die deutsche Wirtschaft, Köln 1984.
Stern (Hrsg.), Die sechs Weltreligionen, Nr. 50, 2004.
Stern, N., The Economics of Climate Change: The Stern Review, March 2008.
Stickling, E., Kulturelle Unterschiede werden unterschätzt, in: Personalwirtschaft, 07/2007.
Stolte, M., Mit Laptop und Lederhose, in: Rheinischer Merkur, Nr. 20/2006.
Storey, R./ Robinson, D., Lonely Planet, Hawthorn, Victoria/Australia 1997.
Storti, C., Americans at Work - A Guide to he Can-do People. Intercultural Press 2004, über setzt in: Globalisierung hautnah, hrsg. v. Andrea Beyer und Rüdiger Nagel, Mainz 2010.
Storti, G., Speaking of India. Bridging the Communication Gap when working with Indians. Intercultural Press/Nicholas Breadly Publishing, Boston (MA), 2008.
Streib, F./ Ellers, M., Der Taifun: Japan und die Zukunft der deutschen Industrie, Hamburg 1994.
Stucki, L., Japans Herzen denken anders, Bergisch-Gladbach 1980.
Suchinparm, S., How to work with heay accents, in: Hodge, S. (Hrsg.), Global Smarts: The art of communicating and deal making anywhere in the world, New York 2000.
Sung-Hee L., Asiengeschäfte mit Erfolg. Leitfaden und Checklisten, Berlin 1997.
Szerelmy, B., in: Baedeker (Hrsg.), Taoismus, in: Vietnam, 1999.
Tam, P., Outsourcing Sends U.S. Firms to "Trainer", in: The Wall Street Journal – Arab news, 06.03.2006.
Tang, Z./ Reisch, B., Erfolg im China-Geschäft, Frankfurt, New York 1996.
Tannen, D., New York Jewish conversational style, in : International Journal of the Sociology of Language, Nr. 30/1981.
Taymiya, I., Public Duties in Islam, The Institution of the Hisba, Islamic Foundation (Hrsg.), London 1982.
Teagarden, M.B./ Glinow von, M.A., Human Resource Management in Cross-Cultural Contexts, in: Management International Review, 1/1997.
Teagarden, M.B./ Gordon, G.G., Global Human Resource Management: Corporate Selection Strategies and the Success of International Managers, in Selmer (Hrsg.), Expatriate Management: New Ideas for Business, New York 1994.
Testpodium, in: Internet: www.testpodium.com.
Thao, Ngoc, Big Power - Small Package, in: Vietnam Economic News, No 28, July 1998.
The Hebrew University of Jerusalem. Hebrew U. Prof. Shalom Schwartz awarded 2007 Israel Prize in psychology, Press Release (28.02.2007), URL: http://www.huji.ac.il/cgi-bin/dovrut/dovrut_search_eng.pl.

Thiede, U., Beispiele für Konsensbildung in japanischen Firmen, in: Deutsch-Japanischer Wirtschaftskreis (Hrsg.), Erfolgreich im Japangeschäft - Den Geschäftspartner besser verstehen, Düsseldorf 1994.

Thiel, M., Joint Ventures in der Rußländischen Konföderation, Berlin 1995.

Thielen, G., Globalisierung braucht Integration, in: Bertelsmann Stiftung (Hrsg.), Change, Nr. 2/2008.

Thomas, A., Interkulturelle Kompetenz im internationalen Management, in: VolkswagenStiftung (Hrsg.), Wir stiften Wissen, Tagungsband, Dresden, 2006.

Thomas, A., Psychologie interkulturellen Lernens und Handelns, in: Thomas (Hrsg.), Kulturvergleichende Psychologie: Eine Einführung, Göttingen 1993.

Thomas, A., Psychologische Bedingungen und Wirkungen internationalen Managements - analysiert am Beispiel deutsch - chinesischer Zusammenarbeit, in: Engelhard, J., Interkulturelles Management, Theoretische Fundierung und funktionsbereichsspezifische Konzepte, Gabler Verlag, Wiesbaden 1997.

Thomas, A./ Hagemann, K., Training interkultureller Kompetenz, in: Bergemann, N./ Sourisseaux, A.L.J., Interkulturelles Management, 2., überarbeitete Auflage, Physica Verlag, Heidelberg 1996.

Thompson, N., Anti Discriminatory Practice, London 1998

Tibi, B., Räumt unser heiliges Land, in: Der Spiegel, Nr. 48/1998.

Tiessen, M., Die Rückkehr planen, in: uni 2/2006.

Tomeh, A.K., The Traditional and Modern Arab Family, in: Journal of South Asian and Middle Eastern Studies, vol. 7, 1983.

Töpfer, A., Der lange Weg zum Global Player, in: Uni - Special, Internationale Unternehmen, Nr. 3/1995.

Tradearabia 2006, in: Internet: http://www.tradearabia.com.

Trojanow, I., Die Menschheit auf der Töpferscheibe Allahs, in: FAZ, 07.04.2003.

Trompenaars, F., Hampten-Turner, Ch., Riding the waves of culture; Understanding cultural diversity in global business, 2nd edition, McGraw-Hill, 1998.

Trompenaars, F., Handbuch Globales Managen, Düsseldorf 1993.

Trompenaars, F., Riding the waves of culture - understanding cultural diversity in Business, New York 1993.

Trost, C., Beckstein zwischen Scheichs und Weißbier, in: Fränkischer Tag, 20.03.2008.

Tuckman, B.W./ Jensen, M.A.C., Stages of Small-Group Development Revisited, in: Group & Organization Management, Vol.2, 1977.

Tung, R.L., Selection and Training of Personnel for Overseas Assignments, in: Columbia Journal of World Business, Nr. 16/1981.

TÜV SÜD, "Make friends, do business"; TÜV SÜD Journal, 2nd quarter 2011.

Twisk, T. F., Assessment von internationalen Managern, in: Scholz, J.M. (Hrsg.), Internationales Change Management, Stuttgart 1995.

Tylor, E.B., Primitive Culture, Band 1, New York, 1871.

Uebel, C., Geldanlage streng nach dem Koran, in: Die Zeit, 10.04.2003.

Uhl-Vetter, E., Andere Länder, andere Sitten, in: FAZ, 08.01.2005.

Ulrich, A., The importance of intercultural knowlegde for the future, in: BSN, Nr. 16, 2004.

Unger, K. R., Erfolgreich im internationalen Geschäft. Fallstricke und Fehler vermeiden – Kompetenz auf Auslandsmärkten, Wien 1997.

Unger, K.R., Internationale Kommunikationspolitik, in: Krystek/Zur (Hrsg.), Internationalisierung. Eine Herausforderung für die Unternehmensführung, Berlin 1997.

Vagt, H., Die Frau in Saudi-Arabien zwischen Tradition und Moderne, in: Islamische Untersuchungen, Bd. 163, Berlin 1992.

Veiga, J.,F./ Ynouzas, J.N./ Buchholtz, K., Emerging Cultural Values Among Russian Managers: What Will Tomorrow Bring?, in: Business Horizons, July-August 1995.

Vien, Nguyen Khac, Ngoc, Huu, Literature Vietnamienne, Historique et Textes, Hanoi 1979.
Vincentz, V., Zur außenwirtschaftlichen Entwicklung Rußlands und der Ukraine, in: (Hrsg.) Osteuropa-Institut München, Nr. 197/1966.
Voelpel, S., Han, Z., Chinesische Rohdiamanten, in: Personalwirtschaft, Heft 5, 2006.
Volvo Car Corporation (Hrsg.), Discrimination is everyone's business, 2000
Voß, S., Russische Business-Elite: Geänderte Gewohnheiten, in: dpa, 30.07.2007.
Wadenpohl, M., Konsumgütermarketing in Rußland, Ost-Ausschuß Studien zur Geschäftspraxis, Köln 1998.
Wahren, H-K., Zwischenmenschliche Kommunikation und Interaktion in Unternehmen, Berlin 1987.
Walsh, J., Managerial and organizational cognition: Notes from a trip down memory lane, in: Organization Science Nr. 6/1995.
Wang, Zhong, Policies and Practices of Chinese Human Resource Management – Evaluation and Training, in: Personalwirtschaft Nr. 2/2000.
Watanabe, T., Demystifying Japanes Management, Tokio 1987.
Watt, W.M./ Welch, A.T., Der Islam, Bd. 1, Stuttgart 1980.
Weaver, G.,R., Connecting Intercultural Communication and Management, in: Intercultural Management Institute, Washington, DC, Nr. 9/ 2001.
Weaver, G.R., Connecting Intercultural Communication and Management, in: Intercultural Management Institute (Hrsg.), Washington, DC, Nr. 9, 2001.
Weber, W./ Festing, M./ Dowling, P. J./ Schuler, R. S., Internationales Personalmanagement, Gabler Verlag, Wiesbaden 1998.
Weggel, O., China, 4. Auflage, München 1994.
Wehner, M., Die Mittelschicht im Zentrum des Aufschwungs, in: FAZ, 16.05.2003.
Wehner, M., EU plant Freihandelszone mit Russland, in: FAZ, 04.07.2006.
Wehner, M., Leben und arbeiten in Moskau/Russland, in: FAZ, 13.03.2004.
Wehner, M., Moskau ist kein Lieblingsplatz, in: FAZ, 13.03.2004.
Wehner, M., Und wenn der Fluss voll Wodka wäre, in: Frankfurter Allgemeine Sonntagszeitung, 16.09.2004.
Weidmann, W.F., Interkulturelle Kommunikation und nationale Kulturunterschiede in der Managementpraxis, in: Scholz, J.M. (Hrsg.), Internationales Change-Management, Stuttgart 1995.
Weiler, B., OECD sieht wirtschaftliche Erholung in Japan, in: Die Welt, 15.04.1999.
Weiss, S., Globale Interaktion, In: Bertelsmann Stiftung (Hrsg.), Jahresbericht 2006.
Welge, M./ Al-Laham, A., Strategisches Management: Grundlagen-Prozess-Implementierung, 5. Aufl., 2008.
Welge, M./ Holtbrügge, D., Internationales Management, Landsberg/Lech 1998.
Welt Online, Mars und Warren Buffett übernehmen Wrigley, in: http://www.welt.de/wirtschaft/article1944557/Mars_und_Warren_Buffett_ueberneh men_Wrigley.html, 18.04.2008.
Wickel-Kirsch, S., Fehlende Reintegrationsplanung, in: Die Personalwirtschaft, Nr. 2/2004.
Wickel-Kirsch, S./ Schütz, M./ Berlich, I., Stolpersteine auf dem Weg zum Weltmarkt, in: Personalwirtschaft Nr. 10/2005.
Wiesenthal, H., Unsicherheit und Multiple-Self-Identität. Eine Spekulation über die Voraussetzungen strategischen Handelns, Köln 1990.
Willemsen, R., Die Deutschen sind immer die anderen, Berlin 2001.
Williams, J., Don't they know it's Friday, Cross-Cultural Considerations for Business and Life in the Gulf, Ajman, UAE, 2004.
Wilson, D./ Donaldson, L., Russian Etiquette & Business Ethics in Business, (Lincolwood) Chicago 1996.
Windham International, Global Relocation Trends, New York 1998.

Windham International & National Foreign Trade Council, Global Relocation Trends Survey, retrieved 29.04.2008.
Wolf, F., Chinesische Religionen in Südostasien, in: Südostasien Informationen, 2, 1986.
Womack, J.P./ Jones, D.T./ Roos, D., The Machine that changed the World, New York 1990.
World Values Survey, Values Change the World, unter: http://www.worldvalues survey.org/wvs/articles/folder_published/article_base_110/files/WVSbrochure6-2008_11.pdf, 2008.
World Values Survey Association, The World Values Survey: Questionnaires of 2005, 2000, 1995, unter: http://www.worldvaluessurvey.org/index _surveys, 2012.
Wunderer, R., Vom bayerischen Kirchturm zur europäischen Kathedrale?, in: SZ, Nr. 243, (S. 117), 01.10.1992.
Xiaoshan, W./ Blume, G./ Sieren, F., Olympia-Extra: Eröffnungsfeier, in: Die Zeit, 07.08.2008.
Yoshino, B., Politische und moralische Wertvorstellungen im heutigen Japan, Informationsmaterial der Japanischen Botschaft, Bonn 1980.
Zadeh, M., Ohne Titel, in: DIE ZEIT, 06.04.2004.
Zahrani, S./ Hassan, J., Traditions returns with Shoura, in: arab news, Riyadh, 29. Dez.1993.
Zander, E./ Schindelhauer, A., Auslandsentsendung nach Osteuropa, in: Krystek/Zur (Hrsg.), Internationalisierung. Eine Herausforderung für die Unternehmensführung, Berlin 1997.
Zeck, M., Andere Kulturen haben eine eigene Logik – Interview mit Susanne Hoppe, FAZ, 10/11.03.2012.
Zemin, J., The Reform of the Economic Structure in China, in: Beijing Review, 1992, Vol. 35, No. 43.
Zentralinstitut Islam-Archiv Deutschland Stiftung e.V., Graphik Muslime in Europa, Mai 2002.
Zinzius, B., Der Schlüssel zum chinesischen Markt, Wiesbaden 1996.
Zubko, K.C., Sahay R.R., Inside the Indian Business Mind, Jaico Publishing House, Mumbai 2011
Zwierlein, E., Moral Leadership?, Das Plädoyer des advocatus diaboli, Daimler-Benz Forum: Verantwortung in Management, Stuttgart 1995.

Stichwortverzeichnis

A

Abbey National-Banco Santander · 120
Abendessen · 218, 432, 434, 484f., 487, 535, 613, 639, 691
Aberglauben · 437, 464, 465, 152, 409
Arcelor-Mittal · 120
Achievement · 56
Aesthetics · 80
Adjourning-Phase · 304
Ägypten · 51, 54, 66, 156f., 664, 675
Ahnenverehrung · 399, 401, 407, 418, 467
Aisatsu · 531f.
Akkulturation · 101ff., 164
Akkulturationsgrad · 101f.
Albanien · 51, 670
Al-Mikhlafi, Abdulaziz · 660
Am · *See* Yin
Ambiguitätstoleranz · 168
Amerika · 3, 221, 239, 270, 328, 452, 565, 698
Anforderungsprofil · 188, 258, 299, 566
Animismus · *Siehe* Religion
Anspruchsprofil · 263, 566
APEC · 382, 452
Aperian Global · 119
Arbeitsbesprechungen · 499
Arbeitsgewohnheiten · 234f.
Arbeitslosigkeit · 292
Arbeitsrhythmus · 216
Arbeitsstil · 311, 617, 633
Argentinien · 50
Artel · 597
Ascription · 56
ASEAN · 3, 382, 387
Aserbaidschan · 203

Asien-Pazifik Institut für Management · 355
Assimilation · 103, 146
Astrologie · 223, 409, 465
Atheismus · 464
Äthiopien · 51
Attraktivitätsgrad · 303
Aufgabenorientierung · 313, 317
Auslandsaufenthalt · 111, 175, 338ff., 364, 479, 507
Auslandseinsatz · 331, 333, 339, 341, 350, 352, 366, 368ff., 507, 566
Auslandsentsendung · 177, 205, 179, 280, 339, 362
Auslandserfahrung · 165, 235, 298, 300, 590
Auslandsmanager · 20, 152, 253, 258f., 263, 299, 444, 490, 506
Auslandstauglichkeit · 235
Auslandstelefongespräche · 208
Auslandsvorbereitung
  Adressaten · 337ff.
  Anbieter · 354f.
  Angehörige · 339, 341, 352
  Culture Assimilator · 342, 345, 357
  E-Learning · 345f., 354
  Kinder · 339ff., 367, 369
    Anpassungsschwierigkeiten · 340
  Methoden · 342ff.
  Seminare · 182ff., 370
  Veranstalter · 354
  Ziele · 336f.
Ausrichtung
  Ethnozentrisch · 95f.
  Polyzentrische · 97f.
  Regio-/geozentrische · 99f.
Australien · 50, 150
Auswärtiges Amt · 171f., 259

Autoritäts-Konformismus · 622f.
Autoritätsstrukturen · 286

B

Bac Dau · 408
Bahrain · 643ff., 647f., 657f.
Baltische Länder · 51
Bangladesch · 82, 669
Bankers Trust · 125ff.
BASF · 107, 165, 241, 338
Bästlein, Sönke · 501
Bayer AG · 241
Bayrischer Rundfunk · 151, 204, 248, 705
BDI · 519
Beechvroft Associates · 119
Begrüßung · 209, 213, 220, 222, 311, 420ff., 473f., 491, 530, 534, 609f., 687
Beiersdorf AG · 592
Belgien · 50, 200, 670
Bereichskultur · 92
Berningshausen, Jutta · 95
Bertelsmann Stiftung · 107
Berufslaufbahn · 366
Besuchsankündigung · 421, 528
Bevölkerungswachstum · 138, 292, 379, 451, 513, 577, 644
Beziehungsnetz · 227, 440, 483, 497, 505
Bischoff, Alexander · 388ff.
BMW · 145, 175ff., 241, 358
Bodhisattvas · 412
Boll, Klaus · 305f.
Bosch · 148, 180ff., 245, 252, 275ff. 305, 352, 356f.
Bottom-up-Prozess · 106, 497, 548, 559, 561
Brainstorming · 293, 300, 314
Branchenkultur · 91
Brasilien · 154, 235, 268, 11, 50
Brunei · 669
Buddha · 248f., 410ff., 415f.

Buddhismus · *Siehe* Religion
Bulgarien · 51, 220, 670
Bundesagentur für Arbeit · 185
Bundesrepublik · *Siehe* Deutschland
Bundesstelle für Außenhandelsinformationen · 529
Burma · 397, 412
Butan · 51

C

Cao Dai · 414f.
Carl-Duisberg Centren GmbH · 29, 355
Case Study · 125, 156, 191, 229, 280, 326, 373, 446, 509, 570, 638
Change Agent · 271
Chile · 50
China · 1, 10f., 49, 51, 66, 82, 137, 151, 197, 220f., 223f., 235, 238, 242f., 246, 410ff., 451ff.
Christentum · *Siehe* Religion
Chrysler · 105
Collectivism · 43f., 49, 53f., 65ff., 364, 606
Colors · *Siehe* Farben
Commerzbank · 241
Communication blunders · 212
Communicator · 108, 110
Compliance · 108, 112
Confucian dynamism · 47
Context · 38f.
Conversation · 36, 197, 233, 356, 478f., 492f, 611, 697
Corporate Culture · 6f., 9, 48, 59, 99, 117f., 174, 179
Corporate Identity · 126, 129, 131, 146, 247, 468
Corporate Values · 144
Costa Rica · 50
Cromme, Gerhard · 237
Cross-cultural communication · 200, 209
Cross-cultural management · 20f.

Cultural Ambassador · 108, 111
Cultural Concept
  Keller · 32f.
  Kluckhohn · 33f.
  Luthans · 33
Cultural Diversity · 18f., 60, 156, 179, 213, 267, 273
Cultural Point of View · 78
Cultural Sensitivity · 178, 357
Cultural Vision · 108
Culture
  Three Levels of Culture · 34f.
Culture Assimilator · 342, 345, 357
Culture-bound · 15
Culture-free · 15
Culture Shock · 334ff.

D

DAAD · 361, 428ff.
Daimler-Benz · 105
Daimler-Chrysler · 89, 105, 203, 268
Dämonenbeschwörung · 409
Dänemark · 50, 670
Danwei · 469ff.
DB Schenker · 321
DDR · 387, 390, 590f.
Dekulturation · 102f.
Denkmuster · 234f., 250, 414, 603
Deutsche Bank · 125ff., 241, 358
Deutsche Post · 107, 241
Deutsche Industrie- und Handelskammer Japan · 529
Deutschland · 30, 83, 114, 136, 220, 239, 281, 362, 379, 385, 396, 428f., 451, 454, 459, 502ff., 513, 518f., 558, 561f., 577, 584ff., 590, 618f., 629f., 670, 705
Dinkelspiel, Tom · 310
Divergenz-Hypothese · 93
Doi Moi · 382
Dominikanische Republik · 51
Dress Code · 244

Dubai · 156ff., 645, 647, 653f., 690, 704
Duong · *See* Yang

E

Economic Planning Agency (EPA) · 517
Ecuador · 50
Ehmann, Wolfgang · 388ff.
Einfühlungsvermögen · 166, 168, 235, 259, 337, 444, 591, 611
Einladung · 230, 247, 428, 432ff., 444, 472, 484, 487, 529, 535f., 563, 612ff., 692f.
  Rückeinladung · 425, 434, 444, 483, 487, 533, 536, 614
Einstellungen · 16, 93, 144, 147, 257, 590, 633
England · 66, 239, 272
Entscheidungsfindung · 163, 252, 294, 438f., 470, 499, 504ff., 541, 546ff., 561f., 624, 636, 647, 697
  Autoritäre · 294
  Partnerschaftliche · 294
Entscheidungsverhalten · 222, 227, 438, 494, 506, 520f., 541, 551, 553, 558, 561f., 621, 696
Equal Opportunity-Ansatz · 146
Erddrachen · 223, 465
Erziehung · 246f., 469, 661, 663
Etikette(n) · 214, 468, 528, 563, 589, 609, 613
EU · 3, 18f., 172, 292, 579, 585
European Year of Intercultural Dialogue · 18f.
Evaluierung · 288, 370,
Expatriate(s) · 78, 111, 156, 164, 171, 177, 184, 230, 274, 280, 331, 333, 358f., 363, 366, 370f., 507, 591, 599

F

Fachhochschule Stralsund · 13f., 71, 119, 171, 261, 322, 332
Familienehre · 661f.
Farben · 281, 435, 456, 465, 477, 480, 488, 535, 475, 480, 639
　Trauerfarbe · 489
Federal Aviation Administration · 307
Femininity · 45
Fidschi · 219
Finanzministerium (MoF) · 516
Finnland · 219, 579, 670, 50
Firmenidentität · 99f., 468
Flexi Manager · 271
Foreign Investment in Japan Development Corporation (FIND) · 529
Forming-Phase · 302
Frankreich · 50, 208, 380, 590, 670
Fremdbestimmtes Arbeitsumfeld · 234
Fremdheitsgrad · 258, 350
Fremdsprachenkenntnisse · 15, 166, 259, 299
Führungsrichtlinien · 275
Führungsstil · 104, 106, 164, 230, 235ff., 249, 253, 261, 498, 501, 554ff., 622f., 699
　Autoritärer · 239, 249, 439, 622
　Kooperativer · 239
　Paternalistischer · 239
　Patriarchalischer · 699
Führungstheorien · 237ff.
Führungsverhalten · 234f., 237f., 245ff., 438, 444, 494, 506, 541, 554f., 579, 696

G

Ganzheitsmethode · 526
Gärten von Kyoto · 526
Gastfreundschaft · 207, 432f., 613
Gastgeschenke · 435, 487, 534, 614f., 691
Geben und Nehmen (Kashi-Kari) · 547
Gecina-Metrovecesa · 120
Geduld · 153, 216, 218, 227, 243, 425, 429, 443, 483, 533, 593, 611, 624, 636, 694f., 700
　Ungeduld · 218, 425, 494, 540
Gegeneinladung · *Siehe* Rückeinladung
Generation Global · 9f.
Germany · 44f., 49, 56, 66f., 75, 79, 81, 212, 218, 242
　Culture · 79, 167
　Living · 361
Geschäftsessen · 484, 536f.
Gesellschaft für interkulturelle Kommunikation und Auslandsvorbereitung · 355
Gesellschaft für Technische Zusammenarbeit (GTZ) · 205, 355, 389
Gesellschaft für Internationale Zusammenarbeit (GIZ) · 19, 205, 335
Gesellschaftskultur · 91
Gesichtsverlust · 437, 502, 545, 549, 611, 699
Gesicht wahren · 426, 442, 467, 486, 489, 492, 501, 503, 536, 687
Gesprächsthemen · 208, 479, 687
Gestaltungsfelder
　Absatz · 94
　Beschaffung · 94
　Management · 94
　Personal · 94
　Produktion · 94
Gesten · 436, 492, 504, 536, 538
Gestik · 214, 436, 619
Ghana · 30, 51, 219
Ghorfa · 660
Glaubensfreiheit · 465
Global Challenge · 5f.
Global Corporate Etiquette · 356

Global Manager · 272f.
Global Player · 7f., 165, 370
Globalisierung · 3f., 93, 150, 165, 169, 269, 271
   Globalisierungseffekt · 144
   Globalisierungsprozess · 599
Globality Check · 715ff.
Globalkultur · 92
Globalpreneur · 269f.
GLOBE Study · 64ff.
   Critical Review · 67
   Dimensions · 65f.
Golf Staaten · 365, 584, 643ff.
Golf-Kooperationsrat · 648
Golfstaaten · 365, 584, 643ff.
Griechenland · 50, 670
Großbritannien · 50, 208, 645ff., 670
Gruppenarbeit · 286, 294, 303, 312, 441
Gruppen-Ideologie · 521, 524
Gruppenkohäsion · 290, 293, 302, 394
Gruppenkultur · 94
Gruppennormen · 304
Gruppenverständnis · 290f., 395
Guanxi · 471f., 484, 506, 508
Guatemala · 50

H

Hall · 37ff., 57, 67
   Context · 38
   Critical Review · 42
   Cultural Model· 38ff., 62, 70
   Dimensions · 38ff.
   Information Flow · 42
   Space · 41
   Time · 41f., 57
Handlungsschema · 165, 286
Handzeichen · 312
Harmonie · 138, 152f., 249, 403ff., 426, 442, 465f., 492, 495f. 521, 526, 532, 546, 559, 563, 628, 673
Hard Elements · 173f.
   Strategy · 173
   Structures · 173
   Systems · 173f.
Harte Faktoren · 514
Health Conditions · 266
Helden · 35ff., 413, 415
Henkel · 107, 241, 258, 353
Heroes · Siehe Helden
Hierarchiegebundenheit · 438, 494ff., 696, 698
High-context-culture · 38, 436, 528, 538
Hilti AG · 149, 353f.
Hoa Hao · 414f.
Hofstede · 15, 37, 43ff. 60, 62f., 67ff., 71ff. 141
   Critical Review · 48
   5-D-Model · 43ff., 67ff., 136, 300, 604f.
   Individualism Index · 44f.
   Indulgence vs. Restraint · 47
   Interview · 71ff.
   Long-Term-Orientation · 47
   Masculinity Index · 45
   Power Distance Index· 43f.
   Uncertainty Avoidance· 46
Holm, Jerry · 321
Hongkong · 50, 66, 246
Hoppe, Susanne · 29
Human-Nature-Relationship · 57f.
Human-Time-Relationship · 57
Humer, Franz B. · 261f.

I

Iceberg Model · 31f.
Ideologie · 34f., 140, 381, 391, 402, 521, 524f., 594, 667, 684
Idschtihad · 676
Ikea · 460, 599f.
Indien · 10, 27, 50, 82, 151, 153, 155, 200, 215, 217, 220, 229f., 242, 245, 248, 264, 280, 334f., 373ff., 463

Individualismus · 53f., 69, 148, 264, 138, 300, 500, 598, 605, 673
Individualismus-Index · 43ff., 49
Individualismusfaktor · 606
Individualität · 153, 294
Indochinakrieg · 380f.
Indonesien · 50, 669
Information Flow · 38, 42, 624, 626
Informationsgeschwindigkeit · Siehe Information Flow
Institut der Deutschen Wirtschaft · 262ff.
Institut für Auslandsbeziehungen Stuttgart · 355
Institut für interkulturelle Kommunikation · 355
Instituts für Interkulturelles Management (IFIM) · 333, 340, 352, 355, 506
Institut für Personalmanagement · 188
Integration ·33, 103, 105, 339, 387, 397, 526, 578
Intercultural Dialogue · 18f.
Intercultural Exercise · 84f., 726
Intercultural Knowledge · 164
Intercultural Management · 2, 12, 15, 28, 243
Intercultural Manager · 265ff.
Intercultural Studies · 21, 346
Intercultural Teams · 187, 304ff.
Intercultural Tests · 716ff.
Intercultural Training · 8, 70, 120, 397, 332, 348f., 356f., 359
Intercultural Websites · 189f.
InterCulture 2.0 · 347
Interkulturelle Kompetenz · Siehe Kompetenz
Interkulturelles Management · 2, 12, 20, 199, 380f.
Interkulturelles Managementtraining · 183
Internationale Teams Notwendigkeit · 285f.
Herausforderungen · 286f.
Leistungshemmender Faktoren · 289
Lernprozess & Gruppenentwicklung · 290
Internationalisierung · 2f., 12, 90, 93, 101, 135, 165, 176f., 274
Internationalisierungsgrad · 94ff.
Interpreters · 228
Investment Bank Öhman · 310
Irak · 93, 379, 675
Iran · 10, 50, 219, 242, 379, 675, 678
Irland · 50, 670
Islam · Siehe Religion
Israel · 10, 50, 66, 196, 645
Italien · 50, 670

J

Jahreszeitenrythmus · 216
Jamaika · 50
Japan · 3, 49, 50, 72, 138ff., 150, 161, 208, 239, 242, 398, 513ff.
Japanese External Trade Organization (JETRO) · 529
Jemen · 648, 669
Jena Network for Intercultural Studies · 346
Joint Venture · 97, 183, 286, 299, 332, 338, 347, 386, 438, 440, 455f., 504, 624, 634ff., 699
Judo · 523
Jugoslawien · 50, 93, 200

K

Kaffeezeremonie · 688
Kalender · 81f., 252, 410, 416, 490, 614f.
Kambodscha · 397, 412
Kanada · 50, 200
Kapitalflucht · 585
Kapsaessen · 692f.

Karaoke · 537
Katar · 643ff., 654f., 663, 669
Kaukasus · 51
Keiretsus · 517f.
Kellog's · 154
Kenia · 51
Khong Tu · *See* Kung Fu Tse
Kirgisistan · 203
Kleiderordnung · 428, 476f.
Knowledgeworkxx · 119
Kollektivismus · 138, 598
Kollektivität · 294
Kolumbien · 50
Kommandoökonomie · 578
Kommunikation · 16, 92, 98, 108, 127, 139, 195ff., 257, 328, 344, 390, 492, 532
  Interkulturelle · 195
  Kommunikationsprozess · 107
  Non-verbale · 213f., 420f., 436f., 473ff., 528ff., 619ff., 693f.
  Paraverbale · 211, 540, 618
  Verbale · 198, 420f., 436f., 473ff., 528ff., 609ff.
Kommunikationssprache · 297, 299f.
Kommunikationstraining · 257
Kommunikationsverhalten · 313, 317, 420, 442, 506, 558ff.
Kommunismus · 208, 292, 434, 598
  Antikommunismus · 381
Kompetenz · 96, 98, 100, 169f., 205, 269, 353
  Fachkompetenz · 162f., 257f., 312
  Interkulturelle Kompetenz · 100, 111, 161ff., 199, 255ff., 355, 497, 568
  7-S-Modell · 272ff.
  Kompetenz-Ebenen · 270
  Leadership-Kompetenz · 254ff., 269f.
  Management Kompetenz · 269f.
  Metakommunikative Kompetenz · 169
  Methodenkompetenz · 162f.
  Multikulturelle Kompetenz · 269f.
  Sozialkompetenz · 163, 259, 270
  Unternehmerische Kompetenz · 270
Konfliktquellen · 140, 622
Konflikttoleranz · 502f.
Konformitätsdruck · 470
Konfrontation · 93, 126, 243, 294, 442
Konfuzius · 47, 402, 415, 479, 461, 467f., 472
Konglomerat · 4, 93, 412
Kontaktfreudigkeit · 168
Konvergenz-Hypothese · 4, 93
Koran · 251, 649, 665, 667f., 672ff., 697
Korea · 242, 412
  Nordkorea · 10
  Südkorea · 49f.,66, 246
Körperdistanz · 317
Körpersignale · 620
Körpersprache · 197, 219ff., 436, 491, 538, 619
Korruption · 135, 148, 386, 461, 471, 580, 588f.
KPMG · 117, 121
Kreativität · 294, 313
Krisenmanagement · 301
Kritik · 257, 294f., 428, 442, 494, 502f., 526, 544f., 626f., 634, 699
Kroatien · 51, 670
Kruschke, Stefan · 171f.
Kulturanpassung · 101ff.
Kulturansatz · *Siehe* Cultural Concept
Kulturaufgabe · 103
Kulturausprägung · 184
Kulturbetrachtung · 92, 94
Kulturbewahrung · 105
Kulturcode · 281
Kulturen
  Amerikaner · 153, 210, 219, 224, 238, 253f., 281, 287, 328, 561f., 701

Araber · 39, 153, 222, 224, 689, 693, 699, 701
Asiaten · 216, 427, 436, 476, 478, 492, 545
Bayern · 30
Buddhist · 398, 411, 413, 437
Chinesen · 49, 140, 152, 197, 222, 224, 451ff.
Christen · 397, 526, 597, 680
Dänen · 30
Deutsche · 30, 39, 83, 197, 220, 281, 287, 396, 428f., 460, 464, 482f., 553f., 561f., 620, 627ff.,
Europäer · 425, 477
Finnen · 213, 300
Franzosen · 39, 220, 224
Friesländer · 30
Griechen · 253f., 300
Indianer · 212, 524
Japaner · 39, 139, 153, 196, 221f., 224, 440, 512ff., 561f., 701
Kambodschaner · 300
Kommunist · 397, 238, 402
Koreaner · 300, 720
Marxisten · 526
Muslime · 155, 248, 252, 335f., 397, 647, 667ff., 677ff.,
Nordeuropäer · 222
Österreicher · 30, 192
Südamerikaner · 222
Taoisten · 397, 405
Türken · 300, 306
US-amerikanische Juden · 212
Vietnamesen · 216, 379f., 300, 718
Kulturfestlegung · 101f.
Kulturimpulse · 101
Kulturintegrationstreiber · 108
Kulturkampfes · 138
Kulturkontakt · 101f.
Kulturkonzepte · 27ff.
Kulturkreis · 11, 150ff., 207, 212, 220, 226, 229, 290ff., 338, 609, 673
Kulturkrise · 101ff.

Kulturmanagement · 101, 127
Kulturschock · 83, 93, 153, 340, 362, 365, 334ff.
Kung Fu Tse (vietn. Khong Tu) · 400
Kuwait · 643ff., 648, 655f., 665, 669
Kyodotai · 547f., 550

L

Lächeln · 396, 437, 490f., 537
Ladwig/Loose · 365ff.
Lamson Consulting · 119
Language of Space · 221f.
Language of Wider Communication · 202
Language Training · 342, 348f., 359
Langzeitbeschäftigung Shushin koyo · 541
Langzeitorientierung · 605f.
Lao Tse · 228, 405
Laos · 393
Leadership · 9, 43f., 64, 72f., 118, 124f., 173f., 245, 264ff., 547, 599, 698
 Moral Leadership · 147f.
Leadership-Kompetenz · *Siehe* Kompetenz
Lebensgewohnheiten · 235
Lego · 281
Leistungsprinzip · 543f., 552
Lernkultur · 101
Lewis Modell · 242
Libanon · 51, 679
Libyen · 664, 669
Lob · 236, 443, 479, 500, 544ff., 611, 626, 699f.
Local Dialogue · 108f.
Lohngefälle · 634
Look-and-See-Trip · 108, 349, 360, 368
Low-Context-Culture · 38f., 42
Luxemburg · 51, 670

M

Machtdistanz · 605f., 628, 633
Machtstrukturen · 494, 579
Made at Mercedes · 105
Made in Germany · 105, 482
Madschlis as shura · 666
Mahlzeitenrythmus · 216
Malawi · 51
Malaysia · 50, 669
Malediven · 669
Management by Delegation · 498, 561
Management Mobility Consulting · 367f.
Managementtechniken
   Entscheidungsfindung · 163
   Informationsmanagement · 163
   Konfliktmanagement · 163
   Zeitmanagement · 163
Managing Diversity · 144ff., 326
Mao · *Siehe* Maoismus
Maoismus · 238, 452, 456
Marktnischen · 300
Marxismus · 667
Masculinity · 45, 49f., 69, 73
Maslow · 496, 672
Massenprivatisierung · 582
Massmann, Oliver · 428f.
Matsushita · 556ff.
Mauretanien · 669
Mazda · 542
McKinsey & Company · 501
Mediation · 296
Meditation · 595
Meiji-Periode · 517
Menschenführung ·238
Menschenrechte · 452, 479
Mercedes-Benz · 105, 145, 441
Mergers & Acquisitions · 14, 113ff.
   Consolidation Phase · 117
   Evaluation · 117f.
   Integration Phase · 116f.
   Post-Merger Integration · 115
   Pre-Merger Phase · 115
   Preparation Phase · 115f.
   Process · 115ff.
   Transition Phase · 116
Metaphorische Aktion · 317
Metaplantechnik · 317
Mexiko · 50, 208, 235
Mianzi · 492
Mimik · 214, 436, 490
Ministerium für internationalen Handel und Industrie (MITI) · 516f.
Minh Khai Phan Thi · 396
Minkov, Michael · 76
Minnesota Mining and Manufacturing · 310ff.
Minoritätsgruppen · 144
Mitarbeiterentsendung · 280, 371f.
Mitarbeiterorientierung · 605f.
Mohammed · 81f., 646, 674, 668, 675ff.
Mondjahr · 81f., 678
Monochronic (Time) · 39, 41f.
Monocultural studies · 21
Moskau · 580, 585, 600, 603, 616
Motivation
   Extrinsische Motivation · 236
   Intrinsische Motivation · 236
Muhammed · *Siehe* Mohammed
Multikulturelle Teams · 288, 290, 295, 297f.
Multiple Selves · 93
Mystik · 595
Mystizismus · 409
Myths · 36

N

NAFTA · 3
Namaste · 220
Nam Tao · 408
Namibia · 51
Nema Washi · 549
Nepal · 51

Nepotismus · 395, 471
Nestlé · 107, 263
Netcom Consultants · 320
Neuman, Don A. · 307
Neuseeland · 50
Neutral · 54f.
Niederlande · 50, 670
Nigeria · 51, 54, 235, 668
Nissan · 72, 268, 566
Normen · 31, 33, 35, 65, 95, 100, 148, 153, 393, 263, 273, 393, 672
Norming-Phase · 303
Norwegen · 50, 670

O

Obama, Barack · 16, 148
OCCAR · 308f.
OECD · 137, 515
Oman · 204, 642f., 646, 648, 658f., 665f., 669
Open Sky · 108, 112
Opportunitätskosten · 216
Orakelbücher · 465
Orange-France Télécom · 120
Orientierungssystem · 165, 255, 594f.
Ostasieninstitut · 566
Österreich · 50, 670
Otis Elevator International · 591

P

Pakistan · 50, 669, 675, 683
Panama · 50
Paradigm change · 174
Particularism · 52f., 69
Perestroika · 605ff.
Performing-Phase · 303
Peru · 50
Pfizer · 107
Philippinen · 49f.
Philips · 1, 52
Planwirtschaft · 382, 456f., 583

Platz des Himmlischen Friedens · 452
Polen · 51, 670
Polychronic (Time) · 39, 41f.,
Polyzentrismus · 168
Portugal · 50, 212, 670
Posth, Martin · 11, 97, 235
Privatisierung · 389, 587f.
    Massenprivatisierung · 582
Privatkultur · 91
Produktivität · 247, 294, 439, 558
Produktpiraterie · 461f.
Projektmanagement · 183, 353
Proxemik · 540
Prozessorientierung · 294

Q

Qualitätsdenken · 294
Quantitätsdenken · 294
Qur'an · *Siehe* Koran

R

Ramadan · 81, 166, 248, 647, 677ff., 702
Raumbedürfnisse · 214, 221f.
Raumsprache · 214, 221, 701
Re-entry · 13, 363
Redewendung(en) · 430f., 440, 602, 687, 703
Regionalisierung · 3
Regionen
    Amerika · 3, 221, 239, 270, 698
        Lateinamerika · 217, 220
        Nordamerika · 49
    Arabische Halbinsel · 217, 220, 594, 645, 651, 655, 657f., 661, 663, 686, 689f., 703
    Arabische Länder · 51
    Asien · 11, 139, 226, 270, 292, 362f., 385, 424, 442, 460, 491, 502, 518f., 537, 539, 545, 550

Europa · 185, 205, 221, 270, 502, 538, 578, 669f., 683
  Ostafrika · 51
  Skandinavien · 239
  Westafrika · 51
Reintegration · 338, 363ff.
Reintegrationsplanung · 367
Reintegrationsmaßnahmen · 184
Reintegrationsworkshops · 182
Reisanbau · 393f., 417, 524
Religionen · 31, 80ff., 141, 245, 248, 397f., 465, 522, 594, 645f., 667f., 683f.
  Ahnenkult · 398ff., 417, 464
  Animismus · 398f., 401, 464
  Buddhismus · 82, 248f., 398, 410ff., 465, 522
    Hinayana · 411f.
    Mahayana · 411f.
    Theravada · *Siehe* Hinayana
  Christentum · 414ff., 465, 595, 649, 668
    Evangelische Kirche · 416
    Katholizismus · 416
  Islam · 80ff., 141, 245, 248, 397f., 465, 522, 594, 645f., 667f., 683f.
    Allah · 668, 672, 674f., 677f., 680, 682, 689f.
    Fünf Säulen · 677
    Hadithe · 675f.
    Hadsch · 677, 680ff.
    Idjma · 674, 676
    Koran · 251, 335, 649, 665, 667f., 672, 674ff., 682, 697
    Mekka · 81, 649, 668, 678, 680ff., 697
    Mohammed · 81f., 646, 674, 668, 675ff.
    Qiyas · 674, 676
    Ramadan · 81, 166, 248, 647, 677ff., 702
    Salat · 678
    Shahada ·677
    Sunna · 665, 672, 674, 676
    Suren · 674, 682
    Zakat · 677, 682f.
  Judentum · 22, 677
    Kaddisch · 22
    Lechajim · 22
    Schiwwe · 22
  Konfuzianismus · 246f., 398, 400ff., 409f., 414f., 465ff., 522
    Fünf konfuzianische Tugenden · 468
  Lehre des Buddha · 248f.
    8-facher-Pfad · 249
  Shintoismus · 522
  Taoismus · 250f., 398, 400ff., 409f., 414f., 465ff., 522
Relocation · 277ff., 341, 368
Renault/Nissan · 72, 268, 566
Reziprozität · 392
Rhodia Chalampé-Slovay · 120
Ringi Seido · 548, 550
Ringisho · 548
Ringi-System · 548, 551
Ritual · 150, 425, 534, 595, 613, 688, 652, 686
Rituals · 31, 35ff., 65, 74f.
Roche Holding AG · 261
Role Play · 322ff., 373, 571f., 706ff.
Rolle, Veronika · 502
Rollenerwartung · 341
Rollenspiel · 182, 312, 342ff.
Rückeinladung · *Siehe* Einladung
Rückgliederung · 363
Rückkehrposition · 363
Rückkehr-Klubs · 366
Rückkehrprobleme · 365f.
RUG-Siegel · 145
Rumänien · 54, 670
Russisch-orthodoxe Kirche · 594ff., 602
Russland · 10, 51, 577ff., 670, 54, 66, 242

S

Saint-Gobain/BPB · 120
Salvador · 50
Sambia · 52
Samurai · 523, 580
SAP · 229f., 241
Saudia Fluggesellschaft · 699
Saudi-Arabien · 151, 204, 208, 218, 223, 252, 365, 643f., 646, 648ff., 657, 662f., 685, 687, 697ff., 702, 705
Scharia-Recht · 673, 649, 675
Schering · 241
Schimmel, Annemarie · 667
Schrempp, Jürgen · 89, 105
Schura · 647
Schutzgeldzahlungen · 634, 538
Schwartz
   Critical Review · 62f.
   Cultural Model · 61ff., 68ff.
   Egalitarism vs. Hierachy · 61f.
   Embeddedness vs. Autonomy · 61
   Harmony vs. Mastery · 62
Schweden · 50, 670
Schweigen · 197, 491, 539, 545, 618, 695
Schweiz · 50, 200, 670
Segregation · 102f., 663
Selbstöffnung · 257
Senioritätsprinzip · 138f., 543f., 552
   Nenko joretsu · 541, 543
Serbien · 51, 670
Shanghai Volkswagen · 11, 97
Sharia-Gesetzgebung · 697
Shokai · 529
Sieben-S-Modell · 172ff., 556f., 703
Siemens AG · 93, 144, 150, 179, 187, 332, 507, 587, 715ff.
Sierra Leone · 51
SIETAR · 5, 18, 59, 63, 114, 116, 180f., 185f., 190, 207, 213f., 226
Signs · 34ff.
Silence · 161, 210, 539, 696
Silent language · 213
Singapur · 50
Sitten · 66, 401, 418, 489, 542f., 609
Sitzordnung · 484, 487, 543
Slowenien · 51, 66, 670
Small Talk · 423f., 478, 493, 687
Sobornost' · 597, 601, 622
Soft Elements · 174f.
   Shared Values · 174f.
   Skills · 174
   Staff · 174
   Style · 174
Sogo sosha · 517
Somalia · 669
Sonderwirtschaftszonen · 457
Sowjetunion · 200, 203, 452, 582, 590
Sozialismus · 383, 402, 441, 673
Sozialistische Marktwirtschaft · 384, 454, 456f.
Space · 41
Spanien · 50, 670
Specific vs. Diffuse · 55f.
Sprachbarrieren · 200, 390
Sprache(n) · 96f., 128, 163, 183, 200ff., 211f., 270, 306, 317. 340, 532
   Arabisch · 201, 687, 702
   Armenisch · 203
   Bengalisch · 201
   Chinesisch · 202f., 205, 486
   Deutsch · 11, 210f., 274, 276, 610
   Englisch · 89, 109, 163, 166, 201ff., 276, 463, 475, 481, 529f., 610, 687
   Esperanto · 200
   Estnisch · 203
   Französisch · 201f.
   Georgisch · 203
   Hakka · 201f.
   Hindi · 201
   Kanton · 201f.
   Lettisch · 203
   Litauisch · 203

Mandarin · 201f., 205
Min · 201f.
Portugiesisch · 202
Russisch · 201f., 205, 592, 610
Serbisch · 203
Serbokroatisch · 203
Spanisch · 201f.
Ukrainisch · 203
Wu · 201f.
Sprachkurse · 344, 368
Sprachsystemen · 234
Sprachtest · 203
Sri Lanka · 52, 82
St. Gallener Hochschule · 269
Staatsbetriebe · 385f., 440, 506, 579, 622
Stammhaus-Mentalität · 95f.
Stammland · 96, 234, 258, 366, 369
Standards · 14, 34f., 80, 91, 385, 581
Statuserreichung · *Siehe* Achievement
Statuszuschreibung · *Siehe* Ascription
Steiert, Liane · 71
Storming-Phase · 302
Strategien · 6f., 59, 98, 106, 116, 121, 172f., 217, 236, 498,
 ethnozentrisch · 180
 Funktionsstrategie · 106
 geozentrisch · 101
 Globalstrategie · 106
 Internationalisierungsstrategie · 174f.
 regiozentrisch · 101
 Servicestrategie · 106
Structures · 173
Subsistenzwirtschaft · 216
Südafrika · 51, 145
Surinam · 52
Survival knowledge · 203f., 227
Symbole · 32, 34ff., 74, 111, 211, 405, 407, 430
Systeme · 292

T

Tadschikistan · 203
Tages/Nacht-Rhythmus · 216
Taiwan · 49, 51, 66, 242, 246, 412
Tansania · 52
Tao Quan · 409
Tatemae-Antwort · 532
Teamarbeit · 140, 292, 297, 314, 317, 552
Team Building · 304, 306, 319
Teamentwicklung · 81, 302, 310ff.
 Phasen · 302
 Prozess · 179
Teamgeist · 147, 239
Teamwork · 130, 187, 243, 285, 312ff., 309
Technologisierung · 269
Technomic Asia · 119
Teezeremonie · 58, 150, 423, 425
Teilkultur · 94
Tetfest · 206, 396, 416ff.
Thailand · 82, 218, 242, 397
Theorie X · 237ff.
Theorie Y · 237ff.
Thumbs up · 620, 693
Tigerstaaten · 292
Time · 41f.
Tinh Cam · 444
Tokio · 1, 150, 223, 518, 520
Tokyo · *Siehe* Tokio
Ton-Nu Thuc-Anh · 428f.
Töpfer-Studie · 259
Total Quality Management · 140
Toyota · 99, 106, 463, 542
Träger, P. · 592
Trainer · 47, 59, 77, 172, 250, 312, 349f., 352ff., 370, 373ff.
 Mastertrainer · 353
 Trainertandem · 352
Trainingsmaßnahmen · 182, 184, 213, 337f., 342, 346, 351, 443, 506
Trainingsmethoden
 informationsorientierte · 342f.

interaktionsorientierte · 342, 344
kulturorientierte · 342f.
Transcultural arena · 6
Transformationsphase · 391, 455, 582, 591
Transformationsprozess · 195, 271, 582, 604
Triaden-Konzept · 270
Triet, Nguyen Minh · 384ff.
Trinksitte · 486
Trompenaars
   7-D-Model · 52ff., 68ff.
   Achievement · 56f.
   Affective · 54f.
   Ascription · 56f.
   Collectivism · 53f.
   Critical Review · 58f.
   Diffuse · 55f.
   Human-Nature-Relationship · 57f.
   Human-Time-Relationship · 57
   Individualism · 53f.
   Neutral · 54f.
   Particularism · 52f.
   Specific · 55f
   Universalism· 52f.
Tschechoslowakei · 51
Tunesien · 219, 669
Türkei · 51, 242, 670, 675
Turkmenistan · 203

U

Ukraine · 51
Uncertainty Avoidance · 46
Ungarn · 51, 66, 670
Universalism · 52f.
Université de Haute-Alsace · 13, 71, 120, 308
University of Applied Sciences Stralsund · Siehe Fachhochschule Stralsund
University of California · 453
Unreine Hand · 609
Unsicherheitsvermeidung · 609
Unternehmensführung · 146, 164, 262, 443, 555f., 579ff., 696f., 703
Unternehmenskultur · 15, 91ff., 104ff., 125ff., 130, 145, 251, 298, 565, 633, 703, 705
Unternehmensleitbild · 104ff.
Unternehmensphilosophie · 95, 105f., 445, 556, 565, 705
Unternehmertum · 605
Unterstützungsmaßnahmen · 362, 368
Uruguay · 51
USA ·3, 51, 54ff., 242, 287, 380f., 558, 561f.
Usbekistan · 203

V

Values · 31, 34ff., 43ff., 60ff., 73ff., 80, 135f, 172ff., 210, 301, 319
Valuing Diversity · 144
Venezuela · 51
Vereinigte Staaten von Amerika· Siehe USA
Vereinigte Arabische Emirate · 643f., 648, 653f.
Verfahrensweisen · 144
Verhaltensflexibilität · 168
Verhaltensweisen · 16, 92, 100, 136, 150, 168, 217, 250f., 253, 257, 294f., 392, 398, 443, 466, 469, 479, 512, 523
Verhandlungen · 101, 207, 223f., 425, 477ff., 504, 527, 533, 611f., 617, 689, 694f., 701f.
Verhandlungsablauf · 426, 477, 490, 610
Verhandlungsführung · 427, 477, 480f., 483
Verpackungen · 488, 543
Verschleierung · 663
Vertragsverhandlungen · 223f.
Vietnam · 10, 166, 206ff., 242, 246, 248, 380ff.

Vietnamkrieg · 207f., 381, 434
Visible Action · 108, 110
Visitenkarten · 166, 213, 422, 427, 474ff., 530f., 610, 686f.
Völkerwanderungen · 138
Volkswagen · 11, 97, 107, 151, 241
Volvo · 52, 145
Vorbereitungsseminare · 182, 184, 370
   Kosten · 350ff.
   Veranstalter · 354f.
Vovinam · 407

W

Wahhabismus · 683
Wahrsagerei · 409
Wall Street Journal · 203
Warschauer Pakt · 591
Web 2.0 · 346
Weg des Kriegers (bushi-do) · 523
Wegner, Henrick · 320
Weiche Faktoren · 556f.
Welthandelsorganisation (WTO) · 386f., 389, 483, 509, 579
Werbefilme · 223
Werbung · 154, 593
Werte · 12, 96, 106ff., 130, 135ff., 262, 391, 402f., 445, 594f, 598, 632, 666
Wertehaltungen · 91, 136, 144, 146, 149f., 152ff., 602, 621, 697
Werteraster · 152
Werteskalen · 152
Wertesystem · 136, 148

Wertewandel · 136, 138, 144ff., 469, 525
Wertvorstellungen · 20, 93, 95, 105, 135, 150ff., 236, 245, 301, 343, 464, 466, 521f., 594, 604
Wiederanpassung · 365
Windham International · 186f., 368f.
Wind-Weather Investment · 120
Wirkungsfelder
   Qualifikationsanforderungen · 94f.
   Unternehmenskultur · 94ff.
Wodka · 602, 609, 613ff., 637, 639
Wollmann, Peter · 191f.
Work-Life-Balance · 136, 138
Workshop · 106, 109f.
World Values Survey · 76, 141ff.

Y

Yang · 404, 406ff., 465f.
Yin · 404, 406ff., 465f.

Z

Zaibatsus · 517
Zaibatsu-Verflechtungen · 514
Zar · 589, 596
Zeichen · Siehe Signs
Zeitorientierung ·
Zeitsprache · 214, 216
Zeitverständnis · 425, 618
Zeitvorstellung · 216, 421
Zielorientierung · 168
Zürich-Versicherungs-Gesellschaft · 287

Entlang der Wertschöpfungskette alle Beteiligten einbinden

Jürgen Rothlauf
Total Quality Management in Theorie und Praxis
Zum ganzheitlichen Unternehmensverständnis
2010 | 649 Seiten | gebunden | € 59,80
ISBN 978-3-486-59687-6

Wer im internationalen Wettbewerb bestehen will, benötigt eine umfassende Sichtweise auf alle unternehmerischen Aktivitäten. Das ganzheitlich ausgerichtete Total Quality Management (TQM) entspricht dieser Erwartungshaltung, denn es bezieht alle Beteiligten entlang der Wertschöpfungskette mit ein. In dieses Buch fließen Ergebnisse aus wissenschaftlichen Untersuchungen ein, die zu den TQM-Teilberechen wie Kunden- und Mitarbeiterzufriedenheit, Beschwerde- und Ideenmanagement oder European Quality Award in mehr als 120 Unternehmen durchgeführt wurden – darunter Siemens, Daimler, Lufthansa, Duravit oder Datev. Auf die unterschiedlichsten unternehmerischen Herausforderungen gibt dieses Buch folglich eine wissenschaftlich fundierte aber vor allem auch praxisorientierte Antwort.

Dieses Werk wendet sich an Personen, die im Rahmen ihrer Unternehmenstätigkeit mit Total Quality Management Überlegungen konfrontiert sind oder sich im Studium dafür qualifizieren möchten.

Prof. Dr. rer. pol. Jürgen Rothlauf lehrt am Fachbereich Wirtschaft der Fachhochschule Stralsund.

Bestellen Sie in Ihrer Fachbuchhandlung oder direkt bei uns: Tel: 089/45051-248, Fax: 089/45051-333
verkauf@oldenbourg.de

Oldenbourg

 Ein Wissenschaftsverlag der Oldenbourg Gruppe

Katja Gelbrich, Stefan Müller

Handbuch Internationales Management

2011 | ca. 1700 Seiten | Gebunden | ca. € 99,80
ISBN 978-3-486-59067-8

Im Zuge der Globalisierung haben immer mehr Unternehmen ihr Geschäftsfeld ausgeweitet. Auch viele klein- und mittelständische Unternehmen bearbeiten zahlreiche Märkte jenseits der Landesgrenzen. Die damit betrauten Manager begegnen einer Fülle von Konzepten und Begriffen, die sie zwar nicht alle kennen, aber doch alle nachschlagen können sollten. Dieses umfassende Handbuch erläutert das gesamte Spektrum der internationalen Geschäftstätigkeit. Dazu gehören nicht nur Internationales Management, sondern auch Internationales Marketing, Internationales Organisations- und Personalwesen sowie zahlreiche juristische, kulturanthropologische und sozialpsychologische Sachverhalte.

Dieses umfassende Werk richtet sich an Studierende des Internationalen Managements und ist zudem für Praktiker ein hilfreicher Ratgeber.

Bestellen Sie in Ihrer Fachbuchhandlung
oder direkt bei uns: Tel: 089/45051-248
Fax: 089/45051-333 | verkauf@oldenbourg.de

www.oldenbourg-verlag.de

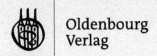 Ein Wissenschaftsverlag der Oldenbourg Gruppe

Herbert Paul, Volrad Wollny

Instrumente des strategischen Managements
Grundlagen und Anwendung

2011
XVII, 354 Seiten
broschiert
ISBN 978-3-486-59741-7
€ 34,80

Schritt für Schritt zur richtigen Strategie

Im strategischen Management werden eine Vielzahl von Instrumenten für die strategische Analyse, die Strategieentwicklung und -umsetzung eingesetzt. Das Buch stellt die wichtigsten Instrumente einzeln vor und diskutiert deren Entwicklung und theoretischen Hintergrund. Die Vor- und Nachteile der jeweiligen Instrumente werden dabei intensiv beleuchtet. Der Schwerpunkt liegt auf einer genauen Schritt-für-Schritt-Anleitung, so dass der Leser die Methode sofort anwenden kann und typische Anwendungs- und Interpretationsfehler vermeidet.

> Das Buch richtet sich sowohl an Studierende und Dozenten an Hochschulen und ähnlichen Bildungseinrichtungen als Ergänzung zu den Standardlehrbüchern des strategischen Managements als auch an Praktiker und Unternehmensberater, die im Rahmen ihrer Tätigkeit Instrumente des strategischen Managements nutzen.

Prof. Dr. Volrad Wollny lehrt seit 2001 Betriebswirtschaftslehre an der Fachhochschule Mainz, Fachbereich Wirtschaft.

Prof. Dr. Herbert Paul lehrt seit 1998 Unternehmungsführung und Internationales Management an der Fachhochschule Mainz.

Bestellen Sie in Ihrer Fachbuchhandlung
oder direkt bei uns: Tel: +49 89/45051-248
Fax: +49 89/45051-333 | verkauf@oldenbourg.de

www.oldenbourg-verlag.de